禅心初悟

笔底春秋

禅心初 著

北洋觉梦录

袁世凯卷·上

GUANGXI NORMAL UNIVERSITY PRESS
广西师范大学出版社

·桂林·

图书在版编目（CIP）数据

北洋觉梦录．袁世凯卷：全 2 册 / 禅心初著．—桂林：
广西师范大学出版社，2016.5
ISBN 978-7-5495-7944-0

Ⅰ．①北… Ⅱ．①禅… Ⅲ．①北洋军阀史－史料
②袁世凯（1859～1916）－生平事迹 Ⅳ．①K258.206
②K827=52

中国版本图书馆 CIP 数据核字（2016）第 049352 号

广西师范大学出版社出版发行

（广西桂林市中华路 22 号　邮政编码：541001）
网址：http://www.bbtpress.com

出版人：张艺兵

全国新华书店经销

广西大华印刷有限公司印刷

（广西南宁市高新区科园大道 62 号　邮政编码：530007）

开本：880 mm × 1 240 mm　1/32

印张：22　　字数：650 千字

2016 年 5 月第 1 版　　2016 年 5 月第 1 次印刷

印数：0 001~5 000 册　　定价：58.00 元（上、下）

如发现印装质量问题，影响阅读，请与印刷厂联系调换。

内容简介

北洋之乱,是由于军阀们太"坏"造成的呢?还是由于制度太"乱"造成的呢?这是研读北洋史必须要思考的首要问题。

要回答这个问题,先要回答另外两个问题。

问题一:西方制度适不适合今天的中国?答曰:不适合。

问题二:如果不适合今天的中国,那么,适不适合一百年前、刚刚剪掉辫子、从形式上脱离皇权的中国?答曰:更不适合。

那么,北洋之乱的深层次原因,不是军阀搞"坏"了,而是制度搞"乱"了。军阀之"坏"只是其表,制度之"乱"才是其里。军阀之"坏"只是其果,制度之"乱"才是其因。一言以蔽之,就是设计了一套脱离中国实际的体制安排,即游戏规则大家都不认可。从皇权到共和,转得太急、太快、太陡,就像是一辆高速行驶的车突然来个180度的急转弯,极少有司机掌握了这个超高难度的技术和动作要领,即使有这样的司机,乘客也根本无法适应。于是乎社会脱序,天下大乱……

本书沿着这样一个思考路径进入,重返历史现场,重梳历史脉络,再思历史事件,再现历史风云,向人们展示一幅军阀混战的全景画卷。然而,作者梳理军阀混战和"抛砖"的目的,并不只是为了向世人展示一个有血有肉的袁世凯或段祺瑞等,更是为了"引玉",是想让人们看到盲目引入西方制度会带来什么样的恶果,西方制度到底适不适合中国国情,从而引起读者对历史事件的科学分析和理性思考。

为此,作者在分析制度建设这条"经线"的基础上,又紧紧围绕着皇权时代的"权力集中"—民国初期孙中山以美为师的"权力分散"—袁世凯"权力集中"—后袁世凯时代的"权力分散"—孙中山以俄为师的"权力集中"这样的"纬线"脉络,清晰地说明了为什么从皇权时代的权力集中骤然转向共和制之下的"权力分散"的不妥,说明了为什么孙中山从以美为师的权力分散之路、最终走向以俄为师的权力集中之路的正确,进而阐释了一个国家在成立初期和改革时期"权力集中"的必要性。似层层剥笋,如庖丁解牛,逍遥游史,深入浅出,以幽默的笔法,折射出冷峻的思考;用巧妙的厨艺,烹饪出人人都能品尝的小吃大餐,从而达到"正衣冠、知兴替、明得失"之目的。

目 录

● 第四章　尺蠖之屈 ●

● 第五章 纵横捭阖 ●

● 第六章 民国总统 ●

● 第七章 虎啸山林 ●

● 第八章 追根溯源 ●

● 第九章　革命党人 ●

● 第十章　多事之秋 ●

● 第十一章　谁敢惹我 ●

● 第十四章　君宪布局 ●

● 第十五章　舆论造势 ●

● 第十六章　戏中有戏 ●

● 第十七章　巅 峰 谷 底 ●

自 序:一梦一菩提

两千多年前的庄子从鸳鸯蝴蝶梦中醒来时,对梦有了全新的感悟:

第一层感悟,方其梦也,不知其梦也。一个人在梦中的时候,不知道他自己其实是在做梦。

第二层感悟,且有大觉,而后知此其大梦也。只有经历世事,猛然惊起,特别清醒的人,才知道那是一场大梦。

第三层感悟,愚者自以为觉,窃窃然知之。愚昧的人,自以为一直很清醒,觉得自己什么都知道、都明白,一副真理在握的样子。

而年轻的诸葛亮,草堂春睡,好梦连连,为了表明自己在梦中也没闲着,一觉醒来,他喊了一嗓子:"大梦谁先觉?平生我自知。"那一嗓子,直到今天,还回响在人们耳边。

做梦的,以为是觉,觉醒的,恍然如梦。有大梦,才有大觉;有大觉,才有大悟。

如此看来,梦即是觉,觉即是梦,受想行识,亦复如是。

梦境与现实,居然是如此百般纠葛,杂陈一起。半睡半醒之间,思绪却天马行空,神游四海。耳边仿佛有人缓缓诵出"凡所有相,皆是虚妄。若见诸相非相,即见如来"的佛偈,犹如当头棒喝,千里梦惊回!

夜已深,却再不能寐,伸手想拿本床头的闲书,一摞史书下面,赫然跃入眼帘的是安意如评注纳兰词的那本书——《当时只道是寻常》。

寻常得再也不能寻常的七个字,此刻不知何故,却如惊雷闪电般掠过。平日不甚喜爱堂堂须眉写出那种清丽婉约风格的词句,今日恰似一语惊醒梦中人。这正应了南怀瑾先生常说的那句话:闲书里面有真言!

只此"纳兰容若"这四字,加诸"当时只道是寻常"这七言,极品诗句,极品情怀,便是寻着了诸般纠结之源,铺陈开来,方、圆、动、静之中,便是静如黑白、动触惊鸿的历史大棋局。

是耶? 非耶? 如梦如电。我闻如是,如是我闻。

看来,人哪,在不同的时间、不同的地点、不同的心境、不同的视角之下,即使读到相同的诗文,却也能品味出完全不同的意蕴。如果碰到悟性和灵性高的,机缘巧合之际,还可能达到《了凡四训》中"从前种种,譬如昨日死;从后种种,譬如今日生"之全新境界。

当然,这是非常人。而我,却只是常人。

然而,一个人,纵使是常人,一旦发觉从前是梦,分别心即起,不管如何努力说服自己,不管如何重新躺在床上逼迫自己去睡,却再不能回到当初。

既然人不寐,索性慵倚床,挑灯重阅北洋,人事虽依旧,情境已沧桑。互参梦中之觉与卷内之事,忘情处手舞足蹈。不觉东方之既白,新的一天已然来临。

青原惟信禅师有句名言:"老僧三十年前未参禅时,见山是山,见水是水;及至后来,亲见知识,有个入处,见山不是山,见水不是水;而今得个休歇处,依旧见山还是山,见水还是水。"

这"诸相非相"和"当时只道是寻常",便是机锋。

二十年前初读历史时的"见山是山,见水是水",与今天梦醒后重读历史时的"见山不是山,见水不是水",便是机缘。

得了机锋与机缘,禅机自显。

记得《周易·系辞》中记录孔子之言:"所乐而玩者,爻之辞也。是故君子居则观其象而玩其辞,动则观其变而玩其占。"一部最庄重的易经,孔子尚且以"玩"字解之而见天心,于是,一卷厚重的北洋史,也不妨在谈笑间以"玩"字解之而观其义,诸君亦可在轻松和调侃中玩味耳!

《庄子》有言:"不识今之言者,其觉者乎? 其梦者乎?"曰:亦梦亦觉,亦觉亦梦。

是为北洋觉梦录。

引　子：一问一世界

词曰：

"千古伤心旧事，一场谈笑春风。

残篇断简记英雄，总为功名引动。

个个轰轰烈烈，人人扰扰匆匆。

荣华富贵转头空，恰似南柯一梦。"

话说北洋诸事，没分多久就合，没合多久就分。虽然是短短十六年，却经历了八个元首，三十二任内阁总理。局势纷乱如麻，那次第，怎一个"乱"字形容得尽？

北洋时代的分分合合，战乱不止，从表象上看，其原因可用三句话概之：

一个是"龙头老大"袁世凯驾鹤西去后，诸位在世的"带头大哥"都想说了算，又没有能力一统江湖。尽管如此，他们却都想成就一番"伟业"，都想实现中国的"大一统"，由此便诉诸武力。

另一个是总有些"跟班小弟"在与老大打天下的过程中，感觉到分赃不均，心存不满，于是乎就会倒戈、兵变、哗变。在这里，你会充分而深刻地理解"没有永恒的敌人，没有永恒的朋友，只有永恒的利益"这句政治上的经典名言。

第三个是诸位"带头大哥"的后台老板——国外的"老鼻子""大鼻子""小鼻子"们，唯恐中国天下不乱，给这个几条枪，给那个几块金条，不是资助你组建军队，就是帮你建个军事院校，或者是收容逃亡的造反派，然后鼓励大家不要吝惜体力，也不要吝惜子弹，更不要吝惜金钱，用劲往死里打。他们可不是慈善家,有钱没处花。你要牢牢记住,天下没有免费的午餐,他们在你身上投资,就是要在你身上十倍、百倍地赚回来。他们是想肢解中国,掠夺中国,让中国元气大伤,然后再来趁火打劫。

其实北洋之乱的更深层次原因,一言以蔽之,就是设计了一套脱离中国实际的体制,即游戏规则大家都不认可。从皇权到共和,转得太急、太快、太陡,就像一辆高速行驶的车突然来个180度的急转弯,极少有司机掌握得了这个超高难度的技术和动作要领,即使有这样的司机,乘客也根本无法适应。于是乎社会脱序,天下大乱。

在北洋这个历史舞台上,就像在拍春秋战国或三国演义类的古装战争大片儿,只要总导演一下令开机,演员们就会对着镜头向前狂奔,开始一场混战;过了一会儿,同样是这些演员,连装都不用换,又扮演对方的角色,对着镜头冲回来,又一场厮杀。然后,只要躲开镜头,大家有说有笑,握手言欢,举杯共饮。平均算起来,就连一个最普通的士兵角色,都能露脸十多次。

北洋的历史又像一场盛大的时装表演和选美大赛。据说,看时装表演和选美大赛最迷人的地方,就在于隐藏重点,展现诱惑;但是如果哪个设计师别出心裁,把它弄反了,隐藏诱惑,展现重点,那所有的一切都将变得粗鄙不堪,不堪入耳,不堪入目。

在中国历史上,让我们感觉最不堪入耳、不堪入目的,大概就是声名狼藉的北洋军阀了,好像他们就是《西游记》中偷偷来到人间作乱的各路妖精,好像他们从娘胎里出来就带着鱼肉百姓的基因。

再精彩的历史,如果这样编排,也会让人看不忍看,闻不忍闻。如果一直这样展示给后人,那样的时装表演,未免让人永远遗憾了。

其实,军阀的历史和其他的历史是一样的,没有例外,精彩和粗鄙都有,关键在于你怎么看,是不是事先贴上脸谱和标签来看,是不是戴着有色眼镜来看。

反之,当你以平和的心态欣赏的时候,你会发现,北洋这段历史本身是十分精彩的。

好了,演出开始,主要演员暨北洋各路英雄陆续登场。

首先交代一下北洋军阀的来历。

北洋，既包括"洋"，也包括"陆"，"洋"指黄渤海一带，"陆"包括辽宁、河北、山东、京、津等沿海数省市，大体相当于今天的环渤海经济圈，而且还包括今天的山西、河南、内蒙古的部分地区。这些地区归北洋大臣管辖，当时的朝鲜事务也归北洋大臣管理。李鸿章任过直隶总督兼北洋大臣，所以当年有北洋武备学堂、北洋舰队等称呼。当年的直隶省因为地位特殊，设了两个省城——天津和保定。而天津是北洋的典型代表，天津的许多事务，其称呼前多冠之以"北洋"，如现在的天津大学，就是当年的北洋大学。

我们所说的北洋军阀，是产生于清末的一个军事政治集团，袁世凯就是这个集团的总舵主，皖系、直系、奉系是这个集团的分枝，这几大派系的领导和骨干皆出自袁世凯门下。在中国近代历史上，1912 年至 1928 年是北洋军阀统治时期。

1901 年，袁世凯继李鸿章之后，任直隶总督兼北洋大臣。依靠此前他所编练的新式陆军，他利用手中控制的政治、经济、军事权力，以小站练兵时所形成的班底为骨干，一方面乘机扩充北洋军事力量，一方面不断在中央和地方安插亲信，很快即形成以他为首的北洋军事政治集团，其权势足可左右朝政。于是，他的军队就称为北洋军。

我们就从这里开始吧。

北洋大舞台上第一个露脸的人，就是头像在银元上被称作"袁大头"的那个人，也就是后来在江湖上享有赫赫威名的北洋带头大哥，北洋派的"开山祖""掌门人"——袁世凯。但这个时候，他还无宗无派，在江湖上，连个小弟都不算。在李鸿章、慈禧等老牌主要演员面前，他还只是第一出戏中跑龙套的角色。

这一角色，像极了演艺界的周星驰。今天大家眼中的超级大腕儿"星爷"，当年在八三版的《射雕英雄传》中，是个超级龙套。他曾请求导演安排梅超风用两掌打死他，结果被告知，只能用一掌拍死。

多少年来，我们对袁世凯这个人实在谈不上有多少真正的了解。他任过清政府驻朝鲜的军事指挥官、驻朝通商大臣、直隶总督兼北洋大臣，中国新式陆军和警察的创立者,当过清政府的内阁总理大臣,当过总统、皇帝等。本来,他是个结束旧时代、开创新时代的人物;本来,他是继李鸿章之后,中国现代化进程的重要开拓者;本来,他是治世之能臣,乱世之奸雄;本来,他可以成为"华盛顿第二";本来……可是,一切的一切,都因为他的一失足,跌进了历史的万丈深渊。

于是,他成了小丑,成了大盗。他、他的业绩和他所开创的时代,也被罩上了历史的迷雾。

一个曾经改变历史进程的重要人物,受到别人的辱骂、攻击,这也算正常;可是,如果这个人受到大多数人的辱骂、攻击,这就不是很正常;但如果同样是这个人,走过民国"初级阶段"并顺延到今天被骂了一百年不变,这就太不正常了。

《论语》中记述了孔子的教导:"众恶之,必察焉;众好之,必察焉。"大家都讨厌的人,我们一定要仔细考察,才能做出判断。

不管怎么说,用道德标准来评价他的事功,用事功标准来褒贬他的道德,本身就是一个回避主要矛盾的答非所问式的逻辑。而且,一个历史人物,如果被冠之以这样截然相反的极端化评价,那不是他错了,就是你错了。

清代赵翼有一首绝妙的诗:"只眼须凭自主张,纷纷艺苑漫雌黄。矮人看戏何曾见,都是随人说短长。"每个人都有自己的眼光和头脑,必须要自己根据事实判断去得出比较符合真相的结论,何必信口雌黄、人云亦云?尽管骂人不需要理由,可骂了一百年之后,我们要是还不能把骂人的原因搞清楚,这种历史的缺席审判,就陷入了群体暴力和语言霸权的困境。

毕竟,单纯的谩骂和攻击是非常肤浅的,肤浅是研读不了历史的,历史是需要放宽视野的,放宽视野是需要历史观的改变和证据的再寻的。

这就像袁世凯的墓碑,与武则天一样,袁碑的背面也是无字碑,一片巨大的空白。

千秋功过,留与后人慢慢评说。

于是,想起了梁启超先生在其鸿著《李鸿章传》开篇第一句话所定的基调："天下惟庸人无咎无誉。"只有那些庸人才没有过错，没有赞誉。

想之又想，用在袁世凯身上，也比较恰当。纵使不好在他头上冠之以英雄的名号，但他绝非庸人，绝非常人，绝非等闲之辈。

另外，读历史，尤其是北洋历史，还有一个非常重要，却往往被多数人忽略的方面，就是人们太容易被经过加工修改了的所谓"史实"牵着鼻子走。孟子这位大智者曾经有个精辟的论断："尽信书，则不如无书。"忠于"证据"固然不错，但是，如果是"伪证"又当何论？在一个连真话都不敢说的环境下，你还能完全相信写下来的文字？这样很容易被自己的眼睛欺骗，迷失了自己的心智。也就是说，人们只看到了历史人物这样作为，却不理解、也不想去探究在当时的历史条件下，他们为什么会那样作为；只看其果，不知其因，却又"盲人摸象、各执一端"，根据自己所掌握的历史证据进行最简单而直接的逻辑推断，如看盆中水那样看北"洋"这潭深水。

只是，这样简单的价值判断，离历史的真相却渐行渐远。

一正一反之为政，一阴一阳之为道。

不完全听信文字记录，并不意味着把史料完全抛开，自己主观臆测，而是要"择其两端，用乎其中"。把正反两方面的文字记录结合起来看，综合起来进行判断，得出自己的结论。正如法国年鉴派大师马克·布洛赫所言："历史学家最重要的才能，就是对活生生的事物的理解能力。"

法国启蒙思想家伏尔泰也曾经说过："研究一个时代的人们怎么思考问题要比研究一个时代的人们怎么行动更重要。"

这两句话，精彩、精辟、经典，直接指向了对史料的理解能力，以及对隐藏在史料字里行间中重要信息的领悟能力。

能修炼到这一重境界的人，少之又少。

这是因为，历史学就如中医学一样，是需要阅历和悟性的。

这还因为，普通人的眼睛，只能看见目力所及的部分，而看不见幕后的安排和运作。

人们的眼睛能看到的，称之为"有"；人们的眼睛看不到的，称之为"无"。老子曰："天下万物生于有，有生于无。"你看不见，并不等于它不存在；相反，它不仅存在，更有可能起着决定性的作用。

眼睛所能看到的，叫视力；能看到常人所看不到的，那才叫眼光。

古人讲究"弹无弦琴，读无字书"，当你真正能够超越"有"，理解了后面那起支配作用的"无"，那么，恭喜你，在你以后发展的过程中，不管是为人、为官、为学，你都进入到了一个常人不可及的全新境界。

正如《道德经》开篇所说的："故常无，欲以观其妙；常有，欲以观其徼。"理解了那个永恒存在的"无"，你就能观察到事物的奥妙，才有可能把握那"玄之又玄"的"众妙之门"。

这样，当我们走进历史的现场"破案"的时候，才能不为"浮云"所蔽。

你站在桥上看精彩纷呈的历史风景，远处那看历史风景的人又在看桥上的你。而活动于其中的鲜活生命一旦枯萎，历史长河中激起的浪花也只是装饰了后来人的梦。

从1912年到1928年，这段历史的洋流中，不知有多少人卷入其中，又不知有多少人驻足旁观。倚天照海，流水高山，我却只能坐在光阴的此岸，临水照影，煮酒抚琴，观彼岸花，任百年前那洋面上刮起的风徐徐自鬓边吹过，弹一曲江南空灵而清澈的梦音。

兴至，往河水中投了一小块石头，看着它荡起层层涟漪……

"短舞长歌思妙曲，高山流水待知音。当场告禀知音者，忙里偷闲试一听。"

抛砖，以此为引。

第一章 ＼ 误打误撞 ＼

天道无常

从政权兴替角度来说，一部中国历史就是围绕着政治权力斗争而展开的历史，不理解历史主角在争权夺利时的心术和手腕，就无法洞察中国历史的精髓。而要了解历史主角的心术手腕，就先要了解他的成长经历、生活阅历，了解那些喜怒哀乐、悲欢离合、成功失败、人情冷暖对他的性格塑造带来的影响，一些特别的观念和情感怎样浸润、牢牢地扎根在他心中，并成为他性格的一部分。

所以，要了解北洋，先要了解袁世凯；要了解袁世凯，就要从他的成长历程入手。

长长来路，命有玄机。

人间的一切意外，仿佛都是上天的有意安排。

上天本着"造物不轻付"的原则，在每个人的起点和目标之间，都设定了一段漫长而未知的距离，布满了艰辛而未知的磨难。就如同如来佛祖在唐僧取经的路上，设定了十万八千里的距离，布下了九九八十一难，等着取经人来打怪、闯关、升级。

成功和失败的唯一区别是，看你能不能坚持挺过这段无法估计的距离，能不能挺过这些无法预测的磨难。

当你战胜了苦难时，它就是你的财富；当苦难战胜了你时，它就是你的屈辱。

只有踏平坎坷成大道的人，才能求得真经，修成正果。

所以，每个成就事业之人的奋斗史，首先就是一部伤心史，然后才是风光史。

那无限风光的背后所隐藏的，不是无尽沧桑，就是无数肮脏……不管是大人物，还是小人物，莫不如此。

而纵览古今成名人物的发展历程就会发现，逆境拂心才是真正的王者之途。

想起了清代崔念陵进士的一句诗："有磨皆好事，无曲不文星。"有了这句虽辛酸却又不失豪迈的诗句起笔，北洋的故事也就有了开始的理由和精彩的本钱。

纵观北洋诸路英雄，除袁世凯的家族是官员之外，其他驰骋北洋政坛的风云人物基本都来自社会底层。段祺瑞家道中落，上不起学，步行两千里投军；冯国璋跟老段的情况基本差不多；徐世昌靠袁世凯资助才能进京赶考；黎元洪出身贫农，少时要过饭，为了活路而从军，甲午海战中，在军舰沉没后，他居然穿着救生衣生猛地连游带爬地上了岸；曹锟是布贩子，做买卖赔多挣少，得失从不挂心，心比倭瓜还大，人称"曹三傻子"；张作霖是赌徒、兽医、胡子。而袁世凯，算是含着金钥匙出生的人。

这种现象的背后，隐藏着一个不是秘密的秘密。读中国历史和小说，经常见到类似这样的字眼儿："天下大乱，群雄并起。"传统中国社会的悲哀就在这里，天下只有大乱的时候，才会给每个人自由发挥才能的舞台。只有乱，统治者才会想到唯才是举，治世时想到的是唯财是举。国家无事的时候，是富人和富二代们的天下；国家有事的时候，出身于社会底层的有才能的人，才有机会崭露头角。

如果不是上天有意安排袁世凯家族的靠山一个一个地离去，生活也不会一下子把他抛到前台，逼着他从逆境中搏杀出来。袁世凯，很可能这辈子只不过就是个花花公子、纨绔子弟。因为，他的家庭条件实在是太好了，好到完全不用自己奋斗就可以坐拥富贵荣华的程度。

蹉跎暮容色，煊赫旧家声。

袁氏一门三代人中，出了两个进士，两个举人，四个秀才，地道的书香门第，官宦世家。

袁世凯的二爷袁甲三，道光十五年（1835）进士，曾国藩的同年，李鸿章的父亲李文安的同年,从围剿捻军起家,官至漕运总督,享受大军区正职待遇。

漕运总督职掌清廷的漕粮征调运输,并统领节制江北的镇道各官,是清政府极为重视的一品大员。清廷地方一品大员称为八督,共八缺;十二个省级长官为二品,称为十二抚,共十二缺;二者统称为八督十二抚,是地方二十个封疆大吏。

在科举取士时代,"同年"是指同榜录取的举子,就跟当兵的说起"你是哪年兵"一样重要,都是联系人脉关系的非常重要的纽带。

袁甲三的长子袁保恒,进士出身,为翰林院编修,随父军功起家,做到刑部侍郎,相当于司法部副部长。

袁甲三的次子袁保龄,举人出身,长期随父征战,后驻旅顺海防,累死在任上,被朝廷晋封光禄大夫,赠内阁学士,国史列传。

袁保庆,袁世凯的叔叔、养父,1858 年中举人,靠办团练起家,一直追随袁甲三。他既有能力,又有军功,在官场上顺风顺水,官至江宁盐法道,朝廷的二品大员。

1859 年秋,中秋节刚过。

袁家双喜临门。

战场上传来袁甲三打胜仗的喜讯,袁家长房袁保中又喜添第四个孩子。喜上加喜之际,袁保中给刚出生的儿子取名世凯,字慰庭。战场凯旋,光慰门庭。这一天,是咸丰九年八月二十日(1859 年 9 月 16 日),袁世凯来到人间,河南项城。

袁世凯自幼桀骜不驯,别的啥都厉害,就是一提起读书学习,脑袋立即就像套上紧箍咒一样。其实他异常聪明,只是在对待学习的问题上,和贾宝玉有一拼;在女人缘上,也和贾二爷有得一比。老袁手段可能天生就高,在家里的诸多女人中,不管是亲娘、姨娘、婶娘,不管大人们之间如何钩心斗角,反正总是混得八面讨好。

正因为这样,袁保中看自己也没什么出息了,而弟弟袁保庆年过四十却还没有儿子,就把受袁保庆夫妇宠爱的袁世凯过继给了袁保庆。

1863 年,袁家最大的官袁甲三病逝,袁世凯此时刚四岁,还没有来得及沾上他这位爷爷的光。

1866年，袁保庆受命到山东济南当知府，也就是济南市长，袁世凯开始跟着养父走出荒凉的袁寨，接触外面的世界。很快，袁保庆又调到南京，做了署理江南盐运道的二品大员。

这段日子是袁世凯早年间度过的最美妙时光，虽然父亲给他请了最好的家庭教师，可仍然管不住袁世凯，他的足迹踏遍了济南和南京城的角角落落。

济南是袁世凯的福地，这是他走出乡下、来到外面世界的第一站。若干年后，他以山东巡抚（相当于山东省省长）的身份进驻这里，赶走了义和团，创办了山东大学堂，在这里积累了丰富的、独当一面的"基层工作经验"，赚取了足够的政治资本，并从这里直接调任直隶总督兼北洋大臣。

而南京，虽然玩的地方最多，却是袁世凯的伤心地，因为同治十二年（1873）七月，养父袁保庆因霍乱卒于江南盐运道任内，袁世凯的天塌了。他的好日子也到此结束。

袁世凯随父在南京的岁月中，书读得不多，玩的地方不少，但最大的幸事是结识了养父的盟兄吴长庆，这是他生命中一个重要的贵人，对他后来的成长有非常重要的影响。

吴长庆，安徽庐江人，淮军重要将领（时称淮军有四名将：刘铭传、张树声、潘鼎新、吴长庆），很得李鸿章的赏识，所以后来进驻朝鲜时，吴长庆的"庆"字营能被派去。当年太平军兵围庐江的时候，当地的团练、吴长庆的父亲吴廷襄派儿子向袁甲三求救。袁甲三征求子侄们的意见，袁保庆主张全力救援，袁保恒认为不能分兵。意见相争之际，庐江失陷，吴廷襄被杀。从此，吴长庆对袁保恒十分愤恨，而对袁保庆则十分亲密，二人换了帖子，结拜为兄弟，自此来往不断。袁世凯后来事业的起步阶段，当兵，就是投奔的吴长庆，并由吴长庆罩着，扶摇直上。

日中则昃，月满则亏，盛极必衰，也是宿命。

只是，这一切，对袁世凯来说，来得太快、太突然，反差太大。

南唐后主李煜从皇帝沦为阶下囚时极端凄凉，词云："流水落花春去也,天上人间。"

当大官的养父去世,袁世凯在心理上也经受了从天上降到人间的极端境遇的考验,从整日沉湎于声色犬马之中的公子哥,一下子被生活无情地抛到了孤零零的无依无靠的境地。

这种极大的落差,让袁世凯在众人面前,连头都抬不起来了。

谁才能解开袁世凯的心结?只有他自己。

要么就彻底沉沦,要么就靠自己艰辛创业,袁世凯已别无选择。

此时,心乱如麻的袁世凯并不知道,虽然这些残酷的现实一下子加到他的身上,但同时也有重任在前路上等待着他来承担。

正如清代毛宗岗在批注《三国演义》时写道:"古今大有为之人,一生力量,只在负重二字;一生学问,只在忍辱二字。"上天在把重任交给他之前,必须进行一番全面考验,看他能不能负重,能不能忍辱。

只有突破了这一心理障碍关和生活磨难关,才能获得无穷力量和智慧。

加油吧,袁世凯。

考场失意

人常说,打一个巴掌,再给个甜枣,这样做倒也还是可以接受的。但是,如果顺序倒过来,先给甜枣,再给一巴掌,这种感觉,与前者是大不相同,甚至可以说是非常残忍的。

不过,上天觉得对袁世凯的这种折磨还不够彻底,于是,他老人家又对袁世凯的自尊心展开了摧残式的打击。

在养父袁保庆去世之后,袁世凯被叔叔袁保恒带到北京,在袁保恒和袁保龄的管教之下,他度过了一段非常严格的读书时光。像他们家族这样的出身,还是非常希望通过走科举取士这条路来光宗耀祖的。毕竟,在科举时代,要是不通过这种"公务员"考试,即使是官二代,也不可能直接进入官场当官。你要是花钱买的官,会被史官重重地记在史书中,让你的家族几辈子都抬不起头来。

兄弟二人对袁世凯的期望很高,就连光绪元年(1875)八月,袁世凯的生父去世,也没让袁世凯回乡。

因为哥俩准备让袁世凯在1876年参加河南的乡试。

按常理说,生父去世,要守孝三年,可是袁世凯已然过继,这一条规定对他不起作用。

袁世凯生平最怕的长辈亲属,就是他这个堂叔袁保恒。所以,袁世凯在北京的读书生活,所受的管束最严,表现得最为驯服,取得的成绩也最大。加上袁世凯已经初次品尝了失去亲人靠山的苦涩,因而在这几年中他读书还是非常刻苦用心的,读书人所必读的四书五经等典籍,他已经基本上烂熟于胸了。

然而,人往往是期望越高,失望越大。1876年,17岁的袁世凯第一次参加公务员考试便光荣落榜。这对于眼高于顶的小袁来说,打击还是非常沉重的。

如果说,袁世凯接连失去亲人靠山,是上天对他展开的第一波轰炸;那么,第一次公务员考试失败,就是上天对他展开的第二波轰炸。

很快,灰头土脸的袁世凯又迎来了第三波轰炸。

1879年,20岁的袁世凯又一次参加公务员考试,又一次光荣落榜。

在古代,评价人有没有能力,混得成不成功,主要就是看他能不能当上官,有没有当官的本事。只要你能当上官,哪怕你平时在大家眼中是个白痴,那你也有能耐,是大智若愚。你要是当不上官,哪怕你有李白之才,也只不过是个出色的文人。如果没有李白的才能和傲气,那你只能算是个文妓而已。

所以,科举考试的失败,对一个想有所作为的年轻人来说,无疑是极其残酷的,简直就等于是上帝委婉地通过别人之口,残酷地告诉你:"小子,这辈子你算完了。"当你懂了范进中举后得了失心疯时的狂喜情景,你才能真正体会到这两次科举考试的失败对袁世凯的打击有多大。

对一个稚气未尽、心比天高的年轻人来说,最大的打击莫过于幼稚的自尊心一次次地饱受摧残,在众人面前抬不起头来。多年以后,袁世凯处理政务得心应手,他总是说,这比读书写文章容易多了。后来,他在直隶总督任上,会同张之洞等大吏奏请废除科举考试制度,与小时候自尊心的受伤,不无关系。

结识徐世昌

从 1876 年袁世凯第一次公务员考试失败,到 1879 年第二次公务员考试失败,这三年中,在袁世凯身上发生了三件大事:一件是袁世凯正式独立门户,成家立业,娶妻生子,有了袁克定这个让他去世前憋气又窝火的大儿子;第二件是堂叔袁保恒去世,袁世凯靠山山倒,靠人人跑,靠水水流;第三件是结识了他一辈子的伙伴、对他以后驰骋政坛影响极大的徐世昌。

1876 年底,袁世凯在老家成亲。

1878 年 12 月,长子袁克定出生。

这是袁世凯 32 个子女中唯一嫡出,也是让袁世凯最不省心的主。就是他,后来为当总统的老袁办了份假报纸,伪造民意,目的是为了让老袁当皇帝,自己好当太子。

其实,袁克定这么做,有其隐秘的原因。不知道袁世凯当初给儿子取名"克定"是何意,但袁克定在父亲当大总统时,心里有一个大秘密,就是他信了自己的名字起源,与《推背图》中的话相合。《推背图》是中国古代著名政治预言书,后世之人托说是唐朝李淳风和袁天罡所著,《推背图》中第四十三象说:"始艰危,终克定。"

老袁给儿子取这个名字,大概也是给自己的安慰:开始时有些不顺,艰危,但最终事情比较圆满。

但袁克定却迷了心窍,沿着自己的名字,把老爹送上了不归路。袁克定没注意,在"始艰危,终克定"前面,还有六个字:"君非君,臣非臣。"他老爹这个"君"确实当不成了,终结在"克定"之手。《推背图》到底是很神奇的。

1877 年春,新婚燕尔的袁世凯辞别妻子,回到北京袁保恒处,这个时候,袁保恒是刑部左侍郎。袁保恒有意让侄子参与官场交际以使其得到塑造和锻炼,由此,袁世凯视野大开。

1877年冬,河南大旱,袁保恒被派往河南开封赈灾,为了让袁世凯了解民间疾苦,袁保恒把他带在了身边,让他帮助处理一些事情,借以提高他的能力。

可是,就在袁世凯刚刚从丧养父和生父的悲痛与失落中缓过神来,在叔叔袁保恒这里重新找回生活优裕的感觉时,生活的不幸再一次光顾袁家。

1878年5月,本想对袁世凯继续好好调教的叔叔袁保恒,也在河南赈灾治疫时染上了流行病去世了。而此时袁保龄是李鸿章帐下的一个幕宾,后来又驻守旅顺海防,根本就靠不上。袁世凯心中最微弱的希望,就如同风中之烛般地破灭了。

袁保恒的去世,让袁家男人们的心拔凉拔凉的。因为在袁家祖孙几代中,男人没有活过60岁的。曾祖父袁耀东不足40岁而亡,袁甲三死时57岁,袁保中51岁,袁保庆48岁,袁保恒52岁。这仿佛是一个魔咒套在了袁家男人们的头上(1916年,谜底揭晓,袁世凯的寿命是57岁)。

算命先生说,袁家的风水是掌禄不掌寿,必须分家,才可能打破这一魔咒。

于是,袁世凯在继承了养父袁保庆的一笔丰厚家产后,开始自立门户。

一个人内心缺少什么,他就会炫耀什么。因此,中国人的习惯是文人爱谈兵,武将爱论诗,没钱的人爱装自己有钱。读书人论兵的时候,会争得面红耳赤,气吞山河。而武将却处处想显示自己有文化,讲话时也总爱引经据典、附庸风雅。你要是看到哪个暴发户有意无意地在大家面前显摆,那肯定是他小时候穷怕了!

所以,袁世凯的考场失意,并不妨碍他内心的文学爱好。

虽然让他念书时,他不好好念,但是当他自己独立成为一家之主时,他潜藏在体内的文学细胞又突然间激活了。

于是,他在家乡组织成立了丽泽山房和勿欺山房文社,邀请当地文人加入。袁世凯这个人天生喜好结交、仗义疏财,文社的各种费用,基本上他都包了，这样，他就成了负责人。

大家不要笑这种尚文的举动啊，曾子他老人家说过，"君子以文会友，以友辅仁"。君子以谈论文艺来与朋友相聚，再以这样的朋友来让自己走上人生的正途。这样多好啊！

而且，从袁世凯后来的从政生涯看，他对于教育的重视程度，还是相当高的。中国近代的女子学堂教育就是由他开启的，赫赫有名的山东大学、天津大学以及享有威名的保定军官学校，都与老袁有着直接的关联。

不知道袁世凯组织文社有没有"以文会友、以友辅仁"的初衷，但他确是在这里遇到了他一生的肝胆至交、后来成为民国总统的徐世昌。

徐世昌，1855 年生，比袁世凯大四岁，字卜五，号菊人，出生于河南卫辉，家境贫寒。在民国政坛上，他是个学者型官员。此人阅历非常丰富，进士出身，翰林院庶吉士（这是皇权时代入阁拜相的学历资格），清末出国考察的五大臣之一，历任袁世凯新建陆军的参谋营务处总办、巡警部尚书、东三省总督、邮传部尚书、军谘大臣、国务卿、总统等职务。徐世昌足智多谋，文武全才，处世谨慎，八面玲珑，人称"水晶狐狸"，有"翰林总统"之誉，身后留下了丰富的著述（不是秘书写完后由自己署名的那种）。

关于他小时候的事，现在记录不多，但有一件事流传着，就是徐母教子的故事。徐母对儿子管教甚严，虽家境贫困，但即使典当家中物品，也要让徐世昌进私塾读书。这让乡人歆歆不已，都觉得老徐家有这样的母亲，孩子将来肯定有出息。徐世昌和他兄弟小时候，曾因一张饼而发生争抢。徐母这老太太好厉害，上前把饼夺过，扔在地上，踹个稀烂，怒骂两个儿子：不知谦让，不配吃饼。这也潜移默化地养成了徐世昌人穷志不穷的性格与追求。

徐世昌认识袁世凯之前，在当地乡里当家庭教师，养家糊口。徐世昌既当教师，又在县里当刀笔吏，但其处境仍然非常艰难和贫寒。

袁世凯遇到徐世昌的时候，大概是在 1879 年 3 月，正值徐秀才穷困落魄之际。

一天，他听说有一个叫袁世凯的人组织了文社，喜爱结交文人墨客，给学生教完课后，便也来凑凑热闹。

如果不是后来袁某人在历史上把自己名声搞臭了，袁、徐二人见面，那真可以说是引领民国开国的两大人物的会面，是"划时代"的大事件。这么说虽有些夸张，但后来他们两人都当过民国的大总统，这两巨头的第一次会面，说得大一点，也不太为过吧。而且，他们二人的联手，的确在一定程度上影响，甚至改变了风云激荡的民国史进程。

如果替老袁从心里说一句评价徐世昌的话，那就是"人生得一知己足矣"。因为他二人在后来的政坛上相互援助、性格上相互补充、生活上相互照顾，纵使达不到管仲和鲍叔牙的情谊，但也是其他人望尘莫及的。

不过此时，袁与徐之间毫无关系。很久以后，他们才知道，原来一切早有定数。一种神秘的力量在冥冥之中已做了巧妙安排。

袁、徐二人见面寒暄过后，交谈之际，二人都甚觉惊异。袁世凯看徐世昌虽然落魄，但胸藏锦绣，满腹经纶，必不能久居人下；徐世昌看袁世凯虽是富家子弟，但胸怀大志，"金鳞岂是池中物，一遇风云便化龙"，早晚是个人物。

十室之邑，必有忠士；十步之内，必有芳草。两个人是越谈越投机，越谈越对脾气，据说达到"秉烛夜谈，抵足而眠"的程度，互相敬服，成了发誓"永不相负"的换帖兄弟。

二人结为兄弟，不知有没有另外一重因素在内：袁世凯在自家兄弟中排行老四，他有个早夭的大哥叫世昌，这时他遇到徐世昌，估计心理上，首先就有了一种亲近感，所以才能脾气相投。仿佛前尘往世中的偶然相视一笑，就注定了在今世相遇的那一刻非你莫属。

二人同心，其利断金；同心之言，其臭如兰。《易经》中的话说得对极了。

都说文人相轻，自古而然，一般读书人都互相看不上眼。但能让后来的两榜进士、翰林徐世昌如此折服，袁世凯文化功底可想而知，肯定不是许多书上所描述的不学无术的纨绔子弟。

而袁世凯是怎样看待徐世昌的呢？袁在后来发达时说过："天下翰林真能通的，我眼里只有三个半，张幼樵、徐菊人、杨莲府，算三个全人，张季直算半个。"

张幼樵，即张佩纶，李鸿章的女婿，张爱玲的爷爷。徐菊人，即徐世昌。杨莲府，即杨士骧，此人于今天的人们心目中并没有太多印象，但他曾紧随李鸿章、袁世凯之后任直隶总督兼北洋大臣。李鸿章对他的才华极为欣赏，称"文字机变能应卒莫如杨君者"。张季直，即南通状元张謇，考上状元后又下海经商，近代著名的实业家，当过袁世凯的老师。

此时，徐世昌穷困潦倒到连北上应试的钱都没有，袁世凯听说后，出手就是一百两银子。

袁世凯这个人，不仅做事是大手笔，花钱也是大手笔，以后你还会多次看到他怎样花钱，确实有"千金散尽还复来"的气概，看他花钱、送礼，简直就是一个爽。

徐世昌，好风凭借力，送他上青云，先中举人，又在1886年中进士。

而袁世凯呢，两次考公务员的失败，促成了他彻底放弃从科举考试进入仕途的想法。盛怒之下，他烧毁了全部诗文，决心走出项城，寻找适合自己的出路。

说白了，就是背起行李，出去找工作。

相逢邂逅意相投，义结金兰乐得俦。此日纵然贫富别，他年功业并同优。

几年的慷慨好施，袁世凯丰厚的家产已经所剩无几。以传统的社会观念，袁世凯这种行为定被视为败家，其实不然。有的人，能花钱也能赚钱，"开源"要比"节流"厉害得多；更有的人，他要是有一百块钱，他敢一下子就花出九十九块钱铺路，这样的人，多半是个狠角儿！

袁世凯从此走上一条异常艰苦的道路，开始了他南北奔波、颠沛流离的日子。

南北奔波

当我们买西瓜的时候，都要好好地敲打几下，以确定瓜的好坏；上天要是不把芸芸众生都轮流敲打几下，尤其是主要遴选对象，若是不经过一番捶打，怎么知道他有才能？怎么能放心把大任降到他的身上？

不要急，每个人都有份儿，许多人都说"上天没降大任于我，照样苦我心志，劳我筋骨"，其实这就是对每个人轮番敲打呢。

工作找不着，事事不如意，南漂、北漂、海漂等，这些都是上天在敲打你的脑"瓜"，以确定"瓜"是否成熟的重要表现。

所以，你要是深更半夜睡得正香的时候，感觉到有人摸你的脑瓜，还自言自语地说"嗯，这瓜熟了"的时候，你得以迅雷不及掩耳之势跳起来，要不然，就再也没有机会担大任了……

下面轮到敲袁世凯的脑瓜了。

《易经》的六十四卦中，前两卦是乾和坤，象征天和地，而第三卦是"屯"。屯卦中，外卦为"坎"，内卦为"震"，是为"水雷屯"，内欲动而险在外，象征着天地交合，万物始生，充满了艰难险阻。

一个人的事业开创初期，就是这个情景。内心总是跃跃欲试，却不知外面世界的艰险。

大概是人性使然，一般说来，年轻人都容易眼高手低，尤其是在找工作方面，就跟刚走出校门的大学毕业生一样，总是自视甚高，带着挑剔的眼光。自己想干的，人家用人单位不要；用人单位要的，自己还不想干。

独自闯天下的袁世凯，开始时就犯了这个毛病。他没有任何学历，连个秀才都不是，大专生都没混上，却把目光瞄准了北京和上海。

完全没有认识到社会残酷性的袁世凯到了北京后，虽然竭力展开公关，但他所认为能借上光的各种社会关系，根本借不上力，袁世凯从养父那里继承的家产，就这样轻松地在北京的前海、后海、什刹海等各种"海"里打了水漂。

川剧的变脸充其量只有一百多种套路，而社会的变脸则花样无穷。袁世凯真真体验到了"世态炎凉，人情冷暖"的滋味。

就在袁世凯进退维谷、一筹莫展的时候，他遇到了结拜大哥徐世昌。当年靠着袁世凯的资助才进京赶考的徐世昌，如今已经中了举人，在北京初步立足。

徐世昌帮袁世凯分析了他的现实处境：虽然袁家祖父辈的门生故旧不少，但时过境迁，人走茶凉，多数指望不上，"关系"这条路已经行不通了;京城人才济济,对于没有功名的袁世凯来说,想在这里发展,也是不可能的。便建议他剑走偏锋,先到别处去谋适合自己发展的路子,并慷慨地资助了袁世凯。

于是,他选择了南下潮州,因为潮州海关那里有袁甲三当年的部下周馥,虽然周馥收留了他,并让他做了整理文案的秘书,可是袁世凯那颗躁动的心怎么能安心在斗室中终老。周馥看出了袁世凯的心思,便写了一封推荐信,把袁世凯引见给权势正盛的直隶总督李鸿章。

兴奋之余的袁世凯,在北上的途中冷静地思考了一下,决定不去那个举人批发、进士扎堆的地方丢人现眼。

可是,千不该、万不该,最不该的是他又选了一个不该选的地方,那就是当时最繁华的城市——上海。

本以为在上海的机会多,可是几个月下来,袁世凯依然找不到工作。

未曾清贫难成人,不经打击老天真。如果说北上找不到工作,袁世凯心中依然不服的话,那么南下的状况也是完全一样,这对于心高气傲的小袁来说,自尊心和自信心被彻底地击碎了;一次又一次的碰壁,让袁世凯彻底丢掉了幻想,领教了什么才是真正的生活。

看来,北京和上海,确实不好混啊!

自己生存的方式该如何选择?价值该如何实现?自己苦苦追寻的目标究竟在哪里?袁世凯一遍又一遍地追问着自己。

日暮乡关何处是?烟波江上使人愁。

当英雄落魄、无力救赎自己的时候,上天就会安排美人出现,来实现对英雄的安慰和救赎。袁世凯在无限孤独焦虑、寂寞空虚之际,遇到了江南名妓沈氏,偷得浮生一夜情,演绎了一段轰轰烈烈的爱情佳话。

满目青山空念远,不如怜取眼前人。

可能是美人太美了,英雄钻进了温柔乡出不来了。于是,上天又派了另外一个人来完成对英雄的救赎,一个叫阮忠枢的才子出现了。

可以说,在袁世凯彷徨苦闷、准备自暴自弃之际,阮忠枢这个小人物的出现,给袁世凯指明了一条正确而光明的大道。

阮忠枢,字斗瞻,安徽合肥人,曾任李鸿章的幕僚。后来袁世凯小站练兵时,阮忠枢由李鸿章推荐投奔袁世凯,在军中管理军制饷章文牍机务,成为袁世凯身边非常重要的参谋人员,深受袁世凯重用。再后来担任了袁世凯总统府的副秘书长,洪宪帝制时的内史监,相当于秘书长的职务。

袁世凯这人有个很邪道的地方,就是当他缺钱的时候,肯定会有人来资助他,这种现象在袁世凯一生中出现的频率非常高。有点儿隋炀帝的气魄:我本无心求富贵,谁知富贵迫人来。不知是上天在帮他呢,还是袁世凯本人有这种魅力。

阮忠枢和袁世凯谈得非常投机。能在李鸿章手底下得到重用,阮忠枢自然有过人之处。当他与袁一交谈,就知道,袁世凯绝非久困池鱼,将来必能成就一番事业。

阮忠枢根据袁世凯的自身条件和性格特点,建议袁世凯投笔从戎,并愿意倾己所有,资助袁世凯。

其实,袁世凯最初可能也不是没想过当兵这条出路。只是,在旧时的中国,当兵是最让人看不起的一个职业。自明末清初多尔衮率清兵入关以来,为了消磨汉族人的反抗精神,四处宣扬"好男不当兵,好铁不打钉"和"好死不如赖活着"的精神,谎言说了一千遍之后,就以真理的形式深深地扎根到每个普通百姓心中。尤其是视科举当官为正途的古代中国,只有走投无路了,才想着去当个兵吧。

所以,袁世凯从官二代一下子降到不得不当兵的境地,这对于一个出身上流社会的子弟来说,简直就是心理上和人格上的侮辱。

但是,通过阮忠枢一番透彻分析,袁世凯一下子从以前非要在北京上海找工作谋出路的思维中解放出来。

袁世凯一拍脑门儿,猛然间想到了养父袁保庆的铁哥们儿、淮军统领吴长庆,正在山东登州帮办海防。自己以前怎么就没想到这一步呢?

这可真是山重水复疑无路,柳暗花明又一村。

仿佛走过漫长无尽的狭窄通道,袁世凯眼前突然间一线天开,阳光普照。

人生就是这样,如果没有经历一种真正的痛苦、绝望、撕心裂肺,很难完成超越,很难跃升到一种全新的、更高的境界。

这是书本上学不来的知识,即使读到了,也根本没有实践中的切身体悟让人刻骨铭心。

小至一个人,大至一个国家,无论从哪个方面学习都不如从自己经历的挫折或所犯错误中学习来得快。

袁世凯回去后赶紧找到沈氏,说了自己的打算,沈氏也非常赞同,并把自己多年积攒的私房钱,送给了袁世凯。

看来,袁世凯的女人缘也是相当高的,不仅小时候就能协调养母和姨娘的复杂关系,还能在风月场上交到能倾心以待的人,着实不简单。袁世凯也没有辜负沈氏对他的一番真情,后来在朝鲜发迹时,把沈氏接到朝鲜去,做了自己的大姨太,地位仅次于正室。

袁世凯再也不等了,他痛快地洗去自己的满身尘埃,几年的屈辱、不平、冷暖一扫而空,仿佛都是为这一刻所做的隆重铺垫和准备。他在给家人的信中写道:"大丈夫当效命疆场,安内攘外,岂能龌龊久困笔砚间,自误光明耶!"

他深深地吸了一口气。这感觉,真好!

1881 年 10 月,袁世凯意气风发地离开上海直奔山东,投奔吴长庆。

龙灯花鼓夜,仗剑走天涯。从此,他真正找到了一条最适合自己发展的路,开始了他不平凡的军事、政治生涯,也彻底改变了他自己的命运。

这一年,袁世凯 22 岁。

初露锋芒

人生如棋。谁执黑执白、谁先手后手、谁出马出车,都不重要,重要的在于棋到中盘时,你对关键点的洞察力和对机会的把握程度。所以后人总结说,成功人士不是赢在起点,而是赢在转折点。少年的时光就是晃,用大把时间彷徨,只用几个瞬间来成长。关键时刻,就在于那么几步你是否走对。

袁世凯就是在正确的时间、正确的地点,选择了一条适合自己发展的正确道路,遇到了一个正确的人。吴长庆对他的特殊关心、照顾和培养,是袁世凯得以平稳起步、顺利发展、事业腾飞的关键一步。

1880年,法国入侵越南,清政府在各沿海地区加强了军备,吴长庆的"庆"字营奉命驻山东海防。吴长庆虽然是一员武将,但他喜欢招贤纳士,是淮军将领中比较重视人才的一位。在袁世凯到来之前,他帐下已经招了很多名士,最出名的就是后来的南通状元张謇,考上状元后却又下海经商的怪才。

张謇,字季直,1853年生,比袁世凯大六岁,江苏南通人,甲午战争那年的状元。吴长庆率兵入朝鲜时,他和袁世凯成为吴帐下一文一武的左膀右臂。此时他正在吴的帐下做幕宾,兼做吴长庆儿子的家庭教师。

吴长庆非常热情地接待了袁世凯这个故人之子,把他安排在营务处,参与管理军中的行政及日常事务,每月支薪10两。

朝中有人好做官,因为会有人给你重要位置,让你有机会得到表现和锻炼;有了一点点功劳那就是提升的资本;有了错误可以隐瞒,甚至可以换一种说法就变成成绩。袁世凯到吴长庆的军营中当兵,可以直接省去最底层的列兵、下士之类的阶段,直接在领导身边,协助领导工作。

古代文武科举盛行的时代,官是非常少的,一个县里,只有县长是科举选中的官,其他的幕僚、师爷、打杂的等,全是县令请来或雇来的,不是正式的官,至多称为"吏",其开支也不是国家财政负担,而是雇主自己掏腰包。最简单的区分,大概可以这样看,官主要是决策,吏主要是跑腿办事。

在军队中,能称上军官的也少得很,除了参将、副将、偏将之类的,其他的分不出是军官还是士兵来。反正是冷兵器,一指挥就冲上去群殴。中国人不是讲究"旗鼓相当""摇旗呐喊"吗?要的就是这个吓人声势。

所以,本是新兵的袁世凯,在营务处中,位置比普通士兵要高,但又不能算是军官。最让人羡慕的是,有老大罩着他,他可以放心大胆地干,而不至于被领导穿小鞋。

袁世凯终于找到了既让自己满意又能发挥自己才能的职业,成了一名职业军人。

经过找工作这一番折腾，年轻的袁世凯已饱尝人间冷暖，看尽世态炎凉。他明白了一个道理，要想得到什么，必须靠自己争取，也只能靠自己争取。

因此，他十分珍惜这来之不易的机会，工作十分努力，加上事事留心，人又聪明，很得吴长庆的喜欢。唯一让吴长庆觉得美中不足的是，袁世凯没有取得任何学历和功名。

老吴嘴上不说，心里却想：孩子啊，你怎么也得混个学历出来呀，要不然不是说我太偏私吗？拿一个没有功名、没有学历的人当宝似的捧着，没法跟下边交代呀！

终于，在海防前哨比较平静的时候，吴长庆便让张謇教袁世凯和自己的孩子们读书。毕竟是磕头弟兄的孩子，吴长庆把他当作自己的孩子看待。

本来是件大好事儿，一般人烧香求都求不来的，有老大罩着，有合适的位置，有工资、有地位，还和领导的孩子一起学习，并有一个一流的老师（这个老师后来在 1894 年就是国考的状元），这么多好事儿落在一个新兵头上，那简直应该像是天上掉下个林妹妹似的高兴才对。

可是，袁世凯却产生了严重的抵触情绪。袁世凯本来就不爱念书，兵书还行，但四书五经简直就是他的紧箍咒和催眠药，他的兴趣根本就不在这里。要只是当个收发文件写写公文文绉绉的秘书，他在潮州海关那里就当了，既稳当又实惠，还跑军营里来干什么。

袁家人血管里世代流的就是不安分的血液，尤其是袁世凯这样一个心比天高的人，你怎能让他也像普通文人一样，"消磨一代英雄尽，故纸堆中问死生？"

但是，吴叔叔又是一片好心，自己还不能说，更不好直接拒绝。袁世凯就硬着头皮跟着读书，但他的心却完全不在书本上，张老师给布置的阅读书目不看不说，留的八股作文也根本没心思写，让张老师也无所适从。

不过，后来能考上状元的张老师毕竟脑袋不空、眼睛不瞎，他发现，自己的这个学生虽然不爱念书,但头脑极其灵活,处事手法老到,特别是营中的事务做得井井有条,绝不是一个新兵能达到的水准,具有非常罕见、非常干练的办事之才。因此,张老师没有因为这个学生读书不好而看低他,相反,两个人逐渐成了朋友,许多话都可以私下里交谈了。

终于有一天,两个人谈到了袁世凯将来的发展问题。当张謇问他将来如何打算的时候,袁世凯叹了一口气,把自己憋了好多天的想法说了出来。

他说:我家有地种,有饭吃,我有老婆孩子,出来混绝不是为了养家糊口。眼看着列强在周边蠢蠢欲动,烽烟四起,本想请缨杀敌,一展平生抱负。但是,吴公却视我为书生,也没有慷慨让我上战场的意思,我可真是不想长期在这样的地方待下去了。

张老师想不到,平常像个小混混似的见书就头疼的袁公子,居然是个有理想有抱负的热血青年,不觉为之动容。

就在袁世凯整天头疼地对着书本儿、准备打退堂鼓的时候,一个意想不到的机会摆在了他的面前。

许多人成天抱怨着没有机会,感觉机会都像是围在别人身边转,尤其是领导把机会交给别人时,更是瞪得眼睛通红。其实,就像经商一样,当百分之七十的人都感觉这是一个好的赚钱机会的时候,它就已经不是机会了,扑上去就会赔死你。领导给的机会固然重要,但成功者往往善于抓住身边每一个稍纵即逝的机会,使自己脱颖而出。

袁世凯刚当兵的那一年春节,军营放假三天,领导和士兵当然是成比例地或休假或外出,没有外出的士兵就在营中聚赌。可是赌着赌着,偶然的三言两语不合,就争吵起来,加上大领导不在营中,事情就闹得越来越大,双方各有几十人参加,就动起枪互相射击来了。就在秩序无法维持、双方开始有人受伤的时候,营务处新来的小兵袁世凯得知了消息,拉大旗做虎皮,果断地带着领导的亲兵在查明真相后,假传统领的命令,把为首的肇事者就地正法,使事情很快平息。一群老兵油子居然让一个新兵蛋子给镇住了,简直是匪夷所思。要是一个普通的新兵,别说想处理事儿了,刚一露面就得一脚被老兵给踹趴下。

吴长庆回来后,袁世凯赶紧跑到吴叔面前,降低姿态,请求处分。吴长庆不但没有怪罪,反而夸他的权变和灵活处事能力。

遇事冷静,胆大心细,这样的人,不多见,可以在他肩上压压担子了。

从这一天起,袁世凯被提拔为营务处帮办,月薪 30 两,并配给了两名勤务兵。身份、地位和职务发生了明显的变化。

我们来分析一下这件事。从袁世凯的角度来看,他估计是兵书看多了,学会了先斩后奏。这些东西,可能是从书本上和唱戏中学来的。虽然事件得到有效平息,但并未标志着小袁的成熟,这是一个初出茅庐的小伙子的做事风格,直接、简单、不计后果。如果首领不是吴长庆,那么一个无权之人随意杀人,惹起兵变来,即便不是掉脑袋,也得发配充军做苦役。但是有了吴长庆撑腰,一切都变成好事儿了。一个危机的发生,"危"被小袁处理掉,剩下的,就变成了一个"机"会了。

而吴长庆呢,一方面可能是真的欣赏袁世凯敢作敢为的才能,　方面也可能是护犊子。反正一个人要是喜欢谁了,不管怎么做事对方他都喜欢,都有理。

所以,儒家经典文献《大学》中有句话总结:"人莫知其子之恶,莫知其苗之硕。"人总是觉得自己孩子没有缺点,总是觉得自己的苗不够壮硕。其实,造成这种现象的,不在于别的,全在于心理。前者是出于爱,后者是出于贪!

北洋大剧的第一幕暂时告一段落。

然而,精彩远远未结束。

因为——

朝鲜半岛那边发生大事儿了。

1882 年 6 月,朝鲜发生"壬午兵变",清廷派吴长庆率兵赴朝,袁世凯随同前往,从此开始了他在朝鲜 12 年的很不平凡的军政生涯。

此时的袁世凯根本想不到,一个更大的舞台正在前边等着他来尽情表演,这是他事业腾飞的真正起点。在这段漫长的实习期和政坛资格赛中,袁世凯交了一份合格的答卷。没有这一段经历,就没有后来袁世凯的小站练兵,也就没有北洋派在中国政坛的崛起。

第二章

收之桑榆

壬午兵变

阿基米德说过：给我一个支点，我能把地球撬起来。可是，他不知道这个支点到底在哪里。

但是上帝知道。

当上帝手里拿着长长的杠杆儿想撬动地球的时候，经常把那个支点要么选在中东、要么选在朝鲜半岛。小小的朝鲜半岛经常牵动大国的神经。远的不说，19 世纪日本想侵华，先在朝鲜半岛这里用足了力气，卷进了当时的世界大国俄国、大清和英国。20 世纪 50 年代发生在朝鲜半岛的战争，卷进了世界大国美国、苏联、中国，算起来有十七八个国家，谁也不宣战，反正就是低着头瞪着眼猛掐，把耳朵都咬掉了也不吱声。20 世纪八九十年代的朝核危机，同样吸引着几个大国的目光。

1882 年发生在朝鲜的"壬午兵变"，案情并不复杂，但背景却很深。

凡是东亚的事儿，你只要往那个一衣带水的邻邦身上一想，就啥都明白了。

朝鲜在历史上一直是中国的属国。1863 年 12 月，32 岁的朝鲜国王李昇突然去世，没有留下子嗣，就在外戚金氏集团在接班人问题上大动脑筋的时候，另一外戚赵氏家族抢先把传国玉玺抢到手，并与王族的旁支李昰应合谋，把李昰应年仅 12 岁的次子李熙扶上王位，他就是李氏王朝的 26 代王高宗。李昰应摄政，成了大院君（朝鲜把以支系继承王位的国王生父称为大院君）。

李昰应老成持重，与中国极力修好，但最大的特点就是专权。你看他选的儿子，是 12 岁的次子，就表明他有一定的私心，这和慈禧太后选光绪和宣统这样的小孩子当皇帝的道理是一样的。

国王李熙 15 岁那年，大院君又有意为他选了一位出身于败落家庭、家族人丁稀疏的闵氏女为妃，而闵氏又是大院君的内侄女。老头儿本以为自己可以把儿子和儿媳掌握在股掌之间，可让他万万没想到的是，他选中了一个日后脱离自己掌控的儿媳妇。

这位闵妃天资聪颖，通经史，懂权谋，尤其好读《春秋左传》，她的城府和心计一点儿也不次于他老公爹，后来大院君就栽在她的手里。她利用太后赵氏与大院君之间的矛盾，怂恿闵奎镐、赵宁夏等人与大院君的长子合谋，劝王亲政，使大院君日渐处于不利地位。

1873 年，也就是李熙继位十年的时候，大院君被迫归政。但此时他的好儿媳早已经悄无声息地布完了局，形成了自己的势力集团。李熙生性懦弱，大权很快就被闵妃及其亲信掌握。

对一个政坛宿将来说，你可以怀疑他的人格，但不可以怀疑他的智商。

居然被一个乳臭未干的黄毛丫头给耍了，是可忍，孰不可忍！

大院君决定重新组织力量，夺回失去的东西。

朝鲜高层的权力斗争，给了日本见缝插针的机会。

日本自从丰臣秀吉以来就确立了先征朝鲜、再进攻中国的总方针，以"一根筋"著称的日本人对此念念不忘。经过 1868 年的明治维新，日本人沉寂多年的野心又急剧膨胀起来，朝鲜自然就成了日本出兵海外的第一个目标，各种势力逐渐在朝鲜渗透和弥漫开来。

因为朝鲜一直是中国属国，所以日本人先在这上面做文章，鼓动朝鲜人：哥们儿，你自立门户吧，自己当家多好！不要啥事儿都听别人的，我来帮你好不好？朝鲜人此时还没意识到，当黄鼠狼主动给鸡拜年的时候，等待着鸡的将是一场厄运。

日本人决定先把朝鲜人放倒，架成一座肉板桥，然后好踩着他们的后背，一步迈过水沟，蹦上中国大陆。

1876 年 9 月，日本海军炮击江华岛，逼迫李熙签订《江华条约》，在釜山和元山设置了特别居留地，把持了行政权、司法权和免税权，给朝鲜的民族工商业以沉重打击。条约还以保护朝鲜为自主之邦的名义,否认中国对朝鲜的权利,开始对清朝试探性进攻。

1879 年 3 月,日本吞并琉球,将其改为"冲绳县"。

这一阶段,是清政府在费了九牛二虎之力扑灭太平天国起义和捻军起义之后,进入"同光中兴"的时期,此时的清政府正在如火如荼地推行洋务运动,不想中断这来之不易的稳定形势和改革,就对朝鲜江华事件采取了忍让回避的对策。

愚昧的清政府并不知道,和平不是让出来的,而是争出来的。毛泽东有句极为经典的名言:"以斗争求团结则团结存,以退让求团结则团结亡!"同样,以战争求和平则和平存,以退让求和平则和平亡!"打得一拳开,免得百拳来",当有一个人来向你无理挑衅的时候,你就要揍扁他,这样让想来找事儿的人心理上畏惧而不敢上。可是当许多人看你懦弱可欺,都觉得欺负你成本很低、代价很小,直到都鄙视你、都伸出拳头来打你的时候,你就麻烦大了。

清政府的退让,让日本人感觉到清朝软弱可欺,便得寸进尺,准备攫取更大的利益。而且,在重大利益上退让,等于是宣布自己理亏,默认人家有理。但是退让的最大后遗症,就是宗主国没有尽到保护之责,让朝鲜人大失所望,转而真的把目光投向了日本。

大哥光收保护费,却在需要的时候不来保护我们,我们另谋出路吧。

为了彻底排除大院君的影响,闵妃没有向中国靠拢,转而示好于日本,聘请日本教官训练"别技军",用来代替大院君创建的"亲军营"。没想到,这一下就钻进了日本人的圈套中,日本人得到了天赐良机。

闵妃聘日本人任教官,改革军制,把原来的军人裁掉,换上自己信任的力量。可是她到底还是年轻,事情做得太过了,原来养尊处优的亲兵卫队被大批裁撤,却没有妥善安置。没裁的经常欠饷,已裁的又没安排工作,这种情况到了 1882 年已经非常严重了。

李昰应又不失时机地告诉这些心怀怨恨的人:你们吃不上饭,原因在闵妃;闵妃与日本勾结,必须把她铲除,把日本人赶走。民族主义的情绪在朝鲜人心中燃烧。

1882年(清光绪八年,日本明治十五年)7月,在大院君的幕后鼓动下,欠饷士兵首先发难,外面的散兵游勇和游民揭竿而起,起义军纵火焚烧日本使馆,包围王宫,闵妃乘夜色化作宫女逃出宫去。大院君重新掌握了朝鲜政权。

得知朝鲜兵变,日本人大喜过望,马上准备出兵朝鲜,想趁机讹诈和大捞一把。

清朝驻日公使黎庶昌得悉这一消息,急电清廷;朝鲜的急报也发往中国;而正在天津的朝鲜专使金允植等也赶紧拜谒北洋大臣,请求中国出兵。

此时,直隶总督兼北洋大臣李鸿章因为母丧丁忧,朝廷准假百日,其职务由淮军大将张树声代理。张树声正想在李鸿章不在期间,做出点儿成绩,他马上奏请朝廷,拟派水师提督丁汝昌率军舰三艘,调淮军统领吴长庆率淮军六营开赴朝鲜。

出发之前,清廷举行会议磋商并经朝鲜特使请求,最终决定迅速出兵,迅速平叛,拘捕煽动暴乱的大院君。

牛刀小试

1882年8月20日上午8点左右,载有吴长庆6个营3000人的大清国兵舰抵达仁川附近的海面。此时,日本的船也到了。

双方就不用热情地打招呼了,游戏规则都明白,从仁川到汉城这铁人三项赛的资格赛,继续紧张进行。谁先跑到,谁就有发言权。

为了避免节外生枝,吴长庆和丁汝昌决定不在最初确定的仁川港登陆,兵舰绕到距仁川30多公里的南阳府海面上先抛锚,再另觅登陆地点。

面对这片陌生的水域,负责运兵的丁汝昌决定亲自去勘查一下路线和地点。

吴长庆一看,船上两个主将不能都跑出去当工兵啊,慰庭,你代我跟丁将军走一趟吧。

丁汝昌和袁世凯驾着舢板出发了。时间一长,正赶上落潮,他俩就光着脚板在乱石滩上走,丁汝昌这样的海军老兵啥事儿没有,可袁世凯却是在坚持着用他那双已经磨出血的养尊处优的脚在行走。这让丁汝昌对这个公子哥有些刮目相看了。

经过仔细勘查,最后确定在马山浦登陆。丁汝昌带一部分人在军舰上警戒,保证清军的后方和退路的安全。

吴长庆命令先锋营营官,在次日黎明之前,3000 人马必须全部登陆集结完毕。

就在这个时候,先锋营的营官报告说,士兵们不习航海,水陆两栖,白加黑,长途加漫游,晕船的太多,饭一口也吃不下,能不能休息休息再行动啊?

可是,吴长庆的眼前,一直晃动着的,是仁川港那迎风作响又非常刺眼的太阳旗。兵事如水火,差一刻都可能让日本人抢先到达朝鲜首都,那就前功尽弃了。

吴长庆大怒:不想干你就回家待着。撤掉先锋营营官,命袁世凯率领先锋营,火速部署登陆事宜。

袁世凯正愁没有机会表现自己呢,不知道他怎么捣鼓的,只用了一个时辰,先锋营就已经在岸上合适地点安好营扎好寨,迎接后续人马上岸。吴长庆没想到这小子不仅是个好参谋,更是个指挥的好手。

让吴长庆没想到的事儿还多着呢,在随后的日子里,袁世凯几乎天天都在刷新着吴长庆对他的认知。

文官不贪钱,武将不怕死,这样的官儿,能力再低,也是好官儿。否则,再有能力,于国于家,都不是什么好事。很有可能,这样的人能力越强,对国家越有害。

清朝的军队在太平天国时期就显露出了极端腐朽的势态,捞钱倒是把好手,打仗却根本不行。然而,取代八旗、绿营崛起的湘、淮两军,随着太平军和捻军被镇压后,也迅速走向了腐朽。

到达朝鲜的官兵将弁,天高皇帝远,纪律也日渐松弛。

几个兵痞认为:老子撇家舍业,到这里来替你们卖命,拿几个钱,玩几个女人,算什么大事,就当是犒劳爷了。

于是,大街上,随意抢夺朝鲜人财物的情况经常发生,甚至发生了奸淫劫掠的事件,这引起了朝鲜人对"天朝上国"的官兵的极度反感。局面如果这样发展下去,将使大清国处于非常不利的地位。

袁世凯看在眼里,恨在心上,从兵书史传中学来的东西又让他跃跃欲试了。他主动找吴长庆,提出要整顿军纪。吴长庆命他为总理前敌营务,负责军纪纠察。拿到令箭的袁世凯从营中抽调一批素质优秀的士兵组成执法稽查队,由他亲自率领。第一次巡查,稽查队就直接抓了7个违纪士兵,当场让他们的脑袋搬家,这才逐渐扭转了入朝官兵的恶劣形象。

不过,袁世凯好像是杀人上瘾了。

一次,吴长庆的一个亲兵犯了法,正好被袁世凯给逮到,吴长庆赶紧来到袁世凯的办公处,坐在那里不走,边喝茶水边拉家常。袁世凯明白是怎么回事了,他说:大人,您先坐会儿,我去趟厕所。过了一会儿,小袁从外面回来,告诉吴长庆说:您别等啦,我已经把他的头给砍下来了。

砍人那天,小袁不知喝没喝二锅头。反正胆很壮,手挺狠。

吴长庆到底还是有统领风度的,他哈哈大笑说,好,好,好,为将之道,就当如此。又一次原谅了小袁的冒失和不留情面。朝中有人,就是好做官啊。要不是有这重关系,袁世凯脑袋能否保住还难说呢。

吴长庆回去后,警告身边的亲兵:你们做事可要当心啊,违法乱纪的事儿可别叫袁世凯给碰上,否则,我也不一定保得了你们。

全军悚然。

8月25日,清军终于在陆地上抢先日本人一步,抵达了汉城南郊。

吴长庆等主要将领造访大院君,双方会谈和谐,约定第二天大院君回访清军。大院君万万没想到,等待着他的是一场鸿门宴。

大院君如约回访。按照预先制定好的方案,清军把大院君的亲兵挡在外面好酒好肉地招待,而走进内间的大院君,直接被早已准备好的清军塞进轿中,从后门押出,星夜赶往清军兵舰,直接送到保定的直隶总督府。这一关押,就是好几年。

诱捕大院君之后,清军应国王李熙之请,分路围攻起义的士兵和贫民,清军的热兵器很快就占了上风,没费太大力气就平定了朝鲜的叛乱。

日本军队慢了半拍儿,朝鲜国内局势的迅速稳定,让日本没有了用兵的借口。

9月，清军和朝鲜军队一起，找到流落民间的闵妃，由袁世凯护送其返回王宫。国王和闵妃大为感激，闵妃发现，原来清廷的人比日本人可爱多了，渐渐与清朝的关系密切起来。

这次平乱事件有一个环节出了重大纰漏，但当时的人并没察觉出来。

力主擒拿大院君，现在没查到是谁出的主意，是朝鲜特使，是代理北洋大臣张树声，还是吴长庆或袁世凯？

清廷捉拿大院君，擒敌先擒王，却没有考虑其他更复杂的因素。这是从维稳角度出发考虑问题的，但实则是一个非常短视的功利行为，而且肯定是情报没摸清。这件事带来了极大的后遗症。

首先，大院君是与清廷走得最近的，而闵妃是亲日派，清廷当时只看到大院君挑动了暴民的动乱，所以就把他捕捉了起来，这个逻辑太直接，这样就把亲日的推上了台，把亲清的给整下了台；其次，直接把一国之君的生父给扣到异国他乡，这对于国王本人和臣民来说，在感情上，永远都是一个疙瘩，而且，后来局势发展确实验证了拘捕大院君这一策略的严重失误。因为几年后，把大院君送回朝鲜，大院君由一个铁杆儿的亲清派，变成了坚定的反清派。

不过，不管怎么说，清廷出兵平乱，控制了朝鲜局势，让日本人的阴谋没能得逞，也算是取得了圆满成功。当年10月，清政府下诏嘉奖有功人员，吴长庆以"治军严肃，调度有方，争先攻剿，尤为奋勇"等，把袁世凯列为头等功上报北洋大臣。又经李鸿章和张树声联名保奏，袁世凯赏顶戴花翎。从此，"袁世凯"这三个字，开始进入了朝中最有权势的大臣李鸿章的法眼中。

这一年，袁世凯23岁，当兵刚满一年！

扬名

袁世凯天生就是做领导的料，他头脑冷静，遇事果断，下手决绝，在平定"壬午兵变"中，他的组织才能得到充分展现，这不仅得到了吴长庆的重视,也引起了朝鲜国王李熙的注意。

国王看到自己的禁卫军这么不堪一击,在清军面前简直就如同遇到老鹰的小鸡。所以他亲自到吴长庆的营中,要求借这位只有一年兵龄的袁世凯帮他训练国王的亲军。

兄弟单位,应该共建嘛。

11月,在征得李鸿章同意后,吴长庆派了袁世凯等3人帮助国王训练朝鲜新军。这也算是为袁世凯日后的小站练兵做一次预演。

袁世凯亲自挑选,组织新建亲军,并由清军拨给了一些枪炮,按照淮军的编练方法进行操练,未出两个月,这支军队便指挥有度,进退得法。朝鲜国王满意极了。

袁世凯春风得意,未忘当兵前的诺言,派人把在上海的红颜沈氏接来朝鲜。朝鲜国王和王妃又锦上添花,把王妃如花似玉的表妹金氏嫁给了袁世凯。袁世凯毫不含糊,精力过人,同时把金氏的两个陪嫁丫头收为姨太太,不过,让人匪夷所思的是,对这三个朝鲜女子,袁世凯不是按其出身定名分,而是按年龄,结果却是其中一个陪嫁丫头还位居王妃表妹之上。可怜的金氏,一生郁郁寡欢,却为袁世凯生下了一个极聪明的儿子,就是号称具有曹植之才、民国四公子之一的袁克文。

在清军平定朝鲜叛乱后,吴长庆即奉命留驻朝鲜,成立驻守朝鲜的清军司令部。在这个司令部里,吴长庆是最高统帅。他有文武两大幕僚,武的就是袁世凯,这时袁不过24岁,可是吴长庆所有的军事事务莫不由袁做主,等于是今天的参谋长;文的事务则由南通状元张謇(季直)做主,等于今天的秘书长。就像《三国演义》中的孙权"内事决于张昭,外事决于周瑜"一样,吴长庆的军中,内事决于张謇,外事决于袁世凯。袁世凯,这个小新兵,此时已经成了驻朝清军中举足轻重的人物。

19世纪80年代,清朝被迫在朝鲜抵抗日本压迫的同时,也在越南抵抗法国人的进攻。朝鲜和越南都是中国的藩属,可是大清帝国已逐渐无力维护宗主权了,越南的中法军队已兵戎相见了两三年。因此,光绪十年(1884),当中国和法国在越南争斗已达巅峰时,清朝不得不作紧急的应变准备——集中能够作战的军队以及能够出征的老将,于是把驻朝统帅吴长庆从朝鲜召回,担任防守辽东海防的重任。朝鲜的军务分别交给三个将领负责:袁世凯接管"庆字营",其余二将是提督吴兆有和总兵张光前。

袁世凯成了驻朝三主将之一!

一个年轻人,骤得大权,心态上也随即发生了很大的变化。袁世凯掌权后,也再不像刚进军营时那样处处虚心学习了,说话口气也大了,仿佛天地都在他的掌握之中,他和自己的老师张謇在这个时候也有了嫌隙。

事情大概是这样的,袁世凯随着地位的提高,"宁做百夫长,不做一书生"的心理开始膨胀,渐渐目中无人起来,看不起教书先生了,对张謇的称呼也发生了戏剧性的变化,从最初的"老师""先生",慢慢地变成了"某翁",最后干脆变成了"某兄"。这让张謇十分尴尬和生气,写了一封措词尖刻严厉的长信,虽然读书人骂人不带脏字,但对袁世凯这种"子系中山狼,得志便猖狂"恶劣态度的不满已经溢于言表。二人从此绝交了十多年,互不说话,形同陌路。

不过,除这些小节之外,袁世凯在朝鲜的表现还是非常值得竖大拇指的。

接下来袁世凯身边发生的事,虽然处理起来非常棘手,但在小袁的周旋下也得到妥善解决,这些都为他日后进入政坛加足了分。

"壬午兵变"后,朝鲜政坛上层公开分化为亲清的稳健派和亲日的独立派,稳健派以闵泳翊、金允植等为首,主张维持与清政府的传统关系;独立派以朴泳孝、金玉均等为首,主张依附日本支持,使朝鲜独立。两派明争暗斗,势同水火。在清军主力撤出朝鲜后,独立派在日本的支持下,加紧酝酿新的政变。

一个更大的危机摆在了袁世凯的面前!

而这一次,袁世凯将以主角身份亮相!

1884年冬,朝鲜都城设立邮政局,独立派就要在邮局落成典礼宴会的时刻,发动军事政变。

朝鲜人、日本人和中国人思维习惯差不多,都喜欢在吃饭时搞点事儿。

按照预定计划，亲日派准备在 10 月 15 日邀请清军三营的营官前来喝酒，然后在席间扑杀三位清军将领。

想来是朝鲜人和日本人没少听中国的评书，在他们的脑子中，勾画了一幅鸿门宴的妙景，"埋伏五百刀斧手于帐后，以摔杯为号！"

只是，他们没想到对手是谁。

中国人，天生就有一种对自身的危机感，以及对别人的不信任感——防人之心不可无嘛。

三位营官根据事态的发展，早就猜到了这个可能的进程。不过，袁世凯的胆子更大些，不爱读四书五经而爱读《三国演义》的人，都知道关云长单刀赴会的豪气。

于是，亲日派的朝鲜人和日本人惊讶地看到，其他两个清军营官守着大营没动，而袁世凯却提前一小时出现在宴会上，让这些想搞暗杀却还没来得及布置完会场的人手足无措。

袁世凯就这样大摇大摆走了进来，当然他怀里揣着利器，又大口喝了几口酒，随即拽着朴泳孝的手，有说有笑，指指点点地走出了刀光剑影的大帐，从容纵马回到了军营。

没杀成清军将领，场子倒被砸了。

不过，既然双方没有真正撕破脸皮，而这场戏的戏台都搭完了，必须得接着演下去。

亲日派在日本人的怂恿下，并没有善罢甘休。

17 日，邮局落成当天，邮局总办遍邀政府大员、外国使节以及中国驻朝商务委员陈树棠赴宴。日本公使竹添进一郎却没来，实际他是等着宴会起事后，好带兵入宫。

宴会进行到一半，政变开始，稳健派大臣措手不及，闵泳翊被刺，外面放火为号，蓄谋已久的政变正式开始。

金玉均进宫谎称清兵作乱，逼迫国王下诏让日本公使率兵保卫。因此，日本公使带兵直闯朝鲜王宫，说是受"韩王之请，入宫守卫"，在内线的指引下，顺利占领了朝鲜王宫。独立派还矫诏处死了稳健派的六大臣。

袁世凯听闻兵变,意识到问题的严重性,一面发报向李鸿章请示,一面准备带兵解救朝鲜国王。

这一次,没有吴叔叔在身边撑腰,袁世凯知道,真正考验自己、检验自己平时所学本领的严峻时刻到了。

以命相赌的艰难抉择

"河南少林功夫"和"日本武士道",终于在战场上相遇了。

到底应该怎么办?

从正常而稳妥的思路来看,此时应该加紧向朝廷和北洋大臣请示,同时按兵不动、静观其变,做好二级甚至是一级战斗准备。这样,即使下一步局面失控,也不会有自己的责任,那就是国家之间的交涉问题了。对于一般的官僚来说,这是"老成持重"的解决问题之上策!

可是,战场局势瞬息万变,如果走正常的程序,等着北洋大臣的指示和批复回来,狼一样的日本人必然是已经牢牢地控制了朝鲜王宫,挟天子以令诸侯的把戏必然急速上演,日本人必然威逼朝鲜国王下令驱逐清军,宣布朝鲜独立(实则为日本的霸占做好不受清军干涉的法理准备和事实准备)。抢占了别人的领土,再想要夺回,就得刀兵相见,使现有格局重新洗牌。以清朝"后发制人"的战略策略,觉得这样做应该是有"理",能够获得国际舆论的同情。

没有什么比选择更让人痛苦的了,关键时刻的抉择,是对一个人知识、智慧、耐力、道德、承受痛苦的能力等综合素质的考验。

一面有地雷,一面没有地雷,你又明确地知道哪面最安全。你可以选择无地雷的一面,这样能很好地活下来,但也可能被后人骂为白痴。你也可以选择有地雷的一面,这样可能不是被炸死,就是被自己人的暗箭射死,但也可能成为英雄。

这不是出风头的时候,而是生与死的选择!

一个没有责任感的军人,一个顾着自己保命的军人,肯定会选择安全的一面。

这个时候,袁世凯最难下决心了。虽然读书是他最头疼的事,但他这个时候,宁愿捧着书本读一辈子,也不愿做这个决策,因为摸不准国家的战略意图,弄不好,自己吃饭的家伙就没了。清军受列强欺负多年,到底有没有能力为海外属国大动干戈,舍不舍得中断国内轰轰烈烈的洋务运动大业,是个未知数。而如果不动刀兵,朝鲜就会这样被日本人抢走。

但是,如果不经请示或未等明确答复,袁世凯就擅自行动,这本身可是杀头之罪,即使立功了,也捞不到一点儿好处。

某些人用舌头杀自己人的本事,可比用刀枪杀敌人的本事强出数倍、数十倍。在干部升迁过程中,动手动脚的,多数不如指手画脚的得到的实惠多。

难道就这样眼睁睁地看着日本人大摇大摆地抢占这块土地而无动于衷吗?国家花钱养了这么多年兵就是任人宰割的吗?我们是来朝鲜看热闹的吗?

任何一个有血性的军人,都很难容忍。袁世凯也不服气,明明可以通过努力争取到的事,为什么要退让?

袁世凯之所以下不了决心,是因为他脑海中一直反复地问:军人的天职是无条件服从吗?不,军人的天职是保卫国家利益不受侵犯。苟利国家生死以,岂因祸福避趋之!

不行,这样做,我绝不甘心。退一步讲,即使我袁世凯真的因此杀头,也不能让倭寇瞧不起。

脑袋掉了碗大的疤,有什么了不起,老子二十年后照样是条好汉。

干!

此时北洋大臣的批复没回来,这么大的事,其他两个营官坚决不同意,涉及两国之间的交战,无论如何,不是由我们小人物说了算的。看来,别人指不上了,那我也干,出了事我兜着。你们在后面护好大本营就行了。

对于打拼在路上的人来说,最宝贵的莫过于机会,抓住了,你就是万民敬仰的王;抓不住,你就是万人唾骂的寇。

与其坐以待毙，不如奋起反抗。

在两军对阵的关键时刻，谁最先冷静下来，谁就有了取胜的条件。

袁世凯把这些东西从头到尾细细地想了一遍，又想了一遍，确保每一个环节都考虑到，再也想不起来有什么需要补充的了。

他站了起来。

袁世凯不搞长篇大论，他只是威严地扫了一下大家，威严到让人感觉极度压迫而喘不过气来。然后，说了几句话：我们奉命镇守朝鲜，这个地方丢了，我们也没命活着回去，横竖就是个死，你们能忍心眼巴巴地看着这块土地被别人吞掉吗？

不能！

那好，就这样吧，抄家伙！

有倭无我，有我无倭。不是他死，就是我亡！

揍他个兔崽子！

所谓决策，就是赌，是根据已有的信息加上自己的判断进行的赌。两国之间，有人说战争打不起来，有人说战争马上打起来，其实都是在拿国运进行一场豪赌。

袁世凯倒不一定想到是国运之赌，但他的确是把自己的命赌上了。

与此同时，日本也在紧紧地盯着清军的一举一动，精心思考和计算着每一步。

日本人通过经常与清政府官员打交道，逐渐总结出了一套清朝官员的行事规律，也就摸索出了一套对付官员的手段。

他们发现，一旦有了事情发生，清朝官员首要做的不是解决问题，而是以保证在自己任上不出乱子为原则，否则，事情办得再好，他们也会丢官。只要不出乱子，他们的位子就能保住，"无灾无难到公卿"，向上汇报的时候，这叫解决得圆满妥善。出了乱子，就是激化矛盾，而清政府官员并不善于解决矛盾。

日本人与清朝官员打交道的经验害了他们，他们认为，清军将领不会主动出击，仍然只会层层上报，等待北洋大臣的批示，而到那个时候，日本政府和日军已经妥善地控制朝鲜京城了。

木已成舟，清政府肯定舍不得中断正在进行的洋务运动这场改革，日本人相信清军不会主动出击。

只是，当他们遇到袁世凯的时候，这一切全变了。

日本人一贯精细，但这次关于袁世凯的情报分析有误。通观袁世凯从小到大的表现，日本人认为，他只不过是个提笼挂鸟的花花公子、纨绔子弟，没上过学，靠着亲戚当上兵，又是靠山提拔他当上了官，各种资料都显示，袁世凯没什么能耐，没什么可怕的。

他们太不了解袁世凯。

袁世凯没受过正统的教育，也没进过官场，他是一个不按常规出牌的人。

不按常规出牌，不在乎表面的名分，达到目的才是关键。

袁世凯深得他的老乡岳飞兵法的精髓，岳飞对兵法的运用之妙，存乎一心，说白了，就是不按常理出牌，自己都不能确定往哪里攻、哪里守，觉得哪里好打就打哪儿。

其实，高明的领导者、军队统帅，都喜欢玩这一套。领导者们经常饮食无度，起居无常，喜怒哀乐让你猜不透，也是这个理儿。曹操不是对外宣布自己梦中都可能起来杀人吗？就是不想让别人摸清自己的路数。不管是将帅还是官员，自己路数被别人清楚地掌握了，离死期或是被拱下台的时候也就不远了。

不按常理，便是军事上最大的常理。

袁世凯在几次实战中，逐渐把握了战争和政治的初级规律，从捧着兵书苦读转到了残酷的战争中来。

是丛林法则改变了他，成就了他。

知己知彼，百战不殆；不知彼而知己，一胜一负；不知彼不知己，每战必败。

从这个角度上说，袁世凯实在是日本的一个难缠的对手。

时间就是生命。

如果等国内的指示反馈回来，就怕朝鲜国王受日本胁迫，叛军矫王命而诛杀清军，这会使朝鲜完全脱离清朝而受日本控制。另外两个营官主张等李鸿章的命令。袁世凯当机立断,决定不等清军援兵,自行带兵入宫,驱逐日本人,救出朝鲜国王和王妃。

此时,驻朝的日军并不多,优势在清军一方。袁世凯初生牛犊,带着一千清军直闯王宫,另五百军殿后。日军和受胁迫的朝鲜军兵枪炮齐发,还在清军入宫的路上布下了地雷,这都没能挡住袁世凯的步伐。

虽然有地雷迟滞清军前进,但日本的竹添公使一看不是袁世凯的对手,就把朝鲜国王强行带出王宫,后来国王被清军救下。

日本公使又自焚使馆,把罪名加到袁世凯的头上。是你先开的第一枪,是你烧了我们的使馆。

出了事,肯定是你的责任,由此顺延到你盟友的责任,最后总账还是算到你头上。

其实,没有证据的时候,自己制造证据这个主意是不错的,这是日本人的惯用伎俩,何必非得等着谁开第一枪呢?有机会要上,没有机会时,也要善于制造机会上嘛。日后的九一八事变、七七事变,都是日军谎称日人失踪,要进中国军营中搜查而挑起的。后来,希特勒也用了这一招,纳粹入侵波兰之前,在德波边境,一支德国党卫队化装成波兰军人,制造了所谓波兰军队袭击德国的事件。随即,德军2500辆坦克、2300架飞机、150万大军,像蝗虫一样黑压压地向波兰扑了过去……

吓都能把人吓死。

后来的史学研究认为,如果不是袁世凯在朝鲜的当机立断,中日两国在战场上正式相遇,可能就不是十年之后的甲午战争,袁世凯使两国交兵推迟了十年。

河南少林功夫,对日本武士道,第一回合,少林代表队获胜。

"袁世凯"这三个字,也让日本人认识到了天朝还真是有能人。袁世凯的资料,也正式进入日本间谍的眼睛。《一个日本记者笔下的袁世凯》一书,就是日本间谍搜集的袁世凯从当兵到当总统前的详细资料的总结及分析。

友邦人士,莫名惊诧。

这个年轻人,这么难对付吗?

必须设计除之。

这样,年轻的袁世凯为他的勇于承担遭遇了政坛的第一次波折。

清日天津谈判

竹添公使跑回日本后,诬蔑袁世凯无故挑起事端,攻击日军,伤害日商,焚日使馆,破坏中日两国的"友好"关系。日本以此为借口,向清政府施压。

日本为什么如此怕年仅 26 岁的袁世凯,以致非要除之而后快?

行家伸伸手,便知有没有。

高手出招真的不一样,日本人看到袁世凯的遇事之忍,出手之狠,善后之稳,意识到他绝对是个劲敌。

从《一个日本记者笔下的袁世凯》中透露的只言片语可以看到,当年的电讯业刚刚起步,还很不发达,袁世凯与北洋大臣的往来密电,中间要经过多重周转才能送达,尤其是要通过西洋国家之手(就像互联网兴起时,终端服务器在美国一样),而日本在间谍方面是极用心的,他们出重金悄悄购得了袁世凯与李鸿章往来密电,尤其是袁世凯率兵冲进朝鲜王宫之后向李鸿章汇报并提出的下一步处理意见的密电。这封密电被日本人得到,使日本在兵败的不利情况下,暗中抢得了先机,捞到不少好处。

从这封信中,我们可以领教一下当年袁世凯处理事情的手段:

首先,朝鲜亲清派向袁世凯求助,这就是法理依据,师出有名。袁世凯明知道日本人贪婪,向占据王宫的日本人提出要求日军退出的问题是不会有结果的,但袁世凯却仍然正式致函日本公使,日本人置之不理,又派一个兵弁持名片和信件前往,被日本人射杀,这才率兵直冲王宫。这叫先礼后兵。

其次,救出朝鲜国王后,朝鲜王不敢回到王宫居住,袁世凯又将其暂时移驾清军营中,并果断派兵维持都城的秩序,这就占据了有利的地位。

同时,袁世凯向李鸿章提议,日本都能把琉球据为己有,我方何不把朝鲜按照清朝行省对待？具体政策可以有所不同。否则，日本人蠢蠢欲动，司马昭之心路人皆知，如不先下手，早晚为日本所图，这块地方就会成为我方的心腹大患。

李鸿章收信后，开始筹备事宜，并派吴大澂、续燕甫为钦差查办大臣，带兵舰两艘前往朝鲜，根据事态发展情况，择机处理。

日本人买到这则密信后，大吃一惊，针对这三条狠招，赶紧摆出了对策：

其一，派井上馨为全权大使，抢在清朝钦差大臣之前，率兵直抵韩京，与朝鲜政府谈判，不打了，咱讲和。不过你必须赔点款吧，谁让你们把使馆给烧了啊。别管谁烧的，反正使馆受损了。你必须给钱，要不然我方太没面子了。

其二，继续增兵施压，拉出想打架的架势，让清朝钦差大臣不敢轻视。

其三，在报纸上公布袁世凯与李鸿章往来信件的核心内容。

刚刚登上朝鲜半岛的清朝钦差大臣，一看己方的许多计策已经泄露，只得以查此次变乱为由，草草了事。

从此，日本开始对密电保持高度关注。正是依靠对信息的把握，十年后的甲午战争中，日军才顺利地一举击败清朝陆海两军。当我们今天全在评论当年清军如何无能、如何不堪一击的时候，其实不知道，幕后的猫腻才是决定两国军队胜负和国运的关键。

日军通过截得的清军情报，总能在恰当的时间、恰当的地点，集结恰当的兵力与清军对抗，清军处处被动，其实不是清军无能，而是——

清军在下明棋，日军在下暗棋。

如此下法，不可能不输。

这一次事件，日本人要求清朝必须查办袁世凯，是他使两国关系发生了"不愉快"。而清政府和清军内部，也有人对袁世凯的少年得志心存不满，便趁机攻击他"擅启边衅"，惹是生非，任性妄为，把外交关系和国家置于不利的被动地位。

这一时期，清朝正陷入中法争端的泥潭，不愿也无力与日本撕破脸皮,加上袁世凯是个小官,犯不上为了一个小官而使两个国家过不去。

而且,从清朝官员的处事习惯来看,只要事情当时有了"圆满"的解决,不管后遗症多大,处理事件的人都能获嘉奖;相反,即使你再忠心为国,但你不能妥善解决麻烦,那也是无功而有过之人。

清朝官员不知何时养成的这个毛病,利则相攘,患则相倾。一件事发生后,不管对错,先整自己人,以免此人太狂,以后不听招呼。弄得人人不敢负责,层层汇报,想让大家一起来负责。可是,到最后出事时,却查不到谁来负责,只得拿勇于任事者祭旗。如果这件事是好事儿,那八竿子打不着的人都会来争功。

伏尔泰曾言,雪崩时,没有一片雪花觉得自己有责任。

大家共同负责,就会演变成大家谁都不负责。

此风的长期浸润,就使中国官场形成了喜欢口号式的摇旗呐喊而绝不主动做事的坏习惯。

"擅启边衅"这个罪名可不小,意思就是说他未经上级同意,就破坏了中日两个国家之间的友好关系。又有人奏说袁世凯妄自尊大、乱改章程、蓄养官妓等。袁世凯心灰意冷,心想不如避开风头,于是以养母牛氏重病为由,要求回国归乡。请辞获准后,他终于离开了这个是非之地。

其实,今天我们回过头来看,袁世凯能够生存下来,与李鸿章的暗中帮助是分不开的,李鸿章对袁世凯确实是恩遇有加。毛头小伙袁世凯的误打误撞,正好配合了李鸿章在国内的发展战略和外交平衡战略,因为如果此时没能按得住日本,清军就会同时在南方与法国、在东北与日本战场相遇,那是更应付不了的。

袁世凯此时被查处,以及打发回国,一方面,李鸿章是暗中维护;另一方面,可能李大人也觉得袁世凯有点儿狂,处事任性妄为,先敲打他一下,冷他一下,以后需要的时候再任用。袁世凯是一块好玉,但还需要继续打磨。

1884年冬,清朝派来查办袁世凯和处理两国关系的大臣,晋谒朝鲜王,转达清廷意旨,劝朝鲜要忍耐,顾全大局,小不忍则乱大谋嘛(不过,谁也不知道这个大谋是什么)。同时把袁世凯驻守王宫的军队全部调回本营。这样自认理亏的处理办法，让日本人得寸进尺，向朝方提出了更加苛刻的条件。由于朝鲜的外事属于清政府，查办大使也决定不了，所以谈判决定改到天津进行。

而清政府为了不冲击洋务运动的近代工业化进程，不想因为朝鲜问题与日本剑拔弩张，使国内的洋务运动失去稳定的周边环境。因此，中日天津谈判，清朝采取了息事宁人的原则也是必然之事。只是，当时中国缺乏职业外交家，中日天津谈判，让清朝傻傻地置自己于不利的地位，而当时却没人明白。但日本人却非常明白，十年后的甲午战前，日本就巧妙地利用了《天津条约》中的条款。

1885 年初，伊藤博文来天津解决中日冲突问题，清朝方面派李鸿章为全权大臣，两国在 4 月签订了《天津条约》，规定两国同时从朝鲜撤军，谁也不派人训练朝鲜军队，以免引起误会。但条约的要害之处为：今后朝鲜如有重大事件发生，派兵去朝鲜之前，要互相照会，和对方打个招呼，事定即撤兵，不许留防。

甲午战前，日本就是在这一条上做足了文章。朝鲜有事发生了，清军出兵了，跟日本打了招呼。于是，日本也出兵了。事情平定后，清军乖乖地履约，撤出了朝鲜，而日本兵却源源不断地涌上朝鲜国土……

而这个派兵前的"互相照会"，其实就是使日本取得了和清政府在朝鲜的同等地位，朝鲜，从以前的大清宗主国独立支配，演变成了中日两国共管，在国际法权上，日本占了大便宜。

日本人当年总结清朝的外交，用了十个字：非野蛮无理，即拱手听命。

清朝的官吏，在内部争权夺利的时候，一个个鬼精鬼精的，但一旦涉及对外事宜，便蠢到了愚不可及的地步。当你仔细品味一下对外交涉的诸多事宜，你便哭笑不得。

对内精明，是有小聪明；对外愚蠢，是无大智慧。

在老鼠面前，猫也终于找到了虎的感觉。

"一日之苟安，数百年之大患也。"南宋思想家陈亮在《上孝宗皇帝第一书》中的这句话，说得太准了，讽刺得太好了。

独当一面

《天津条约》签订后，中日两国相继从朝鲜撤军，热闹的半岛骤然冷清下来，给了第三方以可乘之机，"北极熊"发现了猎物！

沙俄的势力开始渗入朝鲜。

而朝鲜看见清朝这个主子软弱不可靠，也有心与沙俄往来。

清朝的和局出现了重大纰漏，主持北洋事务的李鸿章又一次面临困局。

袁世凯的思维是很灵活的，嗅觉是很灵敏的。在国内的他也没闲着，他知道李鸿章大人对他的印象不坏，他也知道只有牢牢靠住这棵大树，自己才能得到更大的机会。

在政治上，真正得一人之心者，可得天下也。反复投靠不同的主子，虽然可能一时获利，但最终会被所有人抛弃。

袁世凯一面通过叔叔袁保龄积极结交李鸿章身边的各类人物，使他们能在无意中向李大人说起自己的好，一面把自己在朝期间的所思所得，以及当前的半岛局势问题，写成条陈，上达李鸿章。袁世凯俨然成了朝鲜问题研究专家，且有丰富的实践经验和阅历。其要点大致如下：

第一，朝鲜臣民本来就受日本人蛊惑想独立，而今天我们的兵将全撤，再也没能力扼制独立派。

第二，朝鲜国王本来就生性懦弱，最易受人蒙蔽，沙俄势力的进入，使其很容易受到俄国人的愚弄。因此，必须考虑在朝设立监督机构。

第三，我们现在在朝鲜只设商务委员一职，由陈树棠担任，当遇到外交事务时进退不得，这样的自缩权力，为各国所轻视。所以应该仿效元朝，派大臣监国。

第四，应该把扣在国内的大院君送回朝鲜，他有智谋和雄才，通过政治平衡，能够阻挡闵妃集团投靠俄国的倾向，如果能晓以大义，充分利用矛盾，那么朝鲜局势的稳定对于大清是有利的。

处在不利局面之际，袁世凯适时得体地展现自己才能，终于给自己重新赢得了受李鸿章关注的机会。

这个主意提得不错,李鸿章动心了。

李鸿章与众人商议之后,决定先把大院君送回朝鲜,而护送之人,非袁世凯莫属,只有他才熟悉各方事务,且有权威向国王、闵妃、大院君三方施压。

1885年9月,李鸿章在与大院君充分谈话之后,又向袁世凯面授机宜,派袁世凯送大院君回国。袁世凯在大院君面前极力说明自己在李鸿章面前的大力保奏,并让大院君盟誓,这才向朝鲜进发。

到达汉城后,袁世凯又经过了一系列矛盾排解和斡旋活动,至少在表面上不能让闵妃把握的朝鲜排斥大院君,这才回国复命。

只是,让李鸿章和袁世凯始料未及的是,大院君已经不再对清朝感激和听命了,而是心怀怨恨,因此,这一策略并没有阻挡朝鲜脱清亲俄的步伐。

李鸿章也感到了这一问题的严重性,于是,在袁世凯圆满完成任务回国后不久,他就向总理衙门保奏袁世凯,让袁世凯"办理朝鲜交涉通商事务","交涉"就是要"预闻外交之意",比以前的驻朝商务委员权力大多了。

10月30日,清政府正式任命袁世凯为"驻朝总理交涉通商事宜"的全权代表,加三品衔。从此,袁世凯成了清政府驻朝最高领导,其实质就相当于他在给李鸿章的条陈中所说的"监国大臣"。

这一年,袁世凯刚刚26岁。如果从其兵龄和资历来看,只相当于军队中的一个初级士官,或者一个连排级干部。

这个提升速度是火箭级的,在近现代历史中,除了袁世凯,大概只有林彪和他的儿子林立果是这个速度了。林彪18岁进入黄埔军校,23岁当上军长;他的儿子、"老虎"林立果,一年兵、二年党、三年副部长。袁世凯差不多就是这个速度。

有了尚方宝剑又掌握实权的袁世凯,携西文翻译唐绍仪,正式在汉城成立公署,走马上任。

唐绍仪,广东人,1859年生,1874年首批赴美幼童留学生,毕业于哥伦比亚大学。在政坛上,他跟随袁世凯并得到发展和重用。后来,袁世凯当上总统时，唐绍仪就任民国第一任内阁总理。

此时的朝鲜局势，比袁世凯当营官时要复杂得多。

许多事情，当你身处局外的时候，你会自以为非常简单，所以我们中的多数人天天指点江山，批评这个无能，骂那个做得不对，感觉自己把握了全部真理，参透了全部政治、历史与人生。可是，当你进入局中，亲自来做这件事的时候，才发现原来事情是这么难。

唐代魏征在谏太宗皇帝的《十渐不克终疏》中说道："非知之难，行之惟难；非行之难，终之斯难。"说的就是这个道理。知道一件事并不难，难的是去做这件事。做这件事也不是最难的，最难的是把这件事很好地做完，有始有终。

袁世凯的职务变了，不是从前的营官了，这才发现朝鲜半岛国内政治力量的争权夺利和国外势力进入之后的钩心斗角，远远超过了他的预想，难度系数陡然提升。

书到用时方恨少，事非经过不知难。

不过袁世凯是一个不怕挑战的人，困难越大，自己的才能越会得到充分激发。

本来朝鲜的离心力已经很强了，以前也从没有过监国似的清国官员，加上袁世凯没有真正当过政府中的行政官员，他对诸多事务的过问，比婆婆问得还细，这让朝鲜高层很不适应。

在朝鲜国内，袁世凯看不上朝鲜国王，因此，国王与袁世凯的关系也不好；大院君与闵妃的矛盾是由来已久的，袁世凯表面是调停，实则拉偏架，偏袒大院君，所以闵妃集团也对袁世凯不满。这些就加快了闵妃集团与俄国勾结的步伐。

在国际方面，日俄都想染指朝鲜，以扩大他们在朝的利益。

日本看清廷设袁世凯监国一事，又让清廷占了先机，无奈只得一面暗中准备侵略，一面明里修好，争取国际舆论。日本方面于是电告清政府，让袁世凯访问日本，以商量和平事宜。袁世凯抵东京后，伊藤博文等劝袁世凯勿伤害朝鲜主权，要助其自强自立，袁世凯不为所动。虽然原则问题是坚持了，却没想到日本人在此中打的舆论战。国际宣传方面，对日本很是有利。

同时，俄国加快了与朝暗中往来的进程，朝鲜则秘请俄国出兵保护。俄国久欲寻找东方出海口，大喜过望。不料此事被袁世凯得知。

袁世凯一面与李鸿章通电，秘密做好运兵准备，一面趁着朝鲜国王尚未正式发文向俄求助，诘问朝鲜国王。国王见事已败漏，只得把责任推给他人，处理了几位大臣了事。

朝鲜局势稍稍稳定下来。

朝、日、俄三方，对袁世凯是又恨又怕。

此人不除，"好"事难成。

去与留

朝鲜主动出招了。

朝鲜国王派出徐相雨带国书来到北洋大臣和总理衙门处辩诬，说是与俄国并无相互往来之事，都是袁世凯听信小人之言，胡编乱造出来的。徐相雨又咬牙切齿地陈说袁世凯平日在朝鲜的跋扈之状，请总理衙门撤换袁世凯，以维护两国友好关系：

这个年轻人在朝鲜，大事小情啥都管，弄得我们没法办公了，请天朝上国看在我们多年交往的情分上，撤换掉这个人吧。

幸亏袁世凯的内线、亲清派的闵泳翊把朝鲜想致沙俄的盖印公文偷出，送给了袁世凯，袁世凯又转给了李鸿章。人证物证俱在，使朝鲜不敢再无理取闹，朝廷遂各打二十大板，又让李鸿章训诫了袁世凯的处事毛躁，事情得以平息。闵泳翊在朝鲜国内也待不下去了，跑到了天津。

按下葫芦起来瓢，没有做成生意的沙俄，对袁世凯恨得牙根儿直痒痒：谁断了我的财路，我就要断了他的生路。

沙俄知道袁世凯是李鸿章的亲信，如果没有强力的国际干涉，显然不能达到让袁世凯离开朝鲜的目的。

沙俄利用各国公使对袁世凯在朝鲜所作所为的不满，唆使各国公使开会，推举美国公使报告美国政府，让其电达清廷。恰好这时又发生一件对袁世凯不利的事,闵泳翊逃到天津后,向李鸿章请求保护,李鸿章没太在意这件事,没重视,也没厚待,闵泳翊便怀恨在心,跑到英国,逢人就说,那封密函是袁世凯伪造的,欧洲报纸一片哗然。

那个时候,老美还是蛮实诚的,被人当枪使了还不知道,美国政府正式向清廷总理事务衙门诘问此事。

总理衙门立即致函李鸿章,要他重新物色人选,撤换袁世凯,回复美国公使照会。

李鸿章心知肚明,知道这是怎么回事,极力为袁世凯开脱,并直接向总理衙门指出,美国此举,系受沙俄指使。沙俄之所以起劲地喊,是因为袁世凯的存在,让他们没能拿到想得的利益。

按照"凡是敌人赞成的我们就反对,凡是敌人的敌人就是我们的朋友"的原则,袁世凯也绝对不能撤换,这恰恰说明袁世凯做得好,触到他们的痛处了。他们要是都高兴了,那肯定是损害了我们的利益,我们就该不高兴了。

李鸿章心里想,再者说了,这是我的人,你说换就换?打狗还得看主人呢,怎么给你个棒槌你当针,给你片云彩你还真要下雨是咋的?

沙俄看此计没有奏效,越发来劲儿鼓捣,把目光转向了英国。

当时有个英国人,朝鲜准备聘他当顾问,因为袁世凯的阻挠而没成,因此他对袁世凯也心怀怨恨。沙俄怂恿这个人回英国鼓动英国政府出面干涉。英国政府向清朝驻英公使交涉,驻英公使倒是没答应。

表面上乱哄哄的同时,沙俄加紧了与朝鲜勾结的步伐,加大了与袁世凯抗衡的力度,还想重新与朝鲜订立密约,准备在袁世凯驻朝三年期满时实行。不过,俄国公使不争气,事情做得并不利索,消息外泄了,连日本人都知道了,日本因此对沙俄大为不满。

说好了的,大家共同进退,利益共享,你怎么背着我们偷偷地搞小动作?

袁世凯吃了一次受人捏造的亏,这回学乖巧了,自己先不主动奏报,而是把消息放出去,经由在日、朝经商的西洋人四处流传,北京、上海的英文报纸也刊载了此事。

让你们主动来找我，不是我非得主动揽事儿。

果然，听到消息后，李鸿章命令袁世凯密查。

关于事情的真相，袁世凯早就备好了条陈。呈给李鸿章之后，他还趁机写了一封意味深长的密信。一面说沙俄确有此举，一面动情地陈述自己三年来的兢兢业业，却正是因为这样，才招致了朝、俄、日的怨恨，他们视自己为眼中钉，必欲除之而后快，所以才屡次受到诬陷。那么，在这三年驻朝期满之时，您还是另派高明吧，我可不干这费力不讨好的事儿了。

李鸿章再一次向总理衙门保奏，说袁世凯是人才难得，出使四方，不辱君命，办事得宜，目前还没发现能有人可以替代得了他。总理衙门也不好拂了李大人的面子，你说行就行，加上李鸿章三番五次地保奏，于是仍留袁世凯为驻朝钦差大臣，加二品衔，赏以道员升用。

人可能真是要经风雨、见世面，才能使自己大大进步。经过此次波折，袁世凯的外交本领有了长足的进步，在外国公使面前，他已经变得更加圆滑乖巧了，管理才能也有了新的提高。

在朝鲜重新任事的时候，少了几分以前的急躁，多了几分在年轻人身上少见的沉稳。朝鲜不闹了，驻朝鲜的各国外交使节也和袁世凯有了正常的往来。

袁世凯在朝鲜期间，没有辜负他"总理交涉通商大臣"的头衔，一面鼓励华商来朝投资，使华商在朝超过了日商；一面设立商务机构，管理商业事务。同时又租轮船往返于仁川与上海之间，打破日本人对中朝商贸的垄断。

三十岁左右，他成了名满东洋的颇有影响的人物。

本来官员一般都是三年一个任期，干不好就被撤换，但袁世凯却干了三个任期。

只是，在这几年暂时的平静之后，更大的暴风雨就要来临。

经过了十年的力量积累，日本做好了侵略朝鲜和进攻大清的各项准备，只是在寻找一个合适的时机和借口，这个时机很快到来了。

袁世凯驻守朝鲜的日子，也即将走到尽头。

山雨欲来

袁世凯在朝鲜任职的最后几年，正是朝鲜阶级矛盾和民族矛盾日益紧张的时候，这里面既有天灾，也有人祸。

1893 年，朝鲜发生农民起义，很快遭到了镇压。

1894 年，朝鲜发生了更大规模的起义，起义军在东学党人的领导下，很快席卷了全罗、忠清、庆尚三道，局面无法控制，朝鲜请求清政府出兵助剿。"东学"，是对抗西教之义，很像后来中国的义和团。

农民起义历来是非常悲哀的，就其本身来讲，无非是为了要口饭吃，能够活下来，或者是得到更公平一点儿的待遇。但是农民起义的结果，不是成为改朝换代的工具，被野心家当枪使，就是被别有用心之人蛊惑与利用，到头来，甚荒唐，都是为他人作嫁衣裳。

日本人等的就是这一天。

当时的袁世凯严重低估了日本人的野心，他在一线的信息判断有误，直接导致李鸿章做出的决策发生了重大的偏差。

因为《天津条约》约定，出兵必须要照会对方，袁世凯此时判断，日本人充其量也就是出兵保护其使馆而已，对后果的估计严重不足。于是，李鸿章派直隶提督叶志超和总兵聂士成调济远、扬威二舰，率淮军 1500 人抵达朝鲜。同时，正式照会日本政府，我方已应朝方之请，出兵代剿。

从人数上看，清兵真是实心实意地来帮助朝鲜稳定局势的，而日本却不这么老实了。

"缺心眼子"同志遇上了"满脑鬼点子"先生。

日本虽然蛰伏了十年，但目光一刻也没离开朝鲜和大清，间谍的足迹踏遍了中朝的山山水水，收集情报之细致，准备战争之充分，远远超出了人们的想象。就连中国民间社会中普遍性的交通工具——驴车，都有详细的记载，驴长什么样，有什么特点，食量多大，脚力如何，能干多少活……今天的人看到当时的这些记载，在感觉有些好笑、不可思议的同时，更多的感觉是恐怖，让人毛骨悚然，日本人的精细程度，真是要命。这种感觉，就像是清朝被放了日本的解剖台上，让人一刀一刀地剖开分析。

其实，日本人早就有组织地混入东学党内部，在起义队伍里四处煽风点火，野蛮攻击平民，唯恐天下不乱。而接到清国照会的日本，在派遣800人的先遣队之后，又迅速派海军陆战队8000人登陆仁川。

东洋战刀终于亮了出来。

中国人爱当官儿，不爱做具体事，日本间谍把清朝的国情、民情、军情了解得非常细致，而清政府对日本蓄谋已久的军事意图、军事动态和军事行动居然一无所知，只靠直觉来判断，这样的两支军队在战场上相遇，清政府想不败是根本不可能的。

到这个时候，袁世凯才发现，自己的判断是多么弱智。

在清军的帮助下，东学党起义很快被平息了。但是袁世凯也开始感觉到，这盘棋的残局，日本人要来收拾了。

面对黑压压的日军，用脚趾头都能想明白，接下来要发生什么事。

小鬼子们张开血盆大口，要吞并朝鲜了。

清廷在朝鲜的兵力远不足与日军相抗，赶快，动用一切可以动用的外交手段进行斡旋。

他和李鸿章赶紧求助西方公使从中协调，要求两国履行《天津条约》，共同撤军，否则，各国在朝鲜的利益将受到重大损害。

多方努力之下，看到日本公使终于吐口，袁世凯松了一口气。其实，这正着了日本人的道。

日本的谈判，向来是为自己争取时间的大好机会。而清政府，为了表明自己的诚意，赶紧撤军回国，清廷却没想到，日本人不撤反增，至此，清政府在处理朝鲜事务方面便彻底处于被动和劣势了。

这次本来约定双方共同撤兵，但日本不履行条约，这在国际舆论上，是怎么处理的呢？首相伊藤博文和外相陆奥宗光想出了一个巧妙的借口。

伊藤博文给清政府和各国公使的信中写道，本来呀，平定朝鲜之乱，我们两国应该共同撤兵，不过，这样总来救火也不是办法，必须想个一劳永逸的解决之道。为了让各国在朝的利益永不受侵害，因此就要改革朝鲜内政，调查财政，裁撤冗官，设置必要的警察兵力。

这个借口很要命,不管你清政府派兵不派兵,反正我方是来了,我们是为了朝鲜的长久和平稳定而来的。就像美国经常想把某些国家改造成他心目中的理想国一样,结果哪里也没改好,四处战火不断,人肉炸弹横飞。

我们杀人,是为了将来不杀人;我们"帮助"朝鲜,是为了将来不用帮他,自己就能自立。我们为了朝鲜半岛的永久和平,吃点亏、受点累,算什么呢?

这个时候,李鸿章也没办法了。虽然国内人不知道日本的实力,一片喊打的声音嗷嗷直叫,但李鸿章经常出访,他非常清楚地知道日本这十年来的飞速发展,他更清楚清政府内部这十年来官员的腐败堕落和骄奢淫逸。如果清军向朝鲜增兵对抗,只能是刺激日本调来更多的兵。双方一旦开战,清军的胜算不大。看来,只能依靠大国调停,先妥协一下度过危局。

但是,一切都为时已晚。

日本人决心已定。

嗜血魔刀已经出鞘,不见血怎么能收回?

清军主力退出后,袁世凯可以说是跟光杆司令差不多,他知道,日本人这次来真格的了,己方可能真的要完蛋了。

清朝援兵无望,日军步步紧逼,大炮已经对准了袁世凯办公的公署。大家都知道,大势去矣。

袁世凯知道日本人恨他,朝鲜人也不喜欢他,如果双方战事一开,自己则首当其冲,是诛杀对象。他就像一只困在动物园铁笼中的豹子,焦躁不安地走来走去,再三发电报请李鸿章准其回国,九天之内,连发六封电报,并说在这里徒受其辱,更将辱及国家的颜面。李鸿章在清朝国内战和不定的情况下,得知日军已冲进王宫,胁迫朝鲜发表声明,宣布朝鲜正式独立,废除与清朝的一切条约,终于同意袁世凯回国,只留唐绍仪看管探事。

袁世凯跑后十分钟,日军要抓他的人就赶来了,说明袁世凯虽然在判断日本人的开战决心方面有误,但在自身生命受到威胁时的本能反应还是蛮快的。

1894 年 6 月 15 日，袁世凯下旗回国，离开了他得意 12 年的朝鲜。

血色黄昏之中，血红的太阳旗插遍了朝鲜都城，日本人蹦上了被鲜血染红的"朝日鲜明之国"。

对于袁世凯，等待着他的、他曾经驻守过的朝鲜，以及他身后的大清国，将是什么样的厄运呢？

致命的间谍报告和情报泄露

其实，日本在此时向中朝亮刀，可以说不是莽撞和赌博，而是基于间谍详细情报分析，果断地下的决心。

旅居澳大利亚的雪珥购买和收藏了许多日本解密的文件，以及从前的秘密文档，从中发现了惊天秘密，原来，中日交手之前，中国人在隐蔽战线的斗争方面，已经完全输了，输得一塌糊涂。

当年，日本在华组织了一支庞大的间谍网，并且这些人从小就在中国长大，已经完全融入中国社会，他们以在中国开办的乐善堂为幌子，广泛收集中国社会、经济、文化、政治、军事诸方面的信息，已经达到细致入微、无孔不入的程度。

只有对手才能洞悉你的致命弱点！

日本人比中国人更了解中国人！

这里面最值得一提的是一个叫宗方小太郎的间谍。

当年中国正在轰轰烈烈地开展洋务运动的变革大业，许多国外观察家都很看好中国，但是，宗方小太郎经过仔细分析，认为这是"见其形而下，未见其形而上者"。观察一个国家也和观察人一样，应当先"洞察其心腹"，然后再"及其形体"。他眼中的中国虽然表面上在改革和进步，但"犹如老屋废厦加以粉饰"，不堪一击。

宗方小太郎认为腐败的基因遗传自明末，全民丧失信仰，社会风气江河日下，"人心腐败已达极点"。虽然有过康雍乾年间的短暂改革，但并未坚持下去，政府将本应建立"至善"人心的精力消耗在了"形而下之事"上,金钱崇拜不仅腐蚀了官员之心,而且腐蚀了全民之心。

雪珥在《绝版甲午》一书中,引用了宗方小太郎的分析报告,宗方小太郎详细分析了清政府的财政收入,指出清朝的"全民腐败",是最致命的。这种全民腐败,使国家的元气消亡殆尽。他举出了具体的数字为证:中国的年财政收入仅有 9074 万两银子外加 523 万石米,以中国之大,这是非常非常可怜的数字。

据他实际调查,民间的实际所得是此表面岁入额之四倍,而且此类"定额以外之收入,一钱不入国库,均为地方官吏所私有"。他认为,中国历来贿赂之风盛行,故地方官肆意刮削民众膏血,以逞其私欲。

换句更直白的话,就是说,官员贪污的钱,比政府的收入,要高出四倍,国家已经被蛀虫给掏空了。

这位日本间谍引用孟子的话为中国下了断语:"上下交征利,则国危。"上边、下边一起比着捞钱,这个国家也就非常危险了。

这绝不是日本间谍危言耸听,他们的情报非常准,清廷的腐化确实是相当严重的。据大太监小德张回忆,慈禧太后一天生活费约为纹银四万两。也就是说,宫廷半月之费,可购吉野级(吉野,甲午战争中日本的主力战舰,是其联合舰队第 1 游击队旗舰。甲午海战中,就是它在逃跑中侥幸击沉了我民族英雄邓世昌所指挥的"致远"舰)巡洋舰一艘;两月之费,可购一艘超级主力舰。1884 年,慈禧开始扩建颐和园,初期预算一万万两,因所耗甚巨,总理海军事务的醇亲王奕譞便挪用海军经费数千万两,计划在 1894 年慈禧六十大寿时完工。1892 年,清廷正式宣布因为太后万寿需款,海军停购舰艇两年。后人都知道,两年后便是中日生死决战的日子。

这份间谍报告,可以说是一种战略层面的分析,手法老到,一针见血,引起日本天皇的高度重视,宗方小太郎这个老鬼子也身着地道的清朝老农民服饰,进入日本皇宫,得到天皇的亲自召见和垂询。单单就这份间谍报告而言,胜负之分,已然明了。战场上的交锋,倒成了其报告的佐证材料和最佳注脚。

在《绝版甲午》中,还记载了一则当年足以致清军于死地的事,就是清军的密码被破译。其实，与其说是被破译，倒不如说是自己拱手送给了日本人。

1894 年 6 月 22 日，也就是袁世凯回国之后的几天，中日双方经过反复谈判，日军决定向千年老大撕破脸皮。最后，日本外务省向中国驻日公使汪凤藻递交了"决不撤军"的照会。

令驻日公使汪凤藻略感意外的是，他手里拿到的照会，居然是中文。

此时被谈判搞得焦头烂额的汪凤藻显然无暇多考虑日本外务省这一反常的"周到服务"的用意了。他将"绝交书"交给了译电员，要求用密码电报赶紧拍发。毕竟，朝鲜那边，日本军队无论在人数还是装备上都占尽优势，北京的总理衙门和天津的北洋大臣李鸿章都在焦急地等待着日本方面的消息。

然而，让所有人都没想到的是，日本递交的这份照会，竟成为勾取清军性命的"生死簿"。

因为在当时，使馆里没有自己的无线电报设备，各国往来密电都是各自译成密码后，交给所在国电报局发出。因此，当中国使馆的工作人员将密码电报送交电报局时，日本照例抄录了一份副本。但这一次，日本人再也不用为破译密码伤脑筋了——他们拿出了自己写的中文版的"绝交书"，略加比对，中国使馆的密电便显出了原形。

汪凤藻绝对想不到，他泄露的不仅是此封电报的内涵，而且是整个清军的通讯密码。

日本人获得密码后，汪凤藻与国内的往返密电全部被破译。日本人不动声色，从此不仅掌握了中国使馆与国内的全部通信，而且还从中截获了大量军事情报。而清廷却毫无觉察，甲午战争中一直未改密码，以致在马关谈判期间，清廷与李鸿章的往来密电也被全部破译。

整个战前、战中和战后所有事宜的主动权，牢牢被日本人掌握在手中。

更令人匪夷所思的是，这些秘密，直到 1938 年，由日本人自己说出来之后，中国人才恍然大悟。

孙武在《孙子兵法》最后一篇——第十三篇的最后一句话中这样告

诚后人："故明君贤将,能以上智为间者,必成大功。此兵之要,三军之所恃而动也。"

通俗说法就是:一个优秀的(上智)间谍,其威力绝对胜过一支装备精良的舰队。

可惜的是,我们的对手注意到了这句话,并将其充分运用于实践之中。

接下来,便是那支曾居亚洲第一、世界第六的北洋舰队,在谈笑间便灰飞烟灭了。

海之上,国有殇

天亮下雪,也明了,也白了。

还没等清军的行动命令传达到作战舰艇和陆军作战单位,日本人的案头已经摆上清军的作战计划了。

那支本来非常可怕的北洋舰队的作战指数,已经从"十"剧降到"二"了。

没有什么悬念了。

行动吧。

1894 年 7 月 23 日,日军突然攻入朝鲜王宫,掳去国王李熙,扶植大院君组成傀儡政权。

7 月 25 日,日本海军在牙山口外海面袭击中国兵舰和运兵船,不宣而战。此战,日军击沉了中国向英国租用的运兵船"高升号",千余清军精锐葬身大海。8 月 1 日,清政府被迫对日宣战,甲午战争正式爆发。

其实,日军截击清军运兵船,也都是拜情报泄露所赐,要不然日军怎么知道英国商船上载着的是清军部队。李鸿章的外甥被日本间谍色诱,日本套得绝密情报,完全掌握了清军运兵朝鲜的时间、地点、路线、人数。日军这才铤而走险。

日军击沉英舰"高升号"后,又施展外交手腕,说是舰船没挂英旗,所以误伤,稳住了英国,没有发生国际干涉。平心而论,日本当年确实有一批懂外交的人士,如陆奥宗光,在处理国际事务方面,游刃有余,比起清朝的李鸿章,要高明得多了。

8 月中旬,连遭败绩的清政府决定派兵 6000,由五艘轮船运送入朝。为了避免半月前的"高升号"事件再次重演,李鸿章亲下命令:由北洋水师主力舰队一路护航,严防日舰偷袭!于是,停泊在威海卫附近的"定远""镇远""来远""经远""致远"等 14 艘北洋水师主力军舰纷纷出港,准备远征朝鲜。

只是,这份绝密军情又被宗方小太郎获知!他立即将北洋水师的起航日期与航线电告位于上海的汉口乐善堂的根津一,再由根津一迅速发回日本军部。7 月 18 日才上任的伊东佑亨立即率领日本联合舰队于 9 月 15 日秘密潜伏在黄海北部海域大东沟附近。

9 月 17 日,中日近代战争史上那场异常惨烈的甲午之战终于爆发了!

过程和结果就不用说了。

甲午之战,是改变中日两国国运的一场对决,中日两国从此乾坤大挪移,实力大换位。

情报泄露!

情报泄露!

还是情报泄露!

哀其不幸,怒其不争也!

袁世凯参加了陆上的战役,李鸿章让他协助直隶布政使周馥办理奉天至山海关一段的后方粮饷军械,他目睹了清军的败退经过,以及日军的训练有素,这为他后来训练新军的目标和方向提供了思路。

而且,袁世凯在战争中也结识了湘军统帅刘坤一等人物,刘坤一对袁印象深刻,称他"办事皆有条理",为军中"出色之员"。

从当时的战争来看,清政府并没有做好战争准备,天朝上国一直沉溺于和为贵的虚幻之中。朝中的大臣除李鸿章外,多数都是昏昏沉沉。年轻的光绪皇帝情绪激昂,正想通过一场战争来树立自己的威信,而日本这个千年来的小弟加学生前来挑衅,光绪帝不假思索,想在日本人身上找找感觉，一洗鸦片战争以来天朝上国受人欺负的耻辱。只是没想到，他遇到的对手是头狼。这就叫情况不明决心大，胸中无数点子多。

清军将领也没有做好战争准备，或者说根本就没想打。有一个让日本人笑掉大牙、让中国人无比愤恨的例子：甲午战争之时，淮军统领卫汝贵带军向朝鲜开拔，行前，卫把饷银24万两之三分之一汇往自己家中，其妻与夫书一封说："君起家戎行，致位统帅，家既饶于财，宜自颐养，且春秋高，望善自为计，勿当前敌……"卫果不负妻望，平壤之战一开，他和叶志超弃城逃跑，狂奔三百里，一度逃得不知去向，七八天后才找回清军大队。日本人看到这封家书，视为奇闻，将其作为战利品，一度放入自家教科书中。

海上的战场，同样让人生气。当时海上决战，只是一支北洋舰队与日军举国之力的对决。清军的南洋舰队、闽洋舰队、粤洋舰队都袖手旁观，都没有支援的意思。只想着北洋舰队遭受打击后，自己的舰队好乘势而起，取而代之。甲午年春天，李鸿章主持海军大会操，粤洋舰队的广甲、广乙、广丙三舰前来参加（"广"字头的是粤洋舰队，"远"字号的是北洋舰队），又正好赶上了这场战争，广甲、广乙两舰被打沉，广丙被俘，接洽投降的道员牛道竟致书日本受降的海军提督伊东佑亨，说明三舰本隶属广东，与此次军事本不相干，请求让该舰回广东。

平日袖手谈心性，临难一死报君王，本来是埋汰专制时代士大夫的话，可到了晚清这个时候，连谈心性的也没有了，临难一死报君王的勇气就更没有了。能有的，就是"上下交征利"，能有的，就是贪污、腐败、把银子源源不断往家里送，"闲"妻谆谆教诲一定要规避战场风险之类的事了。

大清朝，气数已尽。

而且，日军根据截获清军往来密电情报，一路下来，势如破竹，从朝鲜半岛顺着东北一直打到山东威海。威海卫军港后面的小山上，有炮台，日军占领炮台，调转炮口，轰击港内军舰，其实，当时守卫炮台的兵士，仅二三十人。这样的兵力配备，不败才怪！

日军战前因为掌握了清军的往来密报，所以，知道战争肯定会打赢，只是没想到,赢得这样顺利,赢得匪夷所思。千年老大居然如此不堪一击,就这两下子还怎么在江湖上混?

1895年3月,李鸿章赴马关与日谈判,对手仍然是十年前天津谈判的伊藤博文,只是此时主客易位。伊藤博文提出的停战条件是,日军占领大沽、天津、山海关三地为质,占领期间日军军费由大清支付。如果不是李鸿章受日本浪人枪击流血,引起国际舆论的谴责,日本的胃口,指不定多大呢。

原来,日本浪人不希望中日停战与议和,所以决定刺杀李鸿章,挑起中日之间的进一步矛盾,希望将战争进行到底。

一颗子弹,让日本提出的赔偿白银压下了一亿两。

《马关条约》的结果为:

一、中国承认朝鲜国确为完全之独立自主;

二、中国割让辽东半岛、台湾全岛及所有附属各岛屿给日本;

三、赔白银二亿两;

四、开放沙市、重庆、苏州、杭州为商埠,日本臣民可在各口岸自由通商设厂。

马关谈判结束后,伊藤博文问李鸿章:"袁世凯现在在做什么?"李鸿章随口答道:"小差事无足轻重。"伊藤叹息道:"以袁世凯之才,仅任无足轻重小事,难怪你们国家没有人才可用。"李鸿章即把这句话记了下来。

《马关条约》的签订,西方国家认为日本侵犯了他们在华利益,尤其是沙俄,一直把辽东半岛视作自己的势力范围,如今被日本人抢先,便联合德、法出面,三国共同干涉还辽,最后日本妥协,以清政府付出三千万两白银告终。

清政府也算是破财免灾了。奇怪的是,清政府要是舍得花这二亿三千万两白银,武装或雇佣十支军队的资本都有了,可宁愿吃喝玩乐,宁愿乖乖地资助于敌,就是不用来干正事儿。

这一点,老毛子非常让人竖大拇指的。日俄战争沙俄战败,但沙皇尼古拉二世却说:战败的沙皇俄国"不割一寸土地,不赔一个卢布!"有能耐,接着再打吧,我们等着。

日本到底是没有能力再战。

有一笔账,你算过吗? 当从你手中抠出一块钱给别人,其实你们的差距,就是两块钱了。给别人二亿两,与别人的差距就是四亿两。

攒钱追吧,累死你。

顺便提一下,《马关条约》确定的朝鲜独立自主实质是,朝鲜发生的任何事,与清国无关,清廷再不能干涉。这就使朝鲜沦为了日本的殖民地,朝鲜历史上最悲惨最黑暗的一页就此拉开。

《马关条约》签订后,闵妃彻底失去了依附清朝的信心,又看见俄国利用"三国干涉还辽"压制了日本,便坚定了向俄靠拢的决心。因而,日本对闵妃动了杀机。

1895 年 10 月 8 日凌晨,日本驻朝公使带领数百名日本浪人冲进朝鲜景福宫,逼迫朝鲜国王在拟好的《王妃废位诏敕》上签字,废闵妃为庶人,而后在宫中四处搜寻闵妃。

据日本作家角田房子所著《明成皇后——最后的黎明》记载:明成皇后被杀是史上少有的残忍、野蛮事件,日本浪人发现了打扮成宫女模样的闵妃,残忍地砍了两刀,又把砍伤的闵妃放在木板上,让宫女来认,当确认此人就是他们要找的明成皇后时,日本人集体对皇后进行了无法用言语形容的暴行,然后又将她活活烧死。这就是历史上的"乙未事变"。

第三章 ＼ 政坛风云 ＼

关系，官系

甲午一战，终于使天朝上国之人从睡梦中惊醒，连日本都打不过，看来是真的落后了。痛定思痛，民间要求变法之声不断，政府也要训练一支新军，以取代在战场上一败涂地的湘、淮两军。文、武两股力量在清国内部涌动，康有为和袁世凯，分别作为两股力量的代表人物，正式登上了政治舞台。

在中国，一个人想要有所作为，必须占据一定位置，说白了，就是当官要当到重要位置。也就是说，既要有过人的才能，又要有过硬的关系，二者缺一不可。这就必须打通通往权力路上的各个关节，铺开关系，才能得到官位。

用几句江湖中通俗的说法来概括，那就是：首先自己要行，其次要有人说你行，再次说你行的人要行，然后你说谁行谁就行，最后谁敢说你不行。

闯荡江湖的初级阶段，前三点是最重要的，那就是必须要交到掌握"话语权"的人，自己才能有出头之日。

袁世凯深谙此中道理。

甲午战败后，袁世凯随营解散，徘徊于京津之间。他虽然不甘寂寞，却苦于搭不上朝中重臣。李鸿章虽然赏识他，但李大人忙于处理战后谈判。尤其悲哀的是，谈判结果一出，国人皆骂李鸿章为卖国贼，李鸿章的名声低到谷底。

百姓把战败的责任推向了政府，政府当然不会直接指向太后和皇帝，所以就推向了李鸿章。李鸿章不仅是慈禧太后的出气筒，还成了百姓的出气筒。一百年来，大家把责任还往李鸿章身上压，谁也没反思一下自己的责任。

领导们都有一种非常奇怪的本事，就是转移责任的能力。明明是自己犯了错，却要由别人来承担历史的骂名。后来一味跟着骂人的人，也不动动脑子。比如说，秦桧是坏，千真万确，但如果不是皇帝宋高宗的授意和支持，自古及今，你听说过宰相把元帅说杀就杀了，然后皇帝在旁边看热闹的吗？李鸿章要不是慈禧太后的支持和同意，他作为直隶总督（河北省长、北京市长、天津市长），有什么权力这里划一块地给别人，那里签个条约把利益给别人？而且死的时候，还谥号"文忠"？

当一切都朝一个方向进行时，最好朝反方向深深看一眼。这样你就会明白，到底发生了什么事。

袁世凯没有跑回老家去躲避，他的大部分时间都是在京城奔走，结交权贵和各方人士以待时机。这一年，36岁的袁世凯对自己的前途有着精心的设计。

正如陆游有诗云："汝果欲学诗，功夫在诗外。"必须要把握的，就是"背景"；官场秘技认为"你想要当官，功夫在官外"，绝不能糊涂的，就是"关系"。

关系，就是官系，它一头连着"官"，一头连着你将属于的那个"系"。没有这根链条，你就会被"系"在那里，与"官"道渐行渐远。

甲午一战，清军的武器装备损失殆尽，急需购买各类装备，西洋人纷纷在天津设立洋行办贸易。袁世凯心眼儿一动，也想当个买办，从中渔利。手里有了钱，才能有资本为自己的前途铺路。只是，他现在连本钱都没有。

困窘之时，袁世凯想到了此次战争中，在前敌营务处认识的奉天兴城举人王英楷，当时二人脾气非常相投。王英楷是巨富，袁世凯写信给王，说明了自己的境况和打算。

王英楷携重金来见袁世凯。

见面后，王英楷为袁寻此下策而责备了袁。大哥，你是做大事的人，怎么能想这些蝇头小利呢？这不是自甘堕落吗？

当袁世凯说明了自己没钱搭不上关系的困难后，王英楷一掷千金，让袁世凯去活动权贵，寻找更高平台好一展平生抱负。

需要多少钱，你尽管开口，尽管伸手。

"说你行的人要行"，袁世凯的首要目标，是要让这些人开口。

袁世凯恭敬地拜访了李鸿章，以示不忘旧主之意。这让焦头烂额的李鸿章大人甚感欣慰，也让湘军统帅刘坤一对小袁另眼相看。

袁世凯也知道，此时的朝中，许多人对李鸿章不满，而自己又没有能力直接向慈禧太后靠近。正好财神爷王英楷来了，他特备两份大礼，通过一个熟人，顺利地搭上了李莲英——核心决策层的太后办公室主任——这条线。

在官场中，拍马，不一定能升官；但不拍马，是肯定升不了官。所以，拍马不是为了升官，而是为了在官场生态中生存下来。

知识分子和靠本事吃饭的人，不明白这个道理，所以他们经常摔得重——再有能力也让你一辈子憋死。所以，皇上不能得罪，皇上身边的太监更不能得罪，得罪太监比得罪皇上更可怕。在官场上想要亨通，你可以得罪全天下之人，但有那么一个或几个人是绝对不能得罪的。袁世凯坚决不吃这个亏，他搭上李莲英，不叫没骨气，这叫官场智慧。

我们要从官场生态来看待，不能以道德标尺来衡量官场行为。谁让你入了这个"局"呢？

李公公让他耐心等待，一有合适机会，便会在太后老佛爷面前吹风。没过多久，李公公带来一个非常重要的消息，两宫太后要训练一支新军，一个改变命运的机会，在向袁世凯招手。

袁世凯深知在乱世"有枪便是草头王"的道理，曾国藩、李鸿章能以一介书生封侯、拜相，靠的就是湘军和淮军的力量。

自己就不能抓住机会，打造一支袁家军吗？

袁世凯邀集幕友，雇佣能人，加紧翻译并编著兵书，结合自己多年的带兵心得，居然写出了十余卷有模有样的兵书战策。

紧接着，袁世凯把自己的兵书，托人送到了兵部尚书荣禄的案头，引起了荣禄的关注和赏识。当议论新军人选时，荣禄极力主张起用袁世凯。

看来，自己挂名、雇人编书，还是有大用处的。

在王英楷的资助下，袁世凯紧锣密鼓进行了一番运作，朝中的重臣一个一个地开了口。虽说是钱可通神，但这个本事，也不是一般人能有的。

如果你知道都是哪些巨头为小袁开口说话的时候，你就更只有佩服的份儿了。

"首先自己要行"，不管怎么说，袁世凯的才能是第一位的。也是，这小子有两下子，还会来事儿，顺水推舟的事，何乐不为啊。

军机大臣李鸿藻认为袁世凯的整军方案确有可取之处，且是将门之后（爷爷是袁甲三），娴熟兵略，军事、外交全通，可以训练新军。

皇帝的老师翁同龢说"此人不滑，可任也"。

主持总理事务衙门和海军事务的庆王奕劻与醇亲王也上书说袁世凯"朴实勇敢，晓畅戎机"。

封疆大吏张之洞、湘军统帅刘坤一等人说他年富力强，胆识优长，处事果敢，是少有的知兵文臣。刘坤一在战场上也确实见到了年轻小伙袁世凯的突出表现。

历史学家唐德刚在《晚清七十年》中，对袁世凯的评价比较中肯："袁之练兵小站，实是众望攸归的结果。袁那时颇享有知兵之名；更有治事的才名。他之任职小站是恭亲王奕訢、庆亲王奕劻、兵部尚书荣禄、军机大臣李鸿藻、翁同龢，和后来有名的'东南三督'刘坤一、张之洞、李鸿章，众口交赞，一致掬诚推荐的。而且这些大臣之中像李鸿章和翁同龢，像恭王和庆王等彼此之间矛盾极深，甚至是终生的政敌。要他们一致赞誉，一致推荐袁老四这位小小的前驻韩商务委员，直隶总督的一个小下属，他本身没两手，不成的呢！——所以我们执简作史的人，因为对'袁世凯'三个字有成见，便硬说他出任要职是出于个人吹牛拍马、攀援权贵而来，是有欠公平的呢！"

袁世凯是一个非常善于把握机会的人，在紧要关头，做事非常细腻。他知道，虽说是有大员的保荐，但自己绝对要有拿得出手的东西，不能在关键时刻丢丑。当时鼓吹编练新式陆军最着力的,要属胡燏棻和袁世凯。胡将英使交来的《应时练兵说贴》请宁波王修植代拟条陈。王写了两稿,胡燏棻采用了其中一稿,得到赏识,正在筹办和编练新军。袁世凯听说后,在王修植身上大动心思,在金钱和美色的攻击下,王把另一稿又润色一番。袁世凯谨记要点,加上自己的阅历和心得,形成了完整圆满的条陈。

小袁本来就是淮军军官,又亲自参加了甲午战争,与日本人不止一次交手,理论加实践,这使得荣大人在召见他时,他能对答如流。

一个区区中校级军官、处级干部,得到国防部长的召见而不怯场,在荣禄、醇亲王和庆亲王轮番追问之下,能够有理有据,要点把握恰到好处,让这些准备举荐袁世凯的人非常满意。

众口一词,不得不信。1895 年 12 月,光绪帝颁发上谕,令袁世凯训练新军。

36 岁的袁世凯,从此揭开了他人生中辉煌的一页。

中国军事史,也从此改写。

不过,掩卷沉思,不得不佩服当年清廷的用人之道,起用一个年仅 36 岁、兵龄刚满 14 年、顶多是个团职干部的年轻人来训练一支全新的军队,这个用人气度是非常难得的。

对后世影响至深的晚清军事变革,由袁世凯之手正式拉开帷幕。

小站,袁世凯的大站

小站,原名新农镇,距离天津城 70 里,本来是默默无闻的"狗不理",却因为一支军队的崛起而名声大振。近代列强印刷的清朝地图上,齐刷刷地标注着这个方圆只有 52 平方公里的小镇。

其实列强高度关注的不是小镇,小镇也没什么世界闻名的土特产,而是小镇里的政坛新秀、军事上的鹰派人物袁世凯。

小站,也成了袁世凯政坛飞黄腾达乃至整个人生中的一个大站。

甲午战争后,一向以镇压太平天国和捻军起义为任务的湘、淮两军一败涂地,千年老大被小日本打败,在国际上的脸丢大了。

朝廷下了狠心,一定要训练一支新式军队。免得被人说以前的军队对内像狼,对外像猪。

袁世凯的小站练兵不是最早的一支,却是最有成效、影响最大的一支。

在袁世凯之前,有两支军队训练得比较早。一支是张之洞最初在两江、后又在湖北训练的自强军(1911 年的武昌起义就是在这支力量内部掀起的),一支是长芦盐运使胡燏棻在小站训练的定武军,效果一般,没有太大的名气。几个月后,胡燏棻调为芦汉铁路督办,袁世凯正式接手新军训练,改名为"新建陆军",由原来的 4000 人扩编为 7000 人。

袁世凯训练新军有几处与众不同:一是建制度,二是选士兵,三是选干部。正是他卓有成效的设计与安排,才使北洋军成为清末民初最重要的军事政治力量。

新建陆军完全甩掉了清军传统的编制,把八旗、绿营、湘军、淮军的旧体制扔进了垃圾堆,采取日本和德国的军事建制,分为步兵、炮兵、马队、工程、辎重(也就是后勤)各兵种,作战单元分为镇、协、标、营、队、棚,这就是我们今天的师、旅、团、营、连、排的基本建构。如此专业的分工在中国军事史上尚属首次,是一个全盘西化的架子。

既然力不如人、技不如人,那就索性来个彻底地学,而不是半遮半掩、欲拒还迎、半推半就式的羞答答地学。

好学近乎知,力行近乎仁,知耻近乎勇。

承认自己的无知和落后于人,是事业成功的一半。

在装备方面,小站新军全部换成了西式的步枪、马枪和速射炮,其他的如雨具、望远镜、电台等新式装备应有尽有。这些"汉阳造"步枪,一直到后来的抗日战争结束,在中国都是主力武器之一。中国人民志愿军抗美援朝时,使用的武器主要就包括"汉阳造""日本式",以及从国民党手中抢来的武器。这说明小站练兵时候的武器是比较先进的。

在聘请洋人教官方面,袁世凯大动了一番心思。因为国内极缺懂西式练兵的人,所以必须要请洋教练。而请洋教练,就必须防止这支军队被洋人控制(中国近代的海关税收就一直在洋人手里捏着,英国人赫德掌权当时中国的税务司达 45 年之久)。

当朝廷要训练新军的消息传出后,许多老外也要来分一口肥肉吃。这个找总理衙门,那个找北洋大臣,这个国家答应给多少好处,那个国家答应有多少利益,争着来当教官,更有胃口大的,想总揽清军教练权。

袁世凯熟习外交,深知此中利弊,决定亲自处理这件事。袁世凯主要延请德国教官,并且订立极严密的雇佣契约,仔细划定他们的责任与权限,要求他们必须恪守营规,如有违约,立即辞退。所以,这支宝贝似的军队,自始至终,一直没有受到外国人的挟制。这都是袁世凯的功劳。

新建陆军征兵方面,比以前要严格许多,制订了统一的标准和要求:年龄必须在 20 到 25 岁之间,力能平托 10 斗以外,步行每小时要 20 里以外(这个甩脚板子的功夫还是有点儿难度的)。大烟鬼不收,平素有案底有前科者不收,还要有村里有名望的人作保。有文化者优先考虑,既多给饷银,又能比普通士兵有更多的提拔机会。

待遇方面,新建陆军极为优厚。一个营长月银 100 两,外加 300 两的公务费。一个普通的士兵入伍后,月银 4 两 5 钱,当时的米价每石才 1 两 5 钱左右。

严禁克扣士兵军饷,每到发饷银之日,袁世凯都亲自监督,保证不差一分一毫地发到每名士兵手中。

重赏之下,必有好兵。

这些举措,在中国军队发展史上,基本上都是前所未有的。比如克扣士兵军饷,以前感觉是天经地义的,但袁世凯来自基层,知道军队的弊端在哪里,因此都能一一提前防范和杜绝。

这样,新建陆军的名气一天比一天大起来,士兵训练也非常有劲头。士兵口耳相传就是最好的广告,一传十,十传百,乡邻好友都知道在新军里只要好好干,就有大钱赚,因此,兵源素质和结构是一级棒。

袁世凯练兵很有一套,对手下赏得重,但犯错时罚得也重,让每个人既敬又怕,还离不开他。毕竟,只要好好干,好处还是大大的有。

袁世凯与张之洞闲谈时,说起了自己的这套统驭之道和练兵秘诀。

他说："练兵的事情，看起来似乎很复杂，其实也很简单，主要是要练成'绝对服从命令'。我们一手拿着官和钱，一手拿着刀，服从就有官有钱，不从就吃刀。"

这就是民间说的"千金在前，猛虎在后"训练法。

人啊，你要是不逼一逼，还真的不知道自己会有多大潜能。真要玩起命来，猛虎还真追不上。

袁世凯亲临过战场，对日军的训练有素和清军的素质低下有深刻印象，因此他非常重视军事教育。他把编练新军与军事学堂相结合，在军中直接开设炮兵、步兵、骑兵、德文四所随营学堂，统称"行营武备学堂"。入学堂者要通过笔试，每季度都要大考，一切规矩如同科考，优等者加薪受奖，自己还从每月的薪金中取出三分之一（约200两）作为奖学金。

大家不要小看这个教导队性质的行营武备学堂，当年办得有声有色，后来在民国军事政治舞台上活跃的5位总统、9位总理、30位督军都是出自武备学堂，即我们在教科书中经常见到的讲武堂（我们所熟知的共和国元帅中排名前两位的，朱德元帅毕业于云南讲武堂，彭德怀元帅毕业于湖南讲武堂）。

除苦练本领之外，袁世凯还亲自对新兵进行思想灌输。他告诉新军士兵，受到国家如此优厚的待遇，必须抱定忠君为国的决心。死生有命，富贵在天，临战只有不怕死，才能未必死。

今天许多人编书、排影视剧，都说袁世凯教导兵士要如何宣誓效忠自己，结果士兵就只知袁大人，而不知有朝廷。其实，这个说法是根本靠不住的，也是不可能的。只要有脑袋的，都不会那样公开地讲；要是没有脑子的，那也是被人咔嚓了，没办法在政坛混下去。皇权时代的统治者，别的能耐没有，但布密探、监督统兵大员的智商，可谓天下第一。袁世凯不可能说出置自己于死地的话，绝不会留如此大的把柄给别人来宰他。这是一个正常人都会避之犹恐不及的话题，以袁世凯的智商，没有任何可能说出这样的话。至于他的全新举措，赢得士兵的如何爱戴，这就是高手治军的手腕和效果了。

袁世凯还仿效曾国藩练兵时的《水师得胜歌》等歌词和曲调，让人编了种种口诀和歌谣，如《劝兵歌》《对兵歌》《行军歌》等，情理交融、浅显易懂，让士兵熟习于口，牢记于心。

> 谕尔兵，仔细听：为子当尽孝，为臣当尽忠；朝廷出利借国债，不惜重饷来养兵；一兵吃穿百十两，六品官俸一般同。如再不为国出力，天地鬼神必不容；自古将相多行伍，休把当兵自看轻。……

这首当年的歌，仔细品一下，还是蛮有味道的。

不管袁世凯是真心练兵也好，还是私心打造自己的武装也罢，反正他很快赢得了整个新式陆军的拥护，以至于这支新军后来成了他的半私人性质的武装。

一颗政坛新星冉冉升起。

在训练新式陆军的同时，清廷又要各省组织编练巡防营，其性质是地方的保安队。张作霖就是从巡防营起家的。

组建自己的班底

千军易得，一将难求。

曾经流行一个观念，就是"离了谁地球都一样转"，其实，"离了谁"与"地球转"之间没有任何联系，但选人用人做好了，不管是对国家、集体还是个人，其事业发展绝对不一样。

袁世凯北洋军的崛起，也离不开其骨干队伍和战将。而且，有了自己的部属加兄弟式的人，在关键时刻才能为自己冲锋陷阵，这些也是自己事业的中坚力量。袁世凯后来在官场上遭遇重大挫折、罢官回家，而北洋队伍在三年间居然不散不乱，没有改换门庭，没有投靠新的主子，全靠这批骨干战将忠心耿耿地维持，让人叹为观止。这些能人之所以能够聚集到袁世凯的麾下，说明他在招人、用人、驾驭人方面的本领是极强的。

他当时选用的人，大体有三大类。一类是袁世凯的熟人故旧，二类是原李鸿章创办的北洋武备学堂的毕业生,三类是原来淮军的老将。

第一类,熟人故旧,这是用人的通则,不管是专制国家,还是民主社会,用人都是先用自己熟识的人,只不过民主社会有合法的用人程序而已。这类人一部分作为自己的幕僚,一部分安插在要害部门,充当自己的耳目。当年曾国藩和李鸿章的幕府,都以人才济济而著称。袁世凯的幕僚也非常厉害。

袁幕的代表人物,就是袁世凯的结拜大哥,当时的翰林徐世昌。袁世凯在朝鲜奋斗的这十余年间,徐世昌由进士而翰林,虽然没有得到要职,在清水衙门任职,但他静候时机,广泛结交,在朝中也立住了足。袁世凯训练新军,想到的第一人便是自己的大哥徐世昌。徐世昌"早知'李靖'是英雄",兄弟要干一番大事业,自己自然义不容辞,来到新军的参谋营务处效力,月银160两,非常高的薪饷。从建章立制到出谋划策,多出自这位进士之手。当袁世凯外出不在营中之时,新军便由他来管理。这也是后来他能当上民国总统的一个原因。

当年曾国藩训练湘军,后世称为"中兴之业,实基于胡",胡林翼对于湘军功不可没。而袁世凯训练新建陆军,徐世昌的地位就相当于湘军中的胡林翼。如果说袁世凯是新军的总司令,那徐世昌就相当于新军的总政委,二人一刚一柔,一武一文,相得益彰。

如果袁世凯没有真本事,徐世昌怎么会拿自己的前程开玩笑,从朝中大员来到这个暂看不到前程的兵营之中?自己从进士出身、博士级的人员,甘愿到一个没有任何功名、没有任何学历背景的袁世凯帐下听令?

袁幕的第二位幕友是阮忠枢,袁世凯投军之前与他邂逅相识。他本在李鸿章幕府,甲午战败,淮系飘零,他留在北京李莲英兄弟家中做家庭教师,袁世凯结识李莲英,是他牵的线。

袁幕的第三位是唐绍仪,驻扎朝鲜时的难兄难弟,袁世凯当年的西文翻译,此刻在袁身边担任文案。

此外还有刘永庆,袁世凯的表弟,曾随袁世凯赴朝鲜,充当私人秘书。袁世凯让他掌管了新军的粮饷军械大权。

江朝宗,甲午战争中与袁世凯在军中相识,担任参谋营务处及兵官学堂监督。后来袁世凯称帝前后，江朝宗是步军统领，绝对的亲信。

第二类，是李鸿章北洋武备学堂的毕业生。李鸿章曾在1885年开设北洋武备学堂，培养新式人才。但因为军队中的等级观念、地域观念、血缘观念等，这些有学历的人才在军中并没有得到重用，多读两年书就有能力吗？

其实，"有学历不一定有能力"是一个伪命题。不管拿出什么材料来佐证，你永远无法否认的是：对于同一个人来说，受过教育和没受教育，受教育多和受教育少，绝对有重大差别。要不然都录取幼儿园没毕业的人来担任要职是最省教育成本了。

袁世凯深知军中此类有能力的人一直受压制，而他的新建陆军中又急需真正懂军事的干部，他脑瓜一转，从中捞取了大大的便宜。他让北洋武备学堂的总办荫昌推荐人才，我们熟知的北洋三杰：龙杰王士珍、虎杰段祺瑞、狗杰冯国璋（也有称豹杰），就是这样被袁世凯挖到手的。袁世凯给这些挖来的高材生授以实权，破格提拔，让他们担任要职，使他们感恩戴德。

就像今天的美国一样，世界各国培养人才，美国"收割"人才，省了教育时间、教育成本，然后把省下来的钱，一笔投到招揽人才的过程中。感觉像是给人才很高的待遇，其实，培养一个人，从小到大，时间成本，加上经济成本，比美国投入的钱要多得多。

袁世凯就是这样，从军中招揽有能力却没有机会的人，轻松收取别人地里的庄稼，这些人全都感谢袁世凯，成了袁世凯忠心耿耿的战将。

王士珍（1861—1930），字聘卿，河北正定人，家境贫寒，他本名不叫王士珍，聂士成编练新军的时候，向部属推荐人员，保单列出后，才知真的王士珍回籍养病，但人员不能空着啊，正好这位王聘卿平日奋发向上，就让他顶替了王士珍，顺利考取武备学堂，1888年毕业，1894年参加了平壤战役。到袁世凯手下时，袁任他为督操营务处帮办兼讲武堂总教习，总管新军教育。

段祺瑞（1865—1936），字芝泉，安徽合肥人，李鸿章的老乡。段祺瑞家境贫寒，步行两千里投军。考入武备学堂后，李鸿章看见这么个小同乡积极上进,在他以武备学堂最优等生毕业后,便送他去德国学习炮兵,回国后又让他在威海卫军中担任教习。袁世凯把这位当年的"海归"越级提升为炮兵营统带兼炮兵学堂监督,也就是说,他成了中国第一位炮兵司令兼炮兵学校校长。袁世凯死之后,段祺瑞是政坛最有实权的人物。

冯国璋(1859—1919),字华甫,河北河间人,袁世凯的同龄人,秀才出身,武备学堂步兵班毕业,1890年留校任教习,后随聂士成参加甲午战争,1895年随着考察日本大员到了日本,考察日本军制,汇编成书。回国后,他把书献给聂士成,没受重视。投奔袁世凯后,袁世凯看到冯国璋的书,如获至宝,任命他为步兵学堂监督,不久升其为总办,新兵的操典许多都是他和徐世昌修订的。后来他也曾任过民国总统。

此外还有曹锟(后来的民国总统)、段芝贵(后来袁世凯的御儿干殿下,民国期间与段祺瑞并称的"小段")、陆建章(冯玉祥的舅舅)、张怀芝(后来的山东督军)、王占元(后来的湖北督军)、陈光远(后来的江西督军)、靳云鹏(后来的内阁总理)等人,这些武备学堂的高材生,都一一集中到了袁的帐下。

袁世凯、段祺瑞、冯国璋,更是组成了铁三角,此后的二十余年,纵横江湖,无人可敌。

第三类,是淮军旧将,如姜桂题、张勋(就是拥立宣统帝复辟的那位)、孟恩远(与张作霖并列的吉林督军)。

一时之间,谋臣如云,猛将如雨,风云际会,初成气候。

有道是,一流领导任用一流下属,二流领导任用三流下属。袁世凯一出手,招过来的,可谓北洋史上的最豪华阵容。

如果是二流领导,在用人的时候,潜规则就是"武大郎开店——比我高的不要"。所以,二流领导只会任用三流下属,基本上不会、不敢,也没有气度来任用一流和二流人才。

小站练兵培养了一大批近代军事人才和将领,成了中国近代军事体制变革的一个起点。与此同时,小站练兵也为北洋派系的异军突起,为袁世凯在晚清政坛的纵横捭阖,奠定了政治基础。

打个比方，北洋时代的小站，简直就是武林界的嵩山少林寺。

天下功夫出少林，北洋人才出小站。而老袁头，就相当于寺中那光头大方丈。

袁世凯的驭人之道

世界上最复杂的是人心，最难驾驭的也是人心。可是，在高明的领导者面前，一些人会达到"士为知己者死，女为悦己者容"的程度，为什么？其关键在于这个领导者的"知"和"悦"两个字上。知，要知到心里；悦，也要悦到心里。只有这个人，才能真正知道"我"的好；只有这个人，才真正对"我"好！这才达到了知人的境界，更达到了别人所不能知的境界。

高山流水的奥妙在哪里？在知其"音"也。风尘侠妓小凤仙为啥对蔡锷死心塌地？遇到了最难觅的知"音"也。只要你准确捕捉了别人发出的最细微"音"，明白了，理解了，并及时回应了，你就是他或她的知音。哪怕他是高高在上的领导，哪怕她是不染红尘、拒人于千里之外的冰美人，你都会走进他(她)的内心深处。

在他(她)的眼中，过尽千帆皆不是；只有对你，才会斜晖脉脉水悠悠。

小站练兵时招来的这些一时之人杰，是怎么聚到袁世凯手下，在后来又是怎样乖乖地对袁世凯俯耳听命、忠心耿耿的呢？

袁世凯不仅驾驭女人的本领超强，驾驭人才的手法更强。面对不同类型的人，他自有不同的手段，运用不同的统驭之道。只要你有才，肯踏踏实实地跟我干，我绝不会让你吃亏。

对于知识分子型的事业型干部，礼敬和尊重是主要的，这就是心理学上所说的"尊重的需要""发展的需要"和"自我实现的需要"，辅之以不计金钱成本；对于不通文墨的大老粗型干部，要亦打亦拉；对于大多数普通干部，要做到恩威并施，利诱并重。

据说，李鸿章晚年脾气暴躁，动辄骂人和打人耳光。但是被他骂得多的,官升得也快。后代许多自认为是领导的人,也学会了此招,经常当着大家的面损下属,七荤八素一起端上来。别人就会说,这是领导想培养、提拔你。因此,被骂的人心里还得美滋滋的。其实,大错特错了,晚年李鸿章幕下真正有骨气的人,受不了这个侮辱,大都离开了李大人。他身边剩下的,就是那些趋炎附势、想着升官发财的人了。

对于真正的人才,尊重是领导者第一位的态度,其次要给他们建功立业的机会,然后才是舍得花钱。也就是说,感情留人、事业留人、待遇留人,三者要交替并用。单纯用金钱买来的人,利尽时就会转投他处。能用金钱摆平的事,就不叫事;能用金钱买来的人才,不是真人才(不信,你花钱买买诸葛亮试试?)。后来袁世凯被清政府罢官赶回家,但北洋军的体系并没有拆散,所以他才能东山再起,当上总统。这说明,袁世凯的用人之道是非常成功的。

关心所有人,关注几个人,就是袁世凯管人用人的真谛。

正是关心了最底层士兵的利益,他才赢得了大家的一致拥护;正是关注了几个真正的人才,他才得到了人杰的心。

就凭这一点,从古至今,就没有多少人能比得上。

当然,从领导者用钱的手法,我们也能看出这个人能不能成大事。《史记》讲到霸王项羽时,说他舍不得钱财和官位,给部下封官的印都磨圆了,还不舍得授予。《三国演义》中煮酒论英雄时,曹操说袁绍是"干大事而惜身,见小利而忘命,非英雄也",还是舍命不舍财类型的。所以,当年曹操在即使远不如袁绍势力强大的时候就冷眼看他:真不知你在江湖上是怎么混出名堂来的。——人家是官二代嘛,四世三公,门多故吏。

《易经》中有句话叫"何以聚人? 曰财";《大学》中也说"财聚则民散,财散则民聚"。袁世凯在招人用人方面,确有一掷千金、礼贤下士的气度,堪称是大手笔。

从袁世凯对待段祺瑞和阮忠枢两人的态度上,我们可以欣赏一下老袁笼络人才的手段。

袁世凯招兵买马、组建班底、训练新军之时,段祺瑞正好奉母命回家完婚。袁世凯早就听说段祺瑞是个不可多得的人才,便一封电报打到段家，要他安心完婚，以慰父母之心。同时奉上礼银，以示对新婚的恭贺。段祺瑞心里对这位未来的上司感到热乎乎的，觉得自己遇上知音了。

新婚之后，段祺瑞未等假满，一颗心早已飞回军营，飞到袁大人身边。

让他意想不到的是，当他扛着行李卷儿到小站报到的时候，欢迎的人群中有个矮墩墩的人，别人告诉他，这位就是袁大人，老段不仅受宠若惊，简直是热泪盈眶了。

不要急，后面还有惊喜呢。段祺瑞安顿下来后，因为这里有许多武备学堂的同学，他便在天津城一家酒楼举行婚宴，酒足饭饱准备结账时，酒店老板告诉他，袁大人已经派人把单买了。

从此，段祺瑞铁了心了：老大，你给了我这么大的面子，以后鞍前马后跟定你了。

晚清胡林翼在写给曾国荃的条幅中说成大事者要"爱才如命，杀人如麻，挥金如土"，这"三如"，形容老袁也基本差不多。

袁世凯收服阮忠枢的手法，也与此相类似，只不过，里面有一小段花絮。

阮忠枢曾在李鸿章幕府混迹多年，文案才能自是超群，来到小站后，老袁也让他主掌文案。

有一天，阮忠枢与袁世凯闲谈，说起他在天津城认识了一个妓女小玉，两人感情非常好，并想纳小玉为妾。袁大人当场斥责了他。阮忠枢只好打消了这个念头，再也不敢多想，老老实实地做他的工作了。

一段时间后，袁世凯说到天津城办事，让阮忠枢相陪。二人办完事后，穿街过巷，辗转来到一个院中，只见到处张灯结彩，红烛高烧，阮忠枢还以为是来吃喜酒的。他和袁世凯走进屋里时，下人高喊着"新姑爷到啦"，一面扶出新娘来。直到把新娘扶到他眼前，他才明白，原来新郎是他自己，新娘就是自己喜欢的小玉。

这一切，原来是袁世凯派人安排的，秘密为小玉赎身，又在城内给安了家。

连泡妞都有人买单，而且是上级为下级买单！

从此，阮忠枢对袁世凯死心塌地地效忠，这辈子就交给他了。

袁世凯看到清军思想涣散，纪律松弛，因此在训练严格和纪律严明方面特别重视，对于违纪的官兵，对那些不忠于职守、不尽心做事、对自己阳奉阴违的人，自是严惩不贷。因此，有罚薪、记过、降职、军棍甚至砍头示众等处分。如果士兵有错，官长要负管束不严之责，而且对官长的惩处重于士兵。

也正是因为老袁的手段严苛，还惹来了一场风波。如果不是遇到贵人相助，他的练兵事业可能就此中断了。

小有波折

在当时中国，一个人想要痛快地施展自己的本领，成就一番事业，是相当难的。

因为不管是官场还是民间都有个毛病，一个人千万别做实事，只要你做了事，肯定会有差错和纰漏，有了差错，就会有人指责。结果就是做实事的人受罚，挑毛病的人升官。这大概就是所谓"劳心者治人，劳力者治于人"。

这句话最直白的翻译就是：要心眼儿的人能当官儿统治人，傻乎乎干活出苦力的人总是被收拾。

忠心谋国之人，还能够保全自身的，历史上真是太少太少了，这需要极高的政治智慧。

就像《易经》中说的，只要你采取行动了，就会出现吉、凶、悔、吝四种可能的结果，而吉，只占了四分之一，所以古人说的"天下不如意事，十之七八"，就是这个缘故。

传统中国的政治实际上也是如此，商鞅变法，国家富强了，他遭车裂了，人们在茶余饭后戏称他是"作法自毙"；汉景帝的御史大夫晁错建议削藩，加强中央集权，结果他被当替罪羊腰斩了；王安石变法，骂声不绝于耳；张居正变法，死后被鞭尸……其他的，杀其人而用其言的就更数不胜数了。

也正因为这样的教训，在传统中国只要你想改变旧制，首先要做好充分的思想准备，那就是费力不讨好，弄不好就是身败名裂。

因为你要同整个旧体制、同整个庞大的既得利益集团抗衡，还要受不明真相的、你本来想为之谋福利的普通百姓的误解，甚至唾骂。

思想者独行，真的很孤独啊。

画坛鬼才黄永玉曾经说过，从政犹如踢足球，关键要有几个漂亮的进球，漂亮的射门，还要传几个好球，让别人也进球。只不过进球的过程中要避免踢人，还要防止被人踢。更要提防背后踢过来的脚。这一脚，可能会让你永世不得翻身。

袁世凯率先进行的晚清军事变革，既要冲破旧体制，又要打破旧习惯，我们今天只看到了小站练兵的结果挺红火，却从来没考虑到组建新军的千辛万苦，也从来没真正想过新生事物在草创、问世和发展过程中遇到的千难万阻。这一点，他足以与李鸿章并驾齐驱。李鸿章组建了新式海军，但陆军中的淮军仍然是旧制。袁世凯的新建陆军才真正拉开近代军事变革的大幕。

袁世凯训练新军刚有起色的时候，告状的奏本就送到了皇帝和太后的案头。

袁世凯毕竟还是年轻人，并没有过多地考虑政治上的弯弯绕。比如，清政府一直对汉人掌兵严加防范，当年曾国藩训练湘军时，可以说是天天都"如临深渊，如履薄冰"，练兵时要把满人塔齐布等人推出来，而攻下太平天国都城天京之后，别人洋洋得意、居功自傲，他自己却吓得以最快的速度裁军，慢了都会被打小报告，说是"拥兵自重""图谋不轨"。胡林翼任湖北巡抚时，为了生存和做事顺畅，处处要把满人总督官文排在前面，不惜屈身为官文的小老婆大张旗鼓地庆祝生日，让母亲认官文的小老婆为义女，成了自己的义妹，对小女子好话说尽，喜得她整日合不拢嘴，而后靠小女子吹枕边风和咬耳朵根子的力量，才换来了官文的政治合作，使湖北督抚之间的合作顺利天下闻名。袁世凯练兵，他的标准是选拔优秀人才，却忽略了当时最重要的政治条件，没有以满族人为先。这个过硬的政治要件，在他的头脑中居然没有被考虑过，如果不是甲午兵败、清政府急于训练一支能打仗的军队的话,就凭这一点,他袁世凯立即就得被悄悄地"黑"掉:政治上太不成熟。

但这一条件还是被朝中的有心人给记了下来,虽然名义上的弹劾不是这个原因,但实际上这是最重要的政治原因。

袁世凯的练军模式,在神州大地尚属首次,许多方法在时人看来都不可理解。因此,小的矛盾和冲突便一桩接一桩。袁世凯的练兵不以满人为第一条件,在权贵看来,这不是组织自己的人马吗?而且,只要朝廷有新政策、新制度实施,尤其是施行初期,制度不完善,里面就有油水可捞。正如明末大儒刘宗周在《条列风纪之要疏》所描绘的现象:"及至朝廷颁一令,则一令即为渔猎之媒;地方有一事,则一事即为科敛之籍。"这一现象在哪一朝代都有。如果从朝廷全力供给的新军身上卡油,那简直易如反掌;加上新兵入伍时托人的、找关系的,银子肯定是大大地有。这让许多人眼红,且都有心取而代之。恰好,小站发生了士兵强奸民女事件,满族人铁良意识到机会来了,立即弹劾袁世凯练兵不力、用人无方。

御史胡景桂在收集了众人的小报告之后,正式向朝廷奏本,说袁世凯虚靡军费,训练新军如同儿戏,肆意杀戮,不近人情,等等。这些都给袁世凯的热头上浇了一盆冷水,使他的心拔凉拔凉的。他与结拜大哥徐世昌说是"心神恍忽,志气昏惰,所有夙志,竟至一冷如冰"。

收到参劾的奏折后,兵部尚书荣禄前往查办。

荣禄,并不是传说中的顽固死硬分子,在晚清政坛上,他思想是蛮开明的。对于袁世凯,甚至对于后来的维新派,他其实是说过好话的。而他,又是完全能影响慈禧耳朵根子的人物。

荣禄大人到了小站,眼前一亮,犹如见到了传说中周亚夫治下的细柳营。小袁治军有方,井然有序,军纪严明,士气高昂。荣禄第一次在大清国的土地上,目睹自己治下的兵操练洋式战术,进退得法,堪称雄师劲旅,而且这些战术操典,都是自己这个国防部长前所未见的,于是大为惊叹,认为这才是真正懂军之人,当下起了爱才之心,便做出决定:此人必须保全。

荣禄回去奏报,事出有因,查无实据!并用自己的人格作保:该人血性耐劳,为朝廷不可多得的人才。

荣禄的庇佑,让袁世凯安然度过了一次重大危机,这在袁世凯的一生中也算是一次极其重要的机遇。有了慈禧身边的红人荣禄的支持,袁世凯得以专心练兵,再也没人嚼舌头根子了。

新军事业从此蒸蒸日上。

荣禄对袁世凯有知遇之恩,这为后来维新变法时袁世凯坚定地站在荣禄一边,打下了第一块基石。

1897年6月,袁世凯被补授直隶按察使,仍负责练兵事宜。

为了提高新军的知名度,袁世凯经常邀请西方军事人员来小站观操。那个时候如果有互联网,人气肯定刷刷地上升。

英国海军司令贝思福来华时,眼中所见新建陆军的操练和演习令他对袁世凯及新军刮目相看。回国后写了《保华全书》,多次盛赞。

这样,袁世凯及其新建陆军,引起了西洋人的兴趣和关注。洋人都知道,大清国的袁世凯,有两下子,虽然年轻,却不可小视。乃至1900年八国联军进中国时,也没敢硬碰袁世凯的这支军队。

就在袁世凯刚躲过第一次危机,雄心勃勃、准备大有作为之际,一场巨大的危机向他袭来,那就是维新变法涉及的帝、后权力之争,需要所有官员重新"站队"。

变法前的形势

有人说,晚清中国的实权掌握在几个属羊的人手中:曾国藩,1811年生,属羊;李鸿章,1823年生,属羊;慈禧太后,1835年生,属羊;袁世凯,1859年生,属羊。

拿破仑有句名言:一头狮子带领的一群羊远远胜过一只羊带领的一群狮子!

权力在属"羊"的人手中,所以清朝才任人宰割。

也有人说,清朝是被几个广东人折腾完的:洪秀全,广东花县人;康有为,广东南海人;梁启超,广东新会人;孙中山,广东香山县(今中山市)人。

不过,广东人思想开放、思维灵活是真的,清末变革确由广东人掀起和促成。

《马关条约》签订之后,国内舆论大哗,群情激愤,一场要求变法的浪潮席卷中国。晚清这场轰轰烈烈的变革运动,发起者是两个书生:康有为和他的学生梁启超。

当时,康有为和梁启超正以举人身份入京参加国家公务员考试,听到《马关条约》签订的消息后,他们立即联合在京的 1300 多名举子上书光绪皇帝,内容是反对议和,迁都再战:下诏鼓天下之气,迁都定天下之本,练兵强天下之势,变法成天下之治。这封书虽未被转上,却传遍了北京城。因为习惯上,举人上京考试,都是随着地方官署清报财务的交通工具赴京,所以把这次上书称为"公车上书"。

1895 年五月初六,康有为上清帝的第三书终于辗转到达光绪案头,光绪读罢,为之动容。

此一时期,康有为多次上书,他也是在这一时期结识的袁世凯,因为别人不愿呈递康有为的上书,袁世凯还曾代递一次,给康有为留下了深刻印象。

由于康有为人微言轻,守旧派的势力过于强大,康有为变法的呼声一时没有引起反响。康有为决定发起草根组织,从思想改造入手,1895年 8 月底,组织了强学会,开始创办报刊,制造舆论,积蓄力量。

当时袁世凯、徐世昌都捐款入了会,另外,封疆大吏直隶总督王文韶、两江总督刘坤一、湖广总督张之洞也各捐银 5000 两。李鸿章也想捐款入会,康、梁因为他对日主和而拒绝。

知识分子的心思,还是单纯啊。变法派如果有位高权重的李鸿章大人支持,不知会减少多少麻烦呢。国家又不是李鸿章说了算的,弱国无外交,李大人当时又有什么办法。如果没有最高领导的支持,他那样做早就脑袋搬家了。变法派拒绝了李鸿章,这也为他们埋下了与朝中重臣不和的种子。

甲午战争的失败,刺激了年轻皇帝的神经;而康有为的上书,打动了光绪的心,他不甘做一个亡国之君,想有所作为。但是要变法,就要有乾纲独断的权力,而真正的大权又不在他手里。这样,康有为的变法呼声,把帝、后两党长期的矛盾和冲突推到了台前。

光绪与慈禧太后的关系非常微妙。

1861年咸丰帝死于热河行宫后,帝位传给了慈禧的独子、同治皇帝载淳。少年皇帝在1874年就驾崩了,没有留下子嗣,慈禧太后要立一个幼君以便继续控制朝中大权,便在皇室近支中选择了醇亲王的儿子、四岁的载湉为帝,就是光绪帝。而光绪的母亲又是慈禧太后的亲妹妹,因此,慈禧太后既是光绪的伯母,又是姨母。慈禧让皇帝管她叫"亲爸爸",以示自己家长权威的说一不二。光绪自幼便在慈禧的呵斥声中长大,二人之间,一直因为权力问题而存在着若隐若现的矛盾。

光绪皇帝五岁即位,什么都不懂,东太后历来是清心寡欲,大权便全落在了慈禧身上。到了光绪十二年(1886),光绪皇帝已经17岁了,东太后也已经死了五年多,慈禧太后不好意思继续听政,便换个名目叫"训政",继续揽权,直到1888年光绪才宣告亲政,但是朝中二品以上大员的任用,仍必须由慈禧来决定。

其实,慈禧别说对光绪的权力控制,就是对亲生儿子同治皇帝,当时在宫中也流传着诸多母子之间因为权力问题而面不和、心不和的事。同治皇帝活着的时候,向东太后请安时,还说几句贴心的话,而向亲妈慈禧请安时,请完安,简直一个字都憋不出来。他做事如果不请示一下亲妈,那是根本行不通的。慈禧为了自己的权威,亲生骨肉尚且不顾,何况是光绪呢。

亲儿子同治死后,慈禧的脾气更加喜怒无常。有一次一个太监陪她下棋,下得高兴起劲儿的时候,得意地说了一句"奴才杀老祖宗的这只马",她立刻大怒道:"我杀你一家子!"当即叫人把这太监拉了出去活活打死了。

明白了慈禧太后的性格特点,明白了慈禧与光绪皇帝之间的权力纠葛,明白了董事长和总经理之间的矛盾,才会对戊戌变法中可能遇到的困难有更深的体会和把握。

当代历史研究工作者总结出一个规律,即慈禧逢"甲"不利:甲戌(同治十三年,1874年),独子同治死;甲申(光绪十年,1884年),50大寿,中法战争;甲午(光绪二十年,1894年),60大寿,中日战争;甲辰(光绪三十年,1904年),70大寿,日俄在东三省大打出手。

而这位属羊的老太太也真不含糊,虽然对内统治得牢牢的,但对外却一再任人宰割。章太炎后来曾在慈禧70大寿时写了一副对联讽她:

今日到南苑,明日到北海,何日再到古长安?叹黎民膏血全枯,只为一人歌庆有;

五十割琉球,六十割台湾,而今又割东三省,痛赤县邦圻益蹙,每逢万寿祝疆无。

甲午战前,当日本举国备战,皇室带头捐款出军费的时候,慈禧太后却在准备60大寿,挪用海军军费修建颐和园。当听到有人颇有微词后,她硬邦邦地甩出一句话:谁叫我今天不高兴,我就让谁一辈子不高兴!

1897年,德国强占胶州湾,康有为再次上书,痛陈变法之刻不容缓:如果不变法,将来国家灭亡,皇帝求为普通老百姓而不可得!

光绪的心灵受到强烈震撼,在太后面前痛哭陈词,如不让变法,宁可不做皇帝。并引用明末崇祯皇帝吊死的故事,说不忍这样的祸端重见于今。

慈禧太后无话可说,终于同意变法。

对形势估计严重不足

一般来说,知识分子谈政治,多是从纯而又纯的抽象原则开始,以俗而又俗的具体现象结束。

与之相对应,职业官僚谈政治,一般都是从俗而又俗的具体现象开始,以纯而又纯的抽象原则结束。

前者好比张弓搭箭,远远地对准目标的靶心射去,虽然明白了"三点一线"的动作要领，却十有八九难中靶心，且有失之毫厘、谬之千里的可能。

后者是把箭射出后，在射中的地方，画个圆圈，名之曰"靶心"。

前者是把理论、方针、原则都在头脑中先勾画出来，到了实际操作中才发现，不得不面对一个又一个难以克服的百转千折的困难。也就是说，理论与实践之间的巨大鸿沟没有考虑到，以为理论就是实践，说到了就是做到了。

后者是先送礼、跑关系、幕后运作、一切实质的东西都操纵完了，再以开会的形式研究，悉数通过。

此二者，都不是真正于国有益的。因此在真正的政治改革实践中，经常看到的是二者意气用事的拉锯战，凡是对方赞成的，我们就要反对；凡是对方的朋友，就是我们的敌人。

遗憾的是，戊戌变法，就是由一个无实权又无实际执政经验的年轻皇帝，领着一群没有实际从政经验的知识分子进行的，他们遇到了一大群思维陈旧、对触犯自己既得利益者必欲除之而后快的人。这样，变法从一开始就埋下了失败的种子。

在传统中国，决不能轻易变法，因为变法改革就要涉及权力的再调整和利益的再分配。正如鲁迅曾一针见血地指出，在中国，就是挪动一张椅子也要流血。

因为在皇权社会中，权力是掌权者的命根子，所以变法无异于是在要他们的命，为了捍卫个人的既得利益，必然要整个你死我活。相反，对于外来的入侵，他们知道，一国侵略他国，入侵者无非是想多要点儿利益，权力是鸡，利益是蛋，你要利益，给足你就是了，只要自己坐得稳，留得青山在，给出的利益，照样会用另外的手段攫取，于自己无什么损失。国家在他们眼里什么都不算，权力是他们攫取利益的工具，国家是他们攫取利益的来源。

当权力成为指挥棒时，一个无权的普通人，便会梦想着获得权力，权力小的还想扩大权力，权力大的人要巩固权力，获得了权力后需要享受权力，这样下来，哪还有心思去做事？

皇权的"人治"社会里发展出了一整套完美细腻的"治人"手段,没有实际执政经验和从政经验的年轻皇帝与知识分子,便在这上面吃了大亏,对形势的估计严重不足。

康有为在变法伊始,谈论起变法的阻力时,就跟荣禄说:"杀几个一品大员,法即变矣。"这可真是没有从政经验的人说出来的不着边际的话啊。

戊戌变法犯了几个致命的错误:进度太急躁,方法太偏激,思维太简单,措施过于理想化,关键时刻铤而走险却又没有铤而走险的资本。

从现代政治学角度来分析,自上改革的前提条件是,既要有热心现代化的统治层,又要绝对保持权力的巩固,二者缺一不可。遗憾的是,在当时,光绪和慈禧各占了一条。一个热心而无权,一个有权而不热心。因此,双方在权力层面上,开始了较量。

在皇权社会中,人事权非常重要,但起决定作用的,是军权在谁的手里。没有军队的支撑,其他的权力就显得非常虚弱。

当时的人事任免权和军队指挥调动权,都在后党手里。因此,这是一场从一开始就决定了胜负的较量。

本来,传统的皇家、既得利益集团中,改革的人就属于少数,当然许多人也持观望态度,谁也不想得罪。但是,改革者的不顾一切的迅速行动往往会使潜在的反对者变成直接的现实的反对者。光绪帝一天发布上百条变法诏书,书生们的急躁冒进,这种不计后果所带来的最大后果,就是把一批中间派官僚迅速推到了反对派一边。

皇帝可以提拔个人,但不能提拔整个集团。光绪帝不但不能提拔,甚至还得罪了势力最大的集团。

我们看一下,对阵双方是如何交手的,变法又是如何一步步走向失败的。

1898年6月11日,光绪帝下诏"明定国是",开始变法。

在权力方面,光绪帝任命康有为为"总理各国事务衙门章京上行走",这个官职有什么奥妙呢?

总理衙门章京就是总理衙门主管大臣的秘书,不设专职的官员或不专任的官员叫作"行走"。"总理衙门章京上行走",就是任命康有为为总理衙门章京临时到职办理文书事务的官员。

不要看这个行走的官不大,才四五品,相当于厅局级,但皇帝给了老康一个特权,叫"专折奏事"！就是直接报告皇帝,不需中间人。这个权力可不小,老康一下子就成了天子近臣,成为举朝侧目的实权人物！

在变法内容方面,采取西方资本主义发展模式,设立农工商总局、矿务铁路局、邮政局等,成立京师大学堂,允许自由办报和组织学会,裁撤冗员等一系列举措。有时一天发布十几道上谕。在变法这103天里,总计发布了三百多道上谕和法令。

这些急匆匆出台的政策,完全是理想主义的产物,没有顾及中国的实际社会情况,更忽视了保守派官僚的利益和抵抗。每一道诏书下来,都会有大臣跑到太后面前哭诉。

变法还有一项措施,得罪了小人,得罪了小人中的小人——要废除太监制度。这使宫内的几千名太监大为惊慌。他们连自己的尊严都不要了,入得宫来,除了混饭找活路,无外乎是为了公务员的权力而来。太监听说要把他们赶出宫,这下可不干了,四处散布谣言说皇帝要用洋人,这会对太后不利。所以,年轻皇帝的这一招,是自断其路,身边人得罪了,法还怎么变。在你没有足够的实力君临天下之前,小人千万不能得罪,对于小人中的极品、不男不女、无羞无耻的"一剪没"之人,更不能轻易得罪。

年轻皇帝的草率行事,惹怒了保守派,慈禧太后和群僚立即警觉起来:想架空我们？还嫩了点儿吧。

这就引起了报复性的反弹。于是,慈禧太后接连下了几招狠棋。

第一招,变法的第四天,即6月15日,慈禧太后先下杀手,罢免了主张变法的第一员大将、光绪帝的靠山文胆加智囊、同治和光绪朝的两代帝师、国考时候的头名状元、军机大臣、户部尚书翁同龢的所有职务,勒令其即刻出京,回江苏常熟的老家养老。

第二招,令受任新职的二品以上大员(相当于省部级干部)到她面前谢恩,以示大权在握。

第三招，强制光绪任命慈禧的心腹荣禄为直隶总督兼北洋大臣，统率董福祥的甘军、聂士成的武毅军和袁世凯的新建陆军，掌握了京畿的军政实权。这还不放心，紧接着任命刑部尚书崇礼为步军统领，怀塔布管理圆明园官兵，派刚毅管理健锐营。这样，北京城内外和颐和园的警卫如铁桶一般抓在自己手里。

然后，老妇人冷眼旁观：看你们能折腾出什么名堂来。

然而，年轻皇帝还是政治敏锐性不强，严重低估了顽固派反击的决心和手段，继续在前进的道路上实行硬对抗。

没有实权的皇帝，没有实权的秘书，发布了一系列空洞的条文，这些根本就推不动，也施行不了。光绪帝一看，自己的命令没人听，变法一方势力太弱了，再加强一下吧。

紧接着，皇帝又任谭嗣同、杨锐、刘光第、林旭等人为军机处章京，直接对皇帝负责，具体工作就是协助皇帝处理日常政务。这种越级升官，一下子就把军机处和总理衙门架空了，这四位年轻人，似乎已经成为没有宰相头衔的宰相。

9月4日，皇帝为了打破顽固派的阻挠，又走了一招错棋，一下子革了礼部的六个堂官。

后党虽然沉默了，帝党看似胜利了，却不知道，这是山雨欲来之前的可怕的平静。

女人绝不会轻易地在嘴巴上认输，她若在某一时段闭上嘴巴，往往会藏有更大的玄机，将会有更可怕的事情发生。这一点，可以参照任何领导，还可以参照领导加女人的慈禧太后。

慈禧太后在等什么呢？她在等一个最佳的时机。

任何一个人，哪怕是高手，只要他出招，就会有破绽，这是《笑傲江湖》中风清扬教给令狐冲独孤九剑的要义。更何况是一个武功路数平平的人，更会破绽百出。慈禧太后不是没有能力反击，她是在等对方致命的破绽，自己好一招制敌，让对手心服口服，也堵天下悠悠之口。

对骂、互殴，那都是街头瘪三儿的打法。真正的高手过招，是要毕其精气神于一击。

她相信,这个机会,马上就要出现了。

袁世凯面临抉择

汉字的造字术真是神奇,一个中一个心是"忠",两个中一个心就成了"患"。这如果是文字游戏也就罢了,可晚清的政坛上,偏偏有皇帝和太后两个中心。

到底谁说了算,到底听谁的,这是官场政治上的首要问题,也是考验一个人政治成熟与否的标志和试金石。

政治这种你下我上,有时甚至是你死我活的游戏,首先玩的就是这个思维,至于才能,那是排在第二位,有时甚至是无关紧要的问题。你有才能怎么了,我不需要,我不用你,有脾气吗?看别人升迁,你自己生气去吧。

宁可慢几步,不可站错路。关键时刻站对了,以后你就等着收红利吧,顺风顺水,青云直上。如果关键时刻错了,迎接你的将是一万只臭脚,一万口唾沫,让你永世不得翻身。

39岁的袁世凯,终于切身体验了一把政治的残酷性。

1898年9月初,北京城浓云密布,气氛压得人喘不过气来。

不知哪里传来的风声,说是慈禧太后将于10月偕光绪帝到天津阅兵,届时废掉光绪帝,另立新君。局势骤然紧张起来。

其实,这个消息不管是不是真的,略微思考一下,都会觉得它不可靠,是谣言中的谣言。

历来,宫廷政变都是极隐秘的,先要把你抓起来,然后再用舆论埋汰死你,从来就没有听说过把皇帝拎到大庭广众面前,让天下万民看着给扳倒。

不过,就是这么个糊弄人的小儿科的消息,居然让本来已经草木皆兵的变法派相信了,他们脆弱的神经真的禁不起任何风吹草动。

而那位写出"每临大事有静气,不信今时无古贤"的翁同龢已经帮不上皇帝了。慈禧就是看得准、下手狠,把皇帝的主心骨给摘了。如《封神演义》中民妇对比干说,菜无心可活,人无心即死。

没有主心骨的变法派,如何生存得了？慈禧太后咳嗽一下,就让他们感觉是刮起了十二级飓风。

此时,他们才想到军权的问题,皇帝,谁能来保护皇帝？皇帝在有需要的时候,除手底下几个秘书之外,没有任何兵力可以指挥调动。

这场游戏,你还想继续玩下去吗？

记得诸葛亮在他的《将苑·不陈》中指出:"古之善理者不师,善师者不陈,善陈者不战,善战者不败,善败者不亡。"中国古代研究围棋的名著《棋经十三篇》中也说:"善胜者不阵,善阵者不战,善战者不败,善败者终胜。"

可是,如果这几点都做不到,在你发现已经必输无疑的时候,就要像打牌时常说的一句话——少输为赢。老太太还能活几天,你好好地活着,吃着喝着乐着玩着,妞泡着鸟提着,靠死她,也算是一种赢。

可年轻的皇帝,非要在这场毫无悬念的斗争中继续下去。

京畿附近,掌控军队的实力派,只有荣禄、董福祥、聂士成、袁世凯,前三人根本没有任何可能与皇帝结好。于是,他们把目光瞄准了袁世凯。

袁世凯驻守过朝鲜,加入过强学会,思想开明,平日也力主变法,还为康有为向皇帝传过书信,又掌握着中国最先进的新式陆军队伍。如果能把他争取过来,帝党势力的天平上将加上一块重磅砝码。

只是,袁世凯与荣禄走得非常近,这也不得不考虑。于是,他们决定派康有为的亲信徐仁铸到小站进行试探。

平常都没有交情,以为关键时刻凭自己的三寸不烂之舌就能说动一个政坛上的新秀红人吗？合纵连横的战国策读多了吧？

自然,袁世凯是多么圆滑的人,他在徐的面前极力表示对皇帝忠心,也表达了对康有为的敬仰之情。这番客套话,任何一个官员,甚至普通人,也会说,没有什么实质性的含义。

一般来说,政坛上的人要学会读隐语,这是一门比任何外语都要复杂得多的语言,要从一个人的表情、神态、行为来判断,一个字、一个眼神都不能放过,而变法派这些人显然在这方面的功夫欠缺得多。即使派徐仁铸亲自前来试探,也不能很好地判断出袁世凯到底是怎么想的,否则也不会继续下错棋了。

9月13日,光绪帝在向太后请安时,要求选举英才,聘请外国政治家做顾问,开懋勤殿来议论国家大事。太后脸色非常难看,把上谕往旁边一扔。

光绪帝知道,自己和太后之间,已经产生了无法弥合的缝隙。

回来后,光绪帝心急如焚,连写两道密谕,分别给了杨锐和康有为,要求赶紧寻找救助之道。

光绪皇帝决定召见袁世凯,并对其加以笼络。

9月14日,光绪帝召见了袁世凯,详细询问了练兵事宜,夸奖之后又赏了侍郎候补。这等于明摆着告诉他,要破格提拔他为副部级。

第二天,也就是9月15日,光绪帝再次召见袁世凯,告诉他以后与荣禄各办各事,互不掣肘。这其实就是宣布,袁世凯可与荣禄平起平坐,并可直接与皇帝对话。

正如阎锡山日记里的一段话所说:

突如其来之事,必有隐情,惟隐情审真不易,审不真必吃其亏。但此等隐情,不会是道理,一定是利害,应根据对方的利害,就现求隐,即可判之。

这个突如其来的好处和利益,让聪明的袁世凯胆战心惊。袁世凯的心像羊肉串儿一样,被架到了火上嗞嗞啦啦地烤着。——把"心"像羊肉"串"儿一样地烤着,这不就是那个"患"字么?两个中心,给大臣们的心带来这么多问题。

根据自己捕捉的信息,袁世凯清楚地知道,自己处于非常危险的境地。一面是无权皇帝的拉拢,一面是无处不在的后党的虎视眈眈,利与害之间,他必须做出选择了。

平心而论,袁世凯是希望变法,实现国家强大,不至于受外敌欺负的。但是变法派实在是不成气候,一个没有实权的皇帝,领着一群没有实际经验的小秘书。从秘书们起草的稿子来看,理想、空想加幻想,与真正的变法需要相差太远,他们简直不是变法,而是胡闹,视变法为儿戏。这样的变法,没有任何成功的可能。就连后来被砍头的、康有为的弟弟康广仁都这样评价康有为的缺陷:"伯兄(康有为)规模太大,志气太锐,包揽太多,同志太孤,举行太大,当此排者、忌者、挤者、谤者,盈渠塞巷。而上又无权,安能有成? 弟私窃深忧之!"

两利相权择其重,两害相权择其轻,从自己的发展前途而言,他心里也清楚,他会往哪一方面靠拢。

最后决断的时刻就要来到了!

袁世凯告密与变法失败

局势微妙的时候,兵权在握的袁世凯突然获得皇帝召见,并且破格提拔为侍郎候补,又许诺与荣禄并驾齐驱,年轻皇帝看似高明的一招棋,则无异于是向太后宣战了!

光绪的一举一动,慈禧太后都了然于胸。老太太鼻子轻哼:你还在娘胎里的时候我就知道你,从你穿开裆裤的时候我就看着你长大,你的一举一动,怎么可能逃得出我的手掌心?

为确保万无一失,她命直隶总督兼北洋大臣荣禄直接坐镇天津看着小站的 7 千人,又在京津之间的道路上,调集董福祥和聂士成的军队,各路人马加在一起共 14 万人!

也就是说,在小站到京城之间,摆下了超过小站陆军 20 倍的兵力,撒开大网,等着君来。

双方就要到了决斗的摊牌时刻!

你别看清朝统治者对外作战水平不怎么样,但对内部汉人的防范,那真是做到了滴水不漏。当年曾国藩与弟弟曾国荃攻下太平天国的都城天京时,在湘军的周围,已经布下了天罗地网,这些周围的邻居们,个个磨刀霍霍,有左宗棠的楚军,李鸿章的淮军,以及绿营、八旗各路人马。

吓得曾国藩打下天京后，第一件事就是大裁军，以示自己的忠诚无二。

在政治上，只要有权，谁还讲理？欲加之罪，何患无辞？在特殊时刻，你不作为，就是想要作为。

从某种程度来说，政治就是个二选一的游戏。你想做不偏不倚的第三方，除非有极高的政治智慧和政治手段，否则，就离死期不远了。

后人写史总是苛责袁世凯在关键时刻的告密，其实袁世凯面临的形势非常严峻，他已经受到后党的怀疑，稍不留意，就会粉身碎骨，没有任何机会帮上皇帝了。如果不走出打小报告这一步，等着他的，就是死。

而且，许多人根本想不到的是，袁世凯的这支军队，毕竟是个新兵营，主要任务就是训练，他们的粮饷、弹药，全部由天津城的直隶总督补给。平常训练时，新军也没有几发子弹，统治者把枪与弹分开，关键时刻让你手中拿的玩意儿连烧火棍都不如。

不管袁世凯告密与否，他都没有任何可能与皇帝扯上关系。

而在局势危急的时刻，光绪的召见和加官，无疑是给袁世凯上眼药、敲丧钟，把袁世凯彻底逼上了绝路，别说不告密后果会如何，就是告密晚了，都会说你政治立场摇摆不定。

在这种情况下，袁世凯的告密是必然的，这就是人性，这就是血淋淋的政治斗争。袁世凯要是不告密的话，他就不是一个有血有肉、有理想有追求的人，而是一个"完人"。按照公孙龙子"白马非马"的逻辑，可以得出一个结论："完人，不是人。"完人只能存在于人们的想象之中，而不能穿越到现实生活中来。

历史是由有血有肉的人组成的，分析历史必须基于人性。可以描述但不可苛求，可以批判但不可审判。

我们没有理由去责备他，不信换任何一个人试试看，当时会怎么做？

上海师范大学的历史学家萧功秦教授在评价这段历史时有一段话，非常精彩，兹完整转述如下：

历史中的人与现实生活中一样，同样具有人皆有之的人性弱点与幽暗性。一个个活生生的人，在特定环境中，以特定方式作出自己的选择，并适应他的特殊生活环境,于是就有了万花筒般的丰富生命。如果你把慈禧太后、荣禄、李鸿章、孙中山、袁世凯看作一个个在适应自身环境过程中的鲜活的、有缺陷、有矛盾的生命,而不是某种政治代码或符号,你的笔下就会呈现出更真实的,因而也更深刻的历史形象,人们可以通过他们理解那个时代环境与结构。重要历史人物与精英其实都是多面性,他们面临的环境压力更大,内心冲突更强烈,比一般人的精神世界更复杂。

9 月 18 日,康有为等人接到了皇帝的密诏,让康有为等速速逃离京城这个是非之地,越快越好,跑到南方,为日后再图变法预留火种。这表明,形势已经万分危急,皇帝知道,大势已去了。

康有为、谭嗣同等人连夜开会,却始终想不出一个好的计策,唯有捧诏大哭。最后,康有为决定铤而走险,假传皇帝圣旨,要袁世凯率兵勤王,杀荣禄,围颐和园诛杀太后。于是派谭嗣同到袁世凯寓居的法华寺摊牌。

最后一招,不成功,则成仁。

只是,他们哪里知道,袁世凯这个光杆司令,即使有心帮忙,也调不来远在天津小站的兵了。早就被"兵将分离"了。

9 月 19 日夜,谭嗣同夜访法华寺。又一次试探性的谈话后,拿出皇帝的密诏,并全盘托出了他们的行动计划。

袁世凯信誓旦旦,满口答应下来,这反倒引起了谭嗣同的不安。只是迫于无奈,实在没有其他可供选择的路了。

这是一次巨大的政治冒险,赌一把吧。

第二天,袁世凯在回天津之前,又一次受到皇帝召见。

两派相争,他也不敢轻易得罪哪一派势力,万一太后百年之后,年轻皇帝执政,自己还是有个退路的好。于是,袁世凯非常委婉地说出了自己的想法,主要表达了三层意思:

第一,变法不要操之过急。"古今各国,变法非易,非有内忧,即有外患,请忍耐待时,步步经理,如操之过急,必生流弊。"

　　第二，要用老成持重之人主持变法。"且变法尤在得人，必须有真正明达时务老成持重如张之洞者，赞襄主持，方可仰答圣意。"

　　第三，皇帝身边的年轻新贵，资历太浅，能力不足，思虑不周。"至新进诸臣，固不乏明达勇猛之士，但阅历太浅，办事不能慎密，倘有疏误，累及皇上，关系极重，总求十分留意，天下幸甚。"

　　袁世凯知道变法派必败无疑，自己得寻找保全自己之道。否则，连受皇帝三次接见，又加上皇帝近臣谭嗣同连夜密访，这些根本不可能瞒过太后的耳目。别说自己是掌兵大员，朝廷时刻都没放松过监视，就是普通人，受皇帝这样接见，都极易引起太后的怀疑。法华寺周围，到底有多少密探盯着，说不定谈话的内容早就报到太后耳朵里了。统治者要是没有这个本事，他们也不会安稳地坐在一把手的位置上了。

　　袁世凯已经打定主意该怎么做了。

　　9 月 20 日下午，袁世凯坐火车回天津。下火车后，直奔直隶总督府，把变法派的行动计划，以及自己如何受召见的全过程对荣禄和盘托出。

　　当晚，荣禄连夜乘车回北京，向太后告变。袁世凯暂时不回小站，"代理"和"充当"直隶总督，坐在这里看家护院，看似抬举他，实则软禁他。

　　9 月 21 日，慈禧乘銮直奔光绪寝宫，指着鼻子大骂他忘恩负义。随即对外宣布，皇帝有病，需要静养，将他软禁于水中孤岛瀛台。慈禧重新执掌大权。

　　人在幼年时的经历会影响一生，就如同小象小时候拴在树桩上，长大后自认为再也挣不脱一样，光绪只要一见他的"亲爸爸"，就会不由自主地浑身发抖。一个皇帝，就这样被人指着鼻子大骂一顿后，他的权力被彻底地收走了，一同收走的还有皇帝的人身自由。

　　紧接着，我们所熟知的戊戌六君子：谭嗣同、林旭、杨锐、杨深秀、刘光第与康广仁被收监。9 月 28 日，六君子血染菜市口。康有为和梁启超在外国人的帮助下，逃出京城，躲过一劫。

　　维新变法失败，除京师大学堂保留之外，所有变法措施全部废除。

　　袁世凯在此重大事件中确实是告密了。但是，变法派的失败与袁世凯的告密有没有必然的因果联系？想清楚了这个问题，可能会对那段历史理解得更透一些，也更少些对前人的苛责。

换个角度来说，从慈禧太后和荣禄立场考虑一下：袁世凯的告密，统治阶层应该为自己培养的干部在关键时刻政治立场坚定而欣慰。何况，从私人角度来说，荣禄在袁世凯小站练兵的时候，是力保过他的，是一条线上的人。别忘了，用马克思的话讲，人是有阶级性的。袁世凯也不是超阶级的人。

历史的复杂性，也正是在这里。

历史的多姿多彩，也正是在这里。

历史注定不是那么枯燥乏味的，历史的舞台为各色人等提供了充分表演的空间，尤其是六君子中谭嗣同的作为，直到今天，仍然让人们扼腕叹息。

谭嗣同，字"复生"，在顽固派围捕六君子之前，他完全有机会从容地离开京城，但这位湖南义士却非要用自己的鲜血警醒沉睡中的世人。

望门投止思张俭，忍死须臾待杜根。我自横刀向天笑，去留肝胆两昆仑。

逃在国外的康有为，为这位叫"复生"的战友，悲痛地写了一副挽联：

复生不复生矣；
有为安有为哉！

那个叫"复生"的人，不能复生了，而这个叫"有为"的人却没有作为。

……

谁念西风独自凉，萧萧黄叶闭疏窗，沉思往事立残阳。

翻开《周易》，里面的第 49 卦——《革》卦，赫然映入眼帘的"初九爻"写着："巩用黄牛，不可以'有为'也！"不禁心下悚然。

不知道康有为的名字与这卦的爻辞有没有渊源，如果有的话，那可是很有意思的事了：

革，就是变革，革命。康有为要"革命"！

可是，初爻，位在最低，是最没有权力的"位"。《周易》告诫，卜到此卦此爻者，仿佛被如黄牛皮一般坚韧的皮革牢牢缚住，变革时机未到，不要轻举妄动，不宜造次从事，即"不可以'有为'也"。

这就是玄机吗？

天道与人道相隔太遥远了。究天人之际，通古今之变，又谈何容易？

今天，我们总是从情感和道德角度来思考维新派，立足于他们是救国救民的角度来评价，其实，毋宁说，他们是好心办坏事，或者说是不会办事，无意之中却造成了难以预料的灾难性结果。

重新掀开这页尘封的历史，我们今天可以这样说，人才的损失固然非常可惜，但最可惜的，是多灾多难的中国，又失去了一次宝贵的腾飞机会。而这一失去，真的不知道要经过多少年才能挽回。毕竟，属于一个国家和民族崛起的机会，真的不是很多。

当年严复评价康有为时写道："轻举妄动，虑事不周。上负其君，下负其友。"这十六个字针针见血，评价得非常中肯。严复后来在与熊纯如通信时深有感触地说："须知吾人所身受苦痛，其由于恶人者浅，而成于好人者深。"

好人，不一定能办成好事儿！

晚清刘鹗在其著名谴责小说《老残游记》第十四回更是直接指出："天下大事，坏于奸臣者十之三四；坏于不通世故之君子者倒有十分之六七也。"

不会做事、轻举妄动的人，也会误国误民啊。

只是，我们多是考虑他们为国为民的赤诚之心，不忍加以指责罢了。

山东巡抚

1899 年初，鉴于维新变法时期各派对新军的觊觎，荣禄莅临小站，表面上是对新军的表现极为满意，实际上是要正式收编新军。他向袁世凯说明,此次奉太后旨意,要以北洋新军为模型,组建一支崭新的军队。

不管怎么说,年轻小伙袁世凯组织练兵,国家以他的思路为样板,向全国推广,这也算是莫大的荣耀。

几天之后,全国劳动模范袁世凯及其幕僚规划了整军方案,一切以北洋新军为模范,共成五军,统称"武卫军",下辖武卫前军、武卫后军、武卫左军、武卫右军、武卫中军。荣禄担任武卫军的统帅并兼统武卫中军,以马玉昆统武卫前军,聂士成统武卫左军,袁世凯统武卫右军,董福祥统武卫后军,每军九千余人。武卫右军即由新建陆军改编而成,是武卫军中最完整、最精锐的部队。这样,既把新军纳入作战序列,又把权力收归中央。

武卫军成立后,袁常往来北京和天津,他的圣眷日隆,慈禧特赏他在西苑门内骑马和乘坐拖船,这些特权都是对一个大臣的无比殊荣。

既然袁世凯是"自己人",在政治斗争的关键时刻,又表现出了很强的政治敏锐性和政治鉴别力,有绝对忠诚的政治素质,大事不糊涂,那也该考虑加官晋爵了吧。

此刻,发生在山东的义和团运动恰好给了袁世凯一个在政坛上施展拳脚的机会和舞台。

19世纪末,当列强侵略中国逐渐加深,传教士深入中国农村传教时,与民间的矛盾也日渐加深,广大人民群众的不满情绪已经达到极点,逐渐形成了自发的抵抗外国侵略的群众性组织,这其中以义和团最为出名。

义和团发源于山东,他们以"扶清灭洋"为口号,官府屡次镇压都不见效果,李秉衡、张汝梅两任巡抚相继为此丢官,义和团的队伍反而越来越壮大。义和团经常与洋鬼子、假洋鬼子、教民教众等发生冲突,影响了帝国主义在华利益的拓展,引起了英、美等国的强烈不满。

为了稳定国内局势,也为了平息洋人的不满情绪,1899年12月,清政府以"才堪大用"任命在戊戌变法中立功的袁世凯出任山东巡抚,即山东省长。

这次朝廷让袁世凯到山东当省长,兼代解决义和团问题,且让袁世凯带自己的原班人马武卫右军一起前往山东。

　　袁世凯小时候,从家乡河南项城来到外面的世界,看到的第一个大城市,就是山东济南,当时是因为养父任济南市长。而这回,袁世凯却是以山东省的最高行政长官身份重回这里,他下决心要做出点儿名堂来,一展平生之志。

　　处置农民运动,历来都是一件比较棘手的事情。

　　手软了吧,说你处置不力,没有魄力,撤职;手段狠了吧,说你没人性,像曾国藩就因为忠实执行朝廷命令而背上个曾剃头的"美名"。岳飞元帅也因为落实上级指示精神落了个"镇压"钟相、杨么起义的不光彩名声;如果不是天不假年,林则徐在赶赴镇压广西天地会起义的路上逝世了,在历史上可能就多了污点。

　　袁世凯到山东后,本着"治乱世须用重典"的原则,对义和团采取高压政策,禁止人们参与义和团活动,"凡有练拳及赞助拳厂者杀无赦","父兄纵听子弟学习邪拳,除将子弟正法外,该父兄拿获监禁三年"。同时命令手下大将张勋、曹锟、孟恩远等在山东境内追捕拳民,快刀斩乱麻式地解决问题。这些鹰犬们干别的活不行,打老百姓的本事确实是狗撵鸭子——呱呱叫的,他们使用当时清朝最先进的武器装备,有时甚至用大炮血洗村庄。义和团根本无法与之抗衡,只得纷纷向河北、山西发展。

　　在镇压义和团过程中,袁世凯的治理整顿经验逐渐成熟。他杀了一顿,又改变战术,充分发挥了他的心思灵活的特点,那就是后来中国民间流行的驱麻雀战术,一边杀,一边赶,杀是震慑,赶是目的;或者运用"围三缺一"战术,让你往别处跑,自己的领地清净了,别人那里开始闹腾了。既没有做绝,又在朝廷中博得了"能吏"的美名。

　　不过,袁世凯心里也很清楚,自己不能做赔本买卖。他一面追捕义和团,一面向朝廷上奏说明自己的"困难",请求扩军。朝廷正用得着鹰犬捕猎,自然是点头恩准。这样,到了1900年6月左右,袁世凯的兵已经达到了当初新建陆军时的两倍多,成了一支举足轻重的军事力量。

　　山东省内,一时间得以安稳下来。

　　袁世凯在山东的政绩,有可圈可点之处。

不怕不识货,就怕货比货,他把义和团驱赶到别的省闹去,这样就更显出山东的平静了。

义和团本来是齐鲁大地的专利,这回山西、河北、北京、天津地区也热闹起来了,袁世凯在使"义和团经验"向全国普及推广方面,做出了不可磨灭的"贡献"。要不然,整天看京剧的慈禧老太太,怎么能有机会看到用拳民来与洋鬼子打仗这一精彩戏剧呢?

袁世凯维护西方传教士的利益,不让人攻击教堂和教民,让西洋各国刮目相看,山东境内的社会和经济得以顺利发展。

别看袁世凯本人不怎么读书,但他非常重视教育。在山东期间,他大兴教育,著名的山东大学堂,就是袁世凯在巡抚任上开办的。这是国内第二所大学,在山东大学建校时袁世凯说:"国势强弱在于人才,人才之盛衰源于学校,人才为立国之本,而学校又是人才必出之途。"

而唐绍仪,仍然是紧跟袁世凯,袁世凯任命他为山东大学的第一任校长,时称管理总办。

不过,袁世凯身边风平浪静的日子毕竟是很少的,仿佛是命中注定了他要在奋斗的道路上不停地打拼,并指引他走向一个未知的远方。

正如网上有句很形象却很有哲理的话:

生活就像是一场俄罗斯方块的游戏,不停地有那些不规则的事件突如其来地掉下来,你得在很短的时间内就判断应该把它们放在哪里;最糟糕的时候,是还没想好放哪里,麻烦又接踵而至了。

袁世凯经历了小站练兵的波折、戊戌变法的站队之后,对付义和团又取得了立竿见影的效果,正当他为自己的手腕洋洋得意之时,京城又发生了一件天大的事。而这件大事的发生,让袁世凯在危险中意外地得到了千载难逢的机会。

这件惊天大事,就是大清国与八个帝国主义国家宣战了!

老太太和十一个壮小伙决斗

李鸿章因签订中日《马关条约》遭到辱骂,替最高统治者的决策失误背了黑锅,受到一段时间冷处理,担任了"总理衙门行走"——外交部的一个闲职。而此时法国在越南一带也不安分,李鸿章于是被慈禧放到两广,既是躲开舆论的旋涡,也是为大清镇守南大门。

这件事对李鸿章本人来说是个好事,至少是躲开了戊戌变法这次风浪,既不用费力站队,也不用挨后人的骂,杀人的事肯定与他无关。

但对朝廷来说,这就是个不好的事了。李鸿章就任两广总督后,朝中的开明大臣没了领头的,而太后身边则被一群不明时势的顽固守旧大臣包围着,所以当发生大事的时候,已经没有明白人给出谋划策了,大事偏偏就在这个时候发生了。

维新变法后,慈禧太后看见光绪皇帝已经不听自己招呼,还想置自己于死地,她就想再立新帝。可是,当她悄悄地征求诸臣意见的时候,除朝中的顽固派支持外,在外的封疆大吏,尤其是东南督抚居然一致反对。执掌兵权的湘军统帅、赫赫有名的两江总督刘坤一大人直接回电:"君臣之分已定,中外之口难防。"这句话极有力量,慈禧不敢惹起众人反对。

不过慈禧仍不甘心,她又放出风来,说光绪帝病危。各国公使们可不想清国太乱,这样对他们国家在中国的投资非常不利,加上老外心实,于是一起谒见庆亲王奕劻,要求派一位医道很高的法国医生来给皇帝看病。慈禧虽然不允,但架不住外国公使的一再要求,于是就同意了医生入宫诊治。

结果,这位法国医生说,皇帝很健康,哪有病啊?

慈禧太后极为不满。

老太太遍邀各国公使夫人,说明了自己的难处和想法,希望各国公使能够帮忙,结果各国公使根本不听这套。

慈禧太后一直对洋人怄着一肚子气,"眼中钉"康有为是英国人救跑的,"肉中刺"梁启超是日本人救跑的,这简直就是在跟自己过不去。

更可恨的是,梁启超到日本后,在横滨办起了《清议报》,用他那饱蘸深情的如椽大笔写出一篇又一篇精彩的文章,而清廷这帮只会巴结老太太的肥头大耳的官僚,加起来也骂不过梁启超一个人。慈禧太后恼羞成怒却又鞭长莫及,与日本交涉,遭到日本的断然拒绝。

鬼子们巴不得中国乱成一锅粥才好呢,他们可以直接拿勺舀着喝。

慈禧太后气得直骂:这群不知深浅的洋鬼子太可恨,非给他们点儿颜色看看不可。

1900 年初,被长期软禁在四面环水、阴气甚重的瀛台里的光绪皇帝突然间真的生病了。

就在慈禧又为皇帝的去留而左右为难、摇摆不定的时候,她的亲信荣禄认为:光绪皇帝一直为西方各国所青睐,主张变法,与西方接轨,被视作开明之主,这正是西方各国公使一直比较欣赏光绪皇帝的原因之所在。废了他很容易,但是与西方各国的关系可能大受影响。

慈禧太后终于打消了废黜光绪的念头,但她采取了折中的办法,决定另立储君,稳扎稳打,步步为营。

这样,清廷于 1900 年 1 月 24 日召开王公大臣会议,立端王载漪之子溥儁为储君。

端王载漪本是个庸碌无能之徒,只因为他的老婆是慈禧的侄女,时常陪着太后出游,深受宠爱。而他为人虽鲁莽,却极怕慈禧,每次见到慈禧时都汗流浃背,这被慈禧认作是忠厚可靠的表现。亲戚加亲信,慈禧选中了载漪之子溥儁为皇储。

在皇权时代,皇储不能轻易立,除非老皇帝感觉自己真的不行了,才会考虑接班人的问题。而光绪皇帝刚三十岁,给这样年轻的皇帝立个皇储,明摆着就是有人释放政治信号要取而代之了。

光绪皇帝主张变法,励精图治,在民间深得人心。立皇储的消息传出,老百姓也不干了,在那个专制的年代,为皇帝请愿的各地代表居然络绎不绝。

慈禧太后大为恼火。

而另一边呢,载漪在儿子被立为储君后,心情高兴极了,命人摆好茶点,以备西方各国使节前来祝贺。可是等了三天三夜,一个洋人的影子都没有,载漪颜面尽失,恼羞成怒,与洋人自此不共戴天。

载漪四处打听,有没有武林高手,招来好替他杀洋鬼子,这时,有人告诉他,有股力量叫"义和团",金钟罩,铁布衫,踏雪无痕,铁掌水上漂,可以试试看。

抱着这个态度,载漪接近义和团,被义和团刀枪不入的神技给惊呆了。载漪、徐桐、刚毅等保守派大臣欣喜若狂,有这样的神兵神将,以前却不知道,这要是用好了,对外可以打败洋人,一雪国耻,对内可以扶持溥隽登基,实现载漪为天子父、徐桐为天子师、刚毅为中兴臣的梦想。

他们几人开始轮番在慈禧太后耳边吹嘘义和团的神通广大,老太太耳根渐软。慈禧太后在颐和园看京剧的时候,有些大臣投其所好,把义和团里武功高强者引到戏班里,当场表演他们的神功、刀枪不入之术,把老太太唬得一愣一愣的,也逐渐萌生了利用拳民抵御外侮的想法。

自朝中权贵目光瞄准义和团之日起,义和团便开始自由地出入北京城和天津城,有时也被某些官员带进带出皇宫。

这样,民间的仇洋情绪和最高统治者的仇洋情绪渐渐汇聚到一块儿,中国的大地上又要发生大事儿了。李鸿章这样的开明大臣不在身边,大清这列渐渐偏离轨道的列车,就再也没有人来踩刹车了。

1900年4月中旬,涞水拳民烧毁保定铁路。5月,京城的拳民开始毁教堂、杀教民,并且烧毁了正阳门。不仅如此,北京、天津、直隶境内的电线、铁路、电杆等都被认为是"妖物",全部砍毁,洋人的玩意儿一个都不留,一律烧、砸。

各国发出照会,要求清国必须妥善解决,如若不然,将会派兵保护本国利益。

5月下旬,慈禧召开御前会议,商讨解决时局的办法。大臣中一派主张围剿义和团,另一派却认为这样会失去人心。慈禧太后本人也认为人心可用。

鉴于义和团的发展及其对外国势力的排斥,列强于5月28日提出,要派出"使馆卫队"进入北京。清政府先是拒绝,后被迫于31日同意。

列强在向北京派兵的过程中,遭到义和团的抵抗。6月5日和6日,清政府先后派出赵舒翘和刚毅等人去考察抵抗情况,结果刚毅等人的态度是"力言拳民可恃"。于是,政府中的大多数官员利用民团抵抗外侮的决心,已酝酿成熟。

6月10日,列强不顾清政府的阻拦,正式组建八国联军,准备从天津向北京强行进军。

不过,这个时候,荣禄还是比较清醒的。荣禄这个人不是民间传说的那样顽固不化,你看他在袁世凯小站练兵的时候,视察新军,本想查办袁世凯,却起了爱才之心,力保下来;慈禧太后想废光绪的时候,他也是冷静委婉地劝告。对于义和团,荣禄是不信的,他更不希望与列国开战,在正常情况下,他也有能力劝得住慈禧太后。

年轻的光绪皇帝,经过了甲午一战后,吸取了教训,也坚决反对与八国开战。

6月21日,摇摆不定的慈禧太后又一次召开御前会议,紧急研究和战事宜。

在会上,慈禧太后突然宣读一个文件,说是得到洋人照会,洋人要出兵逼迫慈禧太后交出权力,还给光绪帝。

这个消息,据说是端王载漪在背后搞鬼,载漪见慈禧尚未下定决心利用义和团对西方开战,便派人伪造西方使团照会。照会中要求慈禧归政于光绪,废黜大阿哥,并准许西方驻兵北京,代中国征收税赋等。

慈禧果然一下子被激怒了。

这个消息到底是真的,还是大臣或是太后伪造的,已经无从得知。此时,慈禧已经不顾光绪皇帝和开明大臣的反对,俨然成了"愤青"。这帮洋鬼子,不给他们点颜色,真是不知老娘的厉害。"与其苟且图存,贻羞万古,孰若大张挞伐,一决雌雄?""我为江山社稷,不得已而宣战。"

世界上有两种人胆子大:一种是艺高人胆大,第二种是无知者无畏。慈禧太后和顽固派大臣属于后者。

光绪二十六年五月二十五日(1900年6月21日),大清朝廷宣布即日起与各国正式进入战争状态。慈禧可能嫌仗打得不过瘾,她一声令下,清廷对所有洋人(其实就是当时所有和清政府打过交道,让清政府很不爽的十一个国家,包括德国、奥匈帝国、比利时、西班牙、美国、法国、英国、意大利、日本、荷兰、俄国)宣战。

清政府向各国宣战的同时,也悬赏捕杀洋人,规定"杀一洋人赏五十两;洋妇四十两;洋孩三十两"。义和团开始围攻各国使馆。人没杀几个,却捅了马蜂窝。

一个老太太,一口气点了十一个身体倍儿棒的洋人小伙,不管皮肤是白的、黑的还是黄的,身材是高的、矮的、胖的、瘦的,都要与之决斗。勇气可嘉,但的确是蠢了点儿。岂止蠢了点儿,简直愚不可及。

记得周星驰和吴孟达演的《九品芝麻官》中,对方"辩护律师"方唐镜叫嚣"你打我啊,你打我啊",周和吴二人毫不犹豫地上前一顿扁踹,踹完了,吴孟达拍拍手说,像这种要求,我这辈子都没听说过。

列强早就看中了马可·波罗描述的铺满黄金的国度,正苦于没有宣战借口,这下子终于听见了"你打我啊,你打我啊"的强烈呼唤。

老太太很不幸,既碰到了神一样的对手,又遇到了猪一样的战友。

整日沉浸在马屁声中,她真的把自己当成了练会葵花宝典的东方不败,老太太也拿着一根绣花针,冲了出来。

悲剧,闹剧!终于演出了再也无法收场的悲剧加闹剧。李鸿章忍辱负重、打脱牙和血吞、苦心支撑多年的架子轰然倒塌。

唉,冲动是魔鬼啊!

八国联军兽性大发

1900 年六七月间,英、日、法、美、德、俄、意、奥八国组成联军,荷、比、西随后加入,进攻天津大沽口,一场最惨烈的战斗开始了。

此时京津地区,除袁世凯的武卫右军调到山东之外,董福祥、聂士成的军队都在,朝廷下令,让袁世凯率军火速回京护卫。

袁世凯经过这几年的历练,已经羽翼渐丰,再也不俯首贴耳了,他可不愿意让自己辛苦攒起来的家底儿血本无归。于是,他采取了泡蘑菇战术,一面发送文书拖延时间,一面大事小情不停地问,要么就说没准备好,要么就说山东的海面上发现了不明敌舰。总之,就是不想前来送死,也是想坐山观虎斗,私心所在,只要其他几支军队与洋人火拼,自己的军队就一枝独秀了。

没几天，皇城的人跑了，没人再紧催袁世凯，他就更不担心了。

这场惨烈的战斗中，聂士成的武卫左军遇到了极大的麻烦。

武卫左军驻守芦台，直隶总督裕禄调其中的两营到涿州，一营防守津京路，正好在联军向京城冲杀的要道上。

6月4日，义和团焚毁杨村铁路，凡是洋玩意儿，一概不留。

聂士成急眼了，这东西你烧它干什么？我们自己也可用啊！他派一支军队前往救助，却由于双方不和，被拳民击伤数十人，从此，聂军与义和团反目成仇。慈禧太后听说后，专门让荣禄告诉聂士成，不要与拳民为敌。

聂士成憋了一肚子怨气：境内有匪，理当肃清。于是，专门派军队在杨村看着铁路，阻击义和团。

10日，英国提督西摩尔派的先遣军抵达杨村附近，看到聂士成驻军严阵以待，就没敢通过，原路折回，等待大队人马的到来。朝廷以为这是义和团神兵威力所赐，就犒劳了义和团，却对聂军不理不睬。

聂士成更生气了，先是挨朝廷一顿训，后自己军队的功劳又没得到犒赏，如果没有自己属下弟兄们的苦苦抵抗，洋人早就长驱直入京城了。

20日，聂军接到命令，让他们攻打天津租界，义和团出来助战。聂士成大为不满，认为这场战争的开端就是拳民引起的，而真正与洋兵对抗时，义和团却没影了，要打使馆租界时，他们又出来了。

老子在拼命，你们却坐享其成，天底下哪有这样的好事儿。

一天，聂军与洋人交战后归营，聂士成越想越气，突然头脑发热，要求部下全力攻打义和团，把这帮人打跑了，再和洋人交手。

形势陡然变化，清廷内部两支力量在本应联手的时候却成了死敌！

更加不幸的是，聂士成在与洋人交战时，义和团为了报复，把聂士成的家人全都掳走了。

心力交瘁的聂士成派人追寻家人之时，义和团狂呼"聂军反了"。

聂士成气得眼睛都蓝了。

他一下子成了两线作战，腹背受敌，进退失据。幸好在武卫前军的帮助下，又苦苦阻击了联军十天。

7月9日,直隶总督裕禄召见聂士成,说是接到上谕,聂士成"擅杀爱国分子,就地正法"。

不过,朝廷正是用人之际,况且裕禄心中明白这里面的复杂过程,他让聂士成戴罪立功,到前线与洋人作战。

这等于是委婉地告诉他,我不杀你,但你也别活着回来了,当个烈士吧,还能留下个好名声,死也能心安一些。

聂士成的心,早就死了。此次出征,根本就没想活着回来。他率军在天津八里台苦战一昼夜,往来冲杀,命已经不要了,最后被洋炮轰击而死。

其他几路军马,也在洋枪洋炮的冲击之下,溃不成军。

天津城的大门先被打开了。

不幸中的万幸是,这 仗,洋人也见识了清军的忠君爱国,如此不要命,让他们胆战心惊。他们在攻下北京之后,也没敢继续沿途追击皇帝和太后,毕竟,实力最强的袁世凯的武卫右军还没出场呢。不管是哪个国家的军队,要是与武卫右军遭遇,也不是很好玩儿的事情。

7月14日,天津陷落。直隶总督裕禄自杀殉国。

7月18日,八国联军向北京进军,董福祥的武卫后军抵挡不住,21日,北京陷落。

慈禧太后带光绪帝和众大臣向西安方向避难。临行之前,还把光绪最宠爱的珍妃推落井中。

据说,慈禧一直不喜欢珍妃,最主要的原因是,一次珍妃去给太后请安时,看见了不该看见的事儿——太后正在和太监胡闹。领导的隐私被发现,珍妃的命运已然注定。

千年古都,遭到了前所未有的烧杀淫掠。

八国联军占领北京后,1900年8月16日,各国司令官"特许军队公开抢劫三日",北京陷于空前的痛苦之中,这是中国首都数百年来首次为外国占领军洗劫。

联军中的日军最多,是联军的主力,他们抓捕到中国人后,施以各种酷刑,试验一颗子弹能穿几个人,或者故意向身体乱射,让人身中数弹才痛苦地死去。——如果不这样做,他们就不是"日本人"了。

德军在北京陷落之后才到达中国,但他们热切执行德皇威廉二世发布的命令:"你们知道,你们面对一个狡猾的、勇敢的、武备良好的和残忍的敌人。假如你们遇到他,记住:不要同情他,不要接收战俘。你们要勇敢地作战,让中国人在一千年后还不敢窥视德国人。"威廉二世的这段讲话是对5世纪匈奴入侵欧洲的回忆。因此,德国侵略军"在作战中,只要碰着中国人,无论男、女、老、幼,一概格杀勿论"。

任何一场战争,对于侵略者来说,是兽性的集体爆发,而对于被侵略国来说,最遭殃的总是女人。

德军、日军、法军和俄军组成的联军讨伐队在北京郊区血洗无数村镇,男子一律虐杀,妇女先辱后杀,或是集体圈在某一大片地域供鬼子兵淫乐。同治皇后的父亲、户部尚书崇绮的妻子女儿被拘押到天坛,其命运不忍叙述。无辜的老人被洋兵当作刺杀的活靶,开膛后的儿童尸体随处可见,老弱妇孺甚至被投入水井和河中,手段残忍。大学士倭仁的妻子已经九十岁了,被侵略军百般侮辱而死。其野蛮行径并不比37年后的南京大屠杀逊色。

不管是东洋来的,还是西洋来的,天下野兽一个样,不可以人的行径思之!

据不完全统计,八国联军在北京屠杀的中国人达到十万。英国人记载:"北京成了真正的坟场,到处都是死人,无人掩埋他们,任凭野狗去啃食躺着的尸体。"

在这场战争中,精明的老毛子又悄悄出动了十几万军队,侵占中国东北全境,这也为日后的日俄战争埋下了伏笔。

一个决策的失误,导致数十万人妻离子散、家破人亡,国家和民族背负千百年的奇耻大辱。

伤心秦汉经行处,宫阙万间都做了土。兴,百姓苦;亡,百姓苦!

1900年,这个20世纪的第一个年头,想不到中国以这种屈辱的方式,遍体鳞伤地迈进了新世纪的历史舞台。

东南互保，慈禧西狩

慈禧太后与列国宣战的消息传到广州，李鸿章的鼻子都气歪了，他知道，这是以卵击石，螳臂挡车，不自量力，自己多年苦心维护的成果，彻底地付诸东流了。

以洋务运动为标志的晚清第一轮改革所取得的全部成果，就这样因糊涂的太后而全打水漂了。多年辛辛苦苦地攒点儿钱，不够一顿请客吃饭的，还得送上大礼包，把人家打发高兴。要不然，桌子给你掀了！房子给你扒了！

这么点儿功夫不在京城，这帮蠢货就捅了这么大的娄子。

京城发往广州的电报中，传来最急切的呼唤：鸿章不出，如苍生何？少荃(李鸿章的字)啊，你快回来吧！

当天津城进行激烈的阻击之时，朝廷赶紧调"消防队长"李鸿章回来救火，重新执掌直隶总督兼北洋大臣的位置。李鸿章走到上海，就再也不往前走了。

这个时候，东南富庶各省的督抚，正在寻找如何保境安民、把损失降到最小的办法，历史上称之为"东南互保"。再直白地说，就是在交战期间，东南各省保持"中立"。

早在义和团发动之际，东南各省的督抚均力主弹压。义和团在京畿纵横、焚烧教堂的时候，东南督抚就知道，大事不妙，大祸不可避免。果然，列强们正愁找不到全面进入大清领土的机会，这下子真是天赐良机。英国声称，他们的海军将要帮助长江地方官镇压拳民，日本要求进入福建浙江一带……

然而，东南开明的封疆大吏如刘坤一、张之洞、李鸿章等十分清楚，北方局势已经不可收拾，无可挽回，中国富庶的东南一旦不保，国家再无还原的元气。于是，他们一面紧急派人与上海各国领事馆交涉，以保证绝不伤害外国在东南地区的利益、保证洋人的人身和财产安全为承诺，来阻止各国军舰和军队长驱直入；一面通电东南各督抚，打扫好自己的门前雪。

1900 年 7 月 4 日，在盛宣怀的牵线协调下，上海《申报》发布消息，大意：东南各督抚无不以联络邦交、剿匪安民为宗旨，他们负责保卫各国官商在华的安全和利益，各国也不得派兵到东南各省来。

这些人大致包括两广总督李鸿章、湖广总督张之洞、两江总督刘坤一、山东巡抚袁世凯等，他们都是历史上响当当的人物，而他们所管辖的地域主要在中国东南地区，即江苏、浙江、上海、两湖、两广等，外加山东。他们的目的，是想为中国保留一块安静的地方，以便休养生息，免受战祸，否则，必定生灵涂炭。

袁世凯这个年轻人的所作所为，再一次与李鸿章的意见不谋而合，这为他在李鸿章死后出任直隶总督奠定了良好的基础。

"东南互保"这件事，到底如何评价，一直让人纠结。不知是该为他们的长远考虑而高兴，还是为中国人在关键时刻的不团结而悲哀。至少在短期内，还无法给他们下一个定论，这种行为到底算是爱国还是卖国。

从他们的决策保全了民命，避免了兵祸，避免了老幼妇孺受到侮辱，避免了瓜分惨剧的发生来说，积极意义非常大。尤其是，这是一场农业文明与工业文明的"文明的较量"，人的思维、人的素质、武器装备等，差距不是一点半点，而是"代差"，即使当时的农业文明之下的中国人全部团结到最理想状态，估计也干不过这工业文明之下的八国。就算是单独对付一个日不落的大英帝国，都是相当困难的。就像是工业文明之下的伊拉克，与信息文明之下的美国对决一样，你想打，也找不着对手，根本不是一个重量级的。

然而，再从另一个角度来看，如果有了侵略，大家就为了生存而自保，那岂不是太悲哀了？

因为这样的事在中国不止发生一次，如后来的汪精卫曲线救国论，据说也有这方面的意思。汪精卫把宝押在了英美将败、日德将胜上面，如果日本是战胜国，那么他汪精卫就可能是为中华民族的血脉延续做出贡献的英雄。

这就是中国人的智慧吗？

千秋功罪，后人也无法评说啊。

谈下一话题,谈下一话题!

在皇权时代,皇帝级别的人出逃,或是遇大难,多用隐语,称为"狩",打猎去了,请百姓们不要胡乱猜想啊!像宋朝皇帝被金兵掳走,那叫北狩,打猎是很有面子的一件事呢!人与兽来对抗嘛!既骂了人,又保住了脸面,中国的文字该有多么神奇!慈禧逛趟西安城,也算是西狩吧,跟旅游差不多,既见风又见光,多"风光"啊。

不管怎么用言辞粉饰,反正慈禧太后真的是仓皇出逃,终于体验到了落架凤凰不如鸡的滋味。

沿途是饥一顿,再饥一顿,偶尔尝到了民间的小米粥,才知道绿色食品原来是这么香啊。

当銮驾跑到河北怀来境内时,怀来县令吴永照顾得非常周到细致,呈给太后一件皮衣,老太太欢喜得不得了。吴县令又把夫人和媳妇的居室让出来,给太后和皇后住。

沿途奔跑之际,各地的勤王之师陆续赶来。有的人是真心救驾,也有的人是真的想巴结。

甘肃布政使(布政使为巡抚的僚属,相当于近代的副省长和民政厅长)岑春煊,大老远地赶到河北地区迎驾,让太后很是感动。晚上睡觉时,岑春煊就拿根木棍在房外站岗守夜。慈禧从噩梦中惊醒,大喊大叫。这个时候,岑春煊在门外高喊:有臣等在此护驾,太后请勿担心。

老太太感动得眼泪哗哗的。这样的干部要是不升官,那还有天理王法吗?小李子,你把这个人的名给记住了啊。

当北方数省不是遭受拳民攻击,便是遭受洋人攻击,糜烂不堪之时,袁世凯的山东境内一片祥和,当太后向陕西方向行进时,袁世凯知道,这回该是自己出手的时候了。

西行的銮驾到太原时,袁世凯派人追上,奉上二十万两白银,先解燃眉之急,又源源不断地供上各种绸缎、日用品。

人在逆境中,还真是容易感动啊。

十一国联军敢动中国,袁世凯感动慈禧太后。

岑春煊和袁世凯,荣幸地被评为年度感动大清十大人物之一、二。

......

皇帝和太后就这样连滚带爬地跑到了西安城。

家贫出孝子，国难显忠贞。慈禧太后终于知道谁是忠臣了。

李鸿章啊，那个直隶总督的位置还给你啊，你快点儿把事儿摆平吧，花多少钱无所谓，我们中华物产丰饶，就当是破财免灾了。

多灾多难的中国，除增添许多屈辱条件之外，还有一项就是应洋人之令，把那些鼓动义和团的守旧派大臣以罪魁祸首论处。

这一下，一大批人倒霉了。

端郡王载漪、镇国公载澜发配边疆；

庄王载勋自尽，军机大臣赵舒翘赐令自尽；

山西巡抚毓贤正法，军机大臣刚毅幸好死在西行路上，要不然也是赐死的对象；

围攻使馆的董福祥革职查办；

......

经过这一番较量，她也终于知道自己到底是雄是雌了。

最后，1901 年 9 月，经过一次次讨价还价，清政府被迫签订了《辛丑条约》，赔款白银 4.5 亿两，是按当时的人口来计的，每人一两，分 39 年还清，本息加在一起共 9.8 亿两。此外，拆除大沽到北京的各处炮台，天津城方圆 20 里内不得驻扎中国军队。

这就是慈禧太后冲动的代价。

这就是糊涂大臣瞎鼓捣的代价。

不过，与甲午战争赔款又割地相比，李鸿章在临终之前与十来个国家吐血周旋，落得只赔款不割地的结果，已经是外交史上的奇迹了！

袁世凯就任直隶总督

《辛丑条约》签订之后，1901 年 11 月初，北京方面全权大臣把战后之事也处理完了，慈禧太后和光绪"旅游"得差不多了，开始从西安返回。袁世凯赶紧派张勋前去护驾，又派姜桂题等人前往接驾，同时安排自己的下属沿路按地段迎驾。

当着领导的面干活，容易出成绩啊。

不过，这种为了讨好太后和皇帝，按不同将领负责不同区域的迎驾方式，差点儿捅出大娄子来。

当銮驾到段祺瑞的迎驾区时，段祺瑞没同任何人商量，也没有上报迎驾方案，别人都是跪拜迎接，他把自己从德国学来的军礼军仪给用上了。让将士持枪列队，击鼓吹号，自己全副武装，腰挎军刀，傲然耸立，像仪仗队队长似的，来了个标准的西方军礼。

随驾的王公大臣头一次在中国的土地上见到如此迎接圣驾的方式，不行跪拜礼，简直是大逆不道。在不明白的人看来，在路边刷刷耍刀，以为是耀武扬威，要谋刺太后呢，不禁勃然大怒。——都成了落魄的"鸡"了，还这么摆臭架子。

幸好慈禧太后经此大变，回驾时看见还有如此军威严整的军队，心中欢喜，还夸奖了几句。

满朝文武也终于认识了这个人称"段二愣子"的人。

11 月 7 日，李鸿章眼见多年的心血被这帮败家子折腾个精光，连气带病，没等回到京城，就死在了半路上。

李鸿章临终前，留下绝笔诗句，读起来可感可叹："劳劳车马未离鞍，临事方知一死难。三百年来伤国步，八千里外吊民残。秋风宝剑孤臣泪，落日旌旗大将坛。海外尘氛犹未息，诸君莫作等闲看。"

这与他年轻时的意气风发形成了鲜明的对比："丈夫只手把吴钩，意气高于百尺楼；一万年来谁著史，三千里外欲封侯……"

李鸿章临终前还留下遗言给太后：环顾宇内，无出袁世凯之右者！

要袁世凯出任直督，代替自己。慈禧太后自然恩准。

这样，刚刚 42 岁的年轻干部袁世凯成了国内最有权势的直隶总督兼北洋大臣。因为直督要负责京师及周围地区的治安、防务、军队、行政、税收、教育等，其位置之重，权势之盛，人称天下第一督。

慈禧身边的大红人荣禄就任这一职位时，已经快七十岁了。而袁世凯，正当壮年，提升的速度，堪比坐飞机。

清道光二十八年（1848）的时候，有一本名不见经传的小说《大汉三合明珠宝剑全传》，其开篇是这样写的：

凡事分已定，穷通自有时，不独常人而然也。即出类拔萃之人，亦命难与时争。历观千古之将相，其于未幸时，抵捱多少困乏，靡所依栖。莫不自劳苦一番，磨勘多秋。然后做出一场掀天揭地事业，轰轰烈烈惊人之举。大抵天将降其大任于斯人，靡不因磨练如斯，后能发奋于有为之大志耳。

其实，剥离开里面模糊而又充满神秘感的"时"的成分，用最科学的解释方法便是，人的发达与否，是与主客观因素紧密联系在一起的，无论是欠缺哪一方面，人都不能到达成功的彼岸。

冯梦龙在《东周列国志》中也写道："甘罗早达子牙迟，迟早穷通各有时，请看春花与秋菊，时来自发不愆期。"

袁世凯的时运，终于到了。

袁世凯离开山东，到天津就任直隶总督，慈禧太后给他加赏太子少保，赏穿黄马褂和在紫禁城内骑马，以示恩宠。此后，人们称袁世凯为袁宫保，他也对这一荣誉称号非常满意。

用《易经》的理论来说，袁世凯是得其时，乘其位，可以施展拳脚，大展宏图了。

从1901年到1907年，袁世凯就任直隶总督期间，可以用"政绩卓著"这四个字来形容。他把天津建成了全国模范样板城，当年天津城只要你能想到的东西，多数都是袁世凯在任上时完成的。

警察局是他办起来的；

女子教育是他首创的；

提倡义务教育他是第一个；

联名上奏废除科举考试；

开办全国最早的电话局；

首次进行地方选举；

任命詹天佑为工程师设计京张铁路……

能让合肥李鸿章临终前念念不忘的年轻人——袁世凯的确有才,不服不行啊。李中堂在这么重大的人事任命问题上不会看走眼的。

其中,警察局的开办显示了袁世凯的机敏过人。

《辛丑条约》规定,天津方圆二十里不许驻扎军队,袁世凯眼珠一转,计上心来。

他从自己的新建陆军中抽出 3000 精锐,编为"巡警营北段",由段芝贵带领,1500 人以维护治安的名义进驻天津城,另 1500 人分别驻在塘沽、山海关、秦皇岛等地。巡警事务的总办由赵秉钧担任,负责管理大事小情。袁世凯后来当总统时,赵秉钧当过内阁总理,刺杀宋教仁一案就是在赵秉钧总理任上发生的。而这个段芝贵,幼年时是李鸿章的侍童,因为十分聪明,被李鸿章送到武备学堂学习,袁世凯编练新军时他跟随了袁世凯。

这些经过老袁严格训练和调教的陆军,只不过换了身衣服,威风凛凛、斗志昂扬地走马上任了。

袁世凯觉得不过瘾,又招人组建马队巡警、消防巡警等,还添小汽船用来巡查河防。

这还不算完,袁世凯又组建了巡警学堂,聘请外国教师来让这批人接受正规的警察教育。

一口气打完了一套漂亮的组合拳!

中国以前没有警察这项制度,袁世凯从《辛丑条约》的条文中钻出这么个大空子,既突破了《辛丑条约》的限制,又维护了中国主权,把洋人气得干瞪眼。

袁世凯重视对女子的教育,中国最早的女子教育就是从他这里开始的。袁世凯说:"女子教育是家庭教育之根源,是培植人才之基础。"

袁世凯的这个观点,是非常有远见的,也是常人所理解不到的。

据统计,袁世凯在直隶兴办了数千所学校,有 7391 所小学、30 所中学、20 所大学、12 所大专、13 所师大、121 所女子学堂以及技校、医大、军校,如今许多学校都可以在袁世凯这里找到源头。他说:"宁可压缩军队,也要推广全部免费的国民学校。"

袁世凯在直督任上时,还加强军事教育,成立北洋参谋学堂、武备学堂、测绘学堂,吴佩孚就毕业于测绘学堂。此外,他又开设北洋武备速成学堂,并开设军事留学预备班,蒋介石就是在这里被送去日本士官学校学习的。20世纪二三十年代,段祺瑞失势落魄时,当时如日中天的蒋介石对他仍然恭敬地以师生之礼拜见。周围的邻居才知道,原来这个下下围棋、打打台球的干巴小老头,居然就是当年"啸"傲江湖的北洋之虎!

袁世凯对天津的城市建设也做出了重要贡献。天津最早的电灯和电车、自来水都是他兴建的,其中自来水、电灯都是全国最早的,北京的自来水企业也是他兴建的。

1905年,袁世凯拨钱督造中国人自建的第一条铁路——京张铁路,詹天佑是他向朝廷举荐的。要不然,慈禧太后上哪里去知道这些小人物。

1905年,袁世凯提出废除科举,他认为科举一日不废,国家就永无救时之人才,并与张之洞等封疆大吏联名上奏。此后,在中国实行了1300多年的科举制从此终止。

这位四十刚过的直隶总督果然是年富力强,不光是妻妾多,人家干活也多,各项事业在他手里蒸蒸日上。

袁世凯和老太太一起变革

《易经》告诉我们,君子有智不如乘势。

袁世凯能够在直督任上干得有声有色,风生水起,也恰好是国家的大形势所致。这一时期,正是所谓的"清末新政"时期。

经过八国联军这一场仗,慈禧老太太终于清醒了过来。经过八国联军进北京这番祸害,加上自己在民间的所见所闻,她终于有所触动,认为不改革的确是不行了,不主动变革就极有可能被变革。江山一旦垮了,自己就真的会像一个普通民妇一样东奔西窜了。

看来啊,小至一人,大至一国,只有从自身经历的挫折和错误中,才能真正吸取经验教训。古人说的"吃一堑，长一智"，的确是至理名言。而在其他时候，只要不是亲身经历过，就根本引不起共鸣和兴趣，你告诉他多少东西都是耳旁风，还嫌你唠叨。

以写《历史研究》闻名于世的汤因比大师的话非常精辟：人类从历史中学到的唯一教训，就是人类没有从历史中学到任何教训。再继续解释一下就是：人们只有自己撞墙，才能明白别人的好话。

在皇帝下"罪己诏"，公开承认有愧于祖宗和黎民众托之后，太后宣布实行新政。一把手敢于承认错误，人家态度还是相当不错的。

清末新政所采取的措施，基本上就是把被扼杀的戊戌变法措施重新恢复一下，开国会、畅言论、废科举、行立宪，由此又重新启动了政体改革的航程。

经常有人说清末是假新政、假立宪，实质是为巩固统治，这种说法其实是没有道理的，是带着偏见来看问题的。

新政是不错的，立宪是搞的，加强统治也是必然的，没有谁的改革目的是为了使政治混乱。从当权者来说，一致而百虑，同归而殊途，形式为内容服务，不论如何变换管理方式，最终目的肯定是为了更好地统治和治理，这不是必然的吗？

而且，新政的实施，已经一改传统死气沉沉的样子了；清末人们的自由程度，远远超过我们在书本中所见到的情景。

更重要的是，就慈禧太后本人来说，中国自秦始皇以来，作为最高统治者，敢于突破祖宗成法，主张改革，尤其是改变国体，从君主专制初步实行君主立宪的，她是第一人。况且慈禧也没有像吕后那样，在刘邦死后于朝中大量安置家人当官，没有形成以往历代形成的外戚干政。清末新政举措所迈出的步子，也是非常大的。

再举个例子，就更明白老太太的思想转变和突破祖宗成法的力度和勇气了。顺治五年(1648)，清军入关的第五个年头，清廷发布了三大禁令：第一，生员不得言事；第二，不得立盟结社；第三，不得刊刻文字。违犯三令者，杀无赦。

因此，慈禧新政的开国会、畅言论等条令的颁布，对于一个行将就木、思维保守的老人来说，已是实属不易了，我们也不能指望她的小脚一步就超过英国吧！

清末君主立宪学说在中国流行起来，主要是日俄战争的意外结果。

八国联军侵华正热闹时，老毛子忙里偷闲，两不耽误，派了数十万大军，霸占东北，同样的烧杀淫掠，比其他国家有过之而无不及。

这样，俄国与日本在中国东北问题上的利益纠纷就撞到了一起。日本对中国东北这片黑土地垂涎已久，特别是对旅顺大连地区，更是朝思暮想。旅顺这个天然不冻港，鬼子们称其为远东第一要塞。后来日本侵华期间，大连地区被日本人视为他们海外的国土来经营，被称为"关东州"，当年的行人车辆过了瓦房店，是要亮"护照"的。

1904年，日本和俄国发生战争，日本居然打败了强大的帝俄，中国人认为这是君主立宪制对君主专制的胜利，这坚定了中国知识分子的立宪情结。朝野一片立宪之声。

在大臣和主流意识的推动下，慈禧太后也发现，当时世界上比较先进的国家，如英国、德国、日本等，都是实行君主立宪制，看来实行君主立宪制不错啊。

国内大臣也写了大量文章，不厌其烦地告诉老太太，实行君主立宪，一可使皇位永固，二可使外患渐轻，三可使内乱消弭。他们不就是有这个要求吗？咱们先在名义上实行着，具体的运作是什么样的，还不是太后您老人家说了算嘛。

执政地位永远是爱新觉罗氏家族的（或者实际上的叶赫那拉氏的），但执政方法要有所改进。

当时社会的中产阶级——贵族乡绅阶层也广泛宣扬并主张君主立宪。

老太太心眼活动了，她决定派五大臣出洋考察，看看立宪到底是个什么玩意，到底好在哪里。如果真好，我们也实行。

1905年，清政府派徐世昌、端方等五大臣出国考察政体。

这个时候，对清朝统治彻底失去信心的革命派已经活跃起来了。革命党人一心想通过革命推翻帝制，为了阻止政府立宪，就派人在车站准备炸死这五大臣。

革命党人吴樾抱炸弹登上五大臣的专车,也找到了五大臣的高级包厢,只是,在受到一个卫兵的盘问时,吴樾慌乱中点燃引信,正要将炸弹掷出,却因为人多拥挤,车身剧烈震动,炸弹被震落在他的脚下,并且立刻爆炸。吴樾当场牺牲,五大臣各受了点儿轻伤。

革命党人的炸弹,虽然没炸死大臣,但却给袁世凯提供了两个好机会。

袁世凯最善于把坏事变成好事,从危险中发现机会,尤其会从一般人不太注意的普通事件中发现机会。当年小站练兵之前,他编写兵书,研究理论,尝到了甜头,这次君主立宪制的改革,袁世凯又一次敏锐地发现了这个机会。于是,他又开始琢磨起了国家的政体,即当时国际流行的君主立宪制。他开始招揽这方面的人才,旷代逸才杨度就是因为是先政专家而入了袁世凯的视线的。同时袁世凯也关注国外实行君宪制的国家,这比一般只会当官、不明时势的官僚确实要强多了。

其实,在官员中,袁世凯应该算是懂宪政的了,属于专家型官员、实干型官员。在康有为维新变法前,袁世凯就已经在积极关注君主立宪制。此次慈禧推行新政并准备实行立宪,他也非常赞同。而再到后来,与革命派进行南北议和的时候,袁世凯的主张仍然是君主立宪制。

袁世凯发现的第二个机会,是有利于他掌握权力的大好事。

革命党人的炸弹,让许多官员非常惊恐。趁此机会,他见缝插针,上奏朝廷,提出要在北京建警察局,以保卫皇家和大臣们的生命财产安全,提议顺利通过。这样,清政府在政府机构中专门设置了巡警部,第一任巡警部尚书,就是袁世凯的结拜大哥、为小站练兵出了大力的徐世昌,副手(侍郎)是袁的部下赵秉钧。

春风得意的袁世凯,比张好古的运气还好,不用刻意追求,各种好事直往怀里撞。形势的发展自动为袁世凯掌权铺平道路,京津地区的治安大权,不费吹灰之力就掌握在了自己人手中。

不过,袁世凯还没到头脑发蒙的程度,他清楚地知道,随着自己权力日盛,统治者对他的防范和猜忌也日益加深,慈禧太后这个老太太可不是吃素的,只要让这个老女人起一点点疑心,自己就休想有好日子过。为此,袁世凯也小心采取了妥善的应对之策。

袁世凯在山东巡抚任上时,就奏请朝廷让满族人荫昌佐赞军务,以表明自己不怕人监督之意。而荫昌这个人呢,是个地道的公子哥,吃喝嫖赌无一不通,真正才能还真没有,不过他的聪明之处就是,只要给他挂个名,他便乐得其成,并不随意干涉具体事务。这个人用今天的话叫,上上下下混得开,人缘儿还不错。

袁世凯署理直隶总督时,为了防止有人总是打小报告说他有私心、培植私人武装,特意从满族八旗子弟中选了3000人,参加新军训练,并请满人铁良为京旗练兵翼长。

袁世凯实授总督后,主动建议成立京畿督练新军处,作为中央级的军训机构,推举庆亲王奕劻为督练大臣,自己"甘为副手"。

——袁世凯在政治上,确实比小站练兵时候成熟多了。

奕劻这个人,必须得隆重介绍一下,后面他出场的机会还多着呢,说晚清败在他手里也不为过。此人没什么能耐,绝对是个庸人,就是因为写得一手好字,深得慈禧好感。因为恭亲王奕訢的才能突出,慈禧接受不了这个比她能耐大得多的小叔子,就将其罢免,转而让听话而不中用的奕劻接任了总理衙门大臣,并让其与醇亲王一起管海军。

奕劻最大的特点就是贪财,历史上说他贪财与和珅不相上下,仅在汇丰银行一处的存款,就达到200万两之巨,被称为"晚清第一贪"。

袁世凯整天拿银子四处结交,他的眼睛可不空啊,当他看到才能平庸却位高权重的庆亲王奕劻时,他意识到,上天给他送来了一个大宝贝。

只要能够哄住这个糊涂王爷,让他随心所欲地玩乐,满足他的需求,就可以得到自己想要的东西!

"知予之谓取,政之宝也。"知道给予就是获取,这才是为政之宝,管仲先生说得对极了。

袁世凯利用他的弱点,大把大把地砸钱,用金子撬开他的嘴,终于把他拉过来。他成了袁世凯的护身符和形象代言人。

大清虽然是日薄西山,但慈禧太后的清末新政给国家带来的新气象,却是不能一笔抹杀掉的。1906 年,有日本人来中国考察,看见北京发展的日新月异,大加惊叹,说如果以此速度发展,超过东京也是指日可待的。

只是,慈禧太后错就错在,为了牢牢控制既有权力,在本该变革的维新变法时期没有实行变法;在朝廷最有权威控制改革进程的时候没有实行变法。而在整个国家陷入深重的民族危机、人心涣散离心离德的时候,她实行了变法,自己却又很快走到了人生的尽头,再也无人能控制得了变革的局势,革命派一股脑地就把大清推翻了。

北洋常备军

1900 年这届辱的一战,让朝廷治卜的武卫军损失大半,只剩下袁世凯的武卫右军一家独大。

战败之后,政府和民间对训练新式军队的要求更加迫切。袁世凯就任直隶总督兼北洋大臣后,他既想轰轰烈烈地干出一番名垂青史的事业,又不想放过这千载难逢的壮大自己的机会。

不过,在当时的条件下,想要真心实意地干点儿事,不知道得有多难,不知道得有多少关系需要协调,仅次于曾国藩、李鸿章的第三政治强人袁世凯也不例外。

袁世凯就任直隶总督伊始,各项事业百废待兴,他要想不让各方面的声音干扰自己的进程,还需得到朝中重臣的支持。

辛丑回銮以来,袁世凯的靠山荣禄一直病快快的,已是日暮西山了,袁世凯知道必须寻找到一个新靠山,在朝中找到新的同盟者,才能立于不败之地,自己在直隶总督任上的各项事业才能顺利进行。

以袁世凯多年宦海生涯练就的洞察力和嗅觉,他知道,接替荣禄当军机大臣领班的人,应该就是昏庸糊涂却官运亨通的庆亲王奕劻。

1903 年 4 月,荣禄归天,当从自己收买的太监口中得知果然是奕劻执掌军机处时,袁世凯在第一时间迅速赶到庆亲王府递上了十万两银票。

小意思啦,洒洒水啦,毛毛雨啦,王爷您入主军机,老佛爷身边的太监们一定向王爷讨个赏钱,这就是给您到任时的零花钱,以后还要随时特别进贡呢。

红包铺就青云路,一纸银票十万钱。

十万两白银!一招便击倒了爱财如命的王爷。

庆亲王上任后,无论是王爷府里逢年过节,生日宴会,还是婚丧嫁娶,头疼脑热,袁世凯都会打点得妥妥帖帖。

袁世凯还与庆亲王的儿子载振拜了把兄弟,这样一来,大家成了真正的一家人。

庆亲王也投桃报李,只要是袁世凯保举的人,他一例画圈认可。两个人就这样,携手演出政治上的双簧戏,走完了整个大清朝。甚至连后来袁世凯逼清帝退位,也有庆亲王的一份功劳,因为袁世凯早就向他许诺了好处费。

收了钱就真给办事儿,多有职业道德的官儿啊。

除庆亲王之外,袁世凯更是时时不忘太后身边的人,大小太监都多有打点,尤其是对太后办公室主任李莲英,仅李莲英丧母,袁世凯就一次性送上四十万两白银。

袁世凯就是这样,打通了阻碍自己办事的各个环节,也把自己人安插在朝廷的各个岗位。

领导给下属买官位,不错吧。遇到这样的领导,你不卖命都觉得自己丢人。

但袁世凯心里可不傻,他知道什么事业对他最轻、什么事业对他最重。别的轰轰烈烈的东西,都是做给人看的,真正对自己有用、关键时刻叫得响的还得是自己的军队。于是,他在各方面关系基本摆平之后,一面着手朝廷改革军制,一面以武卫右军为基础扩充军队。

而且他心里非常清楚,凭着武卫右军的实力和影响,他的这支军队极有可能成为全国练兵的蓝本。于是,1902年6月21日,他建议成立一个专门机构管理军事,叫军政司,抢先一手主动布局。

每一个新编制或制度出台时,手段高明之人都会让法律制度为自己服务,为自己争得最大化的利益。袁世凯就是抢占先机,在大家没明白过来的时候先动手,通过一番巧妙运作,使自己和小站派的嫡系人马把持了军政司的大权。

军政司督办由袁世凯担任,下设兵备处、参谋处和教练处。兵备处总办由刘永庆担任,他是袁世凯的表弟;参谋处总办由段祺瑞担任;教练处总办由冯国璋担任。这简直是袁世凯家开的公司!

中国的正式陆军就此形成,这就是北洋常备军。常备军最初分左、右两镇,即两个"师"的编制,后来又很快延伸并陆续建成了著名的北洋六镇,都由袁世凯手底下的心腹大将来任师长、旅长。

但是,即使是对自己人,袁世凯也处处留了心眼儿,经常把各镇的师长、旅长调换,防止他们坐大而不受自己控制,像段祺瑞就分别当过第三镇、第四镇、第六镇的统制。不过,凡事都有另一面,段祺瑞也由此而结交了许多部下,袁世凯死后,段祺瑞虽然没能成为总统,但他却是中国政坛的实权人物,在幕后操纵政坛多年。

在编练北洋常备军的同时,袁世凯时时不忘军事教育,北洋陆军武备学堂、陆军师范学堂、参谋学堂、北洋陆军讲武堂、军械学堂、电信信号学堂等军事院校纷纷建立。1906年又在保定设立军官学堂,入学者必须是国内讲武堂以上毕业生或者是国外的士官学校毕业生,学习高等兵学行军奥义。1910年该学堂迁往北京,正名为陆军大学堂。民国建立后在保定军官学堂旧址上建立的著名的保定军官学校,虽然仅从1912年办到1923年,但这十年间却培养了一大批战将,比黄埔军校还要声名显赫,而且黄埔军校最初的教官大多是保定军校毕业的。我们所熟知的蒋介石、白崇禧、叶挺、傅作义、陈诚、张治中、顾祝同、薛岳、罗卓英、周至柔、陈长捷等将领,都出自保定军校。

袁世凯办军事教育,冯国璋出力最多,一人身兼数职,都能做得有声有色。所以后来冯国璋当上总统时,人称"教头总统"。

1903到1904年间,清政府看到日俄战争不可避免,虽然经过甲午战争和八国联军侵华战争,清政府无力介入战争,只能屈辱地宣布中立,但也加快了编练军队的步伐,决定以袁世凯的北洋新军为模板,在全国组建 36 个镇（师）。只是，这一庞大的计划直至武昌起义发生前也未能完成。

袁世凯却是打着这个名义，结结实实地把自己的北洋六镇军队喂得兵强马壮。

清政府为了检验每年花的九百万两银子的成效，从 1905 年开始，政府每年都进行几次军事演习，袁世凯统领的北洋军大出风头，让外国军事观察员领略了这支经历战乱之后迅速崛起的军事力量。

1906 年秋天举行的彰德秋操（秋季演习）在当时是比较著名的。

1906 年 9 月，清政府令袁世凯的北洋军和张之洞训练的湖北新军这两支武装力量进行大规模军事演习。北军由段祺瑞率领，南军名义上是由张彪而实际上是黎元洪率领。

张彪是张之洞在担任山西巡抚任上时的侍卫——清朝叫"戈什哈"，相当于生活秘书的角色，实际上就是跑腿的，给领导办私事的心腹。晚清到民国，从戈什哈发迹的人只有两个，一个是吴佩孚，一个就是张彪。因为张彪很会讨主子张之洞的喜欢，所以张之洞夫妇索性就把贴身丫环赏给了张彪。贴身侍卫加贴身丫环，张之洞家的事基本由张彪两口子包办了。由于贴身丫环与主人关系非同寻常，既可算作自家闺女，有时又会产生主仆之间，或者是今天富人堆里流行的"干爹干闺女"之意的暧昧关系。所以，凡是娶了主公丫环的，人们一律称之为"丫姑爷"。张彪就是张之洞的丫姑爷。但是，张彪毕竟是伺候长官、察言观色、揣摩主意、跑腿办事起家的，平常唬个兵、收个礼、狐假虎威一把还行，在指挥打仗方面，能力相差太远。所以，南军真正的操盘手是黎元洪。

黎元洪，字宋卿，湖北黄陂人，为人厚道，个头矮胖，富态，人称黎菩萨。1883 年入天津北洋水师学堂学习，1884 年编入北洋水师。1894 年参加甲午海战，坐舰被日舰击中搁浅，他穿着救生衣爬上了岸。1895 年应两江总督张之洞电召赴宁，三赴日本考察军事、政治，颇受器重。武昌起义时，任革命军湖北军政府都督。南京临时政府成立时，当选为副总统。袁世凯死后，继任总统，曾先后当过三任副总统，两任大总统。

彰德秋操时，大家全都看好北军大名鼎鼎的段祺瑞，但真正演习过程中,大家才发现,原来南军的黎元洪也是一员不可轻视的战将,他在演习的好几个科目中都让段祺瑞的北军吃了苦头。段祺瑞心里可能从这时起就与黎元洪结下了疙瘩,后来袁世凯死后的民国政坛府院之争,就是由他们两个互相不服气而导致的。

袁世凯的心思是非常机警的,在彰德秋操中,从朝廷的阅兵大臣和裁判脸上,他灵敏地嗅出了清政府对他及这支日益壮大的军事力量的不信任。演习结束后没几天,袁世凯又收到一个非常不利的消息:朝廷即将把兵部、练兵处、太仆寺合并,成立新的陆军部,收回由地方督抚编练新军的领导权,由陆军部统一管理。

袁世凯知道,于法、于理、于情,清政府这么做都无可挑剔,自己的北洋六镇的势力确实太大了,引人注目是必然的事。那么,既然无法阻挡,自己不如主动交权,尽最大力量消除政府对自己的猜疑。

段祺瑞敏感地捕捉到了袁世凯的顾虑,他第一个前来效忠:把大部分权力移交给陆军部,这只是个形式,而实质内容是——不管六镇人马走到哪里,都将永远是袁宫保的忠实追随者。

见到自己的得力干将这样听话,袁世凯的心放到肚子里了。

打定主意后,1906年的农历十月初三,袁世凯主动上奏,把北洋六镇中的一、三、五、六镇交回陆军部管辖,同时以直隶地域辽阔,控制弹压须赖重兵为由,留下了第二、四两镇。此外,他又把一些无关紧要的虚职如通商大臣、邮政大臣等八个虚职一并摘掉,集中精力搞最重要的事儿。

这样,袁世凯以壮士断腕的勇气及时让出了大部分利益,既保住了最核心的力量,也让朝廷暂时放过他一马。

1906年之后,因为办学成绩突出,冯国璋被调到了北京兼任贵胄学堂的总办。这是满洲贵族创办的一所新式学堂,专门招收王公贵胄的子弟。根据学堂的规定,只有四品以上的宗室子弟,以及现任二品以上满、汉文武大员的子弟,才可以进入学堂求学。由此可见,这是一所名副其实的贵族学校。该学堂还附设了一个所谓的"王公讲习所",前来学习的全都是满洲的王公贵族,冯国璋管理起来,比普通学堂要难上数倍。

不过,冯国璋因为勤勤恳恳,加上能力超群,注重教学方法,其管理很有效率,还与满族新贵建立了密切联系,深得那些王公贵族的尊敬和信任。"爱公之诚,久之以师礼相待,无复有贵人状态矣。"这对他未来的政治前途产生了良好的影响。就这么个贵族学校的教师爷位置,却让冯国璋在国家发生武昌起义之后,收到了意想不到的红利。

看来,人哪,不论给你个什么位置,你都要把工作做到极致,把能力展现并发挥到极致。哪怕你手里只得到一个鸡蛋,你要充分利用这个你仅有的一次机会,把它办成个养鸡场;哪怕爹妈就教会你做一碗面,你也要争取把这门手艺打理成席卷世界的康师傅!

预备立宪的花絮

清末政治改革是精彩纷呈的,绝非人们所说的拒绝变革的一潭死水。

五大臣出国考察回来后,递上了考察报告,清廷御前会议原则上同意了立宪,这使得立宪的力量变得更加强大。

说到这份考察报告,其实并不是五大臣写的,而是由一个叫杨度的湖南湘潭才子完成的。

杨度,字皙子,在近代史上是个风云人物,其文采与梁启超不相上下。年轻时随王闿运学帝王之学。最初出名的原因是他参加过科举时代的经济特科。

所谓经济特科,是清末新政特设的科举科目,旨在选拔"洞达中外时务"的新型人才,该科原在维新变法时期设立,后来由于变法流产,此科未及施行便被慈禧宣布废除。1901 年 9 月,慈禧在从西安回到京城之后,知耻后勇,决定改革,实行"新政",其中有一条就是宣布恢复先前被废的经济特科。1903 年经慈禧太后亲自下诏,由光绪皇帝亲自主持在保和殿进行了第一次经济特科进士的御前考试。各部、院长官和各省督抚、学政纷纷保荐自己看重的青年才俊参加考试。

梁士诒和杨度的保荐人是湖广总督张之洞,而当年主考官也是此公,两人很给张之洞长脸,在 186 名取 27 人的淘汰赛中,分列一等第一名和第二名，也就是科举时代的最高荣耀，万众瞩目的状元和榜眼。

孰料天有不测风云，张之洞有一政敌名叫瞿鸿机，见状元榜眼均是主考官张之洞保荐的人，十分不快，于是便暗中使了个绊子。

科举年代，政府对考试举子的重视比现在高考要高得多，比现在的考博士还要重视。朝廷的最高掌权者都要过问一下进士的来历，尤其是前三名。

慈禧老太太照例要打听一下状元的来历，结果军机大臣瞿鸿机顺嘴胡诌，他抓住了慈禧反感维新派的心理，竟然说出："梁士诒是梁启超的兄弟，孙文（孙中山）的同县人，又和康祖诒（康有为）的名字末一字相同，梁头而康尾，定非善良之辈。"

大概朝廷被广东人折腾怕了，闻广东人色变，慈禧一听，勃然大怒，不问青红皂白，取消了这次考试。

都怪你爹娘没把名字给取好，都怪你自己没好命啊。

幸亏慈禧没生在今天，要不然，她可真会相信李连杰是李莲英的堂弟、刘德华的大爷是刘罗锅、美国打伊拉克是因为萨达姆偷了小布什家的高压锅。

最倒霉的是榜眼杨度，因早年思想活跃，热心新学进过时务学堂，与梁启超等人有师生之谊的旧账被顺带翻了出来，惹恼了慈禧，结果除名之外更遭通缉！

杨度逃往日本。你说这冤不冤啊。

这样的事不止一次，当时还有个贡士名叫王国钧，名字含义本不错，国钧者，肩负国家重任之意也。王国钧在殿试中名列前茅，慈禧念了王的姓名却说："好难听。"因为这三个字与"亡国君"相谐，实在太不吉利，王国钧因此被抑置三甲，蹉跎以终。

下一次考试，主考大臣学乖了，1904年是慈禧七十大寿，前一年的科举考试主持官员，十分留意"吉庆之兆"。经考核，派出各省乡试的主考、副主考。头两批放的是云贵两广，八人的名字是：李哲明、刘彭年、张星吉、吴庆坻、达寿、景方昶、钱能训、骆成骧，将此名字各取一字连缀起来，就成了"明年吉庆，寿景能成"，真乃大吉大利！

纵使这样小心拍马，考试后仍然出了意外。1904年的大考，有个湖南举子谭延闿中了会元。科举制度中各省举人到京会考，称为会试，会试第一名为会元。会试后尚有殿试，殿试第一名称状元。因为谭延闿不仅文章好，且字亦极为漂亮，所以极有可能被点为状元。据说，慈禧老佛爷下笔圈其名字时，发现谭延闿既是湖南人且又姓谭，忽然想起那位令她最为痛恨的湖南籍"乱臣贼子"谭嗣同，就改点刘春霖为状元。一是春霖书法亦佳，二是天下大旱，春霖之名甚为吉利。谭延闿被降为二甲第三十五名进士。本来能考上北大，非把他甩进二本、三本大学。

士可杀而不可辱！

这是有骨气的"士"的阶层所能忍耐的底线！也是"士"们将要反抗的前兆！

得士者得天下，失士者失天下，辱士者必自辱也。虽然失士这个恶果不会立刻呈现，大家照样会感觉到寻常一样的莺歌燕舞，云淡风轻，行人如织，春意盎然，但大厦将倾的后果迟早是要到来的。

清廷自己不知道，损失了这几个人才，可真是损失大了，他们后来在民国政坛上都是兴风作浪的人物。梁士诒是袁世凯的大秘书，袁世凯时代被称为财神爷，经济脑瓜极活，不管是挣钱、筹钱、借钱，都有一流的手腕，我们今天仍在受益的交通银行，最初就是由这位梁财神开创的。而杨度也是忠心耿耿地追随袁世凯，是袁世凯的大笔杆子和理论家，经常与梁启超在报纸上对拍。杨度一生虽然思想和经历复杂，加入过青帮，但他以救国为己任，为朋友两肋插刀，李大钊被捕时，他曾卖了自己的别墅积极营救。也曾在周恩来的介绍下，秘密加入中国共产党。而谭延闿后来曾担任国民政府主席、第一任行政院院长。这样的人，都是大才，岂止是栋梁，可以说是中流砥柱的人物，就这样被太后轻轻抛开，太后自断膀臂，岂不就成了政治上的"维纳斯"。

清末改革这阵子，梁启超和杨度这一对冤家，为了各自的主张进行争辩，使政坛热闹不少。

五大臣出洋考察，西方的文明和风气令他们大开眼界，他们一致认为，中国也只有实行君主立宪才能富强。为了使这份主张立宪的报告写得有分量,经人推荐,他们找到了杨度这个活宝,杨度此时俨然宪政专家,由他来代笔写考察报告,自然是文采飞扬,有理有据。

慈禧做梦都想不到,此文居然出自朝廷的通缉犯之手,而清末新政的路数也是由这位杨才子暗中设计的。

袁世凯也第一次记住了这个才华横溢的年轻人。

庚子赔款后,朝野深受刺激,高达4亿多的战争赔款"分摊各省,逐年偿还",各省财政本来就入不敷出。整个国家陷入巨大的政治危机之中。

此时,再想单纯依靠"加征田赋附加和徭差银"等传统赋税手段,根本不可能解决这一经济、政治、军事等多种因素交相导致的统治危机,这才要寻找新政和改革的新出路。

为摆脱危机,从根本上扭转局面,1906年前后,在袁世凯等人的倡议和支持下,清廷为"轻外患、弥内乱、固皇位"开始多领域、大张旗鼓地推行"以宪政为旨归"的新政、宪政等措施,先后在经济、文化、政治方面进行一系列变革,比起第一阶段的改革来有了进一步发展。

经济方面,成立商部,颁布了《奖励公司章程》,明确鼓励资本主义工商业的发展。

文化方面,废除科举,明令各地兴办各级各类西式学堂,学习自然科学知识。

政治方面,改变官制,除保留内阁、军机处、外务部、吏部、学部名称职责不变外,将巡警部改为民政部,户部改为度支部,兵部改为陆军部,刑部改为法部,工部并入商部,更名农工商部。增设邮传部,统辖交通四政即铁路、航运、邮政、电报四大实业,作为征管四政收益的专门机构。

新政改革和宪政改革之时,国家百废待举之际,急需各类人才,清政府对当年维新变法时主张宪政的人也采取了既往不咎的态度,因为五大臣出洋考察的目的就是各国的宪政问题。

杨度在这个时候从日本回到国内,善于招揽人才的袁世凯与张之洞联名保举杨度进入清廷宪政研究机构任职,从此杨度开始了与袁世凯的密切交往。

而梁士诒当时未遭到通缉,在京城发展,早就被袁世凯收揽门下。曾与唐绍仪出使印度,经数月努力,签订了中英《续订藏议条约》,确认中国对西藏拥有领土主权,在外交上展现了灵活而不失原则的手法。国家实行新政后,梁士诒在袁世凯的支持下,管理和理财本事得以充分发挥,缘着铁路逐渐接手交通四政,最终将之打造成一个财力雄厚的政治集团,他也成为北洋时期一支重要的政治力量——交通系的首领。

慈禧当初抛弃的这两大才子,那可是科举时代国考的第一名和第二名啊,万里挑一的人,老百姓眼中的"文曲星",却相继成了袁世凯的心腹大将。

废除科举的休克疗法

由直隶总督袁世凯牵头,一些封疆大吏附和,废除了科举制度,这一主张,到底是功还是过呢?

看历史是需要放长眼光、放宽视野的。

短期看来有利的事,长远看来可能有害;短期看来有害之事,长远看来可能又有利。辩证法就是这么怪。

科举考试,是中国古代流行千余年的一种比较科学的人才选拔制度,它创始于隋,确立于唐,完备于宋,衰落于明,终结于清。

它给了穷人子弟一条通往上层的金光大道,只要你努力,你就有可能朝为田舍郎,暮登天子堂,让命运挣脱出身的藩篱。据统计,北宋入《宋史》的官员中46.1%来自寒族;明初平民出身的进士竟达58.2%;清代平民进士约37.2%,但明清平均达42.3%。平民子弟只要自身素质过硬,就可以在科考赛场上威风凛凛地把富二代、官二代给干趴下。

古代对科举考试极为重视,礼部这个教育部是国家六大部之一,仅次于吏部和户部。科场考试如果舞弊,那就是大案,涉案人员是要处斩的。没通过科举考试的人,想当官吗?太难了。虽然后来官也有买的,但在皇权时代,这个"捐官"是非常不光彩的,不仅受时人的指指点点,被看不起,而且要记入档案,写入史书,让你的后人也脸上无光。一句话,没有这个光环罩着,你永远是个假冒伪劣产品。

这可不像后来,假的多了,假作真时真亦假了。

这样,本着公平竞争、择优录用原则的科举考试,使国家的管理层不断地从普通平民阶层中补充新鲜血液,一千年来,为中国社会选拔了大批精英和栋梁。在一个王朝危难之际,无数优秀的知识分子和官员进士忠心耿耿地效忠于朝廷,留下千秋佳话。我们所熟知的"留取丹心照汗青"的文天祥,就是状元出身!

当然,这是人所熟知、有目共睹的好处。

另外,还有一些对统治者来讲不能说出口和形成文字的好处,我们也不得不了解一下。

在这里,简要探讨科举选人用人制度里面的一些隐含的东西。

任何一项制度的设计,既有其外在目的,也有其内在不可说出的隐性内涵。

一般来说,新主登基之时,都会面临一个重要的问题,即朝中存在大量的前朝老臣,这些老臣,有的比自己的老爹太上皇大人资格还老,天下都是他们跟着打下来的,新君继位,他们到底听不听自己的话,会不会摆老资格,这都是非常棘手的问题。

那么,到底怎么解决这些现实问题?

最直接的办法,就是超出现有体制构架,提拔一些没有任何资历、只读过书本的年轻人来当官。

因为没有任何资历,所以不会跟自己摆谱;因为是自己提拔的,对自己会非常忠诚;因为对自己忠诚,所以他们可以分去老臣手中的一些既得权力,起到与老臣分庭抗礼的作用。

而这种提拔,又不能太直接、太露骨、太明显。最好的办法,就是要有一套大家都能接受又真正能选拔人才的制度,那就是通过考试,以分数论英雄。

这样,科举考试就应运而生了。

隋炀帝时,这套制度刚刚施行,许多东西尚待完善。

而到了唐太宗时期,这套制度就运用得非常熟练了。

对跟随唐高祖李渊打天下立下赫赫战功的文臣武将以及他们的后人,李世民采取的是干部知识化,即用科举的办法,表面上说"天下英雄尽入吾彀中矣",其实唐太宗的这套手段是用来对抗传统门阀制度形成的两种反常现象:既有头发花白又老掉牙还盘根错节的几代元老,又有年纪轻轻却因门第关系或裙带关系而占据高位的年轻干部。不管你是谁,都要考试,有了知识和文化,那么,咱也不怕你是年老还是年少,这是最合算的一个买卖。

大唐贞观之治和开元盛世的开创,与科举考试选拔出一大批优秀人才有着最直接的关系。否则,只有李世民和李隆基,没有房玄龄、杜如晦,没有姚崇、宋璟,是根本不可能有大唐气象的。

任用有学历的人来做官,其实还有一个好处,那就是源自社会实践及心理分析上的一个事实:从总体上来说,文化程度高者,其追求发展,即"自我实现"的愿望就强烈;文化程度低者,其追求生存的愿望就强烈。

也就是说,普通大众重利,知识分子重名;前者的自我期望值低,后者的自我期望值高;前者注重眼前,后者注重发展。

另一个不容否认的事实就是,普通的群众中,有相当一部分人其实对权力和金钱是顶礼膜拜的。

如果有人想要成功发起一场运动,必须取得普通群众的支持,但如果不给群众以看得见的实际利益,用你设计那套空而又空的理想信念和哲学观点去对他们长篇大论,是没有人会听的。

这就是不同阶层对"义"和"利"的接受度。

后来,随着时间的推移,皇帝的私心开始膨胀,给人才选拔造成了诸多不良后果。皇帝发现,这帮正牌科举出身的官员,软的不吃、硬的不怕,居然有自己的思想,骂人都不带脏字儿,还经常顶撞自己,自己却说不过他们。就又想了一个损招:用小人制约君子。

小人这玩意儿,从来不受道德框架束缚。

小人是个什么模样和德行呢?唐代武则天的侄子武三思有句话最具代表性,可谓"小人宣言":"我不知民间何者谓之善人,何者谓之恶人,但与我善者即为善人,与我恶者即为恶人尔!"

顺我者生，逆我者死。我是流氓，我怕谁？

重用小人，尤其是太监来收拾官员，这套只可意会不可言传的路数，就这样在宫廷中不断上演。

小人的道德标准低，你能指望魏忠贤和安德海们有什么骨气和道德水准。

从理论上说，太监是不许干政、没资格当官的，但历代太监所扮演的却全是皇帝亲信近臣的角色。皇帝也正是靠这帮小人来收拾与自己对着干的知识分子型官员。

不过，当把小人的能量用尽后，小人把得罪人的事全干了，皇帝自己再来收拾残局，把小人处斩，为冤死的官员学者恢复名誉，自己照样英明神武。

再到后来，这套招数如果不灵，就动用愚民的力量来与官员对抗，一世英名的袁崇焕就是被无知的愚民给掐死、咬死，肉都给用银子买来吃了，骨头都用石头砸碎了，骨髓拿吸管给吸了。

说完小人，再转回来思考科举。

物壮则老，是为天性。一项制度，不管它最初设计多么好，随着时间的发展，其弊端也会显现出来。科举考试到明朝之后，逐渐僵化为八股取士制度，开始严重束缚知识分子的思想和精神。

一项最为开放的吸纳人才制度，逐渐成了束缚思想的工具。

但不管怎么说，仍然找不出比它再公平、再科学的一套选人用人制度了。

不采用考试，贫寒子弟怎么能干得过官二代？

贫寒子弟入不了官场，皇帝用哪股力量来对抗盘根错节的官场家族势力和得利集团？

打破科举时代的学历论，没有学历的人可以当官，知识变得不重要，而机会却变得非常重要，其实就是为投"机"取巧大开方便之门，才能普通的人和普通人中的下等人——小人终于找到了比科举时代更便捷的路径，只要会送，只要会拍。高级知识分子最不屑一顾的小伎俩，却成了一部分人向上攀升的敲门砖。科举时代很难晋升到"官"位的跑腿儿打杂的"吏"们,开始大批量地涌入官员的位置。

秀才相当于今天的大专和本科,举人相当于硕士,进士相当于博士。那么,科举时代,可以说是博士和硕士当官,优中选优(每次大考也就录取那么百八十人并授官);而废除科举考试之后,就是秀才当官,举人和进士靠边站了,而状元、榜眼和探花因为读书时间长,没有秀才们工龄长,只适合搞学问,不适合从政。不管从哪个角度来说,这种知识倒挂都是一个奖劣罚优、莫名其妙、丢了西瓜捡芝麻的逻辑。

风物长宜放眼量

李书磊在任中央党校副校长时,关于读书和做官有段精彩论述,见识非常高:"古时候学而优则仕,做官的都是读诗书的人,这很好,很值得欣赏。但我真正欣赏的不是读了书做官,而是做了官读书。读了书做官总有点把读书当敲门砖的意思,既贬低了诗书也贬低了做官;做了官读书才是一种雅兴,一种大性情,一种真修炼……古代的官员千里宦游,两袖清风,满墙书卷,白天升堂处理俗务,晚来在灯下读书咀嚼真谛,庶几近于人生的最高境界。"

尽管做到这一点的人少之又少,但不管怎样,只要是官员在读书学习,无论是读书做官,还是做官读书,都已经达到人生中的一种很高的境界了。

读书,其实是一个非常磨炼心智的过程。通过秀才、举人、进士的层层递进和知识的提升,加上年龄阅历的不断增加,他们对生活的感悟、对权力的理解、对社会的洞察也比常人要高明、通透。你不得不承认,过了而立之年,或是不惑之年以上的人,普遍要比年少气盛的权贵成熟、稳重、老到、得体。

唐代白居易够厉害吧。他中进士的时候,是 29 岁,在长安塔下兴致勃勃地题字:"慈恩塔下题名处,十七人中最少年。"其他的都比他年龄大。这样有年龄、有阅历又饱读诗书的人出来做官,总体上,肯定要比刚读一本书就走马上任的官员要强出数倍。

不是说秀才的学历不能当官,而是他们对权力的理解、对官的理解、对社会的理解、对责任的理解,是远远不够的。太监们什么学历都没有,不是也照常掌权吗?魏忠贤不也能做到权倾朝野的"九千岁"吗?但是,做官的素养可就相差太大了。

南宋名臣张南轩对孝宗皇帝说:"陛下当求晓事之臣,不必求办事之臣。若但求办事之臣,则他日败天下事者,未必非此人也。"明代于慎行高度评价了这句话,认为"此二语者,可为万世用人之法矣"。他接着指出,要找那些有小才、私智,具备当官条件的人比比皆是,但是当国家处在安危关头,需要顶梁柱的时候,只有那些具备过人的见识、过人的气魄,并具备光明磊落的公正之心的官员,才能胜任。而选拔这样的官员,却是千难万难的,绝不是批量生产出来的。

当一个社会从学校里批量生产大量的"官"的时候,官员的选择标准就已经下移,并导致官员素质的降低,直接影响甚至决定着国家和社会的兴衰。

这样做的后果,极可能带来社会风气的逆向发展:官员职位的高低与官员的道德素质成反比!与官员的文化水平成反比!!

正如托克维尔在《论美国的民主》中忧心忡忡地指出:值得害怕的倒不是大人物的缺德,而是缺德使人成了大人物。

社会一旦这样,这个国家就要开始走下坡路了。

袁世凯先生提议废除科举考试,其本意是好的。废科举,兴西学,"设立学堂并非专为储备人才,而是以开通民智为主,使人人都获得普及教育,具有最基本的知识,上知报效中国,下知自谋生业。才高者能参与治国,才能低的也不失为合格的公民,即便是女人也不能让她在家待着,也应该让她受教育。无地无学,无人不学,以此国家怎能不富?以此国家怎能不强?"

理想与现实之间,其实差距相当大,中间的鸿沟在哪里?鸿沟有多大?改革者一定要考虑清楚。

袁世凯自己一直以为干了件功在千秋之事,其实他并不知道,科举的废除,就是对病人的"休克疗法",在当时条件下,他直接斩断了知识分子与国家联系的血脉和纽带,加剧了精英的流失。

春秋战国时期的政治家管仲曾经说过,一年之计,在于树谷;十年之计,在于树木;终身之计,在于树人。新的人才培养,不是像计算机程序那样简单,是需要时间浸润和慢慢培养的,否则就会出现一个巨大的断层、断裂带。

这一断层,恰好碰到政治强人慈禧归天,所以,大清就像一个风烛残年的老人被下了猛药,上吐下泻,无需外力,自己就把自己搞死了。

如此说来,科举制度只可改造,而不可埋葬,不可因噎废食,它里面包含着许多合理的因素,也包含着许多肉眼根本看不见的可变因素。现在西方的公务员制度其实借鉴了大量的中国古代考试取才和官员选任的方法,如借鉴中国古代"官""吏"分离,西方将"政务官"与"事务官"分离,但这些在中国本土反而失去了存在的空间。正如新加坡国立大学东亚研究所所长郑永年研究后指出:"这种分割制度的确立是为了实现政策变化和政策延续性、变革和稳定之间的平衡。政治官员来来去去,但公务员则是永恒的。政治官员由新的领导人任命,是执政团队的一部分,是决策者,而公务员则由非任命产生,是政策的执行者。"

本来,科举制度尽管录取率极低,但它对每一个人开放,不限年龄,不限地域,考试失败了也还有无数次机会和希望重新再来,这就成了一种特殊的社会整合与凝聚机制,尤其是凝聚最有思想的社会精英的最好黏合剂。

科举制度废除了五六年之后,一场本来没怎么发动广大人民群众起来反抗的辛亥革命,却领导着社会中的"中产阶级"分子(至少不是下层走投无路的赤贫阶层,且在农业文明中,90%以上的人口是农民,中产阶级的力量本来是极其微弱的)把一个王朝给踹翻了,这在中国历朝历代都是从来没有发生过的事。

辛亥革命就是知识分子包括士绅、有进步思想的军人叛离和反对清王朝的一场政治运动。

用政治学术语说,就是现有体制再也无法吸纳知识分子的政治参与,从而使他们迅速地游离,不断寻找实现自己生存和价值的可能机会。

游离于体制外的读书人与社会不安定人群一旦结合,就会产生掀动社会的滔天巨浪。

更何况,骤然废除科举,多少人,甚至是祖孙几代人孜孜以求的目标一下子消失了,支撑他们为国奋斗的精神支柱轰然崩塌了。

而新式学堂、西式技艺,对他们来说,由于知识结构、经历、视野、年龄、经济状况等因素制约,是一个不可能一下子到达的陌生领域。

他们的出路断了。

社会带给他们的痛苦,就会在心中悄悄滋长。在以后的生活中,当遇到不顺之事时,他们就会想,如果不是取消科举,老子说不定已经当到什么什么官了,哪像现在这样遭罪。所有的不顺都会归结到科举考试废除这件事上来,进而归结到现行制度不好上来。

无数次自我催眠就会使小小的怨气积成冲天之怒。

一大批有思想、有文化的人,就这样走向了政府的对立面。一有风吹草动,他们就会趁机发泄长期累积的不满。

面对清末新政推行过程中出现的新矛盾,有思想却没机会的群体,在革命党人的宣传鼓动下参与革命,是迟早的事。这批人不一定加入革命党,但会加入反对政府的阵营。

另外,还有一个更重要的问题必须注意,一个民族在历史长河中发展,必定有其民族独特的精神特质和精神支柱,而这一精神的主要承载者,必定是知识阶层和精英群体,他们也是芸芸众生的楷模与表率。

科举考试所形成的"士大夫"阶层和以"士"为奋斗目标的准士群体,在上千年的发展过程中,浸润、示范并孕育了一种"临大节而不可夺也"的君子精神,"不可以不弘毅,任重而道远,仁以为己任"的士的精神;在王朝或国家危亡的时刻,他们舍其生而取其义,舍其事而成其心。假如没有"士可杀而不可辱""三军可夺帅也,匹夫不可夺志也"的精神浸润,也就没有文天祥,没有史可法。正因为有了这种精神,才构筑起了中华民族的精神、脊梁和民族之魂。

由此看来,科举废除带来的后果,从更长远的视野来说,它就不仅仅是士这一群体的衰亡,也不仅仅是带来大清灭亡这么简单,它更是一次文化的断层、精神的割裂,给民族之魂留下了巨大伤痕。

这一点,主张废除科举考试的人,以及叶赫那拉氏,是做梦也想不到的。

第一轮政争

有人就有江湖,有江湖就有恩怨;有官员就有政治,有政治就有政争。

皇权时代的体制构架,就是要形成一个能让两派大臣互掐、再由最高统治者裁判的游戏规则。只有不停地出现矛盾、利用矛盾(即使没有矛盾,也要制造矛盾),让他们斗,这样皇帝的宝座才能安稳。

清末新政这一时期,袁世凯和军机大臣瞿鸿机掐得不亦乐乎。

瞿鸿机,湖南善化人,1876 年进士,一辈子以清廉著称,在清末以敢于弹劾位高权重的奕劻和袁世凯而扬名。瞿鸿机最初只任个闲职,庚子国变之后,《辛丑条约》还没签订的时候,朝廷与俄国因东北三省问题谈判,清朝要求俄国撤出他们在东北的军队,俄国要求限制清政府在东北驻军。大臣们分成两派,李鸿章主和约,张之洞主拒签。瞿鸿机取了个巧,他提出与八国公约签订后,应该与俄另立新约,确定俄国退兵东三省的日期,同时将东三省许与各国通商,让列强互相牵制。这一建议,得到太后的欣赏,他从此官星高照,入了军机。

袁世凯与瞿鸿机其实结怨甚深,如果不是袁世凯发迹了,可以说,瞿鸿机害了袁世凯的一生也不为过。袁世凯当年在陈州府进行公务员考试,府试位列前十名。下一场院试的督学是瞿鸿机。这老头见袁的试文不守绳墨,意思就是有些不合八股常规,斥为不录。袁世凯将此事引为一辈子的大恨。

1903 年,袁世凯奏请在中央成立练兵处,并由庆亲王主持全国练兵事宜,自己甘当副手。这一圈套被久在官场的瞿鸿机一眼看穿,但苦于庆亲王这个挡箭牌,瞿鸿机没有办法。心中暗暗佩服袁世凯的手腕,他也从此视袁世凯为政坛劲敌。

袁世凯也看出了瞿鸿机的老辣，便鼓动庆亲王，一定要把瞿老头撵出军机，这样座位才能安稳。庆亲王自然是言听计从。

1905年，军机大臣王文韶因年老退出军机处，庆亲王经过一番运作，把同一阵线的铁良、徐世昌拉入军机，这样，军机处里大都是庆亲王和袁世凯的人，就把瞿鸿机给孤立起来了。

瞿鸿机也不是好惹的，在军机处斗不过你，咱另辟新路。于是，他联络朝中的清流派、御史、言官等专业找茬群体，有事没事专门奏袁世凯和庆亲王的本。

这样，对阵双方自然而然地结成了阵营，像武林高手过招一样，大家都瞪圆了眼睛，耐心地等待和寻找着对方的破绽。

1906年，出国考察的五大臣回国后，递上关于实施宪政的报告。皇帝和太后召开御前会议，袁世凯是唯一一个以督抚身份参加会议的人，别的人全是中央各部官员。

这是清廷预备立宪的开始，而这首轮也是非常重要的一环，就是讨论政体改革的核心问题——官制的改革。

袁世凯从维新变法时期，就是个君主立宪制的拥护者。不过，人都是有私心的，更何况枭雄？袁世凯这次竭力鼓吹实行君主立宪，其说不出口的原因是，眼见李鸿章大人没了，荣禄大人没了，太后老佛爷也是古稀之年，挺不了几年了。当年戊戌变法时自己得罪过的年轻皇帝，只要充分运用自然规律，静静地等到老佛爷归天之后，权力在握，肯定第一个拿他袁世凯开刀。而如果实行了君主立宪，皇帝权力就没那么大了，国家也有了宪法制约，这样自己相对安全些。

这次让他参加讨论中央级的立宪会议，在会前，他和庆亲王早就沟通好了，一定要争取朝廷实行君宪制，裁撤军机处，改成内阁，由庆亲王任内阁总理大臣，自己好继续用金钱操纵之，如果自己能捞个副总理当当，那样，国家大权就会悄悄地滑到自己手中。

不过，另一派以醇亲王载沣和瞿鸿机为首的亲贵大臣可不管什么立宪不立宪，裁撤军机处，那他们岂不是卷铺盖走人？只要触动到他们的利益，他们就坚决反对。

就在慈禧太后为新的官制和体制变革左右为难的时候，老谋深算的瞿鸿机再次显出他老姜味辣的手段，他对慈禧太后轻轻说了一句"恭喜"的话，就使双方形势胜负立现，他说：

"实行责任内阁，以后您老人家就不用凡事操心，可以安享清福了。"

这几句话，听着感觉像是赞成责任内阁制的实行，其实内中暗藏杀机。

中国官场的话或政治术语，普通人是听不明白的，必须得用"心"和"经验"翻译过来，称为政治"心经"，因为里面充满了玄妙和机关。有些话，听着像夸你，其实刀子已经伸向了你，你还在那儿咧嘴笑呢。

如果一个不知深浅的年轻部属或者副职，带着十二分的好意对他的上级说：您该休息休息了。

这要是上级心情好，或者说二人关系好，那还没事儿。要是两人之间本来不怎么亲近，这句话被上级翻译过来的意思就是：你该让位了，别赖着不走啦。

那你就废了。

瞿鸿机对慈禧太后说的这句话，其实就想达到这个效果，暗含的意思就是：如果实行责任内阁，权力就归内阁了，您老人家就该吃点儿啥吃点儿啥，颐养天年吧。

慈禧太后那政治外语水平多厉害呀，不用别人翻译，自己一听就全然明白了。

原来你们有人耍这个心眼儿啊，差点儿着了你们的道。那还讨论个屁呀，谁要实行责任内阁，就是夺我的权！那我先收了你们的权吧。

军机处原封不动，责任内阁制不行，把与庆亲王和袁世凯走得近的鹿传霖、荣庆、徐世昌、铁良踢出军机处，省得瞿老头干不过他们。

散会！

这一回合较量，瞿鸿机胜。

袁世凯结结实实地挨了一记通天炮，耳朵根子被震得嗡嗡直响，眼前金星乱冒，鼻血直流，差点儿因为主张实行责任内阁制触怒老板而闯祸（自己的北洋六镇中的四个镇，也就是在这个时候交出去的）。

政治体制改革,真是好难好险啊。

第二回合较量

袁世凯不是轻易言败的人,他很快调整好情绪,全神贯注地处理第二波的权力斗争,这一次,涉及东北三省事务。

东北三省是满族的发祥地,一直以来都受到清政府的特别对待。清政府对东北一直实行与关内各省不同的政策,关内实行的是总督巡抚制,而东北三省实行的是军政合一,分设盛京将军、吉林将军、黑龙江将军管辖。

只是,东北本身就地广人稀,即使今天,三省人口总和才刚过一亿,比四川、河南这样人口大省略多些而已。在科技不发达的时代,严寒的气候一直让许多人望而生畏,所以这里成了流放者的土地。"南国佳人多塞北,中原名士半辽阳",这句听着挺美的诗句,却充满了南人北放的无尽辛酸。犯错啦?流放宁古塔!热播的古装大片《甄嬛传》中,甄嬛她爹甄远道也曾加入这个被流放者的阵营。余秋雨先生在《流放者的土地》中形象地描写道:"有那么多的朝廷在案以它作为句点,因此'宁古塔'三个再平静不过的字成了全国官员和文士心底最不吉祥的符咒。任何人都有可能一夜之间与这里产生终身性的联结,而到了这里,财产、功名、荣誉、学识,乃至整个身家性命都会堕入漆黑的深渊,几乎不大可能再泅得出来。金銮殿离这里很远又很近,因此这三个字常常悄悄地潜入高枕锦衾间的噩梦,把那么多的人吓出一身身冷汗。清代统治者特别喜欢流放江南人……"

清军入关后,本来满族人就不多,多数移居关内享受统治天下的红利去了,短短几代人后,连满语都忘了,这才真是达到了乐不思蜀的境界。于是乎,就像今天的农二代进城定居后,逐渐忘了家乡建设一样,满族人的老家慢慢地荒芜了。直到清朝后期国势衰微,日俄势力加紧渗透,他们这才想着加强一下东北的管理。

但在晚清时期,朝廷忙得焦头烂额,甲午战争时日本入侵东北,虽然三国干涉还辽,但东北还是经营不利。1905 年的日俄战争又是在东北这片土地上打的,东北更是民生凋零。在此基础上,日本和沙俄都加紧了侵略东北的步伐。

为了使老祖宗的发祥地不至于被外人霸占,1906 年 9 月,清政府派徐世昌和庆亲王的儿子载振去东北进行详细的实地考察,好以此确定治理方略。

进士出身的徐世昌本来就才气纵横,袁世凯小站练兵时编的各项规章、兵书等,都是他起草和润色的。这次到东北,他于东北的政治、经济、军事、外交、民情、物产、交通、边务等都进行了透彻的考察和分析,写成了一篇非常出色的调查报告,深深地打动了慈禧太后。

太后当即决定加强东北建设,朝廷也准备重新规划东北建制,并派重臣去治理。为了统一东北各项事务的管理,准备在东北设立总督,下辖三省事务,在奉天、吉林、黑龙江三省分设巡抚。以往是注重统治,这回是要统治加建设。

消息传出,官员的眼睛都绿了,一下子有四个封疆大吏的位置,谁不想当官啊?虽然关外是苦寒之地,但再苦也苦不着官啊!而且都说东三省黑土地富得流油,外放几年,回来就会获得提升。

袁世凯头一个想到的是,一定要把结拜大哥徐世昌弄到东北当个总督,自己是直隶总督,东北和京津就连成一片,全成了自己的势力范围了。

开始运作。

砸钱。

庆亲王照单全收,照办不误。

这套流水作业线运转得非常流畅。

徐世昌自然是高兴,不过,当二人私下交谈,袁世凯向他透露出一督三抚的预备人选时,徐世昌还是被袁世凯的胃口吓了一跳,预备人选居然全是袁世凯的人。

名单上写着:总督徐世昌,奉天巡抚唐绍仪,吉林巡抚朱家宝,黑龙江巡抚段芝贵。

徐世昌不住地摇头：唐绍仪出任奉天巡抚属平调，别人无话可说；朱家宝属于跳一级晋升，也说得过去；可这个段芝贵只是个候补道，怎么能担任执掌一省的巡抚？

袁世凯无奈地告诉他，这个安排，的确会授人以柄，但其实不全是自己的主意。

原来，上次徐世昌和庆亲王的儿子载振去东北考察时，路过天津，袁世凯接待二位贵客时候，曾请他们去听戏。载振这个家伙被一个叫杨翠喜的戏子迷得神魂颠倒。杨翠喜可不得了，绝对是当年演艺界的"天后"，风流才子李叔同都曾猛追，是她的铁杆粉丝。"燕支山上花如雪，燕支山下人如月；额发翠云铺，眉弯淡欲无。"李叔同这首《菩萨蛮》把杨翠喜捧得，那绝对有"小山重叠金明灭，鬓云欲度香腮雪。懒起画蛾眉，弄妆梳洗迟"的味道！

载振和杨翠喜眉来眼去的这个镜头，被负责带领巡警进行安全保卫的段芝贵全看在眼里，记在心上。

于是，段芝贵花了一万两银子给杨翠喜赎了身，献给了载振。这把载振高兴得，比天上掉下个林妹妹或七仙女还高兴。通过这个方法，段芝贵顺利地搭上了载振这条线，这就有机会接近首席军机大臣奕劻了。

考察完东北后，私下议论督抚的人选时，段芝贵央求载振给谋个巡抚当当。自己投入的银子必须连本带利地赚回来吧。

载振正天天和杨翠喜腻得死去活来，满不在乎地一口答应下来。

不过他也对小段说了，总得在庆亲王爷面前意思意思，礼到了，脸熟了，有印象了，自己再给爹吹一下风，这事成的希望就大了。

段芝贵心领神会。

于是，段芝贵向天津的富商王益孙借了十万两银子，进京献给了庆亲王。见钱眼开的庆亲王自然欢喜，这个黑龙江巡抚，让谁当不是当啊。

听了这些，徐世昌明白了事情的来龙去脉，不过，他仍然是心里不落底，这事本来就出格，不可能不遭人怀疑，不可能不被人知道。

走着看吧。

朝廷的上谕发布了，官员人选没有变。慈禧只了解徐世昌的才能，让他担任总督应该是没错了。唐绍仪是袁世凯的人,给在与瞿鸿机争斗中受伤的袁世凯来一个心理安慰也好。其他巡抚人选没太在意,自己年老力衰,让庆亲王考虑去吧,也给他留个人情做。

官员人选一经公布,立即引起了轩然大波。

让徐世昌担心的事最终还是不可避免地发生了。

瞿鸿机找机会想整袁世凯和庆亲王相互勾结的罪证还找不到呢,这下子送上门来了。四位新官全是一党不说,这个段芝贵本是个巡警队长,一个杂役级的人物都能一下子当上巡抚(省长),这里面肯定有问题。

不费吹灰之力,轻轻一查,一个关于戏子杨翠喜和载振的故事就浮出水面。

正愁没人教,天上掉下个粘豆包! 这简直是天赐良机啊。

不过,单靠自己和朝中这帮书呆子清流派,势力显得有些单薄,他想到了一个重要人物——岑春煊。

出乎意料的结局

岑春煊,也是官二代出身,父亲岑毓英曾在云南连续平叛有功,官至云贵总督。父亲死后,这位岑三公子借了老爸的光升任四品官。

不过,他的真正发迹是在慈禧逃往西安的路上,他装模作样地拿根棍子看门护院,从此青云直上,担任了陕西巡抚、四川总督等职。

1903年,岑春煊在任上查处大案,无意中得罪了案主的后台庆亲王,弄得双方都下不来台。后来庆亲王以处理边祸为借口,把他赶往云南。二人自此有了嫌隙。

瞿鸿机把岑春煊拉进来,正是想利用这个矛盾,增加自己的力量,打击嚣张的庆亲王和袁世凯。

部署完毕之后,瞿鸿机一方,由湖南老乡、监察御史赵启霖打头阵,向太后上了一道折子,把段芝贵、戏子杨翠喜、载振、袁世凯等事情,添油加醋地做了一道色香味俱全的满汉全席给端了出来。

紧接着,岑春煊亲自出马,利用进宫给太后请安的机会,重重地参了袁世凯一本,把他如何幕后操纵政坛,安插亲信,排斥异己,以及这次东三省官员人选引起的议论,说得有鼻子有眼。

因为当年护驾有功,慈禧对这位岑大人非常有好感。而参奏的人又全涉及朝中显贵,不得不重视。故先把严重不够资格的段芝贵的巡抚拿掉,并立即派人到天津调查此事。

关键时刻,袁世凯的头脑还是冷静的。在陆续接到密报之后,载振和袁世凯商定了一个釜底抽薪之计。

抢在钦差大臣的调查组和工作组来到之前,袁世凯连威逼带利诱,强迫借给段芝贵银子的富商王益孙以娶翠喜的名义,把事情全部承担下来,把载振从事件的旋涡中抽出来,摘得干干净净。

这个手脚做得虽然不怎么高明,但总能解燃眉之急,即使大家都知道是怎么回事,当事人死活不承认,又没有别的实际证据,谁也奈何不得。

只要载振摊不上事儿,庆亲王的位子就撼动不了,自己也就安全了。

只要先躲过这一劫,等老子喘过这口气儿,看怎么收拾你们。

袁世凯相信,只要有足够的钱和权,没有办不成的事。

于是,慈禧派人调查的结果是:查无实据。调查组的人生气了,你们在这里捕风捉影,听风就是雨,结果查出这么个答案,不是耍人玩呢吗?

这样一来,有理的一方变成了无理取闹,无理的一方变成了"受害者",整个事情发生了戏剧性的变化。

满以为抓住了庆亲王和袁世凯七寸的瞿鸿机一方,正准备乐颠颠地收网捕鱼,却一下子从主动变成了被动,打头炮的御史赵启霖被撤职查办。

打蛇不死,接下来,就要反被蛇咬了。

庆亲王和袁世凯商定之后,决定出招,打它个漂亮的防守反击。

瞿鸿机当年以莫须有的罪名,把状元梁士诒、榜眼杨度与康有为、梁启超扯上关系,使得二人前程尽失。这次,袁世凯和庆亲王以其人之道还治其人之身:庆亲王在一次单独面见太后的时候,把戊戌年岑春煊与梁启超等人曾经往来一事给抖了出来。

管它呢,握个手,说句话,就算有往来;第二次握手,说两句话,就算是密切往来;第三次握手,说三句话,那就是熟人了。捕风捉影的事是最难说清的,它给别人以最大的想象空间。

慈禧太后最恨、心里最别扭的就是康、梁这些人,跟他们扯上关系的任何人,心里都没法接受。

这人啊,还真是改不了偏听偏信偏爱偏恨的毛病。

这样,慈禧太后对岑春煊的态度就来了个180度的大转弯,刚刚授予岑春煊的邮传部尚书一职被撤销,外放两广总督。

这真是莫名其妙,唱戏也没有这么快的情节转换。

事情来得太突然,又一次戏剧性的变化完全出乎瞿鸿机的意料,岑春煊自己都不知道是怎么回事。前几天太后还对自己热情有加,怎么一下子就给赶出京城?

瞿鸿机打死也不甘心啊。

他在面见老佛爷的时候,声泪俱下,反复强调自己的忠心和袁世凯、庆亲王的奸诈。

慈禧太后作为最高掌权者,她也不愿意看到两派相争、一派大获全胜的局面。加上庆亲王的所作所为,她也早有耳闻,也早有不满。

这事,大家都心知肚明,只不过谁也不挑明罢了。挑明的话,那大清江山成了什么了,革命派更得百般攻击清政府的腐败了。

她对瞿鸿机进行了一下暗示:这几年庆亲王也捞足了,合适时候也该让他“休息休息”了。

瞿鸿机大喜过望,自己的辛苦终于没有白费。把庆亲王撵走的话,那首席军机不就该轮到自己了吗?

人啊,经常是急流险滩能够闯过,却在一片平静的海面上、眼见得要靠码头时,因为紧绷的神经一下子松弛下来而出事搁浅。

瞿鸿机退朝后,抑制不住内心的激动,就把这句机密的台词,和自己的门生汪康年说了。汪康年也激动了,把这个消息无意中透露给了《泰晤士报》记者莫里逊。

两天后,这个“太无事报”居然把领导人谈话和下一步官员人事安排计划给登出来了。

慈禧太后颜面尽失,勃然大怒:瞿鸿机,你这个混蛋!

庆亲王和袁世凯抓住这个千载难逢的机会,参奏瞿鸿机交通报馆,授意言官,阴结外援。

这下子,罪名可就大了。

好在慈禧太后网开一面,也可能是人一上了年纪,就心慈面软、阳气尽消了。要是在当年,不给他咔嚓了才怪呢。她勒令瞿老头这个老糊涂开缺回籍,颐养天年,该吃点儿啥就吃点儿啥吧。

袁世凯还不过瘾,当他得知岑春煊滞留上海、不愿去边陲赴任时,又在慈禧的火上浇了一把油。

袁世凯采用移花接木之计,贿赂照相师运用"换头术",做了一幅岑春煊和康有为、梁启超等人合照的照片,将其呈给老佛爷。

这一招好毒。

慈禧太后哪明白这种高科技,她只相信眼见为实,一下子气得好长时间说不出话来。

岑春煊你个两面三刀的混蛋,还想当什么两广总督啊,滚回家去吧。

这样,第二次政争中,袁世凯获得了全面胜利,轰动一时的丁未政潮就这样告一段落。

徐世昌顺利出任东北三省总督,段芝贵任黑龙江布政使,相当于巡抚的副手。

明升暗降

经过几轮政治斗争,军机处的大臣走的走,退的退,朝中急需干部了。

1907 年 7 月,袁世凯借清政府预备立宪之机,写了一封奏折,陈述预备立宪需要做的十项举措,以显示自己深刻领会了太后新政改革的意图,并紧紧围绕在太后周围,绝无二心。

慈禧是个政治强人,从 1861 年执掌大权以来(那时袁世凯才两岁),

把各路满汉大臣收拾得服服帖帖,谁要是受到她的些许怀疑,那绝没有好果子吃。清末新政是一改祖制家法的大事,下面的大臣不管是谁,不管心里同意还是不同意,表面上都必须得听太后的,太后的权威绝不允许受到丝毫挑战。因此,朝廷发布精神,封疆大吏如果不跟着摇旗呐喊,怎么个意思?你还有自己的想法吗?难不成你比我还高明不成?是不想要脑袋上的红顶子呢,还是不想要吃饭的家伙了?

清末时期的封疆大吏到底懂不懂立宪?

那个群体的人鱼龙混杂。懂的人自然是不少的,但不懂的官僚也是大有人在的。在太后的威势之下,这些官员最要紧的不是懂得立宪的专业知识,而是懂得紧跟。上边喊什么,你就喊什么,这就错不了。所以李鸿章就曾辛辣地自嘲道,天下最容易的事情就是做官,倘若连官都不会做,那也太愚蠢了。

不管是否明白太后的改革意图,这些官员不假思索地跟着摇旗呐喊还有一个好处:可以把于己有利的政策规定大加利用,钻制度空子,把于己不利的规定给淡化和弱化处理,上级想挑毛病的话,既挑不出来,也挑不过来,因为自己是绝对跟着上面精神走的,绝不硬对抗,这样通过"化骨绵掌"的软执行,上面再好的政策在传达到基层的时候都会销于无形。

不过,仅仅这样做还只能算是个庸官。在官场要想获得提升,跟着喊也要有技巧,要装作真心实意地喊,喊个抑扬顿挫,更要喊出个所以然来,这样才算真正理解了上边的指示精神。

袁世凯就达到了这个境界。同样是上奏折,拍马屁,只有他的文章能引起太后的兴趣。

这大概得益于袁世凯天天收集领导的口谕、诗词、小曲之类的文字并进行仔细研究,用现在的话讲叫心理分析,这才能准确地号到老佛爷的脉。更何况袁世凯手底下还有杨度等这样一流的笔杆子给他写稿。

慈禧老太太拿过袁世凯的折子一看,写得太好了。人才啊!既然你这么有才,比练兵还有才呢,那还等什么?赶紧调到中央来研究立宪吧。

于是袁世凯被免去了直隶总督兼北洋大臣,内调为外交部长(外务部尚书)、军机大臣,削去了兵权。虽然军机大臣对普通人来说,是个极为荣耀极为显赫的位置,将来可能封侯拜相,实现读书人的最高梦想。但是,对袁世凯来说,这明显就是清廷用明升暗降的手法,把自己调到了军机处,与自己的军队分离开来。

就在袁世凯调离军队的前后,袁世凯的爱将,北洋之龙王士珍、北洋之虎段祺瑞和北洋之豹冯国璋,也先后被调离带兵一线,"另有任用"。

早在 1906 年彰德秋操之后,王士珍因才能突出,先被"掐尖",调任江北提督,1908 年又升任兵部右侍郎,陆军部的副部长,一个有职无权的位置。

1906 年,因为冯国璋练军有功,成绩显著,清政府任命他为贵胄学堂总办,专门给满族亲贵、八旗子弟、官宦人家讲军事。不过冯国璋为人谦和,所以在这个位置上倒结交了不少人,名声不错。1907 年 6 月,冯国璋调任陆军部军谘正使,一个大参谋的位置。

1907 年 10 月,段祺瑞被授镶黄旗汉军副都统,专意督办陆军各学堂。是个"副"都统,兼任军校教官。

把老虎放进笼子里,还有什么杀伤力?乖乖地听话就是了。

在慈禧这样于宫廷中斗了一辈子的高手面前,袁世凯没有任何反抗的余地。即使不写文章,他也知道自己早就被列入了黑名单,实权的剥夺是迟早的事。不这样,皇家的人连觉都睡不好。

用了杯酒释兵权的手法,没直接诛杀,已经是不错的待遇了。

看来今后凡事要小心了,树大招风啊,自己的袁家军到了关键时刻听不听自己的,谁也说不准。

与袁世凯一同调入京城的封疆大吏是在湖北练兵的张之洞。

慈禧调张之洞进京,是想收到一箭双雕之效。一则是把掌兵大员调到京城眼皮底下,二则是让张之洞来牵制袁世凯,实现汉大臣互掐的效果,谁让瞿鸿机老头这么不中用。

同时,为了安抚袁世凯,她批准了新任直隶总督由袁世凯推荐的杨士骧接任。杨士骧也就是袁世凯一生中看得上眼的"三个半"进士之一。

作为国家最高掌权人,慈禧这么安排,有着深远的政治考虑和深刻的人性思考。

把袁世凯放在自己的眼皮子底下,他即使是只虎,也得乖乖地装成大山猫任自己抚摸,一举一动也都在自己的监视之下,他掀不起来大浪。而且老佛爷相信,人一有了权力,就会变得六亲不认,部属有实权之后,也不会乖乖地听从以前的老领导。

啃着根骨头的时候,小狗也可能会冲旧主龇牙。

三字经横念,人、性、苟嘛。

听你的,是给你面子;不听你的,也是情理之中。

不管怎么说,把袁世凯调离他经营多年的军队,授之以文职,朝廷就迈开了非常重要的一步。

袁世凯在晚清的政坛上,也开始走下坡路了。

历史发展到这个时候,距离慈禧太后归天就剩一年了。

慈禧太后虽然否决了内阁总理制,但形式上的立宪制仍在继续进行着。1908 年 7 月,朝廷颁布《钦定宪法大纲》,以西方三权分立为立政基础,在古老的中华大地上,第一次产生了新鲜的政治生态,第一次提出限制皇权、承认民权的概念。清政府同时宣布预备立宪期为九年,君主立宪制正式进入了筹备阶段。

后世的史书,一直诟病清末的预备立宪是假立宪,其实,扪心想一下,政治体制的改革,这种"预备"的渐进式,不是最稳妥的办法吗?即使想一下子立宪,也是完全、根本不可能实现的呢。

中国人也太急躁了,想一下子超过英国、盖过日本,重新成为世界老大。

所以,当清廷 1908 年宣布预备立宪期为九年的时候,认为立宪能救国强国的知识分子、士绅阶层却再也忍不住了,认为时间太长,认为清政府根本就不想立宪,于是,许多人投入了革命派的阵营。

历史犹如过眼云烟,真假无从辩解,争论是非也没有什么意义。只是,我们不妨问一句:一项影响国运的改革,能视为儿戏吗?

由皇权政体向民主政体的过渡,九年期其实是远远不够的,这将是一个漫长的阶段、一个复杂的设计、一个危险的过程。即使是一辆飞驰的快车,你想使它突然停下来,都不是容易做到的事,更何况是历史巨轮要改弦易辙?

有几人能真正从改革实践的角度,体验一下清末预备立宪的合理性呢?多数是站在道德审判的立场来指责,而不是进行理性反思。

今天,当我们把镜头回放,重新反思清政府预备立宪这段历史,我们可以得出以下结论:

从时机上看,清廷在本该改革的时候而没改革,为了维护一家族或一派系之私,必然失去民心,失民心是从失去人民对政府的信任开始。过了这个时机,改革与否已经不重要,只是在等待着那个爆发时刻的来临。

改革的举措,从理论上和技术层面上来看,平心而论,也不失为先进的举措,但已经得不到人民的信任。即使你此时真的是为百姓,但百姓已经对你失去了耐心:算了吧,不要再玩了。

徐世昌在东北的作为

让徐世昌出任东北总督,一方面,是要把太后的新政改革政策推向东北;另一方面,标志着东北也成了北洋的势力范围。因为徐世昌用人肯定也以北洋系为主,这一点,谁都不能例外。

而且,徐世昌执掌东北之后,老谋深算的袁世凯,知道自己的北洋军树大招风,为了分散朝廷的注意力,他决定把北洋军调往东北一部分。于是,他名正言顺地奏请朝廷,大谈东北如何如何重要,应该加强兵力配备。这样,北洋系的最精锐部队——北洋第三镇全部由曹锟率领,加上从其他师里抽调的人马组成两个混成旅,调往关外,统一归徐世昌调遣。

曹锟,字仲珊,在兄弟中排行老三,天津大沽人,家境贫寒,仅读了四年书就辍学,混迹于江湖。他曾做生意卖布,从不计较价钱,有钱你就给点儿,没钱的话,先拿去也行,人称"曹三傻子"。不过,此公有些好武艺,喜好结交朋友,很有些《水浒传》中鲁智深的味道,金圣叹曾用四个"遇"字说鲁智深:遇酒便吃,遇事便做,遇弱便扶,遇硬便打。曹锟差不多就是这种风格,后来也当上了民国总统。而民国时期的外交大师顾维钧评价曹锟"是个天生的领袖",小事从不挂怀,大事却也不糊涂。

1882年,曹锟投身淮军,因做事勤快,对人仗义,练过武术,又粗通文墨,很得管带郑谦的喜爱,怕是水浅难养龙,先为义子后招婿。1885年李鸿章在天津创办北洋武备学堂,曹锟因郑管带的关系,成了该学堂的首届生,"黄埔"一期。他的同学有段祺瑞、冯国璋、王士珍、段芝贵、陆建章(冯玉祥的舅舅)、李纯、王占元、雷震春、张怀芝等。这些人日后在北洋和民国都是大腕儿级人物。

1894年甲午战争爆发,曹锟也赴朝参战。袁世凯在小站练兵时,曹锟前往投奔,受到袁世凯的重用,从此对袁极为忠诚敬重,不忘知遇之恩。袁世凯走到哪里,就把曹锟带到哪里,袁世凯让他向东,他绝不向西。

此次出关的这支队伍——北洋第三镇,是袁世凯嫡系中的嫡系,段祺瑞曾任过该镇的师长,袁怕段坐大,把段调到别的镇。而袁让曹锟出关带着自己的主力师,可见对曹锟的欣赏和看重。

徐世昌虽然人称"水晶狐狸",八面玲珑,但此人有真才实学,用现在的话讲就是既会办事,又有才干。所以,他主政东北期间做了很多实事,尤其是与日、俄斗法,尽最大力量保全了东北不受侵略和掠夺,对东北的开发做出了重要贡献。

徐世昌到东北,首先是改革官制,他在京城多年,对官场的诸种弊端了然于心。朝内朝外各官职,等级繁多,各自为政,遇事推诿,彼此猜忌,这一点让他深恶痛绝。因此他在东北主政期间,让所属各司均与督抚一起办公,大大简化了办事流程,初步建立了比较科学的办事机构。同时他还整肃了几十个贪官污吏,使东北官场风气大有好转。

太后钦点的总督,曾任直隶总督兼北洋大臣、现为军机大臣袁世凯的把兄弟徐世昌的到来,立时镇住了东北官场。

其实,说句局外话,不管是为官还是为人,原本事情并没有那么复杂,都是人为地搞复杂了。包拯有句诗说的好:"清心为治本,直道是深谋!"做官做事本没有那么多秘诀,只要私心少些,公心多些,啥事都会比用"谋略"、学"技巧"、耍"手腕"要容易得多。当官最怕的就是自己本身不干净,所以只能浑水摸鱼。

皇权社会中存在等级制,层级多,副职多,那都是为了相互监督、相互牵制而设置的。徐世昌也没有学过现代管理,也没读过 MBA,但只要秉着一颗相对公平的心,站在普通百姓的角度思考问题,官场办事流程改革就算是接近科学,啥秘诀也没有。

其次,改革官制后,选人用人就是大事了。制度和路线确定后,干部决定一切。北洋系的人才在东北开始成了气候。而徐世昌在东北政绩卓著,也为他在袁世凯死后能成为民国总统奠定了坚实的基础。因为日后在民国政坛驰骋的许多人物都是他当年的老部下。而没有经受袁世凯小站练兵派熏陶的奉系张作霖之所以也算北洋一脉,其渊源大概也是自此而来。

唐绍仪,奉天巡抚,就是辽宁省长,袁世凯当总统时的民国第一任国务总理。

周树模,进士出身,曾任徐世昌等五大臣出洋考察时的跟班随员,任黑龙江巡抚,后来数次被提名当民国总理,只是他不爱干。

钱能训,1904 年科考时"明年吉庆,寿景能成"那八个吉祥名字之一,进士出身,任奉天右参赞兼沈阳市长(顺天府尹),后来曾担任民国总理。

朱家宝,进士出身,担任吉林巡抚。

朱启钤,任东三省蒙务总办,举人出身,曾任京师大学堂总监,民国国务总理。

谭延闿,东三省学务,后来任湖南督军,民国政府主席。

张国淦,任黑龙江省秘书官,民国时担任过总统府秘书长。

陆宗舆,东三省盐务总监,民国时任交通总长。大家对这个名字一定非常熟悉,五四时期学生想揍的就有他,其他的曹汝霖、章宗祥,也都是徐世昌保举而获得任用的。这些人都是非常有才之人(他们是不是卖国贼,现在史学界多方考证,已经颠覆了许多传统观念)。

以上都是徐世昌任用的文官,武职还有一些重要人物:张锡銮、倪嗣冲、张作霖、曹锟、吴佩孚、张勋、吴光新、傅良佐、孟恩远等,这些人在后来的民国历史上都是响当当的人物。

你可以说徐世昌任人唯"北洋",但你不能否认这些人的确是才能突出。

徐世昌的第三招,是振兴东北经济,吸引外国公司经商竞争,开放葫芦岛港为通商口岸,使东北三省由赤字 400 万两银子,很快就转变到为全国进出口贸易总额增加十倍的富裕省份。

徐世昌在东北还有值得称道的就是与日、俄斗法。日本人太喜欢东北了,尤其是旅顺大连这块地方,有天然的不冻港,这比日本四岛的地理位置优越多了。俄国人呢,因为是邻居,自己地方够大的了,还经常到清朝门口强占宅基地,经常与清朝百姓发生纠纷,实在是让人头疼。

1907 年,借着美国归还部分庚子赔款之机,徐世昌派唐绍仪这位哥伦比亚大学的毕业生与美国示好,拉美国势力进东北制约日俄,取得非常明显的效果。

徐世昌虽然是个柔中带刚的太极高手,但对于国家领土却毫不含糊,非常有原则和底线。他的著作《东三省政略》中记录了他在东北奉行的强硬政策:"必示人以不可攻,而后人不攻;必示人以不可欺,而后人不欺。"后来民国的外交家顾维钧在他的回忆录中述及徐世昌时,仍是非常赞赏他在东北时期的执政方略。

就在徐世昌在东北干得有声有色之时,朝中又出了大事,大清的天塌了,光绪皇帝和慈禧太后先后驾崩,同时,他的把兄弟袁世凯也出了大事,这件事太大了,差点儿葬送了兄弟二人的官场前程。

脚前脚后

自从戊戌变法袁世凯出卖皇帝以来,有件大事一直让他牵挂在心,他真怕某天早晨起来得到的消息是:太后归天,皇帝执政。

自从袁世凯在维新变法中告密,使皇帝因禁在瀛台以来,光绪皇帝对袁世凯真是恨之入骨。每当恨他的时候,就在纸上画一只龟,再写上袁世凯的大名,粘在墙上,用小竹弓射击。射够了,再拿下来,用剪刀把纸剪成碎片……

大家看宫廷剧看多了，不用查也能猜到，年轻的皇帝肯定还用了宫中常用的招法：做个小草人，或是小布娃娃，写上袁世凯的名字，每天早晚各针灸一顿。

所以，袁世凯每当一想起皇帝来，就是如芒在背，坐卧不安。

西方有个墨菲定律，最简单的表达形式是：越怕出事，越会出事。

不过，1908 年 11 月，上帝给袁世凯一起带来了两个消息，一个坏消息——老佛爷归天了；一个好消息——皇帝也归天了，而且比老佛爷还早走一天。

这个结局，让每个中国人都哭笑不得。

太后归天，是无法抗拒的自然规律，但三十来岁的皇帝正值春秋鼎盛，怎么也会驾崩了呢？

这里面肯定有猫腻，用脚趾头都能想明白。

1908 年 8 月前后，就在清廷宣布预备立宪，由秦始皇打造的这驾行驶了两千多年的专制马车准备驶向君主立宪的道路之时，马车的掌舵者和驾驶员的生命却将悄悄走到尽头。

八九月间这个天凉好个秋的时候，太后和皇帝都病倒了。

据说，几年以来，皇帝连饭都吃不好，太后不喜欢的人，哪个太监敢用心伺候啊。加上有些势利眼的故意为难，皇帝得病都得不到太医和太监的精心照顾。

而太后已是风烛残年了，上帝只要"噗"地吹上一口气，这盏微弱的烛火必灭无疑。

等到十月以后，太后的病仍然没有好转，太医们眼见回天乏术，只有太后自己还不甘心走得这么快。

11 月 2 日，是慈禧太后的 74 岁生日。生日的喜庆并没有冲走她的病，她的生命正式进入了数"秒"阶段。

光绪皇帝顽强地坚持着，当他得知太后的病情后，抑郁多年的脸上露出了些许微笑。

他等了这么多年，终于要盼出头了。

人啊，可不能随便地笑啊。如果被热心网友放到网上，就会有重大新闻"微笑皇帝"了。光绪皇帝这不恰当时间的一笑,却成了自己的追命符。

据说,当某位整天观风的太监,跑到慈禧太后病床前悄悄汇报这一重要情况后,太后狠狠地说道:他盼着我死,我非让他先死不可。

于是乎,光绪皇帝被"秒"杀了。

11月14日,光绪皇帝驾崩。一个想有所作为而又无所作为的皇帝,就这样窝囊地结束了自己的一生,享年37岁,正好是慈禧太后岁数的一半儿。

慈禧太后"白发人送黑发人",多不容易呀。天底下去哪里找这么好的姨妈,一直把自己关心到死,然后自己才安心地闭上眼睛。

11月15日,慈禧太后做完了这些事,才放心地归天。

政坛老人,一一取经去了。

这里先给慈禧老太太做个结论,再谈皇帝及继承人问题吧。

骂她的话,一百年来太多了,这里就不重复前人的骂了。

慈禧太后,作为一个掌握国家最高实际权力的女性领导,而且是个失去了丈夫和儿子的"寡""独"之人,在晚清风雨飘摇的局势下,她维持着这个动乱的江山,在群狼环伺的情况下,实现了平稳着陆,已经比一般的统治者要难上百倍千倍。江河日下的清朝乱局,不是因为她的统治引起的,而是从她的老公、老公公、老太公那一代,就已经走了下坡路。尤其是在经历八国联军侵略的战乱之后,实行了新政,历史终于还是看见了她的努力,也看见了她取得的成绩;尽管有上半场的臭脚连连,但也有了终场结束前十分钟的落日余晖;虽然与人们的期待尚有不小的距离,但从1901年到1908年她人生的最后八年,也算对得起她的职位了。

关于光绪皇帝的死因,一百年来,一直是猜测,并无实据,最终还是现代科学技术的发展使问题得到了圆满解决。

根据现代考古资料,并运用现代化的高科技手段研究,结果从光绪皇帝的头发中测出,其含砷量超过正常人的上百倍(还有一说是超过正常人的2404倍,够狠),砷超标就是砒霜中毒。

所以,光绪皇帝被人毒死是确定无疑的。

就在太后病重之际,考虑到自己真的不行了,这才正式考虑皇位继承人的问题。重病中的老太太还在耍心眼儿,当最高领导多么辛苦(不过,从老太太选了小溥仪这件事推测,她绝不是一时心血来潮,肯定是早就思考多遍了,看来是早就想把光绪皇帝一起带走,要不然,也不用再考虑皇位继承的问题了,直接交给光绪就是了)。

由于光绪皇帝和同治皇帝一样,都没有子嗣,慈禧太后在中南海召见军机大臣,商量立储人选。军机大臣认为内忧外患之际,当立年长之人。慈禧太后听后勃然大怒,你们真是老糊涂了。索性当场拍板决定,立三岁的溥仪为帝,并让溥仪的亲生父亲载沣监国。

以慈禧太后47年的执政经验,她绝不是不会选继承人,也不是朝中真的没有合适人选。从皇族及其近支的后代来看,溥伟和溥伦都是才德兼具之人。但是,中国的皇位继承人从来就不是按照才能选拔的。这里面涉及的关系太复杂,用一篇博士论文都写不完,估计写一套丛书能差不多。

慈禧太后选中溥仪,大致有以下几个方面的原因。

皇权社会的君主选拔继承人先要有两个必要的硬性条件:必须忠实可靠;必须易于驾驭,尤其是不能翻自己的案。否则,万一哪天自己曾经做过的见不得人的事给翻出来,再被一顿臭骂以提高新皇帝的威望,自己的一世英明不就全完了吗?自己不就成了别人的垫脚石了吗?

因此,只有才能平庸、忠诚老实的人,才最有机会中大奖。那些猴精猴精的人,绝不能给他们机会。

太后在皇族中扫描了好几遍,只有溥仪最符合这几个条件;虽然,他只有三岁。这没关系,只要他是人,他就能当,即使整天哈喇子直流,他也能当。把他爹弄个摄政王不就得了嘛。

从关系上讲,慈禧选择溥仪,这里面还有一个连环套:溥仪是醇亲王载沣的儿子,载沣是老醇亲王奕譞的儿子,奕譞是自己的亲妹夫,载沣是光绪的亲弟弟,那么溥仪就是光绪的侄子。载沣的嫡福晋又是荣禄的女儿,荣禄是慈禧的绝对亲信(且野史上一直流传着说荣禄是慈禧青梅竹马的旧相好)。

不过,大臣们得到的答复是:溥仪和皇帝的血缘比较近,这是最冠冕堂皇的理由。

其实,她选一个娃娃来当皇帝,娃娃的父亲又是一个才能平庸的人,这样的人好驾驭。

——马上就黄土没顶了,她还希望着奇迹能发生,希望自己的病马上好过来,多活些时日,再来个第三次垂帘听政,好驾驭这对窝囊的父子俩。

然而,慈禧的妹妹可不领姐姐的情,自己的一个儿子已经活活地囚禁在深宫,下一代又中大奖,还要抱进宫去,坐在那个受罪的位置上。她是鼻涕一把泪一把地哭。

亲爱的老姐可不管这些。

11月14日,就在光绪皇帝驾崩的同时,太后让载沣抱着儿子进宫,正式确定皇位继承人。三岁的溥仪在深宫大院中见到了一具直挺挺的尸体,又见到一个已经脱了相的老太太,吓得哇哇大哭。

以至第二天慈禧归天时,小皇帝正式登基,又被抱到这个地方来时,脑海深处的恐惧记忆加上一大群陌生人呼啦啦地跪拜,又惹得他大哭起来。

父亲载沣抱着哇哇哭的小皇帝亲切地安慰道:不要哭,不要哭,马上就完了,咱们就可以回家了。

不料,此言一语成谶,大清朝马上就完蛋了,载沣和溥仪确实回家了。

第四章

尺蠖之屈

袁世凯"被"有病了

光绪皇帝死前留有遗命：杀袁世凯。

摄政王载沣牢牢地记住了哥哥的话，上天也把这个机会给了他。

所以，儿子当上皇帝、自己当上摄政王之后，就把杀袁世凯这件事提到了议事日程。

这也太猴急了，街头瘪三打架报仇也没有这么急的，就这水平，给他啥权力也用不到好处。

摄政王在晚清的政坛上，就是这么急匆匆地想杀人，急匆匆地改革，又急匆匆地把大清王朝送到了尽头。

慈禧太后当年收拾掉顾命八大臣，把儿子的皇位保住，自己执掌天下大权的时候是 26 岁；摄政王载沣抱着自己的儿子溥仪执掌大清江山的这一年也是 26 岁。同样的年龄，可差距咋就这么大呢？

载沣，1883 年生，醇亲王奕譞的儿子，1890 年承袭爵位，1900 年被任命为内廷行走，进入权力中心。辛丑事变后，1901 年 6 月，年仅 18 岁的载沣奉诏出使德国，呈递谢罪国书。西洋社会的全新面貌让这年轻的王爷大开眼界，真切地感受到了大清的落后，他从心里萌生了希望大清变革富强的念头。

只是他从没想到，大清江山会真的交到自己手里，新政改革的宏图伟业要由自己来实现，他的心不由得一阵阵激动。

然而，载沣虽然有权力，却拙于权术，在他身上缺乏一种政治家和改革家所必须具有的特质。风度儒雅、血气方刚的他，却非尊彝重器，不足以镇压百僚。

但他非要拿袁世凯开练。

载沣要除掉袁世凯有两个原因：一是要为哥哥光绪皇帝当年被告密报一箭之仇；二是因为慈禧归天后，朝中再也没有人可以驾驭得了袁世凯，功高震主，这对于皇权是一个极大的威胁。既然没法控制，索性来个霸王硬上弓，直接灭了他算了。

这样，刚上任一个多月的年轻的摄政王，把枪口刷地一下对准了袁世凯。

在官场上，整人弄人其实一直是比较隐蔽的技术活，也是一门非常高超的艺术，不管私下里怎么相互斗个你死我活，但表面上大家还是谈笑风生、应付自如的。这就叫手段、也称为智慧。

水上的鸭子，脚下动，这就是政治上的高级智慧。

但是像载沣这样的年轻小伙子，一出手就直取上三路，手拎双刀非要砍脑袋不可，这样的打法还真是没见过。一时间，武林高手袁世凯也弄蒙了。在皇权时代，想要造反，那可不是件容易的事，舆论上就没法接受乱臣贼子这个称呼，弄不好就是灭九族。没有绝对把握的情况下，谁也不敢轻易出手，部下更是不会轻易把家族性命押到这上来赌。

载沣出蛮招，就要弄死你，我看你往哪里逃。

关键时刻，袁世凯平时甩出的银子开始起作用了。

庆亲王奕劻坚决不同意这么做，把袁世凯杀了，万一他的北洋军亲信将领起兵造反怎么办？

汉族大臣张之洞也死活不同意，皇上年幼，还没有任何威信的时候，却不由分说便要杀人，而且是对国家做出过有目共睹的巨大成绩的朝廷重臣，别人怎么看？是不是让人寒心？社稷的根基会不会因此而动摇？

军机处其他的大臣，虽然平日里争斗，但倒也不是非要把袁世凯的脑袋摘下来不可，更何况还会因此而得罪庆亲王，没这个必要，多数还是认为不杀吧。

军机处举手表决：不赞成。

最高掌权者滥用权力，一出手就重重地撞到墙上，权威指数刷地一下就降了几个等级。

载沣仍然不甘心,他密电征询北方几个北洋系军事将领的意见,第四镇统制吴凤岭、第六镇统制赵国贤的答复都是:"请勿诛袁,如必诛袁,则先解除臣等职务,以免兵士有变,致辜天恩。"

大哥,要砸你就先砸我吧。士兵要是闹起来的话,我可控制不住。说白了,就是严重不同意。甚至带有威胁的口吻,你动一下我们老大试试看。

更狠的在后边呢。

段祺瑞和冯国璋相约,为了给朝廷施压,半真半假地搞了一把小动作。一会儿说部队长期没拉练了,必须要进行冬季演习,一会儿又说有士兵因小摩擦打起来,请示派心腹大将李纯出兵镇压,弄得是真真假假,虚虚实实。其实就是假意制造兵变,给老大撑腰。

面对这种情况,没有过从政经验的摄政王载沣不得不让步了。他选择了个折中的方法,不杀袁世凯,但将其开回原籍。

毕竟年轻啊。猫抓老鼠,从来都是玩够了,再一口咬死。载沣的招数,连猫都不如。原以为自己大权在握,一言九鼎,君叫臣死,臣不得不死,一出手就能整死他,没想到里面有这么多弯弯绕。

失误,绝大的失误。在没有对敌人进行分割包围的时候,就开始了最猛烈的进攻;在没有对敌人进行切断外援的时候,就开始了最猛烈的进攻,这就叫,欲速则不达也。

其实,在政治上,两点之间的距离,你眼中的直线未必是最短的,曲线才可能是达到目的的最佳路径。

搞政治,就像追女人,千万不能太过直接,像阿 Q 对吴妈说:"吴妈,我想和你困觉!"多少女人都会被吓跑了,新新人类也接受不了,让你昼思夜想的极品女人更不可能这样追到手。

搞政治,又像是苏东坡烹调东坡肉的要诀:慢着火,少着水,火候足时它自美。

也就是说,搞政治,要有足够的耐心,这个耐心要达到什么程度呢?就好像,99.999%的人只能看到花开的结果,绝少有人能看到花开的全程,因为他没有这个耐心。

所谓有耐心,那就是要有"坐看花开"的功夫,当你想看一朵绝世的花开,就要扯把椅子坐在花前,眼睛不合地看,直到把这朵花从花骨朵看到完全绽放。

摄政王的政治课欠缺得太多了,没办法。

唉,都怪没事时陪老佛爷看京剧看多了,对权力的概念只停留在舞台上的认知水平。结果可倒好,过早地暴露了自己的真实意图,心急吃不了热豆腐,到口的大老鼠就这么活着放跑了。

1909 年 1 月 2 日,光绪帝和太后驾崩的一个半月之后,朝廷发布上谕:

内阁军机大臣、外务部尚书袁世凯,凤承先朝屡加擢用,朕御极后,复予懋赏。正其才可用,俾效驱驰,不意袁世凯现患足疾,步履维艰,难胜职任。袁世凯着即开缺回天养疴,以示体恤之至意。

意思是说,袁世凯很有才,朝廷一直很器重,我也很器重你。不想到你袁世凯现在脚有病了,走路都走不动了,不能胜任本职工作,恩准你回家养病吧。

载沣当了一把医生,又给袁世凯开了一张病假条,放假式治疗,期限是无期。

虚岁 50 的人了,退休也可以了。

官员的疾病分三种:真有病的(直接下台),主动有病的(以退为进),被有病的(赶你下台)。袁世凯属于"被有病"的类型。

权势烜赫的袁宫保,竟在几天之内变成了丧家之犬,生怕摄政王改变主意,仓皇地告别了北京城,临行前他把在北京价值卅万元新购置的府学胡同私宅赠给了段祺瑞。

上万两的银子,挥一挥衣袖,不带走一片云彩。

临走时还没忘了笼络人心,不愧是奸雄。

夕阳西下。

袁世凯寻寻觅觅,冷冷清清,凄凄惨惨戚戚,北京车站,只有严修和杨度两人前来挥泪送行。以往出行的排场再也没有了,许多人避之犹恐不及。

严修,是袁世凯给子女们找的高级家庭教师,天津南开大学的创始人,此时任学部侍郎。袁世凯在直隶总督任上时,二人结下了深厚的友谊。

杨度自从跟了袁世凯,觉得袁世凯雄才大略,视野宏阔,定能成就一番事业,就像《三国演义》马超遇见刘备时说:"今遇明主,如拨云雾而见青天!"杨度正想依靠其实现自己的平生抱负,却没想到大才之人不得大用,反被人欺。

满朝文武之中,只有袁世凯欣赏自己的才能,知遇之恩永不敢忘,人生有一知己足矣。知遇,知己,知音,不管有多大的风险,我都要来送你一程。

今日一别,不知何时才能相见,珍重啊!

人,只有在最落魄的时候,才知道谁是真正的朋友。

普通朋友,你只可以和他一起笑;真正朋友,你可以和他一起哭。

别时容易见时难。

袁世凯心中一片茫然。

自己已经是天命之年了,还会有重出江湖的机会吗? 会吗? 有吗?

摄政王加速新政变革

载沣永远都不会知道他使用蛮力把袁世凯扳倒的代价和后果。

他只看到了表面的好处,完全没想到这样做的恶果。

最大的恶果就是:满汉民族矛盾大大地激化了!

本来,清朝的统治者是非常聪明的,他们知道汉人的才能,领教过汉人的厉害,所以一直加以笼络。从清军入关时期起,皇太极看中了洪承畴,不惜用自己心爱的女人孝庄皇后施展美人计来劝降;康熙帝为了笼络汉族知识分子,特开博学鸿词科;乾隆皇帝时,怕这些汉族大儒们思想太多,于是把成名的儒士们全集到一起来编抄书籍,好吃好喝好待遇,

《四库全书》编成了,儒生们这辈子也过去了。

不要说乾隆时期的纪晓岚、刘墉,就是晚清时期的曾国藩、李鸿章,这些都是百年一遇的治世之能臣。他们既是汉人优秀分子的代表,也是满汉一家亲的象征。李鸿章去世后,袁世凯就成了汉人中在清廷的最大代表。捧着、哄着尚且不及,哪怕他就是个残废,你也要把他供起来,供起来的不是他本人,而是他的声望、他的标志,还有他的象征意义。他,就是个牌位。

尽管内行的人明白这个象征的尴尬处境,但这样却能给大多数普通人一个心理寄托、心理安慰。有他在的时候,你觉察不到其中的好处,但是没有他在的时候,你立刻就会体验到此中的麻烦。

本来此时在各地持续发生的排满革命就是以"驱逐鞑虏"为口号,这是汉人的最大目标。这说明,满汉民族矛盾在民间已经很尖锐了,这个口号肯定很有市场。

在这个时候,聪明的统治者如慈禧太后,可以用明升暗降、逐渐削权的办法来对付汉族大臣袁世凯、张之洞等,至多是敲打敲打,吓唬吓唬而已,但绝没想一下子在肉体上灭了他们。

灭了他们很容易,但杀人的代价将是非常昂贵的,昂贵到你无论如何都买不起这个单的程度。

政治这个东西,是非常讲究技巧和艺术的。即使是一言九鼎、君临天下的最高统治者,也必须学会并大力运用有取有予、有进有退、有刚有柔的手法和策略。想完全自己说了算、视部属为奴隶和狗来使用的人,很快就会死翘翘。因为被逼急了,即使是兔子也有咬人的时候!

其实领导者在做某件事的时候,逻辑起点和逻辑终点早就确定了,他只是要非常巧妙地论证出这个逻辑过程,举出十来条理由,还得让人听着是那么回事,你才能有理、有利、有节。千万不要小看这个论证过程,有了它,即使全天下的人都不信,他们也得勉强接受这个理由,这就是权力加法理的威力;没有了它,不把做某事的原因交代清楚,你有天大的理,也会让人说三道四,顷刻之间,主动权可能就转到别人手中,一旦主客易位,权力也顶不住人心。也只有到这个时候,你才能体会到人民的力量有多大,如决堤的洪水一般!

慈禧没有机会把这些秘密心法传给摄政王就驾鹤西去了,从小在温室里长大的载沣王爷,根本就不会明白这些统治之术。况且,这也不是用书本或几句话就能教出来,而是要在权力场中亲身体验并搏杀才能明白的道理。

论权力场上的搏杀,摄政王载沣确实无法和袁世凯相比。

他们之间的争斗,看似摄政王赢了,其实是输了,而且输得太惨了,把整个天下都输了。

民心这个东西,是很微妙的。得民心非常之难,而失民心却非常容易,一个漂亮的昏招就足够了。

摄政王没有一招制敌的本事,却把自己的致命破绽露出来,以至袁世凯东山再起之时,几招就被整下了台。

载沣整倒了袁世凯之后,他的热情,全放在了改革和新政事业上。德国的社会发展对他影响很大,他多想自己也做出一番轰轰烈烈的伟大事业,让世人知道,他才是这个国家的救世主。

也就是说,他选择加速改革的初衷有两个:一个是他迷恋德国和日本式的集权立宪,既然德国和日本通过立宪凝聚了人心,使国家变得空前强大,我们实行立宪,也一定能达到;第二个原因,就是树立自己的良好形象,救万民于水火,挽狂澜于既倒,立不世之功业,传万世之美名。

德国、英国、日本,全是君主立宪制,出国考察的五大臣提交的报告也是要实行君主立宪,既然君主立宪这么好,那就赶紧实行吧,时不我待啊。

于是,整个国家都被立宪思潮忽悠起来了。

载沣不知道的是,太热了,可极容易发烧啊!

知所先后,则近道矣

有人问:摄政王变革之前,调动人民的积极性,不是很好吗?

这是一个非常复杂的问题。

简单说来,可以这样理解:社会存在决定社会意识。有什么样的经济和社会状况,就会有什么样的民众意识。

在经济基础没有任何发展、政治制度没有做好任何准备的时候,立宪思潮不加控制地传播流行,只能使多数人认识"立宪"这两个字,却对于实行立宪的步骤完全不知道,对于立宪的好处也只停留在理想状态下,或者说是一个观念中设想出来的那么个立宪形象。

立宪好啊,立宪好啊,我们立宪吧,我们立宪吧。在多数人心中,不管是统治者还是民众,都认为立宪是放之四海而皆准的真理,是别人成功后我们拿过来就能用的宝贵经验。

可是,谁也不知道立宪需要具备哪些因素,怎么进行,达到什么目标。尤其严重的是,统治者不明白自己国家的国情,不明白立宪需要什么样的社会支撑条件。只看人家楼盖得高,没看到人家的地基有多深。

立宪,是法治;法治,是协商对话式而不是暴力权力式的处理问题,是按规则办事;协商、规则,必须要在商品经济发展到一定程度,人们之间的交易和交往有了约定俗成的规则时才可有效实现。然而,整个清朝闭关锁国,资本主义发展刚露出那么一点点嫩芽,就被掐死了。没有商品经济和市场交换的长期运行,却想用资本主义世界的成型制度来引领中国,这就是当时清政府立宪必然失败的原因。包括后来辛亥革命成功后,革命派在中国理想地设计的一套美国式的民主共和制,与此理同出一辙。

所以,人们的立宪热情是盲目的热情,人们的政治参与是盲目的参与,统治者的新政改革是盲目的改革。整个大清上上下下就像一群无头苍蝇一样,左冲右撞。

从政治学上来说,政治体制改革是要有顺序的,一般来说,特别是后发展的国家在追求现代化的改革目标时,必须要按照这个顺序来进行:

要用强有力的权威、实现制度化,再在法律框架下有序地组织大家实现政治参与,然后才能稳步地向改革目标前进。与此同时,大力发展商品经济和市场经济,逐渐影响社会和人们的生活、心理。

后发展国家和地区能够成功实现现代化,多是走此路径。

德国俾斯麦,采用铁血政策,进行德国的体制设计,把德国强力拉进现代化阵营。

日本的明治天皇,也是采取和德国一样的路数,在德川庆喜还政天皇、天皇大权独揽的情况下,强力推进维新。

俄国彼得大帝,通过专制手段,强拽着整个国家进入现代化。马克思说"彼得大帝用野蛮制服了俄国的野蛮"。

韩国朴正熙,发动军事政变后,当了十七年总统,运用自己的权威和掌握的军事力量,进行国家的各项设计,用刺刀架着、鞭子抽着,把韩国驱上现代化的轨道。

在中国台湾,蒋经国有一句广被传诵的名言:"我知道我是专制者,但我会是最后一位——我以专制来结束专制。"也是先专制,再稳步进行法律的制度构架,最后再实行选举,开放党禁、报禁。

然而,在清王朝风雨飘摇之际,慈禧太后为了一己之私,选了一个最不该选的人当皇帝,把权力交给了最不该给的载沣。这就像是一个重病患者被推入急诊室,在最需要一个医术极为高超的医生的时候,却被交给一个在医校还没毕业的实习生来处理。萧功秦教授称其为"急诊室效应"。

这个实习医生虽然医术不高,但胆子还挺大,上手就在病人的肚子上刷刷划了两刀。二把刀的功夫一施展,最终的结果就是济公活佛出现也救不了这个人了。

《大学》中说:"物有本末,事有终始。知所先后,则近道矣!"

没有任何权威的载沣采取了与政治学上的顺序正好相反的步骤:先把立宪情绪忽悠起来了,再进行自己头脑中的制度设计,然后想在出成绩时确立自己的权威。而对于经济和社会发展,他头脑中根本就没有任何概念。

政治学大师亨廷顿曾给出一个公式:政治参与÷政治制度化=政治动乱。意思就是说,政治参与越高(被改革口号忽悠起来的人越多),政治制度化程度越低,政治动乱和暴乱的机会就更大(在这个公式中,只有分母越大,得出的商值、动乱的机会才会越小)。因为新政改革的政策像炸坝一样轰开了"井喷"式的、"蜂拥"而上的、乌合之众的参与热情，长期甚至是帝制千年以来下层群众被压抑的情绪一下子释放出来，这些人会提出大量不同的政治诉求。然而，政府是根本不可能在短时期内满足与应对这些诉求的，于是，民众的"挫折感"会越来越深。民众在这股热情得不到回应的情况下，就会走上对政府强烈不满的道路。就像是一股来势凶猛的洪水，没有合适的渠道，一下子涌上田地、涌上村庄，冲走了千千万万在岸边的人。

实行改革之后，还有一个逻辑链条，如果控制不好，就会酿成灾难，那就是：改革初期，新体制尚未确立，腐败出现的概率就会增大；腐败增多，人们就会不满，为了平息人们的不满，统治者就会寄希望于加速改革，希望使国家快点步入正轨，以为这样就会免于腐败；而不管政府如何加速，体制的变化总是落后于人们日益提高的期望，人们的不满就会更加强烈。

这就是摄政王的新政改革会越来越快的原因，因为他引起了上层、中层与下层对立宪的期望。

立宪派人士自从甲午战争以来就极力鼓吹立宪，希望早日立宪，早点使国家走出困境，达到像日本一样强大的目标。这些社会精英观念中的立宪，其完美程度要远远超过现实的立宪，因此他们认为国家步伐太慢，快啊，快啊，要不然就被开除球籍了。

有一部分地方督抚是习惯于迎合上面政策的，你说新政，我绝不喊旧政，紧跟！另一部分人是真的想立宪，因为他们是站在社会的第一线，深切地感受到国家所处的危险环境。

普通民众被立宪风潮鼓动起来之后，眼见着帝国主义国家瓜分中国的程度日益加深，日本渗透东北，俄国渗透蒙古，英国进入西藏，法国进入越南，各种危机使普通人倍感焦虑。既然你们都考察了，立宪能强国，那还等什么呀。你们改革这么慢，是不是仍然想权力握在一个人手里呀？

从我们今天的视角回头来看那段历史，我们还可以得出一个结论：清末社会各阶层的人对新政改革的预期，是根据国家面临的危机程度决定的。人们的危机感越强,越想加速改革。

然而,不论是从改革的理论还是从改革的实践来看,当社会矛盾尖锐的时候,政治改革的速度越快,就越会导致政治参与的大爆炸,国家面临的危险便会成倍增加。载沣自己按照书本的配方,以为制造了黑芝麻糊,却不知那黑乎乎的一团是上万吨 TNT。

小牛犊扑麻雀——心灵、身子笨。

因此局势的发展,远远超过了摄政王载沣所能驾驭的范畴。

此前,在政治强人慈禧的威权控制下,局面尚说得过去。可是,在慈禧太后归天之后,大清朝就像失去控制的马车,已经停不下来了,快马拉破车,跌跌撞撞地全速向前冲去,遇到悬崖或山涧才能真正停下来。

清王朝就是这样废在了载沣的手里的。

庸医害死人啊。

劣币驱逐良币

皇权专制体制下的官员,你别看做事时没什么能耐,争权夺利的本事是超一流的,个顶个的是大内高手,而且是天生的本事。

如果说摄政王不懂新政改革,情有可原;他要是懂得合理集权,用好人选,妥善控制住军队的话,政权也不会骤然垮台,怎么也能支撑一段时间。

可是,关键时刻,他集权和控制军队是建立在排斥才高者、任用平庸之辈的基础上,这些人掌控实权,使风雨飘摇的大清朝更加雪上加霜。

这种用人效应,是皇权专制社会的最大特点,其初衷就是想任用听话的干部,而在实际操作时就变成了"顺我者昌,逆我者亡"。慈禧因为私心选择溥仪和载沣,载沣排斥才能比他高的人,这就形成了"强者选择弱者,弱者排斥能者"的恶性循环!

袁世凯被逐后,载沣宣布自己为全国陆海军大元帅,其弟载涛为军咨府大臣(相当于参谋总长),掌握陆军;其弟载洵为海军大臣,管理海军,全国的军权集中到了他一家人手里,这一招本来不错,军队要是能稳定的话,他和他儿子的位置就是铁桶一般。

可是以他和他兄弟们的才能,泡泡小妞、喝喝花酒、搞个联欢、听个小曲儿还可以,却根本掌控不了全国军队。而他又犯了一个非常要命的错误,就是排挤了非常懂军事的铁良。

如果说载沣清除袁世凯还是出于为皇帝哥哥报仇的话,那么载沣挤走铁良就纯属私心作怪,争权夺利。

领导者只要私心一多,事业肯定走下坡路,古今中外,莫不如此。

铁良是满洲镶白旗人,原是载沣老丈人荣禄的老部下,混迹军界多年,现任陆军部尚书,对军事非常有研究,据《张謇日记》中说,其军事才能并不低于袁世凯。就因为载沣认为铁良是奕劻的人,他要为弟弟载洵、载涛掌握军权扫清道路,于是就让铁良去给载洵和载涛两个啥也不懂的小年轻做副手,后来干脆连副手都不要做了,撵到外省当个无关紧要的职务。

这个载涛,是出了名的胆小鬼,极为惜命。而海军大臣载洵,更是让人不敢恭维。他当上海军大臣后,有一次坐火车去奉天巡视,满城文武列队隆重地迎接这位爷,可他在火车站就是不下车。官员中有聪明的,赶紧向载洵的亲信打听,哪里让主子不满意了。结果答复是,要奉天官员必须奉上三千套貂皮(不明白他要这么多套小貂干什么,给狗穿上都用不了)!东北是有吉祥三宝,可哪里一下子弄这么多宝,那年代也没有养殖场。只得先应承下来,然后赶紧四处搜刮,总算是在海军大臣回京时把礼物给凑齐了。从此载洵大人"三千套"的美名一直流传在白山黑水之间。

紧接着,载沣又挤掉了晚清时期非常有头脑有思想、曾经出国考察立宪的五大臣之一——端方。

袁世凯被逐后,直隶总督杨士骧暴卒,端方接任直隶总督。这本来是个很好的安排,但是没到一年,端方就被摄政王赶下台,下台的原因让人啼笑皆非。

1909年10月,曾多次承办过皇室婚丧庆典及陵墓工程的端方被命筹办慈禧太后梓宫移陵及相关事宜。按说,端方处理这类事本该是轻车熟路的,但在这次移陵过程中,却出现了一个"小意外"。端方安排了两名摄影师对慈禧太后的下葬过程进行拍摄,想为后来的研究者留下宝贵影像资料,但是在拍照过程中,旧式的相机又是闪光、又是冒烟儿的,据说这便惊扰了隆裕皇太后的銮驾。隆裕太后是谁呀?姓叶赫那拉,名静芬,她是慈禧太后之弟副都统桂祥的女儿,光绪的皇后,自然是本朝太后,也是光绪帝的表姐。最后宣统皇帝退位,就是隆裕来完成的。

葬礼仪式一结束,端方便遭到参劾,称办理丧事时,悲伤哀号尚且不及,却沿途拍照,真没心肝,下台。

在东北任总督的徐世昌虽说是八面玲珑,善于处理各种关系,表面上也没和袁世凯走太近,但是他毕竟与袁世凯有渊源,载沣又把徐世昌调任邮传部尚书,放到中央一个脱离军权的位置,把锡良调选为东三省总督。锡良倒是一位好官,以正直清廉、勤政务实而著称,是晚清时代一位政绩颇佳,贡献较大的历史人物,这可能是载沣比较罕见地用对的一个人。只不过,把徐世昌排挤了,徐世昌的心更是悄悄走向了对立面。

民政部侍郎赵秉钧也被削夺了警务大权,载沣将北京城的警察事务掌握到了自己手里。

铁路总局局长梁士诒,撤职。

唐绍仪退休。

……

凡是打上"袁"记公司的人,全部换掉。

一般来说,新任领导要想把前任领导留下来的权力格局换掉,换成自己放心的人上去,都是采取稳妥而隐蔽的手段,把握一个《易经》中的"渐"字诀,先可以把自己人安插在副职位置上,或是秘书位置上,监视和掌握政敌的举动,或是寻机有理有据地撤换掉,或是满一个任期自然拿掉。这既让对方吃了哑巴亏,又不至于把矛盾激化到表面上来。

也就是说,可以夺权,必须夺权,但不可以这么快地夺权,不可以在这么短时间内大范围地夺权。

他载沣也不想想,以慈禧太后的精明和手腕,何尝不知道袁世凯的党羽众多?可还是在任用着。在使用中悄悄地收拾,钝刀割肉慢慢拉,冷水泡茶慢慢浓。

既要利用你的才,又要榨干你的油,这才是高手。

你摄政王要是有大才,或有大功,还说得过去,你怎么做都还能用自己的威望把别人的不满压下去。

可是,你偏偏是个27岁的毛头小伙,没有任何可以拿得出手的资本,就仗着基因好、家庭成分好,才当上了最高统帅。啥真本事也没有,却如此大规模地排斥异己,岂不是把多数人都赶到了自己的对立面?

方向不明决心大,胸中无数点子多!

于是,在载沣的积极劳动下,皇族新贵给世人留下了这样的印象:排斥异己,敌视汉人,争权夺利,任人唯亲。——自己本身就不干净,你还想改革别人!

清朝本来就是少数民族建立的政权,或者在当时称是"异族"统治,在清朝全盛时期,是非常注意满汉民族问题的,照顾汉族大臣和汉族百姓的情绪。可是到了后期,一旦汉族人发现统治者在悄悄使坏,他们就会在心理上陷入"后母情结":原来,你们名义上说是平等,背地里却在"后妈打孩子——暗使劲儿"呢!这样,清王朝的统治合法性资源就迅速流失了。因为,子女对后妈犯错误的忍受力要低得多,就像媳妇对婆婆犯错误的忍受力要低得多一样。

这样,不管是载沣新政的过程,还是选人用人的过程,都成了矛盾积累和汇聚的过程。

只是,大权在握的载沣却不知道这些。有权不用,过期作废。载沣奖劣罚优的伟大工程远远没有结束,他把目光又转向了军队中下层。

不审势即宽严皆误

如果单纯从理论上来说,载沣的招数并没有错,要想自己治下稳定,必须换上自己人,必须清除前任留下的人,特别是政敌的人。

只是,载沣不明白这个火候在哪里,不明白这个步骤怎么进行,不明白这个节奏如何掌握,不明白这个尺"度"如何拿捏,好的食材、好的调料都在他手里,他却油盐酱醋一起倒,煎炒烹炸一锅烩,把个好端端的淮扬菜做成了东北农家的一锅炖。这样的烹调方式,普通人也做得。白瞎了他这么好的主厨位置!

记得成都武侯祠内有一副对联,即闻名遐迩的"攻心联"。这副对联悬在诸葛亮殿堂前正中,是清光绪二十八年(1902)赵藩撰书的:

能攻心则反侧自消,从古知兵非好战;
不审势即宽严皆误,后来治蜀要深思。

攻心消反、审时度势几个字,道尽了千古为政、为军之要道!

载沣之失,失在不会审"势",不审势即"宽严皆误"。

我说载沣啊,你可长点儿心吧!

以诸葛亮之才、之能,为了安抚南方,尚且不能轻易地杀掉一个人,因为那样会杀掉一群人的心!

你怎么能这么做事啊?

一个人的目光长短,三招过后,功力即现!

善弈者,谋势;不善弈者,谋事!

精辟之极也!

袁世凯走了,他亲手打造的北洋军还在,北洋诸将全是他的老部下。这些骄兵悍将,还不能轻易动,怎么办? 提拔新人来对抗。

于是,载沣开始往军队大肆安插新人,北洋系不能用,就用从国外留学回来的吧,这样的人年轻,应该会听话的。他以留德回来的荫昌为陆军部尚书,以留日士官生良弼为禁卫军协统。同时还提拔了一大批从日本留学回来的士官生,如吴禄贞、蓝天蔚、阎锡山、蔡锷等。

荫昌这个人,留学德国,曾在北洋武备学堂任教习,袁世凯小站练兵时,他给袁世凯推荐了不少人才,北洋三杰能够集到袁世凯的麾下,荫昌功不可没。他人缘不错,各方面关系吃得开,也算是识才、爱才。据说朝廷想杀袁世凯时,他也求过情,说是人才难得。只是,虽然在军队混迹多年,他对军事方面却毫无心得,是一个除军事知识之外啥都通的军人。

武昌起义时,清政府最初就是派他率领清军攻打革命军,结果却指挥不动军队,没人听他的,这时清政府才不得不起用袁世凯出山。

良弼这个人以后还会提到,是满族人中少有的干才。良弼任禁卫军协统,而禁卫军由载沣自己直接统率。任用良弼,绝对没错,只是,只给一个小小的旅长,职位太低了,他是满族人中的大才。这可真是劣币驱逐"良弼"啊。

没有执政经验的人,到底还是不行。载沣书本知识可能不少,但并没有掌握知识的精髓。他提拔新人的举措,从理论上来说,也算是正确。但是他提拔的是从国外留学回来的青年学子,他们正是见过世面、思想活跃、对自己国家总是落后挨打感觉强烈不满的人。载沣不假思索地把权力从袁世凯手中转交到这些更有强烈排满倾向的人手中。他提拔的这些人,后来一个一个地成了埋在清廷内部的定时炸弹。

提拔新人,同时就意味着要排斥旧人。袁世凯的部下,从官长到普通士兵,遭遇不少小鞋穿。不过,袁世凯打造的北洋军,绝对是一支经得起考验的队伍。他们在段祺瑞、冯国璋、曹锟等人的精心维护下,不管调到哪里,心里的纽带都没有被打断。

北洋军的实力太雄厚了!换作一支普通的队伍,别说自己的老领导被罢黜三年,就是下台三天,也早就树倒猢狲散,各自投奔新主、出卖旧主了。在利益面前,有几个人会念着旧主?

袁世凯的统军治军手段太高明了!我们不能不对他的这个本领竖大拇指。

在这种情况下,本来就非常尖锐的满汉矛盾,因为袁世凯的罢官,被正式地传到了军队中,传到每一个北洋将士的心里。袁世凯在朝为官时他们的威风凛凛,与袁世凯退出政坛后他们饱受的冷落和欺凌,形成了鲜明对比。北洋袍泽们自觉不自觉地把自己的命运与袁世凯联系在了一起,他们心里憋着一股子气,天天盼望着袁世凯大人重出江湖,率领他们这班旧部收拾旧山河。

其实,思量一下,载沣如果策略运用得当,也不是说他就拆不开北洋军,北洋军也绝不是针扎不透、水泼不进的独立王国。

无数次的挫折和失败都告诉我们:当一切都朝一个方向进行时,你最好朝反方向深深看一眼!

老子在《道德经》中说过:"将欲取之,必先与之!"这就是采取与常规思路相反的"欲擒故纵"的逆向思维,想要得到某件东西,必须先要多多付出,才能换来更大收获。《易经》中的《咸》卦,讲求的是少男迎娶少女时,必须降下身段,厚彩重礼,故而此卦是"女上男下"。而随着《咸》卦而来的《恒》卦,讲求的是夫妇之道,自然是中国古代的"男尊女卑",男在上了。

由《易经》延伸出来的治国之道,自是如此。如果把载沣的招数用《易经》的观点反观一下,其实他无异于是在少男追少女时,高喊:把你们家的彩礼全给我拿来,把你也给我拿来,不行就硬上弓。整个一高衙内!

如果换作袁世凯处理此类问题,肯定是大人地封官,多多地给钱,就不信用糖衣炮弹砸不倒你一片?

……

另外,袁世凯既然成了继曾国藩、李鸿章之后,汉族人最有才干、官职最高的代表和象征,也就是全体汉族人的寄托和期望。不仅他的北洋旧部对他抱有极大期望,就是普通汉族百姓,也是怀着同样的心理。就像曾国藩攻下太平天国的首都天京时,不知有多少人对他抱有热切期望:期望曾大人率领人马,自立为帝,恢复汉室天下。先后有五六拨人到曾府苦苦相劝,要他自己当皇帝,就是因为曾国藩有着巨大的人望,且汉族人也一直想把满族人赶回东北。辛亥革命成功后,南北和谈,南军之所以会提出,只要袁世凯能够让清帝退位,就拥立袁世凯当大总统,这不是空想,而是现实。这既是袁世凯的巨大声望所致,也是袁世凯强大实力所致,还是起义部队立足于现实利益的权衡与思考。

载沣太高估了自己,太低估了袁世凯。

在政治上,低估对手,将会带来可怕的后果。

这样,载沣领导的清末新政,正在加速调动各方面可以调动的敌视清廷的力量,等着新政总危机的爆发。

漳洹犹觉浅

袁世凯罢官以后,灰溜溜地回到了河南。不过,他没有回到老家项城,而是在彰德一个叫洹上的地方住了下来。

洹上,许多人比较陌生,地点就是在安阳,出土殷墟甲骨的那个地方。

袁世凯之所以没回故土,自有他的原因。

其一,项城交通闭塞,像个大闷锅,信息不通畅,这对一个留心天下之变、搞了一辈子政治的人来说,是很不爽的;而洹上这里交通便利,既有利于收集外界的信息,也可在情况有变时,方便进退。

其二,人在春风得意的时候,才会浩浩荡荡地衣锦还乡;在落魄的时候,遇见的熟人越少越好。

其三,也是最重要的原因,袁世凯一共兄弟姐妹九个人,但只有老大袁世敦是嫡出,其他人全是庶出。袁世凯的生母刘氏是妾室的身份,在她去世时,袁世凯正是刚任直隶总督、春风得意的时候,扶母灵柩回乡,准备和大哥商量,把刘氏安在袁家的祖坟正穴。在当时的民间风俗中,不是正妻是没有资格进入祖坟的。袁世敦老头也比较倔,你官大能怎么着,我就是不让你埋到这里,有能耐你杀了我啊。最后无奈的袁世凯只得另择新坟地下葬了生母,堂堂的天下第一督——直隶总督很没面子,连当今太后都给三分薄面,在自家兄弟这里却受到这样的对待。自此兄弟二人不再往来,后来袁世凯当了大总统时,二人也仍没有来往。

洹上村的住宅原来是何姓的别墅,占地200亩,袁世凯买来后花重金加以改建,里面有山有水,外面修建了高大的院墙,院墙周转修了炮楼,使这里成了一座坚固的城堡。

这里面更是一处世外桃源,处处亭台轩榭,曲径通幽。袁世凯加上一妻九妾(此时还有八人尚在),17个儿子、15个女儿,就住在这里。袁世凯先生不但特别能战斗,还特别能生!

外表豪华气派的城堡却掩盖不了主人的孤寂落寞。

乍赋归来句,林栖旧雨存。

卅年醒尘梦,半亩辟荒园。

雕倦青云路,鱼浮绿水源。

漳洹犹觉浅,何处问江村?

这一句"漳洹犹觉浅,何处问江村?"道尽了袁世凯心中不甘、伺机待起的愿望。袁世凯就像是一只受伤的狼,躲在远离尘世的一角默默地舔舐着自己的伤口,并随时窥探着有利的时机。在此后的两三年中,这也正是支撑袁世凯顽强生存下来的意志和信念。

刚刚入住时,袁世凯仍然是比较惶恐不安的,别说自己能不能复出,就是生命安全也是个未知数,所以他才会修建这么坚固的城堡以备不测。

这是事实,朝廷在这一时期,对袁世凯并没有完全放心,就在袁世凯从北京回河南时,摄政王特别"关心"袁世凯,命步军统领衙门派一个叫袁得亮的小军官,率一队人马"护送",实则监视袁世凯的一举一动;肃亲王善耆也曾派密探前往河南跟踪。其他还有一些可疑的人经常在城堡附近转悠。

袁世凯开始时也曾躲在屋里唉声叹气,对自己的未来感到渺茫。

不过,老袁就是老袁,只要摄政王不对他来个"硬删除",他就有缓过这口气的机会。

人在遭遇坎坷时,要么耐心等待机会,要么慢慢老去,别无他法。权当这件事是生命中必然出现的"一劫"罢了。

区区一个袁得亮,怎是袁世凯的对手。袁世凯先攀亲(同姓袁),后用金砖砸,今天给他祝个节日快乐,明天给他家里送点儿绿色食品之类的,仅仅两个回合,就让袁得亮乖乖地成了俘虏。成功策反后的袁得亮,再向朝廷汇报的时候,对于袁世凯不利的话,就越来越少了。袁世凯想让朝廷知道什么,袁得亮就写什么。

"敌间之来间我者,因而利之,导而舍之,故反间可得而用也。"——《孙子兵法·用间篇》。

这一招,不用学,老袁也会。

为了给朝廷吃颗定心丸,袁世凯充分发挥政客善于演戏的本事,大摆迷魂阵。

袁世凯把老哥袁世廉从老家接来,哥俩在船上,优哉游哉。袁世凯披个簑笠,持个钓竿,请摄影师给照下来,并把这张照片邮到上海《东方杂志》上刊登,以示自己不问政治、与世无争、逍遥江湖、颐养天年的意思,还在自己家的一个花园门口题上"养寿园"三个大字。

一来二去,袁世凯的迷魂阵真的起作用了,袁得亮的假情报也使摄政王对他放松了警惕。

袁世凯这才开始逐渐活跃起来。

他在自己的城堡里装上了电报设施,从昼夜不停的嘀嗒声中得知外界源源不断的信息,他再从中抽出有用的信息,仔细地判断着局势的发展走向。

随后,他又出资使铁路通到了洹上村。

随着局势越来越不稳定,向袁世凯求计问策的人逐渐多了起来,各方面信息在这里交流互动,袁世凯在这里悄悄地形成了一个遥控外面世界的小权力中心。

尤其是北洋旧部,多数都穿了摄政王载沣的小鞋,段祺瑞、冯国璋经常会在休假时过来汇报情况,许多老友逢年过节也到袁这里来拜会。

就连立宪派的代表人物张謇也来这里拜会袁世凯了。张謇于袁世凯是亦师亦友的关系,两人在朝鲜时交情比较深,但由于袁世凯的年轻气盛,导致二人绝交多年。这次张謇来拜会,袁世凯恭敬相迎,执手相谈,对立宪一事有更深刻的认识。张謇非常高兴。

野老胸中负兵甲,钓翁眼底小王侯。

袁世凯知道,离他出山的日子不远了。

只是,年轻的摄政王居然对这一切一无所知,袁得亮送上的情报,都是关于袁世凯如何归隐山林、坐钩垂钓、养鸡养鸭、打情骂俏之类的八卦消息。

《孙子兵法》没学精,怨不得别人。

就在摄政王加速改革、袁世凯伺机而动、局势越来越微妙的时候,一个名叫孙文的广东人隆重登场,给清末乱哄哄的政局又狠狠地搅上了几棍子。

孙文的人气

甲午战争失败后,在中国政坛上,兴起并活跃着三股力量。一派是整军经武,从军事改革入手;一派是维新派,从体制改革入手;一派是革命派,索性推翻政府,论成败,人生豪迈,大不了从头再来。这就涉及了三个人:袁世凯,康有为,孙文(孙中山)。

维新变法派遭到镇压后,许多人对朝廷失去了希望,转而走向了与政府对抗的道路。尽管清政府后来主动进行了如火如荼的新政变革,但是有一股不太公开的强大力量一直活跃在清末的政坛上,这就是以孙文为代表的革命派。

孙文,革命家,1866年11月12日生,广东香山县(中山市)翠亨村人,自幼受到广东人民斗争传统的影响,向往太平天国的革命事业。1879年孙文来到夏威夷檀香山念书,在这里度过了小学时光。

1883年,孙文入学香港拔萃书院。1887年,香港西医书院(香港大学的前身)开办,孙文在当年成功入学该书院。同时入学的12人中到1892年仅两人顺利毕业,孙文就是其一。孙文毕业后常往来于香港、澳门之间,深受西方民主思想的影响。

1894年6月,28岁的小伙子孙文到天津,给直隶总督兼北洋大臣李鸿章上书,要求改革时政,发展工商业,改革教育制度,改革人才选拔制度,做到"人能尽其材,地能尽其利,物能尽其用,货能尽其流"。正在为中日之间的紧张局势忙得焦头烂额的李大人,哪顾得上这么个不知从哪来的年轻人的一封信。

费了好大劲才写成的、托了多个人才辗转送到李大人办公桌上的信就这样被枪毙了,满腔热情的海归派孙文被当头浇上一瓢冷水。

而与此同时,持续不断传入孙文耳中的消息,就是举国官员如何为太后送礼庆 60 大寿的事。为了祝寿，慈禧太后动用了军费 100 万两，铁路工程经费 200 万两，向各省和各衙门强征白银 300 万两。60 大寿，600万两，大吉大利！

饱受西方思想影响的他，感觉到中国的问题早已积重太深，官僚主义是中国社会改革的最大敌人，要想实现自己的理想，使国家早日实现富强，只有推翻现行体制一途。

就这样，一个大胆的想法逐渐在他脑中清晰起来。

那就是，革命。

而革命的第一步，就是要推翻满族人统治的天下。

1894 年 12 月 24 日，甲午惨败之后的那年平安夜，孙文在美国檀香山建立兴中会，提出了"驱逐鞑虏，恢复中华，创立合众政府"的主张，正式成为坚定的革命派。他决心要领导人民起来，共同推翻旧制度。

经过一番筹备之后，1895 年 10 月，孙文计划趁着举国在甲午战争中惨败而士气低落之时，在广州发动起义。但不慎计划泄露，清军在码头持枪以待这批准备进入广州城的革命党人，一批优秀的革命分子被捕遭杀。

起义失败后，清政府下令通缉孙文。

孙文流亡海外，一走就是 16 年（等他再回来的时候，就是总统了）。

那么，孙文是怎样从一个默默无名的小人物，变成有巨大影响力的革命领袖的呢？

孙文的最初成名——让全世界都知道中国有这么个民主的先锋和斗士——纯属偶然。

由于孙文有国外的暂住证，经常奔走于欧美，清廷通缉他时，一面派大批暗探到香港、澳门、新加坡等地进行追踪，设法逮捕；一面通报清廷的各驻外公使密切注意，相机缉拿。

1896 年 10 月 1 日，孙文抵达伦敦，考察欧美各国的社会、经济，寻求救国真理，受到他在香港学医时的老师詹姆斯·康德黎一家的热情接待，并被安排在康德黎寓所附近的葛兰旅馆里住了下来。原以为天高皇帝远，他就放松了警惕，而他却不知道，他的一举一动，都被清廷派出的密探密切关注着。

10月11日,孙文照例从旅馆出来徒步到康德黎家去。途中,三个中国人故作友好姿态向孙文攀认同乡,并且邀请他去他们的寓所好好地唠唠家常。就这样,孙文被三个人连哄带扯地给弄进了清政府驻英国伦敦的公使馆,准备用特制的大木箱把孙文押解回国,接受朝廷审判后处死。

在被关押期间,孙文注意到了一个在清使馆工作的英国仆人,趁别人不在的时候,他就百般劝说并请求这个英国人给老师康德黎带封信,并答应给他二十英镑,事成后再有重谢。英国人答应了。

按照英国当时的法律,未经英国政府的许可,外国使馆是不能任意抓捕人的。康德黎为了营救孙文,联系了伦敦报界,一时间,伦敦的各大报纸上充斥了各种触目惊心的标题:"绑架""身陷伦敦""中国公使绑架事件""清使的非常行动"等。在媒体的炒作下,孙文成了一宗"轰动国际的绑架案的主角",引起了国际舆论的强烈同情。

搞新闻这件事,你搞得越大,成功的希望也就越大。

在舆论和公众压力下,英国外交部开始出面与清使馆交涉。10月23日上午,清使馆迫于各种压力不得已释放被非法囚禁了12天的孙文。

当孙文从使馆出来时,他已经从一个无名小卒,变成了追求民主、为自由而战的圣斗士。英国伦敦各大小报纸对此都给予了热情洋溢的报导,外国许多媒体也纷纷对这件事进行报导和转载。

香港出版的《德臣西报》认为,孙文是土生土长而又无愧于自己民族事业的领袖。

美国《纽约时报》的一篇题为"为新中国而呐喊的孙逸仙博士"的述评文章称"孙先生展示了他作为一个东方人的才能"。

日本媒体也报道了这件事……

海外华侨纷纷捐款,赞助和支持孙文的革命大业。

名声大振的孙文又继续在伦敦住了一段时间,认真考察资本主义制度,研读资产阶级政治理论,考察民情,这段研究工作对他的三民主义理论的形成起了重要作用。

1897年,孙文来到日本,为便于革命事业,掩护行踪,化名以"中山樵"行世（只因日本友人平山周在陪同孙氏投宿旅馆时，想到附近有华族中山家宅邸，加上该家族成员中山庆子乃明治天皇生母，便顺口为其取日本姓为"中山"，加上他自取之"樵"，"中山樵"成了孙文的新名字）。逐渐地，他的姓氏和化名开始连用，迷惑了清政府，"孙中山"被越来越多的人知道，"孙文"则开始淡化了。

其实这"中山"就跟日本的其他姓氏"山本""佐藤""酒井""松下"等一样，但中国人却喜欢上了"孙中山"这个名字。

1904年，孙中山到美国，曾因被怀疑为非法入境而遭拘留，后经孙中山在檀香山加入的帮会组织——洪门出面打官司，获得胜诉。有人建议，若要在美国本土推展中国革命运动，最好能有美国身份，否则可能每次入境都会发生类似问题。为了便于革命事业，官司胜诉后，孙中山在友人的帮助下，成功地拿到了美国绿卡，从此天地无阻挡，江湖任我行。

孙中山在日本的时候，接触了梁启超等人，他希望梁启超和康有为都加入革命阵营，但康和梁坚决不答应，他们是希望拥立君主，实行立宪。孙中山想拉拢杨度，杨度也是个坚定的君主立宪制的拥护者，但他把孙中山介绍给了喜欢搞革命的黄兴等人认识。

此时，黄兴与陈天华、宋教仁等组织起了革命队伍"华兴会"。双方一见如故，谈得甚拢，于是"兴中会"和"华兴会"决定联合起来，共同进行革命大业。

1905年8月中国第一个资产阶级民主革命政党——"中国同盟会"在东京成立，孙中山被一致推举为总理。在同盟会机关报《民报》的发刊词里，孙中山首次提出了"民族、民权、民生"三大主义，即"三民主义"的政治纲领。提出了"驱除鞑虏、恢复中华、创立民国、平均地权"这纲领。会员有汪精卫、宋教仁等人。

在此之前，1894年11月，蔡元培、陶成章等人在上海成立光复会，该会的政治纲领即入会誓词为"光复汉族，还我山河，以身许国，功成身退"，主张除文字宣传外，更以暗杀和暴动为主要革命手段。后来徐锡麟、秋瑾、章太炎等加入进来，队伍不断壮大。明白这些，也自然明白后来这些人暗杀清政府官员、举行暴动的原因之所在。1905年，在东京的光复会部分会员加入了同盟会,不过因为政见不同,又有不少人逐渐退了出来。

不光是光复会与同盟会政见不同,立宪派也是这样,梁启超紧紧咬住同盟会十六字纲领不放,引证《明史》,说建州女真即明朝的建州卫,满族早已是中国臣民,可见"驱除鞑虏,恢复中华"的提法本身就不正确,所以梁启超拒绝加入革命派的队伍。

同盟会成立后,先后发动了黄花岗起义、镇南关起义等接连十次起义,但都以失败而告终。虽然如此,但大清朝在这一波又一波的浪潮冲击之下,处在了风雨飘摇之中,压倒骆驼的最后一根稻草很快就要加上来了。

孙中山在领导发动革命之初,既没有武装也没有钱,千难万难之际,他非常想借用日本的支持来壮大革命武装。早在 1895 年广州起义之前,孙中山就联系日本驻香港领事馆,希望日本提供步枪 25000 支、手枪 1000 支,资助他的革命事业,以图在两广成立共和国。而 1895 年正是清政府北洋水师全军覆没之时,清日两国正是仇恨敌视状态,日本领事没看明白这一路数,怕上了中国人的圈套,没敢答应。

孙中山还曾经与法国公使见面,以加大对法国的租界为条件,希望得到法国军火援助。

不过,孙中山开出的全是空头支票,他根本说了不算,这也不是他家的后花园,说给就能给的。列强们本着实力至上的原则,与孙中山并没有实质上的往来。

因此,一开始,革命阵营就处在捉襟见肘的艰难境地。

我们传统历史观念中所称的革命派,其实是一个笼统的称呼,也就是各革命团体的松散集合体,因为当时的革命阵营都是各自为战,只是同盟会力量最大而已。

我们所熟知的光复会,以及武昌起义成功时的湖北文学社、共进会等,他们之间关联不大,他们在那时并不是由一个有威望的人来统一领导、统一计划、统一行动的,而这正是武昌起义成功后,南军势力分散、不能统一、无法与北洋军抗衡,才提出要袁世凯逼清帝退位的原因。而后的许多事件,像蒋介石刺杀陶成章(光复会领袖)等,其根源都在于,当时各起义组织各自为政,甚至争夺领导权。

起义的各个组织,之所以叫不同的名字,就是因为宗旨不同,矛盾也不少。直到武昌起义成功后,孙中山回国,这种情况才开始有所改观。

同盟会面临困境

孙中山曾有几句听着让人非常振奋的名言:"吾志所向,一往无前,愈挫愈勇,再接再厉!"这个人最大特点就是不怕失败,属于越失败越精神、越失败越亢奋的那种类型。

但在孙中山发动革命初期,清王朝虽然日薄西山,可毕竟是百足之虫,死而不僵,小小的边陲起义,对它影响不太,即使是百年危楼,一级地震也还是不能一下子把它掀翻的。

然而,起义的屡次失败,对革命队伍自身士气的影响还是蛮大的,情绪低落,对革命的前途产生怀疑,这些现象和问题都逐渐浮出水面。

就在革命连遭重创、士气极为低落之时,各种声音都冒出来冷嘲热讽,最有杀伤力的莫过于梁启超的文章。

孙中山当初在日本遇见梁启超时,想拉他加入革命阵营,梁启超来个道不同不相为谋,继续坚持他的君主立宪。在革命派屡次失利的时候,本来就不赞同革命的梁启超开始写文章对此展开抨击,而梁启超的笔有一股魔力,以孙中山的大笔杆子汪精卫的才能,再加上十来个人,在报纸上也吵不过梁启超一张嘴,以至于革命阵营里有人气得骂梁启超是"文妖"。

最要命的是梁启超在《新民丛报》上批评革命党领袖们的一句话:"徒骗人于死,己则安享高楼华屋,不过'远距离革命家'而已。"一句"远距离革命家",说得很是刻薄,你们只是煽动别人去送死,你们这些头脑却天天躲在国外的高楼大厦里,远距离看热闹的革命家自己怎么不上战场?你们是在革谁的命?

就在孙中山焦头烂额之时,革命队伍里,有人指责孙中山贪污!

这回发难者是同盟会机关报《民报》主编章炳麟。

章炳麟，号太炎，本来是光复会会员，因为邹容写《革命军》事件牵连入狱。出狱后来到东京，在同盟会成立的时候，在东京的部分光复会会员也加入了同盟会的阵营，他成了同盟会的机关报《民报》的主编。

革命活动之初，经费来源主要是靠孙中山的声望，由海外华侨捐的，还有相当一部分是孙中山的哥哥孙眉把在美国的家产、农场之类的变卖后，捐助给弟弟的。因为财务管理的不正规和财务不公开，加上孙中山本来也没藏有私心，关于钱的问题，就没太放在心上，谁捐的、捐多少，总计多少，支出多少，都没有明确的数字报表。

章炳麟等人对这些进进出出的钱一直有疑问，但1907年的时候，一件事情的发生使这些矛盾公开化。1907年，日本政府在清政府的强烈要求下，驱逐在日本从事反清活动的孙中山。在孙中山离开之前，日本友人赠送给他的款项达两万日元（当时普通日本工薪阶层的月薪不过二三十元），而孙中山只给《民报》留下两千元经费，其余自己全部带走。《民报》经费本来就很少，活动艰难，这以前涉及钱的问题都只是听说，没有亲见。此次的两万元你孙中山只给留下了十分之一，其余就自己揣腰包里了，这不是贪污还是什么？

章炳麟把矛盾公开化之后，在东京的光复会成员集体退出了同盟会。

孙中山感到太委屈了。我要是贪这点钱，何必还把哥哥孙眉的家财散尽资助革命，与哥哥在美国好好地打理农场、做做生意、当当医生不好吗，何必还要背上造反的名声、冒着杀头的危险呢。可自己又百口难辩。

这两个事件，使革命派声威大大受挫，同盟会走到了几近崩溃的边缘。

这一切，都被血气方刚的汪精卫看在了眼里。

汪精卫，本名汪兆铭，字季新，笔名精卫，广东人，1883年5月4日出生于客商之家，1903年官费赴日本留学。1905年参与组建同盟会，一度主编《民报》，是同盟会成立之初下属三个部之一的评议部长。其人可用"才比子建、貌比潘安"来形容，民国四大美男子之首。同盟会纲领的十六字方针就是由汪精卫参与起草的,乃至后来孙中山的临终遗嘱也是汪精卫起草的,他是孙中山的左膀右臂。至于后来他走上投靠日本人之绝路,人们深感可惜,"卿本佳人,奈何做贼"。

如何看待汪精卫这个人,对于民国史有着精深研究的历史学家唐德刚在《袁氏当国》中,有几句对汪精卫的评价:"我们搞历史的人千万不能为现时观念所误导。不能因为汪精卫当了汉奸,便把他前半生的形象一笔抹煞。事实上,汪在投敌之前,他在全中国的公共形象,实在是全国第一人。他在民初国民党中的地位,也是总理孙文的当然继承人,排位在黄兴、宋教仁、胡汉民之上。笔者早年曾撰有《恩怨尽时论汪精卫》一长篇细述之。此文遗失,有暇当补作之。汪是位很标准的文人、诗人、情人,他不应也不能搞政治。但是后天环境引他误入政坛,用非所长,接连犯了十大错误,全国人民、全党同志敬之、爱之、厚望之、原谅之,所以他犯了九次错误都能东山再起。只是他第十次则犯得太绝了,全国人民和绝大多数的历史学家都无法原谅他,汪氏就遗臭万年了。"(唐德刚:《袁氏当国》,广西师范大学出版社,2004年版,第65—66页)

品完这段对汪精卫一生的评价,可能更容易理解一个历史人物。

在孙中山和同盟会陷入困境的时候,怎样用实际行动挽回本党的损失、回击舆论的怀疑和指责呢?汪精卫苦苦思索,他决心干个轰动的事件。于是,他把目标瞄准了京城,瞄准了小皇帝的爸爸。要让世人也知道一下,到底是谁贪生怕死。

而且,清政府这时在大张旗鼓地实行立宪,如果立宪成功,革命者的民主共和理想就无法实现了。所以,必须把新政的推行者载沣干掉。

另外,人家光复会在这一段时间内也没闲着,经常搞暗杀,成绩显著,最轰动的就是1907年7月6日徐锡麟刺杀安徽巡抚恩铭事件。徐锡麟是绍兴人,因为才干突出而受到安徽巡抚恩铭的激赏和重用,被恩铭视为心腹。一次光复会准备起义前,机密泄露,事情紧急,为了不让更多会友受到抓捕,徐锡麟舍生取义,近身当众对恩铭连开数枪,恩铭死,锡麟被捕。恩铭手下的亲兵和恩铭的家人极为恼火,你小子也太没良心了,巡抚大人这么欣赏和提拔你,你却刺杀了大人。最后,徐锡麟遭受了酷刑而死，据说是被亲兵用锤子砸碎了他男人身上最致命的地方，又挖出心肝来炒着吃了。

孙中山坚决反对汪精卫的意见，本党可损失不起这么优秀的人才啊，能不能想别的办法？可是汪精卫决心已定，抱着"风萧萧兮易水寒，壮士一去兮不回还"的精神，义无反顾地踏上了直奔京城的死亡之旅。

精卫·什刹海

与汪精卫的死亡之旅相伴而行的，是一个红颜，名叫陈璧君。

陈璧君，字冰如，原籍广东新会，梁启超的老乡。清光绪十七年十月初四（1891 年 11 月 5 日）出生于马来西亚槟榔屿乔治市，为南洋巨富陈耕基之女。与一般的富二代完全不同，她读书时十分关心政治，喜欢读进步书籍（至于她后来投敌，那是后来的事，她在年轻的时候也是表现出很高的爱国热情的）。

孙中山离开日本到马来西亚后，在槟城建立了同盟会分会。陈耕基给同盟会捐了不少款，孙中山无以回报，只能经常把同盟会的报纸送给陈富商，没想到这上面的文章极大地吸引了陈璧君，尤其是一个叫"汪精卫"的作者引起了她的极大兴趣。这么精彩、优美、激情、说理透彻、笔法老到的文章，到底什么人写的呢？

不久以后的一个偶然机会，陈璧君在大街上看到一个非常帅气的年轻人慷慨激昂地演讲，演讲的风采和气度深深地折服了富家小姐陈璧君。与周围的人悄悄一打听，天啦，原来他就是那个经常写出精彩妙文的汪精卫汪兆铭啊！

心跳骤然增到每分钟 200 次，血压"蹭"地一下子窜到 250。

这个家里穷得只剩下钱、眼高于顶、平日里骄傲得像只孔雀的女子，刹那间就明白了什么叫一见钟情，什么叫"执子之手，与子偕老"，什么叫"愿得一心人，白首不相离"。凡是她所知道的中国古代关于男欢女爱的好诗句全都涌进了她的大脑。

就像张爱玲见到胡兰成时写下的话："见到了他，她变得很低很低，低到尘埃里去,但心是欢喜的,从尘埃里开出花来。"

陈璧君决定:今生今世,非汪精卫不嫁!

追!

从这之后,陈璧君再也无心上课了,汪精卫走到哪里,她就跟到哪里。汪精卫台上演讲,她像个"托"似的在台下鼓掌助威。陈璧君虽然不漂亮,但也不丑,就是矮了些,这位富家千金的芳心已经彻底地被汪精卫俘虏了。她已经不只是频繁放电、暗送秋波了,也不只是胸中燃着一团火了,比今天的年轻女孩子见到四大天王还激动亢奋得嗷嗷直叫的那种。

不过,她可比肤浅的追星族要有内涵得多。为了接近汪精卫,为了有共同语言,她如饥似渴地读进步书籍,研究革命理论,加上自家经常捐款,与同盟会早有密切往来,后来还加入了同盟会。她还甩了自己的未婚夫(也是她的表哥),死心塌地地来追汪精卫。

汪精卫回到日本,陈璧君以留学的名义一路追到日本。当她得知同盟会正为活动经费发愁,陈璧君慷慨解囊,把家里给她的钱,全部拿出来捐给了同盟会。自己没钱了就向父亲打电报要,反正父亲有的是钱。

只是,汪精卫一直不为所动,陈璧君写给他的情书,都被他婉拒了,说是革命大业未成,不敢成家,其实他是看中了同学方声洞的姐姐方君瑛,二人心照不宣,只差捅破一层窗户纸了,方君瑛总是轻柔地唤汪精卫为"四哥"。

只是,爱你在心口难开。

方君瑛也是同盟会成员,不仅温柔婀娜,而且举止端庄,却绝不是见不得世面的小家碧玉,举手投足之间有股凛然正气,做事沉静得体,很得众人欣赏,担任同盟会的实行部部长。

汪精卫决定到京城行刺皇族,陈璧君毫不犹豫地、强烈地要求跟随汪精卫。这就不是简单的追星族的事了,而是来真格的了。

陈璧君是个泼辣的女子,办事又非常执着,她想,既然参加了暗杀团,就要干出一个样子来。于是,她四处拜师,请人教她柔道、剑术和枪法,还学习如何制炸药。

中国人不管干什么事,总有嚼舌头根子的。在出发之前,同盟会中有人对陈璧君说,你有英国护照,当然你不怕死了。这不是作秀吗?

陈璧君二话不说,从包里掏出父亲花重金给办的国外证件,刷刷地撕了个粉碎,向上一扬,纸片像满天蝴蝶一样飘落下来。看到心中的帅哥赞许的一瞥,她简直是心花怒放。真值!

这就像宋朝时风月场中的女子,多数对柳永付了真情,“不愿穿绫罗,愿依柳七哥;不愿君王召,愿得柳七叫;不愿千黄金,愿得柳七心;不愿神仙见,愿识柳七面”。陈璧君对汪精卫就是这个感情和心理,她确实付出了自己的全部真心。

爱上一个人,根本就没怕过死,红妆少女陈璧君视必死之路为与心上人雀跃欢喜的回家之途。

一路上,尽管陈璧君一直叽叽喳喳,只是,汪精卫仍然不为所动,他的心中装满了方君瑛的影子。

晚清和北洋时期,中国人的血性得到了充分的展示,那个时候,为了理想、为了义气而不怕死的人前仆后继。在中国历史上,大概只有春秋战国的游侠刺客,才能与这一时期的革命义士相提并论。频繁的刺杀活动令清廷官员闻风丧胆,以广州为例,刺客横刀以待,来一个杀一个,来两个杀一双,致使总督、将军、提督无不战战兢兢,谁也不敢到广州当官。当朝廷把派往广东的官员任命书一下,“中奖者”立即就辞职回家。

汪精卫奔赴京城时,还遇到了愿意一同前去的伙伴黄复生、喻培伦。喻培伦曾经留学日本,专攻化学,在革命党内部被称为“炸弹大王”。

可是,怎样把喻培伦制好的炸弹运进戒备森严的北京城呢? 这时一位叫郑毓秀的同盟会美女会员起了大作用,郑毓秀把炸弹塞进箱子,然后找来一个正在苦苦追求她的法国外交官拎箱子。这个法国佬正愁没机会献殷勤,高高兴兴地答应了。

1910 年 2 月 10 日,北京火车站安检处。

工作人员哪敢检查洋人的箱子,炸弹被大摇大摆地拎进了北京。

汪精卫和黄复生等人租了一栋房子,挂上“守真照相馆”的招牌,因为照相馆的暗室最适合搞炸弹的组装,照相馆里飘出化学药品的味道也不会引人怀疑。

几人进行了工作分工,一边忙乎着弄炸弹,一边天天盯着摄政王上下朝时经过的路线。摄政王府在什刹海边上,而附近有一座银锭桥,正是来往行人较少、通往什刹海的必经之路,炸弹埋在这里正合适。汪精卫决定先将炸弹埋在小桥下,自己藏身于阴沟里,待载沣过桥时用电线引爆炸弹,和载沣同归于尽。

惊天大案

1910年3月31日深夜,黄复生和喻培伦前往银锭桥埋炸弹,留下了汪精卫和陈璧君两人。

汪精卫虽然并不爱陈璧君,可陈大小姐毕竟于自己有情,生离死别之前夜,二人执手细诉,千言万语说不尽,陈璧君泪流不止。

就寝之前,陈璧君终于彻底抛下最后一层颜面,对汪精卫说,你明天就要慷慨赴死了,我也没啥相送的,就让我陪你睡一晚上吧。

上天悄悄给这两个人开了一扇窗,又给另外两个人关上了一道门。

埋炸弹组的两位先生出了差错!——老哥,忘了愚人节啦?

就在喻培伦和黄复生趁着月黑风高偷埋炸弹的时候,偏偏有个不知啥事儿睡不着觉的居民出来散心,顺便解个手。忽见不远处的桥下人影一闪,这大半夜的在这里鬼鬼祟祟肯定没好事。

抻着脖子向这边张望一下,又喊了一嗓子,可能是想给自己壮壮胆儿。

喻培伦和黄复生一看坏了,被人发现了,跑吧。——偷偷摸摸做事的人,总是很心虚。

首都人民怎么这么不文明啊,汪精卫要是早在桥上写个牌子标明"此处禁止大小便"就好了。

但首都人民的政治敏感性毕竟是很强的,发觉有可疑人员活动,赶紧向巡警报了案,附近可能有见不得人的案件发生。

一队警察赶了过来。就这样,事情还没开始执行就被发现了。

汪精卫冷静地告诉大家,先不要慌,炸弹虽然被发现了,但他们也不太可能找到这里来,人毕竟是安全的,先看看情况的反应再说。

第二天,京城的几家报纸全登载有人想行刺摄政王的重大新闻,新闻评论说可能是宫廷内部斗争引起的,都在东扯西扯的怀疑,但没有怀疑到革命党。

四个人松了一口气,决定开始下一步的行动计划:让喻培伦离开京城出去买炸药,陈璧君去南洋筹款,汪精卫和黄复生留下来寻找机会。

谁知道,4月16日,大批警察包围了"守真照相馆",将汪精卫和黄复生一举抓获。

原来,警察发现炸弹后,立即怀疑是革命党人所为,他们决定先制造假消息,稳住刺客,然后紧锣密鼓地破案。

警察根据炸弹上的新螺丝钉,顺藤摸瓜,排查各家铁匠铺,当找到附近的铁匠铺时,铁匠铺的老板说这是"守真照相馆"的人从这里买的。正好"守真照相馆"搞装修,密探扮成民工混了进来,把机密文件给偷了出来……

案情大白于天下。

负责审理此案的是民政部尚书肃亲王善耆,这个人的名字可能比较陌生,但他有一个亲生女儿,就是后来臭名昭著的川岛芳子。

警察内城总厅厅丞章宗祥也参与审判。

审判进行得异常顺利,一会儿就审完了,什么托辞都没有,汪精卫和黄复生争着说自己是主谋,目的就是干掉摄政王,愿意承担全部罪责,与对方没有任何关系。

按正常来说,以往出现这样的大罪,那就不仅是罪犯被砍头的事,而且会株连九族。但是清政府这时候的新政改革已经进行,以往的十恶不赦的大罪都已基本取消,资本主义性质的刑法、民法开始引进古老的大清国。更加不可思议的是,汪精卫在法庭上的风采,深深地折服了肃亲王和章宗祥,爱才之心油然而生。肃亲王跟朝廷汇报时,尽量往好处说些,并且强调,我们正在改革,应该以德服人,让革命党分子看一下,政府方面是爱护百姓的,你们想推翻我们的想法是错误的,这样不就是争取民心了吗？何况这也算是"预谋"行刺，没有真正付诸实施。

肃亲王一阵絮叨，摄政王居然答应了。不杀汪精卫，争取民心！

摄政王怎么会同意呢？真是奇怪。难道说他有《大话西游》中唐僧的逻辑？

——悟空他要吃我，只不过是一个构思，还没有成为事实，你又没有证据，他又何罪之有，不如等他吃了我之后，你有凭据再定他的罪也不迟啊！

这样，一起惊天大案的主谋判了个无期，扔监狱里监禁了起来。

汪精卫在狱中的时候，肃亲王多次来探监，做其思想工作，想让他回心转意，只要答应认错，然后投奔自己，自己可以让政府释放他出来。汪精卫与其关于革命民主和政府立宪的问题，进行了唇枪舌剑。

虽然二人谁也没说服谁，但却被对方的气度所吸引，互相尊敬对方。后来汪精卫谈到肃亲王，说他是"一位了不起的政治家"；肃亲王则说："如果我不是出生在王族，我早就加入革命党了！"

法庭上的汪精卫的表现可以打个满分，狱中的汪精卫的表现也可以打个满分。他在狱中曾经写一首长诗，其中最让大家奔走相传的几句是：

慷慨歌燕市，从容作楚囚；
引刀成一快，不负少年头。

就在汪精卫在狱中苦苦煎熬、不知何时才能重见天日之际，一天，一个狱卒塞进来十个熟鸡蛋，满腹狐疑的汪精卫接过鸡蛋，翻转着查看，果然在鸡蛋壳上，发现写着一个小小的"璧"字！

陈璧君冒死回京来了，而且肯定是花重金买通了狱卒。这真是为泡帅哥不要命了。

汪精卫给她写了一首词后，又写下五个字"勿留京贾祸"，催促她快快离开危险的京城。

陈璧君回信了，高墙挡不住我们的真心，你我两人从现在起，在心中宣誓结为夫妇,你看好吗?

汪精卫热泪盈眶,咬破食指,写下一个鲜红的"诺"字。

陈璧君接到汪精卫的血书哭了三天,自己的真情终于有了回报,追个帅哥真不容易呀。谁睁眼说瞎话说女追男隔层"纱"呀?这简直就隔层"杀"!

为了保持故事的连贯性,这里把汪精卫、陈璧君和方君瑛的故事一并叙述完整。

形势的发展超出了所有人的意料,汪精卫入狱不到一年,武昌起义爆发,风雨飘摇的清廷赶紧宣布释放政治犯,只要有人作保,犯过多大罪的人都可获特赦出狱。

已经重新出山的袁世凯给汪精卫作保,汪精卫得释出狱。袁世凯还让袁克定与汪精卫拜了把兄弟。

1911 年 11 月 6 日,办理完各种手续后,汪精卫和黄复生重获自由,北京各界一千余人涌到法部大狱门前,欢迎这两位刺杀摄政王的英雄出狱。万人空巷争一睹。

陈璧君热切地期盼着白马王子的归来。二人终成夫妻。

此时,汪精卫的红颜知己方君瑛却极端失意。刚因为黄花岗起义失败而牺牲了弟弟方声洞,心上人汪精卫虽活着走出监狱,却投进了别人的怀抱,不禁痛哭失声。

汪精卫虽然被陈璧君对他的真情和付出所感动,但他的心中一直念念不忘方君瑛,就连给自己的孩子起名都是"文婴",与"瑛"同音。两个人在忍不住相思之苦的时候,也多有往来。

中间的故事就不再赘述,直接讲结局。

遗憾的是,由于种种原因,20 世纪 20 年代,中国第一个留法数学硕士、同盟会女杰方君瑛自杀身亡,香消玉殒。

后来汪精卫偶遇一个叫施旦的女子,也是因为其外貌酷似方君瑛,而成为汪的情人。

汪精卫对和方君瑛的这段恋情终生难以忘怀。

人们在评价一些复杂历史人物的时候经常说,早死三年是完人。如果汪精卫在此刻死了,那将是一颗多么光彩夺目的流星,人们可能会永远记着。

然而,人们确实是永远记住他的名字了,只不过,是以另外一种方式。

不能流芳千古,便要遗臭万年?

唉,往事不忍成历史。

载沣变革的失控

一个领导者做一件错事并不难,难的是他一错再错,所有的事都给做错,却还自以为对。

摄政王载沣就是此类人中最杰出的代表。

在1908年前后,慈禧太后和光绪帝还在世之际,袁世凯等大臣还在朝之时,清政府在这年7月,为了适应预备立宪,准备模仿西方立宪制国家国会的样式开设咨议局,颁布了咨议局章程及咨议局议员选举章程,各省着手筹备选举事宜。

强人政治之下,其实是有机会、也有能力控制得了新政改革的步伐和进程的。

但是慈禧、光绪离世之后,袁世凯被赶回家,摄政王为了证明自己是高举慈禧太后思想旗帜的新强人,为了证明新政事业的继续前进,而且是加速推进,1909年,摄政王载沣命各省根据《咨议局章程》设立咨议局。截至当年9月,全国除新疆外各省都设立了具有地方议会形式的咨议局。

载沣完全不知道,他也根本不明白,地方咨议局的设立,其实是打开了潘多拉魔盒,标志着摄政王开始彻底失去对改革局势的控制。

首先,咨议局设立后,地方督抚的权力受到极大削弱。因为各省的议会(咨议局)有权议决本省的预、决算,有权选举议员,对于一把手也有质疑和监督的权力。各地方督抚财权和用人权受到了控制,为了保住权力,他们必须迎合咨议局,不再依靠朝廷。"总督们在同北京的任何争执中,无疑地支持当地的咨议局。"

其次,咨议局的设立,使政治参与急剧扩大,几千年受官员欺负惯了的下层人士,骤然有了权力,请愿、批评、责难、游行等事件此起彼伏,清廷本来就已经腐败之极,民众的不满情绪便如决了堤的洪水一般涌了出来。

这个议会要钱,那个议会要权;这个催促朝廷速开国会,那个要求改革制度。局势乱成了一锅粥,无法、无序的政治参与,使大一统国家彻底失去了中央权威。载沣真的使"民主"变成了"无主"。

在这个时候,许多人却错误地认为,这些弊端是因为改革不到位而导致的,必须加速改革。

地方督抚和将军,为了顺应民意(其实毋宁说是无知的民粹主义),联名上书,要求朝廷速开国会,实行君主立宪。

各地乡绅和知识分子代表联名上书,有理有据地申明立宪和国会的好处,要求速开国会。

请愿的团体和人数越来越多,频率越来越快,要求速开国会。

清政府在巨大的压力下,把原来决定的九年预备立宪期缩减为五年。即使是这样,各地知识分子、乡绅和群众仍然极为不满,认为应该在来年开春就颁宪法、组内阁、开国会、行立宪,认为军机大臣责任不明,要求设立责任内阁。

摄政王彻底失去了对他所热心的新政事业局面的控制。

咨议局的匆忙设立,摄政王载沣这个外行人不明白,但却有内行人明白。

时任日本首相的桂太郎认为:"宪法、国会、资政院这些东西本身虽是极好的,可是要使一个国家能运用它们,必须要做许多准备工作,而中国在能够吸引理解它们以前,对于这些制度还没有作过足够的准备工作。"事实恰是如此,中国显然并没有为立宪做足够的准备,甚至是没有准备就仓促上阵。桂太郎说:"中国现在走得实在太快,会出毛病的。"

对君主立宪极有研究的日本政治家伊藤博文在 1909 年的春夏之交宣称:中央政府权威丧失,"各省咨议局被赋予了太大的权力",各种政治势力在改革的名义下忙于争夺权势。因此他断言,三年之内,中国必将爆发革命!

这些都不幸被言中。

近代日本的易圣高岛吞象在研究《易经》中的《革》卦时说:"然国家而至变革,大事也,危事也。危遽妄动,则后先无序;权制独任,则谤渎易兴;虑不顾后,则难以图终;计不便民,即无以服众。"

进而,他分析了《易经》的卦序,《井》《革》《鼎》是顺次 48、49、50 这三卦,之所以把《井》卦放在前面,因为"井"是养人的地方,易经中说"改邑不改井",邑可以改,即地方可以改,国家可以改,但"养人"的功能不能改。所以,在《革》之前,必须先养国之元气,养成之后,可以从事"革",这就是《井》卦在《革》卦之前的涵义;《革》卦之后,之所以为《鼎》,因为,只有"革故",才可"鼎新",先去旧,再变新。

这才是变革之正道,摄政王恰恰不明此理,经脉逆转,结果可想而知。

孔子在《周易·系辞下》中说:"德薄而位尊,智小而谋大,力小而任重,鲜不及矣。"这句话用来形容载沣不胜其任,是再恰当不过的了。

纵观清末民初这段历史,我们不难发现,时人总是热衷从"应然"的角度出发,把宪政和国会当作包治百病的万能药,"太极"国度下的人们心却"太急",总想通过政治谋划,快速地完成社会改造,总想一夜之间重新使国家站到天下第一的位置。

别说载沣如此,当时社会各阶层都如此,社会精英和普通大众概莫能外。

2011 年第 9 期《读者》刊载了一篇文章——《等不了》,里面记述了近代三次著名对话,很能代表中国人的求索、焦虑和赶超心理。

一次是 1887 年,英国传教士李提摩太与李鸿章的对话。李提摩太建议朝廷每年在教育上投入 100 万两白银,20 年后,定能看到实施现代教育带来的好处。李鸿章说,政府既承担不了这么一大笔开销,也等不了那么长的时间(只看到眼前的小钱儿,不会算长远的大账,这是老官僚之通病。所以,《左传·庄公十年·曹刿论战》中有句精辟的话,"肉食者鄙,未能远谋"。这些为官的"肉食者"为什么不能远谋? 因为只有"近谋"才能在自己任期内收到立竿见影的政绩功效,而投资长远是"为他人作嫁衣裳")。

一次是1898年,近代改革家王照与康有为的对话。王照说:"我看只有尽力多立学堂,渐渐扩充,风气一天一天改变,才能实行一切新政。"康有为说:"列强瓜分就在眼前,你这条道如何来得及?"

一次是1905年,严复与孙中山的对话。严复说中国的根本问题在于教育,革命非当务之急。孙中山说:"俟河之清,人寿几何?君为思想家,鄙人乃实行家也。"

然而,理想很丰满,现实却很骨感。精英们的每一次政治谋划都没有达到预期的效果,且严重偏离了设计者的目标,甚至走向反面。

这种急躁心理极大地打乱了改革本身的节奏、发展过程和发展周期。各项措施全都仓促出炉,显然满足不了人们的心理期望和心理预期。

宣统三年(1911)5月8日,清政府在立宪派国会请愿运动的压力下,颁布《新订内阁官制》,实行所谓"责任内阁制",成立由十三名国务大臣组成的新内阁,以庆亲王奕劻为总理大臣。十三人中,满洲贵族九人,汉族官僚仅四人,而满洲贵族中皇族又占七人。

立宪、国会,这个严重不足月的婴儿,被急着要看到孩子快速成长的看热闹的人,剖腹催生之后,却又让人大失所望。

闹了半天,原来你们就是换汤不换药,根本没有心思实行国会和立宪,这样的朝廷,赶紧倒台算了。

其实,抛开感情色彩,按照政策的延续性和稳定性角度来说,这项人事任命,并不算太过分。要是各省没有参政议政大权,仍然是传统的任命制,大家苦笑一下也就算了。皇权社会恩主庇护式的用人嘛,谁不用自己人呢?但是有了咨议局的舆论造势,这样的人事安排就直接导致了反清情绪的高涨,排满革命爆发的日子指日可待。

炸药包准备完毕,引信也拉出来了,就等着点燃导火索了!

保路运动

就在形势乱成花果山一样的时候,亲爱的摄政王同志又在这个不恰当的时候使出了一记"绝杀"的怪招:铁路国有! 民众的情绪终于如火山爆发一般喷涌而出了。

这件事的严重性,通俗地说,就是载沣设咨议局把权力分给了各省,然后本着公平竞争的精神,放着裁判员不当,非要以运动员的身份穿着短裤背心赤膊上阵,和各省抢利益。老百姓很不耐烦地一脚把这位运动员踹得嗷嗷直叫。

近代中国人对西洋的玩意一直采取拒斥态度。1880 年,李鸿章费了九牛二虎之力,终于争取到修建从唐山到胥各庄(唐山丰南的一个镇)铁路的权利。但是,中国第一条铁路修成后,却被人说机车直驶,会震动东陵的龙脉,只得改用驴和马来拉着沉重的铁皮,蹒跚地行走在铁"马"路上。

1894 年甲午战争和 1900 年庚子事变后,铁路开始逐渐被人重视起来。

清末的铁路政策大体上经历了合股官办(国家筹集资金)、商办与路权国有这三个阶段。

但是,晚清因为巨额的赔款,国家财政早已亏空,即使是国家筹集资金,也不足以应付铁路的修建。没办法,只得向外国借款。可这样一来,就产生了中国铁路权利严重流失、受外控制等问题。在这种情况下,清政府便鼓励民间投资和有实力的商人集资来修建铁路。

要实现商办铁路,就必须收回由外国公司发行的铁路股票,于是,这就出现了"收回路权"运动。始料未及的是,在洋人的宰割下,这种收回路权付出的代价是相当大的。

然而,轰轰烈烈的收回路权运动,多数是出于激进的民族主义情绪,而要想真正修建铁路,民间筹集的资金数额是远远不够的,人才和技术也非常缺乏,加上各商办的铁路都各自为政,根本无法有效协调。更要命的是,商人永远是以利为先,他们忽悠民众的目的是为了让铁路给自己带来巨大利益。人民是没有能力控制铁路的,只有有钱人才能控制。

这种局面到了 1908 年的时候,已经非常严重。互相扯皮式的铁路修建,使中国的铁路建设大大滞后,"半拉子工程""豆腐渣工程"也时有出现,这与清末新政改革的初衷相背离。

清政府认为,如果这样下去,国家的铁路和交通建设就会越来越落后。于是,朝廷开始考虑铁路应该收归国有的策略,由国家出面,从整体上规划,从全局上考虑,修建适合国家和民众需要的铁路网。但是,因为政府没钱,必须要向西方借钱,还要聘请西方技术人员,这样又怕铁路权利受西方控制,朝廷是进退两难。

从当时世界各国的实际情况来看,铁路国有也是各国通例,单纯从政策角度来看,这应该是一项不错的措施。

几经考虑之后,清政府决定实行铁路国有政策。

但是做任何事、出台任何政策,都要讲求时机和火候。清政府忽略了一个非常重要的因素,就是铁路国有政策的提出,发生在人民对政府的信任产生严重危机之时;而摄政王上台以来的一连串用人之道,使人们宁可相信铁路国有是摄政王"与朝争权""与民争利"的私心作怪,绝对联想不到他还有什么好心;没有妥善地协调好各种关系,没有用钱来弥补商办铁路的损失,直接动用权力大大咧咧地宣布"国有",实在是一招臭棋;这个时候,各省都设立了维护各地方利益的机构咨议局,从法理上,地方已经具备了足够抗衡中央的舆论工具和权力工具。

今天,当我们回头看这段历史时,我们发现,摄政王载沣的各项新政措施,简直就是把所有的有利条件全交到对方手里,自己再从容地挖个坑,乐颠颠地抱着自己的皇帝儿子往里跳。真不知道应该用"坑爹"来形容呢?还是用"坑儿子"来形容?

1909 年 6 月 6 日,张之洞代表清朝政府与美、英、德、法四国银行签订了借款合同,总计借款 550 万英镑,利息五厘,准备修建湖广境内的粤汉和川汉铁路。

张之洞担任过多年的湖广总督,在任期间留下了不错的政绩,颇得湖广官民的信任,在朝廷中也是元老级的人物。因此,由张之洞出面,对粤汉和川汉铁路进行国有化改造与修建,在正常情况下本应该是顺理成章的事,但没有想到的是,这一举措引起了相关咨议局和民间铁路会的激烈反弹。就在铁路国有事宜搁置下来、大家互相协商的时候,1909 年10 月,在民间有着较高威望的张之洞却病逝了。

朝廷内部再也没有能让士绅、百姓依赖和信服之人。剩下的全是少年权贵,只会争权夺利、只会当官、不会做好事。

借给清政府巨额钱款的各国银行,生怕这笔买卖做不成,联合起来向清政府施压,要求政府履行承诺,否则就是违约。

就在清政府在铁路政策上犹豫不决、既怕民间的强烈反抗又怕列强的讹诈干涉的时候,1910 年 7 月,一位叫盛宣怀的坚定主张铁路国有的官员接任了邮传部尚书。他从非常专业的角度,向摄政王阐述了铁路由民间商办带来的一系列弊端,诸如互相推诿、争权夺利、空喊爱国实则误国等,让本来对此一窍不通的摄政王都听得明明白白。他终于下定决心,一改自己以前优柔寡断的形象,决定铁路必须国有,责成邮传部、度支部和外务部一起把这件事办好。

与此同时,一个叫石长信的人又想出了一个聪明的办法,让摄政王加速了铁路国有的步伐。石长信提出,应该把全国铁路划分为"干线"和"支线"两种类型,主干线由政府兴办,各支线由各地绅商集股兴办。

这个"抓大放小"的主意太好了,纠缠在摄政王头脑中快两年的事,一下子茅塞顿开。

蝎子教徒弟——就这么着(蜇)了! 杀猪砍屁股——定(腚)下来啦!

很快,清政府宣布,按照干、支分开的办法,干线实行铁路国有政策,支线由商民量力酌行。

紧接着,由盛宣怀出面,与英、法、美、德的银行团缔结了借款合同。

而对四川的铁路,让民众最不能接受的要命一招是:四川川汉铁路公司的资金一律由政府换发国家铁路股票,不退还现款! 这不是用空头支票、用国家的废纸来换百姓的血汗钱吗?

1911 年 5 月,本来是商办的川汉铁路被宣布为国有的上谕到达了成都,立即引起一番激烈的争论。争论的结果是,以青年学生和下层士绅为主的激进派战胜了温和派,他们把向洋人借款修路视为丧权辱国的卖国契约,各家报纸纷纷加以评论,普通民众的反抗情绪被迅速点燃。群众提出"杀盛宣怀以谢天下""路存与存,路亡与亡"的口号,形势到了剑拔弩张、一触即发的程度。

四川护理总督王人文深切地感受到民众的激烈对抗情绪,两次上书朝廷,请求暂缓实行铁路国有,两次被驳回。

摄政王终于硬气了一回。

被史学界称为"屠夫"的赵尔丰就任四川总督后,也发现形势的严峻,他也上书请求再考虑一下铁路国有的政策,能不能别这么急,老百姓的情绪有点儿不对头。

摄政王严厉地责问了赵尔丰,朝廷派你去是干什么的,连群体性事件都处理不了,要你有何用? 责令赵尔丰立即解散群众,切实镇压。

摄政王又硬气了一把。

赵尔丰,载沣,"丰"上加"沣",这把火想不烧旺都难!

一品大员被逼无奈,只能忠实地执行清廷的旨意。赵尔丰召集各营军官训话,部署弹压保路风潮。9 月 6 日,他以到督署看邮传部电报为由,将应约而来的咨议局议长蒲殿俊、罗纶等 9 人诱捕。

消息传出,群情激愤,保路同志会组织大批民众到督署前请愿,要求释放蒲殿俊等人,遭到卫兵排枪的射击,造成震惊全国的"成都血案"。

四川各地群众揭竿而起,围攻成都,局面已经完全失控。

民不畏死,奈何以死惧之。

如果没有咨议局煽动情绪,群体性事件不会如此成气候。

这个时候,保路运动"风起云涌"!

20 日,朝廷令端方率湖北新军第八镇第十六协第三十一标及三十二标一部,即率领两个团的新军,经宜昌进四川前来镇压。

这正是,天下已治而蜀未治,天下未乱而蜀先乱。

有"九省通衢"之称的武汉兵力骤然空虚,就像高手较量时,一方的软肋露出来、等着对方来捅一样,就像少年郭靖用小刀扎进"铜尸"陈玄风的肚脐眼儿那样简单……

恰恰就是在这个时间、这个地点出了大事儿。

历史记住了武昌

孙中山领导的同盟会，虽然起义屡次受挫，但是这种精神却鼓舞着各地的革命者，各种革命组织如雨后春笋般在各地生长。

此时，在"楚虽三户、亡秦必楚"这民风彪悍、交通发达、信息通畅的湖北，有两个比较大的组织正在酝酿着发动起义，这两个组织一个是共进会，一个是文学社。

共进会，最初是从同盟会中分离出来的。

孙中山领导同盟会闹革命的时候，他采取围棋的"金角、银边"原则和先扫外围、再捣中心腹地的战略，因此他的起义总是在边陲地区如广州、镇南关等地发动，进可攻，退可跑。

不过，当时同盟会也有许多人持有不同意见，认为应该从长江流域来发动革命（此后成立的共进会、文学社的同志就认为要在长江流域发动革命）。

1907 年初，日本政府受清廷压力，撵孙中山离开日本。由于章太炎指责孙中山"私吞"和"贪污"款项，同盟会四分五裂，但革命的火种却开始扩散到许多地方。

1907 年 8 月，焦达峰、孙武、刘公等人在日本东京成立了共进会。"共"是"共同"的意思，"进"是"有进无退"的意思。共进会的湖北主盟人是孙武，据说这个名字是由于仰慕孙中山而起的，孙中山本名孙文，他称孙武，以便给人造成一种印象，他们好像兄弟革命家，也是借用孙文的大名来给新的革命组织打广告。

共进会尊孙中山为领袖，它以同盟会的总理为总理，以同盟会的纲领为纲领，但将"平均地权"改为"平均人权"。

1908 年，共进会的会员陆续回国，积极投入革命实践。

1910 年夏，孙武来到武汉。他认为，当前革命的力量比较弱，应该从发动新军入手，把敌人的力量转变成为革命的劲旅，于是将发展革命组织的对象转为新军。共进会很快就在新军中发展了上千名会员。

文学社,是湖北土生土长的革命组织,成立于1911年1月。

在文学社之前,有个革命组织叫"振武学社",被清廷破坏。一批进步的青年军人准备重新组建振武学社,但怕名字太招眼,改成了"文学社",借研究文学之名,行革命之实。

文学社也尊孙中山为总理,且以同盟会十六字纲领为自己的行动纲领。

文学社在社长蒋翊武的领导下,从发动军队入手,深入各部队进行艰苦、扎实的宣传和组织工作,社员很快遍布湖北新军各营。

插入一点题外话。

当前国内史学界有人认为,武昌起义爆发时,孙中山并不在国内,所以辛亥革命并不是由孙中山领导的,比如《四川省委党校学报》2012年第1期就刊发了李桢峰的文章《孙中山及同盟会并非辛亥革命的领导者》。

既然史学界提倡百家争鸣,那么这个观点就可以商榷。正如法国伏尔泰说:"虽然我不同意你的观点,但我誓死捍卫你说话的权利。"孙中山领导辛亥革命还是功不可没的。中国史学会会长张海鹏先生指出,孙中山最早确定"驱除鞑虏、恢复中华"的纲领。1905年成立中国同盟会,制定了反清革命的一系列战略方针,孙中山提出的"三民主义"这些都是指挥革命党的纲领、方针。所以武昌起义也好,各地的起义也好,大体上都是在孙中山所制定的"三民主义"的思想指导下进行的。应该说孙中山领导了、指导了辛亥革命的进行。

这一观点和判断还是中肯而准确的。

文学社和共进会之所以能在新军中立足,这还得多亏当初张之洞训练新军的功劳。

张之洞训练的湖北新军与袁世凯的北洋军不同,北洋军多半由旧军改编,用人多是嫡系带嫡系,而且袁世凯很少用从国外留学回来的,段祺瑞这个留学德国的人只是个例外,是老袁看重了他与李鸿章老乡的关系。与此相反,湖北新军将领多选自武备学堂学生和军事留学生,而且张之洞还选拔一些有才之士赴国外考察学习。深受张之洞赏识的黎元洪就曾在 1898 年、1899 年、1901 年先后三次被派往日本考察学习。

由于文学社与共进会此时都注重在新军发展力量,双方在活动中常常遇到矛盾。同时,共进会和文学社的领导人出身和经历各不相同,因而彼此看不起。文学社社长蒋翊武认为共进会的孙武、刘公等领导人是"穿着西服的洋老爷",看不起他们这样的穷书生。共进会的领导人孙武认为对方头脑简单,土豹子。正因为如此,文学社和共进会各自为政,难以联合。

但是到 1911 年 4 月,孙中山领导的黄花岗起义失败后,清廷加强了防范,革命形势需要这两个组织抛弃前嫌,携手共进,他们先后召开三次联合会议商量联合事宜,使革命力量逐渐得到了壮大。

1911 年 9 月 24 日,文学社和共进会联合大会在武昌召开,成立了起义领导机关,文学社社长蒋翊武被推为临时总司令,共进会骨干孙武为参谋长,并拟定了起义计划,决定趁重镇武汉空虚之际,在 10 月 6 日举行起义。同时准备请老同盟会的黄兴、宋教仁或谭人凤来鄂做起义指挥,主持大计。

28 日,湖南党人焦达峰函告武昌起义指挥部,10 月 6 日起义湖南准备未足,请延期 10 天。而此时同盟会的重要领导人黄兴、宋教仁等也未能赶到武汉,因此起义指挥部决定延至 10 月 16 日这天由湘鄂两省同时发难。

就在起义军按照预定计划有条不紊地展开行动的时候,一个意外打乱了全盘计划。

10 月 9 日,孙武等人在汉口俄租界配制炸弹时不慎引起爆炸。俄国巡捕闻声而至,搜去革命党人名册、起义文告、旗帜等,并抓捕了彭楚藩、刘复基等 6 名革命人士,起义计划全部泄漏。

湖广总督瑞澂下令关闭四城,收缴子弹,按图索骥,四处搜捕革命党人。武昌城内戒备森严,军心惶惶,人人自危,各标营革命党人无法取得联络,准备起义的人员陷入群龙无首的境地,情况万分危急。

10 日晚七点,驻武昌的新军工程第八营,副班长金兆龙、熊秉坤等几个共进员焦躁不安地坐在一起,他们认为,照这样下去无异于坐以待毙。身边仅存的二十发子弹,是金兆龙作为副班长在收缴子弹时偷偷藏下的。

就在这时，排长陶启胜跨进营房点名，他一眼就看到抱着枪坐在一起的这几个人，张口训斥道："大晚上的，你们几个抱着枪，想造反吗？找死啊！"

陶排长想不到的是，这几个兵都是革命党人，金兆龙正焦躁不安、苦思良策而无果，排长这一句训人的话让他怒从心头起，瞪着眼睛就过来了：老子就是想造反，你能怎么着？

两人扭打在一起。

其他几个革命党身份的士兵一看，副班长都动手了，还等什么。这个上手一枪托砸在排长的脑袋上，另外一个索性"咣"地一枪，把这位忠于职守的排长给彻底交待了。

这一枪的威力，可大了去了：既惊醒了准备起义的其他营中的士兵，又吓坏了湖广总督。

其他各营的革命党士兵，也像金兆龙等人一样焦躁不安，联络不到起义的具体消息，不知会不会被分割包围，会不会被总督大人抓去杀头。局势紧张得喘不过气来的时候，寂静的夜空中，突然从工程营方向传来了清脆的枪声！

坏了，真的打起来了，自己人又有遭殃的吧？军营里的所有革命士兵全都站起来，共同向枪响的方向张望，心真是悬到了嗓子眼儿，大家的情绪已经忍到了极限。

忍无可忍，无须再忍了。

弟兄们，横竖就是个死，冲吧！

没有子弹，怎么办？军械所里有啊！

一听见枪响，一听见外面人声嘈杂，准备起义的革命党人都冲出来了，大家知道，只有拿下楚望台军械所，才有活的希望，否则手里拿的就是烧火棍。

本来，这个军械所作为军事重地，应该是戒备森严，很难攻下的，然而军械所早已有革命党的卧底，没费太大的力气，大家就占领了军械所。

这群士兵一看，起义的各队指挥还没到呢，赶紧选个官儿大的当头吧，工程营左队队官吴兆麟就临时成为起义的总指挥。

孙中山领导同盟会进行了这么多年的革命，每次都妥善计划、精心组织，都无法干过清军。这场没有按照预定计划展开的兵变，按正常来说是不可能成功的。可是，一群没有领导的士兵，遇到了湖广总督这样胆小如鼠的官员，起义还真的成功了。

黄花岗，有心栽花花不开；

武昌城，无心插柳柳成荫。

可见，一场较量，不在于你准备到什么程度，关键是你的对手准备到什么程度。

工程营枪响后，湖广总督瑞澄和第八镇统制张彪吓坏了，因为他们俩非常清楚，湖北新军中革命党人非常多，到底有多少人参加了兵变，他们根本就不清楚。

尤其是听到楚望台军械所方向传来的密集枪声，他们心里更没有底了。

多年的军旅生涯，让他们知道三十六计还是"走为上"，先撤到安全的地方是要紧的。

这二位，撤开了总督府和师长办公室，消失得无影无踪。

主客易位，清军一时间也群龙无首，两股没有组织的武装力量群殴了起来。

经过一夜激战，起义军于次日占领了整个武昌，汉阳、汉口也在两天内被起义军顺利拿下。

清末仅次于上海的全国第二大城市武汉就这样被起义军占领了。

起义成功的消息迅速传遍全国。

多米诺骨牌

1911 年 10 月 10 日武昌起义震惊了清政府，朝廷迅速做出反应。

10 月 12 日，清政府撤销瑞澄的总督职务，命他戴罪立功，组织力量反扑。同时，从各地调集重兵，昼夜兼程，赶往湖北战场。

令陆军大臣荫昌率领陆军第四镇及混成第三协、十一协组成第一军，令冯国璋率领陆军第五镇为第二军，火速赶赴湖北；令载涛率领禁卫军和陆军第一镇为第三军,整装待命;所有湖北各军及赴援军队均由荫昌节制。

海军提督萨镇冰率领海军和长江水师,迅速开往武汉江面。

各路人马对湖北起义军来个铁壁合围。

就在同一时候,起义的革命队伍也开始组织起来,准备迎接更加艰苦的血战。而他们当前最需要的,就是推举出一位能够服众的人物,既可凝聚各股力量,又可坐拥武汉,号令天下。最终,他们相中了黎元洪。

在当时湖北的新军中,和总督逃跑的那位张彪是第八镇统制,也就是师长,但他没有任何能耐,是搞关系、走夫人路线升的官;黎元洪是新军第二十一混成协协统,也就是旅长,不仅善于指挥,在军事演习时曾干败过北洋之虎段祺瑞,且治军有方,对部下以宽厚著称,深得众望。同时,他对革命党人也一直采取怀柔政策,从不严刑滥杀,而是大事化小,小事化无,新军上下对这位旅长非常尊重和信服。

黎菩萨倒不是内心倾向革命,可能这就是一个人的一贯处事之道,这也正是黎元洪能够在后来的民国政坛上两次就任大总统、三次担任副总统的原因。尤其有意思的是,起义的第一枪打响时,黎元洪正在下属一个团的团部中议事。枪响后,这位平素治军严格的旅长却按兵不动,真让人费解。

黎元洪不是革命党人,却受到起义的革命党人的拥戴,这绝不是革命党人的幼稚和头脑发烧,肯定是黎旅长平日积累下来的威望所致。要是一般的贪污腐败、作威作福的将领,兵变发生后,早就成了大家泄愤的对象而吃无数粒“花生米”了。谁也不会把自己的性命交到别人手中,中国人这方面的觉悟还是蛮高的。

从这一点上来说,黎元洪的治军手段是相当不错,在朝廷中有很大的名气,在部下中有很高的人气。既能为上,又能为下,高人也。

只是当起义军把黎元洪从旅部里拉出来、非要让他当起义部队的都督时,黎元洪是说啥也不想干。

不想干的原因,是他根本就没想过要与朝廷为敌,而且他非常清楚清政府军队的实力。

先说海军,黎元洪在天津水师学堂学习的时候,萨镇冰就教过他,他知道萨镇冰的厉害,更知道海军舰队那大口径炮的厉害,在长江上轰他武汉三镇,简直跟打电子游戏似的。

他也知道当年袁世凯打造的北洋六镇的厉害,此次不管哪位北洋宿将南下——人数、装备、给养远超过他的部队——对付湖北新军,都不费太大力气。无论是段祺瑞还是冯国璋,这都是虎豹级别的将领,袁世凯手底下的风云二将,非常霸气。

所以,不管革命军怎么让他当这个都督,他都坚决拒绝。革命党人要他在安民文告上签字,他连连说"莫害我,莫害我"。弄得一群丘八火了,逼他说,你要是不当,我们干脆杀了你算了。尤其是张振武,他本来就不赞成推举黎元洪,眼见他在这里拿架子,真想杀这个清朝大员来振军威,祭旗。

你杀了我,我也不当。

结果,动粗的不如动心眼儿的,安民告示贴出了,下面赫然签着"黎元洪"的大名。这回可真是没办法了,地球人都知道了。

黎元洪终于低头当了都督。原咨议局局长汤化龙为湖北民政长(省长),军、政主官齐了,湖北军政府正式成立。

黎都督真的是被逼的"黄袍加身",可不像赵匡胤那样事先做好了扣来演戏的。

黎元洪被迫就任后,端坐在都督府几天,来个徐庶进曹营——一言不发,一事不办,非暴力不合作。他仍然不相信革命军能够成事,不相信这群人能够打败政府军。他真的怕这股力量被政府剿灭后,自己全家大祸临头。

在革命军和政府军交上火之后,黎元洪突然发现,朝廷的海军火力也并不怎么猛,而革命军的炮弹却像长了眼睛似的,居然击伤了两艘清军舰船。

而北洋军却也没怎么发挥出应有的战斗力,有气无力地打上几枪,这到底是怎么回事?

黎元洪眼前一下子亮了起来。

办公,发号施令。

为了聚拢人心,响应革命形势,10月16日,中国第一部具有宪法性质的法令《鄂州约法》正式颁布,黎元洪提出要以法治国。《鄂州约法》取美国宪法精华,主张在地方自治的基础上实行联邦制,保障公民权利,确立三权分立原则,对行政、立法、司法三方面的职权作了明确的划分。形势发展到这个程度,真可谓成事在天、谋事在人。

海军提督萨镇冰是北洋元老,是一位非常爱国的卓越将领,他和严复一样,都毕业于英国格林威治皇家海军学院。此次南下,他目睹国家乱哄哄的局势,目睹战火烧起来后,人民的无辜伤亡,心里非常不是滋味。清军各舰发起炮来也是无精打采的,将士们许多都参加过甲午海战,对于同胞相残也非常难受,消极厌战情绪在蔓延。

陆上的北洋军虽然没和革命军拼命,却玩起了火攻,烧到了许多无辜的百姓,让海军将士看着非常气愤。

此时,主动办公的黎元洪给当年的萨老师写了一封信,劝他不要为满族人卖命。萨镇冰对黎元洪回信说:"彼此心照,各尽其职。"他既不愿当清廷的罪臣,也不愿成为屠杀同胞的刽子手,选择了一条中间路线,称病离职。

在萨镇冰的船上,有个 26 岁的年轻参谋叫汤芗铭,他的大哥正是湖北省长汤化龙。他在南下途中收到了哥哥"早日反正,以立殊功"的来信后,决心听哥哥的话,便在军舰上联合厌战的人,密谋起义。

萨镇冰称病带了几艘舰离开后,汤芗铭接管了军舰的指挥权,在长江上不仅不打革命军,反而给了北洋军几炮。不管怎么说,至少是解除了革命军方面来自海军的威胁,也算是为起义立下了大功。

清朝政府军不能速战速决,时间一拖,立刻就坏了大事。其他观望的各省,大概各省咨议局也都受到了铁路国有政策的影响,一看政府军这么完蛋,得了,独立吧。

多米诺骨牌效应爆发了。

除不想打内战的清军之外,那么,号称最精锐的北洋军怎么也没有战斗力了呢?他们到底是怎么了?他们在等什么呢?

原来,他们是在等自己的老大袁世凯出山,来收拾残局。

别人想指挥北洋军?多余了。

第五章

、 纵横捭阖 、

北洋军南下

武昌起义的第二天,1911 年 10 月 11 日,旧历八月二十日,是袁世凯 52 岁生日。

尽管袁世凯仍然赋闲,但形势的发展和各方面传来的信息,对袁世凯都是有利的,前来问计者络绎不绝,前来探讨时局走向者也不断。前两年,袁世凯静静地躲避危险,没有过生日,今年故旧、朋友,以及一些想巴结的人,真是来了不少,他们一定要给袁大人过一下生日。

袁世凯是个有远大抱负的人,虽然罢官在家,但他仍然不甘于做一个田舍翁,还在遥控着北洋军,这些连朝廷都不放在眼里的兵将,能死心塌地听袁世凯的,这肯定不是简单地用金钱所能买来的。有人研究说袁世凯给来洹上拜访的人每人一根金条,以此笼络人心,此解释极为牵强。

古人云:"以利相交,利尽则散;以势相交,势去则倾;以权相交,权失则弃;唯以心相交,方成其久远。"袁世凯此时无权、有些许利益,单单靠这两个办法,根本不可能维持得了兵将对他的忠心。那么袁世凯靠什么来聚拢部将之心呢?

袁世凯有一本同僚录,里面不仅记载着北洋军旅以上军官的生日及父母的寿辰,而且记载着清末二品以上官员的信息。逢年过节,这些进入袁世凯名录的人总会收到贺礼。有一位北洋军官随皇族出访欧洲,他母亲在山东乡下突然去世,袁世凯得知后亲自主持,把他母亲的葬礼办得隆隆重重,风风光光。半年后该军官回国,到袁世凯面前长跪不起……其实这可以解释为"以情"相交,"以心"相交。你如果遇到这样的领导,大事小情总为下属着想,即使你明知道他这是权谋,但你也一定会甘心为之驱驰,不是吗?

这样的领导,得到部下的拥戴,是必然的。

就在袁世凯于养寿园中酒过三巡、风月无边的时候,电报房里紧急送来一份电报,武昌被革命党人拿下了!

袁世凯期盼的局面终于发生了。只有天下大乱,他袁某人才有东山再起的机会。

袁世凯立即命人撤下宴席,停止唱戏,思考可能出现的变局,商量下一步的对策。

从局势发展和现有的情报来看,这股起义势力,不是一般的小打小闹的游民或散兵游勇可比,连洪秀全、杨秀清的起义都不能与之相比,他们不抢不掠,志在天下;他们有自己的思想,想实现抱负、做一番事业。对付这股势力,朝廷采取的对策必然是速战速决、以雷霆万钧之势将其扼杀在萌芽状态,以免引起连锁反应。

那么,朝廷出兵必然是以自己的北洋军为主力阵容,带队的,不是段祺瑞,就是冯国璋。

以北洋军的实力,以段、冯二人的才能,再集合朝廷的物资给养,打下他们,尽管要费些力气,但是结局肯定是没有任何悬念的。

自从辛丑事变以来,朝廷十年没有正式大规模用兵了,如果北洋军不用袁世凯出山带队,别人照样能带兵取胜,如果自己多年费尽心血打造的北洋军,成了别人的工具,成了别人升官发财的筹码,那自己岂不是为他人作嫁衣裳?

不行,这绝不行,我绝不能被别人用完后再弃之如敝履。

北洋军是我的,永远是我的。

宁叫我负天下人,休叫天下人负我。

如果没有我,军队照样打胜,我就会变得一文不值,只能乖乖地躲在深山颐养天年了。

因此,这将是我袁某人能不能重新出山的最后一个机会。

我一定要抓住。

但是袁世凯又不可能向朝廷请缨上战场,那么,下活这局已经走入绝境之棋的招数,就是不让朝廷之兵剿灭革命党。局势发展到这一步,如果冯国璋和段祺瑞对自己还如当年一样忠心的话,那么,走开这步棋,一点儿都不难。

冯国璋、段祺瑞,在这个关键时候,会来吗?

即使冯、段二人看不到这一步棋,自己的磕头大哥徐世昌,以他的智慧,绝对会想到这一步。

会的,一定会的。

想到徐世昌,袁世凯眼前豁然一亮。

静观时局吧。

摄政王载沣到底是不会识人、用人,他执掌大权以来,用的全是庸人不说,这次武昌起义,他还起用了冯国璋带北洋军。防了半天袁世凯的人,还是没防住。

冯国璋不仅是袁世凯的亲信,而且是铁杆儿亲信,心腹大将。只不过在袁世凯罢官这三年,冯国璋利用他一贯稳重和善于结交的风格,加上当年任皇族贵胄学堂的总办,在皇族里认识不少人,人缘比较好,结果载沣居然就认定冯国璋这员将领可用,大概他想对袁世凯的人马进行分化瓦解吧。

荫昌的兵马先行,他要抢先到达湖北,给革命军来点儿颜色看看。但这个在军队混得开、人缘好的人,居然也来拜会了袁世凯。荫昌与袁世凯关系甚好,特别是摄政王掌权后,袁世凯得保人头,荫昌出过大力,袁家上下都很感激他。因此,袁世凯送他出发时叮嘱他:"湖北方面,有黎元洪为将,千万不可小视!"

荫昌发兵后,冯国璋也率军南下,他发兵的速度也不慢,只不过,冯国璋的队伍到了河南彰德附近就停了下来,他简身束装,悄悄地来到了袁府,向袁世凯汇报一段时期以来的工作,并恭敬地向旧主请教当今天下之大计,以及自己下步工作目标。

袁世凯非常满意,自己当年带出的兵,终于没忘自己,还和当年一样,那么,距离自己出山只有咫尺之遥了。

袁世凯送给冯国璋六个字:慢慢走,等着瞧。

一切玄机自然就在其中。

冯国璋心领神会。明白了,你就等着我的好消息吧。

望着冯国璋远去的身影,袁世凯从心底发出当年曹孟德对关羽的评价:不忘故主,来去明白,真丈夫也。

局势的发展完全在袁世凯的掌握之中。

北洋军到湖北后,陆军大臣荫昌在湖北孝感扎下了南征大营,原想一鼓荡平革命军,抢个头功,讨个彩头,却万万没有想到他根本指挥不动这支军队的一兵一卒。

你谁呀?荫昌?没听说过,是封妻荫子的"荫"还是大树底下好乘荫的"荫"啊?一个人拜把子,你算老几啊?

这个留学过德国学习军事、担任陆军最高领导、除军事知识之外啥都通的军人,终于领教了打造这支队伍的袁世凯的厉害。

冯国璋的军队,更像是扭秧歌似的,进一步、退两步地慢行军,好不容易走到目的地了,又根本不考虑进攻的事。

荫昌一看,大事不好。

赶紧向朝廷汇报情况。

摄政王载沣,上任三年来,一直风风火火地改革,尽情地使用着自己的权力。可这一次,他可彻底不知所措了。

这不是明摆着要袁世凯出山吗?

载沣赶紧召开核心层的碰头会,商讨研究怎么办。

一请袁世凯

在这次重要的会议上,袁世凯的"银子"又开始发挥作用了。

总理大臣、庆亲王奕劻这么多年,没少拿袁世凯的银子,他简直成了袁世凯的发言人,说明人家拿钱办事儿,公平交易。

武昌起义的消息一传到京城,奕劻就认为应该让袁世凯出来领兵打仗,被摄政王给训了一顿,惹得他老人家也来气了,我的意见你不听,你自己搞算了,你自己平叛去吧。

春宵苦短日高起,从此奕劻不上朝。在家里坐拥妻妾不比处理政事有趣多啦?

等到荫昌从前线传来北洋军不听从指挥的消息,摄政王这回害怕了,赶紧好说歹说地把总理奕劻请回来议事。

奕劻还是这个意见,不用商量,只要让袁世凯去前线,肯定能够马到成功。如果换了别人,谁能有绝对把握对付得了黎元洪? 当年彰德秋操时大家是有目共睹的。

摄政王载沣是一筹莫展,他既对前线战局着急上火,又不敢把袁世凯这只老虎从笼子里放出来。

除内阁大臣奕劻外,协理大臣那桐也主张让袁世凯出来,他有理有据地提出让袁世凯出来的原因:如果不用袁世凯,大清指日可亡;如果用袁世凯,至少可以延缓国家覆亡的时间,或者,国家可能还不会灭亡。

而另一位协理大臣、袁世凯的把兄弟徐世昌,不深不浅地在旁边溜缝,顾左右而言他。如果袁世凯像曾国藩扑灭太平天国一样,顺利镇压了武昌起义,朝廷说不定会再来个中兴盛世的局面呢。

摄政王本人是真的不想让袁世凯出来,请神容易送神难啊。

在反对袁世凯出来工作的人中,除摄政王载沣外,还有一个人,良弼,反对让袁世凯出来的态度最为坚决。

良弼,皇族的旁支,清初睿亲王多尔衮的后人,早年丧父,不幸的家庭使得良弼与一般的贵族子弟完全不同。1899 年良弼留学日本,进入陆军士官学校,学习刻苦,成绩优异,1903 年学成回国,投身军界,进入了当时整编新军的练兵处。据《清史稿·良弼传》记载,良弼为人俭朴上进,没有八旗子弟的纨绔习气。"平日以知兵名,改军制,练新军,立军学,良弼皆主谋",是满族人中少有的干练之才。良弼、吴禄贞和蓝天蔚这三个从日本留学归来的士官生,因为工作突出,晋升很快,被誉为"士官三杰"。

武昌起义后,摄政王及满朝大臣惊惶失措,但良弼主动请缨,要求给他一支军队,带兵南下。如果按照良弼之才,连袁世凯都得忌惮三分,其实是完全可以替代荫昌担任这次出征任务,但内阁总理大臣庆亲王奕劻并不喜欢他,遂派了庸碌之辈荫昌出征。

庆亲王奕劻不喜欢他,这里面是有原因的。

良弼这个人一身正气,擅长专业而不擅长交际,符合不合群、得罪权贵的所有特征。一次良弼外出的时候,看见外面一群满族青年为抢一个漂亮姑娘而大打出手,他实在看不过眼,上前干预拉开,却发现领头的是庆亲王奕劻的儿子载振。他把载振给骂了一顿。这个官二代哪受得过这个气,俩人就单挑了起来,酒肉之徒怎么能干过日本军校出身的良弼?把巡警给招来了。巡警遇上两个皇家的大爷,哪敢找这个茬,皇族内部的事,要由宗人府来处理。

第二天,由庆亲王亲自出面才把儿子领回,这脸丢大了。

从此,庆亲王和良弼结下了疙瘩。

武昌起义发生,良弼想带兵,总理大臣怎么会给他这个出头露面的机会。

良弼深知袁世凯的厉害,他带兵不成,就拼命反对重用北洋将领,他指出,派往湖北平叛的将领,都是袁世凯的老部下,尾大不掉怎么办?

连朝廷使用袁世凯的部下,良弼都非常担心,想起用袁世凯,良弼则更是坚决反对。不过他毕竟人微言轻,奕劻斥责他"纸上谈兵",一边儿待着去吧你。

你说这载沣要是早把良弼安排在重要岗位,说话分量重些,此刻该有多好?

这个时候,在让谁带兵镇压革命党人的事上,西方势力也插了一手。西方国家在华投资多年,在长江沿岸有巨大的利益,尤其是英国的利益最大。鉴于义和团事件时候袁世凯在山东的表现,以及后来在直隶总督任上的作为,加上英国公使朱尔典与袁世凯私交甚厚,朱尔典每次回国都向英国王室说袁世凯的厉害。因此,英国向清廷声明,要求让袁世凯出来。否则,要是局面控制不住,不仅对华借款要停止,更要出兵保护他们的利益。

御前会议研究的结果,摄政王实在没有办法,只好听从多数人的意见,让袁世凯带兵平叛。

当初摄政王自己把袁世凯给"黑"掉了，这要让人出来，怎么也得给个面子，请啊。

10月14日，朝廷由内阁总理大臣奕劻出面，函请袁世凯出山，挽救时局。任命袁世凯为湖广总督，督办剿抚事宜，所有该省及各路援军，都归袁世凯调遣。

这个时候，载沣还没有把权力交给袁世凯，他只说是袁世凯"节制调遣""所有该省军队暨各路援军"，而对"荫昌、萨镇冰所带水陆各军"，只能是"会同调遣"。也就是说，你袁世凯当荫昌的副手。

载沣和奕劻认为，即使这样的副手，被坐冷板凳三年的袁世凯也应该满心欢喜了吧？于是派阮忠枢前去彰德劝驾。

袁世凯连眼皮子都没眨一下，没有急着出来当这个官，他心里有个更大的设想，远比湖广总督要大得多。更何况，自己当年就是天下第一督，直隶总督，这次需要我出来了，才给个湖广总督，这不要呢吗？

袁世凯先生恭恭敬敬地回了一封信："……臣旧患足疾，迄今尚未大愈。去冬又牵及左臂，时作剧痛……近自交秋骤寒，又发痰喘作烧旧症，盖以头眩心悸，思虑恍惚……一俟稍可支持，即当力疾就道。"

这么多字，说什么呢？就是说，我现在呀，脚病还没好啊，结果连带着我的左胳膊还不怎么好使了，再加上咳嗽气喘高血压冠心病头晕眼花老寒腿外加痴呆症之类的，你们先等一等哈，一旦我的身体可以干活了，我肯定马上出来为朝廷分忧。

你载沣不是从前以"足疾"开我回籍吗，今天，我袁世凯脚病还没好哪，身上的毛病更多啦。

至此，袁世凯和载沣玩起了太极，互相开始讨价还价。

二请袁世凯

眼见袁世凯漫不经心，载沣是着急又上火，他知道袁世凯是话里有话，一是对当初开缺回家还有恨意，二是嫌官位给小了，三是故意玩深沉。

18日,万般无奈的摄政王在袁世凯上来的奏折上批复:汉口事情紧迫,你老人家就赶紧出山,来为朝廷分忧解难吧,没有你,还真不行啊。

袁世凯知道,摄政王开始着道了,他便有条不紊、步步为营地推进着自己的阵线,即使前方已经看见了自己的目标,即使触手可及,但也不能一下子把人吓着啊,要慢慢地收网。这样才显得自己身份的尊贵,而不是趁火打劫。

袁世凯装作勉为其难的样子继续回信:本来我一个糟老头子,哪能担得起这么大的重任啊,可是朝廷这么看得起我,我只有尽心竭力了。然而,打仗不能没有钱哪,而且我老人家闭关这么长时间了,将领都不认识、不熟悉,让我怎么指挥呀?

要求:调拨400万两白银做军费(其实是向摄政王要这三年的青春损失费),同时把被排挤出局的王士珍、倪嗣冲、段祺瑞等我的门生故旧,全给我请回来!

摄政王一看,要求虽然略高,但合情合理,当年确实有一批将领被自己悄悄地换走了,照办、照办,现在你是大爷,你赶紧出来吧,本王答应。

袁世凯一看,自己又赢了一局,不错,再接再厉。

不过你想让我出来,那你还得等啊。

袁世凯在家开始钓鱼玩儿。像姜太公似的,不仅直钩钓鱼,那根直钩还离水面三尺高!

你管得着吗?我就爱这么钓鱼。买麻花看着不吃,要的就是这个"劲"儿!

摄政王载沣和总理大臣奕劻都弄不明白了,这是啥意思啊?你提的条件我们也答应了,怎么还不出来呀?

通过信函来往太慢了,说不明白,摄政王又派徐世昌亲自出马,请你代表本王、代表朝廷,把你的结拜兄弟快给请回来吧。

别在我面前老提他,我跟他其实不熟的,谢谢。

哎呀,为了朝廷,为了江山社稷,你就辛苦辛苦吧。

徐世昌十分"不情愿"地踏上了去河南的火车。

派冯国璋出兵就够糟的了,又派徐世昌去请,摄政王真是急糊涂了。

结果,朝廷中的乱局分毫不差地传到了袁世凯的耳朵里,让徐世昌和袁世凯有充足的信息、有足够的时间商量事宜、统一口径、结结实实地做了个扣,等着摄政王伸着脖子来钻。

徐世昌从河南袁府回来后,袁世凯在幕后、他在台前,兄弟二人演了一出双簧。

徐世昌酝酿了一下情绪,脚步迈得像是要踹门,脸上露出的是义愤填膺的样子,他说:袁世凯这小子太不像话了,怎么离开他地球就不转了吗?咱再也不请他了。

摄政王和总理奕劻忙问怎么回事,徐世昌就把二人悄悄商量的结果给端了出来,说袁世凯提了六个条件:

(1)明年即开国会;

(2)组织责任内阁;

(3)宽容参与此次事件诸人;

(4)解除党禁;

(5)须委以指挥水陆各军及关于军队编制的全权;

(6)须给予十分充足的军费。

六条缺一不可。

这几个条件,够狠的。只要答应的话,摄政王也当不成了,内阁总理大臣也要换人,把朝廷的家底儿也要掏空了,以后再有个七灾八难的,看你怎么度日。

而且,其中隐藏着对南方革命党人分化瓦解、让其自动放弃抵抗的招数,其中隐藏更深的是对南方革命党人的示好之意,为自己留了后手。

还有给知识分子、立宪派抛的橄榄枝——解除党禁,这是多么开明的政策。

摄政王崩溃了,这是什么条件哪,打劫呀,要命哪。

我不跟你谈了不行吗?

他也看明白了袁世凯条件的大致含义,与其让你在革命党人面前当好人,还不如我来个分化瓦解。他从袁世凯的信中现学了一招,赶紧用上。当天,朝廷下令,对于此次的"从乱者"一概不究,此后查获的革命党人名单就地销毁。

可是,局势的发展已经容不得摄政王观望了,眼见着各省一个又一个地宣布独立,这样下来,江山彻底地没了。算啦,算啦,我认栽啦,我输了。

答应你的条件,我儿子的皇位能保住,我大不了回家当太上皇。

摄政王打蛇不死,反被蛇咬。

事情的发展完全在袁世凯的掌控之中,朝中基本无人可以窥破此中玄机。即使有窥破的,却没有能力打破,还不如啥也不明白为好,更能减轻自己的痛苦。

27 日,清廷下了上谕:(1)调荫昌回京;(2)授袁世凯为钦差大臣,所有赴援之师全归袁调遣,第一军交给冯国璋统率,第二军交给段祺瑞拉管;(3)拨白银 100 万两为军费。

虽然没有完全答应袁世凯的六个条件,但这已经做出了实质性的让步。

袁世凯一看,虽然自己的条件被打了个七折,但其他条件以后可以根据形势慢慢地要,现在如果再还价,大概就再也出不来了。

暂时先这样吧,巩固阵地。

回信:我愿意效命疆场,荡平逆匪。

每一个成功的人,都有一段沉默的时光。有的叫它韬光养晦,有的叫它积蓄力量。尺蠖之屈,求其伸也。有的人叫它忍耐,有的人叫它反思。经历了这段时光,你才能像弹簧一样爆发出来,弹射出去。

三年闭关,虽是韶华已逝,不仅般若如初,功业又已精进。属于自己的时代,终于到来了。

袁世凯重出江湖

袁世凯终于开始行使兵权,调兵遣将了。

他把这几年受排挤的心腹爱将全指名调出来后,命令:

王士珍,襄办湖北军务,招兵买马,编为湖北巡防营,驻守京汉铁路,负责北洋军后方的安全和后勤补给线的畅通。

倪嗣冲，为河南布政使，趁乱招兵壮大势力，然后进驻安徽颍州，保证北洋军侧翼安全。

段祺瑞，率第二军驻洛阳，暂时不动，作为生力军随时准备接应。

冯国璋，担任先锋大将，率第一军，进攻汉口。

北洋三杰齐上阵，磨刀霍霍奔武昌。

袁世凯自己呢，仍然没有出山，就躲在自己的城堡里静观天下。因为他提出的六项条件，朝廷还没有全部满足呢。

袁世凯知道养敌以自重，用朝廷的名义来对付革命党，用革命党来牵制朝廷，以便于自己要更大的条件。

冯国璋接到进军的命令，定要给革命军以颜色看看。

本来，这些天，北洋军一直没有真正的进攻，革命军也松懈了。可是，冯国璋突然下令攻击，革命军猝不及防，水陆两向纷纷受挫。

醒过神来的汉口革命军开始还击，与北洋军展开了血战，双方呈拉锯的胶着状态。

就在袁世凯出兵前后的一段时间里，全国许多省继续宣布独立。10月29日，阎锡山在山西太原独立；10月30日，昆明"重九起义"，推蔡锷为云南都督；31日，江西南昌光复。

这其中，北方发生了一件大事，差点儿要了清政府的命。

武昌起义之前，清政府本来是想在永平举行一次大规模军事演习。直隶永平府，今河北省唐山地区，相当于今唐山和秦皇岛二市的大部分地区，包括滦州、卢龙、迁安、昌黎、抚宁、乐亭、临榆等几个县，史称永平七州县。永平府之府衙设在卢龙县城，自古是内地通往东北的咽喉要道。演习刚要开始，南方枪声打响了，主力部队抽调前往镇压，后方剩下了一部分。而恰恰就是这一部分人，差点儿把天捅个窟窿。

新军第六镇统制吴禄贞（同盟会员）、第二十镇统制张绍曾、第二混成旅协统蓝天蔚，这俩师长、一个旅长，早就秘密商量着要起义，这下主力部队调走了，他们决定趁机起事。

吴禄贞、蓝天蔚与良弼并称他们那一届的留日士官三杰，都是出类拔萃的人物，也是非常有头脑、有能力的干才。

就在阎锡山 29 日宣布山西独立的同一天，吴禄贞、张绍曾、蓝天蔚等人截留清廷准备运往南方的武器辎重，发动"兵谏"，联名致电清朝，要求速开国会，改定宪法、皇族永远不得担任内阁总理大臣等 12 条要求。同时，他们还准备率领永平演习时留在滦州的部队，联合阎锡山军队，直捣北京。

山西、河北这两个地方，属于清廷后院，后院起火的时候，清廷主要兵力全部调往湖北了，这下子形势可是万分紧急。

上帝在向大清王朝微笑招手。

被乱局逼得一筹莫展的载沣已经绝望了，10 月 30 日，他连发四道上谕，表示要释放政治犯，实行宪政，组织责任内阁，准备带着小皇帝出逃。

至此，袁世凯提出的六项条件，已经基本上全部答应了。

袁世凯一看，你别跑啊，你要是跑了，这出戏还怎么演、我还怎么当内阁总理呀？

袁世凯正式上书，表示自己不再养病、决定出山啦。

只要有我在，局势没有问题。

10 月 31 日，袁世凯坐火车到达信阳，卸任北上的荫昌在这里与袁世凯办理了交接手续，指挥前线战事的军事大权，全部移交给袁世凯。

11 月 1 日，朝廷发布上谕，任命袁世凯为"内阁总理大臣"，并让袁世凯择日北上，组织内阁。以奕劻为首的内阁全部"辞职"。

袁世凯仰天长笑，三年来的郁闷一扫而光，终于可以长舒一口气了。

他没有着急北上，得先见见自己的兄弟部下，没有他们的支撑，自己就是光杆司令。

前线的旧部终于看到了老领导神采奕奕地重出江湖，三年啦，苦等了三年啊，大家情不自禁地鼓掌欢呼。

大人，您有白头发啦。

大人，您身体还真棒哪。

大人，您看看您带的兵怎么样，给您丢脸没？

大人，终于又见到您了。

……

将士们有满肚子的话要说啊，他们也受了诸多委屈。

袁世凯站在万人中央，感受这无上荣光。

哥已远离江湖，可江湖中还流传着哥的传说，人世间最大的荣耀，莫过于此！

弟兄们，从今天起，只要有我在，就绝不再让你们受到任何委屈和不公平的待遇！

弟兄们，把泪水化作让子弹飞的动力吧！

他要借这个机会，锻炼队伍，考察新人，展示一下北洋军的肌肉块儿和真正的战斗力。

当天，冯国璋令北洋军全力进攻汉口，给袁世凯送上见面礼。由于受到顽强抵抗，冯国璋一怒之下，下令一面炮击，一面放火焚烧，将繁华的汉口付之一炬。汉口被北洋军占领。

在袁世凯出山这几天，他办了几件大事。

第一件事，是拿下汉口，既震慑革命党人，又随即对朝廷说是兵力不足、财力不足，要求休整，实际是向朝廷提条件。

第二件事，是开始与黎元洪方面有秘密接触，军事战与政治战相结合。

第三件事，是他继续对朝廷拿架子，说自己的"总理大臣"不是公推的，咱们都实行新政、改革、立宪了，没有公推的内阁总理，还是任命制，这于情于理说不通嘛。

第四件事，是处理北方的兵变。

因为北洋军的主要部分都是他当年积下来的底子，对付吴禄贞的兵变，袁世凯没费吹灰之力，花钱买通吴禄贞身边的一个北洋旧将，在石家庄直接把吴禄贞的人头给取了。

袁世凯既展示了自己的下马威，也表明不允许任何人损害他的利益这决心。

11 月 8 日，北京的资政院开会，正式推举他为内阁总理大臣。

看此电文，袁世凯才把军事指挥权交给亲信冯国璋、段祺瑞等人，自率卫队北上，组织责任内阁。

清政府与革命党拉锯战分不出胜负，此时胳膊粗、力量大的袁世凯倒向哪方，哪方就会取得决定性的胜利。只是，清政府和革命党人都没想到，袁世凯选择了第三条路。那就是，走自己的路，让别人说去吧。

想想也是，自己的命差点儿没丧在载沣手里，怎么可能还会真心为清廷卖命？

当上"总经理"

11 月 13 日，袁世凯回到了阔别三年的北京。

六天之后，在高调宣誓效忠清政府的口号声中，袁世凯正式开始组阁。

这次组阁，虽然是以君主立宪为名，但包括军事、政治在内的朝中的重大权力已经基本掌握在袁世凯手中。

还不怎么懂事的小皇帝溥仪光荣地当上了"董事长"，太上皇当上了"顾问"，袁世凯当上了"总经理"。皇帝成了虚君，而有了"总经理"，摄政王的角色也没有存在的必要了，奕劻也离开了钩心斗角的权力中心，回家享受袁世凯拨给他的巨额好处费。

组阁的过程，其实就是如何实现以安排自己人为中心任务、兼带平衡各种势力关系的过程。

袁世凯终于自己说了算了，想喝豆浆喝豆浆，想吃油条吃油条。

朝中已经没有人与袁世凯对抗，所以人事安排并不怎么复杂，皇帝只是负责给他盖章而已。

赵秉钧任民政大臣，严修任度支大臣（严修，就是袁世凯落魄时送他到火车站的那位；度支大臣，就是财政大臣），王士珍任陆军大臣，萨镇冰任海军大臣，张謇任农工商大臣，就连梁启超也获得了司法部副大臣的职位。

亲信的人放在什么位置，点缀的人放在什么位置，属于权力平衡的人该放在什么位置，这些安排，袁世凯早就成竹在胸了。

组阁完毕，袁世凯到东交民巷拜访各国公使，请他们放心，决不会损害到他们的核心利益，你们完全不用派军队来清国。

外部事务稳定了，内部最基础的权力格局也初步布置完毕，下一步，就是寻求重点突破。

袁世凯虽然已经军权在手，但还有一个比较关键的军权——禁卫军，仍然掌握在皇帝的亲叔叔、军咨府大臣载涛手里。在这里没有自己人掌权的话，袁世凯睡觉时都觉得像是床边有颗定时炸弹。

怎么办？皇室一定会死死守住这最后一个阵地，怎样把这个位置换成自己信得过的人，而这个人，还得让各派势力都能接受，实现权力平衡。

"龙杰"王士珍和"虎杰"段祺瑞这两个人，肯定不行，自己罢官这三年，王和段二人也被排挤出局，看来清廷对他们两个很不信任。调自己的其他亲信过来，自己还不放心，怕他们不能很好地领会自己的意图。看来，这一角色，只有冯国璋才能胜任。

冯国璋个性柔和，曾经当过贵胄学堂总办，在皇族和公子哥当中，积累了一定的人脉，禁卫军的各级军官大都是他的学生或属下。这次武昌起义爆发后，朝廷居然派他领军南下，看来这三年期间，冯国璋在朝中周旋得不错，摄政王对他放心。通过前几天的观察，冯国璋对自己的忠诚度也没变。朝廷最近正悄悄鼓动冯国璋主动攻打武汉三镇，冯国璋也跃跃欲试，必须把冯国璋调回来，别因为他而下糟了自己的这局好棋。

对，就是冯国璋，他是最佳人选。

那么，怎样才能把冯国璋从前线调回来呢？又怎样移花接木、取代载涛呢？

而南方的革命党人，又怎么对付呢？

怎样把这些不同的势力调动起来，使他们都成为自己这盘棋局上的棋子，全部为己所用，这很需要一番努力。

袁世凯陷入了沉思。

先吓唬吓唬这个胆小如鼠的载涛再说。

载涛这个人，不光胆小怕事，还不务正业。载沣用他担任要职，绝对给皇家丢脸。他整天痴迷于客串京戏,他的演技造诣很深,在京剧界自成一派,闻名全国。

袁世凯以内阁总理大臣的身份向朝廷提议,值此危急存亡之秋,为了振奋军心,壮我军威,武昌、汉阳久攻不下,好钢用在刀刃儿上嘛,平常装备最精良的禁卫军应该起个"示范"作用,最好是由皇族里的亲贵大臣带禁卫军出征攻打革命军。

载涛一听就吓坏了。留学德国的荫昌在前线都跑回来了,让我带兵出征,这不等于是让革命党人来杀我吗?不干了,不干了,这个军咨大臣,谁爱当谁当,保命要紧,我也和哥哥一样,回家吧。

袁世凯提议,军咨大臣由徐世昌来担任。

结果,清政府军咨大臣(参谋总长)的重要位置,乖乖地转到了袁世凯的人手中。

不管怎么说,自己内阁总理大臣刚上任,必须先拿出点儿像样的成绩来。对自己来说,这个问题一点儿都不难,难的是火候的处理:既要把南方革命党人的气势给打压下去,又不能完全消灭,如果这局棋过早结束,自己就没得玩了,那个时候想威胁朝廷的话,只能让自己的北洋军直接走上前台,这可不行。自己已经高调宣布忠于清室,这才当上内阁总理,政治上的牌坊也很重要,绝不能自己打自己的嘴巴子。

把皇室的人搞定之后,袁世凯接下来的局,就是要让革命党人准确地领会到他的意图。

就在袁世凯与朝廷互相推手打太极的时候,南方的革命形势得到了进一步发展。袁世凯原以为先打下汉口,便可敲山震虎,让革命党人不敢轻举妄动,可是黄兴急电同盟会在上海的负责人陈其美,"非江浙独立,攻克南京,无以解武汉之危",陈其美决定在上海发动革命。

11月3日,上海同盟会陈其美、光复会李燮和、上海商团李平书等在上海发动武装起义。

11月7日,上海光复,成立了沪军都督府,陈其美任都督。

次日,杭州光复,蒋介石任杭州起义的敢死队队长,立下了大功。他是在武昌起义后,受陈其美之邀,特意从日本野炮兵十三联队实习之时请假跑回来的。蒋介石回上海后,担任沪军第五团团长。

繁荣富庶的江南,尤其是第一大城市上海的光复,使革命党人有了一定的经济后盾,以虞洽卿为代表的宁波财团和上海财团为同盟会资助经费,革命党人不再被动,有了与北洋军对抗的重磅砝码。

袁世凯因为在这一段时期内,主要精力放在与清廷斗法、总揽大权上,没想到南方的形势会发生星火燎原般的重大变化。大权在握之后,袁世凯命令冯国璋,再进一步,攻打汉阳,兵临城下。

只有这样,才能为自己的谈判和攻心,奠定坚实的军事基础。

这个时候,黄兴已经来到了武汉。汉口失守,对革命军很不利。卧榻之侧,岂容他人酣睡?黄兴与黎元洪商量后,决定反击汉口。只是,革命军的几股势力并没有形成统一的步调和意志,军令、政令并不统一,反攻汉口并没有成功,不仅损兵折将,而且打击了士气。

冯国璋接到袁世凯下令进军汉阳的命令,立即架炮攻城。革命军也知道,汉口已经丢掉,汉阳如果再丢了,那武昌就成了人家嘴边的一块肉,随时都可被吃掉。

双方展开了厮杀,经过七天的血战,最终,11 月 27 日,冯国璋的北洋军,占领了汉阳。

武汉革命军岌岌可危。

汉阳一战,革命军各股势力加起来有 5 万之众,却缺乏作战经验,且山头主义严重,前敌指挥员黄兴废了九牛二虎之力,也没有抵挡住北洋军的重炮。战后,黄兴主张队伍撤离武汉,攻打南京,遭到许多人的反对,且以常败将军挖苦他(此前的镇南关起义、黄花岗起义,黄兴的领导都是功败垂成),黄兴黯然离开武汉,去往上海。

武汉三镇被攻下了两个,朝廷大喜过望,立即授予冯国璋为二等男爵,授予袁世凯为一等侯爵。

冯国璋非常激动,想不到自己一个穷小子出身,朝廷能给如此殊荣。曾国藩当年灭了太平天国那么大功,才被封个一等毅勇侯,而曾国荃只是个威毅伯,自己拿下了两个镇,就给封个男爵,天恩浩荡啊。

人要是一激动,就容易迷失方向。冯国璋马上向袁世凯请求,大人,只要你一声令下，我马上打下武昌。

不听领导指示的行动，是盲目的行动。盲目的行动，是会搅局的。

革命党人已经领会了袁世凯的意思，但冯国璋在这个时候却没有很好地领会领导的意图。

袁世凯一看，这小子，关键时刻怎么糊涂了，这不是要破坏自己的全盘计划吗？

于是，袁世凯任命冯国璋为察哈尔都统，冯国璋拒绝这个任命，他想继续打下去，好有机会封侯拜相。

可是，如果这么打下去，武汉革命军被灭，那袁世凯出山的任务就完成了，后面就没戏了，刚走出铁笼的老虎就得乖乖地回山。

袁世凯密令段祺瑞连夜开进汉口，取代冯国璋。

四哥，醒醒，袁大人想你了，说你太辛苦，让你回去陪他喝口酒，聊聊天。

这样，冯国璋被袁世凯调回了京城，接任禁卫军统领。段祺瑞赶到前线主持战局，并担任湖广总督。

京城这里，载涛离开了禁卫军，群龙无首就更好治了。袁世凯命令禁卫军的炮队调援山西，把其他的禁卫军也以准备出征的名义调出皇城待命，而把自己的嫡系队伍编成拱卫军，由段芝贵带领。

至此，皇城的所有大权已经完全掌握到袁世凯手中，下一步，他该好好地和革命军周旋周旋了。

就在汉阳失守、北洋军的大炮架到龟山上、孤城武昌完全处在北洋军的炮火笼罩之下的时候，袁世凯调走了冯国璋，停止了进攻的步伐，再次向黎元洪发出了和谈的信号。

曹锟进攻山西

袁世凯像披挂上阵、极其亢奋的拳王一样，在向湖北方面甩出一记漂亮的左勾拳、施展自己凌厉杀招的同时，将另一记右勾拳打向了山西。

山西这边曾想与吴禄贞联手的阎锡山，还没有尝到北洋军的厉害。

于是袁世凯拨出一支人马,兵锋直指阎老西,他要让南北的革命军都知道,虎啸山林是什么感觉。

阎锡山,山西五台人,1905 年在东京加入中国同盟会,1909 年毕业于日本陆军士官学校,回国后历任山西陆军监督、新军标统(团长),参加反清活动。

阎锡山有着地道的晋商思维,一切事都用算盘算计着来,他家旧居的石碑上刻着家训:"计算一年不如计算一月,计算一月不如计算一日,计算一日不如计算一时,盖以一时所损益者为数虽小,而累以年月则为数甚大。"家训中告诫阎氏子孙,做人时时刻刻都要计算清楚。这可不是郑板桥的"难得糊涂"啊!

据阎锡山的炮兵司令周玳回忆,阎锡山"是'钱鬼子'出身,算盘打得最精,总要把敌我双方的力量,放在戥子上称了又称,只有在自己的力量大大超过敌人的时候,他才会明白表示态度;不然,他照例是八面玲珑,决不贸然得罪人的……"而据他的表侄张瑞生回忆:1911 年 10 月 29 日,山西起义军加入反满复汉的辛亥革命,杀了山西巡抚陆钟琦及其子陆光熙,阎锡山在这一仗中带着亲信躲在树丛中观望——"如果起义成功,他跟进的部队可以参与邀功;如果失败,造反的责任可推到别人身上"。《南方人物周刊》的记者李宗陶撰文称阎锡山为"能成大事业,难得大机缘",评价可谓精当之至。起义成功后,阎锡山由团长被推为山西都督,并商定与吴禄贞联合起来阻击袁世凯,攻打北京城。

吴禄贞被部下暗杀后,袁世凯并没有放过躲在山西的阎锡山,因为湖北毕竟离京城较远,但山西在京城的后院,不能大意,别让人在背后捅刀子。袁世凯派出自己的心腹爱将曹锟,率领北洋嫡系第三镇的部队,开往山西镇压。

曹锟领命后,派部下的炮兵三团乘火车先行出发,沿路疾行,计划以最快速度抵达河北与山西交界的井陉,即阎锡山晋军扼守的山西天险娘子关对面。

这次进军非常具有戏剧性,曹锟差一点被阎锡山设下的陷阱包了饺子馅儿,那袁世凯北洋军中嫡系的嫡系可就丢脸丢大了。而让阎锡山和北洋军内线没能实现这一巧妙计划的,恰是此时的一个小人物、日后驰骋北洋的吴佩孚。

吴佩孚,字子玉,山东蓬莱人,1874 年生。其父吴可成,开小杂货店养家糊口。据说在吴佩孚出生这天,吴可成梦见了明朝抗倭名将、民族英雄戚继光。戚继光也是山东蓬莱人,平日里吴可成就佩服这位老乡。日有所思,夜有所梦,恰巧儿子出生这天,居然还梦见了戚继光,老吴大喜过望。

戚继光,字佩玉,于是,老吴给这个二儿子取名佩孚,字子玉,把自己崇拜的英雄的名字给分开放到儿子名字里了,也算是圆了老吴的英雄梦。

你说这老吴,自己的父亲没给他取个好名(吴可成,听着像是"无可成"似的),给儿子取的这个名字却是顶呱呱的。可老吴永远也不知道的是,自己的这个儿子,日后会统兵数十万,纵横江湖,于 1924 年 9 月 8 日居然成为首次在美国《时代》周刊封面亮相的中国人,上海英文杂志《密勒氏评论报》的主编、美国人约翰·鲍威尔甚至认为他"比其他任何人更有可能统一中国"。

吴佩孚年少时读书倍儿棒,很早就有了秀才的功名,因为年轻气盛,掀翻鸦片台,指责男女同台演戏,得罪了当地的乡绅,被迫离开家乡,流浪北京街头,以写春联、卜卦为生(吴佩孚对易经有很深的研究,还专门著有《正一道诠》《易经新解》等书)。后来投军到天津武卫左军聂士诚部,在管带沈某处任戈什哈。

有一次,吴佩孚为巡警营文案幕僚郭绪栋送一份公文,发现郭错用了一个典故,两人谈论起来,郭才得知吴佩孚居然是个有功名的秀才(正牌的本科大学生),且谈吐不俗,这个姓郭的先生也有点儿会看相,他看出吴佩孚绝非久居人下的池中之物,遂与吴佩孚结为把兄弟。

在传统中国社会,除先秦时期人们尚武、血性十足之外,到了汉朝时期独尊儒术,又经过宋朝以文制武,清朝为消磨汉人抵抗精神而宣扬的"好男不当兵",都使得中国人认为当兵并非正途,而以前在当兵的人中,当戈什哈更是"非正途"中的"非正途",是最没出息的位置,除了替领导收礼、送礼、跑腿、迎来送往及处理无法启齿的私事,与带兵打仗根本就没一点关系。

吴佩孚当兵时就在这个被人看不起的岗位上，加上吴秀才的体质和气质就是个文弱书生样，经常受人冷嘲热讽、欺负。

郭哥看在眼里，急在心上。他觉得吴佩孚当兵就已够屈才的了，窝在这里更是屈才。他经常在朋友圈中说："子玉前程无量，我们将来肯定得仰仗他。"郭哥还经常给吴佩孚零用钱花，照顾得非常到位，并多方打探有没有让吴兄弟进入军官学校的提干机会。

1902 年 9 月吴佩孚在郭哥的极力保荐和四处活动下，进入测绘学堂学习。一年后，他以优等成绩毕业，任北洋督练公所参谋处中尉，正式成为北洋系的一员。

日俄战争爆发后，清政府明着宣布独立，暗地里却帮助"同文同种"的日本人，在日本驻华军事顾问、日本近代间谍战鼻祖青木的主持下，从北洋督练公所中选拔出包括吴佩孚在内的 16 名青年军官，与 31 名日本情报人员秘密组成中日混合侦探谍报队，刺探俄国情报，吴佩孚表现非常出色，被称为"总有法子先生"。他凭着自己的机智，获得了大量俄军布防情报，为日军歼灭驻旅顺的俄军出了大力。吴佩孚曾有一次在执行任务时被捕，但他拒不承认自己的谍报员身份，在被押往哈尔滨途中跳车逃脱。

吴佩孚在以间谍身份出色完成任务后，被派到北洋陆军主力第三镇，在曹锟师长手下做事。徐世昌主政东北时，曹锟的军队跟着来到关外。有一次曹锟要用东北地图，却哪儿也找不到，吴佩孚从自己的行囊里拿出一张在日俄战争时期自己绘制的东北地图，由此曹锟对吴佩孚开始有所关注。随后，吴佩孚调任炮兵第三标第一营管带（营长）。

只是，任何人也没想到，在这场即将到来的恶仗中，最露脸的人，不是师长、旅长、团长，而是小小的营长吴佩孚。

吴佩孚初出茅庐

此次曹锟奉袁世凯命令，军队全速开往井陉，按照作战序列，应该是吴佩孚的一营在前,吴佩孚的直接上司、炮三标刘标统(团长)居中,协统(旅长)卢永祥断后。可是,军列开出之前,刘团长突然让自己的勤务兵来到吴佩孚的营部传令,团长的团部设在车的前列,吴营长的营部居列车之中。(团长和营长位置对调,这不是天意吗?几天之后,吴佩孚就晋升为团长了!)既然是上司的命令,吴佩孚也没在意,听命执行就是了,带着亲兵就登上了军列的中间车厢——原本应该是团部所在的位置。

火车离开石家庄不久,进入了夜间行车,灯火全灭。周围的弟兄们全都在火车有节奏的"咔嗒嗒"声中呼呼大睡,预备养足精神好打仗。善于思考问题的吴佩孚却睡不着,且作为一营主官,他也得处处小心。因为睡不着,所以火车每停靠一站吴佩孚都习惯性地拿着自己的大手电筒透过火车的玻璃窗向外照照,看看站牌,数着车站,看一下车开到哪了,再琢磨琢磨地图,计算一下距离。

机遇偏爱有准备的头脑!

世界是属于有心人的!

吴佩孚睡不着觉,用手电筒照照站牌,恰恰就这么点儿细节,使这位久被压抑、无法施展抱负的吴子玉立了大功,也救了整个炮兵团,甚至是救了师长曹锟的命,当然,也救了自己的命。因为差一点,他们就被阎锡山包饺子了。

吴佩孚就这样在火车"呼隆呼隆"的伴奏声中半睡半醒着,火车每过一站他都知道,微水过了,南张也过了,从地图上来看,这已经离井陉非常近了。

大敌当前,马虎不得。吴佩孚摇醒了张福来(吴佩孚认下的小老弟,日后是吴帐下四大将之一),再一一把大家叫醒,并派人去叫醒别的车厢的一营全体官兵,让大家打起来精神来,以备不测。

命令吩咐下去后,吴佩孚这才转过身来,坐下,窗外刷地闪过一片灯光,吴佩孚没看清外面的具体位置,便赶紧用手电照出去,看看这是什么地方。不早不晚、不偏不斜,吴佩孚的手电筒恰好照到了车站的站牌,两个非常刺眼的大字闯入吴佩孚的眼睛:"井陉。"

井陉车站到了!火车居然没停!这怎么了?发生什么事了?

吴佩孚的脑袋"嗡"地一下子,他浑身一机灵,立刻又站了起来!

车过井陉而不停,那前方就是娘子关,火车是在全速开进敌阵?!

吴佩孚"蹭"地一下子抄起枪,叫上还在犯迷糊的张福来,带上十来个弟兄,抄家伙,用手一摆:跟我来!

张福来不明白,紧张地问,大哥,出什么事了?

别说话,去前面看看。

吴佩孚带着这十几个人,穿过几节车厢,直接摸到火车前面的团部。他轻声示意大家,连带用手指比划着:枪上膛,进门之后,给我对准里面所有的人!

"咣"地一脚,吴佩孚破门而入。

进入门内,双方均目瞪口呆。

里面的人,正在紧张地准备,没想到吴营长带人端枪冲进来了!

外面的人,看见里面的人全部换上了革命军的军装,而坐在中间穿革命军军装的,居然是他们的顶头上司刘团长!

刘团长愣了一下,站起身来,满脸笑容:"子玉,你这是干什么呀?来,坐下来听我跟你说……"

吴佩孚没有接受过革命军的理论宣传,他只知忠君保国,只知此行的目标和任务,他把脸一板,枪口一指:团长你站住,你再往前走半步试试?我只认军装不认人,子弹可不长眼睛。

吴佩孚回头果断命令自己的部下:把革命军一干人等给我捆起来!

关押处理了这批人后,吴佩孚和张福来顺着火车的车厢悄悄地爬出来,直奔车头,看见了两名身穿革命军服装的人正一左一右看着司机,吴佩孚和张福来顺利地处理掉了这两个没有防范的人,紧急命令司机:赶紧刹车! 往回倒!

娘子关前,阎锡山的部队正张开大网准备捕鱼,眼见着火车就要冲进包围圈了,大家这个乐呀。突然间见火车吱吱嘎嘎地停住,紧接着又向后倒着跑,一看坏了,出事了,赶紧开枪。虽然打伤了些车上的人,但火车最终还是退出了阎锡山军队的枪炮射程。火车退回井陉站后,吴佩孚把刘团长交给了旅长卢永祥,并等着随后坐车赶来的曹锟师长。

原来自吴禄贞被刺身亡后，晋军一直与倾向革命的刘团长联系，刘也把行军路线、日期等都告知了阎锡山。袁世凯计划派兵前往山西后，刘团长就与晋军定下了这一瞒天过海之计，没想到功亏一篑，要不然，北洋主力师的炮兵团会被轻松吃掉，曹锟师长也可能坐火车冲进来被一战而擒。

曹锟赶到后，了解了全部情况，处理完毕，对吴佩孚说："子玉，要是没有你的细心，不仅是我麻烦了，皇上和朝廷也麻烦了，从现在开始，这个炮兵团就由你带领了，你就是团长。"

师长大人直呼"子玉"的名，可见曹锟对吴佩孚的表现是真的非常满意。

旅长卢永祥非常害怕，怕这件事一旦传到袁世凯耳朵里，会显得旅长很不负责任。因此，卢永祥和曹锟咬了半天耳朵后，曹锟没有大张旗鼓地处理这件事，不仅没有如实上报袁世凯，甚至还渲染一番。曹师长找吴佩孚谈话，吴佩孚表示非常理解。

接下来的几天，北洋主力师凭着优势兵力和强大的炮团轰击，攻下了三晋门户——天险娘子关。

因为已经让晋军知道了北洋军的厉害，晋军不会轻举妄动了，肌肉块儿已经展示过了，袁世凯电令曹锟停止攻击的步伐——他要与革命党人开始谈判了。

袁世凯的 B 计划

一边打、一边谈，这是所有战争行动的特色，不管交战双方斗成什么样，谈判一直是暗中紧锣密鼓地进行的另一场交战。

所以，战争与政治历来密不可分。战争是政治的延续，政治也可以算是战争的延展（20 世纪 30 年代蒋介石"围剿"红军时，就采取"三分军事、七分政治"的手段）。

如果说，表面上的军事进攻，是袁世凯的 A 计划、第一套方案，那么，暗地里进行谈判、分化、拉拢，则是袁世凯的 B 计划、第二套方案。B 计划这种手段可以让对方心存幻想,减弱对方的抵抗决心,用最小的损失换来最大的收益。

袁世凯在没出山、与清政府讨价还价的时候,提出六条主张,就是在向各方释放自己的政治意图。

"组织责任内阁"一款,是对立宪派招手:要实行君主立宪了,你们团结到我这里来吧,因为我有军事力量。

"宽容参与此次事件诸人"一款,是对革命派招手,也是打政治战,分化和瓦解。

"解除党禁"一款,是对知识分子招手。知识分子容易被各种理念所吸引,尤其是"自由"地发表言论。

现在,袁世凯已经执掌了朝廷的全部大权,他要充分利用一下这个权力,继续用朝廷的力量压制革命党人,再用革命党人的存在来强化朝廷对自己的依赖。这样,自己就会成为朝廷和革命党双方都倚重的力量。

怎样把自己的意图传达给革命党人呢?

必须把一个人利用上,充分开发其使用价值。谁呀?那就是虽在狱中却已名满天下的汪精卫。

汪精卫是同盟会举足轻重的人物,汪精卫刚入监狱的时候,孙中山仰天叹息:"失精卫,断吾臂!"这个人如果利用好了,不仅在同盟会和革命党面前,甚至在大清朝的普通百姓面前,都可以树立起自己的旗帜和形象,就可能盘活一局棋。

袁世凯决定,由自己出面作保,让汪精卫出狱。

袁世凯与汪精卫密谈了几次,双方基本达成一致意见。为什么打仗?不都是为了救国救民吗?何必非得来个你死我活?实现双赢,不好吗?

把革命派的代表汪精卫放出来,这对于革命党人来说,是一个非常明确的政治信号。

释放信号的人尽在不言中,观望局势的人也及时捕捉到了这一信息。

双方心领神会。

这样,立宪派的杨度和革命派的汪精卫组织了"国事共济会",发表意见书,主张南北即日停止战争,举行临时国民会议,解决国事,协议君主、民主政体问题。

袁世凯表现出来的见识、才能和魄力,与汪精卫心目中的大清官僚的腐败、愚昧、无知的形象完全不同,汪精卫很是佩服。汪精卫深知,一个政治上曾经被判"死刑"却东山再起且掌握朝廷中全部大权的人,绝非等闲之辈。同盟会肯定没有足够的力量来与袁世凯抗衡。当前来看,也只有袁世凯有本事控制时局,早日结束战火,其他人有这个心,却没这个实力。

最后,袁世凯和汪精卫谈得很投机。汪精卫认为:"中国非共和不可,共和非公促成不可,且非公担任不可。"袁世凯让长子袁克定与汪精卫拜了把兄弟。

汪精卫便开始充当南北对话的使者。

袁世凯是一个枭雄,有能力、有魄力、有实力,这一点谁也没法否认,尤其是他在政坛上大起大落而又重出江湖之后,已经没有人能与他相对抗。

黄兴也认为袁世凯是一个人物,他完全有实力像曾国藩搞垮太平天国那样,一点一点地搞垮革命军。莫不如给他开个总统的支票,换取他对革命事业的支持。因此黄兴给汪精卫回电,说只要袁世凯能够推翻满人专制政府,将来实现共和,就拥他做大总统。

实力处于弱势地位的革命党人,也希望通过谈判,既可以让自己生存下来,又达到借力打力、推翻满人专制政府的目的。

占据战略优势地位的强者袁世凯想通过谈判达到自己的政治目的,也不想拼个精疲力竭,杀人一万,自损三千。

这个时候,革命党人又意外地收到了一份惊喜的大礼包:六朝古都南京被革命军占领了。

南京城内清军所依靠的武力是江南提督兼钦差江防大臣张勋的部队,江宁将军铁良和两江总督张人骏也在。张勋以恐怖手段对付革命党人,遭到了激烈的反抗。在徐绍帧率领的江浙联军及陶成章、李燮和领导的光复会队伍的帮助下,南京城于 12 月 2 日被革命军占领,整个江南地区的革命势力连成了一片。

本来,南京城是不会这么轻易地被攻下的,只是袁世凯坐视南京的清军(虽然张勋是袁世凯的旧部,但张勋更忠于爱新觉罗氏家族,且张勋带的兵不是北洋军的嫡系部队,因此袁世凯不救)与革命军厮杀,借革命军之手,削弱和扫除非北洋系的清军力量,好为自己完全掌权奠定基础。袁世凯根本就没把革命军放在眼里,因为只要他想荡平,有朝廷的财力和北洋军的武力,易如反掌。

对此,他有着绝对的自信。

这样,双方坐下来谈判就有了机会和理由。

从 12 月 17 日起,南北双方开始了"和平谈判"。到 1912 年清帝退位之前,共进行了五次正式的谈判。

袁世凯方面,以唐绍仪和杨度为谈判代表,认为君主制度万万不可更变,要求进行君主立宪。

南方以伍廷芳为谈判代表,他们最主要的条件是:谈判以承认民主共和制度为先决条件,只要袁世凯赞成共和,逼迫清帝退位,南方就推举他为大总统。

袁世凯经过认真考虑,最后回复唐绍仪,说这个问题可以留待以后交给"国民会议"讨论解决。搁置争议,向前看齐,算是绕开了南方和北方僵持不下的原则问题,使得谈判继续进行。

武汉·上海·南京

在辛亥革命中,武汉、上海、南京分别代表了革命派内部的几股不同势力,必然涉及权力格局的分配。

提起革命党人,一般人的脑海中浮现的是一个个大公无私、大义凛然、舍己为人、无所畏惧的英雄形象,怎么会有权力之争呢?这不是有损革命派的光辉形象吗?

这样的看法,糊弄一下小孩子还可以,真实的历史、真实的社会和真实的生活并不是这样。

革命党人不仅有权力之争,而且争得激烈。至于争的双方,哪方是出于公心,哪方是出于私心,也无法像解数学题那样一目了然。

历史的读者,最好不要用先入为主的态度来看待历史事件,而应该仔细分析其中的利害关系。

没经过长期磨合和斗争的革命团队,此时正处于群龙无首的阶段。

武昌起义后,文学社与共进会两个团体,维持不了"一不小心把天捅个窟窿"这个局面,协调不了各方面的关系,也解决不了种种纷争,这才把大家都能接受的黎元洪推举出来。黎元洪本来就是他们的官长,这时候人事安排的纠纷还不怎么明显。

革命军声势震撼全国,然而关键时刻却没有同盟会的声音。这里面的主要原因是,同盟会此时因为内部矛盾,基本处于分裂的状态。

也就是说,虽然有多种力量,但并没有发出同一个声音。

当时同盟会的格局大致如下:

第一支,孙中山将南洋、美洲等地的同盟会改组为中华革命党;

第二支,光复会退出东京的同盟会后,于 1910 年重建;

第三支,1911 年夏,宋教仁等人在上海组织中部同盟会;

第四支,东京同盟会总部还有一支力量;

第五支,湖北文学社;

第六支,湖北共进会。

(但是,文学社和共进会,不是由同盟会总部派人下来领导的,是新军官兵组织起来的,从这个层面上说,它不是完全意义上的同盟会力量。)

湖北军政府向上海发出电报,要求中部同盟会领导来鄂。1911 年 10 月 28 日,黄兴和宋教仁从上海来到了武昌,此时,冯国璋已经开始攻打汉口,黄兴火速率军驰援。鉴于黄兴有巨大的威望,这场汉口保卫战由黄兴来指挥。不过,最终还是没能抵挡得住冯国璋的炮火。黎元洪让黄兴退回武昌,交战双方开始停寂下来。

这个时候,被掩盖着的矛盾和纠纷开始浮出水面。归结起来主要有两个矛盾:文学社和共进会的矛盾,黄兴和黎元洪谁来当一把手的矛盾。

汉口失守后,革命军面临的主要问题是保卫汉阳。为了统一各路军马的行动,宋教仁和文学社的蒋翊武等人,提议推举黄兴为两湖大都督或南方军总司令。

这一主张,遭到湖北军政府中一些人的反对,共进会的孙武也反对这一提议。他们认为,黎元洪已经赢得大家的拥戴,地位和人望众所共知。如若更换都督,容易造成内部分裂与纠纷。黄兴只可称"战时"总司令,不可加"南方"总司令名号,这样才是属于黎元洪都督名下,应主次有别。

这里面谁也不能说出的微妙细节,其实在于:

其一,文学社完全以同盟会纲领为纲领,以孙中山为总理;共进会是以"平均人权"为纲领,且是从同盟会分离出来的,本身就对同盟会以前的运作有不满,有不一致的意见。

其二,文学社成员多数出身社会下层,起义成功后,他们的成员也多数担任中下级军官,被"穿着西服的洋老爷"共进会成员看不上眼。中下级军官,打仗时肯定会是冲锋在一线苦战,而坐在办公室里"运筹帷幄"的人中,文学社成员极少,这样,文学社成员有时就会感觉受欺负,出力而不讨好,死伤还多。他们希望拥立黄兴为总司令,改变一下目前的状态。

黄兴这个人,历来顾全大局、不会争权夺利,在以后的革命形势发展过程中,我们还会多次领略到黄兴的这一美德。

最后争论的结果,决定由湖北军政府都督黎元洪正式聘黄兴为战时总司令,设坛拜将。这一举动,看似是对黄兴的尊重和荣宠,其实是黎元洪出面正式确定了谁主谁从、谁是上级谁是下级的局面。并且,这样一来,就把黄兴请出了权力中心——他被派往汉阳前线与冯国璋决战。

11月7日,上海光复。上海本来就是中国第一大都市,有雄视天下的气派,这样,革命队伍马上就要出现两个中心,这对于首义之区武昌来说,对于首义元勋黎元洪来说,都是不能接受的。

11月9日，黎元洪正式通电起义各省：大家过来开个会吧，咱们得好好研究研究，必须要有个统一的领导机关了。

不过，对新的中央政府感兴趣的，可不止是武昌一家；想把权力集中在自己手里的，也不止黎元洪一人。当时因为局势混乱，电报也不及时，上海方面没有接到武昌发来的电报。但是，大家的想法却是不谋而合。11月11日，沪军都督陈其美、江苏都督程德全、浙江都督汤寿潜联电倡议，依照美国最初的十三州会议方式，在上海设立"临时会议机关"，要求各省原咨议局和都督府各派代表一人常驻上海。

陈其美这么做，是因为上海这里在起义后也闹着矛盾。本来同盟会和光复会就有矛盾，这次上海的起义，同盟会的陈其美与光复会的李燮和同时在上海策动武装起义。

11月3日，起义发动，陈其美率队夺取江南制造局——江南最大的兵工厂，他怕李燮和捷足先登，仗着自己里面有内线，只身入内劝降，却被扣押。幸得李燮和等人赶到后发动猛攻把他给救了出来。可是11月6日上海光复后，陈其美置李燮和于不顾，在青帮的人力和湖州帮的财力的支持下，自称上海都督，李燮和任参谋。李燮和气得想对他动兵。

于是，革命的大本营出现了两个会场。江苏、浙江、福建、湖南、山东、河南等省区派代表往上海集中，江西、广东、广西的代表赶往武昌集中。而上海方面陈其美先入为主，他担心如果武昌成为临时中央政府所在地的话，会不利于同盟会，因此在只有上海、江苏、福建三省代表到会的时候，就抢先召开了第一次会议，打出了"各省都督府代表联合会"的旗号。

结果，上海方面在11月17号才接到武昌方面9号发出的电报。陈其美一看，自己毕竟不是首义之区，号令天下英雄，有点名不正、言不顺，他希望大家协调一下，能不能把起义的临时政府设在武昌，把议会设在上海。

黎元洪一看，自己的步伐慢了半拍，这怎么能行，如果上海设立临时中央，起义的头功是谁的，领袖还能让自己担任吗？

11月20日，黎元洪再次致电各省，决定采取变通的办法：各省代表也别集中开会了,就用电报的形式,把选举出来的代表报到武昌,咱们湖北军政府以此名义照会各国领事,争取西方各国的承认。这一招更绝,走得比上海还快。大家斗法开始渐入佳境。

黎元洪有"首义之区"这把屠龙宝刀,基本上还是具备了号令天下的资格,黄兴也在武昌,因此上海方面不得不做出让步,同意每个省的代表仅留一人在上海联络工作,其他人赶往武昌开会。会议重新确立了以湖北军政府为中央军政府的方案,黎元洪以大都督的名义执行中央政务。会议还通过了《临时政府组织大纲》和"虚临时总统之位以待袁世凯"的决议案。

然而,这个时候,汉阳城又被冯国璋占领,武昌城朝不保夕,有利形势开始转向上海。

陈其美做了上海都督后,一是大力组建军队,二是决定攻打南京。因为兵工厂是光复会的李燮和攻下来的,李拥有大量的军火,陈其美以革命的名义逼他交出兵工厂,自己组建了嫡系沪军第 23 师,继而在军需方面卡了光复会李燮和的脖子。

李燮和组织了吴淞军政分府,自任都督,与沪军都督府分庭抗礼,也组织了一支 3000 人的军队,使陈其美感到莫大压力。陈其美利用自己在青帮的影响,由帮会出面,逼李燮和取消都督府。最后,陈其美又以沪军都督的名义,令李燮和及光复会与江浙联军一起攻打南京,把这股力量赶出了上海。

12 月 2 日,南京城被江浙联军攻占,上海、南京联成一体,这回,大家不用开会商量,多数人认为应该把临时政府移往南京。黎元洪也没办法了,因为武昌城能不能保得住,是个大问题。

12 月 4 日,江、浙、沪三都督以急需统一指挥为由,遍邀各省留沪代表举行会议,在没有与黎元洪碰头商量的情况下,推举黄兴为大元帅,黎元洪为副元帅,准备由大元帅组织临时政府。

以南京为临时政府所在地倒可以,因为武昌城随时可能被北洋军攻下。可是,让黄兴为大元帅,黎元洪为副元帅,这件事黎元洪就没法接受了。他一面要求南京上海方面把这封电报取消,一面由自己的部下出面坚决反对黄兴任一把手。理由是：黄兴乃守汉阳时的败军之将，黎元洪乃首义元勋，这样做，让人心不服。

黄兴再一次展现了高风亮节，坚决不任大元帅一职，并推黎元洪出任。于是，最后终于由黎元洪出任大元帅，黄兴任副元帅。在临时大总统没有选出之前，由大元帅暂行临时总统的权力。如果大元帅不在，则由副元帅代行其职。

黎元洪在名义上取得了一把手的位置，他知道南京、上海不是自己的势力范围，这个乱哄哄的局面，还是让副元帅"代行"处理吧，既然袁世凯没派段祺瑞置革命军于必死之地，那自己就仍然坚守在湖北这个大本营不动。这里既是黎军队的势力范围，也是他的家乡。

湖北军政府与袁世凯方面谈判的时候，黎元洪的主张和黄兴一样，只要袁世凯能逼清帝退位，将来一定拥护袁世凯当大总统。

黎元洪这么做，还有一层深意，他知道自己没有袁世凯的巨大实力，他不是不想当总统，只是不能当。当上总统就是众矢之的，袁世凯久已瞩目的职位，别人上来肯定会挨揍。而自己只要压住黄兴，将来袁世凯当总统，自己的副总统地位是牢牢的。

正当革命党人内部暗中角力、革命党与袁世凯谈判交锋、几方面势力拉锯渐趋平衡的时候，孙中山从国外回到了国内，他做出了一个出乎意料的举动，形势发生了急骤变化，南北和谈也由此发生转折。

第六章 \ 民国总统 \

临时大总统

这些年,孙中山的处境十分艰难。

起义屡屡受挫,在日本被当局赶出,被章太炎指责贪污,东京的光复会成员从同盟会中集体退出,左膀右臂汪精卫被押监狱,在美国华侨中挨家挨户宣传时经常遭冷遇……

创业之艰辛,非常人所能承受。

武昌起义爆发时,孙中山正在美国科罗拉多州的一家餐馆打工(关于这段历史,人民网文史频道《武昌枪响时,孙中山正在美国刷盘子?》一文做了专门论述)。

"武昌暴动"的消息传到美国时,孙中山并没有太强烈的反应。因为同样的起义他已领导过十几次了,何况这次的发动者和他并无直接关系。

又过了几天,孙中山突然收到黄兴的电报,黄要他赶紧束装回国,国内革命形势一片大好,可能要成立"中华民国",他将是总统人选之一。

孙中山不禁喜出望外。

1911 年 12 月 25 日圣诞节这一天,孙中山在经历了十六年的海外生活和艰苦斗争之后,回到上海。

下车伊始,记者问他:"你这次带多少钱来?"孙中山说:"予不名一钱也,所带回者革命之精神耳! 革命之目的不达,无和议之可言也!"

孙中山哪有钱啊,身上已经清零了,一切从头开始。

孙中山回来的时候,正是革命派与袁世凯谈判、革命派内部矛盾重重、各势力拥立黎元洪还是拥立黄兴久议不决、定都南京还是定都武汉僵持不下的时候。凭借巨大的海内外声望，孙中山的到来，加重了南京和上海革命势力的分量，打破了各方势力的僵局。

内部不统一，就没法一致对外。12月27日，17个省的代表在南京举行会议，决定仿照美国最初13州的方法，选举临时大总统，这样才能避免群龙无首、各自为战、相互不服的情况。

其实此前半个月，革命派曾想在12月14日选举临时大总统。黎元洪当时在武昌不同意，他认为应该采取高筑墙、广积粮、缓称王的原则，"此事关系全局，窃以为和议未决，不宜先选举总统，致日后兵连祸结，涂炭生灵，追悔莫及"。他怕惹恼了袁世凯，一旦北洋军强攻，以目前革命派的实力，是抵挡不住的。

对于即将成立的临时政府，孙中山主张采取美国的总统制，不设总理；宋教仁主张采取责任内阁制，设总理。孙中山认为，内阁制在和平时期国家机器正常运转时还可以，在这种历史转折的非常时期，应该采用总统制，赋予总统以更大权力。黄兴支持孙中山的意见。很多人都希望通过孙的巨大声望，把大家集合起来，以一个声音说话。

法国思想家勒庞认为，打动群体心灵的往往是神话中的英雄，而不是当时的真实的英雄。孙中山以其在国外奔波十六年积累的巨大声望，赢得了大家的青睐，他越过一线指挥员黎元洪和黄兴，当上了革命军的领袖。

12月29日，在南京的17省代表，正式选举临时大总统。计有候选资格者3人：孙中山、黎元洪、黄兴。17省代表依次投票，每省投1票，孙中山得16票，黄兴得1票。

仔细想想，这个票数好像有点问题。投票在南京举行，并没有在首义之区举行，而想定都在武汉的黎元洪作为首义元勋，却没得一票……这也算是革命阵营内部始终存在隔阂的一个表现！

1912年1月1日，中华民国成立，亚洲第一个民主共和国诞生了。孙中山宣誓就任中华民国临时大总统，改用公元纪年。1月3日，各省代表选举黎元洪为副总统。

从打工仔到临时大总统，孙中山只用了一个礼拜，他戏剧性地完成了这一不可思议的过程。不光我们今天感到不可思议，当时的人更觉得不可理解。孙中山既没有钱，又没有自己打造出来的子弟兵，却来当总统，没有"高筑墙""广积粮"，就敢"称王"，他不怕袁世凯的北洋军来打吗？

章太炎就认为，孙中山没有资格当这个民国总统，这个位子"论功应属黄兴，论才应属宋教仁，论德应属汪精卫"，怎么也轮不到孙中山。

大家不要觉得革命派实力很强大，这个时候的革命派，是由多个小组织集合起来但没有核心的松散联盟，各家有各家的打算，各家有各家的利益。有兵就是自己人吗？如果是这样，那同样穿着清军的军服，荫昌也不至于指挥不动北洋军了；宣统皇帝的爸爸、摄政王载沣以表面上的巨大权力，也不至于非得求着袁世凯出山了。

这就表明，要是没有自己的子弟兵，核心层没有自己人，一切都是建立在虚幻的流沙之上。孙中山一直到十年之后，才真正明白这个道理，才开始打造属于自己的兵，即后来建立黄埔军校。

孙中山在几天之内，匆匆地坐上大总统的位子，这里面必然有其他方面的原因。因为，事物只要存在，就一定有它存在的道理。

其一，孙中山想先实现各派形式上的统一。正如孙中山在《临时大总统宣言书》中规定的，南京临时政府的对内方针是"民族之统一""领土之统一""军政之统一""内治之统一""财政之统一"。这个想法是对的，也是好的，但在事实上，却没法实现，因为自己实力严重不足，没有能力整合各派。

其二，孙中山回国时，正是南京、武昌为"以谁为中心、选谁来当一把手"议决不下的时候，建国、选领导人是一件天大的事，这么匆忙地确定下来，这里面肯定有压制武昌黎元洪的因素。这就是政治生态中，外来派与本地派之间的较量（稍后，当你看到南京临时政府各部部长、副部长的人选时，你就明白这个判断）。

其三，孙中山回国时，正是南北和谈进行时，袁世凯方面主张君主立宪，南方主张民主共和，孙中山的理想是民主共和，绝不采取"妥协式"的君主立宪，他决定先入为主，自己设计出共和的体制，再"请君入瓮"，把袁世凯请到这把椅子上来坐,这样就会轻松剥离君主立宪制。那个时候,谁再想走别的路,就是"逆历史潮流",就是"违背民意"。这一点,才是要害。

所以,孙中山当选临时大总统的当天,即1911年12月29日,就明确致电袁世凯:

> 北京袁总理鉴:文前日抵沪,诸同志皆以组织临时政府之责相属。问其理由,盖以东南诸省久缺统一之机关,行动非常困难,故以组织临时政府为生存之必要条件。文既审艰虞,义不容辞,只得暂时担任。公方以旋乾转坤自任,即知亿兆属望,而目前之地位尚不能不引嫌自避,故文暂时承乏,而虚位以待之心,终可大白于将来。望早定大计,以慰四万万人之渴望。孙文。蒸。(《孙中山全集》第1卷,576页)

孙中山在这封电报里向袁世凯透露出三重意思:

第一,大家非让我挑起组织临时政府的责任,我问他们为什么?他们说,东南各省缺乏统一的领导,行动困难。所以我是勉为其难了。

第二,袁总理你责任重大,肩负着亿万人的期望,但以你目前的地位和处境,即使想把满族人赶出皇宫,也不能来个挥师直捣京城,需要避嫌(这应该是双方谈判时透露出来的信息)。

第三,我暂时坐在这个位子,其实是为你留着的。你别误会啊。

孙中山的这个口气,与他刚抵达上海时的宣言完全不同。刚到上海时,他坚决主张不能谈判,必须把革命进行到底。"革命之目的不达,无和议之可言也!"(《孙中山选集·建国方略》)几天之中,他已经明白了革命派的处境,也知道了袁世凯的实力。否则,他绝不会轻易地放弃自己的民主共和理想,而留待袁世凯来当大总统。

南京方面有将无兵,湖北方面有兵无将,袁世凯兵多将广。

在政治上,没有实力,就没有一切。

孙中山先过了一把大总统的瘾,袁世凯这下子是名落孙(中)山了。

早产的民国

正常情况下,如果不是专门研究,人们不会太在意南京临时政府的人事安排,主要是因为对那些名字和面孔比较陌生,于是便只关注了最熟悉的几个人坐上了什么职位。但是,随着年龄和阅历的增长,人们慢慢就会发现,省略了政府的人事安排,其实是把最核心的部分给疏漏了,所以才产生越来越多的疑问,总觉得有些问题逻辑上过于简单,更有解释不通的地方,但找不出为什么。

政治是以"权力"为中心展开的,就像经济是以"利益"(或"金钱")为中心展开的一样。抓不住这个要点,搞不清谁来掌权的问题,就搞不清历史为什么会那样发展和进行。

读到唐德刚先生对这段历史的分析时,才发现里面原来藏着很大的玄机。所以,对于南京临时政府的人事安排,必须要详细地考察一下。

唐德刚只用了八个字——"总长取名,次长取实"(唐德刚:《袁氏当国》,广西师范大学出版社,2004 年版,第 15 页)——就轻松地解开了这团乱麻。顺着这个思路走下去,才能更靠近历史的现场。

南京临时政府采用美国式的体制,不设总理,稍有变通。美国以国务卿即外交部长为首席部长,南京临时政府以陆军总长为首席部长,这是以兵权做后盾的模式。

临时政府下设九个部,元首及各部领导名单如下:

临时大总统:孙文,广东香山人,四十六岁

临时副总统:黎元洪,湖北黄陂人,四十八岁

秘书长:胡汉民(同盟会),广东番禺人,三十三岁

陆军总长:黄兴(同盟会),湖南善化人,三十八岁

次长:蒋作宾(同盟会),湖北应城人,二十八岁

海军总长:黄钟瑛,福建人

次长:汤芗铭,湖北蕲水人,二十五岁

外交总长:王宠惠(同盟会),广东东莞人,三十一岁

次长:魏宸组(同盟会),湖北武昌人,二十七岁

内务总长:程德全,四川云阳人,五十二岁

次长:居正(同盟会),湖北广济人,三十六岁

财政总长:陈锦涛,广东南海人,四十二岁

次长:王鸿猷(同盟会),湖北咸宁人,三十四岁

司法总长:伍廷芳,广东新会人,七十岁

次长:吕志伊(同盟会),云南思茅人,三十一岁

教育总长:蔡元培,浙江绍兴人,四十四岁

次长:景耀月(同盟会),山西芮城人,二十九岁

实业总长:张謇,江苏南通人,五十九岁

次长:马君武(同盟会),广西桂林人,三十二岁

交通总长:汤寿潜,浙江绍兴人,五十五岁

次长:于右任(同盟会),陕西泾阳人,三十三岁

枢密院顾问:章炳麟,浙江余杭人,四十三岁

法制局局长:宋教仁(同盟会),湖南桃源人,三十岁

其实,涉及权力的时候,永远没有一团和气的。谁都希望通过权力的分配,使己方实现利益最大化。

一步领先,可能会步步主动;一步落后,可能会步步被动。

因此,在现实生活中,只要有权力,就会有争斗,没有争斗的权力格局,只能存在想象中。恩格斯就认为,历史的发展是无数互相交错的力量、有无数个力的平行四边形相互较量而产生合力的结果。

南京临时政府成立时的幕后运作过程,我们已无从知晓,但是我们可以通过权力格局来进行分析和推测。

权力的格局,其实就是实力的较量,外加一定程度的心眼和手腕。

孙中山和黄兴倒是想以同盟会为主,但是,武昌起义最后成功是众人合力的结果,同盟会只是其中的一部分力量;孙中山和黄兴,既没有嫡系人马出战,也没有金钱的资助,只是靠着武昌起义前十几年中积累起来的声誉才胜出,所以,各部总长的人选,是各派均分。

胡汉民,既是同盟会成员,又是孙中山的广东同乡,大总统自然要有一个自己绝对信得过的人在身边,因此胡汉民担任了秘书长;黄兴和王

宠惠是同盟会的代表,担任了政府中的最重要职务:陆军总长、外交部长;张謇、汤寿潜,是立宪派的代表;蔡元培、章炳麟是光复会的代表;程德全和汤寿潜是从清朝官僚"反正"过来的;黄钟瑛是清朝海军派到武昌镇压起义时直接"反正"过来的,海军次长汤芗铭也一样。

而次长的人事安排,既隐蔽又公开。说它隐蔽,是因为一般人不太注意副职;说它公开,是因为只要仔细一瞧,就发现一个秘密:在次长中,除海军次长汤芗铭外,全部由年纪在三十上下的同盟会的青年骨干担任。副职,除了分掉一把手的部分权力,还起监督作用。

尤其是政府成立时,总长基本是有名望的人,选他们是平衡各派势力,但他们许多都不在南京。实业部总长张謇、交通部总长汤寿潜均住上海,内务部总长程德全卧病租界,财政部总长陈锦涛在上海洽商借款,司法部总长伍廷芳在上海主持和议。这就是唐德刚所说的"总长取名,次长取实"。因此,临时政府的实际权力就掌握在同盟会人的手中。

许多当选的总长不来上班,其实是对孙中山的临时政府没有信心。以张謇为例,他是状元,又下海经商,是近代最出名的实业家,既有文化,又有实干经验。在和孙中山谈完话之后,他在当晚的日记里写下了对孙中山的印象。

第一个印象,孙文先生不了解中国的国情(于中国四五千年之疆域、习俗、政权、因革损益之递变不尽了彻)。

第二个印象,孙文先生不是很熟悉外国的政情(各国政治风俗之源流未暇加以融会贯通)。

第三个印象,与孙中山"谈政策,未知涯畔",没听明白孙中山到底说的是什么。

这样的人,能领导民国吗?张状元很是疑问。

在临时政府中,黎元洪和黄兴的名望不相上下,把听起来地位很高的"副总统"给了黎元洪,而由黄兴掌握了军权。

中华民国临时政府,还准备让不到30岁的汪精卫出任广东省都督,但汪精卫婉言谢绝,他实践了他革命成功后"不做官,不做议员"的承诺,于1912年9月偕夫人陈璧君一齐前往法国。

宋教仁的职务安排,比较微妙。宋教仁有大才,他要设立内阁制,被许多人视为是要雄心勃勃地当内阁总理、国家的二把手。因为他非常年轻,三十岁左右,许多人看不惯他的锋芒毕露。孙中山不设内阁总理制,提名宋教仁当内务总长,这也是有实权的职位,但参议院却不同意,否决了,结果,宋教仁担任了法制局局长。

而武昌首义之区,除黎元洪之外,文学社和共进会的人连影子都没见到,创建民国的先锋人物"首义三武"——孙武、蒋翊武、张振武也没有职务(武昌起义以后,他们三个的职务分别是:孙武,湖北军政府军务部长;张振武,湖北军政府军务部副部长;蒋翊武,就在汉阳保卫战失败、黄兴黯然离开汉阳回到上海时,接替黄兴任战时总司令)。

孙武是湖北新军的人物,自然和黎元洪走得近,对黄兴的印象就差了些。孙武满心指望以自己策划和组织起义的功劳,能当上陆军部次长。黄兴和孙武不和,自己又是陆军总长,自然不会拉孙武进入陆军部。

临时政府成立时,孙武、刘成禺等人因未得到任何职务,本来文学社和共进会还遥尊孙中山为总理,这样一下子被泼了一盆冷水,感觉像是遇到了后母,众人一怒之下返回湖北,逢人便大肆攻击孙中山和黄兴。不久,孙武、张振武、刘成禺等人又纠合一些立宪派人士和不满临时政府人事安排的人,组织"民社",推黎元洪为首领,专门与孙中山为首的南京临时政府作对。

南京临时政府在成立之时的人事安排上,已经埋下了不和,甚至分裂的种子。

谁的子弹在飞

另外,临时政府在对光复会成员的安排上,也很有深意。章炳麟的顾问一职,是个可有可无的位置。蔡元培任教育总长,也是边缘化的职位。最初孙中山想提章炳麟任教育总长,各省代表不同意。但实际上,章炳麟是想在新政府中担任诸如国师、帝王之师一样举足轻重的职位,而临时政府的安排,基本上是没有他的份,加上他对孙中山的印象一直不好,所以他转而倾向武昌方面了。

在清末活动的几支革命力量中,光复会与同盟会是平分秋色的。孙中山十六年在海外,而国内组织的武装起义,陶成章厥功至伟。

陶成章以排满反清为己任,辛亥革命前,曾两次赴京刺杀慈禧未果。在1911年的广州起义和上海起义中,均担任主要组织者,率部攻克南京,也是个相当生猛的角色,为辛亥革命立下了不朽功勋。

光复会的三大领袖中,蔡元培、章炳麟两个人是大知识分子,实际主持全局的也是陶成章。

但是,陶成章与孙中山早有嫌隙,章炳麟在东京指责孙中山贪污时,其实就是陶成章先发现问题的。双方闹翻后,陶成章在海外说了许多孙中山的不是,尤其是1909年9月,陶成章等发布《七省同盟会员意见书》(又称《南洋革命党人宣布孙文罪状传单》),列举了孙中山“残贼同志”“蒙蔽同志”“败坏全体名誉”等“三大罪状”,十四件事实,引起同盟会成员的愤恨。

水至清则无鱼。陶成章一身清正,看不惯有的同盟会成员把筹来的款乱花一气,更厌恶进赌馆、逛妓院等下流行为。陶成章在南洋筹得巨款回到上海时,同盟会中部地区领导人陈其美找上门,希望得到一笔经费,没想到遭到陶毫不留情面地大骂,说华侨省吃俭用来的钱,不会给同盟会去吃喝玩乐,一块大洋也没给。

此次孙中山从国外回国之前,同盟会先是大造舆论,说孙中山正在跟美国谈判,会带美国兵舰前来助战,还要在长江上搞训练。可实际上孙中山连一个大子儿也没带来。陶成章大怒,不仅指责孙中山“窃取”总统大位,还翻出当年南洋筹款的老账,一时间,双方唇枪舌剑,吹胡子瞪眼。

自此,陶成章与孙中山、陈其美结下了深深的怨恨。

但不管怎么说,光复会成员以浙江人为骨干,他们多年在江浙一带经营,为革命成功付出了巨大代价。尤其是南京的攻克,陶成章功不可没。

然而,尽管江浙沪三地光复,光复会出了大力气,可光复会并没有得到沪军都督一职,浙江都督一职也在两可之中,陶成章与陈其美确是要翻脸了。

由于陶成章曾在上海设光复军司令部,招募士兵,与陈其美争权,他在江浙一带人心中的巨大人望,也让陈其美感到不安。

关键时刻,一心跟随义兄陈其美的蒋介石挺身而出,带上江湖小弟王竹卿等人,运用他在日本士官学校学来的一身本领,于中华民国成立后的两个礼拜,即1912年1月14日,在凌晨两点左右,摸到上海广慈医院(今瑞金医院)头等病房,把子弹射向了陶成章。

王竹卿,本为太湖水盗,后入光复会,与蒋过从甚密,蒋介石既予之银元,又诱说为陈其美都督效力将有莫大前程,于是他便欣然听命。

这是令"民"国非常蒙羞的枪声,为光复东南贡献巨大的革命元勋没有死在清王朝的手里,却在革命刚刚胜利的时刻被来自革命阵营内部的子弹击中了。

陶成章被暗杀后,孙中山闻讯,"不胜骇异,非常痛悼",并即刻下令:"严速究缉,务令凶徒就获,明正其罪,以泄天下之愤。"

蒋介石在《中正自述事略》中辩解道:"陶之丧心病狂,已无救药,若不除之,无以保革命之精神,而全当时之大局也……故再三思索,公私相权,不能不除陶而全革命之局。"蒋介石的一面之词,加上蒋主政后的国民党史观,对光复会领袖陶成章的评价是极不公平的。

蒋介石在日后所写的日记里并不讳言刺杀陶成章的动机:"余之除陶,乃出于为革命为本党之大义,由余一人自任其责,毫无求功、求知之义。然而总理最后信我与重我者,亦未始非由此事而起,但余与总理始终未提及此事也。"蒋介石这么一解释,倒是此地无银三百两了。

蒋在日记中透露心迹,"总理(孙中山)信任我是有原因的。虽然我从未向总理报告,他也未和我提过,但我相信总理心中是有所感的"。他认为他做了一件总理孙中山不能做的事,而且孙中山心里会"明白"的。

蒋介石既然是陈其美的小弟,上海又是沪军都督陈其美的地盘,那么这个案子的侦破,便难上加难了。

然而,纸终究是包不住火的,从3月下旬起,情况发生很大变化,光复会通过自己的秘密渠道,侦知光复会的叛徒王竹卿与陶案有直接关系。27 日,王竹卿被击毙在自家门前的台阶上。

光复会发现了王竹卿与此案的关联,自然就发现了王竹卿与蒋介石的关系。4 月中旬,另一嫌犯陈锡奎等又被捕,陈其美、蒋介石这才感到不妙,于是五六月间陈其美安排蒋氏匆匆东渡日本。

主犯没有了,接下来,便中断了许多线索,再也查不到有价值的证据了。

这个案子,史学界基本认定是陈其美指使义弟蒋介石做的,孙中山应该是不知情的。但是,从事件前后发展脉络来看,同时结合蒋介石日记里面的线索,是不是还可以这样认为:25 岁血气方刚的蒋介石不仅是为义兄两肋插刀,也是为了取悦元首——元首与别人吵架,有人来拍马,这应该是情理之中的,更何况这样做也是年轻人给自己的政坛发展铺路。

如此说来,孙中山虽不知情,虽不杀伯仁,伯仁却可能因他而死。

25 岁的蒋介石,既为义兄铲除了政敌,也引起了孙中山的注意,并树立了自己忠心护主的形象,一举三得。蒋介石的举动,日后取得了丰硕的回报,他能被孙中山信任而得到军事大权,绝不是一朝一夕之故。

有惊无险

当袁世凯施展两面手法,纵横捭阖,满怀希望向自己的目标前进的时候,却半路杀出个孙中山。几天之内,南方中断谈判,建立政权,竖起民国大旗,又释放友好信号,其实质是逼他向民主共和就范,这让袁世凯恼羞成怒,也让他有一种被耍弄了的感觉。

袁世凯岂止恼羞成怒,简直是羞愤交加,因为在政治上,自己已经处于非常被动的地位。自己即使完全接手民国,也只不过是吃别人嚼剩下的馍。

袁世凯很生气,后果很严重:

临时政府成立当天,袁世凯令汉阳前线的段祺瑞炮击武昌:有多少炮弹你就砸多少。从德国毕业的专业炮兵司令段祺瑞早就想跃跃欲试了，自己接替冯国璋以来，还没动过真家伙呢。一时之间，武昌城下，炮声隆隆。湖北革命军真的要扛不住了。

随后，袁世凯令以段祺瑞和冯国璋为代表的北洋将领，联名通电，并在媒体前宣誓，一定要维持君主立宪。并致电南方谈判代表伍廷芳：最初说是要召开国民会议来决定国体，你们出尔反尔，以少数人的意见来采用共和政体，我们绝不会坐视不理。

段祺瑞炮轰武昌后，孙中山看到袁世凯反应这样激烈，意识到自己发出的和平电报没起作用，在1月2日，上任的第二天，又给袁世凯发了一封电报。他明确地告诉袁世凯：我不忍心生灵涂炭，所以绝不反对议和；假如用你的力量，不需要通过战争，就能实现国民的愿望，清室也得安乐，这是一举多得，推功让能，自有公论的；你千万不要误会我啊，我可没有把你诱来赞同共和的意思。

南北双方再次坐到谈判桌前。

不过，临时政府这方，却要了个心眼儿，把这封电报的全文，登在了1月6日的《民立报》上。这等于是把袁世凯要逼清朝皇帝下台、由他当总统的想法，告诉了清朝皇室："文不忍南北战争，生灵涂炭，故于议和之举，并不反对。虽民主、君主不待再计，而君之苦心，自有人谅之。倘由君之力，不劳战争，达国民之志愿，保民族之调和，清室亦得安乐，一举数善，推功让能，自是公论。文承各省推举，誓词具在，区区此心，天日鉴之。若以文为有诱致之意，则误会矣。"

这一招，一方面有让袁世凯放心的意思：只要你做到了，我肯定拥立你当大总统，全天下人可做证明；另一方面，好像还有一层含义，就是把袁世凯和革命党密切往来的事实传递给清政府，让皇室猜疑袁世凯，引起清朝内部的争斗。两方交战的时候，多少大将，不都是死于这样的反间计吗？

袁世凯尴尬极了，有火不敢发，有气不敢生，有屁都不敢放。

历来谈判这个东西，可不是现场直播，那都是隐蔽地进行的。此前，关于袁世凯与革命党人往来的事，一直有传闻，虽然是半公开的秘密，但谁也没有证据。纵然这样,袁世凯也受到了忠于皇家军界人士的威胁:谁敢断送我朝江山,我就跟谁同归于尽。

南京临时政府把双方谈判的消息公布于众,皇族亲贵中的主战派气坏了,良弼、载涛、铁良、载泽、溥伟等人情绪十分激烈:你袁世凯就是吃里爬外,两面三刀,卖主求荣,你就是革命党的奸细,我们恨不得吃了你的肉,喝了你的血。

在政坛上,你可以两面三刀,也可以翻云覆雨,但绝对不能让所有人知道你是两面三刀、翻云覆雨的人,否则,你的招牌就被砸了。

名声这个东西,在平常时候,对政客来说,分文不值。可是在关键时刻,名声的好坏,对于一位政客能否得到部属和民众的支持,有着极为重要的意义。

袁世凯面临着巨大的危机,怎么处理这件事,真让他头疼的不得了,他还得保护自己的人身安全。

没想到的是,突然发生的一件事简直是天助袁世凯。北方革命党人一次出其不意的炸弹袭击,让袁世凯安然度过了这次危机。

北方革命党人在武昌起义之后,搞了几次事件,结果都被袁世凯的人给镇压了,如吴禄贞被刺等。这使北方革命党对袁世凯恨之入骨,他们决定直接诛杀袁世凯。

就像汪精卫刺杀摄政王载沣一样,革命党人十多个同志,事先进行了周密的计划:采点,研究袁世凯上下班的路线、上下班的规律,把一切能想到的都准备好了,最后兵分四路进行截击。

1月10日上午11点左右,袁世凯递完奏折,乘马车向外务部新衙门行进,当马车到达王府井丁字街时,革命党人在茶楼上扔下第一枚炸弹,结果马车走得快,炸弹响得慢,马车过后才爆炸。受惊的马疯跑到一家酒楼附近的时候,革命党人又扔出两枚炸弹,这次投弹准确,当场炸死了袁世凯的卫队长等10人。马也被炸死一匹,重伤两匹,只是袁世凯从被掀翻的马车中爬出来,在卫兵的保卫下,躲过了其他革命党人在附近的枪击,安然逃了这次死劫。

一场差点要命的暗杀,却无意中帮了袁世凯的大忙。清政府一看,袁总理没有像传说中的和革命党人来往密切，革命党还想要他命呢，我们是不是冤枉了袁总理了？是不是中了敌人的反间计了？在皇族亲贵的眼中，袁世凯不再是卖主求荣、私通革命党的奸贼了。

而且，这次暗杀，也印证了袁世凯平常向隆裕太后和满朝文武灌输的"革命党人已遍布北京城"的说法。

据唐德刚在书中说，当年，三岁小孩儿哭的时候，大人只要一吓唬"革命党来了"，小孩会吓得立即停止哭闹。当时革命党"孙文"在北京的声名，也是个红眉毛、绿眼睛的江洋大盗。他手下的梁山好汉，都是飞檐走壁，无孔不入的。五鼠闹东京，八十万禁军也奈何他们不得，何况现在的革命党还有手枪炸弹！

袁世凯更来劲了——哎哟不行了，我脚病又犯了，我被吓出病了，上不了班了，我得休病假。他就坡下驴，乘机称病，躲在家里不上朝。你们不是不信任我吗？不是指责我是革命党的奸细吗？你们自己处理吧。他只派亲信民政部长赵秉钧替他在朝中往来传话，自己躲在幕后指挥。

临时政府的反间计没有成功，让自己人给搞砸了。这个时候，孙中山面临内忧外患、舆论哗然，自己人也不停地指责南京临时政府，他快顶不住袁世凯北洋军的压力了，还不快交权，等什么？

政府已经无法有效运转了。

1月15日，孙中山致电伍廷芳，要他转告袁世凯："如清帝实行退位，宣布共和，则临时政府决不食言，文即可正式宣布解职。以公以能，首推袁氏。"

1月22日，孙中山通过伍廷芳，向袁世凯提出：

第一，清帝退位；

第二，清帝不得干预临时政府组织之事；

第三，临时政府须定都南京，袁世凯到南京就职。

有了孙中山的承诺，袁世凯也不再争是否实行君主立宪的问题，先取得权力才是正道。于是他把主要精力放到思考怎样逼迫皇帝退位上了。

逼宫

逼皇帝退位,在皇权时代,那是捅天的事,弄不好,自己的小命就玩没了。

这是一项复杂、高难度、高风险的技术活。既要有威力,又要有火候;既要让皇室口服心服,又要堵天下悠悠众口;最后还要让自己名利双收。袁世凯虽然有绝对实力,但他绝不会像街头瘪三儿似的使用打砸抢烧、欺男霸女的招数,这些一点技术含量都没有,还会把自己的一世英名搞臭。

袁世凯不想背上乱臣贼子的骂名,要不然直接率领北洋军兵锋反指就行了。他和革命党人谈判,就是想借力打力,因为他要是把革命党人一下子剿灭了,接下来,他将会直接与清政府对阵,这是他的下下策。

通观袁世凯逼清帝退位的整个过程,他一共使出了四招连环计。

第一招,釜底抽"薪"。

袁世凯的逼宫计划,在孙中山没回到国内的时候,就已经在悄悄渗透着、进行着,那就是把清朝的"薪"——钱、家底——给掏空,让他们没有任何反抗的资本。

钱,就是一个国家的血液。

袁世凯在还没出山的时候,与清政府讨价还价,一张口就要400万两银子,最后清政府只拿出了100万两。袁世凯上前就对风烛残年、瘦骨嶙峋的清政府吸上一管血。

南京临时政府成立当天,袁世凯一边下令军事上炮击武昌,一边回过头来,伸手向朝廷要钱——要不然还真没有理由一个劲地要呢。他呼吁王公贵族:快拿军费,我好打他们啊。庆亲王奕劻带头捐出10万两,其他亲贵也开始或多或少地拿钱,隆裕太后把皇家金库打开,拿出黄金8万两。

另外,清政府的关税因为控制在洋人手中,扣除一部分作为庚子赔款每年应偿的本金加利息之外,也有300万两陆续打到袁世凯的账户。

再接再厉,袁世凯手里扒拉着算盘,继续大抽血。

如此还不甘心,袁世凯又给太后诚恳地出主意:国库没钱了,军饷没着落,要不就把满族人起家的盛京(沈阳)大内、热河行宫里面值钱的东西赶紧变卖,以解燃眉之急吧。

第二招,借花献佛。

袁世凯和奕劻相互勾结多年,奕劻家的大小开支,一直是袁世凯给报销的,就连袁世凯罢官的三年间,也没断过。在让袁世凯出山之前,只有奕劻才能劝得动摄政王,奕劻要是不说话,摄政王不可能答应。

袁世凯把从皇朝孤儿寡母手中抠出来的钱,一部分充作军费,另一些则大把大把地撒向能够影响到决策者的人身上。其中主要的,还是砸向奕劻。

袁世凯早就悄悄地和奕劻沟通过了:只要你能劝动清帝退位,送给你的钱会加倍,皇族地位不变,你想吃啥玩啥用啥,完全满足你。

袁世凯还把目光转向太后身边的人——太监身上。他知道隆裕太后身边最有权势、最能影响她的人,是大太监小德张。袁世凯秘密联系上小德张之后,许以重金,只要你在宫中太监宫女圈中传播小道消息,说革命党人如何如何厉害,而皇帝退位后待遇如何如何优厚,如何可以长保富贵等,通过这些影响到太后就行,钱你不用担心,大小太监都有打点。同时袁世凯让小德张又向太监宫女传播另一则消息,如果皇帝不退位,等革命党人杀进来,那太监宫女全都性命不保,明朝崇祯皇帝死时宫中的下场大家都是知道的。

袁世凯手里的钱,还有一笔支出,就是配合宫里的小道消息,弄点白纸黑字的材料做辅证——印假报纸。上面编造各种要求清帝退位的消息,并说孙中山从美国回来,得到了美国武器装备的支持,有大炮军舰,一不小心就会跟清政府玉石俱焚(这一招被他儿子袁克定学去了,四年之后,让袁世凯也尝到了伪造舆论的恶果)。

这些平常人看着微不足道的小伎俩,在皇宫中传播,却起到了意想不到的作用,精神炸弹的威力是无穷的,尤其是天天在皇宫中传播。

谎言重复一千遍,也就成了真理。

第三招,借刀杀人。

就是借用革命党人的力量,清除自己的政敌,扫除南北和谈的最后障碍。

这主要是针对朝廷内部的主战派,尤其是对有能力、有血性、有见识的良弼下手,但不是由自己下手。

良弼对袁世凯有冷静的观察、透彻的了解,他本来就不信任袁世凯,孙中山在报纸上公布南北和谈的交易内幕后,良弼更加证实了自己的判断。尽管袁世凯被革命党人炸了一下,但他根本不相信袁世凯是冤枉的。

1月12日,袁世凯遇刺两天之后,清廷皇室一些人包括良弼、毓朗、溥伟、载涛、载泽、铁良等召开秘密会议,以"君主立宪维持会"的名义发布宣言,这些人又被称为"宗社党"("宗庙社稷"的简称)。宗社党人企图夺回袁世凯的内阁总理职权,准备以毓朗、载泽出面组阁,铁良出任清军总司令,然后与南方革命军决一死战,并强烈要求隆裕太后坚持君主政权。

这样就对袁世凯构成了重大威胁,也给南北和谈带来了不可预知的变数。

1月16日,袁世凯上了一道折子,主要是分析时局,纵论天下大事。他从海军叛变,军饷无着落,国外势力虎视眈眈等现象,讲到当今世界各国的国体,说世界各国国体无外乎君主和民主两种方式,民主是大势所趋。他又把法国大革命时国王因不能顺应民意而被送上断头台的事扯了一通,希望太后和皇上能顺应民意,立尧、舜之功业,避免重蹈覆辙。

1月17日,鉴于革命党人的不停暗杀和袁世凯的态度,隆裕太后召开御前会议,讨论国体和皇帝是否退位的问题。奕劻早就得到了袁世凯的暗示,皇帝退位后,他的待遇更加优厚。因此,奕劻主张皇帝退位,实行共和,但其主张遭到良弼等人的坚决反对。

良弼此时,是禁卫军第一协的协统、旅长,冯国璋虽然掌握了禁卫军,但良弼牢牢控制着自己的势力范围,尤其是第一协,坚决听良弼的指挥。

要对付良弼,对袁世凯来说,并不难,只是,他可不想背上刺杀满族亲贵的骂名。

正好此时汪精卫从上海来到北京，袁世凯向他暗示，目前阻挠和谈与皇帝退位的最大障碍，就是良弼和他的宗社党，只要除掉良弼，一切都好办了。

革命党人心领神会。

炸良弼的任务，被革命党人彭家珍争到了。彭家珍认为，"此人不除，共和必难成立"。革命党人确实有视死如归的气概，彭家珍告别热恋中的、知道消息后哭晕过去的女友，踏上了必死之路。

"共和成，虽死亦荣；共和不成，虽生亦辱，不如死得荣。"

1912年1月26日，旧历腊八。彭家珍在寒风中，在良弼家附近的小巷里守候到深夜，终于迎来了良弼的马车。良弼刚一下车，彭家珍迎上去就是一颗炸弹。

刺杀成功，良弼被炸断了一条腿，第二天身亡。彭家珍当场被溅起的弹片击中而死，时年23岁。

良弼临死时感叹道："杀我者真乃英雄，也是真正了解我的人。我死后，大清也就完了。"两人居然有一种惺惺相惜之感，正像春秋时的要离和庆忌一样。

第四招，图穷匕首见。

摊牌吧，真刀真枪动手威胁的时候到了。

26日的白天，发生了一件大事。北洋之虎段祺瑞，也就是武昌前线的指挥官，看皇帝迟迟下不了决心，不想退位，便联合46位北洋将领，公开通电政府，要求宣示中外，立定共和政体。要不然，我马上就率全军将士入京，与王公剖陈利害。

良弼之死，段祺瑞催命符式的通电，彻底炸开了皇族亲贵的最后一道心理防线，许多人纷纷逃离京城，清朝大势已去了。

1月27日，太后再次召开御前会议，到会的皇族亲贵寥寥无几，梁士诒和赵秉钧等人乘机入宫再打心理战。隆裕太后哭着对赵秉钧说："赵秉钧啊，你快点去对袁世凯说，一切事都好商量，保全我母子性命要紧。"

为了笼络袁世凯，清政府加封袁世凯一等侯爵，不过袁世凯已经志不在此了,自己是坚辞不受,隆裕太后是非授不可,但也没能软化得了袁世凯逼宫的心。

隆裕太后走投无路,2 月 1 日,她又召开会议——她也只会开会了。隆裕太后提出能不能采取虚君共和的方式,把皇帝保留下来。革命党人反馈过来的消息,自然是不答应。

袁世凯也不答应了,如果采取虚君制,当这个"君"的,自然是溥仪,袁世凯自己只能当内阁总理;如果采取共和制,自己就能当上国家一把手。

2 月 3 日,隆裕太后授袁世凯全权,与南京临时政府协商退位条件。袁世凯此前早就吹风,说是清帝退位后,皇室人员住在皇城不动,每年还可享受 400 万两银子的优待,这一点,让万般无奈的太后颇为动心。

经过一番协商,2 月 11 日,隆裕太后得到了她认可的条件,决定退位。袁世凯在这一天向全国公开宣布政见:"永远不使君主政体再行于中国!"

《优待条例》规定:清帝称号不变;每年由民国政府给予 400 万元;清帝仍居皇宫,以后移居颐和园;原有私产由民国保护;等等。

1912 年 2 月 12 日,一个比较"二"的日子,养心殿里举行了清王朝也是中国皇权专制社会的最后一次朝见仪式,隆裕太后以宣统皇帝名义,下诏退位,结束了清王朝 268 年的统治。看着祖宗江山断送在自己手里,隆裕太后从小声哭泣逐渐变成了号啕大哭。

对于这对孤儿寡母来说,比照历朝皇室被推翻时皇族人等遭到悲惨杀戮的命运,他们算是不幸中的万幸了。

南京临时政府的财政困难

不管是翻开中国历史还是翻开世界历史的画卷进行考察,大凡一个政府的组建,内部必须具有号令天下、震慑群雄的军事实力,外部还要有友好国家的承认和支持。纵然你可以从情感和理论上否认这件事,但在现实实践中,如果缺了这两个条件,这个国家,到底能在前进的征途中走多远？

清帝退位前后，南京临时政府的日子也非常不好过。

南京临时政府在成立之初，面临的不仅仅是北洋军造成的压力，还因为是仓促成立，导致处处不顺。就是筹办个婚礼也不太可能在几天之内完成，何况是国家的建立！

1月5日，孙中山向列强发出《告各友邦书》，临时政府外交部也多次照会西方驻华使节，但列强对南京临时政府并不予以承认。孙中山发出的友好的愿望被现实击得粉碎。为什么？因为没有实力。

英国《泰晤士报》记者莫理逊在他的回忆录中就写道：指望对中国事情一无所知的孙逸仙去争取外国对中国的尽早承认是痴心妄想，只有袁世凯才能得到列强的信任。因为在西方人看来，孙中山只是一个不切实际的理想主义者，没有领导全国的资格和能力。

当我们剥离掉传统的"帝国主义与国内反革命势力相互勾结"的"阶级斗争"思维，而用"没有永恒的敌人和朋友，只有永恒的利益"这一冷冰冰的观念来解释上述现象时，你会发现，外国势力的态度其实很简单：我为什么要承认你？你能给我带来什么利益？

庚子赔款的几亿两白银，你能还吗？你拿什么还？

手里没有三把米，连小鸡都不会到你这里来。

所以，唐德刚深刻地指出："事实上，孙之让袁，原是不得已而为之。政治是最现实的。"（唐德刚：《袁氏当国》，第36页）

如果说，北洋军的兵临城下，西方列强的不予承认，还都算是外困的话，那么，临时政府的内忧，更是一盘很难走活的棋。

关于这一点，传统的史学解释忽略了不该忽略的因素，那就是南京临时政府的财政问题。

国家的命脉在于财政。没有财哪有政？

美国南北战争时期，林肯总统就曾说过这样一句话：我有两个主要的敌人——我面前的南方军队，还有后面的金融机构。在这两者之中，后者才是最大的威胁。

南京临时政府成立后，面临着严重的财政困难，严重到不可想象的程度。"国库"亏空,公务人员的工资都发不出来,政府基本处于瘫痪状态,每人每月只发给军用券30元。"军用券",意味着这是自己印出来的纸钱。这就明白各部的部长为什么躲在家里不上班了。有着同盟会身份的各部次长,掌权之后才发现,自己处在矛盾的风口浪尖,掌握了权力却没有能力负得起这个责任,这让同盟会的威望大大受损。(张力升:《钱眼里的历史风云》,金城出版社,2010年,第26页)

让南京临时政府威望受损的,还有一些伤及商绅阶层利益的具体举措:

因为资金严重短缺,各省纷纷以发行纸币作为筹款手段,纸币滥印滥发的结果就是物价上涨,地方纸币贬值,不少地方的纸币贬值一半。"新政权重新开征曾宣布豁免的苛捐杂税","引起商人的普遍反感"。革命者善于革命,但是,"革命党在商界没有做过深入的工作,也缺乏同商界的密切联系,无法取得商界的理解与支持"。"面对拥有正规军并得到官僚和士绅支持的袁世凯,革命党人的力量显得太薄弱了,不得不把总统职位交出,其中很大部分原因是财务上难以维持。"(张力升:《钱眼里的历史风云》,第27页)

当时各省宣布独立,聚集到南京的各路军马非常混杂,据说是聚集了三十余万人。出力的、没出力的,统统嗷嗷叫着要军饷。按照这个数字计算,政府需要每月提供饷银200万两。革命党人只会暴动,不懂经济和金融,仅靠江浙一些倾向革命的商人东拼西凑,每月也只能提供20万两。

没有钱,给大家提供的伙食是稀饭,后来连稀饭都保证不了。于是军队抢劫、哗变、扰民之事,时有发生。各路诸侯都认为自己对共和有功,大加索饷。

南京临时政府成立之前,黎元洪之所以不来南京就职大元帅,而让黄兴代行大元帅在这里苦撑局面,一方面是不想离开自己的地盘,另一方面,他久居军旅,深知金钱和部队后勤的麻烦。黄兴在这里天天协调、解释、解决各种关于钱的问题,心力交瘁,基本上累得要吐血了。

革命以后……独立各省征收机关林立,而各自为政,将关、盐、茶税和大部田赋就地截留,拒不上缴。财政混乱,毫无章法,临时政府发行了一亿公债,但直接得款不足五百万,而发行的一百万军票则是商店拒收,市场不能流通。最高指挥官黄兴为筹措军费,"寝食俱废,至于吐血"。(郭剑林、纪能文:《民初五大总统列传:袁世凯》,吉林文史出版社,1995年,第229页)

一次,安徽都督派专使来问孙中山要钱,孙大总统大笔一挥,把批条交给秘书长胡汉民,要他去国库领20万元。结果,胡汉民发现,财政部的金库里只有十元大洋。

为了解决财政问题,孙中山不得已提出向日本财团借款。日本财团还算给面子,换成别的国家,你给什么利益,都不和你对话,他们只和袁世凯及清政府打交道。因为,临时政府是民众暴动形成的反对派政权,还没有树立起任何信誉度。

为了维持临时政府的正常运转,1912年头两个月,就签订了苏路借款、轮船招商局抵押借款、汉冶萍借款等,到1912年4月,南京临时政府肩上的旧债新债加在一起已经达到1000余万元。(李书源:《民初五大总统列传:黎元洪》,吉林文史出版社,1995年,第88—89页)

汉冶萍公司相当于大清朝的钢都,全年产量占全国全年钢产量90%以上。临时政府与日本人商量,日本人提出了极为苛刻的条件,要求中国出让汉冶萍公司50%的股权,然后由公司转借500万给临时政府。(张力升:《钱眼里的历史风云》,第27页)舆论一片哗然,实业总长张謇立即辞职,转而支持袁世凯。张謇说你跟谁签都行,就是不能跟日本人签。

此时,舆论不可接受的,还有一项,就是临时政府准备租借东三省给日本,以换取日本1500万元借款,好用来对付袁世凯。要不然,临时政府冒着舆论的指责和自己人的不理解,借款干什么?

关于这段历史,在《孙中山集外集》中即有收录,最好的诠释,是1912年2月3日孙文与日商三井物产上海支店社员森恪的谈话,在场的有南京临时政府秘书长胡汉民,日本人宫崎寅藏、山田纯三郎等人。下面这段文字显示了南京临时政府的财政窘境(详见陈旭麓、郝盛刚主编《孙中山集外集》,上海人民出版社,1990年,第168—169页;陈锡祺《孙中山年谱长编》上册,中华书局,1991年,第647页):

倘近数日内,无足够的资金以解燃眉之急,则军队恐将解散,而革命政府亦将面临瓦解之命运⋯⋯基于以上实情,在旧年年末(注:指阳历2月17日前)以前,不论采取何种手段,亦须筹得足以维持军队之资金。之所以断然实行汉冶萍日中合办,以取得五百万元资金者为此;此次又苦心焦虑,欲以招商局为担保,筹措一千万元借款者,亦为此。然而,虽经种种筹划,而时光荏苒,交涉迄无结果。⋯⋯作为最后之手段,唯有与袁世凯缔结和议,以防天下大乱;而后徐谋军费供应,策划再举,以武力扫除北京势力,拟定革新天下之方案。

这段话表明,因为财政极其困难,临时政府面临瓦解的命运,因此不论采取何种手段,都要借钱。然而,钱仍然是借不到。因此,只有与袁世凯和谈,以后再慢慢寻求军费供应,策划再举革命。

⋯⋯然余等对于获得财源,仍怀一线希望。倘或有幸,此刻能获得防止军队解散之足够经费,余等即可延缓与袁议和,俟年关过后再进一步筹借资金,而后继续排袁,仍按原计划,坚决以武力消除南北之异端,斩断他日内乱祸根,树立完全之共和政体,此即余等之设想。⋯⋯倘或不幸,在五天之内,即至九日,旧历年关之前,意欲筹得之一千五百万元经费,如仍无成功之希望,则万事休矣。(这段史料,除《孙中山集外集》之外,在朱汉国、杨群主编的《中华民国史》第一册第35页也被引用并加以分析)

这段话表明,此刻要是有足够的经费,就可以延缓与袁世凯的议和。如果款项仍然不到的话,那么,"只要在革命政府未倒之前,掌握机先,达成南北和议,将政权一时让与袁世凯,除此别无他策"。

孙中山在谈话中指出:"日本政府如确能火速提供资金援助,余或黄兴中之一人可赴日本会见桂公,就满洲问题与革命政府之前途,共商大计。"

此举也给了政敌以攻击的把柄。黎元洪认为,清朝屡次抵债,都有所顾忌而不做这样的事,民国刚刚建立,就这么抵押借款,这不是让人贻笑大方吗?怎么向国民交代?

一分钱憋倒英雄汉

美国学者韦慕庭认为:"就人们所知,在 1912 年以前,没有任何一个国家的政府支持过孙博士,他对他的争取外国借款的计划所抱的幻想可悲地破灭了。从现时的观点来回顾衡量过去的历史,人们会认为,孙博士对债权人的某些许诺似乎是鲁莽大胆的,甚至是丧失原则的,对于提供特权、地位和租界一事,也许孙中山毫无内疚不安之感。因为,他的注意力集中于一个伟大的目标:推翻可恶的清王朝,建立一个有利于中华民族的进步政权。"([美]韦慕庭:《孙中山——壮志未酬的爱国者》,杨慎之译,第 81—82 页)

此刻,孙中山四处借款,还在酝酿一个雄心勃勃的六路北伐计划。(参见胡绳武、金冲及《辛亥革命史稿》第 4 卷,上海人民出版社,1991 年,第 160、161 页)

南京临时政府成立后,孙中山是坚决主张北伐的。他就职后的第四天,就电令广东都督陈炯明出兵北伐。他说:"中央政府成立,士气百倍,和议无论如何,北伐断不可懈。广东军民勇敢素著,情愿北伐者甚多,宜速进发。"(《致陈炯明电》1912 年 1 月 4 日,《孙中山全集》第 2 卷,第 7—8 页)1 月 6 日,北伐联军总部从上海移往南京。1912 年 1 月 9 日,黄兴领导的陆军部成立。1 月 11 日,孙中山宣布自任北伐总指挥。

六路北伐的计划是:

以鄂、湘为第一军,由京汉铁路进;宁皖为第二军,向河南进,与第一军会师于开封、郑州间；淮阳为第三军，烟台为第四军，向山东进；关外之兵为第五军，山、陕为第六军，向北京合围。（《复黎元洪电》，1912 年 1 月 7 日，《孙中山全集》第 2 卷，第 14 页）

计划宏大，但听起来又很理想主义，甚至是空想主义。各家有各家的地盘，各家有各家的利益，你又没有自己的子弟兵，谁听你的招呼。更何况，军费呢？

西方列强出面指责：你们如果继续这样打下去，损害我们的利益，我们将出兵进行保护。

孙中山的亲密战友汪精卫指责道：你不赞成和议，难道是舍不得总统吗？

舆论的一片指责，内部的分崩离析，临时政府已经不可能维系下去了。

历史学家茅家琦在《中国国民党史》中说，"纵观中外历史，新旧政权交替之时，新政权得以巩固，至少需具备三个条件：一为有力的权力运作系统，统一指挥，令行禁止；二为强大的军事实力支持，高效的暴力镇压系统，以保持辖区内社会秩序的稳定；三为充足的财政实力的支持，以保障必要的开支"。

可惜的是，这三者，孙中山一个也没有。

后世的史学工作者，对于孙中山的评价，要么是道德完人，要么就将其向日本人抵押借款之事说为"卖国"。这两个说法，都是立足于当代人的思维来看待历史人物，有很大的片面性。

"民族国家"的概念产生于近代西方，是在资本主义充分发展以后才形成的，中国人的国家概念形成得较晚，梁启超先生在 1899 年的时候，才在中国第一次提出"中华民族"的概念。此前中国人对于国家的概念，认为只是某家某姓的王朝，对于国土、边界，历来没有太多的感觉，非常模糊、笼统，特别是对于没开发或是开发得非常少的地区、人口稀少地区、气候恶劣的高寒地区，都视为没有太大价值的地方。即使是文明兴盛的当代社会，在市井街头，偶尔还会听到有人高谈阔论，说要是把某某地给甩出去，只保留最富庶繁华的某地区来开发。

东北三省是满族人起家的地方,孙中山革命的首要目的就是排满,"驱除鞑虏"。他把满族人的统治视为异族入侵、异族统治。没有近代民族、国家概念的时候,异族入侵并统治,在时人看来,和异国压迫性质差不多;而且,当时没有民族国家的地域观念,只以"文化中国"来划分,将中原文化奉为正统。所以,革命派才要恢复汉人河山。同盟会十六字纲领的逻辑理解是:只有"驱除鞑虏",才能"恢复中华"。既然当时多数人是这个观念,那么,提出要把满族人的居住地给卖了,在心理上,就没有把那个区域当成是"我"的,或是"我们"的。

这就好比,你跟外星人签约,把美国土地给卖了。没准儿,你还会偷着乐呢。可是一百年后,美国这片土地成你的了,而你的子孙来骂你当年是卖国贼。

这么分析,不是主观臆测,是有根据的,这要追溯到同盟会的十六字纲领,"驱除鞑虏,恢复中华,创立民国,平均地权"。该纲领关键在前八个字。意思非常清楚:把满族人赶走,恢复中华锦绣江山。

那个时候的中国,其实是一个"文化中国"的概念,而不是"地域中国"概念,人们心中认为,只有汉人统治,才代表正统。

我们切莫用今天的领土观来分析100多年前人的领土观,用今天最精确的卫星地图和卫星定位的逻辑来看待当年人们的国土意识,是不合道理的。按照"事后诸葛亮"的逻辑,在大街上随便抓一个人,都比当年最优秀的人还要英明神武。

要想比较客观地看待历史人物,我们必须学会历史心理学的换位思考法。

举一个明显的例子,1867年俄国人以720万美元的价格将阿拉斯加卖给美国。阿拉斯加,位于西北太平洋和北冰洋之间,面积172万平方公里,占美国全国面积的五分之一,为美国面积最大的州。

美国南北战争时,外国势力不断干涉,林肯政府眼看撑不住了,林肯急中生智,请求沙俄帮忙。沙皇亚历山大二世也主张废奴,二人有共同的主张,惺惺相惜。沙俄吃过多次欧洲神圣同盟的亏,与英、法、德矛盾很深。因此,沙皇答应了林肯的请求。

美国内战结束后,为了支付俄国舰队 720 万美元的费用,美国政府着急了,宪法没有授权总统支付外国政府的战争费用的权力。经过反复磋商,当时的约翰逊总统与俄国达成了以购买俄国阿拉斯加的土地来支付战争费用的协议。这件事在历史上称为"西华德的蠢事"。西华德是当时美国的国务卿,人们强烈批评他不应该花 720 万美元去买当时看起来不值一文的、鸟不拉屎的荒地。

算一笔账,美国人每平方公里花了 4.5 美元,折合人民币 30 块钱。

但是,今天,傻子都算得过账来,阿拉斯加值多少个 720 万美元,但当时最聪明的人却没看出来。当年俄国人自以为占了便宜,美国人认为吃了大亏。

这就是当年世界上绝大多数人的国家观、领土观。

这是一个时代病,不是某个人的问题。

一个时代的毛病,是这个时代大多数人的毛病。伟大人物的个性和经历,其实都是时代影子在他们身上的集中体现。

伏尔泰说:"研究一个时代的人们怎么思考问题要比研究一个时代的人们怎么行动更重要。"

更何况,历史人物是复杂的,政治人物更是多面的,不是一个道德标准所能概括得尽的。

窃取还是让位

1912 年 1 月下旬,局势已经逐渐明朗,清帝退位指日可待,袁世凯当总统已成定局。临时政府又借不到钱与袁世凯抗衡,因此当下的主要任务,就是考虑量身定做一套制度来约束枭雄袁世凯,给老虎拴上缰绳。

要约束总统,必须要由宪法来实现。而宪法的制定,是要由最高立法机关,即参议院来完成。但南京临时政府成立之时,只有一个法制局,由宋教仁当局长。这就要加紧成立参议院。

此前,在临时政府成立的第三天,孙中山通电各省,请依《临时政府组织大纲》规定,各派参议员三人赴南京组织参议院。筹备工作持续了很多天，直到段祺瑞在前线通电向清政府施压、良弼被炸死之后，1月28日，临时参议院才正式成立。

29日，以记名投票法互选议长，选举林森（同盟会）、陈陶怡为正副议长。因陈陶怡很快就辞职了，3月15日改选王正廷（同盟会）为副议长。

临时参议院成立后，正式把制定法律和宪法提到议事日程。

从2月7日开始，临时参议院开始起草《临时约法》，据说这个约法的草稿，宋教仁一个晚上就写出来了，这是一个很了不起的成就，他刚30岁。以前只听说过南朝梁武帝逼周兴嗣，必须在一个晚上写出一千个不重复的字，还必须有文采。结果，《千字文》一个晚上诞生了，但周兴嗣的头发胡子眉毛全憋白了。可起草《临时约法》对宋教仁来说不伤体力，他在日本法政大学留学时，学的就是这些，他的确是个大人才！

我们完全赞同宋教仁是个人才。可是，一个人的智慧是有限的，花一个晚上的时间写出来的法律文件，就成了中华民国法律的基本框架。法律是来源于民众呢？还是来源于天才的头脑设计呢？我们是应该无限钦佩宋教仁的才能呢？还是应该为民国法律的仓促出台悲哀呢？

当年美国制订宪法，是从1787年5月25日开始，由一大群精通法律的专家们集中在一起，开会，辩论，反复开会，反复辩论，直到1787年9月17日制宪会议才结束，仅正式会议上就陆续耗时差不多四个月。

《临时约法》草稿出来后，又陆续修改完善，革命党人准备将其像紧箍一样套在袁世凯的头上。

2月13日，就在清帝宣布退位后的第二天，孙中山履行自己的承诺，正式向临时参议院提出辞职，并推荐袁世凯代替自己。同时，向袁世凯发报，请速来南京就职。

临时参议院对于孙中山辞职和袁世凯就任总统，是无异议的。但是在定都问题上，发生了激烈争执。参议院以20票对8票的结果，决议定都北京。

据革命元老吴玉章回忆，孙中山和黄兴听说后，气愤至极，马上召集临时参议院中的同盟会人员，严厉批评他们不该成为袁世凯的应声虫。黄兴更是愤怒至极，要求临时参议院自动推翻此案，否则让宪兵把参议员全拘起来。

没办法,大家重新投票,必须按照孙中山先生的意见投票,又经过一番激烈的讨论,最后改为定都南京。

看来,民国初期,想严格按照法律办事,想让权力服从法律,还不是那么容易的事呢。即使是国父也不例外啊。

2月15日,临时参议院召开大总统选举会,到会17省代表,每省1票,袁世凯以17票全票当选第二任临时大总统。此前,考察世界历史,选举大总统满场一致者,只有美国的华盛顿一人,国人对袁世凯寄予了厚望,称其为"华盛顿第二"。

袁世凯,从学历上看,没有任何功名;从相貌上看,还真对不起观众,尤其是不养女人的眼:既不高,也不帅,个头不到一米六,身躯臃肿,圆头短颈。可就是这个身材,就是这个学历,他却当上了国家元首。

南京方面随即打电报通知了在北京的袁世凯,把投票的盛况、大家的期望、民众的热情,都告诉了他。估计是希望通过这通忽悠,乘他头脑一发热,把他从北京给忽悠到南京来。

袁世凯在三年前就有"足疾",这次差点架拐走出来。

20日,临时参议院选举黎元洪为副总统。

15日,选举新总统这天,孙中山率队前往南京明孝陵,祭拜明太祖朱元璋这位汉人皇帝,宣告功成身退,以示自己驱逐鞑虏任务完成。

为什么这么说呢?因为孙中山认为,自己驱逐满族人,和朱元璋赶走蒙古人,是一个道理,都是为了恢复汉室江山,只有恢复汉族人的统治,才是恢复"中华"。

更有一个许多人不知道的事,那就是孙中山同盟会的十六字纲领,前八个字"驱除鞑虏,恢复中华",直接来源于朱元璋起兵时的《喻中原檄》,原文是"驱除胡虏,恢复中华"。

吾道,一以贯之。

今天,当我们回顾这段历史时,有许多疑惑在心中:为什么孙中山要"让位"给袁世凯?为什么不进行"彻底的革命"?其中一个传统观念与逻辑就是,资产阶级太软弱,不敢这样,不敢那样,只好与立宪派妥协,与袁世凯妥协。

答案给得简洁明快,却不像那么回事。"定性"式的分析模式,远没有进行"定量"分析来得深入细致。

还有许多人运用道德标准来解释政治现象,说孙中山是道德君子,袁世凯是政治骗子,说革命党人政治上幼稚,上了袁世凯的当,被骗,所以革命果实被窃取了。不是袁世凯智商超级高,就是四万万人智商加起来还是弱智。

长期以来,主流观点认为是袁世凯窃取了革命果实。但是,窃取两个字,真的能涵盖这里面所有的是非曲直吗?

这一百年来没有说清楚的事,今天也很难把它讲清,但革命导师恩格斯在论述德国革命失败的原因时,针对类似的情况,发表了他老人家的见解,恩格斯说:

> ……研究决定这次革命必然爆发而又必然失败的原因。这些原因不应该从几个领袖的偶然的动机、优点、缺点、错误或变节中寻找,而应该从每个经历了震动的国家的总的社会状况和生活条件中寻找。

恩格斯一针见血地指出:

> 当你问到反革命成功的原因时,你却到处听到一种现成的回答:因为某甲或某乙"出卖了"人民。从具体情况来看,这种回答也许正确,也许错误,但在任何情况下,它都不能解释半点东西,甚至不能说明,"人民"怎么让别人出卖自己。而且,如果一个政党的全部本钱只是知道某某人不可靠这一件事,那么它的前途就太可悲了。

赫连勃勃大王对袁世凯当总统的分析也比较经典而中肯:"秉诚而论,袁世凯不是最初的设计者,也不是真正的共和主义者,但也不能把他说成是'胜利果实的篡夺者和唯一受惠者'。袁世凯以出色的政治天才和高超的政治手腕,避免了清朝灭亡之时可能带来的分裂,促成了国家的统一,作出了旁人所不能的巨大贡献。所以,仅仅认为袁世凯当国完全凭借阴谋、不道德行为以及简单的欺骗手段,这种看法根本站不住脚。他之所以能成为大总统,当时是众望所归,而且属于'民选'的意义(临时参议院选举产生),从政治形式上,几乎无可挑剔。"

这样的评价,应该是非常理性的公平之言!

政治,是要靠实力说话的。没有实力,就像是沙滩上的沙堆,潮水一来,一切都无影无踪了。

现实很骨感

为了更多地了解当时的复杂局势,这里不妨再列举当时主要派别的一些观点,留待读者明察。

南京方面,黄兴、陈其美、宋教仁、汪精卫等追随孙中山多年的许多革命党人均认为:"收拾大局非袁莫属。"(马凌甫:《辛亥革命南京临时政府亲历记》,《南京文史资料选辑》第1辑,第24页)

武汉方面,孙武、刘成禺、张振武等也认为:"中国建设非袁莫属。"(蔡寄鸥:《鄂州血史》,第174页)

这是按势力、"经验"、人心竞争政治权力的必然结果。

一直跟随张之洞编练湖北新军、曾击败过北洋之虎段祺瑞的黎元洪,是个标准的职业军人,参加过甲午海战,他对实力有着透彻的了解,对于对手、对于己方,有着冷静的思考。更何况,黎元洪统率的军队是以湖北人为主的新军,更会得到湖北民众的支持。"天上九头鸟,地下湖北佬","楚虽三户,亡秦必楚",能统率这么一支队伍的黎元洪,想必应该是湖北人中的湖北人,九头鸟中的九头鸟。他要是掂量出自己的分量后,绝对会与北洋军进行较量的。可是,他的姿态一直是讲和。

中国人是天生的政治动物,即使是一个普通人,对官的态度也是非常艳羡的。普通人对权力的态度,嘴上骂着,心里想着,只要得着机会,都会为手中的权力而疯狂。权力欲都是极盛的。

当官,学名"从政",那可叫一个威风,真可以说是"呼风唤雨"。

刘邦、项羽当初还是平头百姓时，看见秦始皇霸气十足地雄视天下，都由衷地想"取而代之"。东汉光武帝刘秀年轻没啥地位时，看见大官的仪仗走过，感叹"做官要做执金吾，娶妻要娶阴丽华"。执金吾就是京城警卫官，威风凛凛，杀气腾腾。

只要实力够，谁都不想放弃权力。对于热衷于权力的普通人来说是这样，村长是这样，班长是这样，组长也是这样。那么，对于以"推翻帝制、建立共和、救万民于水火"为奋斗目标的革命领袖，怎么可能轻易地把权力假手他人，置亿万人民的期盼于不顾呢？

其实，孙中山最初并没想"让位"给袁世凯，袁世凯是君主立宪的拥护者，孙中山根本不信袁世凯会老老实实地走民主共和之路。孙中山想借款，想六路北伐，都是他真实意图的表露。

临时政府没有实力统一全国，也没有可用之兵、可支配的军饷，因此孙中山决定让位袁世凯。

中国受聘哈佛教职的第一人、民国时期的法学大家吴经熊在他与黄公觉合著的《中国制宪史》中写道："中山先生其后概乎言之，曰：'民国建元之初，予极力主张施行革命方略，以达革命建设之目的。……而吾党之士，多期期以为不可。经予晓喻再三，辩论再四，卒无成效，莫不以予之理想大高。……呜呼，是岂予之理想太高哉！毋乃当时党人知识太低耶？予于是不禁为之心灰意冷。……此予之所以萌芽退志而于南京政府成立之后仍继续停战重开和议也。'"（吴经熊、黄公觉：《中国制宪史》，民国丛书第四编27，上海书店出版社，1992年，第39页）

翻译过来就是，当时孙中山自己说，他是极力主张把革命进行到底、不达目的誓不罢休的。但是，党内人士大多认为不可能，认为孙中山理想太高，脱离实际。孙中山认为，不是自己理想太高，而是那些人见识太低，让自己心灰意冷。没有人支持他，总统的政令根本就出不了总统府。所以他才在建立南京临时政府后，继续重开和议。否则，从国外回到国内一个礼拜的时间，就匆忙建立中华民国，过了一个半月，又匆匆地让位他人，在事实上就解释不通。在中国的大地上，从没听说过哪个人当官就是为了给别人守业。在中国，枪打出头鸟，谁敢公开与朝廷分庭抗礼，建立新政权,那就是摆开架子高举着大旗、脑袋上画标靶等着挨打。

这话听着像是危言耸听,所以,为了考证国内诸多史家的这个分析,这里要把当时核心层人物的话,原封不动地引进来,供大家分析思考。由于篇幅有限,主要是从临时政府秘书长、孙中山的贴心人、能了解核心层决策内幕的胡汉民的回忆录中,摘出胡汉民秘书长对当时局势的分析。胡汉民的可信度,要比一般人的高些。

第一,孙中山要和袁世凯较量,但别人不同意。

据《胡汉民自传》中记述:"先生始终不愿妥协,而内外负重要责任之同志,则悉倾于和议。"(《胡汉民自传》,台湾传记文学出版,1982 年,第 68 页)孙中山本意是不想谈判、不想妥协、非打不可。这就与吴经熊、黄公觉两位先生在《中国制宪史》中引用的孙中山的话合拍了。

第二,想要交战,一点钱都没有,绝大多数人感觉打不起这场战争,所以必须议和。

当时黄兴被索饷逼得想死的心都有了,黄兴给胡汉民写信说:"和议若不成,自度不能下动员令,惟有割腹以谢天下!""故精卫极意斡旋于伍廷芳、唐绍仪之间,而余则力挽先生之意于内。余与精卫二人,可云功之首,而又罪之魁!然其内容事实,有迫使不得不尔者,则非局外人所能喻矣。"(《胡汉民自传》,第 69 页)

也就是说,当时的形势是:孙中山非要和袁世凯再较量一下,湖北的黎元洪已经私下里与袁世凯达成和解,南京的黄兴被逼得要剖腹自杀,总统府秘书长胡汉民私下里是极力规劝,汪精卫于南北谈判之间进行斡旋。革命阵营内部是这样的乱局,各自在奔走穿梭。胡汉民自己承认:和议成了,我和汪精卫是居功之首,但是,这反过来也成了罪之魁,因为我们实在是无法维持现任政府了,这里面许多东西都是迫不得已,可不是局外人所能体验到的。

劝不住孙中山,北洋军势必以炮火来打招呼。

第三,客观条件上,胡汉民自己都认为临时政府的军队是"乌合之众"。

胡汉民冷静地分析了当时临时政府面临的困境:"更就客观环境而

言,则鄂省实已与袁讲解,北方得集中力量以向南京,南京军队隶编于陆军部者,号称十七师,然惟粤、浙两军有战斗力。粤军不满万人,持以击退张勋及北洋第五镇于徐州,浙军将领,则素反对克强,不受命令,陆军部不能加以裁制。其他各部,乃俱不啻乌合,不能应敌。"

至于领导这支军队的将领的能力素质,胡汉民说:"由下级干部骤起为将,学问经验,非其所堪。"(《胡汉民自传》,第68、69页)

当时南京临时政府能作战的军队不足万人,广东军队算是支持孙中山这个广东人的。而另一股有战斗力的是江浙联军,本来江浙就是光复会的活动范围,当初一部分人想推举黄兴为大元帅时,江浙联军就不同意,所以,作为陆军总长的黄兴根本指挥不动这支队伍。特别是光复会领袖陶成章被刺,这里面的矛盾越来越大。其他的人马,胡汉民认为是"乌合之众",不能应敌。而且,这支军队的将领,是从下级军官或士兵中骤然提拔到高位的,其能力不足以承担重任。

第四,普通士兵和民众,在驱除鞑虏任务完成后,也不理解为啥还要打仗。

当时的普通士兵和民众,"民众所接受者,仅三民主义中之狭义的民族主义耳。正惟'排满'二字之口号,极简明切要,易于普遍全国,而弱点亦在于此。民众以为清室退位,即天下事大定"。(《胡汉民自传》,第69页)

在这种格局之下,临时政府还能与袁世凯抗衡吗?

因此,当代史家指出:

财政困难沉重压力,显然是导致北伐夭折和促使孙中山终于决定让位于袁世凯的一个具有决定意义的重要原因。

民初资产阶级革命党人采用发行公债和募捐的办法作为财政收入的手段,在执行过程中,也难免采用强迫的方式。这就必然会涉及一部分城乡中下层群众的利益,引起强烈的反应,降低群众对它的支持和拥护。

总之,如果不对民初资产阶级革命党人的财政问题进行认真的考察和分析,我们就很难全面地理解并说明孙中山不得不让位给袁世凯、南京临时政府那样快即告夭折的原因所在。(胡绳武、金冲及:《辛亥革命史稿》第4卷,第154页)

定都风波

孙中山向临时参议院递交辞职报告后,马上拍电报、打电话让袁世凯速来南京上任。孙中山说:你要是觉得北方无人维持秩序的话,那你就选一个你信得过、有能力的人,授以全权,镇守在那里,打电报通知一下临时政府就行。

袁世凯开始要赖。

他太明白了,鱼不可脱于渊,猛虎不可出于山。

袁世凯不厌其烦地说,北方现在意见分歧非常严重,时不时地有人来挑拨皇族不能就这样放弃权力,而北京是国外使节集中的地方,他们不放心我南下。东北三省也不太稳定。我一时还真找不出合适的人选来镇守北方。最后,袁世凯软中带硬地强调,我们共和大局都定下来了,大家应该都以爱国为前提,谁也不希望因为在哪个地方当总统而让南北重新分裂吧。

而且,从当时情形来看,西方列强确实不希望政府南迁。因为《辛丑条约》规定,列强在京津一带有驻军的特权,你国家机关跑了,我们在这里还有什么意义。英国当时就致电南京临时政府的外交总长王宠惠,说迁都南京是非常"过分的要求"。

临时政府中许多人也动摇了,为了避免分裂,就让袁世凯在北京当总统。

宋教仁和章太炎等人也认为,从地缘政治与防备日、俄等国防和战略角度来考虑的话,北京最为适宜。许多省的都督,包括山东、湖南、浙江、江苏等,都向南京致电,认为应该以北京为首都。

孙中山强烈反对,提请临时参议院重新复议。临时政府经过激烈辩论后决定,派专使北上,迎接袁世凯来南京。

2月18日,南京临时政府派出迎接使团,以教育总长蔡元培为专使,临时参议院副议长王正廷、外交次长魏宸组、参谋次长钮永建、法制局长宋教仁、议和参赞汪精卫等为欢迎员,前往北京迎接袁世凯。

袁世凯开始大摆迷魂阵。

形式是为内容服务的,中国人一向注重形式,谁走在前、谁走在后,谁坐在左、谁坐在右,谁从哪里进,谁在哪里住,都是非常讲究的。

袁世凯熟谙此道,因此在形式上做足了功夫。他听说南京使团出发的消息后,当即指示直隶省和天津地方当局,要予以特别的关照,并让自己的儿子袁克定代表自己到天津迎接。

2月27日上午,蔡元培一行抵达北京。

北京城张灯结彩、锣鼓喧天、红旗招展、鞭炮齐鸣,袁世凯安排的各路人等把迎袁专使围得是里三层外三层,以示隆重之意。甚至为了像迎接明星那样热烈,还特意安排了负责嗷嗷直叫的、负责打口哨的,拦也拦不住、非要上前拥抱的……北京城内外各商铺都悬挂南京临时政府定下来的五色旗,气氛渲染得非常热烈。这是民间的欢迎仪式。

官方的仪式,更是让迎袁使团目瞪口呆。袁世凯下令,大开正阳门,迎接使团进城。

正阳门,就是今天北京城的前门,正对着太阳,曰正阳,也就是正南。在皇权时代,面南背北,是专为皇帝准备的,是皇帝日常进出皇宫的唯一通道。袁世凯给了这些南京来的官员们以最隆重的礼节。

普通人哪里享受过这种待遇,想都不敢想。

袁世凯指示赵秉钧:选拔亲信卫队600人,专门负责使团一干人等的人身安全。使团的人员要是伤到一根头发丝,我就把你们的毛全拔光。

27日下午,使团在唐绍仪的引见下,谒见袁世凯,并递上孙中山的手书及南京临时参议院的委任状。袁世凯非常爽快地答应:稍微处理一下事务,待北方略得安定,我马上去南京上任。

使团成员一看,未来的大总统多开明啊,看来,没什么大问题了。

27日晚上,袁世凯举行盛大的招待会,国宴级的。吃什么、喝什么、吃喝过后玩什么、带什么,袁世凯的细致安排让每个人都感到舒服得无以复加。

28日,袁世凯又大张旗鼓地研究留守人选,讨论南下路线,形势一片大好。

只是,谁也没有想到,袁世凯不动声色地在暗中下着另一盘棋。

一正一反才是"政"治啊。

29日晚上,迎袁专使刚刚应酬完毕,回到下榻宾馆。北京城突然枪声四起,人声鼎沸,外面呼喊说是有兵变发生。接着又听见士兵喊着说:袁宫保要走了,我们没人管了,抢吧,抢完回家跑啦。外面是枪声炮声、哭声叫声、喊声闹声,乱成一团。迎袁专使住的宾馆,乱兵也拥了进来抢东西。大家分头躲藏逃避,才幸免于难。第二天天没亮的时候,迎袁使团跑到东交民巷的外国使馆区饭店,躲避这场灾祸。

天津、保定等地也发生了类似的士兵抢掠事件。

袁世凯下令手下的部将必须管住自己的辖区和士兵,赶紧平息此事。经调查,这次兵变的主要力量,是袁世凯的嫡系,北洋第三镇曹锟的部队。

3月1日,袁世凯派人到东交民巷的六国饭店为使团的人压惊。并宣布,如再有强抢豪夺者,格杀勿论,并在北京部分地区实行戒严。

这下子,北京各界都受不了了。

先是外国使节提出抗议,北京和直隶一乱,外国使节命令他们在京津一带驻军进入战备状态,并声称要调兵进京。

北京的商务总会派代表出来,要求袁世凯绝不能南下,要不然,百姓的生命财产安全没法确保。而且指责这都是因为南京方面要袁世凯南下就职造成的后果。

北洋军声明,大总统绝不能南下,必须在北京就职。

3月2日,梁士诒等人又到迎袁使团这里吹风,希望使团回南京后,向参议院如实汇报北京的情况,然后,再重新考虑应该怎么办:你们再辛苦辛苦,回去后一定把这些情况汇报完整啊。

当天,蔡元培就致电南京,把情况详细汇报了一遍。这回,形势逼迫得孙中山和临时参议院都开始动摇了。又经过一番研究,大家无奈地同意袁世凯在北京就任总统。

3月8日,袁世凯把就职誓词发往临时参议院,征得同意后,电告全国。

3月10日,袁世凯宣誓就任中华民国临时大总统。

对于这场蹊跷的兵变,传统的史学观点认为,是袁世凯主使曹锟干的。但学界近年的研究始终没找到有力的证据来证明是袁世凯指使的,认为这可能是北洋士兵的情绪化反应。

但是,从事件前后的背景,结合袁世凯的谋略和手腕——有机会时,要抓住机会;没有机会时,要制造机会——来看,应该是袁世凯指使的,因为这一路数和打法,绝对是袁世凯的手法和风格。

袁世凯既然明白不能南下就职的道理,以他的手腕,以他的一贯处事风格,他绝不会坐以待毙,绝不会束手就擒,他不可能不走出这一步。否则,奸雄就变成白痴了。

第七章 ＼ 虎啸山林 ＼

英雄莫问出处

袁世凯出山以来,纵横捭阖,翻云覆雨,左算右计,步步为营,终于取得了国家的最高权力。

就在他东征西讨、南北和谈的时候,为了保持情节的连贯性,本书行文没有打断他这一气呵成的军事政治谋略的思路。可这样一来,大家就淡忘了东北这块黑土地在辛亥革命时期的状态,自然也就冷落了北洋的另一位豪杰,就是雄踞关外的"东北王"张作霖。

清末天下大乱的时候,山西这里是被曹锟和吴佩孚给镇住了,湖北这里是被冯国璋和段祺瑞给镇住了。而作为北京后方的东北三省当时也不是没有乱的可能,但被另一个与袁世凯没有直接往来的张作霖给镇住了。这几个人,也正是后袁世凯时代的直、皖、奉三大系的核心和灵魂人物。这里面还有一段很长的故事。

因此,暂且把袁世凯放一放,把目光转回来,把张作霖这位枭雄也拉到舞台上。否则,其他豪杰都露脸了,如果把这个在北洋末期主政中国、三分天下有其一的奉系首领给忘了,实在是说不过去。

张作霖,字雨亭,1875 年 3 月 19 日(清光绪元年二月十二日),生于辽宁鞍山海城。他自幼家境贫寒,到 12 岁时还没上小学一年级,也没上过育红班和幼儿园,甚至一个字也没学过。13 岁的时候,一个叫杨景镇的私塾老师免费教了他三个月,这就是他一生的文化基础。后来张作霖发迹了,深悔自己当年的无知和莽撞,特意把杨先生接到沈阳,并在自己府中成立私塾馆,让杨先生教张学良等人功课。

按说张作霖一家子都不识字,不应该取出如此有文化、有气魄、有内涵的名字，或许是无意中碰巧了。《尚书·商书·说命上》中有"若岁大旱,用汝作霖雨"之言,"作霖""雨亭",这几个字却与《尚书》之言如此巧合,原文是这样的:"朝夕纳诲,以辅台德。若金,用汝作砺;若济巨川,用汝作舟楫;若岁大旱,用汝作霖雨。"作霖雨,实乃济世泽民之意。

不过,张作霖小时候,是个不务正业的小混混,根本看不出来他日后会成为历史上的大人物。

张作霖的父亲张有财是个赌徒,因在赌场中赢钱后,输者无力还债,他半真半假地要逼人家用老婆来抵债,使人家恼羞成怒,最后被人家约到无人之处打死了。

从此,张作霖一家更加无依无靠。他当过木匠,卖过包子,当过货郎。当货郎期间,他认识了一个富户的闺女,后来他娶此女为妻。

不过,张作霖大概身上有浓重的父亲基因,手里有几个钱之后,每次路过赌场,心下都耐不住痒痒,总觉得这样一分一分地攒钱太慢、太辛苦,想一把捞个大奖,结果不仅把卖货的钱输了,连货郎担子都输了。

回到家后,卧病在床的母亲一见儿子这么不争气,就唉声叹气,流下泪来。本来家里就穷,为了进货,向邻居借的钱还没还上,现在却输个精光。不仅买药看病的钱没有,就连饭都吃不上了。不过母亲说起一件往事,让困境中的张作霖心眼又活动了起来。

据母亲讲,父亲在世的时候,前邻马武义家尚欠张家一吊钱没还,父亲去世后,张母去要债的时候,马家赖得干干净净。张母忍气吞声也无可奈何。而今实在走投无路了,与作霖说说,看看能不能有什么解决办法。

张作霖这个小混混,天生的心眼多,加上在社会上混了几年,学得更是诡计多端。

第二天,张作霖趁邻居家没注意,把他家要下崽的老母猪赶到池塘边之后,双手用力一推,就把猪给推到水里。猪在池塘里没命地狂叫,张作霖也大叫"猪落水了",引得周围的人出来,自己装作衣服也顾不上脱就跳下水,把猪给拖了出来。周围的人都夸老张家这孩子仁义,纷纷对马家说一定要谢谢人家,否则这一头猪溺亡的话,不知要损失多少钱呢。

马家邻居虽然吝啬,如此一来也不得不装作慷慨,何况自家还真欠着人家一吊钱呢。也罢,顶账吧。马家人从家里取出一吊钱来,送给张作霖,让他自己买点好吃的。张作霖接过钱来,连谢谢也没说,转身就走了。

张作霖回家把事情经过悄悄跟母亲汇报。看着儿子动用鬼点子从吝啬鬼手里撬出钱来,母亲又好气又好笑。

不过,张家的生活仍然是越来越困窘。为了把几个孩子拉扯大,张作霖的母亲无奈改嫁到一个兽医家中,张作霖也跟着继父学兽医、相马的本事,并通过自己的本事,结识了黑白两道的人,不管是官场的骑兵,还是黑道的土匪,张作霖和他们都有往来,于是阅历越来越丰富,胆子也越来越大。

家境贫寒的人,必然也是命运多舛。张作霖闯荡江湖,数次差点成为异乡孤魂。给财主放马时,马被土匪盗走,财主却认为是张作霖与外人勾结,将其一顿毒打,张作霖连病带气,卧床不起,被人扔到沟里,让捡粪老头给救了回来;与财主于六合开兽医桩子,被财主的小老婆相中,约其私奔,张作霖感觉于六待其不薄,没有答应,却被财主的小老婆设计诬陷,称其调戏,被人一顿暴打,冬天被扒掉棉衣,绑在外面准备活活冻死,又被过路人救出;在赌场上与人斗殴,差点被砍掉手脚,欠赌债被人抓住,又遭冬天剥衣的待遇差点冻死;通京御道上官饷被劫,被抓住充当替死鬼……穷人家的孩子,虽然天生命贱,却也数次大难不死,可称得上是从刀尖上滚出来的人。

生活就是这样,诚如老子所言:"祸兮,福之所倚;福兮,祸之所伏。"有的孩子,从小就生活在蜜罐里,生活就在他身上印下胡作非为的性格;而张作霖在啃读生活艰辛的同时,生活却赐给了他永不服输的性格。这对他后来的成长非常重要。

张作霖走投无路,找到了他在当兽医时结识的毅军营长赵得胜,开始当兵。中日甲午战争时,宋庆手下的毅军防守辽东,张作霖当了伙夫,也经常给军队的马匹治病,又被提拔为哨长,从此小有名气。甲午战败,单骑逃回家。倒插门娶妻之后,重新干起了兽医的行业,自然又认识了不少黑白两道的朋友。

不过,张作霖恶习难改,有点钱就会出入赌场,有一次在赌场中与人打架,被人诬为勾结绿林胡子,押入大牢。在岳父用钱四处活动将其买出来后,他再也无法在家乡立足,牙关一咬,彻底离开家,经自己早年认识的辽西巨匪冯麟阁介绍,真的投入了胡子(土匪)的队伍。从此,他渐渐地当上了小头目,并开始自己拉出帮来。

然而,张作霖注定是不安分的,他不想在土匪窝中终其一生,他有着自己的理想。眼见了东北民生凋敝,十室九空,打劫也没什么油水,他想换身衣服,希望能得到朝廷招安。跟手下汤玉麟等弟兄商量,大家也都想过稳定的生活,娶妻生子,不愿以"贼"之名终老一生,只是苦于没有机会投靠朝廷,只要张作霖想出了办法,其他人唯命是从。

主意拿定之后,机会很快就来了。

不过,机会这东西,无时不有,无处不在,关键是要善于发现和利用。同样一件事,对某些人来说,只是个普通事件,甚至是个笑话;但对于有心计的人来说,那就是不可多得的大好机会。

张作霖是善于发现和利用机会的人,他很快就发现了机会并想好了自己的妙计。据手下人探报,近一两天,盛京将军增祺的三姨太的车马轿子要路过自己的地盘,于是,张作霖精心编导了一出精彩的戏,情节设计很简单,但是寓意却很深,不次于张艺谋的片子。

张作霖事先告诉弟兄们:此次我们要把增祺眷属的车马连人带物全劫下来,但是,绝不能动这些人一根汗毛,否则,咱老张的子弹可不长眼。

就在三姨太车马进入张作霖设下的包围圈时,张作霖率领弟兄们冲了出来,就像单田芳评书中说的那样"嗷"地一嗓子:

此山是我开,此树是我栽,要想从此过,留下买路财。牙蹦半字说不是,我这一棍打死你可不管埋!

娇生惯养的三姨太吓得"咯喽"一声,背过气去。自己财色双全,却落入土匪窝里,轻则受辱,重则丢命,此番定是凶多吉少了。

张作霖要干什么?绑票、勒索?不,有着明确奋斗目标的张作霖,已经不干纯打劫这种没有技术含量的活了,他要演一出戏给三姨太看。

"我想升官发财"

等三姨太醒来后,发现自己被关在一间屋内。她听见外面有人说话谈论,自己便悄悄地听。

她哪知道,外面的人一直观察着她呢,这番谈话是张作霖导演出来的,就等着她醒来后开演呢。

她听得外面有人问道:大当家的,咱们今天做的买卖可能太大了,这位像是官家太太,这不摊上事儿了吗? 一旦官府较起劲来,弟兄们扛不住啊,这个窝迟早被端了;我早说过,这是个灭门诛九族的营生,能趁早收手就趁早收手。

只听一个声音(张作霖)说道:兄弟们说得有理,吃黑饭风险太大,天天把脑袋别在裤腰带上,没几个有善终的;我也想金盆洗手,可咱们不做这个买卖,还能干点什么呢?

刚才问话的人说:不如被朝廷招安了吧,听说盛京将军增祺收抚了不少绿林人马,如果我们也能被招安就好了,这样兄弟们也能安定下来,也能有个固定的家。

大当家的叹了口气:我倒是想啊,但是盛京将军门槛儿太高,我们身份太低,中间隔得太远,咱们根本没有可能与将军搭上关系。

三姨太这会儿正担心在土匪手里会不会受辱呢,一听这些话,感觉自己活命的机会来了,立刻来了精神。从屋里搭上了话:各位好汉,只要你们真的有心向善,要见盛京将军增祺又有何难。

张作霖故作吃惊地问:你是何人? 与增祺将军是什么关系?

三姨太此时已不像刚开始那么害怕了,正了正身子说道:我就是增大人的家眷,不信你问我的随从便知道了。

张作霖倒头便拜:在下张作霖有眼无珠,无意中冒犯了增大人的宝眷,冒犯了夫人玉体,真是罪该万死。

连忙吩咐弟兄们,把刚才带来的贵客都请过来,备酒压惊。

这些惊魂未定的人,男的正担心性命安全,女的正担心贞节不保,在土匪窝里居然还能受到如此礼遇,劫后余生,不禁惊喜万分。

席间,张作霖坦率地说出了自己的身世,说明自己加入绿林只想混口饭吃养家糊口,绝非贪财害命之徒,并表示如有机会,愿意为朝廷效力。

百般招待、千般恭维、万般好话之后,把增祺的三姨太伺候得舒舒服服,张作霖又派专人护送,将他们送到最安全的地方之后,才挥手告别。张作霖的江湖义气让三姨太非常感动,三姨太说让大家放心,她一定会说动增祺前来招安。

有道是,枕边风是最厉害的风,增祺本来就对这个三姨太是言听计从,又听说有这等奇事,自己境内正愁匪患不净呢,决定招安。

张作霖为了提高自己的身价,除了带上自己的200个弟兄,又临时网罗了其他股约100人加入,一共300多人,增祺将其编为游击马队一营、步队一哨。

从此,张作霖摇身一变,当上了清军地方保境安民的保安队的营官。

后来,张作霖进省城"谢委"的时候,时任东三省总督徐世昌的总参议周树模问张作霖:"当年你为什么接受招安?"张回答:"回禀大人,我想升官发财!"

张作霖如此直率的性格和回答,逗得堂上之人哈哈大笑。大家从此记住了这个敢直接说出自己想升官发财、留着小胡子的东北汉子。

1904年日俄战争爆发,清政府宣布中立,日本和俄国双方都极力争取东北各地的胡子、地方保安队为己方做事。张作霖不做赔本的买卖,他坐在山头观风向,日本人强了,他就和日本人好;俄国人强了,他就和俄国人好。然后不停地从双方手中要东西,以此壮大自己的力量。

日俄战争的投机,使张作霖的势力大大增强,到1906年的时候,张作霖已经统率五个营了。

而后,盛京将军赵尔巽设立巡防营务处,任命张锡銮为总办,把全省地方队伍编成八路巡防营,张作霖的五个营编为右路,与他的绿林前辈冯德麟(冯麟阁,已被编为左路)平起平坐了。

张作霖能够如此受重视,全得益于他把顶头上司张锡銮巴结得好。

张锡銮,作风清廉,性格果敢,有武士之风,骑术枪术均称精绝,抗击日军时打出了赫赫声威。

精通送礼的人都知道,每个人都有性格弱点,不怕你爱好啥,就怕你没爱好,摸不清对方的爱好,是最难送礼的。喜欢钱的,那就用金块子砸;喜欢女人的,那就用漂亮女人将你击倒,一个不够来俩,两个不够送仨;是孝子的就攻他妈;文化气息重的,就送古董字画……反正只要是人就肯定有自己的爱好。

张作霖知道张锡銮喜爱良马之后,他的兽医本领又充分发挥了出来,他花了很多天,在自己的战马中选中一匹最好的,献给张锡銮做坐骑,并利用自己医马、相马的知识,与张大人谈得甚是投机。加上二人均姓张,"五百年前是一家",张作霖认张锡銮为义父。

张锡銮离开新民回省城,张作霖知道官场中人最讲究前呼后拥的排场,尤其是张锡銮这种清廉的官员,最重名。张作霖嫌义父的行仪不够气派,召集手下人,从中选出二百五十名身材高大、长相英俊的帅小伙组成骑兵队,十个人一排,排成二十五行的马队,自己亲自带队,以时局不稳、保护大人安全的名义,浩浩荡荡、风风光光地把张锡銮送往省城。

这样的干部不用,还能用什么样的人呢?张锡銮回省城后的三天,一纸任命书就送到了张作霖手里,任命张作霖为巡防营第五营的统带官兼中营营长,其他的几个营官也全是张作霖一起闯江湖的小兄弟:汤玉麟、张景惠、张作相、邹芬。张作霖成了实际上的右路统带,营长干了团长的活。

投名状

一个人早年的经历,对一个人思维和德行的养成,会起到非常重要的作用。

张作霖年轻时候的苦难经历,使他的心变得坚硬无比又机巧无比,他知道在乱世中生存,别人谁也指望不上,也休想利用别人的拐杖架起自己，否则，万一哪一天被人出卖了，自己都不知道是怎么死的。

上天给张作霖的一次次耐心教育，别人对他的一次次陷害和出卖，加上他无数次自我暗示，使这些念头一天比一天地深入他的内心。他知道，要想不受人欺负，自己就要不停地向上爬，为此，把别人踩倒当桥也在所不惜。

去他的狗屁道德，老子要不是讲道德，也不至于被那个财主于六的小老婆陷害，差点冻死在冰天雪地之中。

此时的张作霖就像《潜伏》里专门卖情报为生的结巴谢若林那样：你告诉我，这两张钱，哪张道德，哪张不道德？

在天下大乱、礼崩乐坏的情况下，一个人的道德水准会与他的官阶成反比。所以剿灭太平天国起义军的中兴名臣曾国藩才会在遗嘱中痛苦地告诫子孙不要统兵打仗，不要当官。看似莫名其妙的一个遗嘱，内中辛酸又有几人真正得知。

一将功成万骨枯。世间又有几人一辈子只做对得起良心之事呢？

张作霖为了生存，突破了思想的围城，完成了对自己的救赎。他发誓，从此绝不再让人欺负。

不过，张作霖毕竟是一个中国人，他为了能在乱世中活下来，突破了个人的传统道德禁锢，但并没有彻底失去一个中国人的良心和民族气节，否则，后来他也不会因与日本人谈崩而血染皇姑屯。

这里分析的，只是他在为了生存、脱离苦海、向上爬升过程中的行为和心理活动。

而他受朝廷招安之后，最让人不齿的行为，便是诱杀以前的绿林同道、曾经义结金兰的杜立三。

杜立三为人，不赌博、不吸毒、不喝酒；骑术高明，枪法娴熟；心狠手辣，贪财好色，强抢民女，共有八个老婆，民愤很大。张作霖没出道的时候，与他还有过金兰之交。

话说徐世昌到东北任总督之后，开始剿灭东北的各路胡子，许多小股土匪招架不住，或是被剿灭，或是被招安，只有辽西巨匪杜立三势力很大，拒不投降，一时间还难以剿灭。

徐世昌决定采取"以匪制匪"的策略,他密令张作霖去剿杜立三。

这招挺损,就像强盗入伙前,先要杀人以示自己"彻底"加入一样。即使是水泊梁山也是一样,无论是哪路英雄,要入那水泊梁山,得交个"投名状"来。而且,以匪制匪还有个谁也不能说的好处,那就是让双方互相火拼,打得两败俱伤。有许多投降的部队被派往前线,就是这个道理,一方面让你表决心,另一方面削你的实力。自己的嫡系子弟兵要是直接投往战场,那厮杀下来,以后的日子怎么混?

张作霖既感到很为难,又被上级许下的升官发财承诺搞得心里痒痒的。

反复琢磨之后,一狠心,反正老子也穿上了朝廷这身衣服,吃了朝廷的饭,也与不少绿林同道开战了,也罢,剿!

张作霖先是与杜立三的部下拉交情,许以高官厚禄,想从内部分化,并以结义兄弟的名义,约杜立三前来面谈,说是朝廷给了他比自己更大的官。

普通人都看出来这是鸿门宴,何况是机警过人的杜立三。

张作霖一计不成,又找到杜立三的同宗叔父,也是张作霖的义父之一(张作霖一生认过 40 多位义父、义母)杜泮林,说了百般好话,把老人给蒙住了,终于说动杜立三前来。尽管杜立三来之前也做了周密部署,结果仍然被张作霖擒获,为免夜长梦多,张作霖将杜立三就地枪决。

收服了杜立三部,张作霖把收来的巨额财富私藏一部分,又上交一小部分。徐世昌大喜过望,1907 年 8 月,上奏清廷,授予张作霖蓝翎都司衔,赏银五千两。张作霖是官财兴旺,名利双收。

乱世中人就是这样,要么忍,要么残忍,这样才能生存。乱世中人,只成了一个生命的符号。那些白手起家、独闯天下的人,也多数走过这条路。

世间的事,无法单一地衡量。诱杀杜立三这件事,从道德上讲,确实是卖友求荣,做得太过分。但是如果站在国家稳定角度来讲,却又是稳定社会、除去匪患的大事。从张作霖本人来说,他也正是通过这些手段,完成了自己资本的"原始积累"。

而此后张作霖远赴内蒙古,像沙漠之狼一样,以极大的耐心和毅力,收拾了受到沙俄支持的陶克陶胡,也确实为边疆稳定做出了不少贡献。

1909 年 1 月,徐世昌为了加强对这些地方部队的指挥,对奉天省的各军共 46 个营进行改编,按地区划为五路巡防队,张作霖升为奉天巡防营前路统领。其他四路是:中路统领朱庆澜,驻省城;左路统领冯麟阁,驻锦州;后路统领吴俊升,驻洮南;右路统领马腾汉,驻凤城。这些人的名字虽然比较陌生,但他们日后也都在北洋历史舞台上有过表演。

随着张作霖官职的一天天提升,他的心也越来越大,他的目光开始瞄准了省城。

机会的降临

武昌起义,给各路豪侠提供了充分的表演舞台,张作霖也获得了一个大好机会。

1911 年 10 月,武昌起义的消息传到关外,活跃在东北的革命党人欢呼雀跃,开始频繁活动,酝酿起义。尤其是军队中的革命党力量不可小觑。他们开会决定推举陆军第二混成协统领蓝天蔚为关外讨虏大都督,并制定了一个和平夺取政权的革命计划,即利用新军将领的革命情绪,向东三省总督施加压力,迫使其同意宣布东三省独立。

蓝天蔚手下的一个营长因为屡屡得不到升迁,怀恨在心,连夜向时任东三省总督的赵尔巽告密。

赵尔巽得知后大惊失色,好在当时与蓝天蔚交好、同样是革命党人的二十镇统制张绍曾和第六镇统制吴禄贞都已经调开东北。但是,赵尔巽仍然没有把握制服蓝天蔚,因为,当时实力强的北洋新军归中央直管,地方大员调不动这股力量,上报的话也来不及。赵尔巽能调动的只有地方武装巡防营。可是,这巡防营欺负老百姓还可以,要与蓝天蔚的一部分新军对抗,无论在装备上还数量上,都是毫无胜算的。赵尔巽甚至想保命,准备要逃离东北了。

形势十分微妙了。蓝天蔚虽然想夺取政权,但他清楚自己的实力,虽然当时向往革命的力量不少,奉天学界、地方联合会甚至当地土匪,也加入到革命中来,趁机捞稻草。也就是说,革命力量非常复杂,并没有拧成统一的一股绳,假革命的势力不少,连土匪也来凑热闹。蓝天蔚心知肚明,因此他也没有制服总督的绝对把握,只能仰仗人多这个声势来达到吓唬总督的目的,这才是和平夺权的原因。

就在赵尔巽想跑的时候,奉天省咨议局副议长、立宪派人袁金铠,分析了形势,劝告总督大人不能退。袁金铠之所以了解时局,是因为蓝天蔚的革命势力也在争取立宪派,而身为立宪派、副议长的袁金铠却不主张革命,希望国家形势稳定,因此他把他所知道的革命党人目前的困难处境进行了仔细分析,终于说动了总督。鉴于张作霖招安后的征讨表现和当官心理,赵尔巽决定起用张作霖的巡防营。

1911年,三十六岁的张作霖,已经成为驻守洮南的前路巡防营营长,但因为这几路人马的头目他都熟,所以张作霖营长能调动的人马其实有近五千人。在这一时刻,他就成了能够影响奉天革命形势和未来走向的关键人物。

张作霖驻守在偏隅的洮南已经有三四个年头,虽然政绩显赫,却苦于没有升迁的机会。他一直眼巴巴地望着省城,希望有朝一日能进入这个东三省的政治中心。

机会终于降临,就看他有没有能力抓住了。

被调到奉天的张作霖立即被委以重任。总督赵尔巽下了大筹码,他将驻扎在奉天城内的中路巡防营,全部调归张作霖指挥。这样张作霖手中的全部人马接近八千,从人数上与蓝天蔚的新军第二混成协相当。赵尔巽已经不再像初闻革命时那么胆怯了。

不愧是老官僚,静下心来的赵尔巽,为了稳定局势,经过缜密思考,提出了一个老谋深算的口号:保境安民。

这个口号提得很有水平。这是一个近乎中立性质的口号,但各方势力听了,都觉得合情合理。

对于朝廷来说,笼统地说保境安民,也是一方诸侯的职责;对于革命党人来说,这是一个很平和的口号,既不向着清政府,也不向着你,大家相安最好；对于当地士绅百姓来说，因为东北满族人多，这个口号比孙中山的"驱除鞑虏"更让人容易接受，让满族人也有了一种参与地方管理的归属感。这确实起到了稳定人心、一石三鸟之功效（张学良主政东北时用的头衔就是东三省的"保安"司令）。

保境安民的口号让闹独立的革命党人很快处于不利的局面。毕竟大家都知道，革命是要流血、是要付出代价的，而国家之乱，遭殃的还是下层百姓。于是蓝天蔚等革命党人决定，联合咨议局，成立一个奉天国民保安会的组织。他们想通过这个组织把赵尔巽赶走，然后宣布独立。

只是，蓝天蔚等人还不知道，副议长袁金铠早就把他们的计划告诉了赵尔巽，且蓝天蔚最大的失误就是不知道胡子出身的张作霖被授予军事大权了，蓝天蔚还是准备和平夺权。但赵尔巽、袁金铠、张作霖三人，早就提前作了周密安排，只等着好戏上演。

更要命的是，赵尔巽已经利用这几天间隙，向北京做了密报，已经拿到了撤蓝天蔚职务的尚方宝剑，只是没摸清革命党人势力到底有多大，怕局面不好控制，没有公布，在寻合适的机会而已。也就是说，只要一公布，蓝天蔚对第二协就再也无调动之权，能跟着他的，只是少数革命士兵了，这样，张作霖的巡防营就对蓝天蔚形成了绝对的对抗优势。

1911年11月12日，奉天省国民保安会筹备会召开，由倾向于革命党一方的奉天省咨议局议长吴景濂主持，邀请赵尔巽到会。

赵尔巽讲了一通话，告诉大家要稳定，要维持秩序，保境安民，等等。这时，倾向革命的人士也来发言驳斥总督，台下人窃窃私语，局面开始不安。可是，没等驳斥总督的人说上几句话，台下跃上来一名军人，站在赵尔巽身后，掏出手枪，啪地按在桌上，厉声喝道：我张作霖只知朝廷，只保大帅，谁要是不听大帅的话，谁要是敢对大帅不利，我这枪可不认人。张作霖摆出了亡命徒的架子——我来打架了，你们哪个不服的就站出来。

与此同时，事先布置好的其他军人也纷纷在台下不同角落亮出枪来，立即震慑了全场。那些本来准备以和平方式夺权的革命党人瞠目结舌，他们并没有做好军事上的准备，只得纷纷退场以示抗议。

有的时候，胜负只在一念间，不是东风压倒西风，就是西风压倒东风。你从气势上压住了，你就胜利了；如果压不住，你可能就掉脑袋了。

因为张作霖的强势出现，博弈双方的力量对比迅速发生转化，赵尔巽基本锁定了胜局。

第一桶金

此时，全国的局势是，袁世凯已经出山，南方革命形势开始不妙，北方的吴禄贞刚想起义，就被身边人暗杀。蓝天蔚意识到，和平夺权已经不可能，于是开始准备武装起义，策动东北三省独立。然而，他们的作战行动还没开始，新军中就有人叛变，把军事计划告密给了赵尔巽。

在局势并不明朗的情况下，赵尔巽也不想与革命党人刀兵相见，万一革命党人成事了，自己也不至于没有退路。于是，他派人把蓝天蔚请来议事，蓝天蔚不知道自己已经被手下人出卖了。

赵尔巽打开窗户说亮话，说你的计划我已经都知道了，我们远日无冤、近日无仇，我爱惜你是个人才，我也不为难你，你自己离开吧。

蓝天蔚见机密泄露，只好交出兵权。赵尔巽在拿到清政府解除蓝天蔚军权的命令后，把蓝天蔚礼送出境，对外说派蓝天蔚到关内考察南方战事。

蓝天蔚被逼走之后，东北革命形势进入了另一个阶段。剩下的革命党人，有的不甘心就这么失败，以张榕为首的革命党人成立了一个叫联合急进会的组织，派人分赴各地，联合革命志士，发动武装起义。与此同时，回到关内的蓝天蔚又组织了一支三千人左右的北伐军，兵锋直指奉天。

就在赵尔巽面临两面夹击、惊慌失措的时候，中华民国宣告成立。随后，南北双方通过了停战协定，于是赵尔巽与张榕相约，履行南北和谈停战的约定，大家也开始对话。

掌握军权的张作霖主动与张榕交朋友，而张榕没看透这个表面上看起来一身江湖义气的人，居然是另有心机。张榕与张作霖交往，也有着他自己的小算盘，张榕是想通过双方往来，尽量争取巡防营为己所用，壮大革命力量,却不知道,与东北虎谋皮的时候,杀身之祸已经降临。

1912 年 1 月 23 日晚上,张作霖指使两名杀手将张榕暗杀。随后,张作霖对奉天城进行了全城大搜捕,自此无人再敢提革命。

张作霖通过这种残酷的方式,为自己的仕途发展挖到了第一桶金,积累了雄厚的政治资本,从此登上历史舞台,并在十年之后,开始问鼎中原。

像张作霖这样的人,没读过几天书,既不懂什么主义,也不知什么民主、共和,但下层百姓心里的这种政府主义的情结还是蛮深的,不喜欢无政府管理的乱局。尽管张作霖自己是胡子出身,也曾杀人无数,但他不喜欢革命党人,不喜欢这种过激行动,这大概也是他日后不喜欢苏联并杀害李大钊的一个原因吧。

东北稳定下来后,张作霖通电全国:"革命军制造民乱,无视君主,图私利泄私愤,其行无异于匪徒。……东三省与内地省不同,军队已经配置就绪,而且勤王之师耿耿于怀,精兵数万,一旦令下,即可取道山东挥师南下,誓死剿灭革命军以尽微忠于朝廷。"张作霖准备组织一支勤王之师,进关南下。

张作霖一心想建功立业,赵尔巽可不敢让他离开东北,万一东北再乱,缺了这个张作霖还真不行。他好说歹说,终于做通了张作霖的工作:暂不入关,持观望态度。

袁世凯也不希望来支胡子队破坏自己当总统的计划。袁世凯要是想当总统,最需要局势的稳定,最需要地方实力派支持,而东北是北京的后院,东北不稳的话,北京休想稳定。他决定给小小人物张作霖一个甜枣。

张作霖虽然聪明,但与老袁比起来,毕竟还嫩了许多。老袁不用琢磨都知道张作霖是要干啥。他明白,张作霖就像是个孩子,要引起别人的注意,并在引起注意的过程中捞些好处,使自己升官发财就是了。

于是,袁世凯给张作霖写了封密信,意思就是说,我们都顺潮流而动吧,劝皇帝退位,拥护共和。一旦事情成功,在"共和政府成立之日任卿为东三省防务督办"。

张作霖权衡了一下势力对比。北洋军全部听袁世凯指挥,各省纷纷独立,连身边的东北总督都以中立状态观望,看来满族人的天下气数已尽,自己的力量肯定没法与北洋军相比,自己的目的也不是真心保卫满族人的江山,确实只是想趁机捞点好处而已。

张作霖心眼儿多活呀,他立即高兴了起来,自己能够得到实际权力是再好不过的。而且这样就和清廷内阁总理、未来的大总统搭上关系了,前途不是一片光明吗?

二人均达到了政治目的。张作霖寻到了新的靠山,而袁世凯的一封信,就把这股力量收编在北洋旗下,换来了张作霖对自己的政治支持,甚至是军事支持。

就在孙中山辞去临时大总统、蔡元培等迎袁专使来北京接袁世凯南下就职的时候,曹锟制造了兵变的假象,以局势不稳为由阻止袁世凯去南京。远在东北的张作霖也心领神会,他本来就不喜欢革命党,此时高调支持袁世凯留在北京。

政治这个东西,说高雅点儿,是一门有来有往、有取有予的艺术;说直白点儿,就和民间的礼尚往来没有太大的区别。你要是只想得到,不想付出,那就没人愿意和你一起玩了。

这是政治"平衡术"的另一表现形式。

1912 年 3 月,袁世凯在北京就任临时大总统。9 月,袁世凯投桃报李,任命张作霖为驻东北的 27 师中将师长。张作霖的队伍,成了一支不可忽视的军事政治力量。

一场辛亥革命,袁世凯是最大的赢家,获得了国家的最高权力,而张作霖也是大赢家之一,从统领地方武装、非正规军的营长,几步蹿升,变成了中将师长,提升的速度,堪称火箭速度。

张作霖早期的个人活动暂先告一段落,他与袁世凯的人生轨迹也有了交汇点,二人就这样在相互利用、暗中讨价还价的过程中使时局得以稳定。坐镇北京的袁世凯有一个稳定的后方,这对他能够坐稳大总统的宝座起了十分重要的作用。

我们接着来看袁世凯当上总统之后的国内局势。

第八章　＼　追根溯源　＼

冲突源自哪里

运用法律来约束权力,实现民主法治,是一百年来中国人孜孜以求的目标,孙中山是这么想的,也是执着地朝着这个方向努力的,不管是居于庙堂之高,还是处在江湖之远,他的梦想、热血和勇气都没有变。正是孙先生"舍得一身剐,敢把皇帝拉下马"的精神,才使中国社会由"君权神授"的君主时代开始向"天赋人权、主权在民"的民主时代过渡。尽管他没有实现革命的成功,但历史发展非一人之力可成,他只是中国民主的先行者。

所以,当调虎离山、定都南京的计划完全落空之后,孙中山只好退而求其次。1912 年 3 月 11 日,南京临时政府公布了早就制定好的《临时约法》。这部约法是中国历史上第一部共和制的宪法,也可以说是亚洲第一部体现共和思想的宪法。

《临时约法》的主体结构是美国模式,它以美国宪法为蓝本,采取三权分立的原则,规定主权在民,人人平等,并第一次规定了民族国家的领土疆界。

从条文内容上看,《临时约法》的进步意义相当大,这也是亚洲第一部资产阶级民主共和性质的宪法,反映了当时社会的先进分子追求国家强大、人民平等、摆脱受西方侵略和欺压的迫切愿望,使民主、共和等观念开始走进了中国人的心中。从这一点来说,《临时约法》将永远散发耀眼的光芒。

这部约法还有一个美国宪法所没有的重要特点,就是它加进了"内阁制"。民国初立之际,宋教仁要实行内阁制,由内阁总理掌实权,但孙中山不同意,最后是实行了美国式的总统负责制。

但当孙中山决定从临时大总统位置上辞职时,他为了约束袁世凯,在参议院制订的《临时约法》中修改一条,把总统制改成了内阁制。

这部约法,是孙中山革命理想的集中体现,在中国法制思想史上占有非常重要的地位。孙中山也视这部约法为自己的命根子,他认为,按照这部宪法运行,国家就能走向民主共和,富国强兵。凡是背离这部宪法的,那就是与共和为敌,与人民为敌。

但是,掌握国家最高权力的袁世凯却不这么认为,他心里一直认为君主立宪才适合中国国情。袁世凯自然对《临时约法》也是十分不适应,由别人设个框框,然后自己再走进去当总统?这可能吗?

破坏一个王朝非常容易,但建设一个新的政府,却千难万难。这方面,孙中山是一个理论家,却不是一个好的实干家,他把建立民国想得太容易了,把制度拿过来,就想让大家遵守,认为只要遵守了,国家不就好了吗?

可他没想过,大家为什么会遵守?怎么可能遵守呢?

另有一点让孙中山没想到的是,人是复杂的,权力是复杂的,人与权力组合在一起,那简直就是"复杂的平方",而复杂的权力要是与复杂的中国人组合在一起,那就不知是"复杂的多少次方"了。

孙先生引进的美国资本主义制度在中国之所以行不通,还有一个重要原因,用法国思想家勒庞(以写《乌合之众》而名扬世界的社会心理学家)的话说,就是他没有很好地把握政治心理,没有很好地把握官僚个人和整个民族心理。勒庞指出:"用法令改造社会,认为民族可以同过去脱离关系,这都是错误的政治心理。"而不理解社会心理和政治心理,"常常是重大错误的起始点"。(参见古斯塔夫·勒庞《心理学统治世界1》,金城出版社,2011年,第6—7页)

在政坛上,凡是经过大起大落之人重新掌权后,他对权力的理解会更深一步,他对失去权力之后的世态炎凉更刻骨铭心,他的心更冷酷。你想让他重新失去权力,门儿都没有。这样的人,他会发誓,有生之年,绝不会再丧失权力。不到生命的最后一刻,手中的权力是绝对不会松手的。任何人想与他争斗,他都会拼命。

这,就是人性。人类每进化一千年,也很难产生一个超越这一法则的人。所谓超越者,是因为他没坐在那个位置上而已,没有尝到绝对权力的甜头而已。在那个残酷的环境下,要么你就狠,要么你就忍,要么你就滚,别无选择。

双方明里暗里经过了多次交流、交谈和交锋,都没有谈拢。

政治上的事,如果不能用舌头解决,那就只有改用牙咬了。

一部好端端的"约"法,怎么到后来大家就像中了"魔"法、注了鸡血似的,打来打去呢?

到底哪里出了问题?一百年过去了,今天人们仍在探讨和思考这个谜。

邓小平曾经指出:"制度好可以使坏人无法任意横行,制度不好可以使好人无法充分做好事,甚至走向反面。"那么民国时期的一团乱相,是那个时期的人都坏吗?还是可能在制度安排、体制构架,或是人与制度的结合之时,出了大问题?许多问题一直困扰在人们内心深处,因此必须进行多方面的深入思考。

思考之一:理想主义与现实主义发生冲突。

卢梭在《社会契约论》第二卷第七章中引用了孟德斯鸠曾经说过的话:"社会诞生时是共和国的首领在创设制度,此后便是由制度来塑造共和国的首领了。"

可是,在民国初立之时,中国发生了前所未有的一个独特现象:没执掌实际权力者制定了法律,执掌实际权力者制定不了法律。也就是说,想那么做的人,没占着位置;占着位置的人,却不想那么做。这对于宪法、对于国家都注定是个悲剧,这出"蹩脚戏"注定了北洋时期要处于多灾多难的斗争之中。

接下来的十几年间,基本上就是沿着这样一个主脉络演进下去的:孙中山订法,袁世凯改法,孙中山护法;段祺瑞改法,孙中山二次护法;曹锟改法,段祺瑞又废法。

这是理想主义与现实主义的冲突,如果简单地用谁对谁错来衡量,那错的就不只是他们中的某一个,加上当时的所有历史当事人,甚至我们这些历史的看客都不一定对。

换位思考

思考之二:内阁制与总统制的冲突

把原来美国式的总统负责制改为法国式的责任内阁制,这是要新上任的袁世凯总统做"虚君",架空国家元首的权力。

临时参议院设计的这套混合内阁制,比总统制还不适合中国,实权集中在"二把手"的手里,"一把手"没有权力,成了橡皮图章,对于习惯了皇权一言九鼎、领导权威重于一切的两千年专制帝国来说,这个设计势必引起一把手最强烈反弹和最激烈反击。因为,大权旁落和架空这两个词,对于中国的领导者来说,简直就是傀儡无能的同义语。

中国两千多年里产生的四百多个皇帝中,除了亡国之君、天生就有智力的缺陷及继位时是儿童,有几个是虚君呢?而开国之君都是雄才大略,让他们当虚君可能吗?别说是一个国家,就是一个小小的单位,如果出现这种情况,都会打它个头破血流。

政治学大师亨廷顿在《变革社会中的政治秩序》中有过这样的论述:

不能想象,一个厉行现代化的君主——他曾竭力集中权力,不顾顽固派的强烈反对强行改革——会放弃自己的权力,自愿去充当摆设而没有实权。他会很自然地认为,他对于国家的秩序、统一和进步是必不可少的,没有他,似乎其臣民就会迷失方向。

任何一个厉行现代化的君主都可能具有同样强烈的父亲般的情感。

所以说,这里既不是怀疑孙中山救国理想的赤诚,也丝毫不怀疑政治实践的残酷。出现这种情况,既是人性的必然,也是政治发展的必然。

换个角度来说,在皇权时代(包括皇权向民治转型的时代),只有皇帝有绝对的权力,才能镇住下面的封疆大吏使其不敢为所欲为,否则这些人就鱼肉人民。这就是马基雅维里说的，君主既要是狐狸，又要是狮子，有绝对的权威。下面的官员腐败时，谁来镇住他们？只有中央的权力直接插手才可以！中国历史上的汉武大帝、唐太宗李世民、康熙大帝、雍正皇帝、乾隆皇帝等，哪个不是有绝对权力？你冷不丁地让他们不掌权，就像兔子向老虎讲不要专横、要让兔子们也分点权力一样。

"朕即国家"，延伸下去，"老子的话就是法"，"这个地方就我说了算"，再延伸下去，"此山是我开，此树是我栽，要想从此过，留下买路财"，再通俗点说，与"这个家就我说了算，我揍你个小兔崽子，让你顶嘴"等的逻辑结构是一样的。

乌鸦落在猪身上，谁也别笑谁黑。

袁世凯要是三岁小儿溥仪也就算了，可他偏偏是一代枭雄，甚至可以说是那个时代的龙头老大。他不冲破这套制度是不可能的。

在当时的权力场上，谁要是给领导身边硬性地安排个秘书，那都是犯了官场之大忌，坏了道上的规矩。

更何况，孙中山当临时大总统时，没有实行内阁制；孙中山从临时总统位置上退下来，临时调整为内阁制，这内外有别的两种做法，明显是给袁世凯穿小鞋。

如果把你换作袁世凯，你会乖乖地接受吗？

在政治斗争中，既要把对手做绝，又不能做绝，这分别对应着两种不同的情况。在不能做绝的时候，就如《菜根谭》中说，径路窄处，留一步与人行；滋味浓时，减三分让人尝。咸鱼也能翻身，煮熟的鸭子都可能飞了，你不知道对手的底牌多大，对手的靠山是谁，在没有把握和机会置对手于死地的时候，一定在表面上要和气。把对手做绝，是政治斗争的关键时刻，你握有了绝对的把握，以狮子搏兔、君临天下的态度，让对手再也不能有翻身的机会。否则，打蛇不死，反被蛇咬。

袁世凯在车、马、炮、象、士、兵全在的情况下，你想一招将死他，要么是老天爷帮你，要么就是你痴人说梦。然而，一旦没有可能将死对手，反让自己的王牌亮出来，你就再也没有牌可打了，只能武力解决。

而且，从《临时约法》的规定来看，对于总统权力的限制，远远超过了英、法国家的内阁制。《临时约法》规定各部长名单事先都得提交参议院，征得其同意后方可任命，参议院永不被解散等。

在老虎还没有被驯服，甚至没有被驯的时候，人们就充满无限期望地说：老虎啊，你来笼子里吧，你看，我给你设计的笼子有多漂亮！还是从美国进口来的呢！

老虎摇摇头，我不进去，你慢慢享用吧。

人们于是乎大骂：你这个禽兽，你这个没人性的东西……

真的不知道，是应该为人的天真感到悲哀呢？还是为老虎的不驯服而感到悲哀？

在政治较量时，手中的武器始终是柄双刃剑，在进攻的时候，要把各种可能条件全部考虑清楚，你认为自己出的是绝杀，但在你的对手面前，却可能会被轻松化解，这个时候，就要有足够的防护力。如果没有免疫力和防护力，却拼尽全身之力上手就要一招制敌，你极可能被反弹回来的刀剑所伤，你的优势也就成了你最大的劣势！

思考之三：美国法律和制度是"O型血"吗？是万能输血者吗？放之四海而皆准吗？

如果结合具体国情再来思考，一部本应非常先进、领先时代意识潮流的约法，到底适不适合中国的土壤？要回答这个问题可能比较难，我们毕竟远离了当时的历史现场，子非鱼，焉知鱼之乐？我们不是民国中人，怎么知道约法到底适不适合民国？因此，后来许多史家一直在思考、反复追问另一个问题：美国的民主共和制适合今天的中国吗？

退一步思考，即使美国宪法是万能血型，而临时政府又加进了"内阁制"这个法国式的体制构架，这又多了一种血型输入了中国。我们虽然不知道中国应该是什么血型，测不出来，但是，大致会知道应该与美国、法国的不太一样吧？

1789年的法国革命受到1776年美国革命的直接影响，因此革命者想一步到位，"咔嚓"一下把国王推向断头台，实行民主共和。从此以后，大家大打出手，拿破仑很快称帝。1848年法国革命再起，建立第二共和国，拿破仑的侄子再称帝。1870年法国又革命，建立第三共和国。法国

81 年间就是这么打过来的。

如此看来,制度如何安排,对于国家和社会稳定起着至关重要的作用。

古希腊历史学家、苏格拉底的弟子色诺芬在《苏格拉底回忆录》中说过一句话:"一切事物,对它们所适合的东西来说,都是既美而又好的,而对于它们所不适合的东西,则是既丑而又不好。"奥古斯丁更是指出:美在适宜,如鞋子适合于双足。

适不适合呢? 仁者见仁,智者见智,但答案只会有一个。

思考之四:到底是经济基础决定上层建筑? 还是用上层建筑来扭转经济基础?

唐德刚先生非常直接地指出了宪法运行的社会基础问题:两千年帝王专制的政治传统,决然不能转变于旦夕之间。因此,袁世凯难以做个真正的民主大总统,因为他本人无此智慧条件,他所处的国家也没有实行民治的社会基础。

唐德刚先生指出的社会基础问题,就像在新中国刚成立的时候,实现不了共产主义一样。在中华民国刚成立的时候,不可能运行得了美国式的民主共和制。其实这也就是马克思早就提出的经济基础决定上层建筑,而不是用上层建筑来扭转经济基础。

马克思说"一定的现象必然由当时存在的关系所引起",当这种关系和条件不具备时,"即使需要它,它也不能产生"。确为经典至论。

此二者的关系,大家从小就烂熟于胸,在此就不多费笔墨。

一切从实际出发

思考之五:"愿望"和"愿望实现"之间到底存在多大的鸿沟? 需要付出多大努力才能克服?

袁世凯有能力改朝换代,绝不是没有能力进行创制,但是,民主共和的大旗已经在 1912 年的时候正式竖立起来了,且袁世凯当时为了国家一把手位置,为了赶紧获得最高权力,放弃了自己坚持的君主立宪,而宣誓服从共和了,他已经失去了按照自己的理想蓝图开朝创制的机会。

舆论这个东西,它有个重要特点,就是先入为主。如果基调定下来了,就会形成"民意",后来人很难改动。当人们抽象地认定"民主"肯定比"君主"先进的时候,就很难再让人们理性、客观、公正地分析具体国情、传统、文化水平等因素,反正大家就是认定了共和的"先进"。

法国学者勒庞在《大众心理学》和《革命心理学》两本著作中一再指出,对群众来说,口号越简单越缺乏严谨的论证就越具有蛊惑性。希特勒正是看到这一点,群众的智力永远只有13岁!因为他们缺乏从另外的角度来看问题的能力,总是寄希望于一次性的彻底变革来摆脱不如意的现状。一旦他们接受了一个神话般的美好理念,就会激发他无限的想象,进而坚决捍卫自己想象出来的完美世界,他们就失去了真正的思考能力。于是就没有人来思考制度是不是适合的问题了。

勒庞接着指出,在愿望和愿望实现之间会出现各种障碍,但群体没有能力理解中间障碍,因为数量上的强大会让他们感觉自己势不可挡。群体一旦自以为是,任何强大的个人力量都无法阻挡。

鞋子合不合适,只有脚知道。所以,后来在民国政治运行过程中,袁世凯想改法改制的时候,在舆论上,就陷入了非常被动的地位。在时人乃至后人看来,这就是逆历史潮流,这就是违背民意了。

事实判断完全被价值判断所淹没,从这个角度来说,袁世凯也是个悲剧性的领袖。

思考之六:轰轰烈烈的政治革命会带来人内心的思想革命吗?会导致"淮橘为枳"吗?

颁布《临时约法》还有一个目的,就是想让刚刚脱离皇权统治的中国人,按照美国人的法治方式行事,以最快的速度赶超美国。这种轰轰烈烈的政治革命,会带来预期结果吗?

严复当年打了个比方:有人想使一头牛跑得像马一样快,一开始给牛接上了马蹄子,但牛还是跑不快;后来发现马蹄子是需要马的骨骼带动的,于是再把马的骨骼移过来,但牛还是跑不快;后来又发现马的骨骼需要马的肌肉带动,也就是说除非把一头牛完全变成一匹马,否则它跑不快。

美国制度移植到中国之后,事实上的结果却是,掌权者和军阀们高举民主之名,却行专制之实。

这里面的原因在哪里?答案曰:思想革命的缺失。

《南方周末》曾刊登一篇《重建人性的微循环》的文章,评述电影《让子弹飞》,有助于我们理解思想革命的缺失所带来的后果,作者在文中写道:

一部《让子弹飞》,相当程度上浓缩了百年革命史。张麻子的革命,归根结底是宏大叙事的革命,而不是微观的革命;归根结底是外来者人为制造的革命,而不是从人心中内生的革命。这样的革命神话是到说破的时候了,这样的革命模式是到终结的时候了。中国的转型,再不能够是只换一批新人而根本不换车不换轨道的轮回。

如果把革命定义为质变,那么中国显然仍旧需要革命,革命这个词对当下中国并不过时。只不过,它不再属于传统的政治革命的范畴,而更多属于渐进的,点滴的,从普通人日常生活出发的,从人心中内生的社会革命。或者毋宁说,是一场以微动力为基础的微革命。

没有进行思想革命,那么再宏大的政治革命,也只不过是"只换一批新人而根本不换车不换轨道的轮回"。这句话非常深沉!

正如清代沈竹礽在分析易经的《革》卦时认为,上卦"兑"为毁折,下卦"离"为心之象,革在心为上,如果只是"革面"而不"洗心",那就是致乱之源,绝不是革之道。

是非功过,到底如何评说?

不妨,咱也埋怨袁世凯两句?

你说这袁世凯也真是,这么懂得变通之人,当时怎么不把自己的职务变通一下,当内阁总理不就得了吗?把总统让出来,既有名了,又得实际权力了,也免得了日后几十年中国大地上的战火不断。让出一把手而甘当二把手的尧舜之风在中国大地上不就重现了吗?

或者你就干脆大度点儿，忍一忍，笑一笑，低头一拜屠羊说，万事浮云过太虚，争什么呀？人家孙中山当总统时不设内阁总理，任命同盟会成员兼广东老乡胡汉民当秘书长，是因为人家心底无私、光明磊落、胸怀宽广，举贤不避亲；而你袁世凯脑门子上天生就贴着"自私自利"的标签，脑后就长着反骨的人，不老老实实地按照规则行事，找挨骂哪？为了整个民族的利益，忍一下嘛。

你看后起之秀蒋中正十几年后做得多巧妙、多机灵、多让人拍案叫绝？蒋中正洞悉了内阁总理一职给民国带来的无限麻烦，但他没有直接硬处理，而是采取了软处理的方式：孙中山不就是当过同盟会的总理和国民党的总理吗？虽然不是国家总理，但人家蒋介石就恭恭敬敬地把"总理"这两个字给粘到孙中山身上专有了，哪走哪带着，谁也没有资格用，谁用我就跟谁急！谁用我跟谁拼命！多么尊重领导，多么忠诚的接班人，多么宽广的胸怀。袁世凯呀，你真是糊涂啊，连小字辈蒋介石都超过你啦，官场上继续努力哦。

有时候，看政治上的高手出招，变化多端，奥妙无穷，比看一场华山论剑还要过瘾，顶尖高手轻轻地点出那么一个指头，都有着数不清的韵味。

一阳指，你一辈子也学不到的。

笑话，笑话，扯跑题了啊。

袁、唐搭档

总统就职，约法颁布，下面就是袁世凯开始正式提名总理，组阁办公了。

袁世凯一进总统的门儿，就发现有人做好了绳套，等着他伸脖子来钻呢。这一招他太明白了，他自己就是清政府的内阁总理出身，兼之多年政坛练就的硬功夫，怎么攻、怎么守、怎么进、怎么退，他都有一种本能的反应。

袁世凯一眼就看明白了孙中山的打算，他当然不愿意穿这双由孙中山给他订制的"小鞋"。只不过,现在正是合作的蜜月期,所以没有撕破脸皮。

对个人来说,谁来当总理,都不可能是袁世凯的对手,不可能有与他对抗的资本。这件事的麻烦在于,有了法定的制度,谁也不好首先违规突破临时参议院公布的宪法条文。

怎么办呢? 这还真得费一番脑筋。

万变不离其宗,先动手选自己人再说。

新领导上任的时候,不可能不对权力格局进行一次大调整。有的是上来就调整,有的是观察之后再调整,有的是看准时机再调整,有的是寻找好同盟军之后再调整。总之是要调整的。不换成自己人、不任人唯亲、按照才能大小来分配的权力格局,只能存在于读书人和普通百姓纯而又纯的思想观念里。

3月13日,袁世凯正式向南京临时参议院提名唐绍仪担任民国第一任国务总理,并负责组阁。临时参议院同意。

唐绍仪,美国哥伦比亚大学毕业。袁世凯在朝鲜的时候,就与唐绍仪有了密切交往。随着袁世凯官职的不断升高,唐绍仪也是水涨船高。袁世凯任直隶总督期间,唐绍仪、徐世昌、赵秉钧成为袁世凯身边的"三驾马车"。唐绍仪因为是孙中山的老乡,广东香山县人,在南北议和期间与同盟会成员有了较多接触,同在美国生活过的他与孙中山有了许多共同语言。

这样,唐绍仪既是袁世凯的人,又与南方革命党人相处融洽,还与英美政要有密切关系。所以,在袁世凯心中,这民国第一任内阁总理非他莫属,再也没有比他更合适的人选了。

3月25日,唐绍仪抵达南京,开始准备组阁事宜。在欢迎唐总理的宴会上,蔡元培等人对他赞赏有加,因为唐绍仪在南北谈判过程中,认识了许多革命党人,大家都是熟人。结果,几杯酒下肚,经不住熟人的相劝,唐绍仪居然接受了黄兴、蔡元培的邀请,同意加入同盟会。

唐总理虽然接受的是美国式的教育,可也在中国官场打拼了多年,还没正式上任,就走出这么一步棋;难道就是想与南方搞好关系才做出的表面姿态？不管怎么说，这让袁世凯这边的人大为不满。

3月30日，新内阁人选正式通过，完成了法律上的程序。

4月1日，孙中山正式离任。

从元旦开始，到愚人节这天结束，孙中山当了整整三个月的临时总统，还没转正就远离朝堂了。而黄兴，在新的政府中，也被排挤出核心层了。

我们仔细思考一下便可发现，在民国初期的权力格局中，还是黎元洪深藏不露。他知道争不过袁世凯，所以，压根儿就没想过总统一职，但自己牢牢地占据了副总统的位置。你说最初他要是在武昌起义后就自立为总统，想必也能立得起来，但是，最后改选时，是不是会直接被撤掉？还会降到副总统位置吗？

这个就像《三国演义》中的故事一样。曹操统率八十万兵马南下时，东吴许多大臣开始想归顺曹操，认为打不赢。但鲁肃对孙权说："众人皆可降曹操，惟将军不可降曹操。"孙权不解其故，鲁肃进而分析说，别人想降曹，还可以继续做官，一级一级向上爬升，最后还能当个州官、郡守之类的。但是，如果你孙权降曹了，给你安排个啥位置？封个侯？也肯定是个虚职，不可能让你再称王。因为你对他的潜在威胁最大。卧榻之侧，绝不许你安睡。要让你安睡，只能让你长睡不醒。

这样看来，黎元洪的心机还是蛮深的。对他来说，总统之位不是想不想的问题，而是有没有实力坐得住的问题。

好位置谁不想占，但你没有实力的时候，还不如先占个不起眼儿的位置稳妥，这也是弱者的生存之道吧。

这次，又可以研究一下，袁世凯是怎样进行权力分配的。

中华民国第二任临时大总统：袁世凯　字慰庭　河南项城人　五十三岁

副总统：黎元洪　字宋卿　湖北黄陂人　四十八岁

国务总理：唐绍仪　字少川　广东香山人　五十二岁

外交总长：陆征祥　字子欣　江苏上海人　四十一岁（陆此时是驻俄大使，故由胡惟德代理）

内务总长:赵秉钧　字智庵　河南临汝人　五十三岁

陆军总长:段祺瑞　字芝泉　安徽合肥人　四十七岁

海军总长:刘冠雄　字子英　福建闽侯人　五十四岁

财务总长:熊希龄　字秉三　湖南凤凰人　四十二岁

司法总长:王宠惠　字亮畴　广东东莞人　三十一岁

教育总长:蔡元培　字孑民　浙江山阴人　四十四岁

农林总长:宋教仁　字遁初　湖南桃源人　三十岁

工商总长:陈其美　字英士　浙江吴兴人　三十六岁

交通总长:施肇基　字植之　浙江钱塘人　三十五岁

南京留守:黄兴　字克强　湖南善化人　三十六岁

(交通总长一职,原提名梁如浩,临时参议院未通过,后由施肇基递补,所以一开始交通总长是由唐绍仪兼任。)

这届内阁,从表面的格局上看,容纳了各派势力。陆征祥是无党派的,熊希龄是君主立宪派的,同盟会成员有蔡元培、王宠惠、宋教仁、陈其美四个人,而袁世凯的人看似三个:赵秉钧、段祺瑞、刘冠雄。唐绍仪既算同盟会,又算袁世凯的人。从形式上看应该是公平的,但实际权力则大不一样。

这个内阁,名义上是内阁总理来组阁实现,实则完全是由袁世凯一手运作安排的。最核心权力部门,内务、外交、陆军、海军、财政,统统不是同盟会的人。而同盟会的人,只占了司法、教育、农林、工商各部。从这里也可看出,"司法"部交给同盟会,"法"在袁世凯眼中是个什么呀?那就是门面,糊弄老百姓用的。而且是"司"法,不是"立"法,执行而已。我总统让你"司",你便"司";我要是不让你"司",你还"司"什么法呀?

孙中山三个月前精心安排的人选,全被挤出了核心权力层。

原外交总长王宠惠改任司法总长;

原法制局长宋教仁,硬是给个农林总长的闲差事;

原陆军总长黄兴就给个南京留守,在那里继续处理裁军、分饷等一团乱麻的事;

黄兴,从陆军总长的位置被软磨硬泡地给忽悠下来了,其实当时唐绍仪的交换条件是把直隶都督一职交由革命党人担任。

但唐绍仪很快就发现，黄兴被换了，自己被涮了。

袁世凯绝对不答应直隶都督交由同盟会革命党人来担任，更不会让革命党人带一兵一卒到直隶——他的眼皮子底下——活动。

我说过吗？我签字了吗？那是你一厢情愿吧。枭雄和政客都有翻脸不认账的"好"习惯。就连孟子他老人家都认为这种习惯对于领导人来说并不算错，"大人者，言不必信，行不必果"（《孟子·离娄下》），虽然后面还加上个"惟义所在"作补充，但多数人，私下里都把前面的话运用得炉火纯青，惟义所在呢？啥叫义？符合自己利益的就是义。

军队是政权的基础，自己就是练兵起家的，袁世凯太明白这个枪杆子的重要性了。陆军总长不能由黄兴担任，怎么也得给个安慰奖呀。袁世凯准备让黄兴来担任参谋总长。在那个时候，实权是在陆军总长手里，参谋总长是个有名无实的位置。黄兴一口就给回绝了，他继续在南京留守处憋气。

只是，这个南京留守的主要职责，就是整编和裁军，让革命党军队经革命党之手，尽数裁掉。

大清国墙倒众人推，一看政府倒台了，中国人不管是官员还是平民，压抑在心中的欲望蓬勃发展，这个领个头，那个拿把菜刀，就革命了，而且也没人为一个没落王朝守灵。安徽那里拿"两个咸鸭蛋"（当然是炸弹）就吓倒了官僚，东南各省革命遍地花开，能聚个二三百人，就敢称都督，多的达到一省九督。有清军的时候，他们还警惕一下，清军不来的时候，他们就为了地盘和利益想到拿棒子打。所以，据称南京聚集了 30 万军队，不过谁也不听谁的，个个自称有功，都向新政府索要银两。

南京留守处从现有军队中选拔人才，组建了模范军"第八师"，准备把这支军队打造成革命党的绝对班底。第八师主要由赵恒惕所部和广西巡防军组成，本来第 15 旅旅长陈裕时和第 16 旅旅长赵恒惕皆有资望担任此职，黄兴尤其瞩目足智多谋的陈裕时来任。但陈裕时说不能再兼任了，推荐了冯国璋的女婿陈之骥为第八师师长。理由是，通过陈之骥与冯国璋的关系可以使这个第八师直属中央领导，将来还可能借着这杆大旗,有保存并扩大革命势力的机会。

这个陈之骥倒也是日本士官学校毕业,思想倾向革命,也参加了辛亥革命,忠实耿直,尚义气,重然诺,许多人都信服他。

这个国民党正牌血统的嫡系第八师师长,居然是北洋大将冯国璋的女婿,怎么想,都觉得是个滑稽的逻辑。

黄兴不当徒有虚名的参谋总长,自动下岗了。袁世凯就准备让黎元洪来当,黎元洪不上袁世凯的当,参谋总长的位置要当,但自己绝不离开湖北,在湖北遥控,这样,参谋次长陈宧就代行了这一职务。陈宧也是袁世凯的铁杆儿亲信。

民国第一届内阁

唐绍仪跟了袁世凯这么多年,可能只想着怎么做事,没想着怎么做官,美国教育的背景还是严重影响了他在中国官场的行事思维。他刚一上任,就发生了加入同盟会、要把直隶都督位置交给同盟会、同意革命党人派兵进驻直隶这三件事,这意味着他的这届内阁离倒台就不远了。

唐绍仪不明白的是,虽然在体制构架中,从孙中山设计的《临时约法》的规定上看,总理握有绝对的实权,总统是个牌位,但袁世凯之所以选他上来当总理,不是说放眼神州,就是他唐绍仪最有能力,非他莫属,更不是让他来瓜分自己的实权的,而恰恰是因为,袁世凯可以驾驭得了他,且他与袁世凯有二十年的私交。他们本来就是一条线上的,他的成长进步,与袁世凯的提拔有最直接的关系。在袁世凯心里,于情于理,唐绍仪都会像以前一样尊重和依赖自己,继续维系这个格局,那么,一、二把手一条心,在民国初立之际,这是最好不过的结局了。国家成立之初,最需要大局稳定,但这套体制设计却让一、二把手很难合起来。

用最笨的方法想一下也会明白:一把手会乖乖地选一个权力凌驾于自己之上的二把手?理想很丰满,现实却很疯狂了。

只是,袁世凯到底还是低估了美式教育对唐绍仪的影响。受过美国教育的人,"法"的意识比较浓厚,和孙中山一样,唐绍仪很想按照《临时约法》来进行政府的运作。可是,对于一个刚脱下 2000 年皇权外衣的国度,不是哪几个人一时能扭转得了的。就像一列高速行驶的列车,你急刹车时,它也断然不会立即停下来的,因为,这个历史的惯性太大了。

而历史的车轮要是发生转向,这一转向需要经过多年才可完成。

唐绍仪认为,自己行使的是法律赋予他的权力,不这样行使,对不住总理这个头衔。

袁世凯与唐绍仪这对老朋友闹翻,主要由于一项人事安排所引发的一系列连锁反应。

在唐绍仪看来,自己已经非常照顾老领导的面子了,第一届内阁的人事格局,基本上完全是按照袁世凯的意思,自己作为内阁总理,做出了巨大的让步,从法律上来说,是不允许袁世凯这样干涉的,也不允许自己"不作为"的。实惠让袁世凯得了,而自己在南京四处斡旋,费了不少唇舌,尤其是把黄兴从原陆军总长位置上给换下来,如果自己不是与孙中山同乡,如果不是在南北和谈时结下的人脉,如果不是加入了同盟会,怎么能说得动南方把实权部门轻易让出来? 革命党人最初对陆军总长这一位置极为看重,态度非常强硬,绝不许撤换黄兴的总长位置。

劝说黄兴让出陆军总长时,唐绍仪是有交换条件和承诺的,那就是要把直隶都督一职让给革命党人推荐的王芝祥来担任。而黄兴留守南京,也是让他统率南方各路军马:你们的人,我们暂时不插手,由你们信任的人统率。要不然,即使违背总统的意思勉强当上了陆军总长,也会失去对南方兵马的直接指挥权。

袁世凯不管这些,他只要结果,不管过程。把黄兴挪不挪下来是你的事,位置给不给王芝祥,是我的事。

唐绍仪经常从法律的角度与袁世凯争论人事布局,其实就是想真正履行自己总理的实权。袁世凯真的生气了,有一天他直接对唐绍仪说,少川(唐少仪的字)啊,我老啦,你来当总统吧!

在中国,一把手要是对二把手这样说话,那就意味着对二把手严重不满,想让二把手退居二线。由二把手掌握绝对权力,在其他国家有这个体制设计,但在几千年皇权统治下的中国,根本不容许发生这种事。

只要出现这种局面,意味着一场非常严重的政治斗争即将开始。

这样,两人就没法谈了。

这件事,最初是这样的:唐绍仪到南京上任时,南京参议院向总理提出,应该让柏文蔚任山东都督,唐向袁世凯汇报后,袁世凯绝不答应,直接就任命周自齐担任山东都督,把位置给占了。

占了就占了吧,谁让袁世凯有绝对的强势实力呢?只有大领导的面子才是面子,下边人的面子,怎么能叫面子呢?

革命党人没谋求到北方的任何一职,肯定是不甘心的。于是,在商议陆军总长一职时,孙中山认为:第一,如果黄兴不担任陆军总长,那么直隶都督一职,应该由革命党人来担任;第二,王芝祥是直隶人,由他去上任,不会带有太重的南方色彩,直隶人也容易接受;第三,请袁世凯的时候,北方不是发生兵变吗?局势这么不稳,南京的参议院和国务员北上就职时,必须得派军队护送吧,应该命王芝祥率三千人,既是护送参议员,也是到直隶就职,这合情合理。唐绍仪一想,南北都和谈了,大家应该一心建设国家才是,便没把这件事看得太重,何况自己是内阁总理,有权做出决定,他在口头上答应了南方革命党人的条件。

从这里可以看出,唐绍仪是真的把自己当成了民国掌握实权的总理了。而在袁世凯眼中,你唐绍仪至多就是以前的宰相(这还得是抬举你),辅佐国君处理政务,应该是与国君一条心,且要听命于国君的人。在那个时候的人看来,总统与皇帝,只不过是换了个名号而已,没什么区别,都是国家最高领袖。即使是今天,普通百姓,也分不清二者之间到底差别在哪里。

袁世凯一看,恼火了。到底这个国家是你说了算,还是我说了算?你不和我商量,就擅自作主,私下里把这么大的事就定了下来,你不会是和革命党人有什么交易吧?

袁世凯发电给唐绍仪,南军北来和自举直隶都督这两件事,根本行不通!要是因为这个破坏大局,你可要承担责任的。袁的口气是非常严厉的。

唐绍仪一看,袁世凯对军队两个字反应太强烈,算了,还是别让南方军队进入直隶吧。不过,唐绍仪还抱有一丝希望,把军队留在南方,只让一个人前来直隶上任，还不行吗？光杆司令也不行？他觉得，自己在权力方面做出了这么大的让步，袁世凯不应该还坚持王芝祥这件事吧。袁世凯再坚持他自己的想法，这个总理怎么向南方交代，这权力没有平衡，肯定是要出乱子的。

参议院北迁后，唐绍仪又在袁世凯面前提了几次，说应该让王芝祥前来上任，否则，民意上没法交代。袁世凯不好直接拒绝了，就同意让王芝祥来京。

谁说了算

王芝祥来京后，袁世凯又拿出了当初对付蔡元培等迎接使团的招数，表面上，极尽尊敬和夸奖，而绝口不提任命直隶都督一事。就在王芝祥进退不能的时候，冯国璋领衔北洋军五路将领，通电反对王芝祥任直隶都督。

袁世凯大模大样地把唐绍仪找来谈话。唐总理呀，你看，你任命这么一个人，还没上任呢，就出乱子了吧，这么多将领反对，这就是民意，这是人心不服啊。这直隶都督，在前清时代，那是多么重要的一个位置，服不了众，怎么能行？王芝祥是什么人哪？他的政绩在哪里？这样吧，改派王芝祥为南方军宣抚使，在裁军时，可助黄兴一臂之力，你看怎么样？

唐绍仪知道这是袁世凯耍的把戏，他太了解袁世凯以及这群北洋将领的惯用手法了。唐绍仪也来了倔劲。他运用他在美国学到的知识，和袁世凯分辩，这都民国时代了，军人怎么能干政？再说了，政府都已经答应了，出尔反尔，是不是失信于民？按照《临时约法》，任命都督，本来就是内阁总理的职责，如果处理不好，内阁成员要是辞职，那怎么办？

袁世凯火了。多年的小弟唐绍仪如此不给老大面子，想自己说了算，翅膀硬了是吧？袁世凯说，我是民选总统，我必须对国家负责，这样才能不负民众的重托。他从抽屉里拿出已经准备好的命令，递给唐绍仪说，这是任命王芝祥为南京宣抚使的总统令，你副署签字吧。

唐绍仪说，我本来就反对这件事，怎么副署签字？说完就走了。

袁世凯一看，培养这么多年，怎么没发现这小子是一根筋呢？有了权力就真要凌驾我这多年的老大之上？你唐绍仪凭什么？

袁世凯非常生气，怎么办呢？既然唐绍仪这里行不通，那就从王芝祥本人身上下手吧。

他直接找来王芝祥，做他的工作。你看哪，政府本来是让你当直隶都督，但情形你也看到了，这个时候，你即使上任了，也很难驾驭得了部属。我任命你为南京宣抚使，怎么样？

王芝祥是清朝官僚出身，太明白这些了，知道情势不可挽回，乖乖地说，我服从总统命令。袁世凯高兴地给了他一笔公费加私款，把他打发回了南京。直隶都督一职给了原皇宫的禁军统领冯国璋。

唐绍仪一看，没有内阁总理副署的命令，本来是不能生效，甚至是违法的，这个职务，真没法干了。我不干了还不行吗？

6 月 15 日，唐绍仪躲到天津称病，袁世凯派谁来请都不出来，总统府秘书长梁士诒也来了，陆军总长段祺瑞也来了，谁也说不动。美国思维又开始支配他了。

其实，这次人事调整，损失最大的，是王芝祥。他本来是举人出身，是清朝官员，1911 年任广西布政使，兼中路巡防队统领。辛亥广西独立后，他同情革命党，于 1911 年 11 月被推为广西副都督，后来任南京留守府军事顾问。

当过清朝官员的人，轻易地被涮，这也是比较少见的。

而且，从人事调整的格局来看，还不止一家涮他。

他是广西副都督，到南京后，当了一个"军事顾问"。什么叫顾问，顾得上就问，顾不上就不问。这是一个没有实际权力的虚职。

他自己的广西军队呢？被整编成模范"第八师"，自己的队伍没了，成了别人的军队。

革命党人却推举他北上。成功的话，是革命党力挺的结果；不成功，手下的兵也被整编了。

而且，明眼人一眼就看出来，以袁世凯的个性，怎么会接受他？直隶都督，相当于北京市长加河北省长的位置，是要用什么人来担任这还用继续分析吗？

唐绍仪内阁的主动辞职，不光是人事纠纷，还有一层因素，就是国家极端缺钱。而国内筹不到款，向外借款还受到舆论的责骂。唐绍仪也算是就坡下驴吧。

在中国历史上，任何政府，甚至是任何单位，有两个关键的部门，即两个关键的问题要把握好，一个是人权，一个是财权。因此，皇权时代的"吏部""户部"的重要地位，直接延伸到今天。这两个问题，有一个理不顺都不行，而民国面对的，是两个都乱，而且不是一般的乱。

袁世凯就职时，接手的摊子堪称世界上最怪的政府：一个根本没有钱且欠了一屁股债的国家，一套由别人制定好的且与中国传统完全不同的制度。

尤其是第二点，到目前为止，还没查到哪个国家、哪届政府是这么成立的。

民国成立之时，财政状况差到了极点，财政总长熊希龄上任在参议院致词时，分析了当时的严峻形势，非常中肯：

第一，清朝的财政已经破产，国库没有钱，每年还要定期偿还巨额的庚子赔款。这是民国财政面临的现状和经济"基础"。

第二，武昌起义后，各省宣告"独立"，已经不是中央一统天下了，地方财政，中央根本就无法控制，管不到。

第三，民国财政最大特点是：有支出而无收入！

第四，支出的费用，全靠借外债。否则，政府根本就运转不了。乱得一团糟。

财政状况的一团糟，使得北洋历届政府的财政总长，都是"借钱总长"，因为国内根本就没钱。慈禧当年头脑发热，对十一国宣战，结果庚子赔款不仅掏空了中国的国库，也使民间的财富被掏空——整个国家就是空心的。

唐绍仪彻底不想当总理，就是因为人权、财权这两个至关重要的部门面临着无法解决的麻烦。总理之下的各部，财政部本应该是财神爷，烧高香都求不到，可在民国时期，谁也不想做财政总长这个费力不讨好的差事。财政解决不了的话，总理就根本不可能开展国家建设。

民国成立之时，如果按各部门财政预算，加上裁军所需银两，要是让各方面满意，那得亏空 2.8 亿两。

在清末的时候,主要是英、法、德、美四国的银行团垄断中国的借债。唐绍仪政府没钱,只得借款,四国银行团说,借款可以,不过必须要有担保,还要监督你们国家的财政预算与支出。

民国政府极想冲破这个银行团的垄断,于是唐绍仪准备向比利时借债 1000 万英镑,比利时也答应了。不过消息被四国银行团知道了,他们严重抗议,并立即动用外交手段施压加威胁,怎么能让你另起炉灶?

唐绍仪政府只得取消了与比利时的借债合同,经过多方协商,最后是中国向六国银行团借款,并附以担保和监督等严重损害主权的苛刻条件。

借款的消息传出,革命党人不干了。蔡元培认为,革命士兵应该是觉悟比较高吧,晓以大义,不给钱就不能裁军了吗?但是事实上,黄兴那里的裁军工作异常艰难,没有钱怎么能裁军?不裁军怎么度过财政难关?于是黄兴天天朝财政总长要钱。

黄兴和财政总长熊希龄本来是湖南老乡,私交也不错,但政府向外国人借款的消息传出后,黄兴急了,认为财政、军政都受外国监督,这不是卖国吗?绝不能有损国家主权。他主张发行公债,向民间募捐。中国人被洋人欺负怕了,一提向洋人借款,民族主义情绪就开始爆发。民间也一直是攒钱过日子的思维,借钱历来被视为耻辱,直到市场经济兴起后,才转变了这一观念。

熊希龄也对黄兴生气:我借款,主要是用来应付你的裁军,费了半天劲,你不但不领情,还在这里攻击我,你募捐,怎么募捐?百姓穷得叮当响,能募捐多少?

唐绍仪一看,总理这活,真不是人干的。不干了。

蔡元培、王宠惠、宋教仁、王正廷这四位同盟会阁员,得知唐绍仪辞职,也联袂至大总统府,进谒袁大总统,面呈辞职书。袁世凯说:我代表四万万人留你们。他们四个说:我们代表四万万人辞职。

其实,袁世凯巴不得异己势力都走了,他还省得费力运作了,更不怕留下排斥异己的骂名。

第一届内阁,经过 3 个多月,就这么悄悄倒了。与袁世凯私交比较深的总理尚且如此,以后的内阁,就更不好干了。

第九章 ＼ 革命党人 ＼

革命党人的拆招

这里分析革命党人与袁世凯政治过招,绝不是贬低革命党人,但也不认为他们是以道德完人混迹于政界。传统观点认为革命党人是受袁世凯任意玩弄的木偶,因为道德标准高,一身正气,两眼无尘,所以不玩政治手腕,大家只见袁世凯出招,不见革命党人还招,革命党人太天真,不会争权。革命党人太崇高,头脑中没有争权的观念,所以就失败了。这种解释太牵强,也是泛道德化的理解方式。

要知道,在残酷的政治斗争中,政治家或者其他混迹于政界的人,如果不能首先保全自己的话,就谈不上战胜或制服敌手了,政治上的防御和进攻是结合在一起的。

这里引用两句话供大家思考:

第一句是:"现实政治只受利益原则的强力驱动,于它而言,任何道德评估都毫无意义,也毫无作用。作为非政治化的个体是可以有德行的,作为政治化的个体则无论如何都不可能成为道德完人。"

第二句,是萨特的戏剧《魔鬼与上帝》中,一个银行家所表达的他对世界与人的看法:"30年来,我信守一条原则:主宰世界的是利益。在我面前,人们总是用最高尚的动机来标榜他们的行为。而我只是心不在焉地听他们说,心里却想:找出利益之所在。"

政治有政治的规则,不是道德和生活的规则所能替代得了的,有时甚至是恰恰相反的。

袁世凯是枭雄,革命党人也不傻,他们也没闲着,有暗着的,有明着的,应对袁世凯也是频频出招。

革命党人准备暗中购买武器,壮大自己的力量。刘厚生著的《张謇传记》中就记述了一件革命党人购买武器的事。

袁世凯刚当上总统不久,接到密报,说是有一批武器从德国运来,准备在南京交货,价值约 300 万元。

袁世凯大吃一惊。据查,这是南京临时政府从德国订的,联系到当时革命党人裁军裁不动、总是喊着急需大笔军费的事,而这笔钱中却有一部分悄悄用来购买武器,这是用来干什么、对付谁的?不容袁世凯不猜疑。

经过袁世凯的一番运作,用一大笔钱把这件事的买办给搞定了,于是,武器就被运到了天津码头卸货,直接送到了袁世凯手里。所以,南方是有人而没有武器,国家初立,又养不了这么多兵,黄兴在南京只得开始裁撤革命党的军队了。假革命党人之手,裁革命党自己的军队,袁世凯的算盘拨拉得非常精明。

革命党人明着做的,是想通过法律和制度来争取在新政府中的地位。

唐绍仪内阁成立时,是以"混合内阁"著称的,唐内阁倒台后,同盟会中有美国政治思维的人就想力促纯粹的"政党内阁"。

孙中山决定让出总统位置并在制度安排中加入内阁制的时候,不排除有让宋教仁来任内阁总理的想法。因为在孙中山任临时大总统之前,宋教仁就主张要实行责任内阁制,而担任内阁总理,也是这位三十岁、才气逼人的年轻人的夙愿。

唐绍仪内阁垮台后,外界注意到了府院不和的事,各党派更是高度关注此事。此时,党禁和报禁都开放了,国内主要的党派有同盟会、共和党和统一共和党,大家都想通过合法的手段为本党争得权力格局中的一席之地。

同盟会派代表张耀曾找到袁世凯,商谈在中国用党派来组阁的事。

党,党派,党争,在传统中国社会中,一直是个中性,甚至是略带贬义的词。想用一党一派来组阁?袁世凯怎么可能听任别人插手权力运作和人事安排?他有足够的理由反对。

袁世凯说，我只要人才，不管哪党哪派，只要有能力，有真本事，有益于国家，即可组阁。我希望与诸君同心协力，不受党派牵制，建设完全之中华民国。

其实，不管是革命党人的天真想法也好，还是袁世凯权谋手腕也好，在那个社会环境中，法律只不过是个摆设，大家想要的是"权"。

制度和法规，在人治社会中，只是弱者对强者一厢情愿的天真想法而已。

纯粹的政党内阁，引起了袁世凯心里的疑虑。党，意味着结党，结党就会与党派的私利联系起来。因此，袁世凯心中，并不喜欢让哪一派政党独大来组织内阁。他心中属意的，是无党派组织的内阁，免得政党内阁"组团儿"来忽悠总统。

袁世凯的私心里，自从与唐绍仪不和之日起，就非常想把自己的结拜大哥徐世昌拉到内阁总理位置上来。但是，徐世昌此时还不想出山，而同盟会的人也不接受徐世昌出来。朝中都是你袁世凯总统自己的人了，还怎么制约总统的权力？

徐世昌这些年暗地里和袁世凯亲密得不得了，但表面上，他与袁世凯是分开走路，一直防范"所有的鸡蛋放在同一个篮子里"的效应，怕"一损俱损"。所以袁世凯决定起用无党无派的陆征祥。

陆征祥，上海人，最初是在同文馆（外语培训学校）学习，中国第一代职业外交家，随清朝驻俄、德、奥、荷四国钦差大臣许景澄在驻俄使馆任翻译，能熟练运用英、法、德、俄四国外语，尤其精通俄语。陆征祥还有个比利时太太。

任用陆征祥为内阁总理，且陆征祥是由外交总长职务改任过来的，袁世凯明显是要打开外交局面，并通过借款来解决财政困难。由于无党无派，陆内阁被称为"超然内阁"。

陆征祥常年办外交，是职业外交官，但他对内政却是一窍不通，因此他对组阁也缺乏信心，好在袁总统答应会尽快物色新的内阁总理人选，他只是暂时来帮袁世凯度过难关的，陆征祥这才答应出任总理职务。

唐绍仪内阁倒台时，同盟会做出了一个秘密决定，决定同盟会成员集体退出内阁,他们希望在即将到来的临时参议院重新选举、参议院变成正式国会之时,由政党来组阁,争取同盟会在国会中占绝对优势。这也是蔡元培、宋教仁等几个总长共同辞职的原因。

软硬兼施

袁世凯不知道这些,为了在表面上平衡各派势力,在蔡元培、宋教仁等四位总长辞职后,陆征祥准备组阁时,他以提拔人才为名义,提名同盟会员孙毓筠、胡瑛及沈秉堃为教育、农林、工商三部总长。他们三个在袁世凯手底下表现得还比较稳健,各项任务完成得不错,这让同盟会领导非常生气——本来让宋教仁等集体退出内阁,就有暗中拆袁世凯台的意思,而新来的三个同盟会老哥可倒好,居然老老实实地配合袁世凯的各项工作,工作还做得这么好,这能不生气么?

7月18日,陆征祥正式上任,准备在大家面前发表就职演说。可没想到的是,这位职业外交官在国外用外语说话时侃侃而谈,在国内的演说场合,却出了差错。

陆征祥自小就学外语,常年在国外,外语说的比国语好,加上他的汉语,是阿拉上海口音,普通话还不怎么地道,从南京搬迁到北京来的临时参议院的成员并不喜欢袁世凯对这位总理的提名。台上陆征祥用吴侬软语演说,台下各位议员交头接耳、互相议论,甚至开始起哄。陆总理没法继续进行,一气之下,把稿子交给议长,自己中途退场。

在这种情况下,等到议长公布新内阁人选名单时,议员们一股脑儿地全投了反对票,陆征祥按照袁世凯意图新提名的六位内阁候选人全被否决。

这也难怪,参议院、国会、内阁,完全是西方文化的产物,直接移植到中国的土壤之后,在运行过程中,毛病开始显露出来了。而中国权力格局的分配,一直是领导者的协调、运作与安排,没有把这项权力下移给中间层或是无权的人。在没有任何民主政治的经验的情况下,议员们也不知道怎样合法地用权,怎样不使个人情感进入工作中,以避免政府瘫痪。

在当时的社会条件下,中国根本没有成熟议会条件下的"忠诚的反对派"出现,仍然是传统政治中的"只要对手赞成,我们就反对""只要是对手的朋友,就是我们的敌人"的非此即彼思维。

按照西方模式设计出来的政治格局,内阁、议会、总统这三项制度在运行中,使多灾多难的中国像绞进了三股麻绳一样,越绞越死,越来越乱。

陆征祥听说自己安排的内阁人选全被否决之后,干脆学唐绍仪,躲进医院,主动称病。这位总理,没等上任就要辞职。

如果是在议会民主比较成型的国家,这个举动倒也不算什么,但在民国时期,在转型过程中,议员们这样做,势必引起袁世凯手中权力的"报复性反弹"。

领导者的思维,解决不了的,就动用权力,毕竟这是最直接、最迅速、最能稳定大局的办法。袁世凯还不能像朱元璋那样,在权力格局中把丞相给取消了,完全由自己兼任。因为这个体制是孙中山设计的,本来双方就互不信任,如果贸然取消,刚刚建立的民国立即会重新陷入刀兵相见之中。

袁世凯开始动用自己的影响和权力,对议员软硬兼施,怎么着也得让政府运转起来呀。

7月21日,袁世凯在总统府宴请全体参议员,以加强双方的沟通。大总统表现得非常客气,逐一握手交谈,饭前照常发表了一通演说,主要是说明当前时局、国家经济困境、政治磨合等,希望大家同舟共济。说得议员频频点头,当即表示愿望与大总统一起稳定局势,共建民国。袁世凯鞠躬致谢,议员也鞠躬回礼,场面非常融洽。刚脱离皇帝社会,国家元首做出这样的姿态,让人耳目一新。

不过,宴会之外的局面,可就不这么和谐了。袁世凯始终不忘用他的枪杆子来说话。

北京的军警界高级军官在外面召开大会,个个义愤填膺,纷纷指责参议员们不负责任,让国家处于无政府状态。他们严正声明,如果参议员不好好处理这件事,那就是逼军人出手维持局面。

这样的一拉一打，舆论的纷纷指责，让参议员们处于被动地位。第二天，袁世凯替陆征祥迅速拉出第二份内阁名单。7 月 25 日，临时参议院再次开会讨论新内阁人选，陆征祥总理因此前受了打击，不出席这次会议，袁世凯派了陆军总长段祺瑞来说明新的提名理由。

段祺瑞更过分，穿一身军装，旁若无人地进入会场，把情况简单说明后——你们自己看着办吧——傲慢地转身离场了。这是一种无形的压力，更是一种示威：军队是支持总统的，你们可千万要想清楚啊，否则，一切后果由你们承担。

参议员非常为难。就这么答应，非常没面子，是被军队逼的；不答应，军队和警察代表在场外的态度，让他们非常头疼。最后经过一番拉扯，袁世凯又亲自出面，声明以后军人不要再干政啊，我们是"民"国嘛。这样，双方都有了台阶下。内阁成员名单总算得以在磕磕碰碰中通过。

只是，常年搞外交的陆征祥，对于国内一团乱麻似的内政问题，根本没有信心应付，刚上任时就遇到这样的破事儿，他干脆就在医院里不出来了。袁世凯只能让内务总长赵秉钧代任内阁总理。

总理人选的不确定，让袁世凯也很头疼。不过，好在孙中山、黄兴马上要来北京了。大家可以好好谈一下参议院和总理的问题，按照目前这套制度的逻辑发展的话，民国根本没法运行，还怎么建设一流国家。

由此看来，民国初期，袁世凯一心想取消内阁制，这是必然的了，历史评价这句话并没有错：内阁制确实是袁世凯破坏的。问题的关键是，内阁制到底适不适合中国的国情？又有谁思考过，在中国这片土地上，哪朝哪代的一把手吃过这个亏？

即使袁世凯是一个绝对遵守法律的元首，广大民众会遵守吗？皇权专制的臣民，会转身就成为民主共和的公民吗？内阁中的官员，参议员、国务员等，这些人中，有一半是清朝官员出身，其他大多数是军人出身，还有南京革命党人，素质参差不齐。民间、官场的错综复杂的关系网，即使到了 100 年后的今天，都没有被打破。指望 100 年前的元首和国民来遵守那款从美国复制来的法律，这个问题现实吗？

制度设计没错，强人政治也没错，但两者结合到一起，又投放到 100

年前中国这个大容器中，就发生了剧烈的化学反应，错得一塌糊涂。

黎元洪的如意算盘

一个普通人要变坏，多半是因为他有钱了；一个政治人物变得让大家认不出来，多半是因为他有权了。

不管是金钱还是权力，都有一股极大的魔力，那就是巨大的"排他性"。

所谓"排他性"，就是人人都有最大限度地往自己手里搂钱、揽权的强烈愿望，却没有把钱和权分给他人的共享意识。

权力和利益的最大化也是，两利相权，择其重是也，只可与之共患难，不可与之共富贵是也。

所以商品经济发达的地方，民风不可能淳朴；而权力集中的地方，人与人之间钩心斗角最严重。

马克思说这是"异化"，这不仅仅是权力或金钱的异化，更是人的异化。

政治人物一旦有了权力，就要发生异化，这与他道德不道德无关，这与他是不是革命者也无关，都是权力惹的祸。

你可能对政治毫无兴趣，但政治却可能对你兴趣甚浓。这个甚浓的原因，就是掌权者要时时提防你去跟他抢权力。

所以，一旦涉足权力场，你就自然而然地成为护权者攻击的目标。你说不争权，鬼都不相信。尤其当你成为某一职位最有潜力的竞争者时，明枪暗箭就向你投掷过来了。

掌权了，排斥异己，谋取利益，这是必然发生的现象，就像小孩儿出生后找奶吃一样自然。

袁世凯和孙中山斗法，黎元洪也没闲着。

北京、南京、武汉三方，鼎足而居，心照不宣。

袁世凯是 1912 年 3 月 10 日当上大总统，而孙中山是 4 月 1 日正式离任。但不管是谁当一把手，黎元洪都稳稳地坐在第二把交椅上，且屁股牢牢地坐在湖北,把湖北作为他苦心经营的根据地、大本营。

那个时代,许多人还是有自知之明的,大家知道谁也对抗不了袁世凯,但守着自己的地盘自保,还是能做到的。不直接对抗老大,但你要想吃了我,也不容易,弄不好噎得你上不来气。比如阎锡山,把山西建成独立王国,连火车的铁轨都与外界的铁轨不一样宽,直到中国共产党的军队统一了大陆,阎老西才离开山西,要不然,座位上像抹了502胶一样,谁也撬不动。

当孙中山正式从临时大总统职位上退下来后,袁世凯开始采取措施建设他自己执掌的国家。和历代王朝初立时差不多,先是裁军,再是理顺体制。

在马上打天下,总不能在马上治天下吧,这就是裁军的理由。因此,不管是南京的黄兴,还是武汉的黎元洪,其军队都进行了大幅度的精减,有三分之二的革命士兵都被裁撤回乡。

既然是和平时期,大家不能动用军队,那就开始了在政府、国会中斗智斗法,大家的智商都不低。首义之区不是浪得虚名,不光是枪杆子来得快,玩政治也不慢。治天下靠的不是军队,而是要把握在政府中的发言权。黎元洪先出招了。

黎元洪打的第一张牌,瞄准了政党政治。

民国成立之后,孙中山设计了美国式的民主共和政体,民主共和政体需要的是党派竞争,这一点,孙中山自己在理论上的准备,并不是很充足,但黎元洪看出了其中的端倪。他在政治运作的过程中,渐渐悟出,在民国政坛上,政党政治将是下一步发展的方向,正是可以利用的一大工具。

孙中山离职后,各地纷纷电请孙中山莅临视察,黎元洪也不失时机地邀请孙中山到武汉访问指导,孙中山欣然前往,三足鼎立中的两个"足"开始往一块靠拢。

即使你孙中山没有这个意思,那把你的金字招牌借过来,无意中就壮大了黎元洪的声威和力量。

孙中山一行浩浩荡荡,带着儿子孙科、女儿孙琬,外加胡汉民、汪精卫、廖仲恺夫妇、章士钊夫妇，以及刚从美国学成归来、自己多年老友宋耀如的掌上千金、年轻貌美的英文秘书宋蔼龄女士（孙中山后来的大姨姐）。到达武汉后，武汉三镇张灯结彩，万人空巷，欢迎共和伟人。黎元洪盛赞孙中山的功成身退是尧舜之风，孙中山也推崇黎元洪是民国第一伟人。

政治上的访问，可不是观光旅游，也绝不是没有目的，这代表着南方革命阵营的积极靠近。黎元洪没有浪费这次会见，他的周围开始聚拢一批小党派、小团体。人群的汇聚，必然意味着要发生一些事情。

5月9日，立宪派的统一党、民国公会、国民协进会、民社等组织在上海合并，成立了共和党。共和党推举黎元洪为理事长，张謇、章炳麟等人为理事。

小的党派与团体的聚合，为下一步在政坛上争取发言权奠定基础。

黎元洪打出的第二张牌，是军民分治。

共和党的成立，引起了袁世凯的高度关注，他非常清楚黎元洪的目的，并开始研究自己的应对之道。

紧接着，黎元洪发出关于"军民分治"的电文，锋芒直指民国建立之后枪杆子把持政权、军政合一、拥兵自重等不正常现象。黎元洪痛陈军人干政的十大危害，嚣张自雄、横征暴敛、蹂躏地方、形同藩镇等，主张必须实行军民分治，并表示将以湖北首先实行军民分治为天下之表率。

黎元洪指出的这些现象，都非常切合时弊，解决之道也比较中肯。对于一个国家来说，这些问题都确实是必须解决的大问题。无论在任何国家，每当有一项制度出台，你只要反向回溯一下，就会发现，创立制度的人，都有着他自身隐秘的考虑。

任何一个朝代开辟，或者国家初立之时，统治者基本上都是军人出身的干部占大多数，如果想把军人悄悄排挤出政治格局，一般都是采用以文制武的方法，这个思路一转换，其实就是"军民分治"。

黎元洪想出的这个办法，其实质，是针对文学社和共进会干部在湖北军政府的权力分配而言的。起义之后的革命党人，肯定是集中在军事部门的居多，如果想避免军人干政，实行"军民分治"是最好的办法，这可以在制度上，一刀就把文学社、共进会、同盟会的革命党人的权力割去一半，甚至一大半。

黎元洪虽然在军政府上层中把文学社和共进会的人排挤了不少，但中下层职位仍然由革命党人占着不少位置，实行"军民分治"，就可以从制度上给自己人留出更多的职位和机会。改"军政府"为"民政府"，是以政治经验为用人的首要原则，革命时期的功劳可以排在其次的位置，因为这是国家需要。

革命是国家需要，建设同样是国家需要；用你是国家需要，不用你还是国家需要。

袁世凯的眼睛突然发现了黎元洪的精妙招法。此招绝对不俗，一招看似质朴无华的招式，却蕴藏着72般变化。

袁世凯暗自拍案叫绝。此法一用，将会解决自己一直思考的大难题。

1912年6月中旬，袁世凯派特使到武汉，支持黎元洪在湖北发起实行的"军民分治"，并对他提出了进一步的政治要求，那就是倡议全国实行。

7月1日，黎元洪正式通电各省，倡议实行"军民分治"，即都督专管军事，另由"中央"派民政长治理民政。

这个双首长制，既解决了一批封疆大吏的"省部级"领导职务问题，又分化了地方的权力，强化了中央的控制，一举三得。

不过，黎元洪对袁世凯的支持虽然带动了多数省份实行军民分治，还是引起了一些人对袁世凯的警觉。当袁世凯派民政长到江西的时候，江西都督李烈钧所部坚决拒绝，江西全省不仅态度坚决，还做好了动武的必要准备，中央所派的民政长最终也没能到江西上任。

志同而道不合

黎元洪打的第三张牌，是借刀杀人。但他自认为是比较高明的策略，却犯下了最低级的错误，最终把自己变成了袁世凯手里的一张牌。

黎元洪的军民分治理论抛出后,湖北革命党人的一些组织对黎元洪的举动非常排斥,一些人暗中联络,准备以暴力改变湖北政局,改组都督府,实行"第三次革命"。

黎元洪接到自己安插在不同部门的线人提供的准确情报后,正好借机大做文章,肃清异己。这里,首当其冲受到黎元洪排挤的,是辛亥起义的革命元勋"三武"——孙武、蒋翊武、张振武。

三武之中,张振武是最先和黎元洪闹翻的。

在武昌起义的时候,大家准备推举黎元洪为都督,而黎元洪开始推三阻四不想就任,当时心直口快的张振武就说想杀个清朝大官来祭旗,所以说二人早有矛盾。

领导不敬,迟早是病。张振武的急躁性格,最终害了他性命。

湖北军政府成立后,张振武压根就瞧不起黎元洪,他公开主张再度革命。他认为现在的革命是假革命,革命党人换来的是皮毛共和。不仅如此,张振武自己还组建了一支60人的卫队,出行时卫队紧紧跟随,即使进黎元洪的都督府,也是由自己的卫队排岗。这让黎元洪心里非常不满。

此外,首义"三武"之间,也是"志同而道不合",矛盾重重,互相倾轧,闹得水火不容。

黎、张二人发生直接冲突,缘于张振武购买武器。

南北和谈时,军务部副部长张振武向黎元洪建议由自己携银40万两去上海购买军火,军务部部长孙武认为,这是一笔不小的数目,应该派人暗中监视张振武。

此举本身就有问题。让副职携巨款,而不派正职去办差,谁受重视,谁不受重视,谁获利,谁不获利?这是在孙武的心里种下一根刺!

等到武器买回后,黎元洪和孙武认为,这批武器在质量上严重不过关,款项也有问题。张振武一气之下,擅自做主,把这批武器分了一半给烟台的民军。

意气用事之后,张振武的坏脾气仍然支配着他在错误的道路上越走越远。黎元洪要处分他时,他和黎元洪拍桌子:你的都督职务都是我们给推上来的,现在安享富贵荣华了,你有什么资格处分我?

对于混迹于江湖中的人来说,最强硬的,往往是最容易受到伤害的。强梁者不得其死。早在两千多年前,我国伟大的思想家老子就准确预言了所有像张振武这样有强悍作风者的可悲末路,并且用生活中最常见的牙和舌头的现象做了个比喻:人身上最硬的牙齿总是先掉光,但柔软的舌头却安然无恙,从没听说谁"老掉舌头"的。而这,正是弱者的生存智慧。毛泽东也多次引用《后汉书》中的话:"峣峣者易折,皎皎者易污"警告其他人:太高太强了,容易折断,太白了容易受到污染!

书上写的,别人告诉的,都是真理,但人要是真正明白那几句话、几个字,往往需要十年以上的工夫,只有在磕得头破血流时,才会知道前人经验的宝贵。

张振武却自始至终没有明白,他的做法,将自己送上了绝路。

黎元洪越来越讨厌张振武等人。除了张振武的桀骜不驯,更是因为张振武等人真的有功,他们还真的不给黎元洪面子,这样下去,真的会影响一大批人不听从指挥。

一个从床底下被揪出来而当上的都督,如何能管理下属,树立威信?

黎元洪对张振武虽然动了杀机,却不能轻易除掉。一是因为张振武对革命有大功,二是黎元洪自己想保留"黎菩萨"的完美形象,不想背上屠杀革命功臣的罪名。于是黎元洪就想了个调虎离山、借刀杀人之计。

黎元洪向袁世凯建议,鉴于张振武同志在革命中的卓越功勋,窝在湖北小地方有些屈才了,希望总统下令任命他为"东三省边防使",带领一支湖北的革命军队,驻守东北。

黎元洪明知袁世凯不会让革命党人的军队出现在总统的卧榻之侧,这样做就是要制造矛盾,希望假袁世凯之手除掉张振武。

袁世凯自然不会允许革命党人率军驻扎在他附近,不过表面上的虚职还是大把大把地给。袁世凯电召张振武入京后,绝口不提驻军的事。袁世凯任命张振武为蒙古屯垦使,张振武婉言拒绝了。张振武一看大总统跟自己躲猫猫,自己的要求一个也不答复,一气之下,折回湖北。

黎元洪一看,这位大爷没送走,又返回来了,心中添堵。"三武"之间,虽然矛盾重重,但他们如果不离开这里,尤其是张振武在湖北,黎元洪就没法独掌大权,张振武始终仗着自己的革命功勋和黎元洪对着干。6月份的时候,因为武昌警视厅长顾庆云被排挤去职,张振武又和黎元洪大吵一架,话说得让黎元洪难以接受,尤其是"兔死狗烹,鸟尽弓藏"之类的话,让黎元洪颜面尽失。

8月,袁世凯又任命张振武为总统府军事顾问。黎元洪赶紧上前好劝歹劝,说动张振武赴京就职。黎元洪同时暗中给袁世凯写了一封信,说了一通张振武如何"怙权结党、桀骜自恣、飞扬跋扈、破坏共和"之类的话,而自己又弹压不住,把自己说得楚楚可怜,希望总统将其正法,并说自己识人不淑,请求总统处分。

袁世凯差点笑出来,这就是小黎同志的政治手腕吗?自己想留个好名声,让我来杀人?那我就杀啦。

张振武到京后,袁世凯的手下人一切准备妥当,乐呵呵地送了张振武最后一顿好饭,然后由执法处长、冯玉祥的舅舅陆建章执行了对张振武的枪杀。

革命元勋被杀,各界纷纷找总统要求给个说法,黎元洪本以为总统会为自己保密,遮掩一下就过去了。但袁世凯可没有被别人当枪使的习惯,他把黎元洪的密信展示给众人:是黎副总统查明实证后,我才这么做的。这一下,同盟会的人与黎元洪的关系大大恶化。

当领导的,没签下自己的名字的时候,大可以翻脸不认账,这也是领导的一门必修功夫。可这是黎元洪打过来的电报,白纸黑字,赖也赖不掉,小辫子抓在了袁世凯的手中。

袁世凯轻轻一招,就把"黎菩萨"打回了原形:不管你怎么做,都被看成是与总统同一条线上的人了。黎元洪稀里糊涂地上了贼船。

黎元洪太丢脸了,提出辞职。这湖北军怎么能同意呢?你走了,兄弟们怎么办,任人宰割吗?

袁世凯压根就没想让他辞职。你这么轻易地退了,我用谁来和南京方面斗呢?从今以后,你就是我手里的一杆枪,你就老老实实地听我的话吧。你要是不听话,我就把你的丑事翻出来,大会小会地说,国内国外地讲,让你里外不是人,进又进不得,退又退不得,生又生不得,死又死不得。

袁世凯还给张振武以厚葬和抚恤,总统"挥泪斩马谡"的大义之情,溢于言表。

看来人哪,越是在关键时刻,越是在形势一片大好的时刻,越大意不得,越可能会发生问题。

黎元洪正是在出完前两张好牌之后,正在洋洋得意于自己的第三张牌时,被袁世凯牢牢地套住了。从此,他被绑上了袁世凯的战车。

孙、袁碰头

政治人物,尤其是政治对手卸任后,去往哪里参观访问,都是比较麻烦的事,民众的热情更可能让现任领导猜疑。

在皇权专制社会的政治格局和政治思维之下,领导者非常怕某两派以上的势力联合起来,结成统一战线对付自己,必须把这种横向联合彻底拆散,让他们与自己纵向联系、单线联系,这才符合政权稳定的需要。

孙中山到武汉后,袁世凯心里感到非常别扭,他太怕南京、武汉这些南方精英合在一起对付他了。所以袁世凯赶紧派特使持自己的亲笔函赶到武汉,面见中山先生,非常恭敬地邀请先生到北京访问,共商国是,以使民国建设更上一层楼。

而在这期间发生的杀害张振武、公开黎元洪的密信等事,就是要把黎元洪彻底搞臭,特别是让同盟会、文学社、共进会的人都厌恶他。

否则,袁世凯不会轻易公布密信,对于政治人物来说,大家都可能有劣迹握在对方手里,不会轻易地公开只属于双方的秘密。这就像两国之间,签订什么密约,外人很难知道,民众虽然打得不可开交,但政治首脑绝不会公开双方之间的秘密协定。这样会失信于人的,国际信誉没了,以后别的国家也不敢和你交往了。

孙中山按照预定计划,先取道上海,赶赴广州,回自己的家乡,让人们看一下自己为国为民不恋权的形象,同时更主要的是巩固一下革命的根据地。广东省代理都督陈炯明，一看自己的老领导胡汉民回来了，非常懂事地要归还自己的位置。经过一番协商，最后胡汉民以广东都督的身份兼民政长，陈炯明任护军使，基本上实行"军民分治"，且有把广州作为自己的大本营的打算。安顿完这些之后，孙中山在8月份开始北上，会见袁世凯。

1912年8月24日上午，北京正阳门又一次打开，袁世凯以迎接总统的规格来欢迎孙中山的到来。

首任总统和现任总统会面是一件非常轰动的大事，袁世凯再三嘱咐手下人，一定要全部按照总统的规格来接待。自己都腾出总统府，搬到国务院办公去了，甚至把自己在北京的官邸，腾出来重新装修，供孙中山一行人居住，孙中山很受感动。

中国政坛上的两大巨头的两双巨手握在了一起，这可不是一般的手，一双是埋葬了皇权专制王朝的手，一双是开辟民国新纪元的手。

孙中山和袁世凯虽然是初次见面，但是两个人却有着英雄相惜的感觉，孙中山在北京停留了一个月，和袁世凯的会晤居然达到了十三次，并且多次交谈都是密谈，有的时候甚至彻夜长谈，大有相见恨晚的味道。两人谈到高兴之处，袁世凯站起来高呼"孙中山先生万岁"，孙中山也站起来高呼"大总统万岁"。

老袁此时装得是真给面子，双方之所以谈得如此融洽，主要是因为，对于孙中山提出的每一个问题，袁世凯都击节赞赏，从没有不同意的。

不过，表面上的融洽是政治会谈的特色，至于效果如何那是另当别论的。两个人也像太极推手一样，互相估摸着对方的能力。

孙中山曾这样评价袁世凯："袁氏初见面时，颇含一副至诚推解之态度，绝不似权诈之流；及谈吐稍进时，深心辨识，则觉其语有锋芒，眼光四射，询非寻常可以窥测之辈。然我终疑成见在胸，有意探测其挟城府相临耳。及考其行事，乃全与所言向左。然则彼固一魔力惑人之命世英雄哉！"

孙中山认为袁世凯是一个"魔力惑人"之"命世英雄"，所言非虚。

孙中山确实是没有当过官的理想主义者，对政治的复杂性认识远远不够。在他看来，一切都是程式化的。把美国宪法的模式搬过来，只要照着做，我们国家就能强大；把总理制加进来，就能约束袁世凯总统的权力。民国建立后，他和袁世凯相约，袁世凯专心政治，而自己专心铁路建设，希望十年之内，袁世凯练成百万雄兵，自己建成 20 万里的铁路，届时实现富国强兵，重新让中国走在世界前列。

20 万里铁路，是个什么概念呢？民国建立一百年之后的 2011 年底，全中国的铁路营业里程才达到 9.9 万公里。

而且，据张学良的政治顾问、在"西安事变"中充当重要的斡旋人的端纳回忆，他当年采访孙中山时，自己差点气疯掉，二人之间没法交流，端纳说这是"孙逸仙之梦"。孙中山拿出地图，刷刷刷地用红笔给端纳描绘他理想中的铁路设计路线图：

上海—广州；

广州—拉萨（穿越崇山峻岭）；

拉萨—新疆（穿越高山和沙漠）；

新疆—蒙古（继续穿越沙漠）；

上海—四川—拉萨；

……

（这个现实版的不断"穿越"，比韩红唱的"天路"要宏伟得不知多少倍。）

端纳耐着性子问孙中山，钱从哪来？

孙中山说："财政是我最后才考虑的问题！"并且认为，如果不行，就借外债，给外国人以筑路权和由他们经营铁路 40 年的权利，40 年期满后将铁路完整无偿地交还给中国（这个计划，比四川保路运动时盛宣怀的计划走得还远）。

从谈话中，袁世凯发现孙中山是个理想主义者，他的革命理想的确非常远大，但对于国情的把握确实是欠了一些火候，缺乏一个实干家所具备的务实冷静。因此对孙中山那些空洞的治国方略，袁世凯仅仅是随声附和。当孙中山提出要修建铁路，他便顺情说好话。好，好，好，你说得太好了，这么做就最好不过了。（有关内容详见《清末民初政情内幕：

莫里逊书信集》上册,知识出版社,1986 年,第 970—971 页)

9 月 6 日,孙中山前往张家口视察了由中国工程师詹天佑主持设计修建的京张铁路,3 日后,孙接受了袁世凯的任命,负责督办全国铁路。

袁世凯把当年迎接慈禧太后回京时特制的豪华花车拨给孙中山使用,又拨给专项经费,供孙中山全国考察使用。

对于一项当时不可能完成的工作任务,不可能实现的超级梦想,还要大张旗鼓地宣传,轰轰烈烈地做广告,还参加全国巡回展,一旦这件事真的做不到、无论如何也实现不了的时候,全国人民怎么看孙先生的修路能力? 他的人格魅力、金字招牌会不会被砸了呢?

这只老"猿",不是把孙先生架在火上烤吗?

领导者的表象与内在

每当我们读到这段历史的时候,几乎众口一词地认为孙中山是空想。不过,再仔细追问一下,孙中山真的就对政治一无所知吗? 受过系统西方教育的人,对于脚踏实地的做事原则没有概念? 美式教育是这种育人之法吗? 不会的,不应该。连普通人都能明白的道理,他要是不明白,那他根本就没有领导民国的资格。这里面肯定有些什么问题,是我们没考虑到。

是不是他把自己装成无知,让对手放松警惕? 这很难说。

记得尼克松在其著作《领袖们》(也有译作《领导者》)一书中,纵论天下领导人,尼克松发现,像赫鲁晓夫表面那样暴躁,甚至狂躁,开大会时能把鞋子脱下来敲桌子的领导人,其目的是在激你发怒,人只要一发怒,就会头脑控制不住,就会说错话,就会出错招,而赫鲁晓夫却在冷眼观瞧,寻找你的破绽,随时准备给你致命一击。尼克松还发现周恩来是另一种风格,当周恩来手里越是握有绝对的底牌,说话的语气越是轻柔。这就是领导人的表象。

不过袁世凯毕竟是老官僚,不轻易相信任何人的话,是他的本能。孙中山的理想主义,袁世凯一方面在赔笑的时候,另一方面心里疑惑却不断增加。他有着更多更实际更冷峻的思考。

袁世凯能从小兵位置，一步步爬到总统高位，他一定非常清楚地知道，搞政治的人，绝不是表象这样简单。孙中山要搞 20 万里的铁路，傻子都能计算出来。第一，这是项不可能完成的任务，如果你说孙中山不会算账，那就错了。如果人人都能计算得出来，这是项不可能完成的任务，那么他要这笔巨款干什么？第二，如果国内提供不了这笔钱，他要求借外债，中国人受人欺负惯了，一提借外债，就立即联想到出卖主权和国家利益，那这个罪名是谁来承担？是他孙中山？还是我大总统？这笔巨款如果给出，万一挪作别用，用于自己的政党和军队，那还得了？第三，联想到孙中山回国以来，与自己较量时出的几个狠招：竖民国大旗先入为主，立共和体制斩断立宪，设总理职务分总统之权，这些招数让袁世凯处于非常被动和尴尬的地位，说明孙中山这个人还是非常有头脑的。

尽管袁世凯把握不了孙的真实目的，但有一点，老袁再一次在心里警告自己，搞政治的人，绝不是表面上的那么简单。

在政治较量或其他较量中，最成功、最安全的策略，便是让对手低估自己的实力。同时，还要适当地高估一下对手的实力，这样在做准备的过程中，会调动自己的更大力量，从而确保自己有更大的成功系数。

反过来说，最不安全的策略，便是对对手的低估，这种低估的后果，就是自我毁灭。

那么，孙中山的简单表象之下，肯定不简单。否则，他也到不了这个职位。革命党人也算是人才济济，总不能推选一个政治低能者来领导大家一起去跳火坑吧。

不会的，绝对不会。

实际上，紧接着发生的一些事也确实从一个侧面验证了袁世凯的担心。据《民国大事日记》1912 年 12 月 23 日记载，黄兴受命为川粤铁路督办，孙中山在发来贺电时就有"请设法接济本部经费"一语，这句话露出了痕迹，袁世凯很是疑心。后来的民国外交家顾维钧也就此推测孙、黄督办铁路，"也许是为了取得政治活动及国民党革命事业的基地"（郭剑林、纪能文：《民初五大总统列传：袁世凯》，第 269 页）。当然，这是后话。

不管怎么说,孙中山与袁世凯的第一次会面是愉快的、顺畅的。

袁孙现处于合作的蜜月期,袁世凯顺着孙中山说话,让孙中山感觉非常高兴,与袁世凯的谈话也让孙中山对袁世凯的手腕、权术、治国才能有了进一步的了解。

孙中山给黄兴写信,让黄兴赶紧北上,在信中说:我和袁世凯谈了好多次,对内政、国防、外交的看法,真是英雄所见略同啊。杀张振武这件事,确实是事出有因,黎元洪的密电我也看到了,我们可能是冤枉大总统了。你快来吧,我们几个友好聚会,这样才能消除国内不稳定的风波。

黄兴此时因为张振武事件,正对袁世凯耿耿于怀,没有北上。接到孙中山的信后,为了南北局势的稳定,这才来到北京会面。本来袁世凯是想弄个袁、孙、黄、黎四巨头会晤,黎元洪这位湖北佬,考虑得比较多,一个是刚出了杀张振武的事,无法出来面对大家,更主要的是,绝对不能离开自己的大本营,万一到北京,被袁世凯扣住,让副总统在北京办公,那兵权就彻底地被剥夺了。

黄兴抵京后,袁世凯照例做了一番非常有排场、有面子的接待工作,其规格仅次于孙中山。袁世凯对这方面的安排是轻车熟路,他的小手就像一把“痒痒挠”“老头乐”,能舒舒服服地挠到你的痒处,让你连喊舒服。

孙和黄在北京期间,又拜访了前清皇族,相谈甚欢,让皇族人非常欣慰,感觉不会被民国清算。这一举动,也正是向外界传出“五族共和”、友好相处的民国和谐景象。

最后,袁世凯与孙、黄,并加上黎元洪副总统四人的名义,联合发布“孙、黄、袁、黎协定之八大政策”,约定统一民国、奖励实业、开办银行、兴办铁路等政策,把军事、外交、财政、司法、交通等关系国家命脉的部门由中央集权统一管理,其他各项事业由地方分权办理。孙中山被特授为筹划全国铁路全权、“全国铁路督办”,黄兴任粤铁路督办。

黄兴与袁世凯暗中就人事安排方面较量了一把,但也没斗得过老“猿”。

此时的人事安排,因为内阁总理陆征祥一直称病不出面,总理一职一直是由赵秉钧代理。黄兴邀请赵秉钧加入由同盟会改建的国民党,赵秉钧经请示袁世凯后加入国民党,这样在安排职务的时候,就感觉像是用了同盟会的人。

黄兴来京后,袁世凯准确地抓住黄兴等人的心理,先抛出橄榄枝,说是准备考虑让黄兴的好友沈秉坤担任内阁总理。一看总统给了这么大的面子,黄兴客气了一下,说还是让赵秉钧组阁吧,他既是总统的身边人,也是国民党党员,这样南北双方都能接受。袁世凯自然是毫不客气地接受了。

黄兴本来是想留个心眼,心里琢磨着,我让了总统一把,你怎么也得会让我有所得吧?黄兴趁机向袁世凯建议,鉴于赵秉钧已由内务总长一职退了下来,担任了总理,那让沈秉坤担任内务总长怎么样?

老袁心眼儿一动,原来你还有这个打算。想玩一把孙悟空钻进铁扇公主肚子里的小游戏。

内务总长一职,是一个非常重要的职务,统管着民政权和警察权,袁世凯打死也不会把这个位置让给革命党人。最后袁世凯只给了沈秉坤一个浦口商场督办,而由自己信得过的朱启钤继任内务总长。

黄兴空盼了一场,空让了一场。

宋教仁与国民党

在历史教科书上,孙中山领导的同盟会几经沿革,同盟会——中华革命党——国民党——中华革命党——中国国民党,让人看得云山雾绕,难道说不停地改名是图个吉利?或是有易学大师等高人指点?

非也,非也!

命名,是人们认识世界、认识事物的一个重要标志。每次命名改名,都有很深的历史背景和非常重要的目的。顺着这个毁党、造党的思路追溯,能破解此前存在于人们头脑中的许多疑惑。

单就"国民党"这三个字来说,第一次用这个名,是宋教仁组建的;"中国国民党",是孙中山组建的。

有什么不同吗?

先提示一下,两者的内部运作、规章制度和政治理念,都是有很大不同的。当然,此二者的运作模式,到底是遵从国际惯例,还是注重中国国情,慢慢地展开书卷,你会自己找到答案的。

而且,了解一下民国初期政党的基础知识,有利于进一步了解民国政坛的风云变幻,也能了解宋教仁被暗杀的历史背景。

在中国传统的政治舞台上,"朋党"是个非常刺眼的负面之词,虽然暗地里官员肯定是拉帮结派,但在表面上,"结党"和"营私"联系在一起,一直是君主眼中的国家大患。

但到了近代社会,为顺应资本主义发展的需要,政党政治开始登上了政治舞台。不过,健康的政党政治,是与法治相伴而行的,没有法制的约束,政党政治很自然地就会滑向结党营私之路。

那个年代的中国人,在学习西方的过程中,复制过来了不少名词,连党派的名字也都是美式的、西化的。

自从黎元洪等人成立了共和党,同盟会、立宪派也加快了组建政党的步伐。

同盟会的筹建政党之路比较早,在武昌起义前后就已经开始了,这里牵涉到一件非常复杂的历史事件。

1911 年 10 月 12 日,武昌起义占领武汉三镇后,声势震动了全国。就在黎元洪遍撒英雄帖征求湖北军政府建立事宜的时候,光复会的章太炎提出了一个叫"革命军起,革命党消"的口号。

这则发表在天津《大公报》上的电文是这样说的:"革命军起,革命党消,天下为公,乃克有济。今读来电,以革命党人召集革命党人,是欲以一党组织政府,若守此见,人心解体矣。诸君若能战即战,不能战,弗以党见破坏大局。"

章太炎的电报有以下三重意思:

其一,同盟会是革命党,革命党及组织皆属于结社,但不是真正意义上的政党。政党与结社是有严格界限的。

其二,武昌起义成功了,满族人下台了,同盟会的纲领已经实现,革命党没有了继续存在的理由。必须组建新的正规的政党,才能参与国家建设。

其三,要是想以一党组织政府,这样不是天下为公之心,而是私心私利,这样号召不了人,人心很快会解体。

章太炎电报的核心意思,并不是消弭革命,反对革命,其实质是要反对一党专政,另行组建新的完全意义上的政党。他认为,新的国家、新的政权需要由政党领导而不是结社领导;必须是多党竞争,而不是一党独霸。

当时主张取消同盟会名号的革命党人不止章太炎一人,革命派马君武、刘揆一、宋教仁、陈其美、张继等均持此主张,立宪派张謇等也持这种主张。

但是,当时的革命者哪有那么高的文化素质,大家只知道拿起枪杆子推翻旧王朝,有几个人真正拿起笔杆子研究过西方政治学意义上的政党?

这个口号一抛出,立即引起了革命阵营内部的混乱。

对章太炎口号反对最为激烈的是孙中山。

孙中山回国后一看,气不打一处来:你章太炎真是处处跟我作对,在东京时就指责我贪污,这会儿你又弄出个口号,存心让同盟会解散是吧?在同盟会的会议上孙中山对章太炎展开了严厉的批评。

不过孙中山也没办法,临时政府的成立,有美国式的体制外壳,却没有政党政治。不论是从学理上,还是从法理上,章太炎的说法,都立得住脚,且吸引了一批追随者。只是孙中山等人在与袁世凯斗法的时候,腾不出手来筹建政党。

孙中山、宋教仁等人从临时政府中辞职后,把组建新的政党一事提上了日程。尤其是黎元洪抢先搞起了政党,这回宋教仁等也正式组建了政党。

宋教仁是一个搞政党活动的天才,为了组建民国政坛第一大党,他以敏捷的政治手段,与各小党派协商联合,既对抗共和党,也要通过法律手段在政府中取得权力。

孙中山到北京会见袁世凯的第二天,同盟会宣布与统一共和党、国民共进会、国民公党、共和实进会合并,成立国民党,这是 1912 年 8 月 25 日的事。9 月 3 日,黄兴、宋教仁、吴景濂、王宠惠、王芝祥、王人文、贡桑诺尔布七理事互推孙中山为理事长,孙并邀请宋教仁为代理理事长。因为,对于政党这一套路,宋教仁要比孙中山精通得多。

国民党成立之初,对党员的资格没有特别要求,入党手续也简单(有点纯西方化政党的意思),黄兴等人也分头邀请当时的名人入党,甚至当面邀袁世凯入党,并且承诺推袁为党的领袖。袁世凯的头脑毕竟是旧官僚思想,对政党有一种本能的排斥,更何况,他也不可能入同盟会组织起来的政党。

黄兴又拉内阁总理赵秉钧入党。赵秉钧在袁世凯的授意下,入了国民党,后来这倒成了袁世凯用人的一块招牌:你看,我连你国民党的人也照用不误吧。

重组后的国民党,成了名副其实的第一大党,在北京的临时参议院中,共和党有 40 席,而合并后的国民党占了 65 席,超过了半数席位,准备在正式国会议员选举战中赢得胜利,以备将来组成一党内阁。

立宪派人士看到了国民党、共和党两大政党的力量,汤化龙、林长民等人也暗中活动,酝酿成立一个大党,也取了个美国名字:民主党。汤化龙、林长民乃与孙洪伊所领导的一部分统一共和党,及北方政党共和保进党、共和促进党、国民新政社四团体合并,于 1912 年 10 月在北京开成立大会,推举梁启超为民主党领袖。

民主党希望以第三大政党姿态出现,以左右国民党和共和党在参议院中的形势,希望成为这两大党争相拉拢的对象,同时在政治格局中分得权力的一杯羹。

梁启超、林长民,有必要把这两个人放在一起简单介绍一下。一对老伙伴了,分开的话,多不好。

不过,与其徒费笔墨介绍他们的政坛风云,不如介绍他们的孩子们,更让人明白其中的关系。

梁启超有个儿子,叫梁思成。

林长民有个女儿,叫林徽因。

梁上君子,林下美人。

梁思成和林徽因是令无数人羡慕的一对神仙眷侣。

那么,梁启超和林长民,就是儿女亲家。

顺便再多提一下,林长民有个堂弟,叫林觉民,就是写《与妻书》"意映卿卿如晤"、忠与爱不能两全、黄花岗七十二烈士之一的那位大英雄。

林觉民,是林徽因的堂叔。

林家人,无论男女,都那么才气纵横!

桐花万里丹山路,雏凤清于老凤声。

袁世凯的难题

袁世凯就任伊始,要处理的非常繁乱,内政和外交问题都让人非常头疼,远远超出人们的想象,甚至在一定程度上可以说,这是历朝开国元首都很少遇到过的难题。

就内政来说,孙中山辞职了,但给民国立下了规矩,定了制度。让袁世凯在内政问题上处处为难的,也正是这一套美国舶来的制度。

如果抛开孰是孰非,人物臧否,仅就事论事,由别人定一套自己并不认可的制度来让自己遵守和执行,单这一个问题,就是历代开国元首根本没有遇到过的难题,也是研究民国史时很少有人考虑的问题。

一百年过去了,我们也该心平气和地反思一下了。

中国人对人和事喜欢用道德评价,那么,就算说法制"好",民主"好",人们就能一下子遵守法律了吗? 就能一下子民主了吗? 不可能的,这是一个长期、渐进的过程,在反复磨合、试错、摸索之后,才能逐渐形成定制。

一个明显的例子,有了红绿灯,就能让所有行人或车辆在过马路时,不闯红灯吗? 有了完整的法律体系,就能一下子杜绝"跑关系"和"走后门"的习惯吗?

我们还是要反复思考一个理论问题:到底应该是上层建筑适应经济基础,还是经济基础适应上层建筑? 议会、法制对于刚刚剪掉辫子的民国初期的人们,到底适不适用?

回答完这两个实践和理论方面的问题,我们才能明白,一百年前中国社会的风俗习惯、生活方式、行为习惯到底是什么样,刚脱离皇权的中国社会,面临着怎样的一个局面。

萧功秦教授对晚清社会转型的历史有很深的研究。他指出,严复是当年少有的看到民国社会和袁世凯面临严峻困境的几人之一。严复认为,中国人简单地移植西方社会机体内的某一文化因子时,这些因子就从原来的有机体内被单独剥离出来。这样的结果是:一方面在西方社会能够有效运行的机制和制度失去了与它相配合运转的条件,另一方面,这套制度根本无法与"绝然悬殊"的中国社会内部各种社会因子相协调,这一因素因为缺乏其他因素的支持而不能在新移植体内存活,这就出现淮橘成枳的现象。

严复的比喻是非常形象的。"取骥之四蹄,以附牛之项领,从而责千里焉,固不可得,而田陇之功又废也。"把马的四蹄拿过来,附到牛的身上,却责怪这样的"马牛"跑不快。可严复当年的冷峻思考不仅没有引起任何人的注意,反而在激进的话语体系之下,给严复贴上了逆历史潮流的"保皇"标签。一百年后的今天重读严复的时候,大家才明白,思想家就是思想家,严复给社会把脉把得非常准确。

萧功秦教授沿着严复研究的思路,进一步指出,西方文明是一个有机整体,其中每一个因素,都相互依存,并且每一个因素都在其他因素的支持下,才能发挥正常的作用。简单移植的做法,面临着一个巨大的矛盾。(参见萧功秦《中国的大转型——从发展政治学看中国变革》,新星出版社,2008 年,第 69、70 页)

萧功秦教授的研究可谓一语中的,他从政治学角度深刻指出:一个民族的传统制度是这个民族在适应自身环境的挑战过程中,在面对自己特殊问题的过程中,通过无数人在长期摸索和试错的基础上逐渐形成的,制度是一个民族的集体经验的产物。而当时中国的议会制是"横取他国之法,强施本土",而这样做与自身的文化生命无关。

章太炎曾说,"追效他邦政制之为我之素不习者",其结果是"民治未达,官方已坏,政局不得不乱"!

比如,孙中山用西洋乐曲的演奏拉开了民国的序幕,可是,当主角袁世凯登台演出时,他却只会唱京剧、豫剧、黄梅戏、山东吕剧外加河北梆子,与序幕的格调不一致,而台下的人却要他演西洋交响曲。这种蹩脚的演出,让看客哄堂大笑。因此在民国的大幕一开场,就发生了袁世凯与他的近三十年部属加好友唐绍仪总理的权力之争。在历朝历代,开国元首没碰到过的难题,袁世凯结结实实地撞了个正着。

明白了袁世凯在内政问题上的困境,再来了解一下更糟糕的外交困境。

孙中山就任中华民国临时大总统,列强不予承认。袁世凯接任时,因为是临时参议院选举出来的,仍然是临时大总统。而且,列强要在新生的民国身上继续揩油,至少不能把清朝时订立的各项条约给废了,不能把利益丢了,所以,他们继续施压,并没有承认中华民国是一个主权国家。

这还不算,最要命的问题,是有的边疆省份在列强的支持下独立,而干涉民国内政、鼓动边疆独立的,主要是英、日、俄等国。

大清朝的领土面积,本来就非常大。只是,一场革命,边疆省份的离心力加强。就像苏联发生剧变之时,许多加盟共和国开始独立一样,民国时期的西藏、外蒙等地也开始宣布独立,只不过与苏联不同的是,西藏、外蒙等地宣布独立,是有列强在里面利诱和威逼的。

俄国觊觎中国周边领土由来已久,早就在积极鼓动外蒙独立。但是,沙俄的野心受到怀有同样野心的日本的挑战。

日俄战争之后,大鼻子和小鼻子经过一番鼓捣,握手言和,达成了瓜分中国的秘密协议,并于1907和1910年两次签订日俄密约,划定势力范围,把中国东北划分为南满和北满,南归日,北归俄。彼此井水不犯河水。

武昌起义前后,大鼻子和小鼻子又经过一番鼓捣,又把中国的内蒙古一分为二,东蒙归日,西蒙归俄。

然而,沙俄毕竟是中国的陆上近邻,他有全吞满蒙之心,一直在静待时机。武昌起义,清国大乱,沙俄终于找到了下手的机会。

1911 年 11 月 30 日,外蒙古在沙俄的支持和怂恿下,乘机而动,驱逐清朝驻库伦办事大臣,驱逐清兵,哲布尊丹巴宣布成立"大蒙古国"。

局势纷乱之中,不管是日落西山的晚清政府,还是新成立的民国政府,都无力顾及外蒙古。外蒙古又传檄内蒙古,鼓动内蒙古也独立。自己做坏事不算,还要拉着别人一起做。

袁世凯,看你的了。

外蒙问题的考验

外蒙问题,考验着新生的中华民国,更考验着刚刚当上总统的袁世凯。

2010 年第 9 期《文史天地》杂志登载了张祖涛的文章《袁世凯如何通过四招组合拳取消"大蒙古国"独立》,人民网也予以了转载,对当年袁世凯为收复外蒙问题所做的努力进行了比较中肯的述评。综合一下,袁世凯政府大概采取了以下招数来破解外蒙问题。

第一招,依据法理,舆论主动。

袁世凯当上临时大总统之后,接连发布几道电文,以争取法理依据,把握舆论主动。

袁世凯的第一道电文,是 1912 年 3 月 25 日,他发布的《劝谕蒙藏令》,表明政府平等对待蒙藏和内地其他地区,以消除蒙藏对民国的对立和敌视。电令称:"现在政体改建共和,五大民族,均归平等。务使蒙藏人民,一切公权私权,均与内地平等,以昭大同而享幸福。"这道电文,是对清末王纲解纽之际,周边少数民族有离心倾向的具体回应,动之以情,晓之以理。

不管是处理民族问题,还是国家的外交问题,许多时候,可能这些公告说了也是白说,但是还必须要说,以此为下一步行动的展开做好铺垫,埋下伏笔,并且"师出有名",有情有理。尽管这是招闲棋,但在日后发展过程中,说不定会起到出乎意料的作用。

袁世凯的第二道电文，是发给外蒙活佛哲布尊丹巴，劝其取消独立。电文说："外蒙同为中华民族，数百年来，俨如一家。现在时局阽危，边事日棘，万无可分之理，贵喇嘛慈爱群生，宅心公博，用特详述利害，以免误会……此外如有要求，但能取消独立，皆可商榷。"同时劝喇嘛"切勿惑于邪说，贻外蒙无穷之祸"，"但使竭诚相待，无不可商榷，何必劳人干涉，致失主权……至蒙古与内地，合则两利，分则两伤"。意思是说，咱们本来都是中华儿女，是一家人，你要是取消独立，大家都有了面子，啥事都好商量，何苦弄个两败俱伤啊。买东西还得讨价还价呢，是不？你要权，我给你就是了；你要利，我给你就是了。电报中怕说不明白，我已经派特使专员前往库伦了，咱们好好商量一下。1913年1月26日，袁世凯又再次致电哲布尊丹巴库伦：不宜与中国分裂，本总统以仁爱为怀，咱们还是争取和平解决吧。

袁世凯这么做，明知是白费口舌，如果劝也能解决问题的话，世界上就永无战争了，但是站在国家层面来看，这叫作"仁至义尽"，以后真要出兵打你的时候，别说我欺负你，好话我都说尽了，是你听不懂人话。

袁世凯的第三道电文，是针对有关当事国的。1912年8月14日袁世凯政府对英、俄、日发表关于《满蒙藏之主权五事》的声明，指出："满蒙藏各地皆为中国领土，凡有关满蒙各地之条约，未经中国政府承认，不得私订；满蒙各地之矿产，无论何人不得私有抵押；中国政府在满蒙各地有自由行动之主权，外人不得干预；各国不得以护侨为由向中国增派军队；现蒙藏地方少数王公贵族反对中国政府的行为，是非法的，外国人不得主使挑拨。"针对俄国直接与外蒙签订的非法的《俄蒙协约》和《商务章程》，中华民国外交部提出抗议："蒙古为中国领土，现虽地方不靖，万无与外国订条约之资格，兹特正式声明，无论贵国与蒙古订何种条款，中国政府概不承认。"

国与国之间发生这种事情，在没开战之前，不抗议是不行的，一旦沉默，便是默认，错过了抗议的时机，再想要回这块地盘，那就是己方理亏了。

袁世凯进一步指示外交人员："如再开议之时，俄人仍坚持强硬态度,即将中俄库事交涉始末宣告各国,派专使赴荷国,请求开临时海牙和平会议仲裁裁判。"

从这些举措和章法来看,袁世凯政府的应对能力还算是得体的。

第二招,区别对待,分化瓦解。

"区别对待"这四个字,历来是政治斗争和瓦解敌人的非常重要的手段,其理甚简,而其义甚深,其奥妙无穷。比如在政治斗争中,这个策略的应用就能够使那些意志不坚者、心理素质脆弱者、心存幻想者从对方阵营中悄悄分化,起到瓦解对手营垒的作用,同时也使那些为首的骨干分子不至于感到无路可退而顽抗到底。袁世凯深明此道。

针对外蒙忽悠内蒙、内蒙有些地区也受影响的情况,袁世凯于1912年8月19日,颁布《蒙古待遇条例》,"解释猜疑、恢复联系,并尊重蒙旗习惯,力除前清弊端"。从法律上安定人心。条约规定:"各蒙古均不以藩属待遇,应与内地一律,各蒙古王公原有之管辖治理权一律照旧","外蒙古汗、王公、世、爵各位号应予照旧承袭,其在本旗所享有之特权亦照旧无异","蒙古王公世爵俸饷应从优支给"。意思就是说,前清的时候啊,许多地方对你们做得不好,让你们受委屈了,我民国绝不做这样的事,人人平等,满汉平等。而且,你们的权力依旧,俸饷依旧,甚至给你们更好的待遇。

袁世凯采取的另一手分化瓦解策略是优待那些主动脱离"大蒙古国"分裂政权的高级官员。袁世凯亲自接见返回中国的库伦政府原陆军部侍郎那贝勒,晋封其为郡王。有人曾经做过统计,袁世凯任大总统期间加封的蒙古王公,比清朝几百年封的王公还要多。袁世凯的这一招果然见效,库伦等地的不少蒙古大臣陆续返回。回来就升官,还既往不咎,也免得子孙背上骂名,何乐不为?

袁世凯的分化瓦解策略还有一手,就是从轻处置内蒙各旗参加叛乱的官兵,规定:"但能释兵归来,其原有之产业,仍准享有,决不苛求。其原无产业者,应与设法安置,俾遂其生。"你们只要回来,放下屠刀,立地成佛,原来你们享受的产业,仍然归你们所有。以前没有产业的,政府出面设法安置,让你们过上体面的生活。

除了这些工作，袁世凯还派刚上任不久的绥远将军张绍曾，妥善处理内蒙事宜，恩威并重，以抚为主，总算是稳定了内蒙的局势，成功地打破了外蒙企图把分裂势力继续扩大的阴谋。

袁家拳法

第三招，谈判争取，军事后援。

民国初立，国家积贫积弱，袁世凯无力在此时与英、俄、日等强国开战，因此他解决外蒙问题仍然是主张谈判争取。尽管如此，他也深知，在外交上，国家要是没有力量，谈判是起不到作用的，因此袁世凯也拉出了一副架势："无论如何，必以武力为后盾。"

1912年三四月间，中国政府兵分两路向边境调兵，东路由黑龙江向外蒙古边境调兵，西路由新疆调兵援助阿尔泰。沙俄高度紧张，也陈兵边境，但是双方谁也没动手，还是冷静地坐到了谈判桌上。

不过，关于外交谈判这件事，当时临时政府自己内部的各种关系也没理顺，可以说是一团糟。

外蒙事件发生时，外交总长梁如浩刚刚上任。他认为，依照各国通例，所有各国使节应该依例前赴外交部道贺，所以就向各国使馆发函一封，意思是说本总长已于某月某日接任，特此通知，并希望贵公使于某日某时来署，大家友好友好。

可是，各国的外交使团认为：前清时代，外务部尚书到任，都是先拜使馆。所以，这帮洋鬼子只回应"知道了"，根本不来拜会新任总长。梁如浩这个外长上任一个月，外交上没有任何进展，人家不跟你玩。不仅如此，这帮鬼子一看总长不来拜访，还放风说民国要与各国断交。

就在梁总长焦头烂额之际，突然传出沙俄与库伦方面订立密约的事，梁总长更是手足无措，乃于25日至东交民巷遍拜各使，当然毫无要领。北京政府根本摸不着情况，不知俄国与库伦方面，到底订了什么约，发生了什么事。

11月7日，还是老牌外交官陆征祥出面，直接找到俄国使馆。他是个俄国通,这才问明白大概情况。

梁总长一看,自己根本没法在外交领域玩得转,得了,辞职吧。这回,大任又落到陆征祥身上,参议院忘了三个月前给陆总理的难堪了,全票通过,赶紧回来当外交总长。你要是不出来,那外交事务可玩不转啦,必须得你来全力处理与俄交涉外蒙一事。

陆征祥本来当过总理,屈尊当外长,这不就是胸怀坦荡、权力欲不强吗?而且还行事稳健,这回大家众口赞扬。

这时的民国,最难的是没有外交支持,也就是没有任何友好国家作为外援。俄英日三方相互勾结到一块儿。德国和意大利没有表态,美国总统刚上台,在外交上反对扩张,自动放弃东亚发言权。

在民国时期,有些阴差阳错的事件,真是让人感到奇怪。陆征祥以擅长外交著称,袁世凯让他来组阁时,恰恰当时最麻烦的是内政,如杀张振武案,孙、袁、黎、黄四巨头政纲,这让擅长外交的陆征祥总理无用武之地。而陆征祥一直称病直到辞职时,外交的麻烦却骤然突显出来,这次又让擅长内政的赵秉钧总理束手无策了。

所以说,民国初期,不仅袁世凯不顺,整个国家都不顺。就是在内外交困中,袁世凯政府与列强展开了一场旷日持久的外交拉锯战,几经波折,几经反复,非常艰难。

沙俄先是政治讹诈,你不同意外蒙独立,我便不承认你中华民国;继而经济讹诈,袁世凯政府正是极度缺钱,准备向列强借款来建设新生国家的时候,沙俄就在这里瞎鼓捣。

从 1912 年 11 月开始,在长达半年之久的中俄首轮谈判中,陆征祥历时八个多月,谈判 20 多次,因为二次革命的即将爆发和迫在眉睫的善后大借款使中俄交涉出现了波折。最后双方达成一致:俄国承认蒙古是中国的一部分,中国要承认外蒙的"自治",不许派兵,且于外蒙有事,必须与俄商量。

临时国会一看,这不还是等于宣布外蒙独立吗?因此坚持否决,致使谈判中止。

陆征祥一看,让你们谈,你们还不行;我费了半天劲谈完了,你们还不同意，我还不玩了呢，谁有能耐谁来谈。辞职。

二次革命之后，袁世凯打败了国民党的力量，又有精力来谈判了，1913年9月至11月，袁世凯派孙宝琦进行第二轮谈判。谈判中中国力主将"外蒙古为中国领土"写入条款。11月5日，双方各退一步，达成《中俄声明文件》。

根据《中俄声明文件》，中俄蒙三方代表于1914年9月8日开始在恰克图举行长达9个月的公开谈判和私下会晤。会上中国专使毕桂芳等人坚持让俄承认外蒙为中国领土的事实。

这个时候，第一次世界大战爆发，欧洲战场吃紧，沙俄受到很大牵制，自顾不暇的沙俄与得不到后台老板支持的外蒙分裂分子不得不双双妥协。

就这样，谈判几经周折，最终达成《中俄蒙协议》22条，其核心要义是：外蒙古承认中国宗主权。中国、俄国承认外蒙古自治，为中国领土之一部分。中俄不得干涉外蒙古现有自治内政之制度。

《中俄蒙协议》的签订，外蒙取消独立，改称自治。沙俄取得了大量的实际利益，但在名义上中国仍然是外蒙古的宗主国。

不过，俄国承认中国为外蒙古的宗主国，是有其打算的。他们认为，如果此时强行割了，成功倒是能成功，但是，英国和日本定会群起效之，而单独一个外蒙，远没满足俄国的胃口，如果满蒙和东三省也被日本人强行割占的话，以后从日本人嘴里抢东西，那就费劲多了，还不如放在民国手里，以后还可以攫取更大的利益。所以，列强之间的矛盾也帮了新生的民国一把。

1915年，尽管民国仍然是内外交困，但在袁世凯的强烈反对下，再次敦促中、俄、蒙签订《恰克图协约》，要求外蒙古大公于6月10日前务必取消独立，否则陈兵决战！因为事情是在一战期间，俄国无力与中国决战，所以，听闻此声，俄国、外蒙古于6月9日被迫承认外蒙古为中国固有领土！外蒙的第一次独立就这样被袁世凯瓦解了。

沙俄指使下的外蒙古问题只是袁世凯当总统后面临诸多问题中的一个，英国和日本也没闲着，但关于日本的问题在后面涉及"二十一条"

时再细讲,这里只简单提一下英国与西藏问题。

武昌起义后,西藏在英国的鼓捣下也宣布独立。英国于西藏,提出了与俄国差不多的要求。但因为袁世凯与英国公使朱尔典私交非常好,所以西藏问题,谈起来比外蒙问题就顺利些。且军事上比较及时,川军及时收复一些地方,中央恢复对达赖的封号。这就有了统治权。

人们常根据当年的外交事件骂袁世凯政府卖国,这句话是有失公允的。有人认为袁世凯政府软弱,这么说其实也不算对,因为外交问题是综合国力的延伸,国家若是实力不强,是没有力量跟人家叫板的。从1840年以来,一直受欺负的中国,不管是晚清还是民国,怎么可能有足够的力量与英、日、俄等国开战?能够在国弱力微的情况下取得如此结果,已经相当不容易了。

张祖涛的《袁世凯如何通过四招组合拳取消"大蒙古国"独立》一文,结尾是这样评价袁世凯政府处理外蒙独立事件的:

> 评价历史人物的是非功过,不能离开历史人物所处的特定的历史环境,要坚持实事求是。当年,年轻的中华民国立国未稳,当家人袁世凯面对狼子野心的沙俄和已经小成气候的外蒙古分裂势力,能审时度势,针锋相对,连出四招,基本上成功地捍卫了国家的统一,领土的完整。特别是在十分艰难的条件下,通过谈判斗争,重新确立了中国对外蒙古领土的主权,使所谓的"大蒙古国"的闹剧偃旗息鼓,曲终人散,无论如何当属不易。其历史功绩,值得肯定。

就在内部政治仗和军事仗并存、边疆省份酝酿独立、外交上一团乱麻、陆征祥苦苦谈判的时候,国内又发生了宋教仁案,使多灾多难的中华民族雪上加霜,使尚处在襁褓中的民国彻底进入了多事之秋。

禅心初 著

北洋觉梦录

袁世凯卷·下

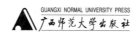

GUANGXI NORMAL UNIVERSITY PRESS
广西师范大学出版社
·桂林·

图书在版编目（CIP）数据

北洋觉梦录. 袁世凯卷：全 2 册 / 禅心初著. —桂林：
广西师范大学出版社，2016.5
ISBN 978-7-5495-7944-0

Ⅰ. ①北… Ⅱ. ①禅… Ⅲ. ①北洋军阀史－史料
②袁世凯（1859～1916）－生平事迹 Ⅳ. ①K258.206
②K827=52

中国版本图书馆 CIP 数据核字（2016）第 049352 号

广西师范大学出版社出版发行

（广西桂林市中华路 22 号　邮政编码：541001）
网址：http://www.bbtpress.com
出版人：张艺兵
全国新华书店经销
广西大华印刷有限公司印刷
（广西南宁市高新区科园大道 62 号　邮政编码：530007）
开本：880 mm × 1 240 mm　1/32
印张：22　　字数：650 千字
2016 年 5 月第 1 版　　2016 年 5 月第 1 次印刷
印数：0 001~5 000 册　　定价：58.00 元（上、下）
如发现印装质量问题，影响阅读，请与印刷厂联系调换。

第十章

＼ 多事之秋 ＼

历史拐了个大弯

在革命派中,孙中山和宋教仁这两大领袖,仔细思考一下,觉得有点儿意思。

孙中山年轻时就移居美国檀香山,受过标准的美式教育,美国式的总统制在他头脑中留有深刻印迹。

而宋教仁,年轻时进入日本法政大学和早稻田大学学习,日本的内阁制对他很有吸引力。

中华民国成立之前,孙、宋二人曾经为新生的民国设立什么体制而发生争论,最后以孙中山的总统制占了上风。

孙中山辞去临时大总统之前,为了限制袁世凯的权力,为民国添加了内阁总理制。

袁世凯接替孙中山当上临时大总统之后,《临时约法》规定,在临时参议院成立的 10 个月内,临时大总统应根据临时参议院制定的国会选举法,举行国会选举,国会成立后,再进行正式总统的选举,并制定宪法来代替《临时约法》。

这样,民国元年(1912)12 月,各派势力开始活跃起来,力争在新的国会中角逐到自己的一席之地。宋教仁组建的国民党,就是在这种背景下成立的。

新成立的国民党,实行的是理事制,不是同盟会时候的一长制,理事制就是要"合议",孙中山作为理事长只有召集会议的权力,而没有最终的决定权。此法与民主集中制有些相通之处,就是一把手只有召集开会、综合大家意见的权力,而没有一把手的"拍板权"(宋教仁遭到同盟会中一些支持孙中山之人的不满,大概此举影响很大)。

孙中山对政党制度,本来就不如宋教仁精通,他索性离开北京,去了日本考察铁路;黄兴离开北京后,也去了湖南,宋教仁便成了国民党的实际负责人。而且,国民党之所以由宋教仁来组织成立,也是因为许多同盟会成员认同宋教仁,孙中山的理想太过超前,得不到大家的理解。

宋教仁为了扩大国民党的影响,进而能顺利掌握内阁,奔走在南方各省,四处演说。他天生就有演讲才能,很快就能把自己的主张宣传到听众心里,因此,宋教仁每到一处,民众都是热烈欢迎;而袁世凯却是心惊肉跳。

宋教仁喜欢批评时政。他既有文采又有口才,议论精辟,为人张扬。写《中国历代通俗演义》的民国史家蔡东藩在书中曾用了八个字评价宋教仁:"锋芒太露,英气未敛。"也就是不会给人留情面。

许多人劝他,在中国这块土地上,西方议会、民主思想还差得远呢,最好是口下留德,以免给自己惹下大祸。三十出头的小伙子宋教仁,哪里听得进去。

袁世凯既爱他的才,又恨他的不留情面,准备用他的老办法,收买宋教仁。

不过,袁世凯没搞懂一个问题:真正的大才,用钱是买不到的。能用钱买到的,就不是真正的大才。

袁世凯派人送给宋教仁一张 50 万元的支票,如果不够,还可以再增加。宋教仁微微一笑,绝对不收,客气地归还了。

袁世凯在报纸上看到宋教仁不停地发表议论,对政府极尽批评之能事,他气得鼻子都扭了,宋教仁的话怎么这么尖刻呢!

在宋教仁的活动下,1913 年 2 月 4 日,大选揭晓,国民党以 392 席获得了压倒性的胜利,取得了全部议席的三分之二,而共和、统一、民主三党仅得 223 席,政党内阁已经胜券在握。

在宋教仁看来,袁世凯掌权后,同盟会只分得全国行省都督中的三个:广东胡汉民、安徽柏文蔚、江西李烈钧。要想执掌大权,就要依靠国会。要想在国会中占主导优势,就得靠政党。这就是宋教仁的逻辑。

而当国民党取得绝对胜利、组阁已成定局的时候,宋教仁更四处演讲,他开始控制不住自己的情绪,批评国事,讨论朝政,主张通过党务夺权。他在国民党湖北支部演讲时,竟然说出现在的政府"容或有撕毁约法背叛民国的时候",而那个时候,正是袁世凯"自掘坟墓,自取灭亡"的时候,"到了那个地步,我们再起来革命"之类的话,把现在的政府抨击得一无是处。

民谚曰:病从口入,祸从口出。

普通人说话还要注意,伤人之言,深于矛戟!一句不小心伤人的话,可能被记恨一辈子呢,何况在当时的条件下对国家一把手的指指点点。在他看来,发表政见,评论政府失政,正是现代政治理所当然的现象,没什么大不了的。

"才自精明志自高,生于末世运偏消。清明涕送江边望,千里东风一梦遥。"《红楼梦》中的这首诗哪里是说贾探春哪,分明是宋教仁一生的写照。

宋教仁在街头谈得正兴的时候,袁世凯为了让他闭嘴,连发电报让他赶紧进京:你别老这么整啊,你过来咱俩交流交流。见面三分情嘛。

形势一片大好,前途一片光明,宋教仁感觉自己的政党政治和民主宪政主张离实现只差一步之遥,他更加认为"大局已定,政党责任内阁一定可以成功",并决定绕道沪宁返京,准备组织第一届责任内阁,仿佛总理的位置正在冲他招手微笑。

宋还联合章太炎等人,准备在 1913 年的正式大总统选举中,与其他各党联手,通过民主的手段,选举"最为愚呆脆弱的黎元洪"为总统,以便于控制,并抛开专横跋扈的袁世凯,使国家大权牢牢掌握在革命派手中。

革命阵营内部,许多人对宋教仁的张扬忧心忡忡。在武汉,谭人凤曾告诫他"责任内阁现时难望成功,劝权养晦,无急于觊觎总理",并劝他"稍加戒备";在上海,陈其美也要宋教仁提防暗杀,宋笑说:"只有革命党人会暗杀人,哪里还怕他们来暗杀我们呢?"

此刻,谁都不知道,他光彩耀人的一生即将进入尾声。

1913 年 3 月 20 日,上海火车站。

宋教仁准备从上海启程,前往北京,届时参加国会的开幕典礼。

10时40分,当进入上海车站站台时,黄兴、陈劲宣、宋教仁、廖仲恺等人鱼贯而行。一声罪恶的枪响,宋教仁腰部中弹,倒在了血泊之中。

22日凌晨,宋教仁年仅31岁的生命终结在上海。

天不假年,天妒英才!

人世间最大的悲哀是什么?那就是——上帝给了你过人的才华,给了你远大的抱负,可就是不给你施展才华、实现理想的机会,而是把希望之火在你面前点燃,让你看一下,当你伸手去触摸时,他却"扑"地一口,吹灭,气死人不偿命!

宋教仁,字遁初,号渔父,湖南桃源人。

仔细研究一下他的名、字、号和出生地,都很巧合地碰到了一起。

桃源、渔父,本身就是来自桃花源记,躲避战乱,寻找世外桃源之义。而遁初两个字,就更大有来头了。

《易经》第33卦是《遁》卦,卦的大意是:避免灾害,挂冠悬笏,退隐山林。难道他家的老人们,早就算出他前途有大凶?暗喻他归隐山林?

而"遁初","遁"卦的"初"爻,其初六爻辞是:"遁尾,厉。勿用有攸往。"《象》曰:"遁尾之厉,不往何灾也?"

不往何灾也?不去,又有什么灾难呢?

难道在他的名字里,真的早就蕴藏着玄机吗?

志士栖山恨不深。

近代日本的易圣、伊藤博文的儿女亲家高岛吞象在事业鼎盛时期,为自己的气运卜了一卦,结果是"遁"卦,知道自己一生鼎盛时期已过,他便毅然及时抽身隐退。而比这更早的宋代大儒朱熹也是占得遁卦而作出退隐决定的。

独立苍茫每怅然,恩仇一例付云烟,断鸿零雁剩残篇。

天道远而人道迩,想来真是无限思量。

唉,上帝在这个时候安排宋教仁出局,可真不恰当啊。宋的去世,给整个中国历史巨轮的航向来了个大转弯!

到底是谁"二"

宋教仁惨死,全国人心激愤,强烈要求查拿凶手。

袁世凯也下令,务必严查。

就在大家以为在人潮涌动的大上海查案,就像大海捞针、肯定没什么结果的时候,没过几天,案情居然逐渐露了出来。

可恰恰就是这么一露,使北洋民国的历史,发生了急剧的大转折。

宋案发生后,黄兴和陈其美联名致电上海的闸北警局和上海租界总巡捕,请其加紧侦探,缉捕凶手。

当时上海电报局局长吴佩璜,是陈其美的人,同是革命阵营的同志,通过详查各方来往电报,顺着蛛丝马迹,居然有意外收获。就在这时,有一个买卖古董字画的河南人王阿发前往四马路中央捕房报案,遂使这一骇人的政治谋杀案开始浮出水面。

今天我们所见到的有关破解宋案一事,大概是这样的:

据王阿发报案说,十天前他在一个老主顾——应桂馨的家里兜卖古董,有一天应桂馨拿出一张照片,说只要他能把这个人暗杀掉,就有一千块大洋的赏金。王阿发说自己只懂得做买卖,从没杀过人,因此不肯承担这件事,且当时他并不知道照片上的人是谁。而宋教仁案发生后,报纸上登出宋的照片,这才知道,宋教仁正是应桂馨要他去杀的人。

根据这个线索,上海巡捕房的人顺利地在一个妓女家里捉到了应桂馨,通过仔细查询,顺藤摸瓜,第二天就抓住了枪击的真凶武士英。

这起案件的侦破纯属搂草打兔子,无意之中,在应桂馨和武士英的住所搜出信件与往来电报,发现了背后的惊天密谋——直接与应桂馨往来电报的,是北京方面、内务部秘书洪述祖,而函电和密码本又涉及二号首长——国务总理赵秉钧!那么到这里,人们的头脑就不难继续推断,他们背后的人,必是袁世凯无疑,而这个逻辑链条必是这样演进的:袁世凯怕宋教仁组阁威胁他的权力,指使赵秉钧杀人,赵秉钧让内务部秘书洪述祖负责内外联络,洪述祖找到应桂馨,应桂馨又让失业兵痞武士英动手杀人!

江流有声,断岸千尽。山高月小,水落石出?

既然逻辑链条对接上了,那还有什么好说的?

在追悼会上,黄兴给宋教仁的挽联直接写道:

前年杀吴禄贞,去年杀张振武,今年又杀宋教仁;

你说是应桂馨,他说是洪述祖,我说确是袁世凯!

一时之间,舆论大哗。

正在日本的孙中山听说这一消息,也立即断定:这事肯定是袁世凯干的,别人干不出来。

民国初期的时候,报纸还算是自由的,一开始时,各种言论说什么的都有,但逐渐地,不知怎么风向就往一个方向吹了,矛盾的焦点直接指向了国家元首袁世凯。

历史,是需要理性思考的;历史,是需要放长眼光的。那么,宋案已经发生一百多年了,各种疑问仍然不断,宋教仁,真的是袁世凯下令暗杀的吗?

在莫衷一是的言论中,主要有以下观点,兹列出供读者自己根据线索判断。

第一种,主流观点,仍然是传统的看法,宋教仁就是袁世凯下令杀的,因为他怕宋教仁当上内阁总理,对他独裁不利,怕控制不了,所以,先下手为强。一百年来,人们也一直是这么认为的。

但是,近年来,史学界对此案进行了大量的再研究,重新破案的时候,却怎么也找不到有力的证据表明是袁世凯指使的。

纵览袁世凯的从政生涯,袁世凯不管遇到多么厉害的政坛高手,也没怕到想杀人的程度,也从未采取过此法,一个三十岁、没有执政经验的小伙宋教仁就让宦海沉浮、纵横江湖几十年的老袁怕成这样?直接杀之?可能吗?

而且,以常理来分析,一国元首要是想杀一个人,手段肯定是相当隐蔽,知道的人越少越好,链条不会那么多而长。况且怎么会雇佣流氓地痔？纵使雇佣了，那也应该随手会做掉这个人，以使线索彻底掐断，这才是稳妥的办法。且袁世凯手底下有专门的机构执行，大内高手有的是，他会舍近求远，用一个不知底细、信不过、不可靠的人来做这么大的事？这是其一。

杀人的手段很多，下毒啊，故意斗殴啊，交通事故啊，等等。最好的办法是杀人于无形，不会在闹市区，唯恐天下人不知道似的。这是其二。

领导杀人，对手下人来说，只需一个眼神就够了。像曾国藩要暗杀人时，从不写手谕，写手谕只会授人以柄，他只要眼神一凶，三角眼一瞪，胡子一甩，这就是杀人信号。要是领导者想杀个人，都得拍电报，那可就太不可思议了吧？照这个逻辑你可以推导一下：

总统想杀个人，于是他找到了总理，总理找到了秘书，秘书一想，不能动用手底下的国家专门特务机构，这样熟人知道了多不好，于是就找了个流氓，流氓找了个流浪军人，这样，就把人杀了。

让杀人者死无对证，才是万全之策，何必等到被抓后，才让杀手武士英在狱中突然暴毙？是为了让观众看得清清楚楚、明明白白？

在上海闹市区杀人，又过了三天，买凶人和枪手却都没想跑，而且还在上海滩风月场中找乐，杀完人之后，所有杀人的证据一个不少，看来，民国时期，盗亦有道啊，多么有责任感的杀手！

迷雾重重

关于宋案的第二种观点认为，应该是国务总理赵秉钧下令杀的，袁世凯本人并不知情。

持这种观点的人认为，赵秉钧这么做，有两个目的：

一是取悦总统，毕竟他能看出龙头老大袁世凯对宋教仁四处演讲、抨击时政极度不满和生气，作为下属，理应为领导分忧解愁。

唐德刚认为，"民初的'宋案'，读起来颇像蒋经国晚年所发生的'江南案'"。江南搜集了大量的资料，写了许多蒋家的私事，蒋经国当然很生气。可江南被刺后，"曝光的一切证据显示，蒋经国并没有直接手令或口令要把江南干掉",是特务们自作主张取悦蒋经国而做出的杀人决定,"蒋经国为他们的愚忠和愚蠢气得死去活来"。(唐德刚:《袁氏当国》,第71页)

另一个目的,是赵秉钧的私心,也是根本目的,就是不想让别人来抢他的总理位置。

为什么这么说呢?这得从赵秉钧的经历谈起。

赵秉钧,河南人,生性强悍而有胆识,早年在左宗棠楚军中效力,进驻新疆,作战勇敢,曾被埋没在雪中三昼夜而不死。袁世凯小站练兵时开始追随袁世凯,受到袁世凯的赏识。八国联军侵华之后,中外订立《辛丑条约》,因京津地区方圆二十里不许驻兵,袁世凯遂创办警察,钻了条约的空子,这个警察业的开端,就是由赵秉钧一手操办执行的,可谓是中国警察业的鼻祖人物。

自从跟了袁世凯后,他的地位水涨船高,陆征祥总理称病不上班时,总理一职就由赵秉钧代理,随后他又当上了正式的内阁总理。说他刺杀宋教仁的理由就是,怕宋教仁才能高,如果进行国民党的政党组阁,就抢了赵秉钧的饭碗,为了稳固自己的权力,于是乎,出手杀人。

而且,人们又研究了赵秉钧的名字:赵,百家姓中的第一姓;秉钧,执掌军国大政,是为"秉钧"之义,又是一人之下万人之上的意思;他在家中的排行是老大,还是第一;而赵秉钧的生辰则是甲子年(1864)正月初一子时,是岁首的第一时,一切都是第一。

正是这么好的名字,这么好的生辰八字,注定他要在权力上争夺。因此,人们断定,很有可能,就是赵秉钧干的。

可是,这一观点,今天思索的时候,仍然有些疑问:

从赵秉钧的任职经历来看,他多年把持着警务大权,动用暴力处理事情,可以说是警察头子的特点。

但是,中国警察业的创始人,连杀人的基本常识都没有?赵秉钧为官多年,常年负责警务、民政,作风硬朗、办事利索,否则,袁世凯创办警察的时候也不会轮到他头上了。

设想一下,一个总理,是为了保住位置而动手杀人呢,还是怕杀人露馅而保不住自己的位置？如果仅以所谓"宋要来做总理，我往哪搁？"这种理由，似乎是难以服众的推论。

杀人手法上，也不像是中国警察第一人的所为。

不像，完全不像，漏洞百出，进退失据。

宋教仁在上海遇刺身亡后，上海警方强力缉凶，赵秉钧理应为亲自调教的清末和民国警察队伍办案的高效率感到骄傲和自豪。宋教仁遇刺后仅 3 天，上海警察便抓住了线人应桂馨与凶手武士英，效率之高，令人叹为观止。

民国第一大案，侦破得如此顺利，顺利到有些不可思议，甚至不真实的程度。

近年关于宋教仁被刺案的研究越来越多，人们对传统的解释越来越怀疑，毕竟这是民国时期的天字第一号大案，它完全改变了历史发展的航向和进程。虽然深入的研究仍然无法定案，但是却反映了人们思考问题已趋于理性，至少，学术界许多专家都基本认定，宋教仁一案，不是袁世凯下令杀的。

那么，如果真是这个结论，"袁大头"岂不成了"冤大头"？这个黑锅不仅背大了，而且是他事业走向下坡路的一个重要转折点。

而关于宋案的第三种观点，说是同一战壕的陈其美主使暗杀了宋教仁。

这个观点有些耸人听闻，但是，正如现实中的案件都怕问，历史大案也怕问，一问，一世界。

把风向转到陈其美身上来，先得从应桂馨身上入手找线索。

应桂馨，字夔丞，早年混迹于上海的江湖，为青帮大佬，属"大"字辈。陈其美联合应桂馨的青帮势力进行反清革命，革命党人经常在他家避难和商讨革命机要。辛亥革命开始时，应桂馨投身同盟会，上海光复时得到陈其美的重用，是陈其美的亲信，任沪军都督府谍报科长。孙中山自海外归国至上海时，应桂馨负责接待和保卫工作。孙中山赴南京就任中华民国临时大总统时，应桂馨被任命为总统府卫队司令，后改调任南京总统府庶务科长。

从这一段的任职经历来看,此人应该是个精明强干之辈,担任过谍报科长和总统卫队司令的人,做事应该干净利落,不拖泥带水,考虑问题细致周全,而绝不会在宋案事发后就被一窝端起,连根拔起,整个链条一个没跑,灭蟑螂也没有这么彻底的。

后来,应桂馨因为与人持枪械斗被调任到下关兵站任差,随后又被解职,重新进入了长江下游的青、红、公口三帮。1912 年 8 月 15 日因发动武昌兵变,被黎元洪通缉。据称经多方活动,由江苏都督程德全为之转圜,注销通缉,北上加入了洪述祖一派,任江苏巡查长。

读到这里,人们不禁要问,应桂馨,到底是陈其美的人,还是洪述祖的人?应桂馨,是个双料"间谍"吗?他到底是在为谁卖命?到底是受谁指使?

疑云再起

问了这些问题后,再往下寻找线索,就会得出与传统观点不一样的结论了。在这里,有必要再简单回顾一下相关案情和顺利得不可思议的破案经过。

1913 年 3 月 20 日,宋教仁遇刺中弹就医,取出弹头,上面有毒药。

3 月 22 日,宋教仁身亡。

3 月 23 日,古董字画商王阿发报案,说是一周前,巡查长应桂馨拿出照片、许诺金钱,要他杀人,他不干。一个想杀人的人,遇到个商人,就把自己的底兜出来,这个故事听着多么动人啊。如果应桂馨是从精神病院出来的话,就更好理解了,可他偏偏当过谍报科长和总统府的卫队司令一职!一个需要具备比神还"神"、比鬼还"鬼"的素质的职位。

搜查应桂馨家宅,又搜得手枪一柄,枪内余弹两枚,经检验与宋教仁体内取出的弹头匹配。普通的杀人犯,尚且知道杀人后销毁赃物,尽可能地消灭和破坏一切证据,而应桂馨和武士英,像是在家里准备好了,把证据完整地保留着,以待后人查证,很有些历史学家、档案馆和博物馆馆长的气度。

从应桂馨家宅搜出的信件中以及从电报局取得的应桂馨发往北京的电报中,发现国务总理赵秉钧的秘书洪述祖的致电,里面大量的隐语,都指向了赵秉钧,并让人们一下子联想到袁世凯。国家级领导人想做掉一个人,有这么麻烦?是研究程序法出身的么?一招一式,有章有法,有理有据。

一个大型案件,如果人证、物证、旁证,非常离奇地一应俱全的时候,这个案件,最好是往反方向思考一下。否则,必有隐情。

案发后,经和英法领事交涉,应桂馨、武士英从上海公共租界会审公堂转到上海地方当局中国人自己的监狱。移交不久,武士英吃了外面送进的毒馒头,暴毙狱中。曾经是陈其美亲信的应桂馨,却在狱中离奇地被人弄走了。怎么他偏偏在这个时候活了下来?到底是谁的手这么长、这么有力度?

有人不禁要问,这个线人是不是假的?应桂馨是不是个托?被抓起来后,为什么杀手武士英死了,而应桂馨却逃走了?此等大案中的死因犯是谁弄跑的?是袁世凯和赵秉钧吗?那么上海到底是谁的地盘?1913年年初,袁世凯的中央权力之手,有没有能力插手上海事务?

同样是犯罪,有的人说是活着,可他已经死了;有的人说是死了,可他还活着。

这个案子破得非常蹊跷,从案发到案露,简单、顺利得不可思议。还真像是有人做好了扣似的。这里,只死了一个杀手武士英,死在狱中,是谁的手?而应桂馨被人从狱中弄走,又是谁的手?

是袁世凯的手吗?

这是普天之下、莫非王土的时代吗?

不是的,上海,是沪军都督陈其美的地盘,这是民国初年中央权力伸不到的地方。如果袁世凯能伸到,如果是袁世凯指使的,他就不会让警察来破案了,因为这是在他控制范围之外的。

而袁世凯的手伸进上海,是在二次革命、打散国民党之后的事了。

对于这种重大案件,人们对于宋教仁的热爱,与人们对于罪犯的愤恨和仇视,本应是"一体两面",捉住了直接的犯罪人,找到了"线索",必然是重重看守,以防线索中断,这样才能顺藤摸瓜,找到真正的元凶。对于应桂馨和武士英,必然是恨不得剥其皮、食其肉,方表达出为宋教仁报仇的迫切心情。可是,武士英不明不白地给毒死在狱中,同是死囚犯的应桂馨却能越狱而逃,联想到应桂馨曾是陈其美的心腹,武、应二人这一死一活,一个人像被灭口,一个人像有计划地杀人、招供、逃生。难怪当时就有媒体和民众,把这个幕后操控的嫌疑,转到上海滩老大、青帮的代表人物陈其美身上。

思考了这几个问题,我们就会发现传统的记述宋教仁案被侦破的过程,很像是有一只看不见的手在操作着。

我们从没有怀疑过证据的准确性,可这不是破案所应具有的态度。对于判案来说,如果不先去思考一下证据的准确性,万一是伪证,怎么办?

张耀杰先生对这段历史进行了非常深入而细腻的研究,他写了一本书叫《谁谋杀了宋教仁:政坛悬案背后的党派之争》,而此前他还写过一篇文章,名叫《"二次革命"后的黄兴:嫁祸袁世凯 出卖白狼军》,这篇文章于 2010 年 11 月 26 日被人民网的文史频道转载。张先生文章中有这样一段分析:

迄今为止的所有证据,远不足以证明袁世凯、赵秉钧直接参与了针对宋教仁的谋杀活动。在国民党方面"用敏捷手腕,始将应夔丞、武士英拿获"之后,凶手武士英分明是死在由陈其美、黄郭直接掌控的六十一团兵营之中的;主凶应夔丞也是于陈其美在上海发动"二次革命"期间,趁乱越狱的。在沪宁火车站协助武士英刺杀宋教仁的另外几名凶犯,更是在国民党的掌控之中销声匿迹、人间蒸发的。

张耀杰先生的分析,其实就是否定了袁世凯和赵秉钧是幕后主使的可能性,把目标直接指向了陈其美。

另据袁世凯的儿子袁克文在《辛丙秘苑》中记载,应桂馨在上海这里,一直受到陈其美的保护。应桂馨逃出狱后,在革命党人发动二次革命失败时北上，据称是请求为袁世凯做事。此时袁世凯吩咐手下执法处的雷震春：宋教仁就是他杀的，你去把他处死吧。

雷震春认为他来归降，直接杀了怕惹人议论，就把他骗到去往天津的车上给杀了。

有意思的是，众人一致认为是袁世凯买凶杀人，可宋教仁本人至死也未怀疑袁世凯，相反，宋教仁在临终时，还给袁世凯写了一封情真意切的电文，说明了被刺情况，最后真切希望"伏冀大总统开诚心布公道，竭力保障民权，俾国家得确定不拔之宪法，则虽死之日，犹生之年。临死哀言，尚祈鉴纳"。

对此，人们给出的答案是：宋教仁是真君子，胸怀如日月；袁世凯是真小人，猫哭老鼠假慈悲。

有人问：即使说应桂馨曾经是陈其美的亲信，曾经是孙中山的卫队司令，上海是陈其美的地盘，可这也无法证明就是陈其美主使暗杀的呀？

民国初期因为开放党禁、报禁，各种声音都有。后人认定是袁世凯杀人，尤其是蒋介石当政后，把其他声音给屏蔽掉了。而在当年，就有不少人怀疑是陈其美主使的。

2012年7月6日《文汇读书周报》刊载了一篇文章，题目是《陈其美：谋杀宋教仁的幕后主使？》，文中记载的几件事，值得人们注意：

第一，陈其美当年也成为遭受怀疑的第一对象。只是由于他过于强悍，其手段也过于恐怖，在上海滩势力过大，当年的新闻媒体一直不敢正大光明地发声质疑。1913年3月23日，《民立报》在报道"各方面之舆论"时介绍说："宋先生被刺后，上海全市为之震骇，群情愤慨……其议论中约略可分为数派：有一派谓发生于党争者，国民党于议院既占优胜，又主张政党内阁，权利关系，遂有他党生出龌龊之感想，致产生此凶残之手段者……"

而3月27日，远在广东汕头的《大风日报》，用不点名的方式把幕后主凶锁定在"巍然跻要职，膺上赏"的陈其美身上："记者旅沪，久稔是邦之情状……彼辈恃租界为窟穴，复与巡捕包探等相交结，其党羽甚众，声气甚广。一案之发生，内而弥缝者有人，外而援救者有人。故杀人之事时有所闻,而杀人之案则十不一破。凡被其毒螫者,无不忍气吞声。……乃光复以还,竟至波及上流人士。陶焕卿之被刺也,黄克强之狙击不中也……"

这一段的意思是说,陈其美盘踞上海多年,党羽甚多,即使发生案件,也会有许多人会来弥缝、援救,把大事化小,小事化无。所以杀人之事经常听到,但杀人之案十件破不了一件。这句话里面的"陶焕卿之被刺",指的就是光复会领袖陶成章被陈其美指使的蒋介石暗杀一事。

从中人们看到,在当时的上海滩,沪军都督陈其美的势力很强大。在舆论比较自由的情况下,一些报纸仍不敢直指其名。

元芳,你怎么看

第二,文中记述了梁启超对于宋案的只言片语:1913 年 3 月 25 日,立宪派方面的民主党精神领袖梁启超,在写给女儿梁思顺(令娴)的家信中说:"宋氏之死,敌党总疑是政敌之所为,声言必报复,其所指目之人第一为袁,第二则我云。此间顷加派警察,保护极周,将来入京后更加严密,吾亦倍自摄卫,可勿远念。"3 月 27 日,梁启超又在《与娴儿书》中写道:"宋氏之亡,促吾加慎……刺宋之人(真主使者陈其美也),胪列多人,我即其第二候补者,今将彼宣告文剪寄,应某谋北来刺我,二十日前蜕丈已电告矣。"5 月 2 日,梁启超在另一封家信中依然强调"宋案确与政府无关","系同盟会人自屠"。

也就是说,按照"谁刺杀谁得利"的原则,当年有人也怀疑梁启超,他是另一大党的领袖。而梁启超根据多方面资料证据,已经指出了宋案主使是陈其美,与政府并无关系。

第三,该文记述了袁世凯的儿子袁克文写的一篇文章。袁克文是袁世凯与朝鲜美女生的儿子,聪明绝顶,据称有曹植之才,物理学家袁家骝就是他的三儿子(有中国居里夫人之称的吴健雄便是袁家骝的夫人,即袁克文的儿媳妇,袁家骝与吴健雄可称得上是华人科学家中的"神雕侠侣")。袁克文在《辛丙秘苑》中讲述了他自己在 1911 辛亥年至 1915 丙辰年间的所见所闻。袁克文说，宋教仁被暗杀时他恰好在上海，知道父亲袁世凯几次派遣密使欢迎宋教仁（遁初）北上，宋教仁欣然启程。临行之前，陈其美（英士）、应夔丞（桂馨）等人设宴饯行。宴席进行中间，陈其美询问宋教仁组织国民党政党内阁的办法，宋教仁表示说："我只有大公无党一个办法！"宋教仁这句话的意思，是说组织政党内阁时，要按照西方式的阳光政党、民主执政、公开平等竞争等角度来用权，而不是只用某一派的人组阁，也不是某一政党的专政。

陈其美听了没有说话。应夔丞在一边骂道："你这样做简直就是叛党，我一定要给你一点颜色看看。"他一边说话，一边从怀里掏手枪。在场的其他人劝住了他。宋教仁说："死无惧，志不可夺。"大家只好不欢而散。

袁克文的老朋友沈翔云（虬斋）是陈其美的重要谋士。他私下告诉袁克文说：宋教仁要出事了！袁克文问怎么回事，沈翔云回答说："国民党内的许多人都痛恨宋教仁，陈其美、应夔丞尤其痛恨他。这几天他们两个人整天都在商议这件事情，即使像我这样的亲近之人，也不能够参与机密。偶然听到他们之间的几句议论，也是关于宋教仁的，而且他们说话的神情语气都很不好看。"

这些记述的真假程度如何，自然是存在着很大疑问，不妨再顺着这篇文章中提供的线索，仔细思考几个问题。

2012 年 8 月 1 日凤凰网历史栏目登载了《对话夏双刃：袁世凯是一个真正的改革家》一文，夏双刃先生提了三个比较重要的观点，认为陈其美刺杀宋教仁有着充足的理由：

一是宋教仁的"毁党造党"，初步形成符合政党政治需要的国民党，其中坚干部是在北京的吴景濂等人，而非老同盟会那些职业革命党。实际上，宋教仁已用其非凡的热情和才干，亲手创立了一个全新的政党，而将老同盟会一脚踢开。这一点，犯了中国政治的大忌。

二是陈其美是青帮头目，黑社会特征明显，对敌人首选暗杀。宋教仁用一句"只有我们革命党人才会暗杀人"回答他那句"遁初，小心他们对付你"，说明宋教仁的潜意识里是很明白的。

三是当时老同盟会已经被边缘化,急需一个重大事件显示存在,而"宋案"在嫁祸袁世凯的同时,也重构了同盟会的正统合法地位,取得了超出预想的效果。

这一结论的来源,大概就要追溯到宋教仁毁党造党这一节,改造旧党、吸收新党,这是事实,符合夏先生的判断;而宋教仁用理事制,即理事长只有召集会议的权力而无决定之权这一制度,也是事实,孙中山对这个理事长并不热心,远赴日本。这一点,与夏先生的"老同盟会已经被边缘化"判断合拍;陈其美是青帮头目,经常搞暗杀这一点,更是属实,光复会的领袖人物陶成章就是陈其美和蒋介石给暗杀的。

那么,陈其美会不会因为宋教仁在使老同盟会被边缘化这一事情上暗杀宋教仁,并由此让执政的袁世凯的威信在人们心中大降,达到一举两得的目的,就很难说了。

宋教仁去世恰好一百年了,2013 年 2 月 28 日,凤凰大视野专门播出一期节目——《宋教仁因何对孙中山不满:挪用经费 搞一言堂》,这期节目重点列了几件关于孙中山与宋教仁的矛盾之事。

一是孙中山在日本被驱逐时,日本友人所赠经费,孙中山带走了大部分,被章太炎指责贪污,对孙中山强烈不满的人中就包括宋教仁。经费事件之后,1907 年 2 月 28 日,宋教仁在日记中记录了孙文与黄兴之间的激烈冲突,两人因为革命旗帜的选择闹得不可开交,不过这一次宋教仁只是在日记中表述了对孙中山的不满。

二是孙中山流亡海外 16 年,于 1912 年 12 月 25 日回国时,召集同盟会高层领导开会,据说如果不是有人劝说,宋教仁是绝对不会出现的,他也不欢迎孙中山的到来。

三是孙中山与宋教仁因民国创立采取总统制还是内阁制又产生了矛盾。

此外还有宋教仁毁党造党,创立国民党,实行理事制,这与同盟会的党魁说了算的体制有很大不同,党魁制更接近一把手负责制,理事制更接近西方政党制。

当代的一些研究就是根据这些线索的勾连,开始反思宋案。有人把唐德刚分析赵秉钧杀宋、讨好袁世凯的思路套用到陈其美身上,也是一样成立的,主辱臣忧、一举两得,因此才把焦点指向了陈其美。

破案是需要证据的,没有证据的分析充其量只是法律允许范围内的合理假设。从1913年到2013年,过了整整一百年,证据不可能俱全,因此,根据推理和逻辑来破案,虽然感觉理也直、气也壮,可也不能妄下断言,只有拉出线条、找准角度,供人们思考而已。

事实已然发生,真相永在迷雾中。

不管怎么说,这件事对我们今天的启示是,社会不是单向度的,而是复杂、多维、多向度的,一件事情的本身,都是以原因和结果的双重面目出现的。一件事情的原因,导致了另一件事情的结果;而这件事情的结果,可能是另一件更大事情的原因。而这些原因和结果的交错纵横,警示我们,不要单方面看问题,这样虽然得出了简洁明快的答案,但往往偏离了事情的发展方向。

唇枪舌剑

宋案发生后,孙中山立即从日本回国,于3月25日返抵上海。当晚便在黄兴寓所召开了国民党高级干部会议,以商讨对策。大家一致认定,这起大案,肯定是袁世凯做的,这是他的一贯伎俩,袁世凯就是搞阴谋和暗杀活动的形象代言人!

于是,会议主要研究倒袁事宜。

但是,在如何倒袁方面,国民党内部发生了分歧,逐渐形成了孙、黄两派。反袁之目的相同,而手段互异。

孙中山非常激动,力主武力讨伐,并说"若有两师兵力,当亲率问罪"。

国民党另一领袖级人物黄兴主张慎重,应该用法律解决。

黄兴认为,当时各国未承认民国,外交形势严重,蒙、藏本来就告急,如果国内再发生战事,中国难免被列强瓜分,那么大家就成了历史罪人。

而且,黄兴是军事统帅,他更清楚国民党的实力。国民党此时虽号称拥有皖、赣、粤三省地盘，然而三省都督柏文蔚、李烈钧、胡汉民在电报中都称，绝无实力可以宣布独立，反抗中央。广东陈炯明和湖南谭延闿回电声称内部本来就不统一，意见不一致，怎么打？南京第八师，根本就指不上，当初安排冯国璋的女婿来当师长就是个失误。但是，孙中山认为，可以挑动下面的营长、连长、排长动手杀团长、旅长、师长等长官，然后就可以举义。

唐德刚在《袁氏当国》中说："中山还有个想法——亲自去东京向日本乞援，联日倒袁。这着更不可行。日本那时对华正虎视眈眈，欲乘虚而入没个借口。国民党要联日倒袁，就自弃于全国人民了。"（唐德刚：《袁氏当国》，第79页）

这次会议的与会高干，除戴季陶一人赞同中山先生主张之外，其余多力主用法律方法解决。

既然会议研究，多数人是这样的看法，那么就先用法律来试着解决一下吧。

宋案发生牵连到赵秉钧后，赵秉钧很没趣，为了避嫌和平息舆论，他准备辞职。袁世凯在他的辞呈上批为准予请假，暂时休息。

4月3日赵秉钧在北京《新纪元报》发表了一段谈话，把他自己说成是宋教仁的最好的朋友："我和遁初一任内务一任农林，以同僚而为至友，他住西直门外农事试验场，离城十里，有时天晚来不及出城，他总住到我家中，我们感情甚洽，无话不谈。他离北京南下时，欠了五千余元的债，都是我替他偿还的。"

然而，在时人看来，解释就是掩饰，掩饰就是编故事，袁世凯和赵秉钧既然成了"犯罪嫌疑人"，不管怎么说，都是此地无银三百两了。

不过，古老的中国刚刚引入法律制度的时候，一切都还陌生，不像英美国家和香港地区等，双方站在法庭上，各请戴着头套的律师，为自己的主张进行辩护。民国初期的中国，发生了案情，对阵双方，谁也不听谁的，互相对骂而已。

虽然都是用舌头交战，但一个是在法庭上互掐，一个是在大街上吐唾沫，二者的性质是不同的。

4月11日上海会审公堂将应桂馨、武士英移交上海地方检察厅。

24日，凶手武士英在狱中暴毙。

25日袁世凯和赵秉钧谋害宋教仁的证据被《民立报》公布，舆论哗然，群情激愤，纷纷要求惩办元凶。

5月8日，上海特别法庭票传赵秉钧出庭对质，赵拒不出庭。

11日上海再次电促北京检察厅，速提赵秉钧到案受审，结果自然是石沉大海。

到了5月中旬，突然又发生了"血光团"的事件，混乱的局势中又罩上一层迷雾。

"血光团"事件起于徐州，当地一个军政要员被人用炸弹给暗杀了，随后凶手打电话给警察局，说自己是血光团的成员，他们的首领就是大名鼎鼎的黄兴。

与此同时，步军统领衙门的侦缉和警察破获了一个叫血光团的机关，而5月16日有一个自称"女子暗杀团团长"的周予儆，向北京地方检察厅自首，说是奉了"血光团团长"黄兴的命令，到北京来进行政治暗杀。暗杀对象，当然是大人物了，肯定不是偷鸡摸狗的小打小闹。

第二天，北京军政执法处逮捕了参议院议员谢持，指控谢是血光团团员，于是"血光团"三字便不胫而走，人人争相传说，说这个"团"是个杀人不眨眼的秘密机关，弄得大街上人人自危。

北京地方检察厅便根据这个捏造的故事，票传黄兴到案对质。这样一来，使得本已复杂动荡的局面增加了戏剧性，也使不明底细的人如坠雾中。

这招有可能还真是袁世凯故意编造出来的，这叫移花接木，转移视线，也可以叫无中生有，围魏救赵。从使出的招法来看，是正宗的袁氏拳法，并可概称为"中国式的证据"——没有证据可以制造出来。而制造出来的证据，可称得上是"假作真时真亦假"啊。

"血光团"事件后，上海地方法庭票传赵秉钧，北京法院也要票传黄兴，双方争得不可开交。袁的嫡系报纸《北京国报》公然用大字标题"伟人造反"，矛头指向黄兴；而国民党的报纸则针锋相对地用大字标题"总统杀人"以做报复。

或许，宋案本身确实有阴谋，是某一方为了权力而造假出来的;亦或许，宋案涉案双方都感觉自己受了委屈，行凶者另有其人，而大家谁也不知道。但不管怎么说，这都是国家之大不幸!

在这个时候，法律的传票连卫生纸都不如，已经失去了存在的意义，只成为双方互相攻击的手段。血光团事件终因黄兴的未到场而不了了之，北洋军人借此大做文章，拒绝赵秉钧去上海接受质询。

双方拉锯战的结果，就是没有结果。

然而，先天不足、后天失调的民国，注定是不得安宁、多灾多难的。就在南北双方为宋案唇枪舌剑、怒目相向的时候，其间还节外生枝，冒出了一件大事，不仅使国民党对袁世凯政府不信任的神经更加敏感，使早已互不信任的双方，更加剑拔弩张，也成了双方真正开战的导火索，那就是北洋政府的"善后大借款"。

民国，风云再起。

杀人不见血的刀

善后大借款一事，人们传统的观念多是这样理解和判断的:袁世凯杀了宋教仁之后，没想到事情这么快地败露，地球人都知道了，闹得越来越不可收场，羞愤交加，索性要灭了国民党，为自己独裁扫清一切障碍，于是乎，借款，打仗。

其实，这么说的话就偏离了历史的本来面目，民国时借钱可不是一件容易的事。善后大借款本来不是袁世凯专为讨伐国民党人而借的款，但国民党却把各种线索联在一起，判断这就是针对国民党来的。

事实上，这笔借款是在袁世凯刚上任时，为了维护国家正常运转，向列强申请借款，用来善后的。

袁世凯起初要处理的善后事宜，主要包括四个方面:

一、整顿北京的统治机构，加强政治、军事等各方面的统治力量;

二、结束南京临时政府，首先是遣散南方的军队;

三、偿还积欠的外债和赔款；

四、履行对逊清皇室的优待条件。

简言之，就是解决革命中所产生的或遗留下来的种种问题。所有这一切，都需要大量的钱。即使是境界非常高的革命军，也不会接受那种不给钱就被遣散回家的方式。

然而，更有意思的是，第一个提出向列强借款的，实际上，并不是袁世凯的北京政府，而是孙中山的南京临时政府。

在袁世凯当选临时大总统一星期后（1912 年 3 月 17 左右），孙中山的度支部副首领周自齐找到四国银行团驻京代表，说南京政府需银七百万两，其中二百万两为急需，要求四国银行团紧急提供帮助。

当时袁世凯虽然当选了总统，但中国政治舞台上出现了非常奇特的"两个政府"的现象。袁世凯是 1912 年 3 月 10 日宣誓就任中华民国临时大总统的，而孙中山是 4 月 1 日正式辞职离任的。

从 3 月 10 号到 4 月 1 日这二十天里，南京临时政府在孙中山的主持下仍在运作，包括向外国谋求借款。而袁世凯治下的唐绍仪内阁人选是 3 月 30 日才正式通过的。所以，周自齐自然是代表南京临时政府做事。

因为当时确实是南、北两政府都为合法政府，所以无论哪方提出借款，都不存在合法或非法的问题。

当然，袁世凯是更急于借到钱。因为当时财政极为困难，各项事业根本推动不了，袁世凯以北京政府取代南京政府后，当然需要筹到大笔款项。如果能尽快弄到钱，国家建设的重大工程自然就上马，经济也会开始繁荣，如果用之于遣散南方军队就更好了，这也可证明自己的正牌大总统是为民做主的，是为南方军队做实事的，同时还达到了自己的政治目的。

但是，由于种种原因，钱一直没有借出来。就在袁世凯急需要钱来摆平或打仗的时候，钱的事突然顺利解决了。

正如唐德刚所分析的："袁党这个大赌客'手气好'，在他正需钱打内战时，交涉经年的善后大借款刚在此关口签字。原来本为善后而借款，如今借了款反不能善后，也是国运多舛吧，夫复何言。"（唐德刚：《袁氏当

国》,第 82 页）

民国初年,政治发展还不成熟,别说是民众,就是直接参与政治的当事人,多数也还是一种对抗思维,非敌即友,非黑即白,非此即彼。

民国成立时,南京临时政府因财政困难根本周转不开,有孙中山的原话为证:"倘近数日内,无足够的资金以解燃眉之急,则军队恐将解散,而革命政府亦将面临瓦解之命运。"（详见陈旭麓、郝盛潮等主编《孙中山集外集》,第 168 页）前节对上述情况有专门考察。孙中山一直在与日本商量抵押借款一事。

所以,唐德刚指出:"孙之让袁,军力之外,最大的原因便是经济。而解决经济困难唯一办法便是商借外债。孙公首行之,试以路矿税收抵押,所得甚微,而受谤弥深。迨孙公解职,把这烂摊子转让袁公,眼看纵是南京留守一个衙门,裁兵之需即为 250 万元之巨。"（唐德刚:《袁氏当国》,第 81 页）

但是,袁世凯上台后,政府仍然无法运转,明知是饮鸩止渴,也仍然要借外债。如果没有钱的话,很快就得倒台。于是,唐绍仪内阁开始想方设法向列强借钱。

然而,此举遭到了国民党人的强烈反对,认为这样的抵押借款是丧权辱国。

国民党此举令许多历史读者颇为费解。周自齐为南京临时政府向列强借款,就可以,袁世凯借款,就是丧权辱国?

其实,这个逻辑也不难理解,或者是国民党人怕袁世凯有钱了就来打他们,因此强烈反对;或者是国民党人借款时想空手套白狼:小英啊,小美啊,小法啊,小日啊,我需要钱了,你们借我几百万呗。

可是,革命党人研究暴力革命多了,对于财政和经济中的"弯弯绕",没太理解。他们不知道借款是需要抵押的。

民间借款也是如此啊,如果没有抵押就能借来钱,那么,最需要钱的是乞丐,让乞丐借来百八十万块钱试试? 没有抵押,我怎么能知道你有没有能力偿还?

国家借款更是如此!

第一任总理唐绍仪费了半天劲，挨了一顿骂，撒手不干了，谁爱当总理，谁就来当，谁有能力当总理，谁就来当。懒得侍候你们了。

有许多人不明白，中国那么多省，瘦死的骆驼比马大，难道就没有钱吗？

这里，可以肯定地说，各省，也不是穷到要饭吃的程度，有些省份，还是很富庶的。问题是，清朝灭亡后，各省先后宣布独立，自己搞自己的独立王国，此时虽然名义上服从中央领导，但是，当时的各省有很大自主权，这是其一；孙中山从美国学来的民主共和制，与中国传统的大一统体制不同，各省按照理论上说，应该算是有自己权力的美国式的"州"，整个民国时期，比较流行的就是联省自治，或是各省分别自治，有的省还制定了省宪法，这是其二；最关键的，是袁世凯没来得及真正完成国家统一，这时不是大一统的中央集权，特别是有兵有权还有钱的省份——南方富庶地区，袁世凯并没有绝对的掌控权。江西、江苏、上海、广东等省份，基本由国民党的人控制。

国民党自己都收不上钱，逼得孙中山四处借钱，何况政敌袁世凯乎？其他各省就更没法提，需要钱的时候朝中央要，中央要抽税的时候他们哭穷，免谈，没钱，都知道捂着自己的小家过日子。

就跟两个人之间想借钱一样，只要涉及钱的问题，谁都哭穷，而时代已经是"民国"了，不能动武、不能暴力，要"民主"的，这样，袁世凯执掌的中央政府，极度贫血。

所以，民国伊始，财政上走投无路。民国初期的财政总长其实就是借款总长，尤其是周学熙当财长时，200万要借，100万要借，10万要借，最后连一万都要借，再到最后，一块也借不到了。

袁世凯政府面临的财政困境，就是如此状况，真让人心急啊！

善后大借款

当时国家情况就是如此困窘，被列强掐着脖子，憋得嗷嗷的。借款之事就这样互相拉锯，毫无结果。

这笔钱迟迟没有借来的原因有很多：

第一，孙中山和袁世凯开始上任时都是临时总统，而非正式总统，政局不定，列强不敢借，彼时的民国与各国还未建立起正式的外交关系。第二，中国经历了"庚子国变"，签订《辛丑条约》之后，把能押的东西，全给押上了，已经没有什么值钱的玩意可以抵押了。第三，借款是有条件的，是要出让更多利益的。六国银行团向中国提出善后大借款必须以监督中国财政为必要条件，财政总长熊希龄等人表示六国借款条件太苛刻，拒绝接受，辞职不干了，大借款谈判中止。周学熙任财政总长后，重启借款的谈判，但列强拒不让步。袁世凯也怕新政府一上台就这样，会失去民心，所以迟迟没有谈妥。

可是，到了1913年4月下旬，正当南北双方大打口水战、隔空对骂的时候，这笔大借款因为美国态度的转变而突然实现了。

最初，唐绍仪内阁在运筹借钱这件事的时候，美国与日俄在这项借款上发生严重分歧。俄国和日本声明，这笔钱不得用于满蒙，因为这样会对日俄两国侵占满蒙形成巨大障碍。而美国当时实行的是门户开放政策，坚持利益均沾原则，反对日俄独霸满蒙。列强内部的意见就不统一。

英国支持日本，法国支持俄国。他们四个鼓捣到一起了。美国的想法不能实现，所以到了1913年3月，借款拉锯了一年，还吵闹不出结果时，美国借口不愿干涉中国主权，退出了六国银行团。

退出是退出了，但美国人也没闲着。美国总统威尔逊退出六国银行团后，立即着手组成一个新银行团以瓦解原五国银行团，并在新银行团未组成之前，就开始鼓励美国银行向中国便宜投资。

美国在这个时候，已经完成了工业革命，财大气粗，资本雄厚，一般人惹不起。六国银行团的其他几国本来准备狠狠地讹诈一下新生的中华民国，可没想到美国人过来拆台。没有办法，他们只得降低门槛，主动打破对华借款僵局，借款条件也做出了一些让步。

袁世凯就像打麻将的人，眼看一局牌快抓完了，突然间"和"了。

他向六国银行团交涉了一年多的善后大借款，在几近绝望之中却成功了,由六国中的五国(美国退出)联合借给中国政府 2500 万英镑,合两亿银元。

不过,这 2500 万英镑,可是高利贷,比黄世仁逼杨白劳要凶出千万倍。

此时国内袁世凯和国民党之间,正因为宋教仁案互相纠扯不清,而巨款的到来,让国民党紧绷的不信任的神经更加紧张:这不明摆着就是冲我们来的吗?

当初唐绍仪内阁想借款的时候,国民党就强烈反对向外国借款,为此唐绍仪和黄兴两个本来关系不错的人,都翻了脸。这个时候,国民党更加坚决地反对,他们知道,袁世凯要是用这笔钱对付国民党的话,他们就死翘翘了。

袁世凯明知这个字要是一签,也称得上是丧权辱国,可是,弄不来钱,这个国家也运转不了多长时间,这是能借到钱的唯一机会了,过了这个村,就没这个店了。尤其是国民党内部主张用武力解决宋案的呼声一直不断,他也必须保证自己有足够的实力。就连对袁世凯一直持贬抑态度的民国史家丁中江也在他的《北洋军阀史话》中指出:"这时的袁政府对大借款事实在是一剂急需的救急药,非用不可,明知借款丧权辱国,但不借款几乎日常开支都难应付。"(《北洋军阀史话》第 1 卷,第 435 页)

而且,列强早就声明:只要借款的字一签,就表明各国已经正式承认袁世凯政府为合法政府,并且会支持袁世凯政府。

有这几项好处,袁世凯思量再三,决定签字。

签字,也不是那么好签的,因为国民党的人控制着国会。而要绕开国会,那可是非法签字。

北洋民国时期的体制是仿美式的,不是一把手想签字就能签的,还要过国会关。而袁世凯在没有真正统一中国之前,国民党作为反对党,势力还不弱,还有自己的军队。另外,从清末开始,国家已经开放了报禁,媒体是啥话都敢说,这些,都让袁世凯心存忌惮。

别说国民党占大多数的国会这关根本就过不去,就是其他各省到底是啥态度,会不会强烈反对,袁世凯心里也没有个谱。

各省实行事实上的割据,除清朝灭亡之后形成各路诸侯坐大之外,还有着一个被人忽略的原因,就是中国政治传统中用人"回避"制度的消亡。

也就是说,科举制度废除以后,新的干部制度出了大毛病。

所谓回避制度,是为了防止地方官员因利益或亲属关系等因素对公务活动产生不良影响,而在官员所任职务、所任职地区等方面做出一定的限制,使其避开有关亲属关系和利益纠葛等制度。回避的形式很多,包括任职回避、地域回避、公务回避等。

官员任职回避制度,在我国由来已久。从汉武帝时期开始就规定:本郡人不能为郡守,非本郡人,不得为郡吏。

汉朝的这项规定,看似平常,其实非常绝妙。本省籍贯的人,不得担任本省的最高长官;不是本省籍贯的人,不得担任本省的办事员!

旧时,吏主要是出谋划策、起草稿件、抄抄写写、跑腿办事的相关人等,与官是不同的。

这项制度,既把官和吏分开、把决策和执行分开、把政务官和事务官分开,又实现了政策变化和政策延续性、变革和稳定之间的平衡,有效地避免了办事员的政治生命被直接领导掌握的情况,对于防止蛇鼠一窝的政治腐败非常有好处(可惜,这项非常合理的制度,到了民国的时候,在国家制度构架中已近消失,却被西方的文官制度、公务员制度完全吸取了,我们现在却还在赞叹西方公务员制度的合理性,殊不知这是我们使用了几千年的制度)。

通观两汉时期,上至郡国守相,下迄县令、长、承、尉,均不用本郡国人,刺史不用本州人。其目的主要是为了防止裙带关系、防止地方官与地方豪强结成盘根错节的关系网,以免地方形成独立王国和封建割据,这就是现代政治学上的制衡。

这一制度随着时间的发展不断完善,如东汉时期出台"三互法",即"三互谓婚姻之家及两州人不得交互为官",防止两州、两郡县官员互换,形成利益交换。唐代,籍贯回避更加严格,官吏不但不得在本籍任职,而且不许在本籍所在州县的邻县任官。而宋朝的地理回避制度以30驿

(即900里)为限,基本上是去千里之外做官。那个时候交通和通信不发达,这样的制度,基本上就有效避开了利益关系和亲戚关系的纽结。到了清朝,总督、巡抚直至州县佐杂之职都不能在本省及距家500里内任职,不管是正职还是副职,都有严格的回避制度。

然而,到了民国时期,随着大一统国家中央绝对权力的瓦解,美国"民主"制度的过早移植,首先就把这一优良政治传统破坏了。

在一个国家的精英和民众还没能力理解和消化民主内涵的时候,民主只停留在一个抽象的、想象的阶段上。

既然是"民主"嘛,当然是民做主喽。

既然是民做主,那么,干部用人制度应该宽松、自由喽。

既然是宽松自由,就不必坚持"迂腐"的回避制度喽。

既然本省人管理本省人,当然是"我的地盘我做主"喽。

要不然,怎么能体现出"民治"呢?

……

毛泽东有句名言:"政治路线确定之后,干部就是决定的因素。"而民国初期,政治路线尚未确定,干部制度就出了大问题,岂能不乱?

悲哀,悲哀,悲哀啊!

借钱也任性

北洋时期,既然形成了军阀,形成了割据,那就必然有其深层的制度原因,而非道德原因。如果非要从道德角度骂人,那只能显出自己的浅薄和常识的缺失。

仔细考察一下,民初各省大员要员几乎全是本省人。如胡汉民在广东,陆荣廷在广西,张作霖在奉天,李烈钧在江西,柏文蔚在安徽,阎锡山在山西,等等,全是本省人在本省做官长。阎锡山做得更绝,把火车铁轨的宽度都修得与外省不一样,谁也进不去。这种格局的形成,就开启了本省人盘踞本省形成割据的恶例。在任人"唯才"的幌子下,这种制度为安插亲信、安置同乡大开方便之门,许多人更是在法律的大旗之下,"合法"地干着"非法"的勾当。紧紧跟着本省行政首长闹独立的也都是本省人。

龙头老大袁世凯在世的时候,还能镇得住大家,彼此相安无事,袁世凯死后,森林中的狮子没了,群狼并起,谁都无法吞并对方,却也各自紧守着自己的一亩三分地,利益集团和割据势力毫无阻碍地迅速形成,国之大不幸也。

明白了这些,再重新思考善后大借款,许多事就更清楚了。各省割据,中央财政一分钱也没有,在这种情况下,如果不借款,可能带来什么严重后果?

虽然历史不能假设,但这里不妨追问一下:如果民国政府财政严重匮乏,国家会不会真的四分五裂?再进一步具体问一下,当时各省权力很大,"省"类似"州",国家类似联邦制的国度,在那么缺钱的情况下,列强如果各自拉拢一省或几省,大给甜头,借钱发展,那么会不会出现许多省份直接脱离中央而自立门户?真的很难说。

如果上面这个假设成立,那么就可以这样进行一下小结:

国家不垮,人们感觉这是总统职责所在;国家垮了,那总统就是无能,就是千古罪人。然而,不借钱,国家必垮;借钱,可能慢垮或不垮,然后艰难地生存下来。

如果袁世凯真是这样考虑的话,那么,即使借款是地狱之门,袁世凯也要下它一次。

只是,没有想到的是,大款真正借来之后,迎头赶上了难以解决的宋案,结果这笔钱先用于战争,而不是先用于国家建设。不管是谁之过错,都是国之不幸。

袁世凯知道借款签字,要想求得国会、国民党和其他各路诸侯的同意,是根本不可能的。管他什么法律不法律,老子就是法,不听他们的,先斩后奏!

到底是法律大,还是一把手的权力大,在当时的社会,是不言自明的。

国民党人一直在积极阻止这笔借款交易,他们一方面利用国会的法律手段阻止,一方面由孙中山、胡汉民向准备经手借款的汇丰银行各分行表示反对和抗议,但是遭到汇丰银行的拒绝。

孙中山在上海发表声明,如果借款未经国会批准而签字,那么扬子江以南各省及山西、陕西将起而反抗北方,以武力抗议袁世凯的专断行为。

意思就是说:如果你不经我们批准就敢借款,那我们就自立门户,咱们就分道扬镳。

4月26日,江苏都督程德全在报纸上向全国公布了查获宋案的一些往来电报及其他证据。

既然大家撕破脸了,那也没什么好商量的。就在这一天,袁世凯决定绕过国会,进行借款签字。

国民党人员经过多方查证和探听,已经知道了签字的具体时间和地点,王正廷、马君武等议员在4月26日凌晨3点,赶到北京汇丰银行总行,半夜敲大门,为阻止借款做最后的努力。不过,他们还是来晚了,借款协议已经在夜里签完,国务总理赵秉钧、财政总长周学熙等人签字后,已经从后门溜走了。

这2500万英镑借款,条件是极为苛刻的,年息5厘,47年还清。先是打个九折,再是扣除以前赔款、借款、垫款应付的钱,就占了三分之二!剩下八百多万两。而这借期的47年内,中国连本带利要付出六千多万镑,以中国盐务收入全部关税中除应付款项外的余款及直隶、山东、河南、四川、江苏等省所指定的中央税款担保。

袁世凯绕开国会签了字,继庚子赔款时海关税收的丧失,民国的盐税权也受到列强的控制。

袁世凯得到了他想要的钱,也得到了列强对民国的支持。早产的民国,付出了惨重的代价之后,总算是艰难地度过了生存的第一关。

因为袁世凯还是临时大总统,不是正式大总统,所以此处只能用列强的"支持"来形容。袁世凯当选正式大总统之后,民国才进入正常国家行列。

列强借了钱,当然是要支持民国政府了。如果不支持,国家垮了,那巨款不就打水漂了吗？

美国学者哈罗德·伯尔曼有句名言："法律必须被信仰，否则它将形同虚设。"在一个没有法律文化、大家都不守法律的时候，引进和制定的这套与中国国情不符的法律，只能是一个虚设之物，它成了政敌互相攻击的手段——不那样做，你就违法！

只是，在那个时代，不只是元首、官员、各党派，就是对普通民众来说，法律，又是个什么呢？

好的东西，也要用得其时，用得其地。纵使是美如芝兰，若生在路中间，也会被人铲除。

即使是在今天，即使是在首善之区、皇城根下，那些交通法规、红绿灯，对于民众来说，到底算什么呢？这种小法都遵守不了，还指望能遵守关涉切身实在利益的大法吗？

时代的产物、时代的悲哀，就不是哪一个人违不违法的问题这么简单了。

借款签字后第二天，北京的国会和国民党人向政府提出严厉质问，张继、王正廷以议长名义通电全国，认为没经国会，借款非法，要求总统必须取缔合同，停止借款，"未经临时参议院议决，违法签字，当然无效"。众议院对赵秉钧和周学熙提出弹劾案。

对袁世凯来说，钱是先弄到手了，政府最严重的困难已经初步缓解了，剩下的事，就是想尽一切办法把这件事摆平。

袁世凯进行了私下的周旋。他低下头来，说了很多软话，希望国会和议员能体谅政府，同意借款，因为这是目前政府能够运转下去的唯一办法。否则，政府垮了，国家重新大乱，也不好。况且字已经签完了，没有收回的可能了，这又不是小孩过家家，可以推倒重来。

为了平息国民党人的怒气，袁世凯做了许多让步，决定把宋案嫌疑犯赵秉钧总理免职，并考虑重新把唐绍仪请回来当总理，且原则上同意在上海成立审理宋案的特别法庭的要求。

接下来又几经运作，大借款终因得到了全国多数省份的支持而定了下来，一场反借款浪潮终于被袁世凯平息下去，袁世凯得到了自当上总统一年多来朝思暮想的金融支撑和列强支持。

唐德刚研究这段历史时指出:"袁政府便迫不及待地于 4 月 27 日未经国会表决就正式签字接受了。这消息一出,袁党军心大振;而国民党则全党大哗,认为是非法借款,意在发动内战;党人领袖与参、众两院议员,亦函电纷飞,抵死不能承认借款,因而也就增加了讨袁的口实。其实当年各省都督,仅有 4 省反对借款,而通电赞成者则有 17 省也。"(唐德刚:《袁氏当国》,第 81 页)

唐德刚的这句话里,大有玄机。我们不妨思考一下,各省中,只有 4 个省反对借款,这是哪四个省?唐德刚没说。没说,其实也能猜出来。国民党绝对控制下的——李烈钧的江西、柏文蔚的安徽、胡汉民的广东,这三省必然是反对袁世凯的了。

那么,是不是可以这样理解:多数省都同意袁世凯借款,而只有国民党不同意?多数省的同意,无非是这个心理:本来地方财政就很少上交中央,再不许人家借钱过日子,这有点太说不过去了吧?

按照少数服从多数的民主原则,17 个省都赞成借款了,国民党控制下的 4 省一味反对,非要与"大家"的意见背道而驰,倒显得有些不近人情了。

然而,不管怎么弥缝,国民党与袁世凯之间的隔阂终究是越来越深,不信任程度达到了翻脸的边缘,双方的敌对情绪和矛盾也在悄悄积累着,接近了饱和状态。

双方离战争只差一步之遥。

第十一章 ＼ 谁敢惹我 ＼

一道选择题

借款签字之日,正是宋案高潮之时。以国民党为主的国会议员,多数仍然是反对袁世凯借款签字的。与国民党议员站在一起的地方大员安徽都督柏文蔚、广东都督胡汉民、江西都督李烈钧,通电反对,并且上纲上线,提到了是否拥护共和的高度上。

国民党给袁世凯出了道选择题:是要国民党的支持和联盟,还是要钱?

1913 年 4 月 30 日,袁世凯召集北洋旧部和政府相关人员,召开紧急会议,会议的议题有两个,一是如何应对国会和国民党对借款的抗议,二是宋案的最后对策。

开会这个东西,历来就是逻辑终点(即要达到什么目的)早就定好了的,逻辑起点(都有哪些人来参会才会形成有利于己的票数)也是定好的,开会就是要把这个逻辑中介从形式上和程序上给架通。要是做不好这几步,那会议就可能被别人牵着鼻子走了。

袁世凯自然深明此理。

既然涉及北洋将领和军队的事,不用问,肯定要先和段祺瑞通好了气,在开会时,怎么打助攻,怎么打配合,怎么打穿插,在哪一点上可以让步,在哪一点上双方会合,自然是早有预案,成竹在胸。接下来,哥俩就要演一出戏了。

领导者当然是装成集思广益、听听大家意见的样子,其实领导心中早已打定主意,但不能由领导自己来说破,自然是由能够对领导意图心领神会的人来提了。中国的政治,全靠心领神会。就像佛祖的拈花示众,只有迦叶尊者破颜微笑,于是乎,以心传心,他得了真传。

段祺瑞虽然是虎将,但对老领导的心思还是蛮懂的,像袁世凯在出山后进攻武昌时,就是老段比老冯更好地领会了边打边谈、养敌自重、向清廷和革命党双方施压的意图。

估计着,这次会议是由段祺瑞对总统建议:咱们开个会研究研究吧,局面不能总这样下去啊。

总统顺水推舟:好吧,听听大家是什么意见。芝泉啊,国事如此之乱哪,我的心都快成饺子馅儿啦。

北洋系的军人们关于袁世凯对国民党妥协的事十分不满,尤其是对处理赵秉钧一事十分不满。大家表示,从小站练兵开始,兄弟们就鞍前马后地追随,闯过了多少大风大浪。大哥对兄弟们向来不薄,而兄弟们就是为大哥挡子弹的。如今这样对国民党人迁就,岂不是灭自己威风,长他人志气?这样的话,总统还如何号令天下,还有谁会服从?不需要对他们这么客气,有事您说话,弟兄们也不是吃白食的。

冯玉祥的舅舅陆建章在会上认为,借款已经签字,没有毁约的道理。况且近来风闻南方几省在暗中调兵,破裂已成定局,总统在这个时候,应该厉兵秣马才对;而免了赵秉钧总理,不仅于事无补,更会让人觉得咱们理亏。

号称"小段"的段芝贵向来主张对国民党强硬,他认为,如果一战而能定大局,从此天下统一,也未尝不是好事,比这样若即若离、心存二意的局面要好得多。

其间还有一个将领引经据典,认为在历史上,汉景帝诛杀了晁错,也没能阻止得了吴王刘濞领头的七国之乱。

大家就这样你一言、我一语的,主战的居多数,会议渐入佳境,已经达到召开会议的目的了。

总统府秘书长张国淦认为,就军事上来说,胜之不难,此仗不存在悬念,只是民心未知,建国伊始,就动武力,这样不好吧。

他的话刚一说出,就被段祺瑞断然否决了:军事之事,非你文人所知,你不要插嘴了。

袁世凯其实自己心里就是想动兵,但要通过大家的嘴说出来,这是当领导的基本功,得出的结论,自然是民意如此。如果事事都需要自己冲锋陷阵,那领导水平就极不过关了。

经过大家的讨论,袁世凯思虑再三,决定收回免赵秉钧的命令,改为"休假十五日"。

会议决定:购置军火,招募兵士,对国民党控制下的几省的通电置之不理,开始调动军队。

同时发布一项重要人事命令:由段祺瑞代总理。

这项任命,非常微妙而值得回味。

历来关于人事任命的问题,有两个规则值得人们注意:

一个是要注意会议的主题词或关键词,会议所有的话,不管是正说、反说、绕着说,反正全是围着它来转的。为了它,领导可以出让部分实惠给其他人,以塞其口,其目的就是要换来这个根本目的。

另一点,在人事任命上,你只要看到谁被提拔上来了、谁得利了,逆着方向往回推导,一定会发现在会议上有个"托",就是这个人,在与领导演双簧戏,而后,领导投桃报李,感觉不错,这个职务你来担!

这次,袁世凯任用段祺瑞来代总理,除这些奥妙之外,肯定还有更深刻的用意。

政治家的心思,注定是复杂而又复杂的,后人只能通过表面的行为,简单地推测出他们的大概想法。

他们在政治大棋局上面下棋的时候,表面上进攻,实际上可能是为撤退准备时间;表面上退却,可能已经做好了从另一侧进攻的准备。实则虚之,虚则实之,虚虚实实,真真假假。

袁世凯让赵秉钧坐冷板凳,不等于袁世凯真的服软了,他悄悄地换上了一个更加强硬的人物——陆军总长、北洋之虎段祺瑞代任总理。

通过一个既有能力又有实力,更有武力,还能绝对支持自己的人来任总理,这是再好不过的人事任命了。

毫无疑问,这是要做最坏的打算,准备动用军队了,而动用军队这个意见,不能由自己提出,是要由"明白人"提出,然后自己只不过是集中大家的意见而已,这就是所谓的民意和大家意见。

我们只要细心回想一下,就会发现:

从熟悉南北和谈双方事务、熟悉英美两国事务、与袁世凯私交深厚的唐绍仪,到熟悉外交事务的陆征祥,再到内务总长赵秉钧,进而换上强硬军人段祺瑞代理总理,从总理权力移交的轨迹中,我们可以清楚地看到,袁世凯因各方互相扯皮、政府运转不了而恼怒,已经悄悄地开始收权了。国家再这么运行下去,啥也干不成,每一件事都有反对派阻拦,总统也不用当了,国家很快就得分崩离析。

所以,回到本文开篇的话题,国民党给袁世凯出了道选择题,是要国民党的支持和联盟,还是要钱?

袁世凯的答复是:这么简单的问题,还用问吗?我当然是要钱了。

段祺瑞代理总理后,面对这种国会的质询,他才不管三七二十一,带着大队人马就去了。面对议员的质询,根本不理,硬邦邦地说:"木已成舟,毋庸再议!"转身就离去了。

就像两个人撕破脸皮,非得打得一塌糊涂方可收场一样。事件一旦进入暴力体系,就会变得像脱缰的野马,再也无法控制和挽回。

实际上,从段祺瑞担任总理这一事上,人们已经知道,袁世凯采取了强硬政策,战争已经不可避免。

主动还是被动

袁世凯有钱了,北洋军人也力挺这位带头大哥,他的腰杆子陡然就直了起来。

会议开完之后,五月初,袁世凯连发了几道强硬命令:

第一,对于宋案,禁止传播谣言。法律的事,自有法律解决,你们不要在这里捕风捉影。

第二,对于政府借款,禁止散布浮言。国家之事,自有国家考量。

第三,发布"严防二次革命"的总统令,发布大总统除暴安良令。

……

民国初立之时,事情真的是乱成一锅粥了。绝对是一波未平,一波又起。

就在局势渐趋紧张的时候,就在大家为了那似有似无的"血光团"案争吵的时候,革命党人却又真的在武汉搞了一些不必要的地下活动,被黎元洪破获,这下子国民党就陷入了被动局面。

人们一定还记得宋教仁在去上海火车站前,别人让他提防暗杀,宋教仁说:"只有革命党人会暗杀人,哪里还怕他们来暗杀我们呢?"再联想一下俞樾炸五大臣、汪精卫刺摄政王、彭家珍炸良弼等事件,这些都说明革命党人对暗杀手段的运用还是得心应手的。

宋案久争不下的时候,孙中山主张发动战争,通过二次革命把袁世凯赶下台;而有些国民党人主张采取"以其人之道,还治其人之身"的较小规模的暗杀行动为宋教仁报仇。

与此同时,武汉方面的一些革命党人组织"改进团",准备推翻副总统兼湖北都督黎元洪的统治(大概是看一场辛亥革命,肉和果子分别被袁世凯和黎元洪等人吃了,心里不平),孙中山和黄兴也派人到湖北进行秘密联络。

然而,天不遂人愿,改进团的一些秘密机关很快被黎元洪侦知并破获,上报中央,请求大开杀戒。"黎菩萨"下起手来,也真是狠呢。黎元洪还致电袁世凯要求支援:"鄂省不靖,请饬李纯派步兵一团到汉,以资镇慑。"

4月8日,黎元洪通电中央,指责前任湖北第八师师长季雨霖和旅长熊秉坤等人参与组织改进团,请中央免去他们职官。就在这一天,报纸上赫然登出《黄兴造反》的文章,各种证据都显示,"此次武汉谋变,皆由黄兴主持",并列出详细证据,说是武汉举事成功后,拥立黄兴为总统,与北方开战,还说季雨霖、熊秉坤逃到了上海,正与黄兴等人商议举事。

紧接着,报纸上又登载文章,不仅把黄兴与武汉举事联系在一起,还把黄兴与谋杀宋教仁的疑犯应桂馨联系在一起。

据张耀杰《谁谋杀了宋教仁:政坛悬案背后的党派之争》中考证,宋案发生后,在应桂馨家里搜查出来的一系列密信和电文等证据中,其中有谈到黄兴"将私存公债六十万（外有各种股票，时值四十余万）"，由应桂馨经手转到义丰银行五十万元，供宋教仁充当竞选政党内阁总理的经费；另外十万元转到应桂馨名下，"昨被拨去二万，专任苏、浙两部暨运动徐皖军马之需"，作为联络江苏、浙江、安徽等地驻军的活动经费。

而黄兴对自己的这一涉案嫌疑一直没有提供相关的解释。

局面如此被动，革命党人处处被抓个现形，但是仍然没有收手。仓促之中准备冒险起义，却根本无济于事，很快就被击溃。

联想到"血光团"奔北京，"改进团"奔武汉，袁世凯真的恼火了。你们想干什么？

唐代兵法家李靖有言："兵法千章万句，不出乎致人而不致于人而已"。也就是说要争取主动权。

为了从政治上孤立国民党，把握宣传舆论上的主动，为自己动武制造铺垫，袁世凯利用人民在饱经战乱之后的厌乱思治心理，开动舆论机器连篇累牍地发文章。

"本大总统受国民付托之重，不肯张皇武力"，"并非无力安良除暴"，而是"冀其毁悟"，因为"财力枯竭，民不聊生"，国家实在是经受不起过多的扰乱了。不到万不得已，自己绝不想动用武力，展开内战。可是，上海地区发生了某些人为了"运动二次革命"，"谆劝商家助捐筹饷"之事，因此，电令各地文武官吏必须"保卫商民"，"如有匪徒借端扰乱，损害商人，惟该都督、民政长是问。本大总统誓将牺牲一切，以捍卫我无罪之良民也"。

5月下旬，袁世凯特意约见上海的记者，以答记者问的形式表明自己对时局的态度，以争取舆论的理解。通过媒体的嘴，向外传达自己的信号：

余既为民国办事，必当尽余之能力，以求民国之成功！倘有破坏之危险，决非自余而生，必由于一般暴徒以破坏国家为主义者也。

当记者让总统谈谈对有关二次革命传言的看法。袁世凯说：

此种人已有革命习惯,无建设思想,无实地经验,不识中国大势之真相。然人民必不助其所为。大概此种人可分两种,第一种已得政府酬报或官职而不满意者;第二种尚未得政府酬报或官职者。

袁世凯的这句话,说得已经很明白了,有明确的指向性。"有革命习惯,无建设思想,无实地经验,不识中国大势之真相",这不就是说孙中山吗?因为当时许多人,包括外国人,就认为孙中山只是半个中国人,多年生活在美国,也有美国绿卡。

舆论这个东西,向来是先入为主,后来者是越描越黑。所以袁世凯在舆论上抢占了先机,他说国民党人想闹革命的原因,要么是"已得政府酬报或官职而不满意者",要么是"尚未得政府酬报或官职者"。在舆论上把国民党和孙中山描成争权夺利的样子。

国民党又一次陷于被动。

到五月底,黎元洪破获多起"改进团"在武汉的秘密机关和小打小闹的意图暗杀的事件,这些事件恰好成了袁世凯以国家元首身份动用武力对付国民党的事实证据和佐证材料,袁世凯已经在舆论上做好了准备。

国民党不该在这个时候,拿个马甲来配合袁世凯。

袁世凯开始对国民党人发出了严厉警告,"我现在看透孙、黄二人,除捣乱之外,别无他能。左也是捣乱,右也是捣乱,我受四万万人之托付之重,不能以四万万人财产生命听人捣乱"。

袁世凯说,你们要敢另行组织政府,你看我敢不敢出兵讨伐?就你那小身板还想给我玩相扑?

袁世凯占尽舆论主动之后,在谴责的同时,还没忘分化瓦解的手腕:诚然,国民党人并非都不好,但对于这些不好的捣乱分子,我是坚决清除,给人民提供一个安居乐业的环境。

这样做的目的是分化国民党中的不坚定分子。国会议员中还是国民党人居多数,袁世凯自己到目前为止还是临时大总统,还没转正哪!以国民党人为主的国会,还有进一步的利用价值!

奸雄每走一步棋,考虑的问题多着呢!

一边倒的舆论

恩格斯曾说,干革命靠的是枪和笔。这说明打仗之前争取舆论的重要性。

由于袁世凯掌握了国家宣传机器和一些媒体,有理、有利又有力,占尽了先机,许多观战的人赶紧跟风。

远在关外的张作霖(时任东北 27 师师长)发电指责黄兴"倾覆政府,损害国体";雷震春和赵倜等人则称黄兴是因争总统不成而捣乱。

后来在讨袁护国斗争中大展神威的云南都督蔡锷,此时也公开声明,指责国民党:"宋案应以法律为制裁,故审判之结果如何,自有法律判判。试问我国现势,弱息仅存,邦人君子方将勤力同心,相与救亡之不暇,岂堪同室操戈,自召分裂!谁为祸首,即属仇雠。万一有人发难,当视为全国公敌。"

意思就是说,案件发生,自有法律定夺。我们国家已经折腾够了,在这个时候怎么还同室操戈?谁要挑头想打仗,谁就是国家公敌!

即使在国民党内部,对此意见也不一致。国会中的国民党议员多数不主张动武,黄兴犹豫不决,孙中山想先发制人,确实闹得乱纷纷。

国民党人万万没想到,他们的革命行动竟然遭到了社会各界的普遍反对,各界都指责他们是为了争夺权力!

在国民党人雪上加霜的时候,本来持中立态度的进步党和黎元洪又公开站到了袁世凯一边。

进步党,是梁启超从日本归国后,联合共和、民主、统一三党组成的,黎元洪是理事长,这是对抗国民党的最大政治力量,在国会中占有 233 个席位。

进步党为什么要支持袁世凯?这个原因可用一句话代之:干掉了熊猫,我就是国宝!国民党趴下了,进步党就会在国会中取而代之。

黎元洪发布通电:"元洪惟知服从中央,长江下游,誓死柱楮,决无瞻顾,倘渝此盟,罪在不赦。"一向的老好人、和气的"黎菩萨"一反常态,高调力挺袁世凯,这就为袁世凯的动武消除了最大的后顾之忧。

黎元洪反对国民党的原因有两个:第一是"改进团"在武汉的暗杀活动激怒了黎元洪;第二是黎元洪从民国成立的那一刻起,就没看好孙中山。

据《中国经营报》2011 年 6 月 13 日第 50 版《洋眼看"辛亥"系列之总统府里的洋记者》一文记载,武昌起义后湖北都督黎元洪认为:"世人对孙逸仙有错误的认识。在推翻清王朝的革命中他根本没做什么实际的工作。他返回中国时,革命已经结束。"其依据是,孙中山在国外流亡十六年没回国,而发动武昌起义的是文学社、共进会等团体,与孙中山的同盟会没有直接联系。

黎元洪还说:"除了一些道听途说的模糊印象外,我几乎没有听说过他这个人。除了听到一些他的煽动性演说外,我也不知道他的政治观点。我对他的认识只有这么多,我认为他是个空想家。南方党(或共和党)决定以南京为首都建立一个名义上的政府。此举是为了在道义上影响国内外视听。他恰好到了上海,做了名义上的总统。当时真正的革命领袖找各种理由拒绝临时大总统的职位,因为他们认为这一职位不会存在很长时间。孙逸仙离开中国时间长,与这里的任何势力均无关联。他在国外名气很响,因此他似乎适合这个位置。我从未听说他对革命工作提供过什么实质性的帮助。他的名声在很大程度上是虚构的……"

同时,国民党方面,也没有为这次革命做好充分准备。

孙中山也非常清楚,仅凭南方几省的兵力,无法对抗兵强马壮的袁世凯,可是孙中山却把希望寄托在外援上,特别是寄托在日本人身上,这不能不说是孙中山政治谋略中的一个失误。

据郭剑林和纪能文合著的《民初五大总统列传:袁世凯》里面考证,宋案发生后,孙中山就开始与日本有了往来,对日本的支持寄予了厚望,他相信,在列强中,只有日本才是能给中国以支持且不怀恶意的唯一国家。他认为,只有日本真正理解中国,能协力建设新中国。为此,即使将满洲等地提供给日本也没有关系。(《宫崎滔天全集》卷 5,第 548 页)

这位伟大的理论家、革命家对于日本的认识竟然是如此肤浅!

即使这只是权宜之计,但也是前门拒虎、后门进狼的方法。

孙中山与日本之间的微妙的联系始终保持着。战争爆发前夕,日本三井财团负责人森恪打电报给他在南京的代理人,建议由日本向孙中山提供2千万日元的经费和两个师的武器装备,而作为交换的条件是将中国东三省割让给日本。据说,在同黄兴等人讨论过这一建议以后,孙中山同意了这个条件,只是他告诉森恪,他不能离开中国,他将指定黄兴作为他的代表,去日本商讨细节。这一段记述,见山浦贯一的《森恪传》第403—406页,另,美国詹姆森教授的《日本与中国》一书中亦复述此事。(郭剑林、纪能文:《民初五大总统列传:袁世凯》,第301—301页)

联日付表12条大纲终因国民党内部的普遍反对和战事的过早结束而没能生效。

对此事,陈其美是这样说的,宋案发生后,孙中山从日本回到上海,知道袁世凯将实行专制而有负民国重托,发誓要把他推翻。而孙中山先生所定计划之一就是联日。孙中山说,"日国亚东,于我为邻,亲与善邻,乃我之福,日助我则我胜,日助袁则袁胜"。孙中山还想亲自赴日本接洽,但党内人士漠然视之,反对他去。(参见何仲萧编《陈英士先生纪念全集》上集,卷2,1930年,第23、24页)

在当时,除了日本,没有其他国家借钱给孙中山。而日本的慷慨借钱,孙中山理解为日本是中国最友好的国家。幸好,这项提议因国民党人的多数反对而未实现,否则,他就成了民族的罪人了。

成功必定有方法,而失败必定有原因。

其实,孙中山在这一阶段,对形势的估计确实是发生了偏差,这也正是他革命失败的重要原因之一。"孙中山谋略之不足,原因之一在于他对形势缺乏深入的正确的分析。梁启超说孙中山'为了目的,不择手段',实质是孙中山缺乏深思熟虑的灵活的谋略,从而政治谋略僵化、简单化。这对中国的民主革命事业是极为不利的。"(茅家琦等:《孙中山评传》,南京大学出版社,2001年,第950页)

毛泽东在《中国社会各阶级的分析》一文中曾说:"谁是我们的敌人?谁是我们的朋友? 这个问题是革命的首要问题。中国过去一切革命斗争成效甚少,其基本原因就是因为不能团结真正的朋友,以攻击真正的敌人。革命党是群众的向导,在革命中未有革命党领错了路而革命不失败的。我们的革命要有不领错路和一定成功的把握,不可不注意团结我们的真正的朋友,以攻击我们的真正的敌人。"

可惜,孙中山先生有生之年是读不到毛泽东的精彩分析了,因为此刻是 1913 年,孙中山先生逝世于 1925 年 3 月 12 日,而毛泽东的《中国社会各阶级的分析》于 1925 年 12 月 1 日才发表。

对国际上那个狼子野心的国度没有认清,对于国内军阀的面目没有认清,对于人民的力量认识不到位,却想借力打力,纵使反对专制的战略方向是对了,但实际操作的策略出现了失误,那当然也是不能成功的。

箭在弦上

对于两个要打架的人来说,隔空对骂,就如同前戏一样不可缺少。口水吐完了,再警告,警告没有效果,那就进行真刀真枪的肉搏战。肉搏又分两个阶段,先单抠,后群殴,大体打仗就是这样。不光是文学艺术来源于生活,打架更是深深地扎根于民间。

双方叫阵完毕,各自拔马回营,开始调兵遣将。

袁世凯和国民党闹翻后,黎元洪站在了举足轻重的中间位置。因为湖北的武汉,九省通衢,东西南北四面八方交通之枢纽和要冲,历来是兵家必争之地。而且黎元洪的新军,实力也不弱,当年南北军对抗演习的时候,他也展示过湖北新军的实力。他要是站在国民党一边,或是保持中立,看国民党与袁世凯打得快分出结果时,再来加入战团,那袁世凯也会胆战心惊。

在关键时刻,运气极佳的袁世凯除了获得进步党人在政治上的公开支持和黎元洪的政治表态,更得到了黎元洪军事上的默契。

湖北军虽然没有敲锣打鼓地迎接北洋军,但是形势已经是显而易见了,这就叫默契。

黎元洪敞开大门,让北洋军开进了湖北,给北洋军大行方便之道,使北洋军能顺利地将兵锋指向国民党的要害。

从五月中旬开始，北洋嫡系将领李纯就开始了秘密调动军队，其所部第六师自原驻地河南信阳全部秘密而迅速地开到湖北蕲春、武穴、田家镇、兴国一带分段驻扎，拦断"长江之腰"，以控制江西九江及安徽部分地区。

李纯，字秀山，天津人，北洋武备学堂第一期毕业，与段祺瑞、冯国璋等人在一起。在国民党二次革命失败后，李纯是冯国璋直系治下著名的长江三督（江苏督军李纯、江西督军陈光远、湖北督军王占元）之一，精明强干，头脑灵活，年轻时就在天津搞房地产，在实业界非常有名。虽是统兵大员，李纯却热衷教育，除了创办秀山小学，还应教育家严修、张伯苓之请捐助南开学校五十万元（这是一笔非常庞大的款项），也可算是南开大学的创建者之一。

继李纯第六师秘密开拔之后，五月底，北洋第二师自保定南下，进驻湖北孝感，作为第六师的后援，并监控湖北黎元洪的举动，以防"黎菩萨"在背后捅一刀。

同时，袁世凯任命倪嗣冲为安徽督办，由河南向安徽进军——占了安徽，打跑了柏文蔚，这官就是你的了。袁世凯是用这种允诺爵位的方式，让带兵将领卖命的。除李纯第六师外，加派毅军赵倜与李纯一起分进合击，向河南与湖北交界的武胜关进发；北洋海军的军舰开往九江上下游一带待命，水陆两路围攻；其目标，都指向了江苏、安徽、江西这几省。

纵观战争发展的历史，每场战争要发动的时刻，大家都不想先开第一枪，以争取道义上的主动和外界的同情与支持。可是，在国民党弱、袁世凯强的时候，国民党越不想开枪，袁世凯的兵就越像狼似的越聚越多、越围越紧。

你不是不想开第一枪吗？我非逼你开，我非等你开。

你是树，我是藤，我绕你；你是油，我是灯，我耗你；你是饼，我是锅，我烙你；你是茶，我是水，我泡你。

你越是不想先开第一枪，我越是有机会调兵遣将，把你团团围住，看你动不动手。

日本战国时期,前后相继出现的三个大人物:织田信长、丰臣秀吉、德川家康,此三剑客为完成日本统一起了主要作用,他们的风格、谋略和智慧分别如下:

织田信长:子规,你不啼,我便杀了你!——狮子搏兔、君临天下类型的。

丰臣秀吉:子规,你不啼,我便逼你啼!——有胆有识、有勇有谋类型的。

德川家康:子规,你不啼,我便等你啼!——耐力过人、伺机捅刀类型的。

看来,袁世凯也是深谙此道,且把日本三剑客的谋略给捏在了一起使用,还倒过来应用,就像欧阳"疯"经脉逆转倒打九阴真经而逼得东邪北丐两位绝世高手毫无办法一样,袁世凯是等你开枪、逼你开枪,然后就要杀了你!

国民党仍然没有开枪。

袁世凯一看,有意思,继续挑逗。

阵布好了,局做完了,从"软"的方面下手!

袁世凯先是褫夺了黄兴的陆军上将衔。6月9日,袁世凯又以不称职和处处与中央对抗为名,下令免去江西都督李烈钧的职务。14日,免去广东都督胡汉民的职务,命其就任西藏筹边使。月底,安徽都督柏文蔚也被免职,袁世凯命其任陕甘宣抚使。

李烈钧,江西九江武宁人,青年时留学日本,加入同盟会,辛亥革命时曾迫使清政府海军主要舰艇长官起义。胡汉民,字展堂,前清举人出身,留学日本,就读法政大学,国民党元老之一,孙中山的得力助手。柏文蔚,安徽寿县人,同盟会会员,曾在吴禄贞手下任营长,崇尚革命救国,与同乡陈独秀等人都有亲密的合作与友好关系。

李烈钧部是国民党方面军事实力最强的一支队伍,南京留守处撤销时,黄兴曾把一支装备最好的部队交给了李烈钧,且李烈钧与中央发生了多次摩擦,包括宋教仁案,李烈钧也是批评袁世凯最响的,所以袁世凯先拿他开练。

国民党人,忍无可忍。再不动手,军队没等打,就被拆散了。

南北战争,已是箭在弦上。

打架前的阴招

袁世凯这个人,心眼儿非常多,招法老到、毒辣。出招之时,哪一招是主攻,哪一招是助攻,哪一招是佯攻,怎样摆迷魂阵,他不假思索,随心所欲,打得是行云流水、挥洒自如、一气呵成。

6月9日,袁世凯在宣布撤免李烈钧江西都督时,同时连发三道命令:

以黎元洪兼领江西都督事,以欧阳武为江西护军使,升授中将,以陈廷训为江西要塞司令,加中将衔。欧阳武和陈廷训都是江西将领。

袁世凯这小子,忒不地道。他并没有因黎元洪对他的支持而放过黎元洪。

这第一招,以黎元洪兼领江西都督事,目的有三个:一是想调虎离山,给你个职务你不能空受吧,你要带兵出击吧,这样你就要离开湖北吧?你黎元洪只要离开湖北,北洋军就敢在背后进驻武汉。你黎元洪再要睡觉时,我北洋军瞪俩眼睛瞅着你。二是只要你接受了江西都督一职,很快就会一纸命令过来,让你专任江西都督,另派自己的心腹大将任湖北都督,那黎元洪的根据地就没了。三是在国民党和黎元洪之间掺沙子,防止这两家合起来,如果黎元洪接受了这一职务,那国民党就会以为是黎元洪想来抢占江西,扩大湖北地盘。

这第二招,以守卫九江的江西第一师师长欧阳武为江西护军使,升授中将,给衔而不给都督职务,背地里暗示,李烈钧要是退了的话,江西都督就是你欧阳武的,这就看你的表现了。而袁世凯已经收买了欧阳武的哥哥、身为议员的欧阳成,让他来劝动弟弟服从中央,不要跟革命党人跑。这样既没明说给你都督,但又让你展开联想。同时给李烈钧的印象是,自己都督位置给免了,但江西的军队仍然牢牢地掌握在自己人手里。

而欧阳武为了得到这个都督位置，势必会暗中向李烈钧效忠：都督您暂时避风头不要紧，部队由我来护理，这不跟在您手里是一样的吗？

同时，袁世凯还在江西布下一局棋，以陈廷训为江西湖口要塞司令，加中将衔。袁世凯除对陈廷训暗示之外，主要是动用金砖来砸，官位加金钱，少有人能逃脱得了这种糖衣炮弹的猛烈轰击。因此，陈廷训等人就是埋在江西的一颗定时炸弹。

这第三、四、五、六招，都是大同小异了，对柏文蔚和胡汉民的部下，袁世凯也同样不急不躁，不愠不火，一一采取了此类招法，先不展开猛攻，要用温水煮青蛙的办法，让你慢慢地上套。

黎元洪虽然表面上是"黎菩萨"，可这位湖北人中的精英，心思一点也不少，对袁世凯的路数也是看得清清楚楚。因此他坚决不肯"兼领"，并极力保举欧阳武继任江西都督。

袁世凯可能要的就是这个效果，他知道黎元洪不傻，不会轻易上当，但只要保举了欧阳武，就加强了欧阳武当都督的信心，加快了他暗中驱赶李烈钧的步伐。

黎元洪一看，自己虽然表示拥护袁世凯，但袁世凯对自己还是大大地不放心，于是他进一步迈开实质性的步伐来表态，致电黄兴、胡汉民、李烈钧、柏文蔚等，说，咱们本来都是朋友，平日交往不错，尤其是武昌起义时，大家都互相帮助，也算是生死的患难之交了。可外观世界大局，内审国家实情，只能以利国利民为前提了。因此为了国家大计，我黎某人唯有大公无私、大义灭亲了。

黎元洪的电报对国民党人已经没有任何意义了，但对袁世凯有意义，这就把黎元洪绑定在了袁世凯的战车上，让黎元洪没有退路可走。

李烈钧被免职后，孙中山派居正等人前往南昌慰问，劝李不受乱命，宣布独立。

虽然经过了宋教仁案，经过了善后大借款，经过了"改进团"事件，大家已经知道战争不可避免，但是袁世凯免掉李烈钧，下面的人事安排仍然是江西军队中的人马，北洋系并没有进来。这个时候，李烈钧认为，此时还不能立即就誓师举旗。

他认为,要是袁世凯免他职,他就反,这个逻辑,岂不是为了个人利益而造反吗?毕竟,用的几个部将,还是他的手下。再等一等(这些考虑,也印证了袁世凯在人事安排上的老辣之处)。

还有一个关键的问题是,要打的话,不能自己打呀,国民党人的武装力量到底有多少人来打?大家能不能联合起来?由谁来打第一枪?国民党领导层意见还没统一,下面各都督也没有联合起来。现在都没准备好。

思量再三,李烈钧决定离江西至上海待亲自谒见孙中山之后再作打算,他于6月15日离开江西抵达上海。

李烈钧在上海分别见了孙中山、黄兴等领袖,经过反复磋商,认为袁世凯这样赶尽杀绝,当前必须举兵反抗,由实力最强的李烈钧首先起事。

柏文蔚也离开安徽找到孙中山,他打算首先在安徽发难。但孙中山认为安徽靠近北方,可以拱卫南京,最好先不要动,稳住袁世凯,而由江西、广东等靠南的省份先动手为好。这样在袁世凯往南出兵的时候,安徽方面可派兵拦腰截击。

这个时候,分两路南下的北洋军越来越多,第一军军长段芝贵统率第二师、第六师负责湖北、江西一线;第二军包括冯国璋、张勋、雷震春等部,由冯国璋统率,沿津浦路南下进攻南京。

袁世凯已经内定段芝贵为湖北都督或江西都督,冯国璋为江苏都督,准备在仗打完后正式接管这些不服从他管理的单位。

国民党人认为举义旗、兴义师、二次革命、推翻专制必定是一呼百应,可是,因为经验不成熟,内部许多将领已经悄悄地被收买了。

老袁毕竟是在刀尖上走过来的,他比没有从政经历、一直流亡海外搞宣传的孙中山等人,机谋要深远得多,手段也层出不穷,花样百出。

袁世凯让部下四处活动,撒出大把金钱,开出无数张空头支票,并用暗语的形式给这些不坚定人的以官位许诺,既让人浮想联翩,又可在袁世凯翻脸不认账时不留下把柄。

这些金钱和空头支票,在南北交战过程中,起到了意想不到的作用。

7月7日,李烈钧自上海轻装潜返江西,7月8日抵达湖口,召集旧部第九、十两团,及辎重工程两营,于 7 月 12 日占领湖口炮台,檄告中外,宣布独立。

南北战争正式爆发,史称二次革命,又称癸丑赣宁之役。

民国成立之前大家都没怎么打仗,通过谈判和平解决了问题,可是民国建立后却发生了战争,乃国家和人民的不幸啊。

毫无悬念的对决

袁世凯等的就是这个第一枪,要的就是这个"反政府",只有这样,他才可以名正言顺地出兵讨伐,唐德刚形容这就是要"削去三藩",真正统一全国。

于是,他命令各军,全力开战,务必一鼓作气,荡平南军。

如果从袁世凯作为国家元首的角度来考虑问题,那么维护国家正常秩序是首要的,假如有人要挑战这个秩序,挑战领导者的权威,那战争就是必然的。至于战争的正义性与非正义性,是旁观者分的,而交战的双方,从来不会有任何一方承认自己的战争是非正义的。

这一理论,可以用于任何一场战争。

至于胳膊粗力气大者发动战争,就像吃饭睡觉一样平常了,而且还会有一套理论来支撑战争的发动。

《司马法》有言:"杀人安人,杀之可也。攻其国,爱其民,攻之可也。以战止战,虽战可也。"如果杀人是为了让更多的人安宁,如果攻占一个国家是为了爱护其国民,如果发动战争的目的是为了将来不发生战争,那这场战争就非打不可。天下有谁不想诗酒连连?有谁想天天在刀尖上行走?可是不服的,我就要打到你服,这样国家才能安定下来。

这段话可谓是有兵有权者的宣言。

历史尽管最终是人民书写,但历史的初稿却是由胜利者写的。

7 月 12 日,二次革命的枪声打响后,双方展开了激烈的交锋。这个时候,北洋军李纯的第六师第十一混成旅已经抵达九江,赣军林虎部的第一旅以逸待劳,大炮齐射,让远道而来的李纯"左撑右持,危险万状"。

黄兴叮嘱孙中山,马上通知陈其美稳住上海,这是国民党动兵的主要财政来源。

15日,黄兴在南京捕杀了一批军队中的亲袁分子,强迫江苏都督程德全宣布江苏独立,接着,安徽、广东、福建、湖南、四川及上海纷纷响应,南北战争全面爆发。

不过,独立各省多是各怀心事,坐山观虎斗,尤其是经过老袁的私下运作,多数省更是在家闭门打着自己的小九九。

这种雷声大、雨点儿小、不想损伤自己体力的打架手法,非常像有人形容的秘而不宣的官场箴言,在"道"上混,一般要采取这种工作模式:真着急假生气,热问题冷处理;敢碰硬不硬碰,走直道拐活弯;过去的事不后悔,眼前的事不攀比;一心一意干工作,全心全意保身体!

局势还不明朗的时候,谁也不想把自己的实力折腾光了!

江苏程德全本来就是被逼无奈,而从上海到达南京的运钞车,一检查,居然全是已经倒闭的信成银行的无用钞票,拿这个来糊弄士兵,程德全可不干了,你讨袁我不反对,但你这样坑害士兵,让他们卖命却糊弄他们,这不缺德吗?坚决不行。

广东陈炯明虽然宣布独立,其部下也很快被袁世凯的糖衣炮弹击倒,没有什么作为就被打散了。

湖南谭延闿和师长赵恒惕受到湖北军的胁迫,功亏一篑,基本没起到作用。

战争,从来就不是单纯的军事较量,而是"综合"实力的检验,各种手段都要会用。你要想打赢战争,在战争之外的功夫也要下足。

在动兵的时候,拿钱来收买对方队伍中的不坚定分子,这是袁世凯的惯用招数,当初吴禄贞的脑袋就是这样被人买走的。

老子在《道德经》中也说"以正治国,以奇用兵,以无事取天下",这是以奇用招,用阴招,直取下三路的招数;虽然下流,却可能一招制敌。

柏文蔚于7月17日返安徽宣布独立以响应江西时,不幸安徽军队的师长胡万泰已被袁世凯收买,反戈一击,深夜兵围都督府,差点把柏文蔚给捉住。柏文蔚出走芜湖后,胡万泰联合北洋的海陆军进攻芜湖,柏文蔚惨遭失败。

江西方向，南北两军相持十余天，到了 25 日下午，段芝贵部的陆军与汤芗铭率领的海军猛攻九江。紧要关头，湖口要塞司令陈廷训被收买，自己人调转炮口横扫，湖口要塞丢失，江西已无险可守。8 月 18 日，南昌失陷。李纯第六师第十一旅的旅长张敬尧所部横冲直撞，见到富户就说他们是国民党，然后就抢劫财物，奸淫女子，战后的局面惨不忍睹（在日后的北洋舞台上，张敬尧所部还会不断干出此类勾当来）。

江苏是赣宁战争的另一主战场。

袁世凯于 7 月 19 日和 23 日分别任命张勋为江南镇抚使、冯国璋为江淮宣抚使，分路进攻南京，并称谁先打进南京，执掌江苏的苏督职位就给谁。

7 月 23 日这一天，袁世凯发布命令，撤销孙中山全国铁路督办的职务。

孙中山是 1912 年 9 月 9 日接受这一职务的，计划 10 年要修筑铁路20 万里。对于这一项根本不可能实现的计划，袁世凯当时却把声势做得轰轰烈烈，拨专款、专车、专人给孙中山，这无异于把孙中山放在火上架起来烤。当这一账目公布后，人们一看，孙中山把专款花了，一米铁路也没建。钱哪去了？用来干啥了？吃了喝了还是用来打仗了？原来你是早有预谋？这样，舆论对国民党就更不利了。

南京方面，黄兴很快就弹尽援绝。他约河南的白朗起义军，消息石沉大海；他约张勋对袁世凯来个反戈一击，张勋受宠正隆，怎么可能听你的？局势已无可挽回。7 月 29 日，黄兴乘船离开南京，经上海转赴日本。

第八师师长陈之骥宣布取消南京独立，开门迎接老丈人冯国璋去了，原苏督程德全重新宣布效忠袁世凯。

8 月 8 日和 11 日，革命党人何海鸣又先后两次宣布南京独立，与张勋、冯国璋的军队大战了 20 天，做南京保卫战的最后一搏。

此次进攻南京的张勋，就是后来拥立溥仪复辟的那位，他一直是忠于清室的。清朝灭亡后，他的嫡系部队仍然留着长辫子。

这可就弄不懂了，既然忠于清室，为何不为清室而战死？既然跟了袁世凯,又为何留着大辫子?简直就是穿冬装、摇夏扇,胡度春秋!

本来这次对国民党动武,没张勋什么事儿,但是,他主动请缨南下攻打,这全是因为在武昌起义的时候,张勋就是被革命军从南京赶走的,从哪里丢了面子,就要从哪里找回来,张勋是铁了心要报这一箭之仇。所以,他率领他的辫子军疯了一般地进攻,用地雷炸开神策门,果然比冯国璋先攻进南京。袁世凯论功行赏,把本来想交给冯国璋的位置,给了张勋。

从7月12日湖口起事到9月1日南京完全被占领,一个半月,主场作战的国民党的军队被袁世凯的北洋军彻底打散。出头鸟被枪打了,其他各省纷纷取消独立,想成龙的各路地头蛇,悄悄地蛰伏起来。在形式上,袁世凯终于基本实现了国家的统一。

收尾工作

攻进南京之后,张勋仍然没找回心理平衡,于是纵兵胡作非为,跟张敬尧的军队入南昌时一样,大肆劫掠,喜欢钱财就抢钱财,喜欢姑娘就抢姑娘。士兵们本来就没有主见,只要有人给兜着,一听打架抢钱拽姑娘,嘴都咧后脑勺上去了,结果,兵士乱烧、乱杀、乱抢,南京城饱受蹂躏。

张勋在南京城内胡闹,看见穿西装的就生气,看见留辫子的就喊同志。军纪败坏不说,还弄出大清气象,坐轿子、跪拜礼等都恢复过来,南京成了大清的样子。

袁世凯也惊讶这张勋怎么这么做,军纪败坏尚在其次,还这么颠三倒四,这不是给元首的形象抹黑吗?他在电报中责问了好几次。

张勋在南京胡闹,终于捅出了娄子。

有一天,兵士乱抢乱杀,杀伤了三个日本人,这下子可踩到狼窝了。

日本国内哇哇乱叫,日本驻华公使向袁世凯政府提出严重抗议,日本国内的军人向外相提出请战的愿望,并要求中国政府向日本谢罪,同时要罢免张勋。

袁世凯派张勋的同乡李盛铎到南京来调查,张勋认识到了问题的严重性,通过谈判和协商之后,他亲自到日本领事馆道歉,又经过一番运作,日本最终放弃了罢免张勋的要求。可是,长江一带是英国的势力范围,张勋在南京的表现,让英美等国非常不满和不放心,他们又向袁世凯政府提出了撤换张勋的要求。

袁世凯本来就是要把冯国璋放到南京来坐镇,看着东南几省,可张勋先攻进了南京城,没办法才让张勋来坐守南京任苏督。张勋非常喜欢这个位置,坐在这里,就像前清时代的两江总督,这里不仅美女如云,更是国家财政的主要来源。英、美、日等国对张勋的不满,给袁世凯提供了借口。10月上旬,袁世凯派张勋的老友阮忠枢前来当说客,让张勋自动辞职,这样双方都体面。

张勋一听就急了,自己是拼了老命、花了血本才抢来的南京,总统这么做不就是鸟尽弓藏吗?这个把戏谁看不出?还用得着拿洋人的名义来压我?俺老张这么好欺负?

又经过了几轮说客的劝说,最后还是段芝贵把老张给说动了。一方面,段芝贵请张勋务必要体谅总统的苦衷,否则国家就会惹起更大的外交上的麻烦;另一方面,袁世凯准备把张勋调开江苏都督的位置,改任长江巡阅使,段芝贵唬张勋说这个位置实际上是比都督要大得多,江苏都督只管江苏一省的军事,但巡阅使却管着好几个省呢。

张勋的心思终于动了,见好就收吧。他其实也不是非要抗命,而是想在相互较量中争取到更大的筹码,要不然自己的辫子军拼死打下南京不是亏大了。

张勋接受了段芝贵的劝告,不过进一步提出了条件:

一是他在江苏都督任内开支的 65 万元准予报销;二是调职后请再拨费 50 万元;三是他奉调长江巡阅使必须有实际的权力,要节制湖南、湖北、江西、安徽、江苏五省的水上警察。

袁世凯毫不犹豫地答应了。只要能把他调开,把冯国璋安排进来就行,其他都是次要的,张勋提点小条件算什么!

12 月 16 日,袁发表了新的人事命令,调张勋为长江巡阅使,任命冯国璋为江苏都督。

袁世凯设计的巡阅使这个官位,听起来很好,职务介于省督军与中央政权之间,名义上管辖着两三个省的督军,如果督军相当于省军区司令,那么巡阅使就相当于军区司令。只不过,从实际来说,各省督军把握着实际的大权,而巡阅使是相当于屯垦使、检查使之类的徒有空名的头衔,属于明升暗降的手法。

然而,人算不如天算,张勋手里有自己的子弟兵,后来慢慢地,这个巡阅使倒真的成为凌驾都督之上、割据数省的大军阀。

战争结束后,袁世凯大量封官,连他自己可能都分不清有多少官了。看起来乱哄哄的,但袁世凯可一点不糊涂,主要的官员全是自己人,这就叫乱中有序。

别人可以不明白,他自己明白就足够了。

张勋所看没错,袁世凯就是在排除异己,从南北战争进行过程中和战争结束后的官位分配来看,老袁是"非我族类,其心必异",开始用出了他的翻手为云、覆手为雨的纵横手法。

想想也是,能被金钱轻易收买的人,确实不能重用,以后还说不定被谁收买呢。

攻下江西之后,袁世凯任命李纯为江西护军使,临阵倒戈的赣军师长陈廷训肯定是捞不到实权的。段芝贵仍兼第一军军长,升上将,实授江西宣抚使,段芝贵的右司令王占元兼湖南护军使。

攻下安徽之后,被金钱收买的安徽师长胡万泰也没捞着安徽的好处,倪嗣冲早就被袁世凯任命为安徽都督了。

上海的陈其美和蒋介石等人的起事,因南京革命军失败,亦功败垂成,没能抵得住北洋军的凌厉进攻,纷纷告败。袁世凯任命第四师师长杨善德为松江镇守使,郑汝成为上海镇守使,海军总长刘冠雄为福建都督,龙济光为广东都督。

湖南方面,袁世凯又动了心眼儿,想让黎元洪兼任湖南都督,黎元洪才不上当,兼任的话,就会有另一个人屁颠屁颠地来兼任他的湖北都督了。袁世凯一看,"黎菩萨"不上当,又请黎元洪推荐个湘督人选,黎元洪自然会推荐与袁世凯有关的人,要是推荐他黎某人自己人的话,那就更让袁怀疑了。黎元洪想起了老朋友汤化龙的弟弟汤芗铭,于是荐为湘督。袁世凯又派爱将曹锟驻守岳州以扼制湖南的咽喉。

至此,除了广西、贵州、云南、四川,其他地区已经全部被袁世凯的北洋系接手了。

领导的角色定位

如果暂时先不考虑袁世凯与国民党人的恩恩怨怨,单纯站在国家元首的角度来看问题,假如国家不统一,那就是自己的耻辱,既是能力的耻辱,又是智商的耻辱。赵匡胤当年不顾南唐后主李煜的苦苦求情,说出"卧榻之侧,岂容他人酣睡"的狠话。康熙帝一个十几岁的小孩子,都想到必须要削了三藩,江山方可安稳,自己才可展示雄才大略。即使是一个普通单位的一把手,要是说了不算,人们不是说这个领导民主,而是先嘲笑他的无能。这就是政坛实情。

不信的话,任意换一个人坐庄试试?

人们对于国家领导者的要求,不在于你能不能当模范丈夫,不在于你有没有孔子的修养和才能,而在于你有没有能力把这个国家建得更强,让人民生活得更好。

凤凰卫视的邱震海撰文说过,"权力分散化对于一个国家的多元化发展无疑是一个进步,但在重大的战略问题上,国家各部门之间的协调能力,则也是考察一国国家能力的重要指标之一。"

因此,在天下未定之际,世人所期待的领导,不在于他是不是温文尔雅的猫咪,而在于他有没有能力虎啸山林。你可以有道德修为,你也可以学富五车、才高八斗,像曹植那样,你更可以写出一流的诗词歌赋,但即使你再深情,诗文再好,你要是南唐后主李煜,不能保护自己的江山和人民,人们照样不能原谅你。

人们一般认为袁世凯嗜杀,可是,在武昌起义袁世凯重新出山之后,他和平处理了与革命党人之间的关系,和平处理了与清朝皇室之间的关系,流血之少,在世界革命史上,都是极其罕见的(有兴趣的话可以查一下法国大革命是怎样的血腥场面,那是像切西瓜一样切脑袋)。

可他为什么要在民国成立已经一年多的时候,对国民党动武?这里面的原因肯定非常复杂。历史是多维的,不是单向度的,传统观念中,人们只是看到袁世凯动武了,可是,只要反思一下,他为什么要在握手言和之后,在本该和平建设之际,不惜破坏自己在世人面前的和平友善形象,不惜砸了自己的金字招牌,依旧选择兵戎相见呢?如果他在清朝未亡时就打不好吗?

真相可能永远无法获得,人们只能根据现有的史料,站在当时的历史坐标上进行判断。从袁世凯的行为反向追溯,根据袁世凯镇压二次革命后对国家采取的措施,从正、反两个向度来寻找一下可能的原因,大概有以下几个方面值得人们思考:

第一,如果说宋教仁真的如前文所述,不是袁世凯杀的,那么,出现一堆模棱两可的电报和佐证材料,就是有人从中制造伪证进行陷害和栽赃,对国家元首进行此举,无非是为了权力。这个作伪证的一方,或许是国民党,或许是另一派唯恐天下不乱的势力。我们小时候不是经常看到电影中有这样的镜头:游击队员在黑暗中分别向鬼子和伪军开火,然后悄悄地在混乱中把这两方的火给接上,自己全身而退吗?不管怎么说,这些都不可能不让袁世凯心里冒火,动了杀机。

第二,如果最初向列强提出善后大借款,袁世凯真的是想建设民国,而国民党的多番阻拦、国会议员的捕风捉影,都让他无法施展治国的抱负,他必然更坚定了要冲破这套美式体制的想法,而首先就要把反对党打趴下。

第三,袁世凯把国民党打散之后,他修改了孙中山的《临时约法》,规定总统任期是十年,且可连任,这已经是事实上的终身制了。按照正常人的思维,袁世凯就不会再当皇帝了。可是,袁世凯对于这个终身总统仍然不满意,如果只是单纯地从他有无限追逐权力的欲望来解释,既对,又不太准确,因为这是从"袁世凯是地道的坏蛋"角度所延伸的逻辑。然而,如果从袁世凯是一国元首,他想按照自己的想法,不希望吵吵闹闹的砸鞋底子扔臭鸡蛋的乱哄哄民主意见来干扰他行事的角度,那他集权的逻辑,可能更容易理解一些。

　　我们必须要清楚:推翻一个政权是一回事,而建设一个新制度则完全是另外一回事。

　　如果袁世凯自己回望一下几千年的历史,便会发现,有哪个元首,包括亡国之君和天生就痴呆弱智的皇帝,治下出现如此乱哄哄的局面呢?中国民间算命看风水预测年成的人,如果预测到此年度是"九龙治水"时,都会说大大地不好,因为这肯定是一个乱局。

　　人性、传统、政治、文化等几个方面,对我们理解袁世凯的思维行为心理,或有所帮助。否则,骂他千遍万遍也没有任何意义。

　　唐德刚在评价二次革命时认为,宋案发生后,人证、物证均十分完备,在众目睽睽之下,如作公开审判,对中国由专制向法制转型,实在大有裨益。不幸原、被告两造,当时皆缺之法治观念,思想都甚为落伍,舍法院不用,而使用枪杆子,就使历史倒退,遗祸无穷了。(唐德刚:《袁氏当国》,第70页)也就是说,唐先生认为,国民党的二次革命,开了民国用武力解决争端的不好先例。此后,地方大员有兵有权者,不服中央的时候,就起兵;而中央权威遇到挑战的时候,中央也就自然选择动武。从这一角度来看,民国时期仍然是传统皇权专制的延伸,引进的美式法律制度在当时没有生存的空间。北洋时期的民国就这样运用中国人的思维,穿着美国人的鞋子,邯郸学步似的跌跌撞撞地行走。

第十二章 ＼ 洗牌发牌 ＼

转正

国民党的军事基础没了，国民党议员也就彻底失去了与袁世凯抗争的本钱。

二次革命结束后，袁世凯虽然宣布通缉孙中山、黄兴等人，但对于在京的国民党议员仍然是加以安抚，因为袁世凯要靠国会选举，才能使自己由"临时"大总统变成"正式"大总统。

从另一个角度来看，国民党籍的国会议员没有因为这次战争而追随孙中山的脚步，这说明国民党内部，对于二次革命的刀兵相见，意见不统一，所以才会出现这些议员仍然服从袁世凯的现象。

按照民国元年《临时约法》的规定，应该是先由国会制定宪法，再根据宪法来产生正式大总统和政府。在宪法未定之前，不能进行总统选举。

先有鸡，还是先有蛋？这是个抽象哲学问题。

先有总统，还是先有宪法？这是个具体实践问题。

考察美国开国历史，1787 年，由华盛顿主持召开制宪会议，制定了宪法。在宪法的基础上，华盛顿在 1789 年当选了美国第一任总统。孙中山正是基于这一史实，设定了这一制度。

然而，正是这一规定，民国从 1912 年 1 月 1 日成立，到 1913 年 9 月 1 日国民党军队在南京被北洋军打败，这一年零八个月的时间里，国家并没有正式的元首，国际上也没有任何一个国家承认中华民国。

打败国民党之后，不论是基于个人考虑，还是基于国家考虑，袁世凯都必须把选举正式总统提到首要日程上来。问题在于，到底是先制宪还是先选举？

私底下的政治运作，便是必然的了。于是，不管是舆论机器，还是别有用心的口口传播，都指向一个话题：民国成立至今，列强仍不承认，前清随时复辟，必须先选总统！

袁世凯除了稳住以国民党为主的国会，还有另一手，为自己顺利当上正式大总统铺路，那就是组织新内阁，把进步党的力量为己所用。枭雄的手段向来如此，他不会把宝押在哪一人哪一派身上，万一出了差错怎么办，必须做多手准备。外人看着他这里封个官，那里设个职，眼花缭乱，但他所有的行为都指向一个主要目的，这个目的，只有他做完了，谜底出来了，大家才会恍然大悟。

其实在那个时代，国内不管是谁，论资历、阅历、能力、魄力，确实没人能与袁世凯相比肩。如果不是有《临时约法》的处处限定，按照中国历代王朝建立的时候皇帝把有挑战能力的对手都打趴下的一般规律，袁世凯早就荣登皇帝宝座了。但既然宣布建立了民国，公布了约法，那还得按照规定来。名不正，则言不顺。熊希龄内阁的成立，就是袁世凯大棋局上的另一个布局。

二次革命爆发之前，赵秉钧因宋案的嫌疑而辞职，段祺瑞代总理，还要布置行军打仗的事，袁世凯想组织一个既能听命于自己以使自己顺利"转正"，又要很有能力的内阁，于是，他又想到了结拜大哥徐世昌。

自从清帝退位之后，徐世昌就一直隐居青岛，一边读书撰文，一边静观天下。唐绍仪内阁辞职时，袁世凯曾想到请徐世昌出山，徐世昌推辞不就，但接受了袁世凯的另一相邀，就是秘密前往日本把梁启超说动，回国组织进步党，以抗衡同盟会。

南北动武之前，袁世凯又想请徐世昌出来助他一臂之力，在局势不明朗的情况下，徐世昌仍然婉言拒绝了。无奈之下，袁世凯便请进步党的熊希龄出来组阁，以此也能对抗在国会中的国民党力量。国民党方面，也正想拉拢进步党，两党联手对付袁世凯，于是国会顺利通过了熊希龄任内阁总理的提案。进步党人此刻也确实想从国民党手中抢过在国会中的主导权。所以袁世凯此时让熊希龄出来组阁，比徐世昌出来还要妙得多。

熊希龄,湖南凤凰人,天生聪慧,被喻为"湖南神童",十五岁中秀才,二十二岁中举人,二十五岁中进士,后点翰林。在唐绍仪组阁时,熊希龄曾任财政总长,为袁世凯解决了善后大借款的大问题,所以袁世凯对他确实是另眼相看。

参议院表决通过之后,袁世凯于1912年7月31日正式任命熊希龄为国务总理。这届内阁,在历史上被称为"一流人才内阁"。因为熊希龄希望组成一个全国第一流的"人才内阁",想把全国的"大名流"都网罗在新阁中。其实,这只是熊希龄的美好愿望而已,关键部门如财政、陆军、外交、内政、交通几个部的总长人选,袁世凯根本不可能撒手,何况国民党败局已定,让熊希龄出来,也就是拿他作橡皮图章而已。这期间经过了一个多月的反复商量,最终在9月11日,熊希龄的"名流内阁"才算确定,包括梁启超、张謇、汪大燮等社会名流都入了内阁。

南北战争打到7月底8月初的时候,大局已定了,黎元洪帮人帮到底,继续力挺袁世凯。既然没人超越得了袁世凯,那就顺水推舟得了。如果袁世凯当不上大总统,那才是国家的祸患呢。

黎元洪其实心理上是支持袁世凯当总统的。他既知道自己的分量,又认为孙中山不能够领导民国前进,所以他摆正了自己的位置,他知道自己肯定干不过袁世凯,但副总统的位置,肯定会由他这个首义元勋来坐。

1913年8月5日,黎元洪联合十九省的都督、民政长发出通电,主张先选总统,或者是从速制定宪法,两个月内(10月10日武昌起义胜利两周年的时候)务必要把总统选出来。理由是,民国成立已一年半有余,仍然没有正式总统,不仅不为列强所承认,而且国家也时刻面临着被瓜分的危险(英侵西藏,日、俄侵满蒙和东北)。因此,事急从权,事难从简,必须先选总统,再定大政方针。黎元洪也看明白了,究竟是先吃饭还是先吃菜,都改变不了整体局面,让袁世凯赶紧坐上正式总统的宝座,国家还能安稳点。别再这么折腾啦,建国快两年了啥也没干成。

此举非常迎合袁世凯的心思。

到了 9 月份，进步党人又提出一个折中的办法，先制定大总统选举法，以选举法为基础，选出总统，然后再制定宪法。国民党议员已经没有与袁世凯抗衡的资本和勇气了，9 月 5 日，参众两院顺利通过"先选总统后定宪法"的提案。一个月之后，《大总统选举法》匆匆出炉，终于赶在 10 月 10 日之前，做好了选举正式大总统的组织和制度准备。

10 月 6 日，在众议院的会场进行正式的总统大选。

候选人：袁世凯。

再没有第二个人参选！

虽然是这样，但北洋系的军人政客还是怕出差错，在选举之前，已经组织好了数千人的"公民团"，会场里三层外三层地围了起来。当然，大家一看就明白了，这里的"公民团"是"被"代表，因为他们要么是袁世凯的手下花钱雇来的，或者是北洋军换身各界平民的衣服，之所以怕出差错，是因为在总统选举法中有明确规定：选举大总统时，以选举人总数的三分之二以上出席，采用无记名投票的方式，得票要超过投票人数的四分之三，方可当选。如果两次投票均无人超过法定票数，那就从第二次得票多者的两个候选人之中选，以得票过半数者为准。

在投票之前，"公民团"中的"公民"和袁世凯的"粉丝"们把会场团团围住，像等待四大天王出场时一样亢奋，口中嗷嗷喊着：

你们这群议员要是选不出让我们"人民"满意的总统，今天就休想走出会场半步！

拉出了玩命的架势。

意想不到的是，第一次投票选举，还真的出了差错。

上午八点，投票开始。参众两院一共 759 人，从检点人数、发票、投票、开票、计票，折腾了四个小时。第一次开票的结果，袁世凯得票 471，黎元洪 154，孙文、伍廷芳各 1 票，但最高票因不足法定的四分之三导致选举无效。

投票完毕，已经是中午了，议员们想出会场吃东西，休息一下，有烟瘾的要吸几口，但"公民"们根本不同意：选不出我们心目中的好总统，饿死你们活该。

于是,议员们勒紧裤腰带,重新投票,又忙活了三四个小时,结果出来了,袁世凯有进步,497票,得票率60%,但仍然不足法定票额。

这时候已经是太阳落山,薄暮冥冥了。

袁世凯在总统府里也是焦急地等待着投票结果,从早晨到晚上,每次问的时候,下面的人都说投票正在进行,他已经预感到出了问题,脸色铁青,心理估计在想:等我当上总统了,看我怎么收拾你们。敬酒不吃吃罚酒。

又过了三个多小时,到了晚上十点,第三次投票才以507票勉强通过袁世凯任大总统。

按照规定,总统选举如果到了第三轮,说明"竞争十分激烈",就像戈尔和小布什那样,没差几票,此时,只要谁过了半数即可当选。

袁世凯在第三轮中得了507票,正好三分之二。

恭喜你,过半数了,当选。

"总统万岁!""公民"们在外面高呼口号。

14个小时熬过来了,终于吃到了一碗热汤面,议员们激动得眼泪直流。

第二天,进行副总统的投票,场外静静的,"公民团"累了,放假一天,回家睡觉去了,黎元洪以610票高票当选。

民国二年(1913)10月10日,武昌起义两周年的日子,袁世凯和黎元洪正式就任正副总统。

就在袁世凯就职的这一天,俄、法、英、德、奥、意、日、比、丹、葡、荷、瑞、挪等13国政府均发出照会,承认民国。逊清皇室亦派代表向袁祝贺。

就任正式大总统后,袁世凯大封官员。徐世昌和赵秉钧得到了勋一位,各省都督得到了勋二位,各省民政长获得了勋三位。

民国终于步入了正轨,加入了正常国家的行列,真不容易呀。

请君入瓮

国民党军队被袁世凯打散之后,北洋军兵锋正盛,各省都督没有敢明着与袁世凯对抗的了,因为弄不好就会被灭掉。

大家跟袁世凯玩起了"孙子"兵法:敌进我忍,敌驻我忍,敌疲我忍,敌退我忍。

不过袁世凯心明如镜,就像曹操和刘备煮酒论英雄一样,他非常清楚各路诸侯孰轻孰重。其他的小喽啰袁世凯都不放在眼里,他比较忌惮两个人,一个是湖北人,叫黎元洪,一个是湖南人,叫蔡锷。

袁世凯在与国民党斗法的同时,也在悄悄地布着另一局棋,那就是,一定要把这两个人弄到北京来,放在自己眼皮子底下,把这两个人与他们的军队隔离开来。

蔡锷(1882年12月18日—1916年11月8日),原名艮寅,字松坡,出生于湖南邵阳一个贫寒的裁缝家庭。12岁中秀才,16岁考入长沙时务学堂,师从梁启超、谭嗣同,接受了梁启超等人的维新思想,后入上海南洋公学(今天"上海交通大学"的前身)。

据梁启超回忆说,蔡锷留学之前,手里没钱,从长沙出来只借到两毛钱,到了汉口,从亲戚手里借到六块大洋。到了北京后,袁世凯看此人是个人才,慷慨资助,出手就借他一千大洋。

1902年11月,蔡锷考入东京陆军士官学校。他思想活跃,成绩突出,与同学蒋百里、张孝准,同被称为"中国士官三杰"。学成回国,曾在广西任职,武昌起义之后,任云南都督。

这里略述一下蔡锷在广西、云南期间的表现,让我们循着唐德刚的笔触瞻仰一下蔡将军年轻时的风采(不过,蔡锷将军一直年轻,去世的时候也不过三十五岁)。

蔡锷从日本回国后,受广西巡抚李经羲之请,担任广西新军总参谋官兼总教练官,还兼任随营学堂总理官、广西测绘学堂堂长、广西陆军小学总办(校长)等职。在他的门下,出了无数优秀的将领,如后来与蒋介石斗法的李宗仁和白崇禧。

据《李宗仁回忆录》记载,清末新政时,全国各地都进行不同程度的改革,军制改革也是其一。李宗仁所在的广西陆军小学堂仿照的是日本和德国的军制,非常正规、严格。

由各省办陆军小学,就基本学术科训练三年,毕业后升入陆军预备中学,两年后毕业,再行送入国立保定军官学堂分科受训二年,毕业后派充各军下级干部。这三级学堂内部的组织和设备,均极完善,而训练和管教的严格与认真,实为民国以后的中央或各省军官学校所望尘莫及的。(《李宗仁回忆录》,广西人民出版社,1981 年,第 28 页)

李宗仁当年眼中的蔡锷校长,简直是军神一般,与一般大腹便便的酒肉校长完全不同。李宗仁晚年的回忆录中详细地记载了蔡锷年轻时的风采:

我们的总办蔡锷将军有时来校视察,我们对他更是敬若神明。蔡氏那时不过三十岁左右,可称文武双全,仪表堂堂。他骑马时,不一定自马的侧面攀鞍而上。他常喜欢用皮鞭向马身一扬,当马跑出十数步时,蔡氏始从马后飞步追上,两脚在地上一蹬,两手向前按着马件,一纵而上。这匹昂首大马,看来已够威风,而蔡氏纵身而上的轻松矫捷,尤足惊人。我们当时仰看马上的蔡将军,真有"人中吕布,马中赤兔"之感。(《李宗仁回忆录》,第 30 页)

蔡锷创练新军卓有成效,同时也招来不少人的嫉妒。此时,他的恩人李经羲已调任云贵总督,新任广西巡抚张鸣岐为了转移矛盾,调用蔡锷,排挤革命党,而蔡锷做事又讲究公事公办,这就引起了广西的一些革命党人的不满。他们在香港遇到同盟会领导人黄兴后,在黄的面前告了蔡锷一状。黄兴告诉他们,蔡锷是同盟会员,并写了亲笔信给蔡锷。革命党人回桂林后,把信交给蔡锷,蔡锷却毫无反应。桂林的同盟会员便片面断定:蔡锷不革命了。

当时清政府为了防范盘踞越南的法国人,计划在广西训练和培养一批下级军官。因为广西比较穷,按当时的财力,只能组建一个混成旅,这样要裁掉一部分干部学员,裁减的办法便是考试。

可是,考试的结果,留下的 120 多个人中,有 90 人左右是湖南籍的,广西只有 30 人。被裁的广西籍学员不认为自己水平不行,却认为是蔡锷不公,加上有的广西人原来就嫉妒蔡锷独揽创练新军大权,便借此掀起驱蔡运动,广西一些同盟会员参与了这一运动。困窘之际,李经羲及时伸手救援邀请,蔡锷离开广西,去往云南。

离开桂林前夕,蔡锷请广西同盟会的负责人吃饭。席间,蔡说:你们哪一个是革命党,我心知肚明,我是爱护和掩护你们的。我参加同盟会比你们早,资格比你们老,爱国心并不比你们差,经验教训也比你们多。告诉你们,干革命不可性急,更不可满身是刺,否则,会招来杀身之祸。我在这里可以掩护你们,现在我走了,今后行事务必谨慎! 最后,蔡锷从墙上取下一个炮筒子送给这个同盟会的负责人说:要有修养,不要做炮筒子!

从蔡锷将军生平来看,他的这番话应该是心里话。蔡锷性格沉稳,是做大事的人,后来和小凤仙一起与老袁不急不躁地周旋,可见其人相当了得。

为了更清楚地了解蔡锷,这里再把蔡锷的恩人李经羲介绍一下,从他们的交往中,感受一下蔡锷的为人。

李经羲,李鸿章之弟李鹤章的第三子,清末最后一任云贵总督。此人知人善任,胸怀宽广,在他手下出了两个大人物:蔡锷和朱德。

李经羲总督云贵时,曾兼任云南讲武堂的总办。他曾对学员宣布,他自己云贵总督可以不做,但讲武堂不可以不办。朱德早年家贫无钱,迈开大脚板子,愣是从四川走到昆明,来报考云南讲武堂。但是,报考时间已过,门卫不让朱德进来,朱德急了,与卫兵大声争辩,恰好李经羲在讲武堂巡视,闻声前来查看,得知此人是步行千里前来,且仪表不凡,相貌堂堂,当即破格录取。朱德后来多次跟人提起此事。

李经羲对蔡锷有知遇之恩,不仅在广西给了蔡锷发展机会,而且在蔡锷受广西革命党人排挤的时候,把他召到云南,顶住各种压力,直接奏请朝廷任命蔡锷做协统,也就是旅长。

李经羲绝对忠于朝廷,但以他的经历和阅历,也知大清朝是日暮西山。因此革命党人蔡锷在他眼皮子底下从事革命活动,他睁一只眼闭一只眼,全当没看见。有人提醒他"讲武堂多革命党,虎大伤人",李大人也不在意。蔡锷身处困难时,李经羲还资助他500块银元,并收过他的门生帖子,还将他人揭发蔡锷反朝廷的密信拿给他看,劝其小心谨慎从事。

李经羲对蔡锷,那可真是一个好啊。

武昌起义了,倾向革命的蔡锷,怎么对待既处于敌对阵营的又是自己的恩人加老领导的李经羲呢?会不会为革命大义灭亲呢?

蔡锷没有辜负李经羲对他的公交和私谊。

首先,蔡锷动员李经羲参加起义,并请其做云南都督。但是,李经羲念及李家所受皇恩,坚决拒绝。

可是,既然革命,总督府是必然要攻打的,怎么办呢?与自己的恩人自此刀兵相见、恩断义绝吗?蔡锷没有这样做,他在发动攻势之前,先写了一封信,请李总督到法国领事馆避难。起义成功之后,蔡锷又劝李经羲主持云南大政。李经羲不肯改变立场。蔡锷不再勉强。

最后,蔡锷把李经羲和其家人恭敬地送出云南。据当事人回忆说,李经羲是坐着轿子去车站的。刚就任的云南军政府的蔡锷都督却是跟着轿子步行,一直把总督送到车站。为了防止路上出现意外,蔡锷还派了一连士兵随车护送。

写到这里,不禁对蔡锷的做法竖大拇指。就这个范儿,通常在小说和故事中才可能见到,就像《三国演义》中关云长义护身陷曹营中的刘备家眷一般精心,又如古龙先生笔下的小李飞刀那样:能文能武,有情有义。

佩服!佩服!

难怪后来的小凤仙对蔡锷青眼有加,一往情深,至死不渝。

蔡锷是个理想主义者,孙中山发动二次革命时,蔡锷不满国民党人举旗,希望民国步入正轨,社会安定,百姓安居,因此他站在袁世凯一边,谴责国民党人。

也不知此举是不是蔡锷的韬光养晦之计,但是袁世凯知道此人的厉害,丝毫没有放松对蔡锷的警惕。

袁世凯心说:小样,想轻易在我眼皮子底下蒙混过关吗?

锁定九头鸟

收拾完国民党后,袁世凯腾出手来,于1913年9月25日下了一道命令:"蔡锷准给病假三月,着来京调养。调唐继尧署理云南都督。派刘显世为贵州护军使。"

别以为你对我示好一下,我就能对你放松警惕。

蔡锷比较识趣,此时袁世凯刚击败国民党的军事力量,北洋军气势正盛,大半个中国已经统一,云南边陲无法与之抗衡,与其飞蛾投火,不如以屈求伸。

留得五湖明月在,何愁无处下金钩。

唐继尧是蔡锷在日本士官学校的校友、小师弟,武昌起义前,蔡锷是旅长,唐继尧是他手下的营长。武昌起义后,蔡锷任云南都督,唐继尧任贵州都督。可以说是蔡锷的老部下,这次把唐调到云南,给蔡锷一个安心剂,不是用北洋系的人来取代,这样,是替你蔡都督着想,让你来北京看病,北京医疗条件多好啊。你不会这么不识抬举吧。

袁世凯任用刘显世也显出奸雄的老到。刘显世出生于贵州,但祖籍也是蔡锷的老家——湖南邵阳,且刘显世也师从过梁启超。大总统用蔡锷的自己人来换蔡锷,你蔡锷还有什么不放心的?

蔡锷于10月10日把都督印信交由军长谢汝翼代管,没有和任何人告别,悄悄地离开昆明,北上"养病"。

蔡在北京期间,袁世凯任其为陆军部编译处副总裁,总裁是段祺瑞。11月袁世凯派蔡锷与梁敦彦、樊增祥、宝熙、马良、杨度、赵惟熙等组织政治会议,李经羲也被袁世凯请到了这里。随后蔡锷又和阎锡山、张绍曾、尹昌衡、蒋方震等11人组织军事研究会。

大家一看,都熟人啊。尤其是蒋方震,是蔡锷在日本士官学校的老交情,原来都被老袁给弄到这里来了,研究军事理论。要不然这帮精力过剩的军人在和平时期干啥呀?总得找点儿事干。你看宋朝时,虽然天天打败仗,但人家编武经七书,那军事理论研究的,呱呱叫;你看清朝时,乾隆皇帝把汉族著名的知识分子全都集合起来,编《四库全书》,既给你找活干，又消磨你的反抗意志，等书编完了，也白头发了，对国家的威胁也大大减弱了，多好！

这就像大人在家给孩子在墙上划一小块孩子自己的"自留地"，在这里可以随便写、随便画，不过，你要是敢到其他地方乱写乱画，小心我揍你啊。

袁世凯一共给了蔡锷七八个职务，惹得段芝贵、江朝宗等人直眼红，却又不敢说什么。老袁一方面是稳定蔡锷情绪，一方面也是为了分去北洋元勋的部分权力，免得势力坐大。

收拾完蔡锷，就剩下一个黎元洪让袁世凯放心不下了。

黎元洪是玩政治太极拳的高手。袁世凯在二次革命中，一会儿想让他兼领江西都督，一会儿想要他兼领湖南都督，其目的都是在绕着圈子要把黎调出湖北。黎元洪都看得清清楚楚，就是不上当，但在表面上又处处顺着袁世凯，绝不硬对抗，让袁世凯找不到借口来收拾他。

二次革命结束后，袁世凯终于再也忍耐不了黎的推脱，认为时机已经成熟，非解决湖北问题不可，于是借口要与黎元洪商量大事，密电召黎入京，同时特派心腹大将段祺瑞亲自到汉口迎驾。

1913 年 12 月 8 日。段祺瑞抵达汉口。

派北洋之虎出来，这里面含义可就深了。一是给面子，这是仅次于袁世凯的人物，你总不能让袁世凯亲自来湖北请你吧。二是设底线，告诉你，我的忍耐力是有限度的，你不要给脸不要脸啊。段祺瑞要是请不动你，我袁世凯肯定不来，那下一步谁来呀？枪和炮啊。

别看在二次革命期间袁世凯几次都撬不动黎元洪，可这次段祺瑞出场，黎元洪知道，自己没有退路了，打不了太极了，对方出"车"来"将军"了，必须做出选择。是听话还是翻脸？有翻脸的本钱吗？不用思量，肯定没有。那就听话吧。黎元洪邀集左右，举行了一次秘密会议，决定派都督府参谋长金永炎代理都督，自己抱着入虎穴的悲壮心情决定入京。

段祺瑞这个人话不多，也不会客套，他既然号称北洋之虎，自然有股霸气，你见过哪只虎在吃动物之前先絮叨半天？所以，他见到黎元洪没说几句话，就硬邦邦地催促上路。

黎元洪跟着段祺瑞上了迎接他的专车。一上火车,才发现,自己不仅上当了,而且上了大当了。段祺瑞上车后,就派人把黎元洪软禁起来,自己一转身,下车了。

原来,他此行的任务,不仅是把黎元洪给拎到北京,更是要坐镇湖北,强拆这个独立王国。

段祺瑞发电报给北京:老大,搞定了!

12 月 10 日,黎元洪正在北上途中的时候,北京发布了总统命令:段祺瑞权代湖北都督,周自齐代理陆军总长。

中央空投国家二号人物到一省来任职,就是想彻底摧毁前任的根基,把中央的手伸进这片政治隔离带。

黎元洪的专车到了北京,袁世凯又拿出对付孙中山和黄兴的老办法,以最高规格欢迎。这当然是给外人看的:看我总统做得多到位。

黎元洪心知肚明,都是老中医,在这里号什么脉呀? 谁不明白谁呀?

袁同时手令规定黎副总统月俸 1 万元,办公费 2 万元。这和前一年袁授孙中山为全国铁路督办时的月俸 3 万元,是一个也不多,一个也不少。规格上确实是做到了让人无可挑剔。

不过,别说是 3 万元,就是 30 万、300 万,黎元洪连微微一笑的表情也拿不出来,自己成了实质上的阶下囚。因为他被安置在瀛台下榻,瀛台就是当年慈禧幽禁光绪的地方。

黎元洪一看,完了,自己能活下来就已经是万幸了。他索性又拿出他的老套路,像武昌起义后、革命者要推他当都督时的样子,一言不发,一事不办,"黎菩萨"变成了泥菩萨。

更惨的在后头。黎元洪不仅自己成了事实上的阶下囚,自家的闺女也未能逃脱这个命运。

袁世凯提出在二人的子女中联姻之事,黎自是不敢反抗,最后,黎元洪只有 8 岁的二女儿黎绍芳就被家里定了亲,要嫁给袁家第九子袁克久。黎元洪的太太开始不停地哭闹,既知这门婚姻的不幸,加上听说袁家的儿子是姨太太生的,摆明是瞧不起黎家。黎元洪好说歹劝,苦苦哀求太太,才成就了这桩政治婚姻。只是这黎家女儿成年后,郁郁寡欢,后来神经越来越不正常,被送进了疯人院,落了个悲剧下场。

再回过头来说一下在湖北的段祺瑞,看他把黎元洪的地盘给弄成啥样。

段祺瑞这么高级别的干部,怎么可能在湖北任职呢?他的任务就是把黎元洪在湖北的势力给拆散、清除。湖北军群龙无首,头儿都不敢硬对抗,底下的人还能敢反吗?段祺瑞坐镇湖北,两个月左右,把黎元洪在湖北的势力给拆个七零八落,湖北军该遣散的遣散,该分化的分化,该收买的收买,随后北洋军开进湖北,从此湖北便完全成为北洋军的统治地区。

段祺瑞的使命完成了,1914 年 2 月 1 日,段祺瑞重新回到北京担任陆军总长。

黎元洪呢?袁世凯恩准他"辞去"湖北都督一职,湖北都督由袁世凯的干殿下段芝贵担任。

段祺瑞回到北京,每当见到黎元洪的时候,都是一种倨傲和嘲讽的态度。段是个傲气的人,除了袁世凯,天底下就没几个能让他看得上眼的。他认为自己在清末时做到护理湖广总督,而黎元洪当时只不过是个旅长。有了这重关系,他更瞧不起黎元洪了。

袁世凯死后,黎元洪出任总统,黎、段之间明暗纠纷更是愈演愈烈。

黎元洪在北京幽居期间,屡次请求出国游历,或者回籍省亲,袁世凯都不肯,他绝不放虎归山。于是,黎元洪索性装聋作哑,不言不笑。

黎元洪这个样子,让我想到他的前辈同乡,即湖北汉阳人、曾经当过两广总督的叶名琛。1857 年英法联军攻陷广州,把总督叶名琛押往印度,别看叶总督为官不怎么样,倒还有民族气节,自称"海上苏武",誓死不降,客死他乡。时人讥之:

不战,不和,不守;不死,不降,不走。
相臣度量,疆臣抱负,古之所无,今亦罕有。

真真是浑然天成,两者异曲同工。

摘掉紧箍咒

袁世凯的脑袋就像世界上最先进的相控阵雷达一样,能同时追踪好几批次的目标,处理不同的数据,而且不会紊乱。

总统选完了,开始起草宪法吧。

北京天坛内,由两院议员组织的宪法起草委员会在为新的宪法字斟句酌。

参众两院,是想通过这次立宪的机会,对总统的权力进行限制(隐含的意思,自然就是自己也要分得一定的权力,对总统进行制约)。

袁世凯呢,自从民国建立,特别是他就任临时大总统以来,他感觉到孙中山给他临时定做的这双鞋,穿着非常不合适、不舒服,他是用尽一切办法想把小鞋脱掉,把临时约法改掉。

国民党的军事力量存在的时候,国会议员腰杆子还比较硬,还能对袁世凯形成制约。可是,国民党军事力量已经烟消云散了,国会议员还想对袁世凯进行制约,怎么可能呢?

政治上的较量,任何时候都是靠实力支撑。实力隐藏在后台,条文表现在前台。与其说大家服从的是法律条文,不如说服从的是经过包装了的实力。

十月中旬,袁世凯就任正式大总统后的一个礼拜左右,宪法起草委员会制订的宪法草案已基本准备完毕,因为是在北京天坛祈年殿制订的,因此也叫"天坛宪法草案"。其基本条文就不说了,直接说主要的。天坛宪草比起临时约法来,扩大了总统的一些权力,但是,核心要件没有变,仍然是责任内阁制。

袁世凯盯的就是这几个字眼,因为他要的是总统负责制。他认为,责任内阁制,不适合中国的国情,必须由一把手说了算,也就是自己说了算,否则这个国家没法管理。

袁世凯早就派人盯着宪法起草委员会的一举一动呢,一看自己想要的核心部件没制造出来,这可不行,如果宪法一公布,再想改动的话,在法理上就被动了。

自己已经是正式大总统了,宪法对自己已经失去了作用,那还怕什么。我就是法,法就是我。

先下手为强。

1913 年 10 月 16 日,袁世凯向国会提出《增修〈临时约法〉案》,把自己的意见扔给了宪法起草小组,你们把这几条意见加上吧。

1.总统得宣战媾和,与外国缔结条约,毋庸经参议院之同意。

2.总统得制官制官规,任用国务员及驻外使节,毋庸参议院之同意。

3.实行总统制。

4.宪法由国会以外之国民会议制定。

5.关于公民权之褫夺与恢复,总统得自由行之。

6.总统有紧急命令之权。

7.总统有紧急处分财产之权。

核心内容就三点:由总统制定官制官规,任免文武官员,宣战媾和、缔结条约;大总统拥有紧急命令权和紧急财政处分权;把内阁制改为总统制。

中国几千年的历史发展中,在制度上从没有规定二把手可以凌驾于一把手之上。在责任内阁制下,袁世凯想推行什么政策,都会受到各种绊马索来缠他的腿,袁世凯恨得牙根儿直痒痒。责任内阁制这个孙中山设计的紧箍咒,太让老袁头疼了。

老"猿"决心把这个紧箍咒给摘掉,自己量身定做一件法器。

18 日,袁世凯又向国会争"宪法公布权",提出"所有之法令,均须经大总统公布,始能有效"。

袁世凯之所以这么做,是怕国会万一天不怕、地不怕,抢先公布出来,白纸黑字,就麻烦了,由自己来公布才算生效的话,那么就有机会把国会制定的不利于自己的法律条文给抹掉。

其实当初总统选举法由国会公布时,他就不高兴,他认为法律的公布权应该属于总统,立法机关不可直接公布。只是当时他要委曲妥协,以待国会选举他为总统,所以不便显露出不满态度。现在自己大权在握,这个权力必须抢来,以免自己以后处处受制于国会。

大哥，我们挺你

袁世凯在政府公报中特意强调指出他如此修改约法的原因：

本大总统证以二十阅月之经验，凡从约法上所生障碍，均有种种事实可凭。

国事日削，政务日隳，而我四万万同胞之憔悴于水深火热之中者且日甚，凡此种种，无一非缘《约法》之束缚驰骤而来。

顾政治能刷新与否，必自增修约法始。

盖约法上行政首长之职任不完，则事实上总揽政务之统一无望。故本大总统之愚以为临时约法第四章关于大总统职权各规定适用于临时大总统已觉得有种种困难，若再适用于正式总统，则其困难将益甚。

一百年后的今天，如果抛开公心、私心，从纯技术角度来看，老袁的这个方法其实还算是有其合理性的。一个国家在建国初期，百废待兴，确实是需要强力推进的（考察一下历朝历代开国之君的执政行为，自然就会明了）。把权力均分，其出发点是每个人都妥善地用好自己的权力。我们希望每个人都是道德君子，奉公守法，但这个目标可不是轻易能达到的。如果行政首长没有权力，确实许多事推不动，袁世凯这句话，并不是太过分。他后来私心越来越膨胀，走向了另一条路，那另当别论。单就此话而言，集中力量办大事，情可理解。

正如刘小枫教授认为："一个传统民族成为国家，要求最低限度内在凝聚力，这个内在凝聚力作为一个政治形式，需要靠一种领袖的力量。"

对比一下美国总统都有哪些权力，就能更清晰地发现袁世凯对权力的要求。

美国没有内阁总理的设置，因此美国总统担负所有宪法赋予行政首脑的一切责权，也就是说，总理的活，也是总统来干。

美国国会通过的任何立法议案，不经总统签署不能生效。

总统提名和任命内阁官员，虽然需要国会认可，但官员任用的权力集中于美国总统手中。

袁世凯提出《增修〈临时约法〉案》的时候,国会制宪已进入三读,因此议员们认为正式宪法即将完成,《临时约法》即可废止,没有增修《临时约法》的必要,乃置之不议。

国会居然变得强硬起来,袁世凯感到意外,却也很兴奋:本来就看你不顺眼,找借口都找不着,这回送上门来了。你们还硬啥呀,有什么资本可硬的呀。

国会就在准备通过宪法时,袁世凯得知宪法与自己的要求相差较大,于22日派代表前来陈述意见,其实质就是监督和干涉。

国会也来脾气了,他们尽力控制立法权,这是他们想制约袁世凯的最后的机会了。国会拿着宪法文本告诉袁世凯:除两院议员外,其他机关人员不但不能列席,即使旁听也不行。

袁世凯听后勃然大怒:你们想搞针扎不进、水泼不透的独立王国吗?这是赤裸裸的国会专制!

议员们大概是想,我们就这么点权力了,你给我们点儿面子不行吗?

而袁世凯认为,在选总统的时候,你们就如此不识抬举,选了三次才算勉强通过,总想与元首对着干,现在制宪还这么磨叽。这就更坚定了袁世凯把这群人赶走的决心。

10月25日,袁世凯亲自向各省军民长官通电,授意群起反对宪法草案,并让各省文武官员逐条讨论。

通电说:你们这些议员仍是国民党的代言人,不是为了国民,是为了一党之私!国民党人破坏者多,始则托名政党,为虎作伥,危害国家,颠覆政府,事实俱在,无可讳言。

袁世凯经过几年的磨炼,对于如何争取民心、如何从自己的角度来理解民主、如何运用舆论达到自己的目的,已经非常熟练了。他接着要为自己扫除国会障碍而辩解。

袁世凯在电文中继续煽动大家的情绪:这个宪法于国有害的条款比较多。国会的作为,实际上是要消灭行政权,就是把总统的权力给弄没了的意思。而且,行政权没了,天下文武官吏的任免大权,都交给百十个议员了,这就是无政府。

袁世凯最后总结并反问:你们这种违背共和政体之宪法,影响国家治乱兴衰,这怎么能行?

因此,你们这些文武官长,同为国民一分子,各负保卫治安之责,对于国家根本大法,利害与共,也不能知而不言,务望逐条研究讨论!

这个大帽子扣的,"国会专制""无政府",一下子就点燃了袁世凯追随者的火。原来国会的实质是这个呀? 那我们可不允许。

袁世凯做坏事,也是有章有法、有思路有套路的,绝不会像强盗抢劫一样,一点儿技术含量都没有。

他抛出电文,这招叫投石问路。一般来说,领导者这么做的意思就是,我的态度已经表明了,看你们的了,到底是挺我,还是挺他? 到底想站在哪条路线上?

冯国璋首先发难:你们这些议员的行为,完全是受国民党在幕后指使。国民党在南方没有得志,现在又来肆毒宪法。国民党的破坏主义,足以危害国家。宪法是国家根本大法。你们破坏宪法,就是破坏国家。

冯国璋的逻辑非常清晰! 既是紧跟袁世凯,又直接给不听话的议员们定性,表明这是有组织、有计划的夺权行为!

各省都督、民政长、镇守使、护军使,纷纷通电,说天坛宪法草案有不合理的地方,要求重新审定宪法。湖南都督汤芗铭、江西都督李纯通电各方主张解散国会,搜捕乱党,立即引起一片附和。辫子军统帅张勋痛斥:"宪法草案荒谬绝伦……勋虽不才,诛锄叛逆,以身许国,万死不辞。"淮军老将姜桂题骂国会议员为国民公敌。

袁世凯可不像载沣那样乱炖,他像一位高级的烹调师,不紧不慢地运用着各种材料和调料,同时静静地观察着火候。

哑巴吃黄连

政治这东西说复杂也复杂,说简单也简单。

袁世凯让秘书把这些通电文稿都拿过来,准备认真研究一番,仔细地捕捉字里行间表达出来的信息。他从不看那些表面文章，而是要从泛泛而谈中寻找那弦外之音，这样才能分清谁是自己人，谁在浑水摸鱼。

不过还好，下面的人都比较聪明，基本上没有人为国民党说好话。

气氛烘托得差不多了，该到重点了。

伯仁必须死，但不能由我来杀他，必须找到这个能杀他的人来动手。

既然国民党主要领袖都被通缉，国民党的议员们已经没有了任何本钱与之抗衡。要是乖乖听话还好，一有异心，立即诛灭。这就是袁世凯早就设好的逻辑终点。其实，即使没有异心，袁世凯也不会让国民党再存在下去了，他绝不会让任何威胁到自己权力的力量在身边存在。因此，必须要想办法把国民党定为非法组织！

袁世凯要杀人，还要个陪绑的，但不能由自己动手。所以，必须由另一个有权力的人来代劳，他想到把国务总理拉进来。只有总理签字，这才更显得有分量。你看，按程序来说，是总理提出，我来同意，这就是民意，没办法。

11月3日上午，袁世凯在总统府内设好套子，约内阁总理熊希龄前来议事。

熊希龄进来后，刚往桌前一坐，正面带微笑准备汇报情况，突然间，他脸色变了，因为，他看见了在袁世凯的办公桌上，放着一摞卷宗，是前司法总长许世英调查避暑山庄盗宝案的有关材料。熊希龄知道这是关系自身的事，当下便坐立不安。

要命的证据要用在节骨眼儿上。就像一个人拿枪，咣地一枪把子弹放出去了，这不可怕，怕的是，他不发射，子弹就在枪里，枪口挨个对准大家，你不知道他要射向谁，这才是最恐怖的事。

原来，熊希龄在当总理前，曾任热河都统。热河是清廷的行宫所在地，行宫里面珍宝无数，古玩字画，珍珠翡翠，应有尽有。历任都统来的时候，都要点验，然后大肆侵吞。

熊希龄担任热河都统以后，因正值库仑蒙匪叛乱，他看到行宫古玩盗卖严重，加之房屋因年久失修，破败不堪，为保护这些珍贵文物，连续两次呈文袁世凯，要求修整行宫和整理陈列文物，并建议将文物装箱运往北京,作价卖给民国博物馆。

袁世凯批准了。熊希龄在修理行宫的过程中,由于经费紧张,在袁世凯首肯之后,从文物中选了十多件贵重的器皿变卖,充当修缮经费。

但是,袁世凯一面支持熊希龄,一面指使这里的其他前清内务府官员暗中监视熊希龄。这些官员脑子多灵活呀,把自己偷的、以前丢的各种东西,统统算到了熊希龄的头上,里外加起来说是少了200多件。这样一来既达到了袁世凯的目的,也达到了盗宝人的目的,只是苦了熊希龄。

袁世凯故意压置不理,其实是留待以后准备随时拿到熊希龄府上安装定时炸弹。

待熊希龄组阁完成、国会选他为正式大总统之后,熊希龄的利用价值没有了,他突然打出这张王牌。

袁世凯一看熊希龄的脸色,就知道震慑的目的达到了。亲热地说,秉三(熊总理字秉山)哪,你最近是不是太累啦?脸色不大好,可要注意身体啊。你要是累倒了,国事谁来替我分忧啊?

客套完后,袁世凯直奔主题。

国事如此之乱,皆因国民党人处处掣肘,太令人痛心了。我国现在是责任内阁制,不把国民党人这个障碍给消除掉,内阁也不能很好地执行职责,总统的权力也没法有效行使。为今之计,要想把国家治理好,非得解散国民党不可。这是我的意见,总理,你看呢?

熊希龄马上同意,签字,解散国民党,必须地。他们先在国内挑起战争,又在宪法问题上继续发难,这能不解散吗?

说办就办。

1913年11月4日,在军政执法处(相当于明朝东厂、西厂、锦衣卫的角色)的指挥下,北京军警包围了国民党北京支部,第二天又包围参众两院,共计收缴国民党议员的证书、徽章300余件。

袁世凯计算了一下,剩下的两院议员仍然符合法定人数标准,这不行,坏事要么不做,要做就得做绝,免得他们还有机会继续开会来与自己对抗。于是,又命令军警追缴湖口起事前已脱离国民党籍和跨党的议员80余人的证书徽章,两次总共取消438人的资格,超过了两院议员的半数。这回自己才安全了。

那个鼓捣了很长时间的宪法起草委员会,因为20余名国民党议员被取消资格,外加数人辞职,宣告解散,这标志着天坛宪法草案的流产。

11月14日,袁的第三道解散国民党命令中,勒令所有已追缴证书和徽章的议员们,如果要离开北京,需要觅五人以上的连环保,担保离京后不发表任何反对袁政府的言论。

如果说,解散国民党议员,把候补议员弄上来,那么恢复国会也不难,国会照常能运转。但是,袁世凯并没有急于恢复国会。进步党人眼巴巴地盼着自己人多进国会,可袁世凯就是不吱声。

袁世凯的目的,哪是解散国民党呀,他是要步步为营,先解散国民党,后解散这个牵扯他的国会。

没说出来的,才是主要目的。醉翁之意,不在酒啊。

权力这个东西是柄双刃剑,用起来不难,难的是要用得巧妙。"轻用其芒,动即有伤,是为凶器;深藏若拙,临机取决,是为利器。"

用权的时候,要师出有名,哪怕是编造的;要有理有据,哪怕是伪造的。有了"法",就能暂时堵住众口,使对方"哑巴吃黄连",让对方敢怒不敢言。

卸磨杀驴

袁世凯不想恢复国会,但又不想承担解散国会的恶名。怎么办呢?

11月26日,他下令召集"政治会议",共商国是,准备以此取代国会。政治会议是袁世凯的首创,由每省派两人,国务总理派四人代表,每部各派一人,总统派十人,由此组成(大家注意,这是"派",而不是"选")。

12月15日,袁世凯在居仁堂把剩下的69名议员召集起来训话:

——民国以来,人民滥用自由,主张共和的人,却在托共和政治之名,行暴民政治之实。

——纵观世界,国力之强弱,主要看的是该国内政外交搞的怎么样;而内政外交如何,又看这个国家的政府强弱与否,这个强弱程度,与国家实行君主还是实行民主，并没有关系。

——因此，当前救国之道，在于解散国会，修改约法。

他没说出来的话，就是权力要归总统。

当天下午，政治会议开始召开，准备替代国会，行使权力。但其对袁世凯的限制就远不如国会，毕竟，这些人是袁世凯首肯"派"来的，是秉承旨意的。

袁世凯上面的训话，听着有些蛮横，不过，平心而论，不管是从政治学角度，还是当年中国的政治实践角度，袁世凯的这一番话，也并不算太出格。

亨廷顿在《变革社会中的政治秩序》开篇第一句话便道："各国之间最重要的政治分野，不在于它们政府的形式，而在于它们政府的有效程度。"大师的意思是说，如果政府不能有效管理国家，即使形式再花样繁多，名字叫得再响亮，也是个无能的政府，这样的政府是不合格的。

袁世凯气势正盛，下面的人莫敢不从。

12 月 22 日，黎元洪领衔，22 省都督、民政长、护军使 39 人，共同谴责国会，要求解散国会，这达到了袁世凯要求的民意。

民主，民主，多少人假汝之名行专制之实啊？

1914 年 1 月 10 日，袁世凯根据他得来的民意，下令停止全体国会议员职务，每人发旅费 400 元，饬令回原籍。

同时，袁世凯新成立了一个"筹备国会事务局"，接收参议院和众议院。

挖墙脚的目的，不是为了墙脚，而是为了让一面墙倒下。

袁世凯做事的套路，还是明显的。下一步要干什么呀？

改制，把责任内阁制改成总统负责制。改成总统制之前，先要干什么？踢开总理。

袁世凯把熊希龄等这样的进步党人拉上来，绝不是为了分去自己的权力，而是为了把做坏事的罪名分给进步党人，在国民党和进步党之间种下永远不可能和好的种子。他们两党不联合，袁世凯就能更轻松地分而治之。

就在袁世凯即将发出解散国民党的命令之前,进步党首领梁启超听到袁已决心这么做了,匆匆忙忙地跑到总统府,希望袁顾全大局,切勿走向不可收拾的路上。袁世凯耐着性子听完梁启超苦口婆心的劝说后,只淡淡地说了句:"晚了! 命令已经发出了!"

兔死狐悲,唇亡齿寒,进步党人终于意识到了问题的严重性。此前他们只想取国民党而代之,现在才明白自己有多幼稚,成了袁世凯杀人的一杆枪。解散了国民党,下一步,这样的命运肯定会轮到进步党了。

梁启超和汤化龙等人在秘密会议上认为总统此举是非法的,必须反对,可是大家有什么力量来反对袁世凯呢? 国民党兵强马壮不也是烟消云散了吗? 进步党向黎元洪求救,也已经于事无补了。黎元洪早就经过了反复思量,觉得不论在政治上还是军事上,都根本无法与袁世凯对抗,否则他也不会乖乖地跟段祺瑞来京。硬对抗的结果,只能是国民党的下场。这一点,黎元洪看得清清楚楚。

为了彻底改掉内阁总理这一制度,袁世凯又开始制造舆论。

他在闲谈时,经常放出风来,话里有话地抱怨说:"现制总统、总长、都督为三级制,共有三总,殊多滞隔!"

可能是进步党人已经嗅出了袁世凯的下一步动向,进步党人汪荣宝出任比利时公使前,进谒袁世凯,直接劝道:您最好别实行总统制啊,这个总统制,取消了内阁总理,那您不就事事处在风口浪尖上吗?

他不知道,袁世凯从担任临时总统至今,内阁制的诸多不便早让他痛下决心一定要废除之。

袁世凯毫不留情面地直接反驳道:你这话不对吧? 咱们国家以前实行的就是责任内阁制,可只听国民党喊讨袁,没说讨伐哪个总理呢。这怎么解释?

硬生生给顶了回去。汪荣宝哑口无言。

在袁世凯的授意下,观风拍马者比比皆是。1914 年 1 月 24 日,安徽都督倪嗣冲首先通电各省,倡议修改约法,实行总统制。

表态这个东西,是要抢占先机的,关键时刻的表态,是会为自己日后在政坛上加分的。要是等人家都表态完了,你再慢腾腾地开口,这么不情愿,政治态度这么不鲜明,那么不仅啥也轮不上你,而且还会被怀疑立场不坚定而被拿下。

领导吹牛皮到忘我的时刻,正是溜须拍马的大好时机。

各省群起响应热捧:袁公乃绝世之才,理应赋予更大权力来为国家做出更大贡献。如果元首无权,这简直是蛟龙困沟,天理难容……冯国璋画龙点睛地总结道:民国应于世界上总统总理之外,另创一格,总统有权则取美国模式,解散国会则取法国模式,使大总统有更大权来施展平生抱负。

各省的呼声越来越高,内阁总理熊希龄一看,得了,总理已经没法当了。于是,他称病请假了。

袁世凯既然下决心要废除内阁总理制,改为总统负责制,就绝对不会再手软了。他已经痛感自己在民国成立前,没有用北洋军把大家打服,进而给自己权力的实施带来无限障碍的难处了,这次他决定把坏事一做到底。

1914年2月,熊希龄在家病休的时候,北京的几家有影响的报纸如《新社会日报》《群强报》等,突然登出熊希龄盗取热河行宫古玩的新闻,指名道姓地提了国务总理和盗宝案有关,京城内外顿时轰动。

直到这时,熊希龄才彻底明白中了袁世凯的圈套,掉进了他精心布置的陷阱之中,熊因涉嫌盗宝被迫灰头土脸地辞职。

至此,"名流内阁"运行五个月后垮台,暂时由孙宝琦代任国务总理。

孙宝琦,大家比较陌生,他有个女儿叫孙用蕃,是张爱玲的继母。这样,大家能稍微知道他是何许人也了吧?

到底还是张爱玲的名头响亮。

袁记约法

袁世凯用了这么多招式,扑灭革命,解散国会,请君入瓮,卸磨杀驴,他在折腾什么?

所有的政治活动,都是围绕着权力而展开。袁世凯自然是在集中权力。

袁世凯集权的事实已经研究一百年了，无需再多着笔墨。可是，我们有没有认真思考一下，他为什么要集中权力？

难道就是人们所说的，权力欲膨胀？

乔治·克拉克爵士在《十七世纪》中指出："将漫长的历史进程概括为孤立的一句话，必然会导致错误。"社会文明进步到今天，我们确实不应该以那种简单、粗暴而又自以为是的方式来看问题了。正如黑格尔在《小逻辑》中所说："要获得对象的真实性质，我们必须对它进行反思。惟有通过反思才能达到这种知识。"

权力欲膨胀的因素肯定是有，而且是大大地存在，但是我们有没有从袁世凯作为一个国家元首的角度来思考他为什么要集中权力？再放长远一点儿，有没有从转型社会、从后发展国家步入现代化的角度来思考为什么要集中权力？诚然，袁不懂现代政治学，但是，在追寻他执政方略的踪迹之时，能不能在其中发现并汲取有价值的经验与教训？或者说，能不能发现其中的合理之处？

人，坐在什么位置上，就要思考什么问题。不管是脑袋决定屁股，还是屁股决定脑袋，人都要思考与他身份相同的东西。这才是正常的。

国家元首思考的，必然是权力，如果像李煜那样思考的是诗词和女人，人们会原谅他对江山社稷的不负责任吗？

其实，集中权力，不是贬义的"集权""专制"，而是后发国家领导人为了解决国家建设过程中的主要矛盾而采取的过渡办法和权宜之计。

单从袁世凯身上，可能看不太明显，这个时候，如果把目光转向孙中山，看一下孙中山在二次革命失败后，痛定思痛，总结反思，由此采取的一系列应对措施，可能会对后发国家领导人在建国初期"集中权力"的做法有一个更加理性的认识。研究政治家在不同历史时期采取的不同举措，这样会对他们如何总结经验的思路脉络有个清晰的把握，这对于理解风云变幻的历史进程大有裨益。

花开两朵，各表一枝，先来仔细品味一下"袁大头"的做法。

袁世凯要增修临时约法，国会不同意。现在国会解散了，总理踢开了，大权在握了，这回要修改约法，再也没人阻拦了。

1914 年 1 月，袁世凯向政治会议提出修改约法草案。政治会议已然成了袁世凯的御用工具，便马上筹建一个"约法会议"。这个约法会议的60 名议员，名义上是由各省区选举产生，实际上都是袁世凯指定或经由各都督保荐而来的。袁世凯为了装点门面，还把老同盟会的会员孙毓筠拉来当议长（袁世凯称帝前，筹安会六君子鼓吹帝制，就有孙先生的一份功劳）。

3 月 18 日，约法会议开幕。

开会的主要任务，就是要把袁世凯的"圣意"贯彻进去，付诸实施，袁世凯当初提的增修临时约法案的七款，全部加了进来，仅在数天之内，便毫不费力地形成了一部《中华民国约法》。5 月 1 日，袁世凯正式公布《中华民国约法》，同时宣布废止《临时约法》。

这个"袁记约法"，与孙中山的临时约法背道而驰。袁世凯认为，只有这样，才能合乎中国的国情，充分表示出中国"国家制度之特性"。否则，中国就不成其为中国，就会混乱。

"袁记约法"，终于把责任内阁制变成了总统制。现在的总统，除了囊括袁世凯所要求的全部权力，还可以"解散立法院"，把国家最高立法机关置于自己的股掌之下，权力远远大于法律，不顺自己心就可以撵他们回家。而给立法院的权力是：立法院要想弹劾总统，必须全体议员的五分之四出席，出席议员的四分之三通过，才能向大理院提出，而大理院受理与否，还要由总统决定。——这就和没规定一个样了。

"袁记约法"还成立了"参政院"，其职能是"应大总统之咨询，审议重要政务"。所有参政院的参政，必须由总统钦定。参政院推荐 10 名委员组成宪法起草委员会，起草宪法。而宪法草案经参政院审定后，"由大总统提出于国民会议决定之"，但是，还有下文，"国民会议由大总统召集并解散之"。

这样，袁世凯一个扣一个扣地把大家全系上，他自己在这个绳索之外拿个棒子巡视。

这像南怀瑾书中的一句诗："天下文章数三江，三江文章数吾乡。吾乡文章数吾弟，吾为吾弟改文章。"

啥都是他天下第一了！

袁世凯把责任内阁制废除后，没有了总理，那用什么来代替呀？这难不倒袁世凯，他在"袁记约法"中规定，行政以大总统为首长，置国务卿一人赞襄之。

袁世凯争了半天的任免官员的权力，他的内在含义，可不是说提拔不提拔某个人的问题，原来主要目标在这里，在制度安排上，就是要踢走内阁总理，换上国务卿。

新设的国务卿，形式上既与国际接轨，因为美国官制中有此职（不过美国的国务卿指的是外交部长），又符合中国的政治传统，总得有一个人来辅佐国家元首吧。袁世凯设下的这个国务卿，在民国的政治构架中，大概相当于传统社会的宰相之职。

而且，称呼"卿"，正是古代君主对臣下的称呼。不知道袁世凯此时有没有恢复帝制的想法，但这个国务卿的官制，确实像古代的官名。加上袁世凯任命的其他官员，也采用了古代官制称呼，不能不让人联想，这是为称帝埋下的伏笔。

袁世凯制定新的文官官秩。官分九秩，即上卿、中卿、少卿，上大夫、中大夫、少大夫，上士、中士、下士。国务卿徐世昌为上卿，其余文官按其资历、地位分别授予不同的官秩。把秘书改称内史，其他监、丞、舍人等，也开始在民国出现。

皇权时代的官名，开始悄悄复活，袁世凯开始集中权力了。

1914 年 5 月 24 日，袁世凯公布参政院组织法。26 日任命副总统黎元洪兼院长。

参政院于 6 月 20 日召开会议。

袁世凯，你还没完了，你还要干啥呀？

领导干部终身制呀！当个终身总统多好。

防止藩镇割据

当袁世凯还是大清臣民的时候，摄政王给他三年的冷板凳，使袁世凯的心变得更加坚硬；临时约法设置的内阁总理处处牵制，使袁世凯对权力的理解更加现实。

残酷的政治斗争教义告诉袁世凯，他绝不能再失去权力了。从私里说，政治家失去权力，就可能失去性命；从公处说，没有权力，想做什么事都做不成，总有人在旁边指指点点、说三道四。

因此，深切体味过政坛波峰和波谷的人，一旦权力失而复得，自己又可一览众山小的时候，任何人也休想再把他从这个位置上赶走！过去的坎坷和挫折教会了他如何保持自己的权力，使他更懂得如何对付对手。

这是附身在中国人身上的文化咒，受咒的岂止袁世凯一人？

参政院开会是要把袁世凯的一个主要目的达成，那就是由梁士诒提出"大总统选举法修正案"。这个修正案经过讨论磋商，8月得以通过，袁世凯当年年底公布了正式的总统选举法。新的选举法规定：总统任期10年，连任亦无限制。总统继任者由现任大总统推荐3名候选人，写在金简上，藏之金匮石室，然后在此三人中进行选举。大家一看，这不会是要把总统位置传给袁克定吧？

袁世凯集中权力的第二步，是防止藩镇割据，集中军权。

皇权社会不是法制社会，皇权社会中统治者一怕朝中有权势者发动宫廷政变，二怕下面的诸侯拥兵自重（一个是要自己的命，一个是要老百姓的命）。因此统治者历来对军队防范极严，采取各种措施来切割。

宋太祖赵匡胤杯酒释兵权，解决了资格老的将领功高震主的问题，他紧接着采取的措施是以文制武：文官有调兵权而无指挥权，统兵大员有指挥权而无调兵权。这样虽然是解决了军队稳定问题，可带来了一个严重后果，兵和将之间不能上下一心，极大地损伤了军队的战斗力，所以宋代军队是屡战屡败。

然而，皇帝越是防范，越是容易出问题。人存政举，人亡政息，这里面的问题出在哪里呢？

从宏观角度来说，这是因为没有法制的制约。但是，如果把目光转向微观，我们可以这样说，是因为根子上没解决好，有一个环节没打通，即用人方略上出现了问题。

皇权向民主转型的过渡时期，也不能叫法制社会，法制社会不是贴个标签儿就成功了的,袁世凯的用人方略,跟皇权社会没什么两样。这也怨不得他,这是时代的通病。

袁世凯用人的致命弱点,也是中国传统政治体制下用人的致命弱点。袁世凯精心编织的权力网的内部结构,就君臣之间来看,是纵向的、"恩主——被保护人"式的关系(萧功秦语),就臣臣之间来看,是横向的、互相竞争、互相拆台、保全自己、踢倒他人的关系。

为什么要这样形容这种关系呢?

皇帝要想坐稳自己的宝座,必须要求下面的人忠诚于他,必须要求大臣和臣民对他负责。因此,属下的提拔、升迁、荣辱,甚至生死,一个聪明的上级都会顾及得到,不管是收买人心,还是真心帮助,总之是要做到让部下感恩戴德。正如拉罗什福科在《箴言集》中所说:"君主的大度常常只是笼络人心的政治姿态。"又如《易经》中"兑卦"所说:"说(悦)以先民,民忘其劳。说(悦)以犯难,民忘其死。"国家有事之时,部下能忘其家、忘其身,这样的领导才可天下无敌。

领导者在追求这个效果的时候,他还有一个致命的弱点:怕部下反他。像赵匡胤当上皇帝后,就经常忧虑,如果哪天黄袍加到部下身上,他们能不干吗? 因此,领导要想方设法防止在部下身上发生黄袍加身的情况,以解决一把手的失眠问题,这就必然要时时处处加以防范。这就是领导的思维,只要他屁股往那一坐,他的这个思维立刻就会产生。

领导最忌讳的事,就是部下背着他私下里搞串联,交头接耳,来往密切,这是领导最不愿意看到的事。这样的小集团,领导怕得要命。二人同心,其利断金;三个臭皮匠,赛过诸葛亮。只要几个人偷偷地团结起来,成了小帮派,领导的日子就非常不好过。

所以,领导只希望部下纵向地、单线地对自己负责,绝对不允许出现部下之间打得一团火热;横向之间,不许有工作之外的密切交流。要不然,就必须赶紧开缺回家。只有这样,皇帝的宝座才能安稳。而且,为了让部下横向之间不能联合起来,领导者还会不断地、人为地、偷偷地制造许多小隔阂、小摩擦,让大家互相猜疑;时不时地抛出一根骨头,让一群人上来抢,抢到彩头的就会升迁一步,以此来引导大家为了权力和利益大打出手。

然而，这样的人事结构，表面上看是江山安稳，实际上却存在着一个极为脆弱的链条，那就是，一旦老大归天，老二、老三、老四、老五、老六、老七、老八、老九一直到老疙瘩，互相不服。大家平常竞争惯了，是横向关系，老大一死立刻就蜂拥而上，争抢老大的位子。这一点，可以参照历代宫廷里老皇帝归天前后皇子们那剑拔弩张的场面。

中国历代治乱兴衰之源，与这种人事安排，有极大的关联。

这一点，不像美国的人事构架，美国设置一个副总统，只要总统不在，副总统立即行使总统职权。但平常，副总统是最没用的一个职位，人们形容这是"四轮马车上的第五个轮子"，紧急备用的轮胎。这是一个非常有序的安排，很像中国古代的"嫡长子继承制"。哪怕这个大儿子就是个白痴，他也是名正言顺的财产或王位继承人。

不过，美国副总统制比中国古代社会的嫡长子继承制的高明之处，就在于副总统不是由白痴来当的，也得是个才能出众之人。所以，美国副总统接班的体制构架，是挺科学的。既有序，又不至于选白痴。这一制度安排，是极为高明的一招。因为历朝历代的最大事，一为权力获取，一为权力交接。这两个问题解决好了，国家就不会乱。而中国历代开国君主和其他雄才大略的君主，不管是李渊、李世民、赵匡胤还是康熙，这个权力交接问题都没解决好。

为公乎？ 为私乎？

民间有句俗话是这样说的：我们不喜欢别人出风头，是因为别人妨碍了我们自己出风头。

中国的嫡长子继承制遭到破坏，是因为有人想取代长子，于是提出"立贤不立长"，后来又有人提出"有学历不一定有能力"，这些从理论上来说都是对的，但是，仍然没有达到像美国副总统制这样既有能力又有顺序的权力交接。普通的一句"不一定有"就像"莫须有"（也可能有、也可没有），暗中置换掉许多人，其实质却是无故地增加了许多莫名其妙不明不白的候选人(这才是要害、重点,是话里布下的玄机),每个人都想跃跃欲试,也就是说,"准入"资格太宽泛(美国只选一个副总统等着总统出意外时来接权,可是我们有"能力"的人太多,有十个、百个人等着击鼓传花来抢一个座位)。于是,不仅王位继承就此大乱,就是各个不同领导职位的权力交接,也乱成了一锅粥。

每当一个领导要到任的时候,许多双眼睛,警惕地盯着可能的人选和潜在的对手,然后,打小报告的、告状的、无中生有捏造事实的、明枪暗箭的全部袭来。

当然,这是"文明"的手段,或是"文"的手段,而国家动荡不安的时候,大家干脆就用武器来说话了,运用"野蛮"的手段,或是"武"的手段。打服一个是一个,踹翻一个是一个。

明白这些,就会明白为什么袁世凯死后,北洋天下再无宁日的原因。

明白这些,也会明白袁世凯当上正式大总统后,采取的一系列措施的深层原因。这里不能轻易地用对与错的道德来判断,这是一种政治传统、政治习惯和政治潜规则,并形成了一套相应的文化,只要是皇权社会,它就击不破。

对于一个国家来说,建国以后,集中权力,保持稳定,这稳定确实是第一位的,否则,遭殃的只能是百姓。

而对于一个新生的国家来说,热情的理想主义是解决不了实际问题的,甚至有可能走向事物的反面,只有铁腕才能控制住国家。

政治,就是这么残酷;战争,就是这么残酷;现实,就是这么残酷。

为了更好地理解这个后发展国家的集中权力,这里还是用政治学理论来进行解释。

亨廷顿在《变化社会中的政治秩序》中深刻地指出:

1.麦迪森在《联邦党人文集》第五十一号中警告说,组织起一个由人统治人的政府,极大的困难是:首先你必须使政府能控制被统治者,然后还要迫使它控制其本身。

2.在许多处于现代化之中的国家里,政府连第一项职能尚不能行使,何谈第二项。首要的问题不是自由,而是建立一个合法的公共秩序。

3.人当然可以有秩序而无自由,但不能有自由而无秩序。必须先存在权威,而后才谈得上限制权威。

4.在那些处于现代化之中的国家里,恰恰缺少了权威,那里的政府或不得不听任离心离德的知识分子、刚愎自用的军官和闹事的学生的摆布。

(塞缪尔·亨廷顿:《变化社会中的政治秩序》,王冠华、刘为等译,生活·读书·新知三联书店,1989 年,第 7 页)

这几层意思综合起来,就是,先要稳定,再行民主。如果次序倒过来,国家必然大乱,百姓必然遭殃。

据说,晋惠帝一次在后宫游玩时,听到蛙声一片,就问身边的太监:池塘里的蛤蟆叫,为公乎? 为私乎?

下面人回答说:在公田里的为公家的,在私田里的为个人的。

事后,大家把这事当成了一个笑话,一直流传到今天。

其实人家就是一句幽默,可下人不懂幽默,就成了骂皇帝白痴的证据。

袁世凯的集权,为公乎? 为私乎? 这个问题太难回答了。一百年来,几乎众口一词地一致认为他是为私。就因为他叫袁世凯? 就因为他脑后有反骨? 就因为他长的鬼头蛤蟆眼?

可是,如果说中国第一个正式由民众推选的元首,竟然是这样的结果,不知该怨谁。怨对象太狡猾? 还是怨民众没眼光?

不管怨谁,都是没有任何用处的,任何事物都不是简单的二分法就能解决的。

在这里,不管他袁世凯为私还是为公,研究他集中权力的目的,也根本不是为某个人辩护,而是研究当年"为什么"会如此。事物存在就有它存在的理由。只有彻底弄清这个为什么,才能明白症结在哪里。以后的路途中不至于重演悲剧。

王开岭先生有段话,说得甚是精彩:

任何历史片段,都包含着通向现在和未来的轨道与索引。前人的耻与过,并未在我们这儿以句号落锁。若不能客观地正视当年,即无法正视今天的处境;若不能体察前人的难度,即无法预测自身的荒诞。若仅仅扮演道德法官,以局外人的轻松和"新人"的自负出场,以戏剧化、脸谱化的眼光对号入座,那么,我们是否也陷入了另一种"时间神话"了呢?

若仅仅这样,我们的批判很可能沦为:未来的犹大嘲笑历史的犹大,场外的犹大声讨在场的犹大。

我们真的诞生新人了吗?"新"了多少?

王开岭的话的确应该引起我们深深的反思。即使我们思考得不深刻、不到位,但只要能认真地总结与反思,而不是单纯的辱骂和指责,也能够对后来的社会发展有所裨益。

袁世凯为防止部下拥兵自重,设法限权、分权。对于地方官制,袁世凯于 1914 年 5 月正式颁布新官制。国家分为省、道、县三级。各省民政长均改为巡按使,为一省行政长官,管理全省民政事务。巡按使一律由中央任命,不许保荐。巡按使除了监督财政、司法及行政事务,还管辖巡防营、警备队等地方武装,从都督手中分得一部分军权。

同时废止立法、行政、司法三权分立的美式制度,取消司法独立,仍然像古代一样,县太爷当堂审案。——与其说是废除西方式的制度,还不如说是把权力往一把手这里集中。

袁世凯特别集中了军权。6 月 30 日,袁世凯下令各省都督改称将军,督理本省军务,其性质仅为统率办事处派出代管当地驻军的指挥官。

在北京建立将军府,其性质是"军事之最高顾问机关",任命段祺瑞为建威上将军兼管将军府事务。授衔完毕,各将军拥袁世凯为"神武大元帅"。

人性的悲哀

自从设立陆海军大元帅统率办事处以后,袁世凯直接把军权控制在自己手里,轻松一挪窝,就把以前陆军部的实权给收了,这样段祺瑞的大权就给置换掉了。大家可不要小看这个名称改革,每次改名,里面都有重大玄机,内行者自然能窥见里面的奥妙。

一般来说,一个国家建立初期,有功之人和自认为有功之人特别多,这样就会出现职务安排上的难题。

领导干部的工作不好安排,怎么办?

一方面可以设立更多职位,人人都给个官做,弼马温也行,管领导干部公车的,也是公务员呢;一方面可以像汉武帝"推恩令"一样,在既有的范围内,多划分一些行政区划,使各诸侯的地盘变小,这样与中央对抗的能力就减弱了。

袁世凯采取的正是后招。

袁世凯没有采取刘邦、朱元璋式的诛杀功臣,也没有像斯大林式的一波又一波肃反,避免让部下对自己恐惧,这是袁世凯的心慈之处。这样虽然暂时和睦了,但是恩主庇护式的脆弱链条一旦断开,带来的灾难将是毁灭性的。这也为袁世凯死后,各路诸侯相互纷争埋下了的伏笔。

这就像自然界的食物链一样,狮子既不能不吃狼,又不能把狼全吃光,就是要把狼控制在一定比例之内。而且,狮子在的时候,会镇得住这个局面,维持这个秩序,但狮子一旦死亡,狼立刻会泛滥成灾。

有人会问,按这个逻辑推下来,杀功臣就是对的吗?非也,非也,杀人肯定不对,但是元首确实是要通过各种理由想方设法剥夺一部分人的既得权力或既得利益,并对一把手的位置,做出明确的资格准入规定。就像美国总统选举,从理论上说,每个人都有机会,但事实上最后就那么两个人,如果几万个人在这里竞选总统,那这个国家也该完蛋了。

这个问题非常复杂,绝非几句话或几篇文章解决得了的。但总体上,从制度和人性角度来说,制度如果处理好了,可能会弘扬人性善良的一面;可是如果制度的不善与人性的另一面两个弊端相结合,那么,本源(制度)问题无法发挥应有作用的情况下,在皇权时代诛杀功臣和骄兵悍将,将可能是两害相权择其轻的一个不得已的办法。只有这样,才能以牺牲少数人来换取亿万人民的安宁和乐。

所以打天下的功臣们经常会喊:狡兔死,走狗烹。

这是制度的悲哀，也是人性的悲哀。

其实，人们一般看到的是领导的刻薄、寡恩，很少看到此举会给国家带来的稳定。

韩寒曾经指出："无论你是什么阶级，无论你是哪个思想家，哪个政治家，哪个军事家，研究出如何获得权力的都不伟大，研究出如何限制权力的才是伟人。"

从这个角度上来说，能称得上伟人的，还真是凤毛麟角。

领导必定是有私心的，没有私心的话，自己也生存不下来；领导必定是不信任别人的，他们宁可用层层牵制、钳制和监督的办法，也绝不轻易相信任何一个人。

然而，袁世凯的失误在于，既不相信任何人，也没有及时剥夺一些可能尾大不掉的功臣的权力，更没有对其进行肉体消灭，这些人逐渐坐大，形成自己的势力范围。

本来应该忠于自己的人离心了，本来应该换掉这批人，提拔不摆老资格的新人，确保部下像狗一样忠诚自己，袁世凯却没有提拔。

从袁世凯不杀功臣的角度来说，他没忘一起打天下的兄弟；但如果从国家元首所应完成的任务来说，袁世凯的政治谋略，在此处是不及格的。不管是赵匡胤对功臣的和平解决，还是朱元璋对功臣的肉体消灭，其手段不同，其目标是一样的。从私里说，是为自己的子孙坐稳江山着想；从公处说，是为国家和人民不至于重遭动乱考虑。

像古代的刘邦、朱元璋这样心狠手辣的君主，部下对之是胆战心惊，说句错话都会吓个半死，生怕麻烦找上前来，所以在这样的恐怖中实现了江山的稳定。

而到了民国，大家有了一定的法制观念，肉体诛杀式的策略已经弱化，袁世凯没有来得及研究出一套洗脑和征心的手段，也没有用赵匡胤式的胡萝卜加大棒方式收权，只是想办法给所有功臣封个官。

如果君主凶巴巴地吃人，那部下有贼心也没贼胆；可是如果部下有贼心又有贼胆，拥兵自重，这不能不说是袁世凯作为国家元首角色的失误，他没有发挥开国之君应起的作用。

其实，一项决策不可能让所有人都感到满意。马基雅维里在《君主论》中明确指出："一个人如果在一切事情上都想发誓以善良自持，那么，他厕身于许多不善良的人当中定会遭到毁灭。所以，一个君主如要保持自己的地位，就必须知道怎样做不良好的事情，并且必须知道视情况的需要与否使用这一手或者不使用这一手。"说白了，就是君主既要懂得行善，又要懂得作恶。

有道是，仆人眼里无伟人，说的是大家对领袖的优点缺点太熟悉了，领袖也不是事事都英明，如果有些事没做好，这些部将是看在眼里、记在心上的。

这些有功之臣，看见袁世凯起了私心，只想自己江山稳定，伤害了功臣们的利益，自然就会心存不满。

在这里，既不能鼓励袁世凯杀人，又不能鼓励功臣实现自己利益最大化，这是历史评价的两难之处。

总之一句话，袁世凯没有把不稳定的苗头给扼杀在萌芽状态，而是任其如野草般疯长。

一个农民，在自己的一亩三分地耕耘，需要把多余的苗给拔掉，以利于获得更有序、更丰满的成果。如果种了地，只除草，不间苗，那这个慈悲心肠，换来的结果，只能是一片荒芜。

芝兰当道，也是不得不除，谁让它生的不是地方。

北洋这个天下，注定是乱的。这一亩三分地，注定是没有好收成的。

如此看来，袁世凯的好心，也是办了坏事。

顺便再提一句，前文说道，袁世凯把中国传统的"郡县"制，弄成了"省道县"制，这其实是袁世凯在把权力向自己集中的同时，糅合了汉武帝的"推恩令"，把下面人的权力尽量分散，使其力量越来越弱小。

对统治者来说，这么做的初衷无可厚非，可是，政治制度构架中多了一个"道"，虽然解决了功臣的安置问题，却从此带来了国家官僚机构的骤然膨胀，增加了一大批官员。这是袁世凯所想不到的。

领袖有所思

初步品味一下"大头"(袁世凯)的集中权力,再来体会一下"大炮"(孙中山)于二次革命后的集中权力。

讨袁失败后,孙中山来到日本,静下心来,对此次革命进行了深刻反思。

讨袁为什么失败?革命的军队为什么如此不堪一击?

孙中山认为,这是因为国民党内部不和,一盘散沙;党内思想混乱,组织严重不纯。"非袁氏兵力之强,乃同党人心涣散",国民党已不能领导革命继续前进。

国民党的军队主要被各地方实力派控制,孙中山、黄兴等人无法做出全局的部署,更无法统一行动。二次革命发动时,南方诸省仍然是观望的居多。

国民党籍的国会议员与党中央并不是一条心,革命发起时,还有些国民党议员甚至指责国民党军队破坏和平建设。

宋教仁创立的国民党,是完全采取西法、主张阳光参政、和平竞争的议会政党,这种党组织的建设原则,没有严格的纪律,非常松散,党组织的战斗力也不强。

这种政党模式,适合国家步入正轨后的和平建设,适合国家基本制度确立之后的建设,却不适合革命时期,不适合国家和民族危亡时期,不适合受到外敌入侵时期。

孙中山认为,自从同盟会被宋教仁改组为国民党之后,鱼龙混杂,泥沙俱下,纪律全无。因此决心从整顿党务入手,重组新党,拯救革命。他准备把老国民党改造成新党,叫作中华革命党,中华革命党要求必须无条件拥护一个有绝对权威的领袖。

孙中山曾在1902—1903年间就创立过中华革命党,但创办的具体时间地址不详。中国同盟会成立之后的1910年,孙中山在美洲及南洋也曾重建中华革命党。此时以讨袁为己任、以建立真正民主共和国为目标的孙先生,又一次重建中华革命党。

此次把老国民党改造成中华革命党,孙中山特别指出:

一、革命必须有唯一(崇高伟大)之领袖,然后才能提挈得起,如身使臂,臂使指,成为强有力之团体人格。

二、革命党不能群龙无首,或互争雄长,必须在唯一领袖之下绝对服从。

三、我是推翻专制,建立共和,首倡而实行之者。如离开我而讲共和,讲民主,则是南辕而北其辙。忠心革命同志不应作"服从个人"看法。一有此想,便是错误。我为贯彻革命目的,必须要求同志服从我。老实说一句,你们许多不懂得,见识亦有限,应该盲从我……

四、再举革命,非我不行。同志要再举革命,非服从我不行……我敢说除我外,无革命之导师。如果面从心违,我尚认为不是革命同志。

1913 年 9 月 27 日,孙中山亲自拟定入党誓约,规定入党者须绝对服从其领导,无论资格多老,皆须重立誓约,加按指印。入党者要喝血酒,要歃血为盟(后代史家称此举有会党气息,而不是政党风范)。至 1914 年四五月,先后入党者达四五百人。

1914 年 7 月 8 日,孙中山在东京召开大会,正式宣告中华革命党成立。

中华革命党和同盟会一样,都设本部于东京,推选孙中山为总理。本拟举黄兴为协理,因黄反对立约按指印,并在策略上与孙中山存在分歧,拒绝入党而虚其位。本部设总务、党务、军务、政治、财政五部,由陈其美、居正、许崇智、胡汉民、张静江分任部长。

然而,中华革命党的成立,并没有达到中山先生的预期目标。由于规定入党人须于署名下盖指模,以及按党员入党时间不同享有不同权利的规定,引爆了党内许多人的强烈不满,尤其是以黄兴、李烈钧为代表的老同志,认为"前者不够平等,后者迹近侮辱"。

结果,黄兴远避美国,而"中华革命党成立,开总理选举会时,到者仅得八省,这和同盟会成立时有 17 省人士参加相差甚远。可见当时中山先生服从个人的要求只有少数人士能够接受,曾任都督而参加中华革命党者,只胡汉民、陈其美两人……"

中华革命党后来的发展也不尽如人意。革命党把武装讨袁放在首位,自 1914 年 7 月至 1915 年 12 月,在中国南方各省先后发动大小武装起义四十多次。但由于起义忽视了民族主义,组织上又采取个人绝对服从主义,军事上实行脱离人民群众的冒险主义,终于没有取得护国战争的领导权。1916 年 7 月护国运动结束后,中华革命党宣告停止一切党务。1919 年 10 月由孙中山改组为中国国民党。

中华革命党的经营,陈其美出了大力。

陈其美不仅用入党的实际行动支持了孙中山,更在黄兴赴美后,他发出了《致黄克强劝一致服从中山先生继续革命书》,信中提出了政党政治的一种"新理论",深受孙中山欣赏。

在这封信中,陈其美创造性地把一个政党划分为两个群体,一个是先知先觉一贯正确的党魁,一个是包括黄兴和他自己在内的后知后觉的众多党徒。

陈其美提出:过去我党事业的失败,是因为中山先生的理想造成的吗? 错,那全是因为没有按照中山先生理想去做! 凡是按党魁意见去做的,就一定成功,凡是未按党魁意见去做的,则必归失败。今天我们再不能误认为中山先生的主张只是一种理想而不追随,这样将来是追悔莫及的,因此,党员对党魁"绝对服从"为"当然天职"。

孙中山特把此信作为附录收入《建国方略》,可见此信深得中山先生之心。而日后重新出现在中国政坛的国民党,孙中山在其党章中明确规定:"总理有全权总揽本党一切事务","总理对于中央执行委员会之决议,有最后决定之权"。

孙中山从理想走回了现实,从权力分散走向了权力集中,这就是辛亥革命和二次革命的失败给孙中山留下的宝贵经验教训。

从袁世凯和孙中山共同选择了集中权力这件事上,我们不难得出一个基本判断:

从清朝灭亡、中国社会的巨轮由皇权转向共和开始,到袁世凯的集中权力和孙中山改党造党，中国社会的巨轮又一次掉转方向，这也正式宣布了第一阶段美国式民主共和政体实验的失败。

写到这时，忽然有一句不相干的对联映入脑海：

吕道人真无聊，八百里洞庭，飞过来，飞过去，一个神仙谁在眼？
范秀才更多事，五千年乡国，什么先，什么后，万古忧乐太关心！

又想起托克维尔的一句警告："没有充分准备的人民自行动手从事全面改革，不可能不毁掉一切。"

不觉哑然失笑！

权力由分散向集中的集体转向

无论是袁世凯，还是孙中山，经过民国初期这两年的政治实验，不约而同地将权力分散转向了权力集中，这是偶然，还是必然？到底是人性的弱点，还是时势使然？

其实，我们需要扩展视野，才有可能更清晰地回答历史上的诸多问题。

有一个普遍现象人们不应该忽视，那就是纵观世界历史，几乎所有的传统皇权国家，在西方资本主义文明大潮的冲击和洗礼下，为了融入人类文明发展大势，都以西方模式为蓝本，先后建立起西式的多党制和议会民主体制，却又几乎毫无例外地在短时期内一一失败，从而使政权落到了军事强人的手里。

如此看来，辛亥革命的失败并不是偶然现象，也不是个别现象，那么，支配这一历史现象的普遍规律、历史逻辑和深层原因是什么？

要回答这个问题，关键是要回答好"一总两分"三个问题，即：一个国家的政体是怎么产生的？西方先发展国家的政党体制产生的环境和生存的环境是什么？后发展国家应该采取什么政体？

萧功秦教授精辟地指出："一个民族的传统制度是这个民族在适应

自身环境的挑战过程中,在面对自己特殊的问题的过程中,通过无数代人的试错而逐渐形成的,制度是一个民族的集体经验的产物。"也就是说,制度是内生的,而非移植或复制的。这里尤其要强调的就是这个"内生"。

此外,他还认为:"从政治学角度来说,当一个社会开始意识到要推进自己的现代化时,就需要某种能承担现代化使命的政治载体,更具体地说,需要形成一种能有效地引导这个国家走向现代化的政治组织体制。"

西方国家的政体及其相应配套制度,是西方社会在长期应对自身政治环境的挑战过程中逐渐形成和发展起来的,并由一系列相配套的风俗、习惯、规则、制度等组成的一个环环相扣的系统,这种规则制度与其固有的政治文化、价值观念、宗教与文化传统、社会利益团体之间的契约等因素密切联系在一起,并形成各因素之间的有机的制约关系。

后发展国家的政治制度的形成,也遵守同样的规律。如果不顾本国国情和这个规律,把别人的经验拿过来强施于己,其结果,不是张冠李戴,就是东施效颦。

基本原理非常简单,但是在事实发展的过程中,却因为先发展国家的示范效应和后发展国家的赶超情结,使得后发展国家都误以为可以先进国家发展模式为蓝本,直接复制、嫁接和模仿就可以实现这一长期、复杂、渐进的历程,却又一一落入淮橘成枳的陷阱。

章太炎当时对这种仿效的弊端看得非常清楚,他认为:"追效他邦之为我之素不习者",结果是"民治未达,官方已坏,政局不得不乱"。中国的议会制是"横取他国之法,强施本土"。(汤志钧编《章太炎年谱长编》上册,中华书局,1977年,第417页。)

正因为"横取他国之法,强施本土",与中国的国情严重不符,才导致了民初政治的一派乱象,让人哭笑不得。

当年梁漱溟的父亲梁济在《伏卵集》中,有一段生动的记载:"在前门火车站,每当召开国会期间,各省议员纷纷下火车的时候,各个政党工作人员就会在火车站前,树立起本党招待处的招牌,竭力拉刚下火车的议员们住到本党安排的招待所中去。各党拉扯议员的样子,就像'上海妓女在街头拉客人'一样。那些议员们前呼后拥地先住到甲党招待所,得到各种好处与红包,承诺投该党的票,然后再到乙党招待所住下,同样再得到好处费,并答应投该党的票,拿到所有的好处后,最后投的是自己的票。"这就是当时的真实写照。

正因为在政治实践中发现了过早地民主分权这一问题的脱离实际性和严重性,孙中山和袁世凯才都选择了权力集中的道路。

袁世凯重新考虑起他一直热衷的君主立宪制,也就是后来人们所称的帝制。这一点,一定要特别注意,因为这是袁世凯后来为什么要复辟帝制的非常重要的原因。

孙中山开始了以党治国的党治道路,这是与美国体制完全不同的道路。

也就是说,先求社会的秩序,在秩序中实现经济发展,再随着人们思想观念的提升去推进政治民主化进程。

政治家们都在自己的经验教训中进行总结,并不约而同地走向了权力集中之路。应该说,这也标志他们终于由理想走入了现实。

适合的便是最好的

这里不妨再把孙中山日后的政治抉择先做一下简要交代。20 世纪 20 年代前后,孙中山在总结经验教训、结合多年思考的基础上,正式设计了"军政、训政、宪政"的政治路线图。1923 年 1 月 29 日,孙中山在《申报》五十周年纪念专刊上发表《中国革命史》一文,称:"从事革命者,于破坏敌人势力之外,不能不兼注意于国民建设能力之养成,此革命方略之所以必要也。余之革命方略,规定革命进行之时期为三:第一为军政时期,第二为训政时期,第三为宪政时期。"

军政时期即"以党建国"的暴力革命时期,训政时期即"以党治国"的建设时期,宪政时期即"还政于民"时期。

鉴于辛亥革命后中国不仅没有走向民主共和,相反却走向了军事强人独裁政治之路,孙中山认为其原因就在于"由军政时期一蹴而至宪政时期,绝不予革命政府以训练人民之时间,又绝不予人民以养成自治能力之时间,于是第一流弊,在旧污未能荡涤,新治无由进行。第二流弊,在粉饰旧污,以为新治。第三流弊,在发扬旧污,压抑新治。更端言之,第一为民治不能实现,第二为假民治之名,行专制之实。第三,则并民治之名而去之也"。

1924 年孙中山发表了《国民政府建国大纲》,集中阐述了他三阶段的政治主张:"在军政时期,一切制度悉隶于军政之下。政府一面用兵力以扫除国内之障碍;一面宣传主义以开化全国之人心,而促进国家之统一";"凡一省完全底定之日,则为训政开始之时,而军政停止之日"。

孙中山认为:"不经训政时代,则大多数之人民久经束缚,虽骤被解放,初不了知其活动之方式,非墨守其放弃责任之故习,即为人利用,陷于反革命而不自知。"

至此,我们才明白,中国的政体选择,不应该用某个人或某个党派的私心来解释,在那选择的背后,是有一双巨手在拨动的,这双巨手就叫历史发展规律。于这片土壤上,在当时的条件下只能诞生这样的产物。

亨廷顿通过研究发现亚非拉国家不切实际地以欧美先进国家为模板实行改革或革命之后,多数陷入了无休止的冲突、内斗甚至战争之中。他认为,与这些国家缺乏食品、文化、教育、财富相比,他们面临的更严重的短缺,就是"缺乏政治上的共同体和有效能的、有权威的、合法的政府"。

只有制定一套适合本国国情的有效的制度,政府才能享有公民的忠诚,从而有能力去开发资源,征用民力,创制并贯彻政策。

亨廷顿告诫各国改革者,传统的东西绝不能一笔抹杀,它们有着巨大的合理性和可资利用的价值。"传统性和现代性并非此消彼长的两个对立物,它们之间的关系是复杂而多面的,传统性不但具有顽固性,而且会吸收现代性的某些成分或层面从而获得新的生命力,譬如等级制度、种姓制度、家族因袭、裙带关系和门阀政治等就是如此。这些传统的东西实际上构成了相当多数新兴国家的特定国情。问题不是去消灭它们，而是借助它们来实现社会动员和整合，从而最终导致现代化。"

面对欧风美雨的冲击和洗礼，各后发国家力图走向现代化，这些国家中，日本是成功的典范，日本转型最快，而日本的传统性也保留得最好。这恰好与政治学大师的观点合拍。

据《菊与刀》一书记载，19世纪80年代，宪法的草拟者伊藤博文公爵就日本当时遇到的问题，向英国学者斯宾塞求教。经过深入了解，在写给伊藤的意见中，斯宾塞认为，以大和民族的心理为核心的日本等级制，是其他任何国家都无法比拟的经济腾飞的基础。民众对"长辈"的尊重和服从，对天皇的绝对忠诚，这种无法撼动的等级关系是一笔可贵的资源，是日本政府应该加以引导和利用的，它可以为日本的复兴提供一个契机。

日本近代社会的发展，确实与此项重大举措关系很大。

明白了这些历史经验和政治学原理，此时再来反观袁世凯和孙中山在二次革命后的行为举动，相信定会更加客观、理性。

到底是用先验预设的抽象理论作为治国之道，还是用从历史和社会客观实际出发提炼总结出的经验理论作为治国之道，二者哪个符合世情、国情、民情？读者心中自会得出答案。

铁腕促发展

通过权威政治，奠定经济发展的基础。这是后发国家走向现代化的必由之路。

袁世凯在形式上统一了全国，并把权力重新收归中央，清末以来的混乱社会秩序得到初步调整。政治相对稳定，经济得到快速发展。

萧功秦教授在《中国的大转型》中这样评价袁世凯集中权力、巩固秩序、发展经济的举措：

袁世凯在应付议会民主的多党制造成的政治混乱方面,其军事力量的铁腕手段,可以说发挥重要作用。我们会发现,一般而言,一个第三世界国家出现了军事强人的新权威主义,这之前一定有一种西式的多党民主政治造成了政治无序状态。这种新权威主义不同于专制政体的一个重要特点在于,它承诺它的使命就在于通过稳定政治秩序,发展经济,并为未来的民主政治打下基础,袁世凯后来在他解散国会后的总统文告中,比孙中山更早提出,在中国进入宪法时期以前,由于中国人缺乏民主训练,因而需要先有一个约法时期。

袁世凯的政治顾问莫里循曾在 1914 年 5 月 27 日给袁世凯的一封信中表示,自从 1914 年袁镇压了反对派以后,"去年正值阁下大展雄图从事建设之际,我没有请假。今年局势大见好转,瞻望前途已可安心无虑……全国各地均属安定,财政情况已经臻无须担忧的地步,铁路与工业发展到处受到鼓励,在中国与外国的关系中,出现了不同寻常的友好迹象"(参见《清末民初政情内幕——〈泰晤士报〉驻北京记者、袁世凯政治顾问乔·厄·莫理循书信集 1912—1920》下册,知识出版社,1986 年,第347 页)。这段时期中国社会经济步入正轨,"财政情况已经臻无须担忧的地步",这是一个非常大的成就,从四处借款借不到,到国内财政不用太担忧,成绩是有目共睹的。因此这位政治顾问请袁总统允许他回国休假一段时期。一些西方经济学家把袁世凯统治以后的时期称为中国资产阶级发展的黄金时代。

经济发展与官员腐败,有时相伴而生。而对于一个新国家来说,领导人为了赢得民心,一般都是摆出与腐败决一死战的姿态,并借一个重量级人物的头颅来祭旗,以此确立在民众心中的形象,树立自己的威信。

而袁世凯第一个拉来祭旗的人,居然是京兆尹王治馨,即当时的北京市长。

袁世凯为了惩治腐败,仿效皇权时代的御史制度,成立肃政厅,设都肃政史一名,另有肃政史十六人,专门纠举违法渎职官员。

当时制定的《官吏犯赃治罪条例》,对赃官处罪很重,其第二条规定:

"贪赃五百元或一千元以上,即处无期徒刑或死刑。"

法令公布之后,第一个撞到枪口上的,是堂堂的京兆尹王治馨。

袁世凯杀人,绝不手软,年轻刚当兵时,就敢下手,何况是当了大国元首。

下好了捕鼠的夹子,就看哪只老鼠倒霉了。

王治馨,山东莱阳县人,早年就追随袁世凯,属于袁世凯起家时的老队伍里的成员。

王治馨因参与镇压义和团运动而保举知州,不过事后不久,因有贪鄙不法行为,新旧案齐发,为袁世凯所知,差点被斩了,不过有人说情而被救下,他从此攀上了袁世凯的心腹赵秉钧。

袁世凯当上直隶总督后,钻了《辛丑条约》的空子,授命赵秉钧组建中国警察队伍,王治馨赴天津创办巡警,接连担任京畿、奉天和东三省的警界高官和巡警总办,直至民国初年的北京外城警察总监。1913 年底,王升任京兆府尹,成为京畿最高首长,前途无量。

不过,王治馨到底是个贪婪之人,袁世凯任山东巡抚的时候,饶了他一命,他以为攀上了赵秉钧这棵大树,又暗中用公款为袁世凯的大公子袁克定报各种开销,以为万事大吉,于是,当上京兆尹伊始,就放手一贪,准备把自己这么多年孝敬出去的钱给捞回来。

没想到,自己却成了袁世凯杀鸡给猴看的那只"鸡"。

当时袁世凯任命的"都肃政史"(相当于中纪委书记)夏寿康,是个不喜交游、沉默寡言、刚正清廉的官,1914 年,夏寿康风闻王治馨的贪劣行径,秘密调查,查实证据,上报总统。

大家都知道袁世凯年轻时就是个屠夫,犯到他手里没个好,何况是撞到袁世凯想以崭新面目立威的时刻,更是凶多吉少,因此说情的人紧急出动。

估计王治馨这么多年没少孝敬赵秉钧,危急时刻,赵秉钧的夫人居然抛头露面,亲自去袁世凯的府上为王治馨求情(肯定是平常银子收多了,这才在生死存亡关头为人说情)。袁世凯拿出他在吴长庆手下杀人时的老办法:为王说情者等在客厅,袁世凯在办公室里加紧批复了死刑核准,批完了,出门见客,告诉赵秉钧夫人,生米做成熟饭了,回去吧。

袁世凯枪决王治馨后,特批给王的家属治丧银一千两,并允许将年俸全数支付,表示不忘旧情,恩威并用。民国枪毙腐败的省部级大员,王治馨是第一个。

(想想老袁真是不开窍,规定贪赃五百元就无期或死刑,却给他家属治丧银一千两。也就是说,我可以给你,但你不可以自己拿! 这就应了那句名言:"'给'永远比'拿'愉快。")

在袁世凯铁腕治理下,民国社会迎来了短暂的稳定,经济得以快速发展。尤其是第一次世界大战的爆发,列强无暇东顾,袁世凯宣布民国在战争中采取中立政策,加紧埋头苦干,大力发展经济,民国的资本主义经济得到了一定程度的发展。只是,这样的时光确实太短了。

中国有个一衣带水的邻居,只要你过得比他好,他就受不了,中国这样发展下去,在他眼里,是绝对不行的。因此,必须打断中国发展的进程。

日本人即将送给袁世凯"二十一响礼炮"。

第十三章 ＼ 二十一条 ＼

醉翁之意

1914 年，对于刚打败国民党武装、权势正盛的袁世凯来说，却是一个多事之秋，袁世凯一生事业的下坡路也由此拉开帷幕。

据西方著名的"墨菲定律"，如果一件事可能变坏，那么它就一定会变坏，而且往往在你最不愿意看到的时间、最不愿意看到的地点，以你从未想到的、最不可收拾的方式变坏。

这年夏天，如同光绪和慈禧驾崩那年一样，袁世凯同样接到了两个消息：一个好消息，一个坏消息。

好消息是，第一次世界大战爆发，在列强无暇东顾的时候，新成立的中华民国终于可以喘口气、迎来自己发展的大好时机；坏消息是，日本也发现了在列强没有精力顾及中国之际，是独霸中国的最好的时机，于是决定对中华民国痛下杀手。

先来说一下民国对于第一次世界大战的应对策略。

接到各国宣战的公文之后，袁世凯召集黎元洪、徐世昌、梁士诒、孙宝琦等人，商讨应对之策。鉴于民国初立的重重困难，以及多年的积贫积弱，袁世凯政府决定采取中立的立场，充分利用这个千载难逢的大好时机，恢复国家元气，大力发展经济，提高民国在世界中的地位。

商定中立之后，袁世凯以国家元首名义，电请美国政府转达参战各国，不要在已经宣布中立的中华民国的土地上作战。

电文发出后，美国政府没有明确表态，因为此时美国也宣布中立，但是出人意料的是，日本驻华代办小幡却提出抗议。此举大有深意！政治敏锐性强者，尤其是对日本深刻了解者，已经嗅出日本将会对华采取不寻常举动的气息了。

袁世凯越琢磨越不对劲，一天夜里，他把梁士诒找来，二人进行了一番深入的交流和秘密交谈。

袁问："欧战祸及远东，目前最急的事应从何处着手？"

梁答："有两件急务，一是救济财政；二是提防日本侵略。"

梁士诒先分析了民国面临的财政困难。他说，去年列强借给民国的二千五百万英镑贷款，现在所剩无几，虽然经济发展已见起色，但国家正像大病初愈的人一样，国库仍然空虚。现在各国忙于打仗，谁都急需钱，我们目前必须先打通财路。一方面我们要发行公债，另一方面，暂时把庚子赔款应支付给各国的关税、盐税款项，一律提存于银行之中，同时宣布我们的立场，各国赞同也得赞同，不赞同也得赞同。这些钱，应付我们国家一两年财政紧缺是不成问题的。如果不做这些财政上的储备，一旦国家有事，我们根本无力应对。

梁士诒最忧虑的，还是日本趁机侵略。

梁士诒说，英国公使朱尔典曾告诉过他，英日同盟已经订立了，这里面的最大问题是，战争爆发后，日本必定帮助英国来攻打德国，但以日本的鬼心眼儿，他们不会派兵去欧洲，肯定会直接出兵被德国控制的青岛。尤其是中国宣布中立、禁止各国在本土上交战后，日本抗议，他们的态度已经很明确了。

因此，梁士诒建议，应该乘日本尚未出兵青岛之前，通过与袁世凯有多年私交的英国公使朱尔典来与英国密议，由英国人威胁要夺取青岛，然后由我们自己出面与德国磋商，要求德国将青岛归还我国，同时暗中派兵包围青岛，谈判不成，即用武力夺取，先下手为强。如果青岛真正掌握在我们手里，日本就没有理由再出兵侵略了。

袁世凯对于财政计划是完全赞同，责成梁士诒全权办理。但是对于出兵青岛、与德国人翻脸一事，尚有顾虑。他也知道，此举可行，但国家刚刚宣布中立，又出尔反尔，失去了国际信义，在外交上交代不过去。

就在袁世凯犹豫不决的时候，日本人又亮出了东洋战刀。袁世凯唯一的机会也失去了。

"夫难得而易失者,时也;时至而不旋踵者,机也。"袁世凯"遭难得之运,蹈易解之机,而践运不抚,临机不发",悔之晚矣。

1914 年 8 月 15 日,日本政府根据曾经订立的英日同盟,认为日本"有义务"帮助英国,"更有义务"实现"东亚和平",向德国政府下了最后通牒:一个月之内,也就是 9 月 15 号之前,德国在中日两国海面的军舰上务必完全解除武装,无条件把胶州湾交付日本,以便将来"归还"中国。如果在 8 月 23 日正午以前没有得到满意的答复,日本则采取"必要"的措施。

紧接着,8 月 16 日,日本驻华代办小幡警告中国不得从德国人手中接受青岛,否则日本将认为中国是自行破坏中立。

日本人的意图已经完全清楚了,就是要以帮助英国为由,出兵中国青岛,进而向中国腹地推进。

德国宣布:"德国可以考虑把青岛交还中国,但是日本也应将台湾交还中国。"

8 月 23 日,日本政府因没有得到满意答复,正式宣布对德国宣战。同一天,德国向袁政府表示,愿将胶州湾租借地无条件交还中国,但袁政府因此前受日本警告,不敢接受,电请美国政府代为接受,然后转交给中国。可是不待美国答复,日本已向胶州湾采取军事行动了。

日本鬼子真是精得要命,他们已计算好了每一步行程。明明是赤裸裸地出兵中国,却声称是攻打德国,袁世凯是有苦说不出。

有人会说,我们自己的领土,被折腾成这样,袁世凯,你的血性哪里去了?耗子动刀——窝里反有能耐,真是窝囊。

其实,在这个时候,如果稀里糊涂地开枪,正是日本人最愿意见到的,因为这不止是向日本宣战,而且是同英、法、日等协约国集团开战。

鬼子来了

1914 年 9 月 2 日,日本陆海军 2 万多人,外加少量英国人,以英日同盟为借口,突然在山东龙口和莱州附近地区登陆。按说日本要进攻德军,只能以胶州湾德军驻防区为目标,可是日军却先侵占莱州半岛,这就更证明日本的野心是趁火打劫。

袁世凯政府无奈,无论是英国还是日本,他都惹不起,何况现在政府虽有军队,但财政极其困难,没有力量来反抗,无事之时,都已经到了经济崩溃的边缘了。于是,袁世凯政府依照清末日俄战争的做法,划定交战区,想约束日本不要四处扰民。

袁政府将潍县车站以东地区划作日德两国的交战区,车站以西地区为中立区。9月21日袁政府又宣布胶济铁路归中国管理。

只是,日本鬼子怎么可能听这些?

9月6日,日军马队500人开至莱州,接着又占领了平度县、即墨和胶县,步步进逼青岛。

日军所到之处,充分发挥他们的"蝗虫"精神,中国的男男女女、鸡鸭猫狗全遭了殃。除强占民房,让妇女在房中陪日本兵之外,还公然贴出布告:"如该村有一人犯妨碍日军之罪,则该村人民全体问斩。"很多无辜乡民被认为有妨碍日军的嫌疑而被杀。

日军进军途中,根本不理会袁世凯政府划定的交战区、中立区,大摇大摆、肆无忌惮地占领潍县,占领济南,管你抗议不抗议,抗议无效。日本仗着强盗的法理、强盗的逻辑和强盗的行为,赤裸裸地对袁世凯政府进行讹诈、威胁。

11月7日,日军攻下青岛,达到了他们出兵的第一个目的。

不过,日军攻下青岛后,袁政府乃请日军自山东半岛撤退到胶州湾租借地,可是日本政府则不加理会,且在山东已占领的各县设立民政署,架设军用电线,驱逐青岛海关人员,完全把山东当作战利品。

他们出兵的第二个目的,就是以攻德为幌子,以青岛为据点,进而占领整个山东半岛,把东洋刀插到中国首都的心脏底下,直接威逼京津。

不过,这就是他们出兵的最终目的吗?

日军占领青岛后,局势稍稳定下来。袁政府乃正式照会日、英两公使,提出撤兵要求,日本置之不理。这短暂的平静背后,一定蕴藏着更大的风浪。

1914 年 11 月,日本电召驻华公使日置益回国,商讨对华新策略。

12 月末,日置益返回北京,请求和袁世凯会晤,并传达日本国内的新精神。

该来的,终于还是要来的,躲也躲不过。

1915 年 1 月 18 日,日置益径直见了袁世凯。寒暄过后,他直接递给袁世凯一个文件。这个文件分为两项:一是条款,预备以条约的形式订立;一是觉书(日语中的觉书是"备忘录"之义,中国方面也称为劝告书)。

这是极不礼貌的、极不寻常的行为。

在当时的国际社会惯例中,一个国家的公使要求和驻在国进行外交谈判时,只能通过外交部。如果直接找所在国的元首,是非常无礼的行为。

袁世凯作为大国元首,对方这么不给面子,真的有些生气了。他翻开公文,扫了一下,随手合上,往桌上一扔,要日置益去找外交部商谈。

日置益更是蛮横,坚持请总统先亲阅一下,然后就告辞了。

袁世凯翻开文书仔细一看,不觉大为震怒。

袁世凯接到的,正是那历史上臭名昭著的"二十一条"。

这个二十一条,也成为袁世凯一生中最让人诟病的事件之一,鉴于此,这里准备细致地把整个事情的来龙去脉前因后果都罗列出来,供读者思考。

以上是日本抛出二十一条的缘起,以下接着介绍二十一条的内容。

二十一条共分五个项目,第一号包括四条,第二号包括七条,第三号包括二条,第四号包括一条,第五号七条。全文就不摘抄了,归结一下,大致有以下几方面的内容:

第一,要中国承认日本在从德国手里抢占的青岛和山东的特殊权益。

第二,要中国承认日本在南满及东蒙享有优越地位。日本人可以自由移民这些地区,中国政府在此地区如有任何涉外举措,必须事先跟日本商议;上述地区需聘日本顾问。

第三,汉冶萍公司中日合办,但由日本支配。所有属于该公司的一切权利产业,中国政府不得自行处分。

第四,中国政府允准所有中国沿岸港湾及岛屿,概不让与或租与他国(当然,只能且必须租与日本。否则,不是给中国守夜了吗?)。

第五,中国中央政府须聘用日本人为政治、财政、军事等顾问;所有在中国内地所设的日本病院、寺院、学校等,概允其土地所有权;中国地方警察由中日合办,且聘用日本人,以改良中国警察制度;中国政府所需军械之半数以上要采买日本军械,由中日合办军工厂,采买日本原料;中国长江流域(武昌与九江、南昌之铁路,及南昌、杭州、潮州各路线)铁路之建造权和几条铁路干线的筑路权,许给日本;承认日本在福建的特权,任何涉外举措,要跟日本商议;允许日本人在中国布教;等等。

排兵布阵

二十一条,从内容上看,确实称得上是"灭亡中国的二十一条",尤其是第五号条款最要命。日本人的态度蛮横至极,根本不是商量,你只要签字就行了。

更何况,日置益递交的文件上,除了印有圆圆的、红红的、烧饼样的图案,还赫然印上了鬼子的兵舰和机关枪图案……

袁世凯没等看完这些条款,立刻血往上涌。这些条款给他的第一个感觉便是,日本人像对待朝鲜一样对待我们!把我们看作是他们的殖民地和战利品,要任意宰割。

当天晚上,袁世凯召集参政梁士诒、外交总长孙宝琦、次长曹汝霖会谈,由孙宝琦主持,先由陆征祥说明召集会议的原委,以及袁的指示。

议论了好几个钟头,大家也没想出一个好的对策来,摆在袁世凯面前的有三条路:

一是接受日方条件;二是利用谈判和日方讨价还价;三是严词拒绝。

不过,拒绝就等于决裂,日本人绝不会善罢甘休,肯定会用武力解决。但袁世凯政府力不从心,没有实力在武力上对抗日本,何况开战,必然卷入世界大战的旋涡,新生的民国,已经脆弱到极点了,不可能受如此大变。

此次商谈的结果是,外交总长孙宝琦和次长曹汝霖认为,接受日本条件,否则,一旦开战,我们打不起。梁士诒和陆征祥认为,不谈就接受,在外交上没有这种先例,我们必须和日方谈判,能谈到什么地步,也算尽了心,否则如何对国人和历史交代。

袁世凯明白,这二十一条,是日本人想借欧洲列强忙于战事,无暇东顾之机,一口吞掉中国。他拿着文件看了又看,逐字琢磨,研究话里话外的余音,逐条用朱笔把日本提出这五号共二十一条文件加以批示,居然一夜没有合眼。

对于第一条的条款,袁世凯批示道:此本于前清中俄协定东三省会议时,已允继续俄国未满之年限,由日本展续满期,今又要重新更定。但将来若能收回,对于年限没有多大关系,此条不必争论(袁世凯这么指示,也就是告诫各位谈判代表:对于无伤太多利益者,该让就让,要是条条对抗,则不可能争取到想争得的利益)。

对承认德国利益问题批示:应双方合议,何能由日本议定,由我承认,这是将来之事,不必先行商议,可从缓议。

对于合办矿业批示:可答应一二处,须照矿业条例办理,愈少愈好,可留与国人自办。

......

对于最关键的第五项,袁世凯是这样批示的:此项限制我国主权,简直似以朝鲜视我,这种条件岂平等国所应提出,实堪痛恨。万万不可开议,切记切记(两句加朱笔密圈)。

谁都能看出,如果接受第五号,军队和警察受日本人控制,那就是要沦为日本的保护国了。

经过一夜考虑,第二天,袁世凯决定,必须动用一切力量与日本人谈判,能争到什么样,就争到什么样,并嘱咐大家,针对条文中的每一句话、每一个字,都要经过深思熟虑,逐条解决,不可笼统言之,以免给对方留下把柄。

又过了两天,日方高尾通译官打电话过来,向外交次长曹汝霖询问准备什么时间开始谈判。

曹汝霖答得很巧妙,故意装糊涂:谈判?谈什么判?你们的公使先生也没有把材料递交给我外交部。我和总长都不知道,怎么能开议?议什么?——言外之意,就是讽其直递总统,有违外交常规,无礼之极。

日本人气得干瞪眼,没办法,己方确实没向中方外交部递送文件。

第二天,日置益公使来外交部见孙宝琦总长,面递觉书。

孙总长展开觉书,略一展阅,就开始大发议论,把各条一一加以指摘。

不想日置益大笑,你们既然已经对觉书内容已经如此明了,想来我们即将举行的会谈会更加容易吧。说罢,还调过头来冲曹汝霖笑,对昨天曹汝霖电话中说不知情加以讽刺。

日本公使走后,外交部的会谈笔记呈总统阅览。袁世凯对孙宝琦总长极为不满。我早就告诉你们想好了再说,不要笼统加以议论,你真是糊涂。这样草率,怎么能担当谈判大任。

袁世凯决定让陆征祥为谈判主席,全面主持对日谈判,陆征祥身体不好,但可以让曹汝霖多做些事务性工作。

跟陆征祥谈完话后,袁世凯又召见外长孙宝琦,告诉他,决定对日谈判,并由陆征祥主持。孙总长明白了,这是对自己不满了,主动辞职,还比较体面,并向袁推荐由陆征祥任外交总长。这个烂摊子,越早脱身越好。

1915年1月27日,袁世凯任命陆征祥为外交总长,并令他和曹汝霖负责对日谈判,调孙宝琦为审计院院长。

这里简单介绍一下曹汝霖。

曹汝霖,1877年生,上海人。早年留学日本,回国参加清廷为留学生特设的考试,拿了第二名,被授予进士,得了中西合璧的法科进士头衔,成为当时有名的洋翰林,是当时国内屈指可数的几个能干的"知日"专家之一。

曹汝霖的成名,是因为代理清末的一桩案子。清末一个张姓太监花了300两银子娶了一个叫王月贞的女子,宣统皇帝退位后,太监生活每况愈下,该女子便暗思他路,将一纸诉状投向京师审判厅,请求与张太监解除婚姻关系。

张太监人财两空,自然不答应,要求王月贞返还当年卖身时所得银两。为王月贞代理诉讼的律师,就是年轻的曹汝霖,他以法律、法理和习惯为依据,丝丝入扣,将张太监的各项要求大部否定。最后,京师审判厅的判决几乎完全接受了他的意见,不但将赎身价款的支付认定为张太监的自愿行为,"不予返还",还明确了财产债务问题不得作为离婚的障碍,并判决准予离婚。

31岁那年,曹汝霖被西太后钦点入宫详解日本宪制。

有此两件事,曹汝霖声名大噪。

1913年袁世凯就任大总统之后,曹汝霖升为外交部次长。

正因为曹的上乘表现,所以袁世凯才让他参加二十一条的谈判工作。

日本公使日置益听到孙宝琦外长辞职的消息,非常不高兴,直赴总统府抗议:敝国刚递上要求书,你们就更换外长,这是对日本极不友好的举动!

袁世凯忍气吞声地答道:"贵公使的看法适得其反,中国换外长,正是表示诚意。何况新任外交总长,做事素有耐心,必能一心一意和贵国谈判,如不相信,请你去问问别国公使吧。"

日使果然去问北京公使团领袖英国公使朱尔典,英使答复说陆很好。日置益只得电告东京,谓中国换外长,实在是好意的表示。

二十一条的艰难谈判,马上就要拉开大幕。

太极推手

陆征祥接任外交总长后的第二天,接见日置益,准备敲定谈判的日期和具体事宜。

陆征祥见到日置益后,就像是在玩太极推手一样,你来我往、一迎一送地开始了绵里藏针的舌战。

外交战略也和军事战略差不多，日本人希望速战速决，马上签了才好。所以日置益说："本人希望谈判每天开会，星期日也要开，以赶快解决为原则。"

中国方面本着持久战的原则，决定拉长战线，慢慢地拖。陆征祥说："每天开会是可以的，不过星期天要开，外交习惯上没有这个成例，似可不必。还有一层，虽然每天开会，不过我身为外交总长，不能把其他正式约会统统取消，因此每天上午必须腾出时间，接见宾客，所以会议只能在每天下午举行。"

日置益想了一下，说"可以"。

陆征祥更逗，他说："那么规定每天午后五点钟开会好了。"

日置益怎么可能容许中方这样拖？他说："五点太晚了，最好下午两点开始，夜间也必须继续开下去。"

陆征祥继续和鬼子玩太极推手："两点钟开不成问题，不过夜间继续开会，我身体太坏，拖一个星期下去，我就得辞职疗养了。"

经过一番激烈的交锋，双方最后商定，1915 年 2 月 2 日下午三点开始谈判。

谈判之前，日本人对中方特意提醒：务必对谈判条款严格保密，否则，中国承担一切后果。

而谈判之前，袁世凯对谈判团特意交代：第一，要用"拖"字诀，时间越长，对中方越有利；第二，嘱咐开议时，应逐项逐条议商，不可笼统并商；第三，第五号万万不能答应，最好连谈都不要谈。

2 月 2 日下午 3 时，中日双方在北京中国外交部开第一次会议，中国出席人员有：外交总长陆征祥、外交次长曹汝霖、秘书施履本。日本出席人员是：公使日置益、参赞小幡酉吉、书记官高尾亨。

日本公使先是寒暄几句，给陆征祥扣高帽：久仰贵总长历办外交，誉满欧美，今与商谈，深感荣幸。然后鬼子开始胡诌八扯，说什么要本着中日亲善的精神，希望会谈愉快圆满。

这简直就是阎王爷贴告示——鬼话连篇。从鬼子口中说出来的话，也确实只能用这个词来形容。

日本当时希望就该条款尽快有一结果,速谈速了,怕夜长梦多,国际干扰;中国方面则希望迁延时日,在会外寻求转机。因此,中国代表主张就日方五号条款逐条讨论,可是日置益却坚请中国政府对日方全部要求先表示一个原则性的意见,即先表个态,到底同不同意。

陆征祥认为:

其一,还是先逐条讨论为好,否则万一后面一条精神与前面协商的结果不符,岂不是白白浪费时间。

其二,本总长刚上任两天,对许多情况还不熟,尤其是对日方提出的此文件内容,还不是很熟悉,你们怎么着也得等我熟悉一下再谈为妥吧。这一点,请你们务必原谅加体谅啊!

双方先商谈第一条的条款问题。因为袁世凯已经做了批示,此条关系不大,"将来若能收回,对于年限没有多大关系,此条不必争论"。陆征祥与日方稍加辩论,便顺利通过。

日置益咧嘴直笑:"贵总长真是明白痛快,希望其余各条,都能痛快商定。"

不过,接下来,日本人开始失望了。

陆征祥充分发挥他在外交上"老油条"的精神,在谈判的过程中,陆征祥等人本着一个"拖"的精神,充分发挥礼仪之邦的优势和特长,逐一地热情地不厌其烦地嘘寒问暖。什么北京天气适不适应啊,北京的饭菜可不可口啊。

随后,把殷勤的功夫慢慢展示出来,一会儿尝龙井,一会儿尝普洱,一会儿茶歇,一会儿甜点……

伸手不打笑脸人,就这样絮絮叨叨,占用了大量时间。就连去洗手间也要拖上个十分八分的。第一天下午就蹭过来了。Yeah!

第一次会谈,双方都达到了自己的目的:日本人感觉中方虽然有些磨时间,但是因为日本人关于条款中的要求顺利实现,所以,不满中也有满意;而中方,抛出的是无关紧要的部分,先简单练练太极推手,对于对方的表现也初步有了底数。

第一天会谈结束之前,日置益又提出要求:贵总长倘要对文书内容详细加以研究,可否在迅速研究后,每天都来开会一次,至于开会的具体时间由你们来定。

陆征祥不紧不慢地回答:每天开会也是可以的,但是,外交部每逢星期三是接见外宾日,我一个人实在是难以分身,更何况我的身体实在是不好,所以,星期三我方是腾不出时间来的。

本来,搞外交人员,说话语速都是受过特殊训练的,即使你有足够的本事,说话也不能太快,言多必失,说慢了还有思考时间。而陆征祥为了拖时间,每次说话都像老头似的,一个字一个字地慢慢说,不着急不上火。

陆征祥心里清楚,先不能一下子把彼此推到极端,不能一下子否了,那就用软刀子慢慢地拉他们吧。

先解决无关紧要的条款内容,接下来那个觉书中的内容,要全神贯注全力以赴地应对了。

第一次会议就此结束。

不过,鬼子们马上就要体会到陆征祥的难缠之处了。

陆难缠

综观整个谈判过程,中国方面主要采取了"两手明的,两手暗的"策略。

这两手明的,还可分为"一手软的、一手硬的"策略。

第一,先说这一手软的策略。

陆征祥充分完全完整地发挥了"拖"字诀,以拖待变,以柔克刚。

有时候,陆总长还故意装聋。在遇到日本人凶巴巴地指责、侮辱、讹诈的时候,等日本人说完了,他会慢吞吞伸过脖子竖起耳朵问:刚才你说啥?我没听清,请再说一遍……

三个鬼子真是抓狂,在案几上狂抓。如果让用军刀,他们真恨不得一刀劈过来。

可是你再看陆总长,他的姿势表明,他还在那里耐心地等着日本人再告诉一遍"刚才没听清"的话呢。

一般来说,世界各国从事外交工作的,其性格特点差不多都是面带笑容、绵里藏针、头脑机智、稳重冷静之人,陆征祥也是这样。

为了更好地贯彻"拖"字方针,陆征祥就像老太太买菜一样,一角钱要抹掉,一分钱也要讨价。

比如,日本人要求每周谈五次,陆总长说事务太忙,并让日本人设身处地地想一下,总长要负责整个国家的外交事务,参加内阁会议、接见外国使节、欢迎宴会等,加上自己身体不适,如果身子垮了,全权负责谈判的人倒下,后面的事更得无限期地拖下去。日本人可真怕这位陆难缠躲到医院里去泡病号,还真不敢硬逼了,只得答应每周谈三次。

陆总长尽管同意了每周三次,不过,每次会议他都尽量设法缩短实际会谈时间。例如,每次开会,照例都是由东道主先说几句开场白。可是陆总长不紧不慢地说完话后,都会让人献茶,就此与日本人谈茶道。看见女服务员漂亮,他又能与日本人谈谈日本的色道。然后,他自己带头慢吞吞地一口一口呷着茶,一杯茶半晌也下不去。说了一会儿,进入茶歇阶段上茶,上点心,接着小吃一会儿、小喝一会儿。日本人生气,他赔笑脸,慢呷如故。总之是能拖就拖,拖一分钟是一分钟。

日本公使很是恼火,经常是从下午三点钟起到六点钟止,耗去了整整三个小时,丝毫没有什么结果,屁也没谈出来就散会了。陆征祥这个笑面虎,你的良心大大地坏啦。看来此后的谈判,务必多加小心警惕才是。

第二,针锋相对的硬谈判。

外交人员的"软",其实是为了"硬",只有在小事上不计较,在大事上说话才有分量。他们都有刚性的底线,绝不能越过这个原则和底线的。

双方谈判进入短兵相接的时候,陆征祥也毫不含糊。

第二次会议,双方商讨山东问题,主要是胶澳租借地原德国所得的权益。

日方认为,日本致德国最后通牒时,已声明把原德国在山东的一切权益无条件让与日本。为了尊重中国主权,请你们也"无条件"承认吧!

至于青岛问题,等日本完全从德国手里取得后,日方会选个"合适的"时机,再把它交还中国。

陆总长说,日本与德国宣战时,声明取得德国租借之胶澳全境交还中国,并没有提到要其他权益。言外之意,这是趁火打劫。

日本人说,日本攻占青岛,一为协助协约国,一为尊重中国主权领土,故特声明取得后交还中国。其中权益,自应由日本继续一并取得,将来战后开和会时,自有商定适当之处置,故不必先向贵国声明(听着就像是说,我们取得的权益,是收取的好处费。你们不必付账啦,我们直接取了)。

陆总长回答,既要将来和会商定,现在不必先行承认,俟和会开时再看情形,何必先行声明。等将来开和会了,在世界公理面前,大家自会做出公平的决断。

日使称,日本取得德国权益,可谓既定事实,现在商定大旨,可免将来再费口舌。

陆征祥又答,攻占青岛还有英国参加,不单是日本方面的事。——想把这个问题公开化、国际化、复杂化,凭着以前列强定下的"利益均沾",不许日本独霸中国的路数,来牵制日本。

日使谓英虽参加,但日本出力最多,牺牲最大,如何商定,英国决无异议。

……

彼此辩论很久,直到散会,没有解决。任凭你日本人说破嘴,任凭你时而引诱,时而威逼,陆总长就是不点头。

陆总长的忽软忽硬,软的时候,日本人的千斤之力感觉像打到了棉花上,硬的时候,也敢拉开架势据理力争,这让日本人非常头疼。

明争

第三,说两手"明"的策略,可能不太准确,其实还有一招第三手,就是在软的不行、硬的不行之外,采取迂回策略,运用非正式谈判的私人交谈方式摸情况。只不过这一手是"软""硬"兼施,忽"明"忽"暗",可以算作第三手,也可以不算第三手。

这一情形大概要这样来解释:人应该有立体思维,而不仅仅是平面思维。

比如,有个故事,老和尚问小沙弥:"如果你进一步则死,退一步则亡,你应该怎么办?"小沙弥毫不犹豫地说:"我往旁边去。"这就是立体思维。

又比如,有一道题,要想使 102 = 100,不用加法,不用减法,不用乘法,不用除法,怎么办?答曰:把 2 挪到上面,变成 10 的平方,就等于 100 了。这也是立体思维。

对于处理外事工作的,更是要如此灵活。

每当双方都不让步,商谈问题无法解决的时候,袁世凯经常让曹汝霖次长——这位早年毕业于日本早稻田大学和东京法政大学的高材生——以私人身份与日本方面进行非正式的随意交谈,探听对方真意所在。这种商谈,仅是个人行为,不负正式会议之责任,但有时却因此而获得解决问题的意外途径。

比如,在二十一条中,日本人有一款提出的是:"日本国臣民得在南满洲及东部内蒙古任便居住往来,并经营商工业等各项生意。"对于这一款,中国方面,不敢轻易接受,一怕日本借此侵略,二怕日本的殖民。

而实际上,日本人提出此条的目的,也正是要大量移民,在此形成据点,为千百年扩张作准备。

双方很难谈拢之际,袁世凯又让曹汝霖以私人身份与日本人私下交流。曹汝霖就这件事,与日方进行了耐心的对话,详细地说明了我国对日本人来到中国内地杂居的为难情形。

日本人认为,中国不允许日本人来杂居,这是有排外之心。

曹汝霖说,这不是说中国有排外之心,实在是日本人的优越感太强,致使彼此不愉快。中国人历来本着"有朋自远方来,不亦乐乎"的原则,对外国人向来十分友好,然而日本人对我国人却十分轻蔑,甚至欺侮。在这种情况下,当中国人受了欺负、激起不快之事的时候,反而与两国正常交往有碍,所以才不允日本人来内地杂居。而且,中国人往往是聚族而居,一乡即是一族,他们与别的家族尚且不愿往来,何况与外国人杂居。

日本人说,中国东北地广人稀,而日本人既擅长耕种垦荒,也擅长工商业,因此如果日本人来此定居,不出十年,东北的许多荒地就可得到很好的开发,多产粮食,这样对两国都有益处。

曹汝霖觉得,如果日本人是这个意思,倒不失为两利举措。中国人也能很好地学习一下日本人的技术。他问道:中国租地耕种,各省都有习惯,各处不尽相同,日人能照地方习惯否?日使称,当然要照当地习惯。

这样,曹汝霖摸清了日本人的真正想法和底线之后,回报总统。

袁世凯思考了一下,认为日本人如果意在垦荒耕种,那与杂居倒是不同。但得提防着日本借垦荒为名,行侵略之实。因此,责成相关部门拿出一个可行的方案,再与日本人谈。

最后,提交给袁世凯的方案如下:"吉奉两省,不论官有民有地亩,允许日人订立契约租借耕种,定明晌数(一晌约合十亩),期限二十年,满期后应无条件交还原业主。日本租地人应照纳课税,并服从中国地方法令,听警察指导,及不违背地方上租地耕种之习惯。"

袁世凯同意后,把这个折中方案交给日本人。

过了几天,日本公使答复:其他地方都有商量余地,唯有服从中国法令、听中国警察指导一项,绝对不能同意。日本人无服从中国法令及听中国警察指导的义务。

结果,不管中方怎么解释,日本人仍然不同意,简直是把自己当成了上帝的子民。

中方也不能接受日本人不受中国法律约束这一行为,那国家的尊严何在。这到底是在你们国家还是我们国家呀,那不就等于把地盘直接划归你们了吗?

双方僵持不下,无奈,曹汝霖又以私人身份与日本的小幡单独交流。

曹汝霖对日本人说,觉得还应该是让日本人服从中国的法令为妥。

因为,如果不听从中国警察的指导,假如一个日本人与一个中国人打起来了,万一没有警察劝解,岂不是极有可能酿成人命? 而且,我方提出的税收已经是低之又低,跟中国人是一样的,不信你就亲自到东北三省的地方进行调查。这件事啊,你们不要看得太严重,必须要多考虑两国人民的生命财产安全才是。

曹汝霖接着指出:从前贵国明治初年,外国人只居留在长崎,不准自由往来他处。我国商人居留于长崎者,都遵照日本法律而行,今日中国情形与日本明治初年情形相仿,而中国对待外国人比日本对待外国人要宽松得多了。

还是曹汝霖了解日本历史,说到了点子上。

又反复辩论很久,小幡始允转达公使而别。

最后,双方总算又各退了一步。中国方面,把原方案的"二十年"期限,改为"三十年",而且,满期交还后又添"如双方同意,可再展期,但不得过十年";服从中国地方法令,听警察指导改为"服从中国警察法令"。

即使在这种情况下,双方又侧面商谈了多次,文件又改了三次,争到"舌敝唇焦",日本人对于"服从中国警察法令"争论最烈,我方始终认为维持秩序为不可少之条,与条约绝无关系,坚持不让。最后,日本人也怕夜长梦多,引来英美等国的国际干涉,终于同意了。

暗斗

再来看这"暗"的两手策略。

玩阴的,中国人和日本人都是行家,双方可谓棋逢对手。

第一手策略,就是通过各种秘密渠道,让欧美列强得知日本人的独霸中国阴谋,准备以夷制夷。

在近代中国最弱、最受欺负的年代,列强在中国订下了"利益均沾"的原则,有肉大家吃,谁也别想独吞;加上李鸿章当年以夷制夷的手段,使得中国在群狼环伺的环境中得以喘息和生存。

第一次世界大战的爆发,列强把主要精力转向了战场,日本人想独霸中国的野心急剧膨胀，这才有了抢占青岛、提出二十一条的野蛮行径。

早在二十一条谈判之前，日本人做贼心虚，就特意要求中国必须严守秘密谈判的消息。世上没有不透风的墙，本来日本占领青岛一事，中国人就够激愤的了，这又听说要与中国秘密谈判，没几天，中国各大小报纸都刊登了。

外国驻华使节以及外国报纸驻北京的人员一听就着急了，纷纷给本国发电，说小日本不地道，要独吞中国一事。美、俄、英三国乃各电令该国驻日公使向日本外务部要求，希望获知中日秘密谈判的内容，尤其是日方的条款。

日本经不住国际压力，乃将其中较为普通的十一款以正式文书通知各国。

这部分内容，不是非常苛刻，在国际法上也说得过去，所以日本人把这些条文公布后，各国一看，日本没太过分，也就不再责问日本了。

但是那部分觉书中的内容，日本自知不敢见人，对中方更加特意强调，绝不能泄漏出去，否则，后果非常严重。

日本对结盟的英国，也没敢告诉全部真相。日本在向中国提出二十一条之前，曾知会过英国，但只告诉了一部分，绝口不提第五号条款内容。

日本不止是对他的盟国和其他列强耍了心眼儿，对中国更是大摆迷魂阵。单就第五号来说，日本方面在向中国提出时，本来就是按照一个"希望条款"来提出的，也就是说，这不是非要坚持的，双方可以商量。于是，在文件中，这第五号与其他四号在字体上略有区别，这也是给己方留有退路。

然而，这个鬼子日置益能唬就唬，能蒙就蒙，本着搂草打兔子的原则，在向袁世凯递送文件时，只字未提第五号的性质，中方也不知道它有什么特别之处，所以就认为这是日方的全部要求。

日置益却幻想着中国禁不住吓唬，把五号文件同意签字了，哪怕多签那么一两条，算是得到的"偏财"，自己也是大功一件。

因此，在交涉的过程中，日本方面始终逼迫中国承认全部的条款，直到谈判进行了多天之后,曹汝霖在给驻日公使陆宗舆的电报里,才说到据俄国公使的密报,得知第五号实系"劝告性质""希望条款"。

但日方谈判人员蛮横无理,管它什么劝告不劝告,希望不希望,一律统统地谈判研究。

对于这款要命的第五号,袁世凯看到后的第二天,即对谈判人员提出的要求是:"万万不可开议,切记切记。"

因此,对于这一足可使中国沦为殖民地命运的条款,陆征祥等人的态度非常坚决。"此等条件不应对于对等友邦提出,本席无论如何,不能商议,应请贵公使撤回。"

但是日置益急于立功,非要在第五号上面有所突破,对于中方的严拒,并不死心。"为两国谋永久和平合作,本国政府才提出条件,贵总长谓有碍两国友谊,实深遗憾。"双方不欢而散。彼此僵持了一个星期,互不见面,谈判濒于决裂。

那么,日本人一而再、再而三地强调绝不能泄漏谈判的消息,而消息是如何传递到外界的呢?这里面就大有文章了。

在日本公使第一次见袁世凯、递觉书的时候,日置益就非常强硬地要求,在谈判的时候,中国方面只能由外交总长和次长出席,顶多带一个秘书。

袁世凯看日本人如此强调,知道此中大有玄机。外交总长孙宝琦和外交次长曹汝霖,平常就有亲日的名声。不让别人参加,那么日本人很可能是刻意地要把中国方面有英美背景的外交工作人员排除在谈判之外。

因此,袁世凯借着孙宝琦笼统议论"二十一条"这件事,在双方谈判之前就把他给免了,把外务总长换成了有欧美背景的、擅长在复杂局面下谈判的陆征祥。

而且,袁世凯换上陆征祥,还有一个理由:陆征祥外长是欧美背景的,对日语并不擅长,他最擅长的是俄罗斯语,还娶个比利时太太。那么,在谈判的过程中,就需要翻译一字一句地翻译,这样又费去很多时间,这对于贯彻袁世凯的"拖"字诀很有利。这也更有利于袁世凯自己有时间来摸清日本的意图。

而陆征祥在每次会谈之后，都会在外务部召开小型会议，时任外务部参事的顾维钧，因此得以随时了解谈判的动向。

而袁世凯本人也加入渗透消息的行列，他直接约见自己的政治顾问莫理循，把"二十一条"的全文给了他。

结果，日本越是想捂住不让人知道，可越是什么都没瞒住，谈判的进程，商议的条款，很快就被英美等国详细地了解了。

这样，一方面是中国国内的反日情绪高涨，一方面是国际上英美等国对日本形成的压力，都让日本有所顾忌。

这里面，有一个叫顾维钧的年轻人，也起了很大作用。

后生可畏

顾维钧，1888 年生，上海嘉定人。1912 年任袁世凯总统英文秘书，后任中华民国北洋政府国务总理，国民政府驻法、英大使，联合国首席代表，驻美大使，海牙国际法院副院长，被誉为"民国第一外交家"。近代中国有三个出色的外交家，清有李鸿章，民国有顾维钧，共和国有周恩来。

民国时期国内政局几度沧桑，人事代谢，而顾维钧这位近代第一个向国际社会说"不"的中国职业外交家却始终站得稳，兜得转，堪称官场"不倒翁"。

在中国近代史上，顾维钧是一个了不起的人。是他想尽办法把日本人严令保密的"二十一条"泄漏给英美等国；是他代表中国参加巴黎和会，据理力争，最后拒绝在巴黎和约上签字；是他不畏日本阻挠甚至生命恐吓，坚持要求国联进入中国东北实地考察并且独立做了许多工作，向调查团提供了揭露日本侵略行径的长篇备忘录，为中国博取正义；是他在美国奔走呼号，为中国抗日争取援助。

顾维钧是民国的几大美男子之一，官运与桃花运并享。顾氏晚年与人闲谈，他认为自己一生的婚事有四部曲：主命，与张润娥完婚，算是旧式家庭的旧式婚姻；主贵，与唐梅（唐绍仪之女）联姻，借以发展自己的政治地位;主富,与糖王之女黄惠兰通婚,可以多财善舞;主爱,与严幼韵结合,相亲相爱,白头到老。

这里主要介绍他与唐绍仪的翁婿关系。

1908年唐绍仪以清廷特使名义访美,就美国政府退还部分庚子赔款一事进行答谢。回国前唐绍仪接见留学生代表,顾维钧当时被公推为学生代表发言。他的演说言简意赅,才华横溢,深得唐绍仪的赞赏。

1912年,已获美国哥伦比亚大学法学博士的顾维钧,回国后经唐绍仪举荐,在外交部工作。

一个偶然的机会,顾维钧这个外交部的小秘书受到袁世凯总统的注意。

日本大正天皇登基后,在新年向各国元首发出"恭贺新禧"的贺电,唯有袁世凯没有收到贺电。他又不好直接询问东京方面。正一筹莫展时,外交部新来的小秘书顾维钧认为必定是收发有误。他于是奉命调查,果不其然,原来是总统府机要秘书不认识英文"Yoshihito"便是天皇的名字,故以"姓名地址不详"而批曰"免覆"。袁世凯很生气,便将毕业于哈佛的该秘书调离,代以毕业于哥伦比亚大学的顾维钧。

从此,顾维钧任袁世凯英文秘书。袁世凯与英美重要人物的会见,顾维钧都在场。

唐绍仪早就看重和喜爱顾维钧,于是巧妙安排顾氏与自己的掌上明珠唐梅交往。唐梅端庄大方,性情温柔,精通英语,受过良好的东西方教育。顾维钧与唐梅相识后,郎才女貌,互生好感,从此形影不离,如胶似漆,很快完婚。

有了这层关系,顾维钧的才华在官场得以充分施展,青云直上。

"二十一条"谈判的时候,顾维钧与当时美国驻华公使芮恩施有着密切的关系。每次外务部开完会之后,在得到总统和总长同意的情况下,顾维钧当晚或最迟最二天,就会把这些情况通报给美国公使芮恩施和英国公使朱尔典。

尽管日本一再声明不许把谈判的消息泄漏出去,但是顾维钧等人却总是把谈判的最新进展通报英美,英美等国的报纸也很快就报道了谈判的诸多事宜。虽然英国因为英日同盟,加上中国的积贫积弱,并不帮着中国,但是,不管怎么说,这些外泄的消息还是在一定程度上扼制了日本的野心,给日本施加了不少国际舆论的压力。

这便是第一手暗的策略的功劳。

第二手暗的策略,是通过另一渠道跟日本国内的元老疏通。

就在双方因第五号文件陷入僵持,局面无法打开的时候,曹汝霖向袁世凯建议,能不能请总统府的日本顾问有贺长雄博士回国跟日本元老疏通?

曹汝霖认为,有贺长雄不仅在日本学者中地位很高,还与甲午战争时的日本外相陆奥宗光是同事,同日本政坛元老有渊源。元老都是老成持重、富有远见的人,而日本政府又很尊重元老的意见。如果能通过有贺长雄说动元老,告知以第五项条件不但于两国不利,且易引起人民仇日之心,那将是能够影响日本政府决策的。

袁世凯与有贺长雄交谈后,说明此次日本提出的诸多要求,双方都尽最大努力达成了一致意见。唯有这第五项"希望条件",实在是令我方为难。如果因为这一个"希望条件"而使双方的谈判前功尽弃,结果必然是两败俱伤。请阁下回国务必向元老解释说明,为两国长远的发展,能够达成谅解。

有贺长雄同意了。

当时的日本元老中,以松方正义侯最关心中国情形,最关注中日关系的发展。有贺长雄见到松方正义侯后,说明了此次谈判,中国政府已尽力商结日本觉书之各条款,但日置益立功心切,逼迫中国接受第五号的"希望条款",这确实有些过了。双方现在已经僵持不下了。

松方侯面露惊讶,他根本就不知道还有"第五项",尤其是听到有贺汇报这具体的条款后,更是非常诧异,也觉得这确实有些逼人太甚了。

随即,松方侯召见加藤外相,责问他觉书中有"第五项",何以没报告?

加藤说,这是希望条件。

松方说,既然只是希望条件,对方不愿开议,即不应强逼开议,设若交涉决裂,你将何以处置?

加藤答,不惜使用武力,不出三个月中国可被征服。

松方笑说,莫要把中国看得太轻,若用武力,恐三年未必成功,遑说三月,你们这样做,实在是太草率了。

就这样,一边是中国人的磨时间,软磨硬"拖",想尽各种化解方法和手段,谈判从2月2日至4月17日,中日两国共开会议25次,日本人也没有占到太大便宜。一边是日本人施展各种手段来逼,在交涉过程中,日本除以武力恫吓外,还采取了各式各样卑鄙无耻的手段,例如收买各国记者,散布中德亲善、中国行将加入同盟国的假消息,借以离间中国和协约国之间的关系;收买汉奸窃取中国情报……不一而足。

对于日本的这些卑劣行径,中方沉着应对,讲究方法和策略,不给日方抓到任何把柄。所以,外交总长陆征祥的外交本领,还真不愧是一流的,他的"拖"字诀,他的口才,都让日本人没有占到多少便宜。只是,弱国无外交,国家实力不强,外交手段又起到多大作用呢?

日本人禁不起这种拖法,已经逐渐失去耐心了。

国耻日

4月26日,日置益提出了日方最后修正案,逼迫中国同意,同时在山东、奉天增兵,在渤海沿岸亦派军舰游弋,宣布关东戒严,准备撤退日侨,空气顿时紧张万分。中国方面在此紧要关头,于5月1日提出了一项最后修正案,静待日方答复。

加藤外受盟邦猜疑,内招元老诘责,进退两难,图穷而匕首见,决心孤注一掷。

5月7日下午3时,日本突然向袁政府提出了"哀的美敦书",限袁政府于5月9日午后6时前,对日本所提的修正案,作满意的答复。

所谓"哀的美敦书",其实是拉丁文 ultimatum 的一个音译,意思是谈判破裂前的"最后通牒"。一般是一国就某个问题用书面通知对方,限定在一定时间内接受其条件,否则就采取某种强制措施,包括使用武力、断交、封锁、抵制等。

这个最后通牒的主要内容是：鉴于你们中国政府如此态度，我们再无继续协商的余地。但是，为了维护东亚和平，我们将日本帝国政府前次提出的修正案第五号各项，除关于福建一事外，与此次交涉脱离。但是，前四号文件的内容，不可加以任何更改，请中国政府至五月九日午后六时为止，为满足之答复，如到期得不到满足之答复，则帝国政府将执行必要之手段。

这样，日本在外交上没占到便宜后，恼羞成怒，终于挥起大棒，令日侨预备撤退，下戒严令，把袁世凯政府推向绝路。是打还是和，你们掂量吧。

日本的最后通牒，一面发向驻北京的日本使馆，一面将副本送达中国驻日公使陆宗舆处，陆公使赶紧发电向中国外交部报告。

这个驻华的小幡公使，这个时候，还想讹诈和蒙人呢，嚣张地找到曹汝霖说，我们日本帝国政府已经下了最后通牒，不惜一战。如果你们能把第五号条款内容酌情商议几条的话，或许可免于战争。

曹汝霖告诉他，贵国已把最后通牒副本送达我驻日使馆，陆公使已经电报告诉了我国，既然已经下了通牒，哪还来什么再议之言？

小幡只好灰溜溜地离去。

中国外交部接到日本最后通牒后，袁世凯立即召集参议院议长、府院秘书长、陆军次长、外交次长等开全体大会，讨论是否接受日本最后通牒。

外交总长陆征祥晚了三十分钟才到，他刚与英国公使朱尔典进行了特别会晤。英国公使非常着急，特意反复叮嘱，说：听闻陆军总长段祺瑞主张强硬对待，我知他已秘密动员，晚间运输彻夜不停，已三星期，这明明是在备战，设若开衅，不堪设想，而且这不光是对日开战，而是加入了一战的战团，对整个协约集团开战。朱公使念在与袁总统是三十年老友，不愿见他遭此惨运。认为目前只能暂时忍辱，只要力图自强，埋头苦干，十年之后，即可与日本一较高下，现在中国要真的开战，那就是飞蛾扑火。说话时朱公使是声泪俱下。

同一天，美国驻华公使芮恩施也劝告袁政府："应该避免和日本正式冲突。"

陆军总长段祺瑞当即表示反对，态度非常强硬，说这样迁就，何能立国？宁为玉碎，不为瓦全。

袁世凯叹了一口气说：段总长说的是啊，只是凡事都要审时度势、量力而行。如果说第五号文件日本人不撤回，那我与你的意见一致，只能用武力来解决。然而，日本已经撤回了第五号文件，其他各条，我们经过几个月的谈判，虽然有损利益，却无关大局，更不是亡国条件。所以，在座诸君，务必要记住此次屈服于最后通牒，是我们国家的奇耻大辱，从此要发奋图强。

段祺瑞仍然不甘心，说：民国刚刚建立不久，就承认这个屈辱条约，如果其他国家都来这样讹诈我们，我们还能这样吗？

袁世凯又分析了一下时局和大势，说：我是国家元首，四万万人选举我上来当总统，把治理国家的权力交给了我，我岂就愿意这样屈辱承认，环顾彼此国力，不得不委曲求全耳，两国力量之比较，你心里还不是最清楚吗？我们最大限度能支撑几天？

最后大家心里都非常沉重，无话可说。

5月8日晚上，外交部人员在加班准备稿子，即使接受了，也要找准应驳之处，给以适当的舆论回击。三易其稿后，又由唐绍仪准备好了英文译稿。

5月9日，日本所给的最后期限到了。

天刚见亮，曹汝霖就携带着文稿来到总统府，袁世凯一夜没睡，正在批阅文件。正在这时，日本使馆打来电话，说是最后期限到了，中方怎么答复？又说最后通牒复文，只有"诺"和"否"两字已足，说多了，双方又要辩论，如果耽误了时间，可就不好了。

向袁世凯汇报日方电话中的意思之后，袁世凯又删了稿子中涉及辩论部分，整个白天又与日本方面进行了字面上的争论，最终无济于事。

5月9日夜里十一点，距最后通牒期限只剩一个小时的时候，中方才由外交部总长、次长和秘书亲自送达日本使馆。曹汝霖后来回忆说："是时余心感凄凉,若有亲递降表之感。"

月儿弯弯照九州,几家欢乐几家愁？

中日"二十一条"签订,日本兵不血刃就在中国攫取了巨大利益。

5 月 14 日,袁世凯对自己的文武百官,下了一道密谕,立 5 月 9 日为国耻日,视接受"二十一条"为奇耻大辱,"疾首痛心,愤惭交集",要大家一定发奋,"日以亡国灭种四字悬诸心目",希望大家卧薪尝胆,忍辱负重,使民国早日强盛,再报今日之仇。

一顶大帽子

"二十一条"签订了,不止当年的民众和社会各界,就是一百年后今天的我们,一提起都是批评与指责,并认为这是袁世凯一生中的重大污点之一,也是他"卖国"最重要的证据。在一个泛道德的国度,凡是被戴上这顶帽子的人,几乎是被踏上了一万只臭脚,不知何年何月才得翻身,甚至连子子孙孙都会抬不起头来。就像清朝乾隆年间,秦桧的后人秦大士(号涧泉)考中文武双科状元,在秦桧墓前留联"人从宋后羞名桧,我到坟前愧姓秦"一样。

其实,往事既然已成历史,就应当作一种正常的现象来接受它,解释它,为后人提供借鉴。

读史之所以使人明智,就是因为读史是要让人反思,寻找破解之道,以防在日后遇到类似事情而旧事重演。读史绝不是让人谩骂和攻击,即使谩骂者和攻击者占据了名义上的道德制高点,可谩骂和攻击对真实的事件与活生生的现实于事无补。因此,我们暂且收起心灵上的屈辱,认真地反思一下,才能做到比较客观中肯。

不论你喜不喜欢"二十一条",它都走进了历史,成为中国历史的一部分。那么,到底应该如何反思和评价袁世凯签订的这份条约呢？既然历史学家和史学工作者以及普通群众的言词都可能是一家之言、一己之见和一面之词,这里不妨还是罗列并综合一下诸家的评价为妥。否则,捧者一味地捧、骂者一味地骂,总也不是分析问题和解决问题之道。

对于"二十一条"的签订的看法,大致上可以分为以下几类:

当事者捧,当时人骂,革命党攻击,袁世凯本人无奈。日本使袁世凯执政的合法性地位迅速动摇,百年来人们继续骂,以至于历史学家终于开始反思。

第一,当事者捧。

这里主要是把全程参与条约签订的外交次长曹汝霖的观点说一下。曹汝霖认为,当时"日本所提之廿一条,议结者不满十条,而第五项辱国条件,终于拒绝撤回。会议结果,虽不能自满,然我与陆总长已尽最大努力矣"。而"世人不察,混称廿一条辱国条件,一若会议时已全部承认者,不知廿一条之第五项各条,不但辱国,且有亡国可能,已坚拒撤回不议。而所议定者,不满十条。世人对此交涉不究内容,以讹传讹,尽失真相"。

这一点,曹汝霖说的是真话,唐德刚也是这样认为的:这次袁世凯的"二十一条要求"交涉,被后世史家和著作家说成是袁世凯企图帝制,投日卖国,不惜接受"二十一条要求"的总罪证。其实袁世凯并未接受"二十一条要求",原要求中的"五号七条",也全部被袁政府拒绝了。吾人如把日本提出"二十一条要求"原件和签订后的新约相比,可见二者有霄壤之别。(唐德刚:《袁氏当国》,第 146 页)

今天,如果我们去天津博物馆,就能亲眼看到袁世凯亲笔批示的"二十一条",可以依稀看到袁世凯心中的纠结与矛盾,以及周旋于强敌之间的痛苦抉择。有兴趣者可以去查一下,对照一下原约与订后之约的区别。这样,再想骂人的时候,也有了事实和理论依据。

第二,当时人骂。

先从心理学上分析一下当时人骂袁世凯的大致原因。

当时中国人对日本的感觉是心里酸溜溜的。千年来的学生不仅把中国北洋舰队打败了,如今又欺负到家门口来,这种酸酸的心理再一次发酵。找个替罪羊,骂了袁世凯,有些无能的人心理上也就找到了巨大安慰。要不然,跟鬼子动武还打不过,那怎么找心理平衡呢?骂呗。

正常说来,两国之间签订条约,只有当事人可知,普通民众是不可能知道的,这种信息垄断代表着当权者的一种权力,也是一种心理优势,而民众对于知情权的获得也是相当不容易的。但在民国时期,舆论是自由的,党禁报禁虽不是完全开放,但也超出今人想象。所以袁世凯签订条约一事,人尽皆知。只是没想到的是,那些只知其然不知其所以然的人就把这一行为与领导者的无能联系起来。

而近代以来,中国民众心中一直有一种虚骄之气,有一种不太成熟的观念,即:凡是主战的就是爱国的,凡是主和的就是卖国的。所以李鸿章等人才被贴上卖国贼的标签。慈禧倒是想与列强一决雌雄,结果又如何?把治国当成儿戏,不过是螳臂当车,以卵击石。

以为喊喊口号就是爱国?殊不知,这是虚骄、最廉价而又最不负责任的态度。这样做的结果,就是谋国之人受骂,看热闹的人被捧,做实际工作的人经常成了出气筒和替罪羊。

而这一行为,恰是官场政治斗争"站队"思维在民间的体现。

经过几千年的无意识浸润,中国官场和民间社会形成的"口号爱国"这个逻辑,非常要命。

作家韩寒曾说过,世界上有两种逻辑:一种叫逻辑,另一种叫"中国逻辑"。典型的中国逻辑是这样看问题的:问态度,不问事实;问动机,不问是非;问亲疏,不问道理。

这里不一一展开论述,只举"问态度,不问事实"这一例。因为,"口号爱国"正是"问态度,不问事实"逻辑的集体无意识流露。

你要是因某事与领导吵起来了,明明理在你的手里,可是就因为你的"吵",对方一句"你什么态度?"就轻松地把道德的制高点转换到对方手中,你也就"理屈词穷"。旁边的"好心人"也会因为你"不尊重领导""处理问题'方法'欠妥"而摇头走开。"做事不讲究'方法',明明有理也变得没理了"。这就是"态度恶劣"的严重后果。

有理,没理,居然是这种转换方式!

又比如,工作上下班,有的人很快把本职工作做完,然后可以吹吹牛,侃侃大山,或者性格不拘小节者或晚来、或早走;另一种人慢腾腾地工作,工作总也做不完,或早早来办公室,或晚晚离开办公室,还经常加班(这里面既有真心工作的,当然也有假装工作的)。针对这两种现象,领导一看,自然得出以下结论:你看人家第二种人,工作态度多认真,而第一种人,一看态度就不好。结果就是工作"态度"好的得到表扬或者提升。

这就是韩寒说的典型的"中国人的逻辑"。

正是在这一逻辑的支配之下,人们心中,从不问你总统尽过什么力,只问"你到底签没签"? 只许回答 yes or no? 答曰"签了"。那签了就得了呗,我骂你,你还委屈是怎么着? 有能耐你别签啊?

其实,人啊,有时就是没有扪心想一想,当实力不济的时候,当羊和狼坐在一起谈判的时候,你非逼着羊去占便宜,那只存在于《喜羊羊和灰太狼》的童话和想象中。

你本来就虚弱到一定程度,打不过人家,所以才坐下来谈。谈,还想占便宜,最起码想"平等",这样才不失天朝上国虚骄的架子。

可是,在那个时候,那怎么可能啊?

内外交困

第三,革命党攻击。

当袁世凯与日本政府进行"二十一条"的艰难交涉时,革命党人内部对此就有两种不同意见,一部分人主张暂时停止反袁,这样可以使袁世凯可以专心对日。据老革命党冯自由在《革命逸史》第三集《林故主席与美洲国民党》中记载:"民四年(即民国四年,1915 年)夏间,日人强迫袁世凯签订"二十一条款",国人大愤。留日之民党议员一部组织欧事研究会,主张暂时停止革命运动,以免妨害袁政府之对日外交。章行严、谷钟秀、杨永泰等所刊《甲寅》杂志即持此种论调。上海各报复揭载,黄兴、李烈钧、柏文蔚、陈炯明、钮永建五人署名之通电,文中首向全国民引罪自咎,次则声言愿停止国内革命运动,以实行举国一致御侮政策。时黄君克强居费城,钮君惕生居纽约,黄君致余书,有'请转告中山先生慎勿驱虎进狼'之言。"

也就是说,这部分人看日本逼迫袁世凯要签订"二十一条",主动发表通电,表示支持袁世凯政府与日本交涉,以免妨害袁世凯的对日外交。而居住在美国费城的黄兴更是表示,希望孙先生不要前门驱虎、后门进狼,也就是不要联日抗袁。

欧事研究会的林虎、熊克武、李根源等亦发表通电,附和黄等主张,电云:"吾人第一主见乃先国家而后政治,先政治而后党派,国苟不存,政于何有?政苟有成,何分于党。故吾人之对政府有恶于其人,而有不足于其政,虽欲大革其政而不敢有违于国也。"

对此,孙中山坚决反对。孙中山的出发点是,无论如何都必须反袁,反袁就要联日。林森曾致电孙中山,请示对日意见,问可否暂停国内革命运动,实行一致御侮,免为国人借口。孙中山复电说:"袁世凯蓄意媚日卖国,非除去之决不能保卫国权,吾党继续实行革命,即如清季之以革命止瓜分。"孙中山认为,必须把袁世凯除掉才能制止国家被瓜分的境地。1915 年 4 月 9 日,中华革命党发布《为揭破中日黑幕以告国人书》,号召党人"力行革命,推翻袁氏恶劣政府"。

真是仁者见仁、智者见智。

关于这一时期,还有一段非常有争议的史料,引起国内外史学界和普通民众中广泛注意,虽经大陆和台湾史学界多方研究证实是伪证和赝品,但其影响并未消失,故此一并引入,供读者思考。这就是袁世凯与日本交涉"二十一条"事件期间,孙中山与日本签订《中日盟约》一事。

据茅家琦在《孙中山评传》(茅家琦等:《孙中山评传》,第 944 页)中描述,这个文件的出台过程大致是这样的:

1915 年 1 月 18 日,日本驻华公使日置益向袁世凯面交"二十一条"。22 日,东京《朝日新闻》刊载了出来。

2 月 3 日,孙中山发表谈话说:"关于报纸上所登日中交涉问题,余固不知其内容为何物,但是报纸显要的诸种报导,则今日日本政府的态度,余以为是出于确保东洋之和平,谋求中日两国亲善之措施。"

这时,山田纯三郎等日人频繁访问孙中山,一月份就访问了 14 次。2 月 1—3 日,山田纯三郎每日来访孙中山。

2 月 5 日上午 11 时,孙中山即打电话请陈其美持印速来。《中日盟约》所标签订日期,即为 2 月 5 日。日本《民族评论》3 月号上揭露了这个盟约。(见段云章《孙文与日本史事编年》,第 431—435 页)

有人问,既然《中日盟约》经考证是伪造的,为什么还要提出来? 这是因为,许多公开出版物都有此事件的描述,许多史学评论家也进行过多番思考。国内非常权威的《孙中山年谱长编》中也完整地引述了这件事,并完整地引述了盟约的全文。(陈锡祺:《孙中山年谱长编》上册,中华书局,1991 年,第 933—935 页)《孙中山集外集补编》在后记中也提到了盟约一事,但声明因为该史料是伪造,故此未收入书中。虽然如此,但也可以见得此事的影响非常大。茅家琦在《孙中山评传》中依据《孙中山年谱长编》的记述,对《中日盟约》进行了简要介绍:

1915 年 2 月 5 日,孙中山与陈其美、山田纯三郎、王统一拟订并草签的《中日盟约》共计 11 条,不惜牺牲足与"二十一条"相匹敌的中国权益,以换取"日援",讨伐袁世凯。其中包括:"若中华海陆军聘用外国人时,宜主用日本军人";"中华政府及地方公署若聘用外国人时,宜主用日本人";"中华经营矿山铁路及沿岸航路,若要外国资本或合办之必要时,可先商日本,若日本不能应办,可商他外国";"日本须与中国改良弊政上之必要援助,且速使之成功"。(茅家琦等:《孙中山评传》,第 943 页)

茅家琦认为:退一步说,即使"盟约"11 条是赝品,但孙中山愿意以巨大的代价换取日本的援助,则还有他的言论为证。(《孙中山评传》,第 946 页)

茅家琦在《孙中山评传》中引用了 1914 年 8 月 24 日孙中山与犬养毅进行的谈话。

孙对犬养毅说:刻下欧洲战乱为中国革命之空前绝后之良机。据最近对中国内地以至南洋及美国等地之形势调查,革命声势愈加高涨,相信此时乃举旗之大好时机,遂决定起兵举事,目前正在准备之中。至于欧战形势……胜利终归德国。战争平息,日、德两国恢复和平之时,日本将在对德、对华外交上面临复杂情况。此时若在中国内地发生动乱,必给日本外交带来极大好处,为此日本政府务必支持中国革命,此点请阁下予以关照。孙谈及军资的筹集情况说:如若此次仍不能筹足所需资金,即使附加任何条件,也靠阁下在日筹款。(《孙中山评传》,第 946 页;陈旭麓、郝盛潮主编《孙中山集外集》,上海人民出版社,1990 年,第 224 页)

1914 年 5 月 11 日,孙中山致大隈重信函又说:"窃谓今日日本,宜助支那革新,以救东亚危局,而支那之报酬,则开放全国市场,以惠日本工商";"支那可开放全国之市场,以惠日本之工商,而日本不啻独占贸易上之利益"。信中又说:"支那欲脱既往国际上之束缚,修正不对等之条约,更须藉日本为外交之援。"还说:"使支那有关税自主固定之权,则当与日本关税同盟,日本之制造品销入支那者免税,支那原料输入日本者亦免税。"(《孙中山全集》第 3 卷,中华书局,1984 年,第 84—85 页)

上面收录在《孙中山全集》中关于联日抗袁的信件,应该是最权威的史料了。

而《孙中山集外集》中记载了 1915 年末或 1916 年初时孙中山与日本陆军参谋总长上原勇作的谈话:

为了立即打倒专制横暴的袁世凯,确立为全体国民所支持的革命新政府,收到中日结合的实际效果,希望日本至少以预备役将兵和武器编成三个师团,支援中国革命军,中国新政府可以东北三省满洲的特殊权益全部让予日本。

日本人口年年增多,东北三省的辽阔原野适于开拓。日本本来资源贫乏,而满洲,则毋庸讳言,富于重要的资源,日本瞩目斯土,乃当然之国策。对此,我等中华革命党员能予充分谅解,故可以满洲作为日本的特殊地区,承认日本移民和开拓的优先权。

但孙中山明确声明:"东北三省是中国的领土,吾等坚决维护固有的主权,虽寸土亦不容侵略。"

孙中山并说:"不仅满洲,中国本土的开发亦唯日本的工业、技术、金融力量是赖。"

孙中山认为倘日本真能以互助的精神,诚心实意地援助中国的革命统一,相互提携,为亚洲的独立与复兴通力协作,则中日两国的国界难道不也可以废除吗？

（以上部分详见陈旭麓、郝盛潮主编《孙中山集外集》，上海人民出版社，1990 年，第 225—226 页，最早对此问题进行研究的是杨天石的《孙中山与"租让满洲"问题》载《近代史研究》1988 年第 6 期）

对于孙中山先生的联日抗袁策略，我们无从猜测，不管是"两害相权择其轻"，还是"只要有利于国家和人民，宁愿做出出格举动"，我们现在还无法进行述评。茅家琦教授认为：

在 1913 年二次革命反袁时期，主要矛盾在于打倒袁世凯。为了达到反袁目的，争取日本援助，提出"联日反袁"的策略，是有积极意义的。但是到 1915 年，日本向袁世凯提出"二十一条"要求，举国上下抗日情绪高涨，中日矛盾已突出为最主要的矛盾。在这样的形势下，再坚持"联日反袁"，完全违背了时代的要求，孙中山对形势的判断错了。即使取得反袁的胜利，其结果正如上文提到黄兴的一句话："驱虎进狼。"再者日本政府也不会帮助孙中山抗袁，因为孙中山不掌握政权，承诺便没有变成事实的可能。直到 1924 年，他在神户演讲"大亚洲主义"仍然呼吁"中日携手"。孙中山谋略之不足，原因之一在于他对形势缺乏深入的正确的分析。（《孙中山评传》，第 950 页）

史料列了这么多，没有一个结论的话，又显得繁琐而啰唆，如果非要暂时给个比较明确的结论，那就借用茅家琦在《孙中山评传》一书前面"内容提要"的最后一句话：

他（指孙中山）的政治思想十分丰富，但经济思想切合中国国情不足，政治谋略方面存在重大失误。

不过，毛泽东对孙中山的评价是比较客观、全面的："他全心全意地为了改造中国而耗费了毕生的精力，真是鞠躬尽瘁，死而后已"，但"像很多站在正面指导时代潮流的伟大历史人物大都有他们的缺点一样，孙先生也有他的缺点方面。这是要从历史条件加以说明，使人理解，不可以苛求于前人的。"（《毛泽东文集》第 7 卷，人民出版社，1999 年，第 157 页）

袁世凯的心凉了

第四，袁世凯本人无奈。

有人问，袁世凯必须要签约吗？不能拒签之后，率领北洋将士痛痛快快地和日本人打一仗吗？这样，即使败了，人们也会原谅他呀！

这种说法，有对的一面。也有值得商榷的一面。

说它对，是从普通人的情感角度而言的；说它值得商榷，大家不妨想一下慈禧当年威风凛凛地宣布与列国开战的后果，不妨想一下一个积贫积弱、刚走出清朝灭亡的困局，国外仍是群狼环伺、国内各省名义统一却暗中拥兵自重的情形，大概能体验到一些袁世凯的无奈吧。

中国当时真的有能力打一仗吗？

看一下周边就知道了形势的险恶：沙俄支持外蒙，英国侵略西藏，日本占领山东。

这不是灭自己威风，长他人志气，经过近代以来的一系列较量，此时的中国，能惹得起谁？能惹日、能惹俄，还是能惹英？

在中国的法庭上，向来不喜欢听犯罪嫌疑人的辩解，认为他们的话不可信。可是，在历史的法庭上，我们不妨听听袁世凯自己是怎么说的，他为什么力主和谈而不是开战。蔡东藩写的《民国演义》第44回中记录了一段原始材料，不过这段材料有些绕口，幸好在网上查到有心人对这段材料的现代阐释，于是把网上这段比较易懂的文字抄用过来。声明一下，这段解释与原始材料相比，内容完全符合，就是通俗了些：

各国权利的损益是以国势强弱为准则，如果国内政治修明，力量充足，譬如人体血气壮硕，那么就没人敢侵犯他。我国自甲午、庚子两次启战端，都是因为自不量力，不审外情，上下嚣张，轻于发难，最终导致割地赔款，丧失主权。当时的有识之士叹息国之将亡，假使当时能上下一心，痛自苛责，发愤图强，尤可以使中国强大，然而事过境迁却文恬武嬉如故，在厝火积薪下依然莺歌燕舞，最终导致民怨沸腾，以致鱼烂土崩，不可收拾。我以薄德起自田间，很害怕国势濒危，又不忍心看生民永远沦于浩劫,因此在这次交涉中主和。我们切不可逞血气,甲午和庚子的覆辙不远,我国民共戒之。

这段材料透露出了袁世凯的心声,当时不能打,没有能力打,一不小心,群狼趁火打劫,大片国土就会被瓜分,这是其一;此时若战,还不仅仅是与一国开战,而是加入了第一次世界大战的战团,面临的不是一个两个敌人,这是其二;1913年的善后大借款,当时到手的就没有几百万两,经过二次革命和国内建设,财政又一次面临严重亏空,一个债务国哪来的力量向债权国打仗呢? 这是其三;清朝灭亡之后,各省纷纷独立,中国的体制已非中央集权制,而是事实上的联邦或松散的邦联,中央调不动各省的武装,也抽不出地方的财税。此时的中国,有什么资本来战? 这是其四。

打仗,哪那么容易呀。当打而不打,是政府的罪过,然而,不当打而打了,则更是政府的罪过。

其实,审时度势地看一下,空洞地喊与日开战不仅没有任何意义,也误导了民众,甚至误导了历史。对此,唐德刚说:"事实上,袁氏这时所遭遇的困境,也正是20年后蒋氏所遭遇的困难:强寇入侵,既不能战,又不能不战。唯一的办法,则是既不战,也不降,来它个无限制的拖延,也就是胡适所说的苦撑待变吧!"(《袁氏当国》,第145页)

通过外交谈判和袁世凯的幕后运作,最后签订的"二十一条"文本实际上只有"一十二条",被称为《民四条约》(民四即"民国四年"之意),原来二十一条中最恶劣的干涉中国内政的部分全部删除,这使得中国免予沦为日本的殖民地。

条约签署后,袁将抵制"二十一条"的希望由外交交涉转为消极破坏。

据袁世凯对其秘书曾叔度所言:"购地、租地,我叫他一寸地都买不到手。杂居,我叫他一走出附属地,即遇危险。至于警察、顾问用日本人,用虽用他,月间给他几个钱便了,顾不顾,问不问,权却在我。我看用行政手段,可以破坏条约,用法律手段破坏不了。又其他各条,我都有破坏之法。"

此举的效果如何呢？曾叔度在忆及此事时引日人言："我等被囚禁于附属地界内，一步不敢出附属地。""我等名为顾问，其实绝无人顾，绝无人问。"

"二十一条"签订后，袁世凯曾秘密派段芝贵数次去东北，暗授张作霖对日本人搞破坏。张作霖势力大增后，从德国购买了大量军械，声称："只要有我在，日本人不敢出附属地！"而日本人想在南满、东蒙开发产业，也大都遭到张作霖的阻挠而极少施行。

日本首相大隈重信因为未经御前会议就贸然提出"二十一条"，结果日本并未得到实质性的利益，因而在日本国内，日本一面高调宣扬对华外交胜利，不战而屈人之兵；但在日本政坛内部，却认为大隈内阁外交失败，大隈重信很快就下台。接任首相的寺内正毅后来也不得不承认："大隈内阁向中国要求'二十一条'，惹中国人全体之怨恨，而日本却无实在利益。"

《剑桥中华民国史》也认为："'二十一条'对日本在华地位没多大意义。"

这个时候袁世凯终于松了一口气，凭借他多年官场周旋、外交历练的经验，日本"二十一条"的核心阴谋终于被他化解，他自认为在目前的国力之下，也勉强可以和国人交代了。

但是，袁世凯满心地希望人们能理解他为此做出的努力，希望人们理解他的苦衷，但等待着他的，却是铺天盖地的批评、指责和谩骂。

袁世凯的心彻底凉了。

这就是共和所要的结果吗？民众要是再这样不理智，我们还怎能卧薪尝胆，向日本报一箭之仇？君主立宪可强国的想法，再一次浮现在袁世凯的心中。日本走君主立宪之路，结果强大了，像狼一样地欺负我们来了。共和之路，适合中国国情吗？我们是不是走错了？

"共和就是不和，民主就是无主"，某位部下向他诉说民主共和的弊端之言，再一次涌上心头。

无论怎么做，反对党和不了解内情的群众，都会把责任推到政府头上，推到当政者头上，也就是推到袁世凯的头上。国家要想重新凝聚起来，拧成一股绳，重新强大起来，就需要自己用强力和铁腕把目前的一盘散沙状态扭回来。能实现这个目标的，只有一个方法，那就是把权力重新收归中央，彻底改变国家元首权力处处受人制约的状况，那就是实行君主立宪，而不是当下的民主共和。

至此，袁世凯重新反思自己当上总统以来的各种曲折，宋教仁案，不是自己主使的，却被人说是主谋；善后大借款，明明是为了战后国家重建，却被扣上出卖国家利益来打内战的帽子；"二十一条"，明明尽了一个弱国领袖的最大能力，却被说成是卖国。几千年来没有哪一位统治者遇到过这样的难题，也没有哪位统治者这样受过全体国民的误解，可袁世凯都遇上了。

凤凰卫视所做的《袁氏当国》纪录片中，对此进行了这样的解说："面对着汹涌的学潮和漫天的批评和指责，袁世凯开始思考，为什么中国共和之后，面对着外国列强仍然如此软弱，他就任大总统的外交危机，一概以中国的退让而告终，袁世凯的结论是皇朝坍塌、道德沦丧、信仰错位，是中国缺少了皇帝，在这个时候，袁世凯长子袁克定策划下的称帝闹剧早已经悄悄地展开，面对着内忧外患的中国，以及身后庞大的等待着恩惠的家族，袁世凯在处理完'二十一条'后，最终坚定了称帝的决定。"

这个结论应该是靠谱的。

自然，袁世凯肯定是有权力欲的，任何一个踏入政坛的人，不可能没有权力欲。拿破仑说，不想当元帅的士兵不是好士兵，换个说法就是，不想当领导的下属不是好下属。

袁世凯在宣誓效忠共和之后，决心走向君主立宪之途，这对一个领导人来说，如果没有重大事情和变故，是下不了决心的。因为这要冒着巨大的执政风险，谁也不愿意没事找事。毕竟，每个领导都希望自己治下稳定，不出乱子。

如果说袁世凯是政坛雪崩时的那根顶梁柱，那么当时激烈批评的人们，便是那看似轻飘飘、实则对雪崩有不可推卸责任的片片雪花。社会的整体反应使袁世凯做出了另一个判断，走上了另一条路，是社会的表现让袁世凯得出了另一个结论,一个与民主共和完全不同的结论。

从这个时候开始,袁世凯的心彻底坚定了中国要废除美国式民主共和而走日本和德国式的君主立宪之路的决心。

所以,要理解袁世凯称帝的真正动机,我们必须从这样更大的历史纵深来审视,这才可能向历史的真相靠近。

谋国者的雄才与悲哀

第五,日本使袁世凯执政合法性的地位迅速动摇。

任何一个国家,都不希望自己的邻国出现一个政治强人掌舵,因为这无异于多了一个强邻或强大的对手。

而袁世凯恰恰是个政治强人,是个日本人绝不希望面对的强大对手。

日本与袁世凯的交手不止一次两次,从袁世凯驻守朝鲜时代开始,双方就进行了较量,而且,袁世凯不止一次让日本人吃亏。袁世凯的手段和魄力,给日本人留下了深刻的印象。所以,在袁世凯还没当上总统的时候,日本的情报收集人员就视其为政坛潜力股,专门收集并研究了袁世凯,集录成专项报告,这就是我们今天市面上仍在流传的一本书——《一个日本记者笔下的袁世凯》。

袁世凯逼清帝退位、取代孙中山当上大总统,打散了国民党之后,在国内大权独揽。中国的国势眼见着要开始恢复,日本此时如果不出招,可能将不知再等多少年才有机会欺负中国。

所以日本选的时机非常准,招法也非常狠。

对于一个新上任的领导人来说,国民寄予的期望值是非常高的,尤其是一个刚走出清朝灭亡的、四分五裂的、落后的、经常挨打、积贫积弱的中国,人们满腔热忱地希望领导者袁世凯带领中国走出困境,使中国重新强大起来。然而,袁世凯却被对手的强大所屈服,这让人们大失所望,让袁世凯的执政威望指数迅速降低,执政资源大量流失。

日本利用一切手段威逼袁世凯签订"二十一条"后,虽然真正的实质利益没得到,大隈内阁也被迫下台,但日本人仍是高调宣传了此事,对中国的领导者和中国人民进行了羞辱。

日本国内的媒体,以及设在北京的日本媒体,为了夸大日本谈判的胜利,宣扬本国国威,故意含糊其辞,只说"二十一条"签订,中国政府无条件接受。这种舆论战和心理战上的轻轻几句话就真的足可致袁世凯政府于死地了。

万事谁能知究竟,人生最怕是流言。

歌德有过一个一针见血的观点:感情占了上风时,理智就不复存在。

中国国内的媒体不明真相,只知道政府肯定是与日本签约了,一看日本人这么高兴,那肯定是袁世凯这位新的国家元首无能。中国的报纸开始了铺天盖地的批评指责和谩骂。

所以说,舆论是柄双刃剑,既能救人,也能害人。一方面,有的媒体如果别有用心,故意误导民众,那也将是百口莫辩、先入为主的效应;另一方面,舆论和媒体如果为了炒作、为了引起轰动效应,而失去了它的责任,那将会带来可怕的后果。

从这个角度上来分析的话,那么日本政府抛出"二十一条",其表面目的是为了攫取利益,然而他们没有说出的目的,其实也是让袁世凯政府的权威和合法性丧失,在民众中搞臭。他们不希望一个政治强人出现。这一点,袁世凯自己心里清楚。这里暂且把历史画卷翻到袁世凯临终前给自己的挽联,从这大概更能清楚看出日本政府的险恶用心。

袁世凯临终前自挽:"为日本去一大敌;看中国再造共和。"

这十四个字,很平白,一百年来大家一直忙着骂人了,几乎没有人仔细琢磨过此中意味。

什么叫"为日本去一大敌"? 就是说,袁世凯至死不承认自己是卖国贼,而认为自己是日本的劲敌。国人千夫所指,袁世凯死了,这是替日本人去了心头大患!

什么叫"看中国再造共和"? 袁世凯认为共和在中国会成功吗? 袁世凯认为中国的民众会真的服从民主共和吗? 答案可能是否定的。袁世凯以他一生的从政经历来审视多灾多难的中国,他认定了共和之路在中国行不通，没有任何行得通的可能。

那么袁世凯此句的意思，就有点儿像春秋时期伍子胥死前的悲愤味道：

此头须向国门悬？

伍子胥意思是，我伍子胥死后，把我的脑袋悬挂在城门上，我会眼睁睁地看着越国军队开进吴国的城池！

那么袁世凯会不会说：我袁世凯死后，把我的头悬在国门之上，看看中国是怎么实现共和的？

这句话太悲观？还是太危言耸听？

第六，百年来人们的继续骂。

袁世凯死后，北洋天下大乱，后起之秀蒋介石抓住时机，从形式上统一了中国。为了衬托国民党的正确，对袁世凯及袁世凯的一系列政策进行了不遗余力的批判和辱骂。骂袁世凯"窃"国还不解恨，又骂袁世凯"卖"国，"二十一条"的签订更是袁世凯被骂的最有力证据。

新中国成立后，袁世凯仍然被骂了很多年。走到20世纪八九十年代，关于袁世凯和"二十一条"的研究，逐渐多了起来，思路也越来越明晰。

第七，历史学家终于开始反思。

今天，我们回望这段屈辱的历史，平心而论，袁世凯政府的应对之策是得体的，也尽了全力去谈判，只是，弱国无外交，终于还是耻辱地订了城下之盟。

正如唐德刚在《袁氏当国》中所说：

历史家如秉笔直书之，袁政府应付这次危机，还算得体。据日方秘档所记，在双方交涉之初，袁即疾言厉色地告诉日使，可让者自可谈判，不可让者，如第五号诸条，则绝不能让。在其后历经四月的艰苦谈判中，自袁以下，外长陆征祥，次长曹汝霖，及驻日公使陆宗舆，在长期交涉中，受尽折磨与屈辱则有之，细查中、日档案，纵是一向有妥协倾向的曹汝霖，日方会谈纪录也说他"激愤之情溢于言表"、"情绪颇为激越"云云。

(见《日置驻华公使致加藤外务大臣电,一九一五年五月五日》,载《北洋军阀,1912—1928》卷二,第 809 页;《袁氏当国》,第 143—144 页)

当然我们不容否认,这部新约是一部丧权辱国的条约。例如延长旅大租期至 99 年,直至 21 世纪。又默许日人无限制向东北移民等,都是丧权辱国的。但是中国却始终没有变成日本的印度,所以日本虽费尽心机,提出灭亡中国的二十一条,弄得臭名四溢,后来也只落得个雷声大、雨点小的收场,为天下笑。(《袁氏当国》,第 146 页)

……

以上粗略地介绍了"二十一条"签订后各势力的态度,只是想让读者更深地思考一下:袁世凯到底有没有"卖国"?

凤凰资讯的历史频道有一专栏"重读袁世凯——体味谋国者的雄才与悲哀",该栏目中的文章一语道出了历史的无尽沧桑:

很不幸,历史没有如果。正因为如此,他在同盟会诸公的描绘下成了贪婪无比的窃国大盗,在人们眼中成了签订"二十一条"谋求称帝的卖国贼,在文学作品,乃至史学著作中成了出卖谭嗣同的小丑。尽管很多人说:"这些可以有!"我们仍只能遗憾地说:"这些真没有!"

第十四章 ╲ 君宪布局 ╲

位置与心态

袁世凯既然定下了撇开民主共和、实行君主立宪这个想法,接下来的第一步,就是要集中权力了。

集中权力,在权力的护驾下推行自己的大政方针,实现自己成就一番轰轰烈烈事业的理想,这几乎是几千年来中国大小领导者上任之后的例行"公式"。更何况中国男人的发展奋斗还有一个理论作支撑——修身、齐家、治国、平天下。

政治家们的宏伟构想从来都是建立在自己登台实施的基础上的。没有权力,怎么治国、平天下? 有了权力,才有发言权。权力多大,发言权就有多大。

袁世凯之所以要集中权力,一是希望自己能够通过权力强力推行自己的治国理念;二是段祺瑞的力量坐大了(冯国璋此时镇守南京,袁的身边没有制约段的力量),必须削弱或剥夺段祺瑞的军权。

这两件事,也称得上是历代君王上任时必做的两件大事。不管是刘邦、朱元璋的屠杀功臣,还是赵匡胤的杯酒释兵权,手段不同,其目的是一样的,就是权力收归中央、集中于元首,而这其中军权尤其重要。

袁世凯是小站练兵起家,又亲眼目睹了维新变法派没有军队支撑的悲剧结局,并切实尝到了八国联军进京后、自己武卫右军一家独大的甜头,他比那个时代其他任何人都更明白枪杆子的重要性。

北洋时期名义上进入了"民国",可仍然算是皇权专制社会的继续,尤其是皇权专制思维的继续,而对于皇权专制社会来说,元首对于兄弟和父子都不会完全相信,何况是自己的部将?

　　而且,人的位置变了,心态也会发生变化,就像赵匡胤黄袍加身之后,就天天失眠,失眠的原因就是怕那件袍子披到别人身上,别人也会顺水推舟,半推半就。

　　段祺瑞力量的崛起,非一朝一夕之故。

　　袁世凯小站练兵时期,许多事还亲力亲为、亲手调教,随着他官职的一天天上升,军队的具体事务就交给自己的爱将王士珍、段祺瑞和冯国璋来处理。

　　王士珍性格随和,才大而不居功,功名心甚淡,也不爱拉帮结派,有点儿像孔子说的"用之则行,舍之则藏"的风格,也有孟子说的"得志,与民由之;不得志,独行其道"的君子风范,人称龙杰。

　　龙,怎么来解释呢?

　　《史记》中记载孔子见到老子后,对老子有一番评价,称其是神龙见首不见尾:

　　鸟,吾知其能飞;鱼,吾知其能游;兽,吾知其能走。走者可以为罔,游者可以为纶,飞者可以为矰。至于龙,吾不能知其乘风云而上天。吾今日见老子,其犹龙邪!

　　《三国演义》中曹操煮酒论英雄一节,曹操这样形容龙:

　　龙能大能小,能升能隐。大则兴云吐雾,小则隐介藏形。生则飞腾于宇宙之间,隐则潜伏于波涛之内。方今春深,龙乘时变化,犹人得志而纵横四海。

　　这两段关于龙的描写,大概能形容出王士珍的龙杰风范。

　　此时,已经退隐河北正定的王士珍,的确实现了老子《道德经》中的理想:功成身退,天之道也。袁世凯对他最放心。

　　冯国璋已经调到南京,主持长江一线的军事工作,为袁世凯镇守南方,防止国民党势力再起。

而北洋之虎段祺瑞在小站练兵以来就一直主抓军事训练和军事教育,袁世凯当总统后,他又当上了陆军总长,主抓全国军事和北洋军的军事大权。北洋军的新生力量和中下级军官,多数都是段祺瑞提拔起来的。特别是袁世凯被载沣罢官三年时期,北洋军许多将领都与段祺瑞交情深厚。

袁世凯和部属之间关系开始出现裂缝,既有客观的政治原因,也有主观的私心原因;既有历史原因,也有现实原因。

纵览两千年皇权专制的政治传统,君臣之间总是形成了一个"魔圈":打天下时共患难易,坐天下时共富贵难!

对于君臣之间来说,争夺权力的私心膨胀是最主要的原因。谁都认为自己功劳大,久而久之,自然是嫌隙越来越大,以至不可弥补。

为了子孙江山稳固,元首屠杀功臣或是削其大权,只有把骄兵悍将都打压下去,不管是肉体消灭还是精神磨灭,总之是要给继任的子孙能够控制得了的局势,这样的削权、集权步骤也是要得的。因为,子孙江山牢固,客观上也会让百姓安居乐业,总比藩镇割据要好得多。

前文叙述过,袁世凯比历朝皇帝进步的地方,就是没杀功臣,因此集中权力、维护社会稳定、把不安定因素消灭在萌芽状态,也是必然的选择。

只是,权力场中混的人,谁也不傻,段祺瑞安插自己人,袁世凯集中权力,大家都忙着布自己的局。

一个集体、一个集团乃至一个国家中,大小官员都忙着布自己的局,不像打天下时那样利他的时候,这个集团就开始走下坡路了。

所以,为了避免功臣居功自傲,领导者宁可做了恶人,或是杀,或是流放,或是削权,总之是把有功的人和那些最有可能挑战权力宝座的人及早压制住,然后提拔重用那些没有资历、没有功劳、却像狗一样忠诚的人,这时社会才能安定下来,人民也能过上几天好日子。

这就是古装戏中经常所见的情景,也是人们一直不明白的事:为什么有才者经常得不到重用,而皇帝用的却经常是没什么真本事、只懂忠诚的人。客观上,这也算是维持稳定的一个因素。只是,这是手段、是策略,不能当成制度或战略,可偶尔用之调剂,如果常用不改,那就坏了。

高明的领导者,是要学会驾驭和使用各种人才的。

而对大才者,如果只采取单纯的压制而不敢使用,那就是蠢而又蠢的下下策。

袁世凯的安排与漏洞

要想让禾苗排得整整齐齐,那就不能任由禾苗自生自长,而要借助农夫间苗来控制调整。要是任其自长,那一定是强者更强,弱者更弱,强者疯狂地侵占弱者的利益,结果便是一片荒芜。

袁世凯没有像刘邦和朱元璋一样屠杀功臣,也没有像赵匡胤一样用金钱和美女换来了部将的权,而是采取了另外一种不得罪人的方法:大肆封官。袁上台后,全国各地的都督、巡阅使等官员多如牛毛。

权谋大师马基雅维里在《君主论》中说:"君主使人们畏惧自己的时候,应当这样做:即使自己不能赢得人们的爱戴,也要避免自己为人们所憎恨。因为一个人被人畏惧同时又不为人们所憎恨,这是可以很好地结合起来的。"

"究竟是被人爱戴比被人畏惧好一些呢?抑或是被人畏惧比被人爱戴好一些呢?我回答说:最好是两者兼备。但是,两者合在一起是难乎其难的。如果一个人对两者必须有所取舍,那么,被人畏惧比受人爱戴是安全得多的。"

"人们冒犯一个自己爱戴的人比冒犯一个自己畏惧的人较少顾忌,因为爱戴是靠恩义这条纽带维系的;然而由于人性是恶劣的,在任何时候,只要对自己有利,人们便把这条纽带一刀两断了。可是畏惧,则由于害怕受到绝不会放弃的惩罚而保持着。"

其实说白了就是:君主要有足够的威势镇得住群僚,君主要给那些伺机蠢蠢欲动的下属一个信号——宁肯我负天下人,不可天下人负我,谁要犯我,我必定让其付出十倍百倍的代价来偿还,这样下属才安分守己,否则必定经常惹起小祸大乱。

那么袁世凯是怎么做的呢？

在二次革命之前，袁世凯就曾决定要逐步进行"废省改道"的计划。这个计划是要废除传统中国的行省制，而把一个省分成几个"道"，以"道"为地方行政的最高单位。这个道也实行军政分开的管理制度，道设道尹管理民政，又设镇守使管理军政。这个计划准备先在几个省区实行，然后全面推广，达到全国废省改道的目的。

这和汉武帝时代的"推恩令"差不多，让诸侯王分封子孙和功臣，使这些人各领一地，这样就悄悄地把一大块土地给分割开来，使地方无力与中央抗衡。这也像老子在《道德经》中说的"小国寡民"，用到治国之道上，就是"使其国小，使其民寡"。这些是帝王术，可不是普通人读《道德经》时说的是世外桃源的理想，那就离题万里了。

袁世凯不露声色地进行着他的计划，击败国民党后，他每占一地，就按照这个构想进行布局，他任命李纯为江西护军使、王占元为湖南护军使、张勋为江北镇抚使、倪嗣冲为皖北镇守使、龙济光为广东镇守使。这一连串的人事命令中没有一个都督的任命。此外黑龙江只有护军使朱庆澜，后来贵州都督唐继尧调任云南都督后，也只提升刘显世为贵州护军使而不给以都督名义，福建都督刘冠雄调任海军总长后，就派李厚基以镇守使名义统率该省军队，这三省不设都督，就是先废都督以达到第二步废省设道的目的。

所以，后人读这段历史时，总是纳闷这些人事任命，怎么冒出这么多护军使之类的官，而都督却没了。不是袁世凯老糊涂了，他心里明白得很。

然而，袁世凯的计划并没有在全国得以推广，一是国民党人还有势力，二是即使国民党败了，当时也是政局不稳，还需要这些军人们来镇守一方。只是，世界上毕竟是聪明人多，慢慢地，袁世凯的谋略和计划逐渐被人所知，他的部下本来是想与大哥共富贵的，没想到却是"飞鸟尽，良弓藏"，他们开始对"老头子"不满了。于是，每个人都趁乱抓自己的地盘和军队，不停地制造出各个山头和派系，凡是牵涉有关利害权位问题时，他们对袁并不完全服从，有时甚至也不买账。

因此,袁世凯在打败国民党、形式上统一全国之后,表面上看是北洋系在用加法延伸势力,但实质上北洋系内部却在用减法进行隔离和抵消,袁世凯的事业真的开始走下坡路了。

正常来说,人们主观为自己、客观为别人,这是人性使然。那么袁世凯作为总统,他这么集中权力,是主观为自己、客观为国家呢?还是主观为国家、客观为自己呢?我们无从得知。

但是我们能知道,他集中权力,对于国家来说,的确是可免去藩镇之祸。

只是,天下事有一利则必有一弊,有一得则必有一失。

权力这个东西,在没有完善的法律来制约之前,一不小心,就走向极端,或者说,极容易走向极端。

任何人都是有私心的,袁世凯手下一起打天下这些功臣还在,大权还在,他们是有能力起私心的。

正因为袁世凯的策略存在着漏洞,所以给后来的天下大乱埋下了巨大隐患。而这一隐患的形成,绝不是一朝一夕之故,在袁世凯刚一实行这一方略的时候就已经显出了,而袁世凯没能扼其于未萌或萌芽状态。

一项决策的出台,根本不可能让所有人都满意,如果能让多数人满意,就已经算是成功的了。想让每个人满意,其结果可能就是每个人都不满意。

有句诗说得好:"做天难做四月天,蚕要温和麦要寒;行人望晴农望雨,采桑娘子盼阴天。"

老天都难做,何况人乎?那么,老天是怎么做的呢?

中国古代道家的经典著作《阴符经》告诫后人:"观天之道,执天之行,尽矣。"

观察一下老天的做法,关于治国之道,就一切都明白了。

"恩生于害,害生于恩。"北洋后来之乱、之"害",是不是生于袁世凯之"恩"呢?

"天生天杀,道之理也。"自然能够创造我们,也能毁灭我们,这是亘古不变的道理。

这些话体现了哪些统治术或管理经验呢？

其实，这些无非就是说，要想获得社会的稳定和秩序，领导者有时对那些有能力或可能挑战秩序的人，该下手时就得下手。

牺牲掉几个人，总比无数百姓遭受兵祸要好得多，社会成本要小得多。

这既是历史的残酷性，也是普通人的人性悲哀。

袁、段纠葛

袁世凯为了削夺权力和威望仅次于自己的"二首长""一字并肩王"段祺瑞的权力，做了很多工作。

1914 年 5 月，袁世凯成立"统率办事处"，这种非传统、非正式的组织编制，里面奥妙无穷，而且一般人也摸不清它的权力到底有多大。袁世凯成立的这个统率办事处是由陆军总长、海军总长、参谋总长及大元帅特派的高级将领组成的，陆、海、参三部的总长，只是办事处里面的"办事员"。这样，陆军部的实权全部被转移了，陆军部成了空架子，军事大权不仅是收归中央，且是收归总统个人了。

袁世凯收军权的第二步，就是建立模范团。而北洋军人都认定袁、段分家的导火线是袁克定编练"模范团"触发的。

自从冯国璋镇守南京之后，袁世凯发觉军权悄悄落到段祺瑞手中，而老段这个人行事风格又非常霸道，还不善于沟通，这就使二十年来驰骋江湖的"铁三角"之间逐渐滋生了不睦。

冯国璋心中自然不高兴，袁克定也怂恿老爹要把军权握在自己手中。

为了不让任何一派势力坐大，也为了避免黄袍加身的故事重演，袁世凯决定接受袁克定的建议，在统率办事处正面成立一个模范军。否则，光有办事处的空架子，没有直属的军队，那是指挥和震慑不了别人的。按照预想，由大元帅兼模范军军长，模范军预定先立两个模范师，中级军官尽量用留学生，下级军官则用军官生和速成生。其地位和意义,相当于嫡系的皇家禁卫军。其用意是要使之在军队中起到模范作用,逐步改造北洋军队。

只要有权力,层层都是算计和钩心斗角,军中也不例外。

原来北洋军的军官来源,多是段祺瑞负责下的天津武备学堂和北洋各随营教导队、军事学堂等。

袁氏父子拟定的模范团,军官来源准备改用保定军官学校和陆军速成学校的毕业生。保定军官学校成立于清末,是一所比黄埔军校还要享有威名的军官学校,其校长一直是袁世凯亲自委派。那个29岁便被任命为保定军官学校校长的民国军事天才蒋百里就是在这个时期出现的。

因为蒋百里太出名了,太优秀了,这里不妨打断一下政治纷争,介绍一下这位英雄,并从他这里侧面看一下袁世凯和段祺瑞在军权上发生的纠葛。

蒋方震,又名蒋百里,钱学森的岳父,民国时期的军事理论家、军事教育家,浙江海宁人,金庸、徐志摩等与蒋家都是海宁的故交世家。其名取自《周易·震卦》"'震'惊'百里',惊远而惧迩也。出,可以守宗庙社稷"。他也确实无愧于取自《易经》中的这几个字。

此人文韬武略,样样精通,被称为军事天才。

武的方面来说,蒋百里在日本士官学校学习的时候,与蔡锷、张孝准并称士官三杰。毕业的时候,考取第一名,天皇亲自授予军刀。自那以后,日本士官学校就把中国留学生与日本学生的考试分开对待,以免这个殊荣再被中国留学生拿走。蒋介石抗日的军事布局,基本是按照蒋百里《国防论》的构想设计的。日本人进攻的步伐和套路,也没有跳出蒋百里的战略视野。只可惜蒋百里1938年就英年早逝了。

文的方面来说,1921年,蒋百里将欧洲考察的成果写成一本《欧洲文艺复兴史》,梁启超为之作序,下笔不能自休,竟写了5万多字,跟原书的字数都差不多了,梁氏只好另作短序。后来梁将这篇长序改写、充实,取名《清代学术概论》,反过来又请蒋百里作序。这可算民国学术界一大佳话。民国时期这本《欧洲文艺复兴史》一直是许多学校使用的教材,1949年后台湾地区仍然沿用。直到今天,这本书在网上仍在热卖,供不应求。

1912 年，袁世凯任命蒋百里为正式合并之后的保定军官学校的校长，换掉了之前的校长赵理泰，且没同段祺瑞商量。执掌陆军部的段祺瑞便大为不满，因而保定军官学校的经费种种，多受到陆军部的留难。蒋百里不胜其烦，日本式的军事教育使得他竟想杀身成仁，1913 年 6 月 18 日，当众开枪以谢学生，幸被抢救过来。不过，蒋百里在医院受日本护士精心照顾，由此抱得美人归，成就了一番英雄美人的佳话。

后来，袁世凯任命蒋百里为总统府军事参议，段这时还兼总统府军事处长，余恚犹在，竟拒发委任状，蒋遂不能到差。

有了上述的种种过节，袁世凯也有些忌惮段祺瑞等一般旧部的情绪，因此把模范军缩小为模范团，每期训练半年，派王士珍为模范团筹备处处长，直隶于统率办事处。

最初商量成立模范团的时候，袁世凯提出要袁克定任模范团团长，段祺瑞明白老袁的用意，本来心里就反对这支新式军队的存在，他硬邦邦地甩出一句："我看他不行吧。"

袁世凯气不打一处来：那你看我行不行？

民国三年（1914）10 月 23 日，模范团正式办起来了，团址设在西城旃檀寺。第一期确实是由袁世凯自任团长，以曾任赤峰镇守使的陈光远为团副，王士珍、袁克定、张敬尧为办事员。模范团的第二期交给了袁克定，这也是袁有意锻炼儿子，在军队中树立威望，培养自己人。

第一期训练成熟后，袁特设"新建陆军督练处"，成立拱卫军步兵四旅，炮兵一团，骑兵一团，机关枪营一营、辎重营一营。模范团的装备精良，都是购自德国。

袁世凯看来是下决心要把军权从段祺瑞手里夺回来了，作为大总统，他每星期必乘马至模范团观操一次，观操时必召集军官训话，各级军官升职时一定要到总统府向袁叩头谢恩，凡是在模范团受训的官兵一定要举行效忠宣誓仪式。

过去，袁世凯只过问北洋军的中高级军官的安排，而下级军官则是段祺瑞负责安排，随着官职的提升，由下级提升起来的中级军官也都是段祺瑞的人了。

模范团成立后,袁世凯充分吸取以往的教训,进一步控制模范团的下级军官。模范团中无论头目升排长,或排长升连长,均必须谒袁世凯并叩头,袁此举力图彻底把段祺瑞的影响排除。

民国三年(1914)10月27日,也就是差不多在模范团成立的同时,保定军官学校第一期学生举行毕业典礼,袁世凯派陆军上将、总统府侍从武官长荫昌为代表,前往该校颁发毕业证书,每人颁赠军刀一把,毕业文凭用的是大总统的名义。

段祺瑞在军队中的实际权力越来越小了。

貌合神离

有句俗话:人们往往能躲得过一头大象,却躲不过一只苍蝇。

生活中不经意的小事给人与人之间带来的摩擦,有时候远甚于大事情给人们之间带来的隔阂,居家如此,交友如此,上下级之间如此,国与国之间也如此。

袁、段之间因小事而产生的隔阂,主要有段祺瑞继室(袁世凯的干女儿)问题,恢复跪拜礼的问题,徐树铮问题。

第一,政治婚姻逐渐带来的不信任。

按说袁世凯与段祺瑞之间的关系确实非比寻常。除了小站练兵时结识,一起打天下,经历袁世凯被罢官的考验,袁、段之间还有翁婿关系。正常说来,二人关系应该牢不可破了。

袁世凯的正妻于氏只有袁克定一个儿子,没有女儿,袁世凯便认了一个世交的女儿——张佩蘅为义女。1900年,段祺瑞断弦后,袁世凯做主把张佩蘅嫁给了段祺瑞,这样,二人的关系便更近了一层,袁家的孩子也管段祺瑞叫姐夫,亲近得不得了。

但是,人一走到高位,对自己屁股下的宝座患得患失之后,就会对谁都不信任。考察历史,许多大独裁者,都是属于在精神上患有分裂症的人群。皇帝所谓的信,是在完全布好了牵制的力量,做好了局之后才会信。用现代哲学话语说:"信任他人对信任者个人来说是心理上的骄傲自大：这是对自己命运的道德抵押。"（吉登斯语）领导者不会轻易地相信别人，绝不会把自己的命运交到别人手中。这一条基本上是一个定律和公理。

袁与段因权力问题有了裂痕后，老袁总想在闲聊时从张佩蘅口中套出有关段祺瑞的一些事。段祺瑞也不傻，他太清楚老袁使人、用人、拉拢人、牵制人的手段了。更何况，就在此时，袁世凯还在用这种姻亲关系监视和控制部属，包括对冯国璋也采取此法，这让段祺瑞更加心生警惕。

事情是这样的，1913 年底，冯国璋攻陷南京后被任命为江苏都督，成为北洋系首屈一指的地方实力派人物，在长江中下游一带呼风唤雨。袁世凯最担心手握重兵的冯国璋不好控制，便行拉拢和监视之事。恰好冯的原配去世，日理万机的袁大总统便亲自做媒，将跟随了自己十几年的女家庭教师周道如介绍给冯国璋。

段祺瑞稍一联想，便会明白此中深意，更会明白袁世凯把张佩蘅嫁给自己的真正目的。

第二，恢复跪拜礼之后的问题。

袁世凯喜欢中华民族的旧礼，他认为天下大乱，礼崩乐坏，因此要恢复这种传统习俗。

后来的蒋介石也喜欢中华民族的旧式礼节，尤其是管仲提出的"礼义廉耻，国之四维"。蒋介石时代的中华民国教育部规定：礼为"规规矩矩的态度"，义为"正正当当的行为"，廉是"清清白白的辨别"，耻是"切切实实的觉悟"。

袁世凯恢复了君臣之间的跪拜礼，段祺瑞非常反感，不肯接受。段二愣子的倔劲又上来了，民国成立后这套皇帝时代的礼节就已经废除了，怎么还能恢复？自己这么大功劳，天下都帮你打下来了，还非得像奴才似的跪拜吗？当年慈禧从西安回銮的时候，段都行西方军礼，不行跪拜。现在这样做，太让人为难了。

冯国璋倒是劝他，兄弟，想开点儿吧，跪拜礼和脱帽礼没啥不一样的，习惯了就好了。冯拉了段一起去袁那里拜年，自己先跪下去了，弄得段祺瑞没办法，也不能像根木头桩子似的立在那儿，也跪了下去。

袁世凯倒不好意思了,慌忙站起来,拉住两位爱将的手:不敢当,不敢当,不能这样啊。

冯和段来到大公子袁克定处,按照类似臣下对"太子"似的礼节,也行跪拜大礼,心下已是万分委屈。怎知袁大少爷却端坐不动,泰然受之。

段祺瑞气急败坏,出来后对冯国璋说,老头子还很谦逊,大少爷却架子十足。我们侍候了老的一辈子,还要在少的面前做狗吗?

冯国璋也极为不满,你袁克定算什么东西?啥时候也轮不到你来骑在我们头上。

从此,冯国璋也坚定地站在段祺瑞一边,坚持不跪拜。

冯、段的不满,有人告诉了袁克定,并埋怨他不该摆架子激怒两位大将。怎知袁克定却有自己的歪歪理:这两个人都是老头子一手提拔养大的,现在有权了,有点儿不听招呼了。我要是不折折他们的傲气,将来老头子百年了,他们还不爬到我头上来啊?

袁克定此时俨然把自己当成了未来的领导者。

据《论语》记载,鲁国的君主鲁定公问孔子说:"君使臣,臣事君,如之何?"孔子曰:"君使臣以礼,臣事君以忠。"这话虽然是孔子的治国理想,但里面有一个逻辑,那就是:领导要是以礼对待部属,部属便会忠心耿耿。要不然怎么会有成语叫"礼贤下士"呢?因领导不以礼相待,部下离心离德甚至反目成仇的,历史上也不在少数。

这件事所带来的最要命的后果,便是在北洋将领心中形成了这样的观念:既然老头子已不把我们当作人了,我们又何必对他忠心呢!

袁世凯没有事先把这些有能力、起私心的人打压下去,这是他当领导的一大败笔。

这些人到后来,都成了权倾一方的军阀。

才大气粗

第三,徐树铮带来的麻烦。

徐树铮,字又铮、幼铮,号铁栅,自号则林,人称"小扇子",也有称"北洋军师"。在北洋政坛上,他不如袁世凯、徐世昌、段祺瑞等人名头响亮。论官职,文,不过是国务院秘书长;武,也仅仅是陆军部的次长。但徐树铮也是呼风唤雨,飞扬跋扈,纵横四方,搅起漫天风云。为有别于徐世昌的"大徐",人称徐树铮为"小徐"。

徐树铮 1880 年 11 月生于江苏省徐州府萧县(现安徽省萧县)官桥镇醴泉村(距徐州西南五十里的地方),他是段祺瑞手下第一谋士。徐树铮自幼聪颖过人,3 岁识字,7 岁能诗,13 岁中秀才,17 岁补廪生(乡试一等第一名),被人称为"神童"。然而,他志却不在舞文弄墨,眼见天下大乱,他"私究兵谋,留意天下政财大略",慨然有经营天下之志。

1900 年义和团运动爆发,紧接着八国联军攻进北京。听到京城募兵的消息,徐树铮背着父亲、从家里偷点儿钱连夜北上,去实践自己的经世致用之理想。

徐树铮早就听说袁世凯是个英雄,北上山东的时候发现山东治理得果然与众不同,便想投入袁世凯的军队。只是,一介布衣,根本无法与山东巡抚袁世凯见面,几次都被门人拦回。徐树铮便把自己的理想写成国事条陈,经过改头换面包装,并以袁世凯故人的名义上呈,条陈总算被递上了袁世凯了案头。

袁世凯不经意间浏览一下,不禁大喜过望,马上就要见这个年轻人。然而不凑巧的是,袁母病故,袁世凯就把此事特意交代给了山东观察使朱钟琪,让他找这个年轻人面试一下。结果,这个傲慢的朱大人没把读书人放在眼里,一个二十岁的小伙子,写什么条陈,有什么实际经验和社会阅历,敢这么目空一切? 二人话不投机,朱大人还把徐树铮花了三天三夜写就的条陈退给了小徐,小徐是羞愧难当。回到客店,借酒浇愁,当众写诗以打发自己的郁闷。

说也凑巧,这天正好段祺瑞到旅店来拜客,见一少年正在写楹联。少年虽然在初冬时穿一件单衣,略带愁容的脸上掩不住此子的气宇轩昂。别人告诉徐树铮,北洋武备学堂的段校长(总办)来了,徐却微微一笑,不卑不亢。平日目空一切却阅人无数的段祺瑞看到此人不凡,颇有耐心地多交谈了几句,小徐正是报国无门、找不到机会展示自己才华的时候,便敞开胸怀,谈时局,谈兵谋,谈经济,不仅与段祺瑞的观点不谋而合,且许多地方有独到见解。

一个是 21 岁的学生,一个是 37 岁的军校校长,二人相见恨晚。

从此,徐树铮便投到段祺瑞门下。为报知遇之恩,他忠心耿耿,一生效忠段祺瑞。

1905 年,段祺瑞又公派徐树铮去日本士官学校学习军事。五年之后,31 岁的徐树铮回国,在段祺瑞手下任军事参谋。而脾气怪异、平日只服袁世凯、手握北洋重权的段祺瑞却对徐树铮宠信备至,言听计从,老段后来当国时期的一切谋略几乎全都出于徐树铮的谋划,徐树铮成了段祺瑞的智囊、文胆甚至灵魂。

至于袁世凯从何时起不喜欢徐树铮这个年轻人的,现无从可考,是不是袁世凯奔丧回来后,朱钟琪对袁说了些什么,惹得袁世凯对小徐不高兴?但小徐在军权上的跋扈是真,又不谦虚,又有老段撑腰,处处觉得自己高人一等,袁世凯岂容这个后生晚辈放肆。而袁世凯曾这样评论徐树铮:"又铮其人,亦有小才,如循正轨,可期远到。但傲岸自是,开罪于人特多。"从北洋历史来看,老袁对小徐的评价是精当的,"如循正轨,可期远到",小徐确实有时心不务正道,争权弄势,自以为是,北洋时期的张勋复辟,张作霖入关等事件,都有小徐背后鼓捣的影子。小徐后来不得善终,被冯玉祥枪杀了。

上文说的统率办事处成立后,段祺瑞基本上不来办公。一方面,段祺瑞是个善于思考的人,思想者一般都是独行的,段祺瑞正好符合这一特征;另一方面,段祺瑞在实权上仅次于袁世凯,一人之下,万人之上,他大概也有点儿摆谱了,自己常常不来办公,而把大事小情全交给自己的亲信、门生——陆军次长徐树铮来处理。

这种情形,或许也是段祺瑞对袁世凯的软抵抗,一种表达自己不满的形式。

普通情况下,陆军总长抓大事,少受小事干扰,这也没什么大不了的。可恰恰徐树铮是袁世凯非常不喜欢的人。不仅如此,徐树铮不受到一把手的喜欢,他自己还不以为意,四处招风,这样麻烦就大了,给袁和段之间造成了不可弥缝的裂痕。

一个人，窝在一把手和二把手之间，一者最不喜欢，一者最喜欢，即使是老大最喜欢、老二不喜欢，也要处处小心，不可任意行事，可徐树铮偏不。可能才能大的人浑身都长满了刺儿，如果把刺儿都摘了，他们的才能会大大地受损。

身上的刺儿摘没了，狼也驯服成狗了，也只可守家，不可开疆拓土了。

由于徐树铮的肆无忌惮，任意弄权，一次袁世凯实在忍不住了，表示要撤掉徐树铮的陆军次长一职。段祺瑞觉得这简直是成心在找他的麻烦，因此沉不住气大声地说："很好，请总统先免我的职，总统要怎么办，便怎么办！"

袁、段二人之间的矛盾因为徐树铮这个人也越来越大。

1915 年 5 月，正当"二十一条"交涉最激烈、局势正紧张的时候，陆军部大概是想打仗，居然上了一道要求加薪的呈文。焦头烂额的袁世凯气得七窍生烟，当即亲笔批下"稍有人心，当不出此"八个大字。

有一次，袁世凯问段总长一件公事，段说自己不知道。袁马上正颜厉色地质问段："怎么，刚刚我才看到陆军部送来的公文，你是总长却不知道？"

这些事，段祺瑞确实都不知道，都是徐树铮做的。

得即是失

政治上的事，向来这样。打天下时，大家都是兄弟，一个碗吃饭，一个铺睡觉，大家为了一个共同目的，没有太多的禁忌，有话直说，有事直找，有疙瘩几句话就解开了。

可是坐天下时，大家就是君臣关系了。再如以往一样没大没小、没轻没重，就越来越不是那么一回事了。而君臣之间一旦起了隔阂，这道缝隙只能越来越大，而绝不会越来越小。这是历史的必然，人性的必然，政治的必然，权力的必然，谁也不要不适应。

从段与袁的权力纠纷上,大家明白为什么开国皇帝经常大肆屠杀功臣了吧?有时,不是功高震主,而是居功自傲、尾大不掉,甚至敢于与元首分庭抗礼。这要是发生在平民百姓身上都是小事,但发生在朝廷大员身上,它带来的后果却是大事。因为它会带动一批人重新站队、表态、卷入,进而使整个国家乱起来。只不过,官与官之间的争斗,最后给你定的罪名,是个抽象而模糊的大罪名,其实缘起,就是那么点儿屁事。

你不是不办公吗?我再请个人,天下也不是离了你就不转了。

袁世凯开始真的撇开段祺瑞了。

要排除段祺瑞的影响,对外还不能太露痕迹,只能借重北洋系内部的力量来与段抗衡,否则,没人能填补段祺瑞之后的权力真空,特别是段的威望太大,总不能撤了个雄才,换上个饼才吧,这样难堵悠悠众口。

冯国璋已经到南京了,那么还有一人,也只有此人出面,才可让北洋众将口服心服,那就是龙杰王士珍。

1914年春天,袁世凯派袁克定亲自去河北正定迎接王士珍进京(从时间上看,袁与段矛盾还不是很深的时候,也就是冯国璋刚南下之后不久,老袁就考虑接王士珍进京了)。

王士珍表示,自己已归隐山林,无意于政治,大公子您请回吧。

袁克定开始耍赖:你参不参加政治是一码事,父亲邀你进京谈谈是另一码事,一个是事实问题,一个是态度问题。你一天不启程,父亲交代我的事要是办不好,也没脸回京,我就在这陪你待着吧。

王士珍遇上这么一贴膏药,没办法这才起身进京。袁立刻颁授王为陆军上将,并且派为陆海军大元帅统率办事处坐办(段祺瑞只是统率办事处的一个办事员,谁高谁低,用谁来压制谁,显而易见。蔡锷此时也在这个统率办事处)。

有一阵子,袁世凯想把陆军总长的位置交给蔡锷,权衡再三,还是没舍得。一者蔡锷不是北洋系的,这么大的权力交给一个外人,还真有点儿不放心;二者非北洋系的人骤得大权,怕北洋诸将不服。所以,还是想让王士珍来接陆军总长。

段祺瑞不傻,老大既然已经不信任我了,军权这个东西,可不是闹着玩的,弄不好会惹得一身骚,还得掉脑袋。总统要是把结党营私、任人唯亲、拥兵自重、图谋不轨的罪名扣下来的话,那就完了。而这几个原则性的罪名,扣到谁头上都一个样,我还是主动辞职吧。一道辞呈,递了上去。

袁世凯要的就是这个效果,他与段的感情毕竟是非常深的,段的才能毕竟是非常高的,段的功劳也是相当大的,袁的目的只是让权力保持平衡,互相牵制。因此袁世凯只准段祺瑞请假,可以不断地续假延期嘛。段此时的身体确实不好,袁世凯让他赴西山养病,同时准备让王士珍来代理陆军总长。

王士珍毕竟是龙杰,世事洞明,只不过权力欲淡罢了,他可不愿意背上卖友求荣的罪名。哦,段总长下去了,我上来了,外人一看,是不是我王士珍不是东西呀?王士珍死活不肯代理这个总长。

直到 1915 年 5 月 31 日,王士珍才在袁世凯的反复劝说下,答应署理陆军总长。袁世凯对段祺瑞说,芝泉呀,我先给你两个月假,你安心养病啊,我可盼着你回来呢,在你养病期间,国家要是有什么大事,我也得把你给请回来。

事实上,这个问题谁都明白。让你屁股离开那个座位,没直接免职,也和免职差不多。什么时间想用你,就由不得你段祺瑞了,而由我大总统说了算。

段祺瑞养病了,袁世凯可没闲着,他最不喜欢的徐树铮还在呢,这是段的耳目,或是段祺瑞的影子。必须得把这个最烦的人踢开。

于是,袁世凯开始揪徐树铮的小辫子。官场这些人,谁没个三长五短,只要想查,就一定能查出个事儿来。

袁世凯派肃政厅查徐树铮订购国外军火时浮报的 40 万元,查证属实后,6 月 26 日,免去了徐树铮陆军次长的职务,以田中玉接任。

政治斗争就是这样,不管说得怎样天花乱坠,其实质的目的却只有一个,那就是谁下谁上的问题。这一点,还是躲在山西的阎老西看得透、说得俗。

阎锡山曾问名士幕僚赵承绶:"什么叫政治?"赵引经据典,滔滔不绝。阎笑："没那么复杂！所谓政治，就是让对手下来，咱们上去！"阎又问赵："什么叫宣传？"赵又洋洋洒洒，说古论今。阎更加不屑："没那么复杂！所谓宣传，就是让大家都认为咱们好，别人不好！"

曾国藩有句诗"人生随处有乘除"。有的时候，对于一件事来说，表面上看是得，实质来看却是失；有的事情，表面上是失，后来发现却是得。福兮，祸之所倚；祸兮，福之所伏，说的就是这些深奥玄妙的道理。

袁世凯战胜了段祺瑞，表面上看是赢了，而他不知道，他却是真的输了。他输掉了自己的名声，输掉了北洋将士对他的信心和忠心，输掉了人心。

为什么？

大家一看，我们忠心耿耿地追随你打天下，为的不是什么狗屁大道理，不是什么国啊民啊的，就是为了自己也能分得一杯羹，享受一下胜利果实，挣个一官半职，老婆孩子跟着沾点儿光。但老大你不仅实行了总统任期的延长、连任以及对继任者的指任，还想当"家天下"的皇帝，那一把手不永远是你家的了吗？那我们还有什么奔头？

这年头，谁不想当一把手啊？谁不知道一把手有巨大实惠啊？

你这不是要我们呢吗？

就在袁世凯因为"二十一条"的签订而导致执政威望下降的时候，不恰当的权力集中举措更是挫伤了段祺瑞和冯国璋的心，他们开始疏离袁世凯。袁世凯的权力表面上看是加强了，实际上已开始走下坡路，因为内部已经开始离心离德了。

摸底

挤走了段祺瑞，段祺瑞在各省的门生旧部便失去了靠山，"小圈圈"被击破了，袁世凯便趁热打铁，让各省的军政长官进京述职，自己要摸摸底，看谁对自己是真忠心、谁是假忠心，该使用谁，该换掉谁；而且以后自己在改共和为君主立宪的时候，有多少支持的力量，心中便有数了。

从民国四年（1915）春夏之际开始，袁世凯陆续接见进京述职的地方大员。先后有山东将军靳云鹏、江西将军李纯、山西将军阎锡山、奉天将军张锡銮、湖北将军段芝贵等人进京晋见。这些人的名头都是"将军"级的。

袁接见这些封疆大吏时，总是先问这么一句："咱们办共和办得怎样？"

领导问话都是有玄机的，他在期待着某个答案。而这些能爬到高位的人，自然是修炼成精的人物，怎么听不出来话外之音？所以他们答复的话都是千篇一律："共和不容易办得好，还望大总统多负责任，以救国家。"

以往的历史记录中说起这段话的时候，都说袁世凯头脑中根本没有民主共和思想，把国家民族大事称为"办"，可见袁世凯头脑中封建余孽思想甚重。又说是袁世凯故意诱导，好为了推翻共和。但假如我们心平气和地想一想，回望一下民国初年的乱局，思考一下共和制度到底合不合中国的国情，那么，袁世凯的问也不为过，部下们的回答也是符合实情，我们不可因为他们是"军阀"就一并把他们斥为"坏"、说成是别有用心。

袁世凯接见的人中，还有两个日后的大人物：驻防奉天的二十七师师长张作霖和驻防湖北的第二师师长王占元。

正常来说，小小的师长是没有资格受到国家元首直接接见的。但袁世凯毕竟眼光过人，他选见的这两个人，在日后都是能够掀起风浪的人物，张作霖更是掀起了滔天巨浪。

袁世凯接见部下时所用的软硬兼施、亦打亦拉的手段，在接见阎锡山和张作霖时表现得极为典型。

1915 年 4 月间，袁世凯电召阎锡山进京。

阎锡山诚惶诚恐，带着赵戴文、张树帜来到北京。第一次传见前，他告诉赵戴文："此次去见，凶多吉少，如我进去时间太长，你们要留心探问。"

为什么这样说呢？因为阎锡山是同盟会的成员，又亲自参加了辛亥革命，而且与曹锟、吴佩孚还真刀真枪地干了一仗。虽然他明哲保身，没有响应孙中山领导的二次革命,但谁知道袁世凯是怎么想的。国民党已经在二次革命中被打散了,如果袁世凯随便找个理由,就此把他扣压在京城甚至杀了,也不是没有可能的。

阎锡山第一次晋见时,袁世凯一身戎装,端坐不动,脸冷如冰,目光如箭。阎锡山吓出一身冷汗,不敢抬头,恭恭敬敬地行了90度的三鞠躬礼。袁世凯气色稍有缓和,交谈一番之后,令阎锡山回寓休息,等候继续传召的消息。

回到寓所后,阎锡山对赵戴文说起晋见的情况:"真是可怕!"

第二次传见时,阎锡山为表恭敬,为了让袁世凯消除对自己的猜忌,他进门后双膝跪下,行皇帝时代的大礼,给袁世凯叩了三个头。袁世凯的态度比第一次好了许多,说:"听(梁)士诒说,令尊住在北京,来游玩很好。有空时再见见令尊。你代我问好,好好照护老人家。"

从公事直接聊天私事了,这就表明领导开始亲近你了。否则,领导要是只对你说公事,然后就打发你走,领导不会把你当成自己人,你永远也不可能进入领导的小圈圈,更不要说核心圈了。

阎锡山回到寓所,一进门就对赵戴文说:"这一次很好,袁没有上一次那样严肃。"

别人问他袁大总统是什么样子,阎锡山说:"我……我没有看见,我只看见他的靴子。"表现得极其懦弱驯服。这些话传到袁世凯的耳朵里,终于打消了袁世凯的疑虑。老袁一看,此人对自己还算是忠心的,就让他待在山西吧。于是他这个辛亥革命时得到的都督一职,居然被留了下来。

第三次传见结束后,阎锡山眉开眼笑地归来,对赵戴文说:"很好,令我们回省,今天已无事,你们出去玩玩,洗洗澡,看看戏,明天动身回太原。"

后来,阎锡山曾对部下说:"我一生见过了多少位咱国家元首,如孙中山、黎元洪、徐世昌、冯国璋、曹锟、张勋、段祺瑞,以至蒋介石等,没有哪一个像袁世凯的两道目光那样虎视眈眈地逼人,使人不敢仰视。"

普通人可能会想,不就是一个述职,汇报工作嘛,有什么大不了的,用得着像见老虎似的吗？

大错特错了。

每一个官员，都希望自己做出成绩，更希望自己的成绩被掌握自己命运的大领导看见，这样就有了进一步提升的机会。而每个官员见到大领导的机会却非常少，所以，每一次见领导，都要极其小心谨慎，争取给领导一个好印象，能加印象分最好，如果不加分，但绝不能减分。有人说，政坛像演戏，那么这些演员们就都想展示最好的功夫给领导看。

不管你的愿望如何，哪怕你完全是无辜的，但是，一旦主要领导根据偶然的机缘和接触，认定你不忠，认定你不可靠，认定你不可信，就会在你毫无察觉的情况下，在你身边下了深深的鸿沟，并且将你框入了另一个圈子中。从此，政治噩运将伴你左右，如影随形，你和领导之间将越走越远，最后视若仇敌。

这就是为什么部属要小心翼翼地做足表面文章、不忽视任何细节、对领导和上级机关毕恭毕敬的主要原因。

然而，领导有领导的判断方法，他既不会全听汇报的成绩，也不会完全根据有关部门的调查材料来判断，领导都有一套心照不宣的识人、用人、判断人的方法。像曾国藩，不就是有他的传世之作《冰鉴》来说明如何识人用人吗？每个领导都有自己的方法，这些方法，跟古代的相面术差不多，但又不能说得这么迷信和唯心，只是要把相面术的一些方法融入某些原则、理论和套话中，再结合领导多年的政坛经验，"运用之妙，存乎一心"。

袁世凯自然也有他自己的一套相人法、用人术，他就是要根据这些心经秘法来选人用人。而部下也不含糊，谁都明白这个潜规则。因此，像阎锡山这样谨小慎微，以至于不顾尊严和人格行下跪大礼，就再正常不过了。

不惜千金买宝刀

对待张作霖，袁世凯采取了拉拢的方法。

自从张作霖在东北崛起,当上了驻守奉天省城的二十七师师长以后,官气长了不少,加上此人胆大心细,敢下手,他想做成的事,从来不计成本,势力一天天强大。不仅没把同是二十八师师长的冯麟阁放在眼里,就连老领导赵尔巽也不放在眼里。奉天的实际兵权,已经被张作霖握到手里。

袁世凯一看,这哪成啊?二十八师制约不了二十七师,赵尔巽管不住二十七师,这张作霖不是要翻天吗?

1912 年 11 月,赵尔巽被袁世凯调走,奉天都督由张锡銮担任。因为张锡銮也是张作霖的老领导,还是张作霖的义父,张锡銮本身也在官场混事多年,应该能平衡得了奉天的权力关系。

然而,张作霖可不是当初的马匪和小混混了,现在有了自己的枪杆子,亲爹都不行,何况是义父?张锡銮在奉天比赵尔巽强点儿,但对张作霖也只能是半拉拢半制约,没有足够的实力降住今日的张作霖。

袁世凯看到张锡銮关于东北和张作霖的密报后,觉得再不动手制约张作霖,可能要麻烦,于是他决定采取调虎离山、明升暗降的手法,来削弱张作霖的实力。

1914 年 8 月,陆军部密授张作霖为内蒙护军使。

张作霖是亡命徒出身,刀尖上滚过来的人,向来以敢玩命著称。如今一看袁世凯和段祺瑞刚利用完自己,就想欺负自己,他可不会轻易放弃自己的权力。必须放手一搏,大不了重新占山为王。

张作霖给段祺瑞发了封措辞强硬的电报,以示警告,不要欺人太甚!

电报中说,辛亥革命和二次革命时,袁大总统能把精力放在南方,都因为我张作霖给你们稳定后方。现在天下安定下来了,你们听信别人打小报告,想排挤我吗?飞鸟尽,良弓藏,狡兔死,走狗烹,这样岂不让人寒心?中央想用这些护军使、巡阅使一类的鸟官职对付别人可以,对付我张作霖就不行!

这么多年,不管是晚清政坛,还是北洋政坛,还没有人敢对北洋之虎段祺瑞和龙头老大袁世凯这么说话,这让段祺瑞大吃一惊。

这跟打架一样,横的怕硬的,硬的怕不要命的,袁世凯和段祺瑞权衡再三,终于还是考虑到边疆稳定因素,没动张作霖。

此次袁世凯让官员进京述职,他决定让这个敢叫板的二十七师师长张作霖前来,当面考察一下,再决定奉天官员的任免。

1915 年 7 月下旬,袁世凯电召张作霖进京。

别看张作霖表面上是大老粗,可他心思缜密,考虑问题很周到。临来的时候,让部下带了许多关东土特产,人参、貂皮、鹿茸角,外加珍珠、玛瑙、金银财宝,对实权人物挨个拜访。还拜访了袁世凯的干儿子段芝贵,拜段芝贵为老师,小段一高兴,答应万一事情不顺,自己会出面帮着说句好话。

有了前几次的交手,袁世凯对张作霖也另眼相看。袁世凯的女儿袁静雪在回忆录中提到,袁世凯接见一般将领都是在外客厅,唯独接见张作霖的时候,特邀他到办公室会见。

张作霖比阎锡山聪明,阎锡山是第二次见面才跪拜,张作霖进门便扑通一下跪倒在地,嘴里不伦不类地称着"叩见、叩见、叩见",也算是三呼万岁的换一种说法,惹得别人捂嘴偷笑,最后干脆忍不住大笑。

袁世凯装着谦虚地说,哎呀,现在都是民国了,不兴这一套礼节了。

可是张作霖更敢捧:过去有皇上我这样,现在有大总统,我应该还是这样,你就是我的皇上。

旁边的人更是忍不住笑。

张作霖满不在乎。把自己装成一个彻头彻尾的大老粗,嘴里粗话不断,同时还反复强调"我是一个武夫,没念过书,不懂政治"之类的话,让袁世凯觉得他是个胸无大志,只要升官发财就会死心塌地跟着领导走的人。

不仅如此,张作霖为了在袁世凯面前加深自己粗傻的印象,让手下人进京后,把前门一带的八个妓院,全包下了,声势越大越好,名声越糟越好。

这些小伎俩,确实把老袁给蒙住了,袁世凯真的把张作霖当作老实听话、没有二心、胸无大志的草莽匹夫了。

据袁静雪回忆说,袁世凯破格在办公室接见张作霖的时候,办公室内的北面有许多古玩器物。其中有一个丝绒盒子，里面放着四块打簧金表。每一个表的边上环绕着一圈珠子，表的背面是珐琅烧的小人，样子极其精致。两人谈话的时候，袁世凯发现张作霖的眼睛一直盯着多宝福上的四块金表。晓得他是爱上了这几块表了，当时就送给了他。送走张作霖之后，袁世凯笑着说："他真是没有见过世面，他既然看着喜欢，我就送给他了。"说完了又哈哈大笑起来。

小师长轻松地PK大总统，还把总统的眼睛给骗过了，可见张作霖的机警过人。

而且，张作霖回到旅馆之后，他刚才在中南海居仁堂里多看了几眼的那些古玩字画，袁世凯全派人送来了。来人说："大总统知道张师长喜欢这些，特赶着送来给张师长。"

中国人民大学的张鸣教授评价此事时说：晚清能人很多，但是没有一个人能像袁世凯这样，如此体贴入微，挠到人的痒处。北洋集团能够做大，不是没有道理的。

张鸣还提了另外一件事，"民国四公子"之一的近代名人张伯驹，是袁世凯的表弟张镇芳的儿子，才情很高，眼高于顶，谁都看不上。有一次见了袁世凯之后，张伯驹回家看到袁世凯的赏赐，其中居然有他想了多年没有得到的白狐皮坎肩，不禁心里大受感动。

其实，袁世凯拉拢人的可贵之处，不仅是他的体贴入微，更在于他对下属的这份细心，给下属"送礼"，留意下属的喜好，并有"不惜千金买宝刀，貂裘换酒也堪豪"的气概。这是从感情角度而言的，这样的领导是非常可敬的。遇见这样的领导，明知是拉拢手段，明知是权谋，你能不甘心为之驱驰？

那么，从权术角度来说，这样的领导又是非常可怕的。为什么这样说呢？因为这样的领导要是用心对付一个人，他会动用一切手段把你的墙脚挖开，你身边的任何一个人，他都能攻倒，他想取你项上人头，如探囊取物。张作霖深知此种人的可怕，回东北后，乖乖地听命于袁世凯，只要袁世凯在世一天，他张作霖绝不敢有二心。

镇守西南

东北的事基本摆平了,中央的军权也收归袁世凯自己了,在国家大棋局中,袁世凯唯一不放心的,就是西南一隅,尤其是川滇黔二省,这里山高路远坑深,北洋势力尚未伸到。而纵观中国历史,乱的时候,多数是从巴蜀开始乱,附带云南地区。像清朝时的三藩之乱便是从云南开始的。

袁世凯要想改变国体,推翻共和,实行君主立宪,还要保证国家不乱,西南几省必须派出自己的心腹干将前去镇守方可放心。

派谁呢? 想来想去,袁世凯选中了参谋次长陈宧。

在介绍这个人之前,先纠正一下关于此人的姓名称谓的讹误。

中国有许多汉字,一笔之误,差之千里,这个陈宧就因此而吃了一百来年的亏。

陈宧,名字本读"宧(yí)",而不是"宦(huàn)"。宦是指官吏、宦官(太监),而古时将屋子里的东北角称作宧。这两个字音不同,义不同。普通人经常把他的名字读错,还情有可原,可在国家重大历史题材影片《建党伟业》这样的作品中,居然也把他的名字给读错了,这就很不应该了。更不应该错的是,《中国近现代人名大辞典》《民国人物大辞典》等在条目和释文中,也将"陈宧"错为"陈宦"了。其他权威著作中将老陈的名字弄错的,简直不胜枚举。

陈宧的这个字本来不生僻,只是容易混淆,这怨不得陈宧,只怨读者马虎,结果一百年来一直被无数的人误读着,并仍将继续误读下去。

不过,大家骂了这么多年,居然没骂着陈宧本人,老陈也算是因祸得福,偷笑九泉了,不像他的老领导袁世凯那样耳根子不清净。

陈宧,1870 年生,号二庵,湖北安陆人。他家境贫寒,但苦读诗书,好学不倦,被哥哥称为书呆子。他中过拔贡,入过武备学堂,但在外混了多年依然是个流荡无依的穷书生。

这个拔贡,是科举制度入国子监的生员之一种。清制,初定六年一次,乾隆中改为十二年一次,每府学二名,州、县学各一名,由各省学政从生员中考选,保送入京,作为拔贡。经过朝考合格,可以充任京官、知县或教职。这说明陈宧的书读得非常棒,学历也不低。

离开家乡的时候,陈宧在哥哥面前夸口,说绝不再回家乡吃哥哥的受气饭,可是在外多年也没混出名堂,穷困与他形影不离。陈宧最穷困落魄的时候,无处容身,偷偷回乡探母,却不敢在家中过夜。

然而,人的际遇真是难料。光绪三十年(1904),四川总督锡良要物色人才,河南学政向锡良推荐了陈宧。陈宧入川后,锡良老爷子却简装出行,直接来到陈宧这里摸底。

交谈之下,陈宧方知此人便是声势煊赫的锡制军,而锡良发现这个落魄的年轻人不但有学问,而且还很懂军事,大为钦佩。

第二天,锡良便任命这个落魄书生为四川讲武堂提调。锡良调任云贵总督后,又把陈调到云南任讲武堂堂长,这就是朱德读书的那所讲堂。锡良调到东三省任总督时,陈宧也跟随到关外,可谓报知遇之恩。锡良生病辞官后,陈宧又受知于袁世凯,这时的陈氏已经名满海内,他与吴禄贞、蓝天蔚并称"湖北三杰"。辛亥首义成功后,因是湖北同乡之故,曾一度受聘于黎元洪幕府。

1912年4月陈宧受袁世凯电召入京,就任中华民国参谋本部次长。时参谋总长黎元洪想在武昌继续做"湖北王",便委托陈代行总长之职。陈宧成为袁世凯的重要军事智囊之一,是统率办事处的中坚分子。

蔡锷被袁世凯从云南调到北京后,陈、蔡二人同为统率办事处的成员,二人相处融洽,英雄相惜。二人既是荆楚老乡,又同样家庭贫寒,蔡锷受知于云贵总督李经羲,与陈宧受知于锡良如出一辙,而且二人的门生故吏遍布西南。后来的讨袁护国战争,蔡锷率军入川,就是与陈宧在那里相拒,偷偷进行和平谈判的也是这哥俩。

1915年2月,袁世凯下令派陈宧会办四川军务,并在北洋军中抽调李炳之、伍祯祥和冯玉祥三个混成旅随陈入川,镇守西南。

临行前,袁世凯又让袁克定与陈宧换帖成了把兄弟。

袁世凯也很奇怪,对别人都不信任,唯独对这个陈二庵言听计从,经常告诉部下:"你们什么事,多和二庵商量。"这与段祺瑞信任徐树铮的程度差不多。后来袁世凯的死与陈宦反叛有一定关系,袁世凯本认为,即使天下人全背叛我,陈二庵也不会。可就是这个心腹爱将后来对老袁反戈一击。

还是特立独行的国学大师章太炎看人看得准,章太炎见了陈宦后说:"此第一人才,然亡天下者未必非此人也。"

章太炎为什么这样判断呢?据说,陈宦入四川之前,向袁世凯辞行时,伏地九叩首,膝行而前,亲吻袁世凯的脚尖,说:"大总统若不明岁登极,正位中国,陈宦此去,死都不回。"曹汝霖当时在座,后来对人说:"欧洲中世纪对罗马教皇有这种吻脚礼节,但在大庭广众之下,士大夫谁能做得出来!"章太炎则说:"陈宦必然不能与袁世凯同始终,因为谄佞之人,遇到大事必然反咬一口。"后来陈宦果然背叛袁世凯。

看来,陈宦"湖北三杰"的称号也是浪得虚名,有小聪明而无大智慧,有小忠诚而无大气节。

当然,这是后话了。

此时袁世凯派陈宦镇守西南,袁世凯的心安定下来,他要一心一意地研究国家的君主立宪体制了。

第十五章 ＼ 舆论造势 ＼

帝制的舆论准备

中国人非常重视"名"，也就是《论语》中说的"名不正则言不顺，言不顺则事不成"。以此为滥觞，重"名"之风气延伸到中国社会的方方面面、角角落落。

涉及国家层面的改制之大事，怎么能不重名？怎么能不重舆论铺垫呢？

筹安会便是在袁世凯欲改共和为君宪之前，为制造舆论而成立的政治团体。他们打着"学术团体"的招牌，宣称其宗旨是"筹一国之治安"，"研究君主、民主国体何者适于中国"。

1915年下半年，袁世凯加快了君宪制的步伐，8月授意其亲信杨度出面，拉拢孙毓筠、严复、刘师培、李燮和、胡瑛等所谓"六君子"在北京石䴵马大街发起组成筹安会。8月23日发表成立宣言，并决定以杨度、孙毓筠任正副理事长，其余4人为理事。

筹安会宣言指出：

我国辛亥革命时，中国人民激于情感。但除种族之障碍，未计政治之进行，仓卒之中，制定共和国体，于国情之适否？不及三思，一议既倡，莫敢非难；深识之士虽明知隐患方长，而不得不委曲附从，以免一时危亡之祸。故自清室逊位，民国创始绝续之际，以至临时政府、正式政府递擅之交，国家所历之危险，人民所感之痛苦，举国上下皆能言之，长此不图，祸将无已。

如果抛开意识形态色彩，且不管是否为袁世凯称帝做舆论准备，单单从理论上看，这几句的分析，还算是中肯。辛亥革命成立时，确实是仓促之间定的国体，对于共和是不是适合中国国情，确实没有仔细研究过。不过这里不是讨论谁对谁错的事，只是简略描述一下这段历史。

筹安会"六君子"，都是赫赫有名的人物。

杨度，湖南湘潭人，科举考试时的榜眼，民国立宪理论专家，此时忠心追随袁世凯。杨度的才能和梁启超相仿，二人都是文采飞扬，理论深厚。梁启超写《少年中国说》，杨度就写《少年湖南说》，里面有句"若道中华国果亡，除非湖南人尽死"。只是梁启超倾向共和，杨度推崇君宪。杨度虽然思想复杂，但一生追求救国救民真理，后来在周恩来介绍下秘密加入中国共产党。

孙毓筠，安徽寿州人，大学士孙家鼐的侄孙，本是同盟会的会员，二次革命后与国民党断绝了关系，倒向袁世凯。

胡瑛，湖南桃源人，宋教仁的同乡，杨度的好朋友。曾参与刺杀清末出洋五大臣，入过同盟会。同孙毓筠一样，也追随了袁世凯。

刘师培，江苏仪征人，与章太炎一起创立过光复会，著名的国学大师，著有《国学发微》《清末学术史》等。为了袁世凯的君宪制，他曾发表《国情论》等文章，为鼓吹君宪开路。

李燮和，湖南安化人，先后加入过光复会和同盟会，他一生中最辉煌的业绩，就是推动辛亥革命中上海和南京的光复，在此前后曾五任总司令，为辛亥革命在江南的胜利建立了殊勋。宋教仁案件发生后，李南北调和，后被杨度收罗。

严复，福建侯官人，以福州船政学堂第一名身份被送往英国学习海军，与日本首相伊藤博文是同学。他在英国钻研西方政治学理论，学贯中西，致力把西洋文化翻译介绍到中国。民国成立后，他任京师大学堂的监督。杨度为袁世凯研究君主立宪问题，严复稀里糊涂地进入了这个政体研究会。

另外，还有两个外国人，美国的古德诺和日本的有贺长雄，是袁世凯的政治顾问，也是坚定支持君宪制的人物。

古德诺，享誉世界的国体、政体问题研究专家，曾任约翰·霍普金斯大学校长，先后教授行政法、历史和政治学，是美国政治学会的主要创建人。其成名作是《比较行政法》，该书被译成世界各国语言，使古德诺称誉全世界。这本书直到今天还在网上热卖。1900 年的《政治与行政》是古德诺的另一部代表作，本书被称为美国行政学的第一本专著，与伍德罗·威尔逊的《行政学之研究》一文并称为美国行政学的开山之作。他在代表作《政治与行政》中，率先系统阐述了政治与行政分离理论，认为政治是表示国家意志的领域，行政是实现国家意志的方法和技术，行政不应受政治权宜措施及政党因素的影响。

有贺长雄，东京帝国大学文学部毕业，法学博士、文学博士；先后任日本陆军大学校、海军大学校、东京帝国大学、庆应义塾大学、早稻田大学等校教授，主讲宪法及国际法，是当时世界一流的国际法专家。在中国清末留学日本热潮中，他是很多中国青年的老师。1913 年 3 月起出任中华民国政府法律顾问，经历袁世凯、黎元洪、冯国璋、徐世昌四任大总统。

筹安会的成立，是舆论工作的组织准备；筹安会六君子，是人才准备。接下来，便是这些知识分子拿出实际研究成果的时候了。这里面最出名的，是古德诺的《共和与君主论》，杨度的《君宪救国论》。

远方的和尚会念经，先介绍洋才子古德诺的主要观点。

第一，不论是君主还是共和政体，都应出于本国历史和习惯，与社会经济状况一致，社会才能安定下来。"盖无论其为君主或为共和，往往非由于人力，其于本国之历史习惯，与夫社会经济之情状，必有其相宜者，而国体乃定。假其不宜，则虽定于一时，而不久必复以其他之相宜之国体代之。此必然之理也。"

第二，考察世界历史，尤其是法国从专制改为共和的历程，纷繁扰攘，打得不可开交。但法国毕竟百年中厉行教育，民智已开，共和之体尚且如此困难。

第三，中国数千年来一直是君主独裁，国民教育缺失，中国无政治研究的能力，且专制向共和转得过快。"四年以前，由专制一变而为共和，此诚太骤之举动,难望有良好之结果者也。向使满清非异族之君主,为人民所久欲推翻者,则当日最善之策,莫如保存君位,而渐引之于立宪政治。"

这些思想,当然是最符合袁世凯改共和为君宪的心思了。

袁世凯很是高兴。

国体论战

洋才子的这篇文章影响不小,这毕竟是世界一流的政体专家的研究成果。不过,"土"才子也不含糊,杨度的《君宪救国论》,其影响也很大。

杨度的这篇长文,袁世凯看到后,击节赞赏,把袁世凯自己心里想说的话,都用恰当而精妙的政治理论给说出来了,有理有据,有史有识。袁世凯当即派人送给杨度一面匾额,上写"旷代逸才"四个大字。

要说还是知识分子好糊弄,这四个字,就把杨度的政治生命紧紧地和袁世凯连接在一起了,相当于袁世凯对杨度开出的"买身契"。杨度一生学问,以"帝王师"为目标,遇到了雄才大略的袁世凯,而袁世凯又有当皇帝的愿望,杨度觉得自己遇到了真命主。

不过,别说知识分子了,大概人们都是这样,荣誉是牵动人们玩命工作的动力。苦苦劳累一大年,年终评奖时,花几块钱印个奖状,再花几块钱弄个镜框,就完事了。当兵的也是那样,那个几等功争下来,身体能完好无损的,还是少数吧。拿破仑深明此理,所以他说:"只要有足够的勋章,我就可以征服世界。"

杨度在《君宪救国论》中,主要想表达的意思是:

一、君主时代,人们还知道为皇家出力。可是皇帝没了,人们不知效忠谁。在当时条件下,人们还不知国家为何物。因此,在中国,没有皇帝就没有权威,这是不行的。

二、当时中国多数人不知共和为何物,也不知法律为何物。中国出现的社会危机和民族危机,是民主共和制度的错误引进而带来的严重后果。造成这种后果的原因,是中国人的受教育程度和智识比较低,权力不能交给民众。也就是说,不能实行共和,只能实行君主立宪。

三、骤然改传统的皇权为民主,中央权威丧失殆尽,国家如同一盘散沙,国内治安,除用专制,别无他策。而且在对于政治稳定性至关重要的权力的交接时期,按照共和的方式进行权力交接容易发生混乱。

四、结论是:中国的共和,非专制不能治也。如欲救亡,先去共和。

杨度的《君宪救国论》之所以影响大,也可能是有他的老对手梁启超与其对阵的缘故。

支持君宪的《君宪救国论》抛出后,梁启超先生实在忍不住了,立即写了一篇《异哉所谓国体问题者》。

杨、梁二人都是大手笔,他们的理论对阵、政治打架,都异彩纷呈,可谓棋逢对手。

梁先生的《异哉所谓国体问题者》对杨度的观点进行了针锋相对的批驳:

一、我既不是醉心和偏爱共和,也不是对其他国体有所偏恨,更不是为了追求个人名利,我是中立的。(梁先生开篇就申明自己的立场)

二、国体问题,本来就没有哪种是绝对的善,哪种是绝对的恶,只以既成之事实来判断,以其成立之根源来判断。从君主到共和,还没喘口气儿呢,又想第二次变更国体,这是瞎折腾,是踩着钢丝走极端。你们这么做,只能有一个原因,就是有人想当皇帝,而不是你们所说的考虑适不适的问题,是私心作怪而不是出于公心。

三、如果说共和值得商榷,那么当初立共和政体之际,最应该商榷之时,你们这帮人干吗去了?

四、你们感觉实行共和遇到障碍了,那么谁敢保证实行君宪就通行无阻?到时你还变不?如今在共和体制下,是出现了一些专制行为,可是谁敢保证在君主立宪之下不出现君主专制?你们还是趁早打消这个梦吧,中国经不起折腾了。

梁启超的这支妙笔,足可抵得上十万雄兵。

历史上,许多文人都可骂出文绉绉的粗口,这些骂人的话也能流传后世。

《三国演义》中诸葛亮骂王朗，当场把王朗骂死了，这就是舌头杀人的力量。诸葛亮骂王朗时最狠的几句话是：

你世居东海之滨，初举孝廉入世，理当匡君辅国，安汉兴刘，何期反助逆贼，同谋篡位。罪恶深重，天地不容！……二臣贼子，你枉活七十有六，一生未立寸功，只会摇唇鼓舌，助曹为虐！一条断脊之犬，还敢在我军阵前猖狂狂吠！我从未见过有如此厚颜无耻之人！

骆宾王骂武则天时，狂曝其闺房隐私，在《为徐敬业讨武曌檄》的檄文中有这样的文字："伪临朝武氏者，性非和顺，地实寒微。昔充太宗下陈，曾以更衣入侍。洎乎晚节，秽乱春宫。潜隐先帝之私，阴图后房之嬖……豺狼成性，残害忠良。杀姊屠兄，弑君鸩母。人神之所共嫉，天地之所不容……"

梁先生骂人，既不是狂曝对方隐私，也不是揭某人的短，只靠说理的力量，用马克思的话讲就是"理论一经掌握群众，也会变成物质力量。理论只要说服人，就能掌握群众；而理论只要彻底，就能说服人。所谓彻底，就是抓住事物的根本"。

梁先生抓住国家的国体政体不是小孩子过家家，不是想推倒重来就推倒重来、不是想折腾几遍就折腾几遍这个关键，直击君主制的最大弊端——君主专制、暴政。这样，梁先生一个人、一支笔，就把袁世凯的御用班子全部击溃。

知识分子吐口水及用舌头交锋的场景，渐入佳境。

偏向虎山行

在《异哉所谓国体问题者》这篇长文公开发表之前，袁世凯已经获得确切消息了。他赶紧派人携带20万元，要封梁启超的口，他太怕梁启超的这支笔了，革命党人曾经在背后骂过梁先生为"文妖"，可见其文的魔力。梁启超的文字要是贴到对手的脑门子上，比驱鬼符的威力还大，弄不好就打得对手形神俱散。可是,别说 2 万、20 万,就是 200 万给他,他也微微一笑,绝对不抽。

梁先生比较会搞,老袁给他钱想封口,他一面婉言谢绝——你对咱以礼,咱也不撕破脸皮,一面把文稿抄了一份给袁世凯详细过目:有能耐你组织人马来和我对骂呀?

袁世凯一看梁先生这么倔,干脆来硬的吓唬:君亡命已十余年,此种况味饱尝,何苦自讨苦吃?

梁说:我虽然是亡命天涯的人,但有钱难买我乐意,我宁要自由,也不要受这政治的污浊。

有的时候,我们不得不竖大拇指,甭管历史上怎么骂老袁专政,实际上老袁还是有一定民主风范的。领导要是想封文人的口,一般是对这些手无缚鸡之力、又没有形成独立的群体来个肉体硬"删除",不是进监狱,就是进地狱。但老袁没有这样对待梁启超,他没有用权力直接对舆论动手,说明他有一定胸怀。

有人说,这是因为怕梁先生影响太大。这句话听着好像是对,但实际情况也不算对,中国人讲究枪打出头鸟,把影响大的清除掉,使下面的人群龙无首,不攻自乱,是再正常不过的套路了。这要是想杀人,什么办法都会有。

不管怎么说,梁先生没任凭官方的摆弄,自己在江湖上大摇大摆地晃,在报纸上大鸣大放地写,活得有滋有味的。

杨度和梁启超属于百年一遇的怪才,他们的文字功夫是超级棒的,妙笔生花,天花乱坠,形容的就是他们文字的魔力。他们二人在报纸上的论战,把袁世凯要恢复君主立宪、想当皇帝的消息传得沸沸扬扬。

坐镇东南的冯国璋有点儿沉不住气了,这是不是真的呀?老领导真的要搞家天下,自己出来当皇帝?不行,耳听为虚,眼见为实,我得问问去。

冯国璋和袁世凯的关系,与段祺瑞和袁世凯的关系差不多,他们俩同是老袁的心腹爱将,左膀右臂;老袁的干女儿嫁给了段祺瑞,而老袁有个家庭女教师,其关系和义女差不多,嫁给了冯国璋。这也是老袁监视心腹大将所费的心机。

这位家庭女教师叫周砥（号道如），是天津女师附属女子高小的教师，年近 40 尚未嫁人，在袁家甚得人和。二次革命前后，冯国璋的元配夫人去世，老袁便把这位才女说给了冯国璋。1914 年 1 月，袁世凯派三姨太亲自送周女士南下，到南京时，冯以最隆重的礼仪，鸣炮 21 响以示欢迎。袁家的孩子们管这位女教师叫"姐"，因此也管冯国璋叫"姐夫"，亲热得不得了。

由于袁世凯组建模范团，诓走了段祺瑞，北洋系的老人与袁世凯之间的关系出现了非常尴尬的隔阂和冷漠，彼此不敢讲真话。1915 年 6 月 22 日，冯国璋从南京赶到北京，一连谒袁三次，大家认为凭老冯与老袁的关系，加之刚和周女士完婚不久，应该能摸清真实情况。

冯、袁每次会见的时候，都在袁家以共进午餐的形式进行。老冯直接问起外面传言说大总统要当皇帝的事，老袁非常严肃地说：华甫，你我是自己人，难道你不明了我的心事？我绝无皇帝思想，袁家没有活过 60 岁的男人，我今年 58，就做皇帝能有几年？且今天总统的权力和责任，跟皇帝有什么两样？一个人想当皇帝，无非为了子孙，因为总统不能世袭，而皇帝却可传子传孙。拿我来说，老大有残疾，老二以名士自居，三儿子不达时务，其余都很幼小，岂能付以国事？历史上帝王之家的下场总没好结果，我为什么要这样做。

冯国璋趁机插进一句话：总统说的的确是肺腑之言，可是万一受时势所逼，黄袍加身时，想必也不好推掉吧？

袁好像很生气地说：我决不会干这种傻事。我有一个儿子在伦敦读书，我已叫他在那儿置了点产业，如果再有人迫我，我就出国到伦敦，再不问国事了。

冯国璋放心了，离开袁家之后，他见了一些人，说明了老头子的真实想法。并且大家认为，大概是有人想做开国元勋，才要鼓动老头子当皇帝吧，相信老头子英明一世，不会做出傻事的。

在冯国璋摸情况前后的这段时间，清末状元张謇也过来了，他非常动情地劝袁世凯应该做中国的华盛顿，不要做上断头台的路易十六。张謇不厌其烦、唾沫星子乱冒地说了两个多小时,他大概非常了解老袁的抱负,也明白他的心理,毕竟是自己的学生嘛。不过老袁就是不承认自己有称帝之心。

梁启超也给袁世凯写了一封长信,动之以情、晓之以理,告诉他要使自己成为开辟中国新纪元的英雄,不要做旧奸雄之局面。

其他人包括财政总长周学熙(他是袁的亲戚)等也十分关切筹安会的事。老袁一律否认。

此时的袁世凯,经历了民国成立后四年政坛的风雨坎坷,目睹了国家一盘散沙的局面,尤其是处理外交过程中元首的无奈和无力,认定美国的民主共和制是民国大乱的根源,认定符合中国国情的还得是君主制。尤其是日本实行君宪后变得强大起来,都使袁世凯的决心已定,一定要走君宪制。

经济学家马寅初曾将蒋介石的脑袋比作电灯泡:里面是真空,外面的东西进不去。此时,袁世凯的脑袋也是这样了,他认定的逻辑便是:要想中国富强,报日本的一箭之仇,必须用权威凝聚力量,这便需要帝王般的铁腕权力,而不是民主式的分散权力,这就必须改共和为君主立宪。

因此,任何人的劝告都无法扭转老袁在历史和现实中总结的经验与教训。

心理分析

袁世凯已经废除了国会,当上了终身大总统,权力已经接近了皇帝。他还不满足吗?

袁世凯不是一个简单的人,这里面的原因很复杂,绝不是我们一言以蔽之所能概括的事。我们可以从公心和私心两个方面来分析,也就是从高尚的动机和内在的利益两方面考虑。

有人说,袁世凯哪来的公心,都是私心。这样说,纵然理直气壮,简洁明了,深入人心,但也不是全面看问题的方式。不过,既然一百年来人们都认为他是私心太重、私心作怪,那自然是先从私心角度来对他进行分析。

诚然,袁世凯这么做,很大程度上是权力欲支配的结果。一个在官场奋斗的人,你说他没有权力欲,你说他不是为了获取更大的权力,骗鬼都不信。不管你是放眼历史还是放眼现实,你扫描一下那些在官场上孜孜不倦地向上爬的,在旁观者看来,他们都已经是不小的官了,还图个啥?可他们就是发扬"永不自满""积极向上"的精神。这就是权力的魅力,不足与外人道也。

但得权中趣,不为外人传。

在一个官本位的国度,只要有了权力,可以说就可能拥有自己想要的东西。

首先,有了官位,就有了名。他们活着的时候享受无尽荣华,死了之后还想名垂青史。梁启超先生之所以说"一部二十四史,不过是为帝王将相作家谱",还不是因为只有这些有权人,才能有机会名留青史?

其次,有了官位,也就有了利。中国人创造词汇时非常讲究,"权力"二字并列时,表明"权"就是一种"力量";"权利"二字并列时,表明"没有权,哪来的利"。只有获得了权位,你才握住了分蛋糕的刀柄,想给自己多大块,就给自己多大块儿。人人都想获得这种分蛋糕的权力。

当然,这种赤裸裸的分蛋糕,是不安全的,是会引起民愤的,进而会被嫉妒这个位置的其他人以各种名目赶下台的。那么,怎样才能安全地使用权力,既使自己获得了利益,又让别人看不出毛病呢?这里面学问就大了。

举个通俗而实际的例子,领略一下掌握权力的人是怎么暗中瓜分钱的。《原来慈禧》一书中有这么一段描述:

据康有为调查,宫中一切用费都是三七开,这是例规。即报销十成之中,三成为实际费用,七成为层层分润。至于三成是否是真的花费,也并不一定。如慈禧在颐和园赏王公大臣看戏,为防雨搭了个凉棚。这凉棚就报销了三十万两白银,三七开,实际花费是九万两。但一个凉棚无论如何奢华也是用不了九万两白银的。

这是一段短短的文字,可里面却映射出当年的官场实际。

这就是掌权的好处,哪怕是个管公共厕所的,也会捞到实利,而不是务虚的之乎者也。所以,在传统中国社会才会喊出"宁为百夫长,不做一书生"的口号。

因此,当你听到有人喊出"没有利益,谁来当官呀"这种露骨的口号,就不要再像外星人似的盯着人家了。

而在利中,又分两种,仔细观察所有贪官,便会发现他们无不围绕着两条线进行:一条是钱,一条是色。官员对于美色的占有欲是绝对疯狂的。

中国的社会,经过几千年皇权浸润,对三宫六院七十二偏妃的欣羡,已深入平常百姓家,所以,许多男人,多收了三斗米就立刻想讨小老婆,更何况是实权在握的大小官员呢?

这方面的例子,随便找个贪官的经历参照一下就行了,不需一一介绍。

另外,掌权还有一个好处是家人沾光,或者跟自己亲近的人沾光。一人得道,鸡犬升天,虽为俗语,实为至理名言。

而且,权越大,自己越有权分得更大的蛋糕,享受的特殊待遇就越大。

正因为当官、当大官,会带来这么多好处,那么,谁不想当官呢?谁不想攫取更大的权力呢?

况且,从子孙"长远"角度来说,皇帝的位子是要传给子孙后代的。中国人的习惯是给子女铺好路、找好工作,哪个人不如此?

所以,袁世凯想攫取更大权力,这种说法,是站得住脚的,肯定存在的。

可是,如果我们从公心角度来分析,从袁世凯作为国家最高领导者的角度来分析,站在袁世凯的位置上看问题,那么会不会有不同的结论呢?

袁世凯除有中国人常有的习惯和心理外,从他作为执政者的角度来说,总统与皇帝治下的国家,还有几个大的不同,那就是皇帝治下的家天下里,是大一统的,而不是美国式的联邦。

从当时国情来看,中国像一个松散的联邦,各省的权力非常大,各省有议会,有省宪法。这也与周朝时分封诸侯、天子无权的状态相仿。财权各省也独立,所以是国家没钱,四处借钱,抽不上来税收。舆论上,古代的下层群众是不可以喊出与中央不同的声音的,而民国初立的时候,为了模仿美国,自由媒体的权力很大,连境外媒体在北京都有分支,这些声音对于袁世凯要统一中国是不利的。以上也都是袁世凯要坚决实践他年轻时君主立宪理想的原因。

只是,袁世凯严重低估了近代以来流行的社会进化论和开历史倒车论的影响,严重低估了民意的力量,严重低估了部下反对的力量。

中国古代的《素书》中有句经典之言:"迷于欲者,欲伐其性。迷于物者,物伐其志。迷于己者,增其过,败其事。"

人啊,在走自己路的时候,也要听人劝。

袁世凯到底是权力欲膨胀,还是就想集中权力来建设国家,我们无从得知。我们既不从善意的角度去猜测,也不从恶意的角度去谩骂,不过,有一个结论应该值得注意:历史的误读,将会带来灾难性的后果。

种什么因,得什么果!

如此说来,即使从最善意的角度来揣测老袁,那么也只能说,他读对了一半历史,就是集中权力,推进国内改革,而另一半误读的,就是置民意于不顾,认为自己很强大,这也正是任何一位掌权者当权力膨胀时、对自我能力的绝对高估。

得到就是失去,成功就是失败,月圆之日也就是月缺开始之时。这句辩证的、略带禅机的话,放在这里,就很容易理解了。

成立筹安会

领导做一件大事前,总是先造舆论,而舆论的制造,也是非常讲究的,总是要通过种种渠道,把自己的真实目的暂时分散开来、化整为零、巧妙隐蔽,但其力量的使用却都向着同一个目标进攻。

孙子兵法云:虚则实之、实则虚之,虚虚实实,鬼神莫测。这是兵法的最高境界。

成立筹安会干啥?第一个是研究;第二个便是中国式的证据——来自下面的民意、请愿;然后便是集合民意,投票,一致同意,全部举手;还有权力机构和实权部门对领导的力挺。

理论研究差不多了,杨度的研究报告也写出来了,领导高度认可。接下来,看下面的民意如何吧。管它是代表,还是被代表,我只要论证结果,不要论证过程,不管论证手段。因为,手段是为目的服务的。

其实这些事在叙述的过程中是按照先后顺序,但在实际运行的过程中,基本上是齐头并进的。

就在筹安会正式成立的第二天,即1915年8月24日下午,由段芝贵等人发起在石驸马大街"特开军警大会"。这是一次不公开的会,参加者是北洋军警界的要人,包括雷震春、江朝宗、张敬尧、张怀芝、卢永祥等一共四十多个人。段芝贵这个人年轻时做过李鸿章的侍童,现在是袁世凯的御儿干殿下,这样的人,看其经历便知是靠侍候领导、察言观色、见风使舵、溜须拍马起家的。

段芝贵在会上发表演说,介绍了筹安会的主张。他在演说中认为,考察中国历史,中国有数千年君主习惯,而实行君主制好的朝代,至少延续三四百年,多的可到七八百年,每个君主在位几十年,其间可保人民安居乐业、国泰民安,不至于像当下局势这么乱哄哄。尤其是外人侵迫这么近,我们应该以保国为第一要义,最好是实行君主制。

段芝贵讲完话后,预备了两个签名本:一为赞成君宪,一为赞成共和。段芝贵自己先"打个样",带头在赞成君宪的签名簿上写了自己的大名。这相当于一次站队和效忠的机会,谁还敢往赞成共和的本本上签字呀?找死呀?

一般说来,领导吹牛吹到忘我的时候,正是下属们拍马屁的最佳时机,众人抓住机会,纷纷附和。

段芝贵拿着这两个签名本屁颠屁颠地去找袁世凯。老袁一看,哇,你们要是不把工作做这么细,我还真不知道,属下中竟然有这么多人支持君宪制,而且都是军警界的要人,这比打兴奋剂还让人亢奋呀。

干儿子,辛苦你啦。

为干爹服务,情之所在,理之所在,义不容辞呀。

向领导拍马,文人们的筹安会刚一成立,没想到武将们占了个先,这有多丢人,领导能满意吗?你们这群穷酸,在想什么哪?

这个时候,对中国近代产生很大影响的"交通系"粉墨登场,一时之间,既抢占了筹安会的风头,也压掉了武将们的气势。

这个交通系是怎么回事呢?其实,领导交通系、领导这场劝进闹剧的不是别人,正是清末经济特科的状元、因爸妈没取好名字以"梁头康尾"被慈禧取消功名的梁士诒。

梁士诒当年科举大起大落,躺着中枪,正在沮丧之时,袁世凯将其延揽门下。梁士诒在老乡唐绍仪的推荐下,开始出任北洋书局的总办。

1906 年,唐绍仪接替盛宣怀督办铁路总公司,梁士诒也就协助唐绍仪主持路政,由此发挥专长,一发而不可收。等到唐绍仪出任奉天巡抚后,梁士诒已经担任邮传部京汉、沪宁、正太、汴洛、道清五路提调及交通银行帮理,不仅当上了铁路局局长,又主管了交通银行,并由此发展出一大势力——交通系。

交通系的重要人物有周自齐、叶恭绰、汪有龄、朱启钤等,他们掌握铁路、轮船航运、电话电报、邮政等事业的领导权,同时还控制着交通银行、金城银行、中华汇业银行、盐业银行、正丰煤矿、中兴煤矿、北票煤矿、六河沟煤矿、龙烟铁矿、戊通航业公司等大银行、大企业。交通系与北洋军这一文一武,在北洋政坛,的确能够呼风唤雨,显赫一时。

当时的北京政府虽然有财政总长,可是绝对的财权却掌握在交通系手里,也就是掌握在总统府内的财政会议手中,也就是掌握在总统府秘书长、人称"二总统"的梁士诒手中。每当袁世凯缺钱时,只要问到梁士诒,梁总能想出办法筹到款项,这个本事,当时无人出其右。

因为梁士诒在理财方面极有专长,又掌握着这些实业,人送绰号"梁财神"。又因为梁担任袁世凯总统府的秘书长,被称为"二总统",确实是权倾朝野。他曾给财政专家熊希龄总理难堪,又使杨度和杨士琦的交通总长任职先后流产,在当时的北京官场,如果不走通梁士诒路线,那这个官肯定长久不了。就连入京晋见总统的各省军政长官,都要专程拜见梁士诒。

当年香港的《字林西报》上如此直接评论梁士诒的权力:

中国今日所恃以存在者,是为袁总统,而将来所恃以存在者,实为梁秘书长。梁士诒者,在中国财政上最有势力之第一人也。其人赋性坚定,才具极圆滑,不喜大言高论,但求着着踏实,步步为营,以至水到渠成,一举而收其成,此等性格,极似袁总统之生平。……故吾人论中国财政上之实权,除梁士诒外,殆寻不出第二人焉。且梁士诒财政上之势力,非唯于国内占到实权,且于国际上更据有最高之信用,近来各种借款,虽名义上为某某签押,而内幕皆有梁士诒其人在;且往往他人磋商不成,而梁士诒一经手即完全成功。

然而,力的作用是相互的。人的权力越大,他所要面对的矛盾就越多。

在熊希龄组阁时,曾想用他的湖南老乡杨度为交通总长,梁士诒只一句"皙子(杨度的字)对交通外行",袁世凯便不得不考虑梁的意见,交通总长一职便没能落到杨度的身上。

不过,政治上的事,便是这样,你踢人一脚,便要时刻防人一拳,杨度也不是省油的灯。据说约法会议召开时,袁世凯有意要把约法议会的议长一职交给自己信任的梁士诒,杨度便进上一句:燕孙(梁士诒的字)曾是国民党首领,国民党支部遍布全国。

梁士诒和杨度,当年的状元和榜眼,又是同时被慈禧老太太拿掉功名的难兄难弟,此刻在袁世凯帐下却为了权和利,你一拳、我一脚地暗中较量起来。

杨度的进言,立时在袁世凯的心中放进了一根刺:确实不能不考虑这个背景了。

政治上,不怕一万,就怕万一呀。

树大招风

人的权力一旦大起来,你即使不想发言,也会不由自主地表态,而你的表态,便是举足轻重的。这就是在社会实践和人心中无意识存在的"心理食物链",其来源和形成依据,仍然是自然界的弱肉强食规律。

所以,梁士诒有时不由自主地说句话,有时这句话的影响可能会超过一定边界,那样便会在领导心中惹下不快。

内阁总理制,给袁世凯运用权力带来极大麻烦,因此他通过一系列的运作,想改总理为国务卿,国务卿相当于古代听命于君主的宰相位置,而不是权力凌驾于总统之上的、架空总统权力的内阁总理。

袁世凯立国务卿,想到的最佳人选,当然是自己的结拜大哥徐世昌。

袁世凯此举,既有废除内阁总理制度之意,也有分去梁士诒的总统府秘书长一部分权力之意。梁士诒虽然忠于自己,不过他既是事实上的行政老二,又是事实上的财政老大,权力太大了,对于"钱和权"结合到一起的人,如果不加约束的话,必然是功高盖主。

下面的人早就眼红梁士诒的巨大权力了,一看袁世凯有心任命国务卿一职,那当然是乐得赶紧拍马屁,这是打击梁士诒最合法的手段了。

梁士诒自然是心知肚明。

不过梁士诒可能平常太受袁的信任了,国家的大事小情,总统的私事,他都了如指掌。像袁世凯和孙中山会谈的全程,也只有梁士诒陪着。梁士诒既然认为总统绝对信任自己,他说话便随意些。当袁世凯提出设立国务卿时,梁士诒大加反对。

直到袁世凯那摄人心魄的眼睛目不转睛地盯着梁士诒不放的时候,梁士诒才猛然惊觉:自己话多了,受到老大的猜疑了。

如此看来,交通系岌岌可危。

然而,梁士诒的背运才刚刚开始。

传统中国的官场,因为是恩主庇佑式地用人,不管大小领导,都形成自己的圈圈,大圈圈套小圈圈,一荣俱荣,一损俱损,拔出萝卜带着泥。

其实用萝卜来比喻,有点儿太简单,它更像是一棵树。你要是把树放倒,一般采用两种方式:一是拦腰斩断,二是连根拔起。

拦腰斩断模式虽然比较直接,但是毕竟没有挖出树的发达的根系,它还会在原来根系基础上,吸取足够的养料,利用原来的环境,长出新的小树来。

而要清除树的根系,这就不是直接拔树所能实现的。必须先挖进去,把大树周围延伸的根系全部切断,再拔这棵树的时候,既容易,又使其失去了再生的可能。

官场清除派系政敌,基本是采取此方法。

一般想收拾对方的时候,不是直接瞄准主攻目标,而是先清外围,把主要对手的爪牙一一收拾掉,使对手失去外界信息,使对手变成聋子、瞎子,使对手失去为自己冲锋陷阵的爱将,失去为自己挡子弹的心腹,这时再来动手。

梁士诒及其治下的交通系受到袁世凯的猜疑之后,又接连发生几件事,梁士诒的派系不断遭受打击。

一是袁记约法颁布后,责任内阁制被总统制代替,袁总统在总统府下设立了政事堂,徐世昌充当国务卿,杨士琦、钱能训分别为左、右丞,杨士琦和杨度这"二杨"都是梁士诒的政敌,结果梁士诒一时失势,只捞得税务督办一职,离开了总统府。

二是1915年6月间,发生了交通大参案,对梁的打击很是沉重。参案是自津浦铁路开始的。根据肃政史秘查,该铁路营建时,全属借款,筑路过程中有重大弊端,肃政史共列出十大罪状,令交通部立即撤查该路局长赵庆华。

三是7月20日,袁又下令撤销梁的左右手叶恭绰的交通次长职务,主要是查到赵庆华营私舞弊一案与交通次长叶恭绰最有关系。叶恭绰担任交通次长,是梁士诒的化身,是实际的交通系灵魂。敢动这样重要的人物,笨人也想出来这背后肯定有袁世凯的支持,否则谁有这么大的能量?

四是沿着津浦路和叶恭绰顺藤摸瓜,打击面越来越大,梁士诒治下的其他四路京汉、京绥、沪宁、正太各铁路开始受牵连。交通部部令京汉铁路局局长关赓麟、京绥铁路局长关冕钧离职听审。

中国民间有句俗话，打狗还得看主人呢。可如果打狗时不理会主人的脸色，那么这个主人也就没了地位。

把目光放开了看，其实这些事的真正目的，是袁世凯要收权，自己要掌握国家一把手的绝对权力。把段祺瑞从陆军部挤走，弹劾陆军部次长徐树铮也是在此时发生的。这些事连在一起，便是当年轰动一时的"三次长参案"和"五路大参案"。

所谓"三次长参案"，指的是对陆军次长徐树铮、交通次长叶恭绰和财政次长张弧的弹劾，而叶恭绰和张弧都是交通系的人马；"五路大参案"则指津浦、京汉、京绥、沪宁、正太五大铁路局的营私舞弊案，收拾完这些小喽啰，矛头只指一个，交通系大佬梁士诒。

梁士诒饱受打击，请了病假。

大案发生后，袁世凯对梁士诒说："参案原来有你在内，我叫他们除去你部分。"这句话表明，袁世凯是要狠狠打击交通系的，收了他们的权，让他们老实点儿。但同时，袁世凯还是离不开交通系，离不开梁士诒的理财脑瓜。

梁士诒明白了，自己没事，但双方都要找个台阶下。

在专制体制之下的官场上，谁有啥事呀？谁又没有啥事呀？

说你有事，你便有事，没事也有事；

说你没事，你便没事，有事也没事。

人不管遇到任何困难，记住千万别慌乱。不管是政治斗争、军事斗争还是日常生活中，遇到各种困难、较量和矛盾时，最先静下来的那个人，是离成功最近的人。只有静下来，才能守好自己的领地。也只有静下来，才能发现对方的破绽。

"民意"

梁士诒在极其被动的情况下，冷静地分析了形势，他发现，目前有一招可以缓解，那就是抓住袁世凯当下最想解决、最看重的事，就是君主立宪问题,也就是拥立袁世凯当皇帝。

梁马上召集交通系的骨干开会。梁士诒提出:"目前交通系之窘境,唯有支持君宪,方可取消参案,否则后果恐怕不堪设想。"

在大家的纷纷议论中,梁士诒干脆说得更明白些:赞成帝制不要脸,不赞成就不要头。要头还是要脸,你们自己看着办。

答曰:要头。吃饭的家伙不能丢啊。

在这种情况下,由梁士诒组织的全国请愿联合会于 9 月 19 日在北京安福胡同正式成立。主观上,这是交通系的一种政治自救运动;客观上,它大大地推进了袁世凯称帝的进程。

梁财神出马就是不一样,除了发表宣言、拉拢名人,更有轰动效应的,便是组织各界请愿团,口里还呼着号:"变更国体,唯我民意!""君主立宪,造福万民!"

请愿团体名目表:

人力车夫代表请愿会——北京人力车夫发起。

乞丐代表请愿团——北京乞丐发起。

妇女请愿团——安静生所发起。

公民请愿团——各省官吏用本籍公民名义组成。

筹安会——杨度等发起。

筹安会请愿代表团——筹安会各省代表组成。

商会请愿——北京商会冯麟霈、上海商会周晋镳等发起。

教育会请愿团——北京梅宝玑、马为珑发起。

北京社政改进行会——恽毓鼎、李毓如发起。

旅沪公民请愿团——陈绍唐等发起。

这些请愿团,各行业、各阶层,眼花缭乱,应有尽有。

紧接着,在梁士诒和段芝贵的策划下,商界请愿会、学界请愿会、各省请愿会、妇女请愿会等等,都来请愿。凡是来参加请愿的,费用全部由交通系买单,有的还有特殊补助和小费。

一时之间,梁士诒主导的全国请愿联合会的风头,把杨度的筹安会彻底盖下,谁让秀才们没有钱呢。而且,梁士诒重新得到袁世凯的信任,叶恭绰也得明令复职。

在梁士诒的运作下,中央大员除黎元洪、段祺瑞等人不理之外,其他的人是争着喊着向前挤。段芝贵更是联合张作霖、倪嗣冲、陈宧、汤芗铭、阎锡山等人,发出所谓"十九将军联名劝进"通电,把这场帝制运动推向了高潮。

这么一场轰轰烈烈的运动,到底是下属发自内心的自愿行动呢?还是袁世凯整局棋的一个组成部分呢?

为了理解这个问题,这里暂时打断一下,我们先来分析一下袁世凯这样的领导做事的套路:

先暗中确定一个目标(譬如:君主立宪制),然后让自己管理之下的机构来"充分讨论",把好处说足,把理论摆明,把道理讲透。再然后,则运用民意代表来代表民意。这样,上层、中层、基层的意见都有了表达的机会,集中起来,便是领导想要的。

其实,这个套路只是表面上的,内在的东西,还有许多奥妙之处。

许多人说,有权力的人做事,用得着这么麻烦吗?发个命令不就得了吗?

错,大错特错。

权力滥用,那叫强奸民意;权力善用,那叫顺应民意。

权力绝不是无所不能,权力要发挥最大威力,单纯由自己一个人赤膊上阵是不行的,那叫匹夫,那叫"一人敌"之术;权力的最大威力发挥,不仅由自己来用,而且是有无数的人在后面支撑着你用,尤其是"群众"支撑的力量,那才叫"万人敌"之术。

这样,你才会明白袁世凯在走向君主立宪道路时,为什么要吸取各方面的意见了吧?不是"我"要实行君主立宪,是人民群众的呼声。

下面,我们来欣赏一下部下的意见,以及民意。

劝进最早的,是湖南将军汤芗铭。8月25日汤芗铭在给袁的电报中说:"伏望我大总统俯从民意,速下一尊,申数千年天泽定分之大义,慰亿万苍生一心一德之归诚。倘怀私意之徒公然阻挠救国之计,誓当为王前驱,除此公敌。"

第七师师长张敬尧,他的想法比较简单,正符合普通人对领导、对权力的粗浅认识,尤其符合丘八的特征。就在梁士诒组织全国请愿联合会时,张敬尧说:"大总统高升皇帝,只要下一道上谕,谁敢造反就砍下谁的脑袋来! 干吗来闹这些讨论、请愿的把戏!"他的确是要思考一下领导做事的套路了。

袁世凯听后大发脾气:"这老粗简直是胡说八道,他懂得个屁。"

山西阎锡山说:"锡山忝为军人,苟利于国,艰险不避,誓当尽忠报国。"

东北张作霖说:"东三省人民渴望甚殷。关以外有异议者,惟作霖一身当之。内省若有反对者,作霖愿率所部以平内乱,虽刀斧加之,亦不稍怯。"

拍领导马屁,和给领导送礼一样,给领导送啥,领导不清楚,可要是谁没来送,领导可记得清清楚楚。

全国各地的请愿团以及自己的许多部下,尤其是十九个将军联名劝进,争着向袁世凯表忠心,正当请愿活动搞得轰轰烈烈的时候,袁世凯注意到,有两个重量级的人物没有来电:一个是袁的嫡系大将冯国璋,一个是辫子军统帅张勋。

都是千年狐狸

冯国璋自打从京城见到袁世凯,面谈几次,确实认为袁世凯不会当皇帝之后,放下心来,出去对北洋旧部说,总统根本没有当皇帝的意思,你们所听到的都是谣传。

冯国璋还对报界说了一堆诸如此类的话。

然而,冯国璋没想到的是,京城鼓吹帝制的风声一天比一天紧,又是筹安会研究,又是全国请愿团,又是十九将军联名劝进,一幕幕闹剧激情上演。老冯坐不住了,他派人在京城悄悄打探,结果证实,这一切背后,果然是袁氏父子在推动。

冯国璋这个气呀。我这还巴巴给人免费义务宣传呢,你这不拿我当猴耍吗？让我这张脸往哪儿搁？

所以冯国璋对身边人说："我跟老头子这么多年，牺牲自己的主张，扶保他做元首，对我仍不说一句真话，闹到结果，仍是帝制自为，传子不传贤，像这样的曹丕（指袁克定），将来如何侍候得了。"（恽宝惠：《谈袁克定》，《文史资料选辑》第 26 辑，第 141 页）

冯国璋这句非常重要的话，可以解释许多事。

第一，兄弟们跟着老大打天下，自然是希望自己也能成就一番事业，尤其是希望接老大的班，坐上老大的位置。

第二，总统制和帝制，在权力交接问题上，是不一样的。帝制是"家天下"，权力是要传给自己儿孙辈的，就像秦始皇想由"始"皇帝传到二世、三世、千万世一样。谁不想给孩子找个好工作呀？总统制采取的是选举办法，传贤不传子。段祺瑞和冯国璋，等的就是这个机会。

第三，段祺瑞已经被挤出权力核心了，袁氏父子的帝制进程已经启动，那么很明显，这个后袁世凯时代的位置，是要给袁克定，不会给冯国璋了。我跟你打天下为了什么？我的机会没了，我还能支持你吗？

冯国璋基本上是出于这些考虑，所以他没有支持袁世凯的称帝运动。不仅没支持，冯国璋还在暗中拆台。

冯国璋虽然坐镇东南，手握重兵，但也不敢明着和袁世凯对抗。他暗中派人找到驻扎徐州的长江巡阅使张勋，希望张勋在袁氏称帝问题上和自己保持一致立场。

张勋呢，本来就是心存清室，忠于爱新觉罗氏，加上手握重兵的北洋宿将冯国璋对自己也说好话，飘飘然起来，看来自己的位置和分量还是蛮重的。他没注意，老冯是要拿他当枪使呢。所以十九将军劝进袁世凯称帝的时候，张勋和冯国璋老哥俩，没吱声。

袁世凯着急了，这怎么得了啊？该来的没来，不该来的却来了。段祺瑞已经不在权力圈中了，老冯要是和我对着干，那这个座位根本坐不稳。

段芝贵、梁士诒等人也着急呀，他们知道老领导的不安，这件事办不好的话，前面的事不都白忙活了吗？冯国璋和张勋这俩老东西，你不是不表态吗？我干脆来个投石问路，直接问你得了，逼你表态，我就不信你们敢直接反对？

段芝贵再次致电张勋和冯国璋，征求他们对改变国体一事的态度。

张勋大人，你怎么看？

冯国璋大人，你怎么看？

冯国璋又开始耍弄张勋，老哥啊，你德高望重，见多识广，小弟的一切都听你的。这个衔还是由你来领为妥吧！

张勋虽然喜欢听好话，可也不傻不笨。他们俩都不是省油的灯，这都是在官场修炼成精的人了，老哥俩采取了一招，能让大家听后，抿嘴偷着乐起来。

张和冯商量之后，对段芝贵等人回复说，咱们这些人折腾，都是小鱼小虾，要是立定国体，还得中央统筹决断。我看哪，这件事如果由国务卿徐世昌大哥领衔劝进，那才是有决定意义的事。"国务卿领衔，联合京外文武长官列名陈请，提交参政院代行立法院公议，以召公正，而免参差。"

这封电文很有水平，不光把自己的难题摘清了，还一脚把皮球踢给了政事堂，把徐世昌拉进来蹚这趟浑水还不算，又是京外文武长官，又是参政院。真是高人！

张勋和冯国璋这俩小子忒不地道，徐世昌正在看热闹呢，"咣"地一下子，皮球直奔自己飞来。

这可怎么接招啊？

不看了，不玩了，退场，辞职。

徐世昌的退出，是因为几次明里暗里劝袁世凯不要称帝，但袁世凯都没有听从，徐世昌于是早就有了退出朝堂、归隐江湖的意愿。

世凯啊，大哥我最近身体不好，我得休养一段时间。

袁世凯无奈，只得任他去了。

徐世昌曾在日记中写道："人各有志，志为仙佛之人多，则国弱；志为圣贤之人多，则国治；志为帝王之人多，则国乱。"

几千年的传统就如此，奈何，奈何啊？想当领导的人多了，那就乱了。

袁世凯一生中可能就在当皇帝这件事上没有听从徐世昌的劝阻,可就这么关键的一次,就断送了自己一生的基业,外加自己的性命。

徐世昌走后,袁世凯改任陆征祥暂代国务卿,把精力放在怎么解决张勋和冯国璋问题上。

袁世凯派高级幕僚阮忠枢南下,对张、冯二人进行游说。

阮忠枢在张、冯面前,力陈北洋集团团结的重要性,并说,你们不必明白赞成,但只要不明白反对就行了。

话说到这个份儿上了,就已经没有退路了,又不能造老大的反。算了吧,那就这样吧。不说赞成,但也不反对,看着就是了。

冯国璋毕竟曾是袁世凯的左膀右臂及心腹爱将,老大的面子还是要给的。于是他公开通电,情真意切,说不论于公于私,自己和袁都是推心置腹,肝胆共见,受恩深重,犹似家人。他又给袁世凯写了一封私人信函,说觉得自己人微言轻,本希望由徐世昌大哥来领衔最好,所以当时没有表态劝进。

张勋老哥对袁世凯说,我跟您这么多年,甘苦与共,我的成长的每一步都离不开您的栽培,可说是人生得一知己足矣。我现在呀,只想着一件事,我们都是前清臣子,应该履行好对清室皇帝的承诺,当初答应给人家的钱,可不能少啊。

袁看了这个电报,极力称赞他"见识远大",并保证优待清室的条件决不变更。

大家都是聪明人,既然有了个台阶,那就下吧。

聪明人对聪明人,话不能说得太明白。花未全开月未圆,如此意境,甚好。

袁世凯在观望

在改换国体的重大决策面前,袁世凯还有几件事放心不下:一个是列强的态度,第二个就是民众的态度。

袁世凯的两大外籍智囊,日本的有贺长雄、美国的古德诺,都认为共和制不适合中国,从几千年传统来看,中国应该采取君主立宪制为妥。

英国公使朱尔典与袁世凯私交甚好。当袁世凯与朱尔典谈论改制的时候,朱尔典表示:若中国无内乱,则随时可以实行,此系中国内政,他人不能干涉。

对于德国,袁世凯曾派袁克定面见德皇,德皇威廉二世对袁克定说:"中国的东邻日本,奉天皇为神权;西面的英、俄,也以帝国为根本制度。中国地广人众,位于日、英、俄之间,离合众共和的美国则很远。美国人断然不能远渡重洋,来做中国的强援。如今中国的共和制度刚刚建立,执政者多为帝国旧臣,而革命分子势力脆弱。以袁大总统的威望,一变民国为帝国,变总统为皇帝,这正是英、日、俄各国的愿望。德国誓以全力襄助此事!"袁克定大喜过望,回国后即转述与袁世凯,极力怂恿称帝之事。

袁世凯也很高兴,能当皇帝自然是好,一来可以为子孙解决工作问题;二来可以有至高的权力推进自己的政治主张,在自己的有生之年,施展自己的才华,实现自己的抱负;三来如果国家强大了,就不会再有自鸦片战争以来中国饱受的欺负了,尤其是日本的欺负,实在窝囊。

透过英国、日本、俄国、德国等国的态度,袁世凯基本明白了,只要民国不乱,只要列强在华的投资和利益不受损,他们不会反对自己当皇帝的。这就好办了。

再看看民意如何吧。

对于民意,袁世凯除了下级定期送上来的各种分析报告,还有他的军政执法处(一个类似锦衣卫的机构)搜集的信息,此外还有通过报纸来分析。

在这里,谈一下舆论的重要性。

如果一个领导想做成一件事,不能只想着枪杆子,笔杆子也非常重要,袁世凯忽略了舆论的威力。虽然他也在一定程度上控制舆论,但是清末民初的报纸还是有一定程度的自由的,不光有外国人办的报纸,就是国内的报纸,也不全发出一个声音。而这些不同的声音,都给袁世凯称帝之途带来许多不可预知的问题。

袁世凯称帝失败，从宏观角度来说，是逆历史潮流而动，所以失败；从微观角度来说，抛开价值判断和意识形态判断，纯从技术手段和操作层面来看，袁世凯对舆论的失控，是君宪制失败的非常重要的原因。

也就是说，他枪杆子、笔杆子，都没抓牢。北洋系两个大佬段祺瑞和冯国璋不支持他，这是军权不牢；他对报纸舆论的失控和御用报纸对他的欺骗，这是话语权不牢。只此两点，他必败无疑。

照实说来，袁世凯也不是不知道舆论的重要性，他一方面是用金钱收买报纸主笔或用暴力限制言论出版自由；另一方面是创办"御用报纸"鼓吹帝制，为自己服务。

但是，他做坏事做得不够彻底。

厚黑教主李宗吾说，成大事者，要脸皮厚，心要黑。袁世凯也算是厚了、黑了，可还厚黑得不彻底。他禁了一部分报社，可并没有全部清除；他也杀过人，可面对如章太炎般的名士之时，他还是没敢下手。

1915 年，就在袁氏父子决定改民主共和为君主立宪的时期，袁世凯开始加强对新闻出版的严格控制，特别是京津一带，多数报刊都遭到整顿，有的干脆被停业。唯独外国人在北京办的《顺天时报》和天津出版发行的《时报》总是跟袁世凯唱反调。

袁世凯却也无可奈何。

对于资本主义国家来说，各项事业都以商业运作为主，新闻报刊也不例外。比如，美国人就认为："新闻就是坏消息。要想读好消息，那请看广告好了。"

从西方新闻行业的发展来看，商业媒体没有正面宣传任何个人、团体和国家的义务。不仅如此，他们对带有宣传和鼓吹色彩的言论都有本能的排斥。特别是他们为了发行量、吸引观众眼球，故意炒作负面新闻、骂政治人物、揭秘政治黑幕，这些成了他们的主色调。

袁世凯就吃了这方面的大亏。外国报纸报道了袁世凯政府的大量负面消息。外国人这不是为了监督中国政府健康运作，这纯属赚中国人的钱，而且要彻底把袁世凯搞臭。只有中国政局不稳，只有中国人不团结，只有人民和国家不一致，只有不让政治强人好好地治国，他们才能从中国获取更大利益。

想想袁世凯也够可怜的,无奈之中,只得派亲信薛大可携巨款去收买这两家报纸的主笔,各给他们一万金,乞求他们不要再在帝制问题上与袁世凯唱对台戏。两家主笔欣然同意。

第二天,袁世凯拿起报纸一看,果然没有了批评帝制的消息,非常高兴。

可是,十天以后,这两家报纸又开始恢复老调。袁世凯气急败坏,令薛大可前去责问:你们也太不讲职业道德了,收了钱不办事,强盗啊?

两家主笔说,我们的报纸因为发表批评帝制的文章,在社会上很受欢迎,每天发行量达数万份。可是,自从不发批评帝制文章,每天只卖出数百份,因此让我们每天损失千金。你给我们的一万金,只够补偿我们十天的损失。如果以后你们愿意每天给我们千金作为补偿,那我们可以考虑不发表批评帝制的文章。

薛大可回报袁世凯,袁世凯认为他们要价太高,不予理睬。于是,这两家报纸骂得更狠了。

袁世凯还犯了一个掩耳盗铃式的错误。他只禁了京津地区的报纸言论,只图耳朵根子清静了,可对上海的报纸,却没能控制住。南方地区本来就受国民党影响较大,报纸更是把袁世凯骂个狗血喷头。

袁世凯又派薛大可到上海开办《亚细亚报》,作为政府的言论机关。这样一来,遭到了其他报馆的反对。袁世凯又想起了金钱收买一招,于是派私人代表会见各报主笔。

这些主笔意见不一,有的回避,有的接待,有的拒受。其中某报主笔所说的话特别有趣。他说:"代表民意,监督政府,这是报馆的天职,用公款补助报馆,这是政府的天职,现在既然政府能尽其天职,我们更应该尽报馆的天职了。至于私人请托,不仅报馆所不屑接受,而且政府也该不屑所为也。您既然携巨款前来,我们怎能不更加努力代表民意,监督政府呢?"

袁世凯的代表十分尴尬,灰溜溜地走了。

《亚细亚报》在上海销路很小,开始想印几千张,后来减至几百张,再后来就只能印几十张了。薛大可却不急不火,他告诉大家,只要总统每天见到有上海的舆论,而且是拥护帝制,那我们办报目的就达到了。所以,薛先生认真及时地把这份报纸送一份给袁世凯,袁世凯给他们的经费照样是按整个报馆的支出来计算的。

想想,身边人这样不遗余力地糊弄袁老头,身为国家元首的老袁得到的信息看似海量,其实全是经过包装和加工的,有多少是真实的呢?

灰太狼被欺骗了

欺骗袁世凯的伟大工程,远没结束。

上面提到的北京有一份报纸叫《顺天时报》,1901 年创刊,初名《燕京时报》,是日本外务省在京出版的汉文报纸,其言论反映着日本政府的立场。因为是国外控制的报纸,不必巴结北洋政府,所以报纸上的消息给人的感觉是敢说敢讲,像是很"客观"。

因此,袁世凯把《顺天时报》作为自己的"参考消息",经常在这上面寻找信息。

可是,正因为袁世凯过度关注外国报纸的评论,"有心人"便在这份袁世凯关注的报纸上大做文章。这个"有心人",就是袁世凯的大公子袁克定。

袁克定(1878—1958),字云台,别号慧能居士,外号袁大瘸子(这是后来摔的,不是天生的瘸),是袁世凯的长子。

在人们传统印象中,袁克定是个不学无术、只想当皇太子接班的人。其实,袁克定此人,不像老袁那样五短身材,而是仪表堂堂,袁世凯对这个唯一嫡出的儿子是另眼相看,特意培养的。袁克定从小就跟着袁世凯,无论袁世凯是驻节朝鲜还是小站练兵,或者巡抚山东、总督直隶,袁克定就未曾离开过一步。因此袁克定也是学识渊博,阅历丰富。不仅如此,他还精通英语、德语、善狂草、篆隶,也能作画,其书法作品,当前市场价位是不低的。

怎奈天有不测风云。袁世凯当总统后,大约是 1913 年,大公子袁克定在一次骑马时摔了下来,落下了终身残疾。

当时国内的医疗条件比较落后,虽然是总统的孩子,可因为医治得不及时,所以,走路有点跛,当父亲的怎么能不心疼? 于是第二年,把袁克定送到德国继续治疗。

在德国期间,袁克定为德国所取得的成就惊叹不已,由此也对德国帝制之功效深信不疑。

而此时,德皇威廉二世对袁大总统的儿子照顾得非常周到。在接见袁克定的时候,德皇说,共和制不适合中国,中国应该实行君主立宪制。中国要想发达,必须向德国学习,非帝制不能发达。大公子回国后一定转告大总统,中国要恢复帝制的话,德国一定尽力襄助。

袁克定不仅腿没治好,德皇却给他额外加了一种病——皇太子病、皇帝病。

袁克定心眼儿大动,眼前一亮,如果让老爹当了皇帝,自己不就是下一个皇帝吗?

于是,袁克定回国之后,在袁世凯的耳根子边上经常吹风,说起君主立宪的好,说起德国在这套制度下发展的好。

不仅如此,袁克定为了鼓动老爹当皇帝、自己好顺利接班,他做出了一件让世人永远耻笑他的事:他知道老爹天天要看《顺天时报》,他就专门给老头子办份假报纸,伪造民意,谎称民间是多么怀念皇帝时代。

袁世凯看得是心花怒放。既能顺从民意,又能实现自己平生抱负,一举两得,太好了。

也正是这份假报纸,彻底屏蔽了外界真实信息,老袁看到的全是形势一片大好的局势,袁世凯在错误的时间做出了错误判断,袁世凯的一世英明,毁于一旦。后人也多指责袁克定的愚蠢,包括袁世凯的二儿子袁克文在书中也对袁克定此举严重不满、大加指责。

据袁世凯的女儿袁静雪回忆,这个假报纸的事是这样的:

假版《顺天时报》是大哥纠合一班人(是否就是所谓"六君子"那一班人,那就不得而知了)搞出来的,不但我父亲看的是假版,就是给家里别人所看的，也同样都是假版。大哥使我们一家人和真实的消息隔绝了开来。有一天，我的一个丫头要回家探望她的父亲，我当时是最爱吃黑皮的五香酥蚕豆的，便让她顺便买一些带回来吃。第二天，这个丫头买来了一大包，是用整张的《顺天时报》包着带回来的。我在吃蚕豆的时候，无意中看到这张前几天的报纸，竟然和我们平时所看到的《顺天时报》的论调不同，就赶忙寻着同一天的报纸来查对，结果发现日期相同，而内容很多都不一样。我当时觉得非常奇怪，便找二哥，问是怎么回事？二哥说，他在外边早已看见和府里不同的《顺天时报》了，只是不敢对我父亲说明。他接着问我："你敢不敢说？"我说："我敢。"等到当天晚上，我便把这张真的《顺天时报》拿给了我父亲，我父亲看了之后，便问从哪里弄来的，我便照实说了。我父亲当时眉头紧敛，没有任何表示，只说了句："去玩去吧。"第二天清晨，他把大哥找了来，及至问明是他搞的鬼，我父亲气愤已极，就在大哥跪着求饶的声音中，用皮鞭子把大哥痛打了一顿，一边打，一边还骂他"欺父误国"。大哥给人的印象是，平素最能孝顺父母，所以他在我父亲面前的信用也最好。我父亲时常让他代表自己和各方面联系。可是从这以后，我父亲见着他就有气，无论他说些什么，我父亲总是面孔一板，从鼻子里发出"嗯"的一声，不再和他多说什么话，以表示对他的不信任。看起来，我父亲对于帝制前途的不甚美妙，已经是有所觉察了。(《文史资料选辑》第74期，第145—146页)

就在袁世凯刚从袁克定办的假报纸中清醒过来，犹豫不决的时候，自己几十年的知交老友严修先生特意从天津赶到袁府，极为恳切地劝告袁世凯不要当皇帝。

严老先生认为：

第一，民国已历四年，共和深入人心，此时走回头路，这种忽上忽下忽左忽右的治国方式，会让人心大乱。

第二，你如果早想当皇帝，那么当初出山的时候，破汉口、下武昌，可以传檄各省，恢复汉室江山，也未尝不可，那是个大好时机；逐孙、黄，定长江，所向无敌，四方拥戴，这也是个好时机。可是都已经失去了。

第三，别看你身边人这么忙活，可是外界舆论如何，你知道吗？

严修的一席话，让袁世凯又一次动摇了称帝的念头。

袁克定听说此事，大发雷霆，又砸玻璃又骂娘，岂能让这个糟老头子破坏了自己的大事？把严修吓得赶紧离开袁家，再也不敢来了。

不过，说心里话，老袁大概也真是有称帝之心，否则，此时想刹车，还是来得及的。

砸场子的来了

还在袁世凯打败国民党、以叛乱罪解散国民党时，国学大师章太炎便不顾亲友劝阻，直接从上海赶往北京，作为士林领袖级的人物，章大师要当面质问袁世凯。

晚清民国，颇似先秦，虽国家动荡，却群星灿烂，人才辈出。但真正的哲学家，且无愧于"国学大师"称号的，可能只有章太炎一个人，或者保守点儿说，章太炎是其中翘楚。

章太炎"简直满身都是傲骨"，无论是学问界，或是政界，几乎无人可入他的眼。没有他章太炎不敢骂的人。

他先是批评古人，再批评时人；先批评学界，再批评政界。而且，当时能得章太炎一骂的人，那都是相当了不起的了。无论哪个能得章氏一骂，立即身价大增。比伯乐看马一眼增值还快。

读史者终于明白，原来最深的鄙夷，是你不值得一骂。

章太炎认为孔子是一个历史学家和教育家，一个不成功的政治家。在他的眼里，孔子是一个没有勇气、善于钻营的人。

章太炎评点唐宋文章大家，"李翱、韩愈局促儒言之间，未能自遂。欧阳修曾巩好为大言，汗漫无以应敌，斯持论最短者也。若乃苏轼父子，则俗人之戈戈者"。

对康有为，章太炎说："今康氏经说诸书，诚往往有误，……苟执是非以相争，亦奚不可，而必籍权奸之伪词以位秉，则和异逆阉之陷东林乎？"说康有为想当"圣人"，是"想入非非"，"狂言呓语，不过李卓吾那一类货色！"

在《时务报》馆期间，章太炎对梁启超等康门弟子尊康有为为圣人的做法充满鄙夷，说："这群康门弟子好比一群屎壳郎在推滚粪球。"

曾有人问章先生对胡适之有什么看法？章太炎说他"不配谈"："哲学，胡适之也配谈么？康、梁多少有些'根'，胡适之，他连'根'都没有。"

章太炎骂政界人士更是不遗余力。

在《驳康有为论革命书》中，章太炎点名骂光绪皇帝为"载湉小丑"，轰动海内外。

于是，章太炎成了被告，原告是堂堂的大清国。

开庭时，法官说他骂皇帝是"载湉小丑"，触犯圣讳。

章太炎说：我只知清帝乃满人，不知所谓"圣讳"。而且按照西方的法律，人们是不避讳的，所以我直接写"载湉"，没有什么不对。再说，从字的意思来讲，"小丑"两个字中，"丑"字本来作"类"字，或作小孩子解，所以"小丑"也就是"小东西"或"小孩子"，并没有诽谤的意思。

听众席上掌声雷鸣。审判员如坠云雾，目瞪口呆。

慈禧太后七十大寿，章大师赠送一副流传至今的名联：

今日到南苑，明日到北海，何时再到古长安？叹黎民膏血全枯，只为一人歌庆有；

五十割琉球，六十割台湾，而今又割东三省，痛赤县邦圻益蹙，每逢万寿祝疆无。

章太炎还经常骂孙中山，别人只能听，不敢答，更不能附和。如果有人附和说骂得好，他马上给那人一耳光，同时骂道："你是什么东西，总理（孙中山）是中国第一等的伟人，除我之外，谁敢骂之？"

不过，章太炎这么牛，古今大小人物全不放在眼里，可在他46岁的时候，狂追小他16岁的乌镇才女汤国梨，情书写得天花乱坠，汤女士读得面红耳赤，章大师终于抱得美人归，在夫人面前俯首帖耳，老虎变成了大猫咪，这也是奇葩。

章太炎从上海追到北京要来骂袁世凯,袁世凯难受得不得了。

1913 年 8 月 11 日,章太炎辞别新婚不久的汤夫人,来到北京,住在北京化石桥共和党总部,要找袁世凯算账。

袁世凯紧张得派密探盯着大师的一举一动。

一日,章太炎外出赴宴,才察觉到自己有尾巴,进出都有袁世凯的宪兵跟随,勃然大怒,抢起手杖满大街追打宪兵。打得几人抱头鼠窜,逃之夭夭。

这真是奇怪而奇妙的一景。

袁世凯虽然打败了国民党和孙中山,但对于章太炎这样的学界响当当的人物,袁世凯还是不敢碰。

袁世凯告诉卫兵,你们可不能让章太炎进来啊!

卫兵接到通知,自然不敢疏忽,于是看到章大师来总统府的时候,便借故阻拦。一会儿说总统正在议事,一会儿说总统在接待外宾,如此折腾得章大师从早晨等到了晚上,也没能进得总统府。

章大师一会儿看见这个进去,一会儿看见那个出来,就是轮不到自己。又听说工商部次长向瑞琨接到通知要进府面见袁世凯,终于大怒:"向瑞琨一个小孩子,可以见袁世凯,难道我见不得吗?"先是开骂,后是开打,骂得总统府上上下下一干人等无一幸免,用手杖把总统府内的器物砸个稀里哗啦。虽没见着老袁,却也出了气,比孙悟空大闹天宫和地府还过瘾。砸完了,才恨恨回到下榻之处。

读史读到这里时,总是不禁莞尔。

章太炎大闹总统府,可爱;袁世凯没有对章太炎进行肉体灭绝或政治改造,可爱;本是无知的卫兵却也礼让章大师,可爱;本是"代表国家""执法"的宪兵也受知识分子的气,可爱。

知识分子是民族灵魂的守护者。如果知识分子个个都像政客一样,如林语堂所说的"文妓",那就不好玩了。

没有见到袁世凯,章大师当然不肯就此罢休。

据当时的《申报》(1914 年 1 月 14 日)记载,一天,章太炎蓬头垢面,足登破靴,手持团扇,扇下系袁世凯亲授的二级大勋章,来到总统府。袁世凯避而不见。章太炎更加怒不可遏,在总统府跳着脚蹦高高骂袁世凯,从清晨一直骂到傍晚还抡起手杖将府内器物砸个稀里哗啦。他决心以"伏尸二人,流血五步"之行动,来警醒世人。但章太炎的名望实在太高,袁世凯躲在内室,目睹章太炎胡闹,就是不敢出来。老袁还是小有气度的。

此后几天,章太炎天天来砸场子,弄得袁世凯不能办公。普通人尚且有"再一再二、不能再三再四"的气性,何况一辈子不能屈居人下的老袁乎?袁世凯毕竟不能像小布什那样被人说白痴的时候只能傻笑,他终于忍不住了。杀了他还不行,真要关监狱里肯定会惹起知识分子阶层的激烈反抗,不收拾他又不甘心。

于是,袁世凯即令陆建章出马,谎称总统在居仁堂见章,将其带走。

就这样,章大师"被"精神病了,不过没被扔进真正的精神病院,老袁改用温柔的软禁方式来对付他。

奇葩两朵

之所以用"温柔"二字,这个软禁,不是一般的蛮横无理方式,而是一种有限的限制自由方式,从中见得老袁也有可爱之处。

老袁对外宣称,大师可能有精神病了,得治啊,好人怎么会这样呢?于是,"章疯子"被宪兵队长陆建章带走治病去了,从此开始了长达两年的软禁生活。软禁的地方也变了好几次,有共和党总部,有龙泉寺等。直到袁世凯告别人世,章太炎才重获自由。

软禁期间,章太炎每天以花生下酒,一边剥去花生米壳一边念念有词:"杀了袁皇帝的头矣!"喝得酩酊大醉。又在墙壁上涂满"袁贼"二字,有时在纸上写"袁贼",烧而埋之,大呼:"袁贼烧死矣!"

章太炎也以为自己会被处死呢,在龙泉寺期间,章大师不改狂性,写家书说:"吾死以后,中夏文化亦亡矣!"如同嵇康临刑,感叹广陵散自此绝矣!

可是,老袁就是不弄死他,而且,也不让别人对他下黑手。不仅如此,还对他好吃好喝好招待。就凭这一点,老袁也就当得起"可爱"两字,所以文中才用"温柔的软禁"来形容。我们来欣赏一下,粗犷的袁世凯是怎么"温柔"的。

为显示自己的宽宏大量和对读书人的优待,袁世凯手谕付陆建章,为章太炎定了八条规定:

1.饮食起居用款多少不计;

2.说经佛学文字,不禁传抄,关于时局文字不得外传,设法销毁;

3.毁物骂人,听其自便,毁则再购,骂则听之;

4.出入人等,严禁挑拨之徒;

5.何人与彼最善,而不妨碍政府者,任其来往;

6.早晚必派人巡视,恐出意外;

7.求见者必持许可证;

8.保护全权完全交汝。

大原则只此一条:治其身不禁其心,给思想学术自由,不给政治言论自由。不管谁求情,就是不能放章太炎出去。憋着他。

这几条中,第一条,"饮食起居用款多少不计",要知道,民国时候,国家可是穷得叮当响的,可是,居然对章大师不吝金钱。

在历史上,只听说过李白享受此殊遇。当年唐玄宗虽然不任用李白,但是送李白回家时,不仅赐给李白金银盘费,而且特许他"逢店喝酒,遇库支钱"。你不管到哪出差旅游,缺钱时,只需到当地官府的金库中支取便是,不管到哪家店,你可随意饮酒便是。

第五条,想与章大师交往的人,只要不妨碍政府,任其往来。

第六条和第八条,早晚必派人巡视,恐出意外,保护全权完全交汝。不能让章大师出任何意外,人身安全交给宪兵队全权保护。

对于宪兵队来说,把人弄死,比碾死只蚂蚁还容易;可是,要是把一个人给好好地养活着,这对于宪兵队的人来说,可是一项高难度的技术活。

更不可思议的是,陆建章对手下人说:"太炎先生是今之郑康成。黄巾过郑公乡,尚且避之。我奉极峰命,无论先生性情如何乖僻,必敬护之;否则并黄巾之不如了。"

因此,章大师虽然遭受了两年的软禁,却结实地享受了一把高干待遇。比高干病房舒服多了。

袁世凯怕章大师无聊寂寞,专门让章太炎讲课,开办讲习班。

章太炎几次闹绝食,袁世凯还派人好言相劝,使他恢复进食。

章太炎被软禁期间,会客不受阻拦。在鲁迅的日记中,就有过 7 次探望大师的记录。

更有意思的是,虽然章太炎无数次在咒骂、羞辱袁世凯,可在章太炎软禁期间,他不但没有遭到政治迫害,甚至还受到令人惊诧的优待。他的夫人汤国梨在日记中记述到章太炎软禁期间每月的生活费用是 500 大洋。500 大洋是什么概念呢?当时一个警察每月薪水 4 块大洋左右,最牛气的大学教授的月薪也仅有 400 大洋。

骂人还给发钱,历史真的像是在给我们编故事。

抛开人身自由之外,这两年,是章太炎一生中最阔气的时光,也是最摆老爷架子的时光,他想着法地折磨这些看着他的人。

这些看着章太炎的宪兵和警察,大概是历史上最倒霉的宪兵和警察了。比哲学上的"主体间性"关系还倒霉一百倍。

来点儿既笨又快的方法,百度一下"主体间性",出现的第一条目,是这样介绍的:

主体间性是拉康提出来的,在阐述中他给现代性的主体性以致命的打击。他认为,主体是由其自身存在结构中的"他性"界定的,这种主体中的他性就是主体间性。进行这种分析的时候,他对黑格尔的《精神现象学》中的"奴隶和主人"进行了精神分析语言学上的重新描述。他认为,当看守为了囚犯而固定在监狱的位置上的时候,那他就成了囚犯的"奴隶",而囚犯就成了主人。根据这种主体间性,针对笛卡尔的"我思故我在",他提出了相反的思想:我于我不在之处思,因此,我在我不思之处。这应该说是对笛卡尔的"我思"主体的最大摧毁,也是对现代性思想根基的摧毁。

拉康只是透过哲学的眼镜，从文字和理念中提出了这么一个思想，而章太炎却是在实践中，实实在在地体验了一下奴隶与主人身份的对调。

章大师既然是被软禁，那他肯定不快乐，想写文字骂袁世凯，没有任何意义；想嗷嗷骂袁世凯，袁世凯也听不到。于是，他只好拿看押的警察出气。

袁世凯不是规定任章太炎花钱吗？花完了找姓袁的报销。这下子章大师可阔气了，他一口气雇了十几个厨子和仆人（他当然知道这些仆人都是警察改扮的）。而且，大摆其老爷的谱，强迫这些人称呼他为"大人"，他的客人来了，要称呼为老爷，见面要垂手低头，每逢初一十五还要向他磕头，犯了错，还要罚跪罚钱。为了将这种羞辱落实到位，他甚至强迫这些仆人（警察密探）照这些条件跟他具结，签字画押，如果不听他的话，就不依不饶。害得这些警察老爷，个个像是签字画押的杨白劳。

章太炎的弟子钱玄同觉得很好奇，便问老师缘何立此家规。章太炎的回答极妙：

> 无他，只因"大人"与"老爷"乃前清之称谓，而"先生"，则是吾辈革命党人拼死挣来的替代品。放眼今日，北京仍是帝制余孽盘踞之所，岂配"先生"之称谓？既然此处仍是"大人"、"老爷"的世界，让彼等磕头，岂非合情合理？

袁世凯的手下有人迷惑不解，曾暗中询问袁世凯的秘书张某：
"大总统拥兵几十万，何惧一书生，何不放他了事呢？"
张某一语道破袁世凯的心思："此公文笔横扫千军，亦是可怕的东西。"

袁世凯决定称帝之前，需要各界"名流"、有头有脸的人物来"劝进"。杨度自告奋勇地请示袁世凯，让自己去说服章太炎，并以写请愿书为释放的交换条件。袁世凯同意了。

杨度见到章太炎后，原以为大师会骂人，可是大师却爽快地答应写了。

第二天,章太炎的信递到袁世凯的办公桌上,袁世凯满心欢喜地打开一看,脑袋"嗡"地一下子就大了。只见章太炎写道:

某忆元年四月八日之誓词,言犹在耳朵,公今忽萌野心,妄僭天位,非惟民国之叛逆,亦且清室之罪人,某困处京师,生不如死。但冀公见我书,予于极刑。较当日死于满清恶官僚之手,尤有荣耀。

袁世凯对于这样切不动、煮不熟、嚼不烂的"滚刀肉",实在是没办法了。苦笑道:

他是个疯子,我从不与疯子吵架,随他闹去吧。

其实,平心而论,袁世凯并非真的怕章太炎,说到底还是心存几分怜惜。章太炎在软禁期间,袁世凯依然让章太炎保持着一位大知识分子的尊严和体面,坚守了一个政府首脑的原则和底线,还有那么一点政治家的胸襟和气度。

寻求心理支持

一个人在关键时刻的决策与抉择,其实是喜欢聆听自己的心灵声音。马克思说这是事物发展的"内因",普通人说这是"说服自己",运用文绉绉的话说就是"寻求心理支持"。

古人寻求心理支持,这样的例子是很多的。

比如,《三国演义》中,在决定与刘备联手抗击曹操之前,孙权拔剑砍掉桌子一角说:"诸官将有再言降操者,与此案同!"这一砍,其实就是在寻找心理支持。如果砍得利索,说明作战会顺利,如果一刀下去,刀陷在桌中,估计最高统帅孙权的心理就会有阴影了。

再比如,诸葛亮在五丈原禳星,"若七日内主灯不灭,吾寿可增一纪;如灯灭,吾必死矣"。他通过施特定的法术,把自己的性命与这盏灯联系在了一起。灯亮了,他在心理上就会信心大增。可是,灯灭了。诸葛亮的心已暗淡。

现代心理学也是如此,弗洛伊德就曾告诫他的女儿,在小事情上要听从自己的理智,在大事情上要服从自己的心灵。

一改国体,还要背弃自己当总统时的宣誓,这对于国家元首来说,要想顺利转换过来,其实并不是一件容易的事,甚至是很痛苦的事。

中国人在痛苦的时候,就会哭喊"天哪",这是寻找一种神意的启示,然后才能坚定自己的内心。

袁世凯也在苦苦寻求心理支持。

知我者,谓我心忧;不知我者,谓我何求?

是啊,我已经是终身总统了,我还追求什么呢?

自从清帝退位以来,国家最高统治者权威扫地。原以为民国能够一改新气象,可是,美国的制度在中国根本就行不通。国事乱成一团,国家四分五裂,各省心怀异志,不是收不上来钱,就是举兵挑战中央。英国、日本、沙俄不停地打周边领土的主意,这个时候,中央没有绝对权威,怎么一致对外?那么,我选择君主立宪来挽救危局,不行吗?

尤其可恨的是日本逼我们签订"二十一条",要报此仇,以目前民国的一盘散沙,可能统一起来吗?税收收不上来,各省势力日渐坐大,他们怎么能听我中央的号令?中国周边领土危机,指望某省单独出兵,是不可能的,他们有自己的小山头、小九九。中央没有钱、没有权威,打仗不是打后勤吗?我们既没有速战速决的资本,又没有持久打仗的财力,怎么办?

中央要想实现统一号令,与列强一决雌雄,使国家重新强盛,如果不采取君主制,还有他路吗?

此举是对是错?有没有人理解我?

多数人乐得推举我当皇帝,他们真的理解我吗?

段祺瑞和冯国璋反对我,徐世昌大哥远离我,他们为什么不理解我的苦衷?

为什么别的北洋将领不反对,而偏偏是袁的心腹爱将会反对呢?

这要从人性角度来分析。

自己的部下，普通的部下，可以通过袁的称帝而加官晋爵，自然是乐得其成；但是袁世凯手底下有两个特殊的部下，那就是段祺瑞和冯国璋。袁世凯严重低估了此二人的影响。

这样的人，如果相助领导来成事的话，那定能成就一番事业；但如果不支持领导，或是拆台的话，那后果也是非常严重的。

历代领导者对付这样人的招数，或是肉体灭绝，或是精神灭绝。

对于袁的失败，传统的解释是站不住脚的。被打散、被边缘化的革命党人的反对，动摇不了袁世凯政权的根本；人民的反对，人民会反对吗？那个时候，社会远没有动员起来，且中国人最现实，不管谁当一把手，只要给口饭吃、给个活路，管你叫皇帝还是总统，还不是一个样？一百年前，人民对总统和皇帝的区别，能知晓吗？唯一能动摇袁世凯权力宝座的，便是袁世凯麾下的大将、左膀右臂——段祺瑞和冯国璋。

一个人在关键时刻的选择、一个领导在重大事情面前的决策，摆出来的理由有无数条，但真正的原因只有一两条，而且这个原因，基本上不会轻易说出来。

用人的时候，说此人忠于国家和人民，才能出色，这些抽象的话，放到任何一个人身上都行得通。如果不忠于国家的话，怎么可能拿到会上研究。其实，关键的只有那么一两条：此人是不是自己人，此人有什么背景和关系。

因此，可以这样说，历史有两种，一种是写在纸上的，给老百姓看的，一种是不立文字、以心传心、传给子孙的无上心法。

其实，袁世凯只注重从人性角度理解普通部下，却忽略了从人性角度来解读自己的两员心腹大将。

段祺瑞和冯国璋反对袁世凯称帝的原因很多，但核心的问题，归结起来，仍然是权力。

如果实行总统制，那么袁世凯离任的时候，段祺瑞和冯国璋有非常大的希望能坐上最高权力的宝座。

而如果实行君宪制,既然是皇帝,必然是家天下。父传子、子传孙式的权力交接,那么,段祺瑞和冯国璋忠心耿耿地出力一辈子,最终却没有任何机会坐上最高权力的宝座。

这,应该是段和冯反对袁世凯的根本原因。

天命攸归,安吉衣裳

但凡有掌控欲望的人都会自恋,都认为自己是九五之身。"迷于己者,增其过,败其事",这样,很容易在大是大非问题上犯迷糊。有的人"聪明一世,糊涂一时",便是这个原因。有的人在关键问题的把握上,触及自己最痒痒的私心,便会打错牌,出昏招。

经历了袁克定办假报纸、严修情真意切地劝告、徐世昌大哥重新隐退、段冯二人软抵抗、章太炎大闹总统府等一系列事件,袁世凯几乎动摇了自己的君宪理想。

他决定乞求上天,从中获得心理正能量,从而决定自己是否实行帝制。

于是,每天凌晨天还不亮,袁世凯就悄悄起身,带上心腹随从,到北海琼岛高处,即喇嘛寺的白塔之上,向上苍祈祷。为显示自己的虔诚,他从来都是步行前往。

袁克定看在眼里,急在心上。

袁世凯的一顿鞭子没抽老实他,他心里仍然做着皇太子梦,尤其是别人用唐朝李淳风和袁天罡《推背图》中的"始艰危,终克定"来夸奖自己的名字,他牢牢地认定这是天命之兆,自己一定要抓住这个机会。

虽说是知子莫若父,反过来,有时也成立,袁克定认为他是了解自己父亲的。父亲雄才大略,渴望做出一番事业,心底深处也是希望能够荣登九五。

正是基于这些考虑,袁克定又在悄悄地导演着针对老父的另一个"局"。

一天清晨,袁世凯正来北海祈祷,突然,在北海的丛林中窜起一道白光,一闪即逝。袁世凯大为惊讶,即令士兵去查看。

一会儿,卫兵回来报告:琼岛之南,冒出一处新土,看样子像是下面有什么东西。请示挖掘。

袁世凯同意了,便在塔前等待结果。

于是乎,历史上反复出现的老把戏、小把戏就出土了。

就像元末明初民工修黄河的时候,挖出石人来,上刻:"石人一只眼,挑动黄河天下反。"

这就是心理暗示,并以神圣的天命的名义进行暗示。

这种把戏,自古以来,屡试不爽。

卫士挖地丈余,在下面发现一块石碑,上面刻有数行字,石碑古朴,文字苍劲,却非隶非篆,袁世凯及一般人等念书不多,根本不认识。

于是,召来学问家刘师培。刘师培略一审视,便已认出,说这是唐代李淳风所刻。

这李淳风可是神人一般,他曾通过观察天象预测说唐朝三代之后,皇帝赢弱,有武姓女子取代李家,成为新皇帝,把李氏子孙杀戮殆尽,这是天命不可改的。后来果真有武则天临朝。

刘师培把这石碑上的字向袁世凯念道:

"龙战玄黄,坠统失纲。庶民不和,洪范宪章。天命攸归,安吉衣裳。新我华夏,山高水长。"

这主要意思是说,自清末皇权扫地,王纲解纽,人民不和,因此必须有伟人出来一统江山。

洪范宪章,便是袁世凯拟准备的洪宪王朝,更何况这里面的"洪范"二字源于《尚书》呢。

安吉衣裳,"吉"和"衣"合体之后,便成了一个"袁"字。

不过,"吉"和"衣"合体,总觉得"衣"的头部找不到放哪了。这个游戏做得很拙劣。

袁世凯大惊,这样的事,怎么几千年前便已知晓?"坠'统'失纲",这个"统",不就是"宣统"吗?庶民一句,指的是共和不成。洪宪二字,尤为明显。只是不知安吉一句如何解?

刘师培道：吉、衣二字，便是我朝之姓氏。此乃天命所归呀。

袁世凯大喜过望。

其实，老袁又上了儿子的大当了。这是袁克定伪造的仿古石碑，碑文由刘师培所撰，由琉璃厂技艺高超的老石匠所刻，并埋到袁世凯每天祈祷地点附近。然后派一心腹之人在此地等候，携带有镁质之化学物质，就像当年的照相机一般闪亮。

袁世凯又上了一次大当。

其实，袁世凯上袁克定的当，岂止一次两次呀。

早在 1914 年，袁家视茔守坟人就来禀报：祖袁保中坟侧，夜间不时有红光出现；祖茔附近还长出一株紫藤树，状似盘龙；还在祖坟附近发现了一块刻有"天命攸归"的石块。老袁当时心花怒放，让人好生保护。其实，这也是袁克定导演的好戏。

所以，袁世凯看到挖出的石碑，再联想到 1914 年袁家祖坟的旧事，心里坚定了不少。

其实，作为最高领导者的袁世凯是很可怜的。他所见的信息都是经过过滤和屏蔽的，他所见活动都是经过包装和化装的，他所听声音都是经过反复修改和排练的，就是没有一样是真的。

这一点，美国演员出身的总统里根曾说过句经典名言。

有人问他：总统先生，你是演员出身，怎么能当好总统？

里根意味深长地回答：我在想，如果不是演员出身，怎么能当好总统？

大家都在演戏嘛，总统自身也在演。要不然，怎么入局？

冯国璋在民国六年（1917）、袁世凯已经去世的时候，说过一段掌故：

据说真正促成袁世凯要做洪宪皇帝的，是袁身边端茶捶腿的小厮。原来袁世凯每日习惯午睡两小时，睡醒后必先喝茶，使用一只最心爱的玉制茶杯。有一天小厮端茶时突见袁所睡的床上躺着一只大癞蛤蟆，这一惊，失手便把玉杯跌落地上，四分五裂。幸好没有惊醒袁世凯，小厮吓得哭了起来，慌忙把地上扫净，便去找袁世凯的一位老家人请教。老家人见小厮吓得哭哭啼啼，便动了恻隐之心，乃教他如此这般。待袁世凯午觉睡醒，小厮换了一个茶杯奉茶，袁接过来大为疑惑，便问道："玉杯呢？"小厮战战兢兢地回答："求大人开恩，小的打碎了。"袁大怒："打碎了，这还了得。"小厮眼泪已流了出来，细声地说："小的端茶进来时，看见床上睡的不是大人。"袁厉声问："是什么？"小厮说："是一条五爪金龙横躺在床上，小的吓了一大跳，一不小心便把玉杯跌碎了。"袁的面色突然好转，声调也缓和下来说："胡说，不许在外边讲，让我听见打断你的狗腿。"袁说完便在抽屉里拿出十块洋钱给小厮："这个赏给你。"小厮接了赏钱，欢天喜地而去，一场天大的祸事便如此这般化为乌有。

由于这个幻觉，袁世凯便真的以为自己是九五之尊。其实袁并不是一个糊涂虫，他平素头脑很清楚，但为什么会相信这种鬼话，利令智昏呢？西方人有句谚语："大人物常在仆人面前露出马脚。"袁的老家人深懂官场中的一切，同时跟袁久了，摸透了袁的脾气和弱点，所以轻轻一指点，便让小厮化挨罚为受奖。（详见丁中江《北洋军阀史话》第一集，第4、5页）

谈点儿题外话

中国人自古以来对名字就非常重视，这大概是一种心理上的反复暗示：别人喊自己名字的时候、对自己暗示；自己写自己名字的时候、对自己暗示。于是，自己就被暗示成了名字中的人。

不妨我们来分析一下近代伟人孙中山的名字，在欣赏名字中感受一下中国博大精深的传统文化和民间文化。百度一下"孙中山"，开头显示的是这样的文字：

孙中山，本名孙文，幼名帝象，谱名德明，字载之，号日新，又号逸仙。

什么是"文"呢？"文"字，其义大矣哉呀，连百度都说不尽，慢慢归纳一下吧。

中国古代文化是仰观天文、俯察地理而得。

当"文"字用给帝王谱号的时候，那意义可真是大的不得了：

经纬天地曰文；道德博闻曰文；慈惠爱民曰文；愍民惠礼曰文；赐民爵位曰文；勤学好问曰文；博闻多见曰文；忠信接礼曰文；能定典礼曰文；经邦定誉曰文；敏而好学曰文；施而中礼曰文；修德来远曰文；刚柔相济曰文；修治班制曰文；德美才秀曰文；万邦为宪、帝德运广曰文；坚强不暴曰文；徽柔懿恭曰文；圣谟丕显曰文；化成天下曰文；纯穆不已曰文；克嗣徽音曰文；敬直慈惠曰文；与贤同升曰文；绍修圣绪曰文；声教四讫曰文。

周文王、汉文帝、晋文帝（司马昭）、隋文帝（杨坚）、清太宗皇太极称为文皇帝……

看看，孙文的"文"字，妙吧？奥妙无穷吧？

之所以把孙先生的"文"字给解读得这么妙，不是附会，实在是因为他的幼名"帝象"所引发。啥叫"帝象"？岂不就是"帝王气象"？而且是"幼名"，父母对孩子的期盼，是吧？

小孩儿都叫"帝象"，那人家老袁本来就已经当到国家一把手了，再想想九五之尊的大位，也未尝不可吧？

孙中山的"谱名德明"，族谱的名字中，是"德明"。这应该是从《大学》来的："大学之道，在明明德，在亲民，在止于至善。"

"字载之"，有点儿不明白，既然都"帝象"了，那就是"天"，然后还"载之"，天覆之，地载之，人育之。载之，本来是形容大地的。又有天，又有地，好有气魄的一堆名字。

"号日新"，这又翻到《大学》了："汤之盘铭曰：'苟日新，日日新，又日新。'康诰曰：'作新民。'诗曰：'周虽旧邦，其命维新。'是故君子无所不用其极。"

你还别说，《大学》中的这段话，还真像孙中山，从动态的角度来强调不断革新，加强思想革命。

"逸仙"，飘逸的神仙。

这些名字的组合，简直就勾画出孙中山先生的一生整体形象了。

姓名催眠术，好神奇吧？

其实，中国的这种心理暗示术，其根源在于中国古代具有本体论性质的哲学"天人合一"。我们经常笑话古代帝王和大臣,把地震看成是上天对统治者的警告和预警;某星星落下来了,便是某名人要去世了。

那么,民间又何尝不是呢? 有人做了坏事,刚巧打了雷,他心里就会害怕,是不是上天看见我做坏事了,要惩罚我呀?

在民间更为普遍的心理暗示,那就是数字。如买车牌号、手机号,以及开业看日子,这都是一种天人合一现象,认为这些是吉祥的寓意。

说了这半天,就是说,袁世凯要当皇帝之前,寻找一下心理暗示,没什么可笑的,每个人在决策面前,都会有自己的心理暗示,都会寻找自己的心理支持。

这些,虽属偶然,也无科学性,但是人们就坚信。这就是人性,这就是心理。

但是,当这些"信"走了极端,总会害了自己。

人最怕捧,捧则对自己有多大能力做出错误判断,不切实际。当一个人把自己的优点无限放大时,缺点也将无限放大。其结果便是:增其过,败其事。

袁世凯自从迷信自己会有"九五之尊"的龙运后,便对自己的"帝相"迹象十分痴迷,竟因此在生活中屡屡受骗。这就使得他运用错误的信息做决策,从而使自己的一世英明,毁于一旦。

纵览袁世凯一生,虽然年轻时公务员考试失败,但从当兵那天起,他就紧紧扼住了命运的咽喉,步步抢占先机,看他年轻而奋进的身影,忍不住会拍案叫好。短短的十几年,就跃升为国内外瞩目的政坛新星,能让合肥李鸿章老先生看中的年轻人,放眼望去又能有几人? 年轻的袁世凯,真是神一样的开头啊。

可是,自从他当上终身大总统,与一同打天下的弟兄们离心离德之日起,袁世凯的人生和事业就走了下坡路,就像下棋一样,一步错,步步错。有时合上书卷沉思:这还是袁世凯吗? 他年轻时的神勇哪里去了?

其实,不只是袁世凯,历史上诸多名人都如此,"时来天地皆同力,运去英雄不自由"。

难道，人之一生，真的有气运在支配？

或者说，人到了一定年龄，他的智商、情商和思维就停滞了？在新一轮的潮头面前，会被无情地拍在沙滩上？

真是无尽感慨、无限思量。

时机不对

按正常说来，袁世凯打散国民党、实行终身总统制的时候，不论是威望还是权力都达到了人生的鼎盛时期，那时如果称帝，才正是时候。

可是，袁世凯却是在签订"二十一条"之后，自己声望受损的时候开始琢磨帝制，这里面，是不是真的想集合国力、民力，卧薪尝胆，然后与列强和宿敌一决雌雄？

袁世凯不是"二五眼"，他不是傻到连战略时机都摸不准的人。

可是，他为什么在这个不恰当的时候逆风而上呢？

"道之所在，虽千万人逆之，吾往矣！"

这就是孟子所说的"自反而不缩，虽褐宽博，吾不惴焉？自反而缩，虽千万人，吾往矣"。

自我反省，如果自己理亏，哪怕面对手无寸铁的布衣百姓，我能不害怕得心惊肉跳吗？相反，如果自我反省之后能够理直气壮，无愧于良心道理，即使面前是千军万马，我也勇往直前，决不退缩！

这个固执的老袁头。别人的意见也就罢了，自己的结拜大哥徐世昌的劝告，仍然不听。

这里面可以有两个解释。一是权力鼎盛，心态变了，老子天下第一。

第二个解释，是坚持自己的理想——君主立宪。从民主共和中看到中国发展无望。

这第一个解释，你要说袁世凯是权力鼎盛，唯我独尊？表面上是这样，可细细一思量，也不像是。为什么这样说呢？因为袁世凯要抛弃民主共和、走君主立宪、自己当皇帝，这可是在"二十一条"签订之后——此时不应该是袁世凯权力昏头的时候！

　　而且,如果说权力鼎盛,应该是一言九鼎,别人都看他的脸色行事,可是,袁世凯做不到这一点。不管是有大功的,还是有小功的,反正袁世凯打天下这原班人马全在,而且袁世凯不得不平衡各方势力,大肆封官,他们都成了一方诸侯。明里暗里的,他们都可以与袁世凯讨价还价。

　　有句话叫"仆人眼里无英雄,部属眼里无伟人"。跟领导关系非常亲近的下属,对领导的缺点、弱点是非常了解的。在他们看来,领导并没有舆论宣传的那么神圣,他们一样会发脾气,一样执拗,一样说错话、做错事,一样打过败仗,一样说梦话,一样追女人,有时一样流泪。

　　对于这些人,如果不收拾得服服帖帖的话,他们的存在有损领导的光辉形象。所以许多领导掌权后,不是诛功臣,就是排挤功臣,让他们从心里惧怕自己,这样才不至于乱说话。领导让这些人干什么,他们就得乖乖地干什么,战友关系变成了君臣关系,所有的东西都得变。领导就是把他们流放了,他们还得一边磕头、一边谢恩远去。

　　只有这样,领导的位置才能坐得牢,领导的形象才能高大,领导的尊严才能保证。

　　可是,袁世凯想称帝的时候,这些不利条件全在,他没有用权力镇服这些骄兵悍将,还得小心地维护着部属的既得利益。

　　这些连普通人当领导都能想到的事,袁世凯能想不到吗?而袁世凯在这种不利的条件下,有资本、有条件放心地荣登"九五"吗?

　　更何况,作为国家最高领导人,已经宣誓效忠民国了,他想要否定自己的誓言,想自己打自己的脸,想改弦易辙,不是那么轻而易举的。自己心里如何转弯?如何向国民交代?法律政策会不会因此受损?这些,袁世凯都不可能不考虑。而且,这些也是非常痛苦的抉择。

　　这第二个解释,我们先不从"我们"的角度来看民主共和,而是从袁世凯的角度来看民主共和。

　　从袁世凯的角度来看,共和制实行以来,给中国带来了什么变化呢?

　　第一,司法乱成一团。从宋教仁案来说,国家发生大案时,中央法律不好使,地方舆论互相猜疑、指责,这对于任何一个领导人来说,都是不愿意看到的场面。

第二，不仅法律不起作用，而且，有枪有兵的省份，居然会起兵与中央对抗，这也是任何一个领导人不可能接受的局面。

第三，既然"民主"，那么，边疆省份独立，允不允许？外蒙古要脱离中国，允不允许？西藏要脱离中国，允不允许？不允许，叫"民主"吗？还是叫"专制"？如果允许，那么群起效仿，国家立即会四分五裂。在国家草创、各方未稳之际，国家最需要什么？民主来得是时候吗？

第四，日本向中国蛮横地提出不平等的"二十一条"，本应该同仇敌忾的时候，却有那么多势力想借日本势力与中国政府对抗，这种情况就是民主想要的吗？

这些，都不可能不刺激袁世凯怀念帝制时代，不可能不怀念中央集权。既然他最初未掌大权时就没看好民主，而是追求君主立宪，那么此时，眼见有了"民主"名称之下的民国却是乱成如此，他都不可能不怀念自己的理想——君主立宪。

这，大概就是老袁固执地、孤独地转向君宪制的内在原因。

老袁的事暂且放一放，把目光转到孙中山先生身上来。

就在袁世凯痛苦地抉择国家到底该走什么路的时候，他的老对手——流亡海外的孙中山，事业受挫战场失意，却情场得意，抱得美人归，娶得了比他小 27 岁、美若天仙、气质如兰、美国毕业的宋庆龄女士。

宋庆龄本是孙中山的老友、一向支持革命事业的宋嘉树（又名宋耀如）的二千金。在宋庆龄还是婴儿的时候，孙中山就与宋嘉树成了亲密朋友。孙中山还抱过小时候的宋庆龄，宋庆龄也管孙中山叫叔叔。

孙中山事业失意的时候，英文秘书、宋嘉树的大女儿宋霭龄要嫁给从事金融业的孔祥熙了。宋大小姐这时把刚刚从美国威斯里安女子学院毕业的二妹庆龄推荐过来。

据《一个诗人眼中的宋庆龄》一书说，没有一个人第一次见到宋庆龄不震惊的，因为她实在太美了。而没过多久，这位比宋庆龄大 27 岁、与父亲是好友的孙中山竟向情窦初开的庆龄求婚。

这个消息，对于宋家人来说，无异于十级地震。老宋死活不同意，他要为女儿的幸福着想。

可是女儿像着了魔似的,也来个非孙不嫁,家里不同意也不行,不用你同意了。她从上海偷跑到日本,直接来到孙中山身边。

宋庆龄要和孙中山结婚的消息公开后,有个日本友人吃了一惊说,不是说是姐姐吗,怎么变成妹妹了?

宋嘉树先生气愤地从上海追到东京,正逢孙、宋二人要成婚。无奈,暴怒的宋先生,"叭"的一声跪在地上说:"我的不懂规矩的女儿,就托付给你了,请千万多关照。"起身含泪离开。

宋庆龄在她到东京的第二天,即1915年10月25日,就正式和孙中山结了婚。

这一年,宋庆龄22岁,孙中山49岁。

桃之夭夭,灼灼其华。

刀光剑影之中补录一段情事,也为此文增加一抹色彩。

第十六章

戏中有戏

高山流水遇知音

袁世凯为了不让自己的大业受阻,严加防范了他所看重的人,可是,还是有一个人溜出了北京,老袁打了一辈子雁,最终却让毛头小雁给啄了。

蔡锷跑了!

黎元洪这样的九头鸟中的精英都被袁世凯看得牢牢的,黎菩萨变成了泥菩萨,三十多岁的蔡锷是怎么从老袁的眼皮子底下没影了呢?

说来颇为曲折,在刀光剑影的北洋男人世界中,风华正茂的蔡锷引出了一段人面桃花相映红的故事。

话说袁世凯怕蔡锷对自己形成威胁,在蔡被调进京城之后,没有像对待黎元洪那样软禁蔡锷,而是想将其收服到自己的帐下,于是开始百般试探。

从中国历史上看,一般来说,身陷敌对阵营之中的人,多数会采用装傻或干脆就装疯卖傻的方式来自保。

周文王姬昌,明明通过占卜算出纣王送给自己的包子,是用自己儿子伯邑考的肉做成的,但他照吃不误,使纣王放松了警惕;孙膑落入庞涓手中,装过疯吧?宋江装过吧?刘备在曹操营中与曹操煮酒论英雄,当曹操说当世英雄,唯使君与操,他连筷子都掉地上了;黎元洪被袁世凯弄到北京,一言不发吧?

蔡锷呢?好好的一个人,绝不会去吃污物以示自己傻吧?他采用了另一种傻的方式,把自己装成迂腐的知识分子,向老袁发出信息:我只会研究研究军事理论,而不会带兵打仗。

三十六计中说：宁伪作不知不为，不伪作假知妄为。静不露机，云雷屯也。

每当袁世凯与蔡锷谈论国事、兵事的时候，蔡锷都像是在打着根本不入流的太极拳，绵软拖沓，故作呆钝，并说自己年纪轻，阅历浅，除在云南昆明时读过曾国藩、胡林翼的文集，编了一本《曾胡治兵语录》外，其他的什么也不懂，因此只适合研究军事理论。

老袁故意问难，蔡锷却假作失词，答得文不对题。

孰料老袁的眼睛可不空，这招根本没骗过他。老袁私下里对左右说："松坡的用心，也觉太苦了。古人说得好，'大智若愚，大巧若拙'，他想照此行事，自作愚拙，别人或被他瞒过，难道我亦受他蒙蔽么？"

左右献计道："谁人不愿富贵，但教大总统给他宠荣，哪一个不知恩报恩哩。"

这句话说到了老袁的心里。老袁从起家到现在，一直是坚守这一原则的，屡试不爽。因此他对蔡锷格外优待，迭予重职，又是议员，又是将军，又是全国经界局督办等，满拟通过各项荣名，各种要任，笼络这湖南人杰。

可偏偏蔡锷不动声色，随来随受。你给我一官，我也不特别高兴；你夺我一职，我也不生气，弄得袁总统莫名其妙。

蔡松坡这人，到底是"尖"还是"傻"呀？

太史公曾犀利地指出，天下熙熙皆为利来，天下攘攘皆为利往。

在俗人看来，人这一生，所要追求的东西，无非就是名和利二字。

可是，老袁不明白的是，这些都不是蔡锷追求的，蔡锷真的是追求理想！用今天的话来说，他的心里有一个炽热的中国梦！

这里不妨从当代心理学角度分析一下"海归"蔡锷。

一般说来，海归的眼界都比较新，且会形成一种"世界的便是好的"观念。尤其是民国这个饱经战乱、国家屡受侵略的时期，许多人更是觉得西方的，便是先进的。你跟他谈那些官场旧俗，他会很不喜欢。

而对于蔡锷这样胸襟磊落、有理想有抱负的人来说，他更是接受不了袁世凯要抛弃共和的做法。因为从近代社会以来，"社会进化论"兴起并影响着许多人的思维方式,而且成为一种价值判断,那就是,共和制一定比君宪制"好"。特别是孙中山抢先竖起民主共和的大旗之后,不管是清朝皇权,还是英日君宪,在舆论和道德制高点上,都已经落了下风。这些基本上可以概括当时人的思维心理。

当筹安会进行得正热闹的时候,老袁又把蔡锷召入府中,不再遮遮掩掩,直奔主题,让蔡锷谈谈对自己大业的看法。

蔡锷没想到会这么直接,只得用最诚恳的语气来热捧。

蔡锷说,我啊,最初的意思的确是赞成共和,直到看见国民党人起兵,才终于明白,您是多么英明而有远见。现在既然总统有此志向,那是再好不过的了,我蔡锷举双手赞成。

老袁平常已经习惯了部下口中的拍马屁之言,但听蔡松坡这样的豪杰拍自己马屁,却是很高兴的。

老袁在高兴之余,仍然没放心,继续诘问道:你说的是真话吗?假如是真话,那么我和国民党人交火时,你为什么还想做调解人,替他们排解?

这一问,很是厉害,蔡锷只得答道:此一时,彼一时啊,那个时候,我偏居南方,离您太远,而长江一带多是国民党势力范围,我当时也是投鼠忌器,不得不如此,恳请大总统原谅。

离开总统之处,蔡锷惊出一身冷汗。虽说暂时遮掩过去了,可仍然知道总统对自己并未放心。而今不仅自己在京城,家眷也跟在一起,这要想脱身,可如何是好?

眼见得袁世凯频频出招,用钱砸了,授权笼络了,名誉也给了,蔡锷都没就范,那么接下来的招数,估计傻子也会看明白了,历代还有一招屡试不爽的妙计,美人计。

不过,发生在蔡锷身上的美人计,不是袁世凯使的,是蔡锷自己使的。这就使用得足够妙了。

面对袁世凯如此聪明之人,蔡锷眼见所用的示弱招式均未奏效,心下烦闷,便去八大胡同闲逛。想不到他在那里第一次就碰到了小凤仙。小凤仙识英雄、重英雄,两人心生爱意。蔡锷在这里不仅赢得美人心,还巧妙地逃出了袁世凯的手掌心。

1915 年夏天,三十多岁的蔡锷,在妓院结识了年方二八、色艺俱佳的小凤仙。

闭门推出窗前月

《民初史略》一书记载:"小凤仙,原名筱凤仙,浙江钱塘人……堕入妓籍。相貌乏过中姿,性情甚是孤傲,所过人一筹的本领则粗通翰墨,喜缀歌词……都中人士,或称她为侠妓。"此书说小凤仙相貌倒不是国色天香,只算中等偏上,性情却很孤傲,但文字功夫还算过硬。不过其他流传的文章及各种记述都说小凤仙才貌出众,要不然也不会成为八大胡同的红人。

《文史精华》2006 年第 3 期曾介绍说小凤仙原名朱筱凤,满族旗人,原籍浙江钱塘;父亲是没落的满族八旗武官,因母亲病故被托付一名保姆,后来她被送进戏班学戏。歌星、影星、超女、唱戏,在今天不知是多少女生的梦想,可在以前,统归到低贱的下九流行业。

也有一说,小凤仙是生于杭州邢姓没落的满族武官人家。

还有一说,像"有饮水处有金庸,有村镇处有高阳"之美誉的高阳先生倒是写了本小说《小凤仙》,里面说她是湖北黄陂人,这下子成了黎元洪老乡了。不过,看这丫头不露声色地耍弄老袁及其密探,倒有湖北人的精灵劲儿。

看来,除非像陈寅恪用十年光景为柳如是作传那样仔细考证一下,否则,小凤仙的家世也很难说得清楚。

不过,既然英雄都莫问出处,那侠女也莫问出处吧。

小凤仙十三四岁时,父母死去,被奶妈收留。辛亥革命动荡期间,奶妈也死了,她被姓曾的人家买去当丫环,起名叫小凤。一年之后,竟被曾家转卖给上海的清河坊妓院,沦落风尘。不久她又辗转来到北京,在八大胡同陕西巷云吉班当妓女,取名小凤仙,饱受人间苦楚。

但是,这个丫头,生就一双慧眼,前来的客人经她打量一下,她便大体能辨别此人的才华文墨有多少,与那伯乐相马的技能不相上下,京城之人多呼之为侠妓。小凤仙也是云吉班的"当家花旦",虽然"点击率"哇哇的,但绝不是谁想见就能见的,只有那些有头有脸还肯出大价钱的人才能见到。

蔡锷听说后,正在为自己瞒不过袁世凯而烦恼,心想何不就此继续以沉迷酒色来伪装自己?唐代名将郭子仪为了让皇帝放心,不就是天天养歌舞伎,在声色犬马之中伪装生活吗?那么自己又何尝不能这样做?打定主意之后,蔡锷遂作商人打扮,直奔云吉班。

黄金榜上,偶失龙头望。明代暂遗贤,如何向?未遂风云便,争不恣狂荡。何须论得丧?才子词人,自是白衣卿相。

烟花巷陌,依约丹青屏障。幸有意中人,堪寻访。且恁偎红翠,风流事,平生畅。青春都一饷。忍把浮名,换了浅斟低唱!

柳永的这首《鹤冲天》,像极了蔡锷此时的心境。

小凤仙出来相见,略一打量,便觉对面之人非同常人,当即询问:先生您做何职业?

蔡锷不敢据实相告,谎称是个商人。

小凤仙根本不信。奴坠入火坑些许年,见人无数,但似君风采,仅在今日才遇见。你绝非常人,何苦骗我?

蔡锷一向谨慎,生怕处处都是袁世凯下的套,仍然是顾左右而言他,就是不说实话。

小凤仙叹道,看先生的样子,外装欢态,内怀郁结,定有难事。我虽女流,只要不嫌我们下贱,倘蒙不弃,或能为君分忧。

蔡锷心下甚是感动,只是囿于初次见面,未可全托一片心,何况自己处于虎狼之地,稍有不慎,定会粉身碎骨。他此时只是心中好感暗生罢了。

"与君初相识,犹如故人归。"人的一生中会和很多人相遇,但只有那个人才是你等着一见如故的人,而此前你所经历的一切,不过是为与此人相见所做的铺垫。

二人在小凤仙的房中小饮。阁中摆设,很是清爽,绝非庸脂俗粉。另有一桌,摆满了卷轴,这些都是客人溜须夸奖时留下的字画。蔡锷顺手拿起一卷,问道:不知何诗何联最当卿意?

小凤仙说:这些都是泛泛的陈词,没一个喜欢的,君自不俗,可否不吝赐字?

蔡锷因为对小凤仙的好感很深,当即答应。铺开纸卷,略一思考,一挥而就:

不信美人终薄命,古来侠女出风尘。

短短十四个字,既道出了凤仙的辛酸,又暗中大大地夸了一把凤仙,"美人""侠女",且暗示未来的美好。

小凤仙喜不自胜,心下顿时温润如玉,柔软异常。知音也!

蔡锷遂即署了上款:凤仙女史粲正。正在沉吟下款自己的名怎么署的时候,凤仙道:你我虽贵贱悬殊,但上款既已署了贱名,下款您也须实署尊号,这样才显得真正的平等。大丈夫当光明磊落,只要不是朝廷钦犯,何必要隐姓埋名?如果怀疑我有歹心,我可对天发誓。

经此一激,蔡锷只好署名"松坡"。

小凤仙果然厉害,大眼睛转了一下,略一思考,便道:公莫非是蔡都督?

蔡锷一看,自己不敢用"蔡锷",用了"松坡"的名,都被认出,真不知是喜还是忧。

小凤仙见蔡锷不答话,便问先生何苦轻身自贱来到这种地方?

蔡锷仍然不敢吐露真言,便故意说反话:人生在世,不就当享乐吗?袁大总统要登基做皇帝,我们就更能荣华加身了。

小凤仙非常轻蔑地嗤之一笑,你命贵,可以攀龙附凤,我命贱,也不想什么意外荣光。我的闺阁之中,不配你这贵人立足。

直接下了逐客令。

好好的天,突然"晴转阴"。

小凤仙这一招,叫"闭门推出窗前月",看你如何应对。

蔡锷返回寓所,感叹不已。都说戏子无义,可像小凤仙这样的人,真是少见。

整个晚上,蔡锷都在回想着小凤仙的话,真是难得,真是难得。

这样的人,会是袁大头派的眼线吗?不像啊,眼睛是骗不了人的,她的眼睛,怎么也看不出是骗人的。

蔡锷思来想去,直到鸡叫三声,方才沉沉睡去。

投石冲开水底天

过了两天,蔡锷又到云吉班。

蔡锷明明看到,小凤仙的眼里闪出一道亮晶晶的光。如水?如玉?如月?如斯!

"风雨如晦,鸡鸣不已。既见君子,云胡不喜。"《诗经·郑风·风雨》中的这句诗,准确地表达出"看不见你时,心里都是晦暗的风雨","既然看见了你这坏人,怎能不喜悦在心"的情感。

不过,估摸着,此时小凤仙的心情,可能用紧随着《诗经·郑风·风雨》之后的《诗经·郑风·子衿》篇来形容,更为妥帖。

青青子衿,悠悠我心。纵我不往,子宁不嗣音?
青青子佩,悠悠我思。纵我不往,子宁不来?
挑兮达兮,在城阙兮。一日不见,如三月兮。

你那身着青衫的儒雅身影,早就融进了我心深处。我的心啊……即使我不去看你,你怎能不给我个音讯呢?你怎不赶紧来看我呢?

"挑兮达兮",看见了你,心情可真是轻松。你可知,一日不见,如隔三月啊?

《诗经》,有时不是靠读,而是靠心的倾听和触摸。只有那样,你才能真正体悟到先民的喜与忧、哀与乐、爱与恨、胸怀与气度。"诗三百,一言以蔽之,曰:思无邪。"到底是孔子对《诗经》感悟得深,表达得透。先民,真的是无邪、坦荡。他们爱得那么真诚,恨得那么自然,其态如一泓秋水,又如三春桃李,更是万古人间四月天。

真真如同聆听禅语,直指人心。

所以,感觉只有那"思无邪"的句子,才能表达出这样阳光、纯真、烂漫而又娇憨的女儿心。

小凤仙故作娇嗔,你不是去攀龙附凤、追求荣华吗?怎么又来我这里?

蔡锷笑道:攀附荣华,有的是人排队等着,还轮不到我。

小凤仙自然慧心慧眼又慧舌:并不是轮不到你,是你不屑于去做吧,你休想瞒我。

千般旖旎,万种风情,都汇聚在四目相遇的一刹那,又瞬间转往别处,眼角下垂,面色微红。一切尽在不言中。

有人总结说,大凡聪明的男女,初相遇的时候,总是免不了起斗心,其实无宁说是起"逗"心。如果不对对方产生兴趣,哪来的"斗"和"逗"呢?

因此,宁肯相信蔡锷和小凤仙两人第一次见面时的斗嘴,就是两个人产生兴趣之后的私下交锋。而今再相遇,二人便相视一笑,云开见日。心心相印,再无障碍。执手倾诉,不消细说。

天阶夜色凉如水,卧看牵牛织女星。

自此开始,二人之间便是"桐花万里路,连朝语不息"。

用才女安意如的话形容便是"他是她的劫",如穆桂英遇意中人杨宗保,如樊梨花遇意中人薛丁山,几番打斗之后,"兀自刚强,心底早缴了械,不堪一撩了。他的才,他的人,他与她之间的意趣不尽,都让彼此大生喜悦"。

而安意如形容张爱玲的另一段话,抄来形容小凤仙,也挺合适。毕竟,还是女人最了解女人的心:

她不曾爱过人，便如一颗菠萝，浑身长着尖刺。遇不到那把让她低头的刀，除不下坚硬盔甲，窥不见柔软芳香的内核。要知道女子一旦爱了人，爱里便自有千般委屈，万般柔软。叫人乱了方寸却又欢喜芳心，容不得自尊的反抗。她其实只是一颗外表坚硬的寂寞菠萝。

因此这便有了下一节：张爱玲把自己的玉照送给自己的"劫"的时候，在照片后面写下一行字，今天读的时候仍让人感叹不已："见了他，她变得很低很低，低到尘埃里，但她心里是欢喜的，从尘埃里开出花来。"

而以"爱书、爱酒、爱女人"著称的古龙大侠有一句妙语说得更有意思："女人有时就像核桃，你只要能击碎她外面的那层硬壳，就会发现她内心是多么的柔软脆弱。"

那么，小凤仙与蔡锷初相见便"闭门推出窗前月"，不想恰恰就是这一"推"，却推到了蔡锷的心里。缘之起，也恰从这一推开始。感情开始揉搓、发酵，只待你蔡锷如何收割与品尝了。

今夜，佳酿，为你开坛！

醇厚的酒香弥漫，醉了江山如画。

斟一杯，送与君前，愿君千年的心事化作秋的果实，甘甜芬芳。

……

这里不妨再婉转地举两例。

据说，当年秦少游娶苏小妹，小妹想考验一下新郎官儿的才气，在洞房内出联，如果少游答不出，晚上休想进屋。好"狠"的心！

苏小妹出了三副联，前两副秦少游都轻松过关，但第三副的上联"闭门推出窗前月"，把秦少游难住了。在窗外转啊转啊，心里像小猫抓似的，就是想不出来，就是进不了洞房。

大舅哥苏东坡在暗处看着真替妹夫着急，又不能作弊，那显得妹夫多无能啊。便用动作语言来引导，将一小块石子扔进了花园的水塘。看着水面上荡起的层层涟漪，秦少游到底是大才子，灵感顿生，"投石冲开水底天"。

"嘎"，门开了。顺利过关。

又据说,曾国藩夜游秦淮人家,看中了名妓少如,便写一联,要把"少如"二字嵌入。上联写道"能少住时且少住",谁知这女孩子非常调皮,戏弄了曾大人一把,下联自己写道:"要如何处便如何。"

还是中国古代这种暗蓄的铺陈感的方式来得巧妙,能让人充分联想,回味无穷。

蔡锷遇到了小凤仙,虽在他意料之外,却又在情理之中。

情理之中,意料之外,是戏;

情理之外,意料之中,是计。

蔡锷和小凤仙,即将在风花雪月之中施展戏中计,联手演绎一场"双剑合璧"的萍踪侠影故事。

将军拔剑南天起,我愿作长风绕战旗。

将军呵,我只能在这个战场配合你了!

大隐隐于花丛中

蔡锷终于抓住了在另一个舞台与老袁斗法的机会。于是,蔡锷开始演戏。

这场戏的男女主角就是蔡锷和小凤仙,配角是蔡锷夫人和母亲,这出戏,演得好极了。

这真是"假作真时真亦假,无为有处有还无"啊。

慢慢地欣赏这出戏吧。

自从与小凤仙相好之后,蔡锷来了个"春宵苦短日高起,从此松坡不早朝",一切公务都搁置起来,左右不得已,只得向总统汇报。

袁世凯道:如果松坡好这口,乐此不疲,我倒高枕无忧了。怕的是万一他是逢场作戏,醉翁之意不在酒呢。此人智勇深沉,不可轻视。

中国历史上记录下来的装疯卖傻骗人的故事太多了,弄得后人中想演戏的越来越难,看戏的越来越精。这就好像电视中天天上演的警匪片一样,简直就是不厌其烦地教犯罪分子如何规避警察!

于是,袁克定和杨度等人在老袁的授意下,开始明着试探、暗着摸底,从中观察蔡锷。

一次酒后,大家趁着酒劲,话越来越多。袁克定和杨度给蔡锷来了个单刀直入。杨度递给蔡锷一张纸,说:松坡,你既赞成君宪,就应该请愿,何不在请愿书上签上你的大名?

蔡锷接过一看,原来是请愿书,毫不犹豫地说:我已在总统面前请过愿了,签个字有何不可?

大笔一挥,签下了蔡锷的大名。

蔡锷又道:"锷是一介武夫,素性粗鲁,做到哪里,便是哪里,不似诸君子思深虑远,一方面歌功颂德,一方面忧谗畏讥,反被人家笑作女儿腔,有些扭扭捏捏呢。"

杨度道:"你何苦学那刘四,无故骂人,你既不喜这女儿腔,为何也眷恋着小凤仙呢?"

杨度当场点破蔡锷的隐私,许多人头一次听说蔡锷也取次花丛,都觉新鲜。

然而,杨度等人以及后世的读故事者一定想不到,这也正是蔡锷的高明之处。

如果蔡锷主动把小凤仙拉出来在众人面前显摆,肯定会有 N 多对蔡锷产生怀疑的人,会认为蔡锷是在用计。可是装作隐私、不敢见人,再由别人说破,更显得蔡锷心下仿佛真的迷恋了红粉佳人。

这样,就显得非常真实了。

蔡锷装作要赖,在男人群中半荤半素地嚷道:你们这是只许州官放火,不许百姓点灯。只能许得你们去猎艳,我就不能结识一朵花吗?

大家哄然大笑。纷纷叫着既要喝喜酒,又要罚蔡锷喝酒。一为祝贺,二是不该瞒着大家去暗度陈仓。

蔡锷满口答应。

回到云吉班后,蔡锷在小凤仙面前说了要宴请众人,请小凤仙露面之事。如果依着小凤仙的性子,她是断然不肯与这帮油头粉面俗不可耐的公子大佬相聚的,但既已成为蔡锷的知己,为了蔡锷的事业,又经蔡锷的好言相劝,只得答应宴请相聚。

于是,两天后,蔡锷就在云吉班宴请各位总统身边的红人。果不其然,这些人落座后,各自点了自己在八大胡同中的相好,花酒相伴,自是无限欢畅。

在官场上,如果没有美人相好,都不好意思在江湖上混。

酒过三巡,大家又开起了玩笑。梁财神梁士诒对蔡锷说道:"我等在此吃喜酒,恐蔡夫人又在寓所吃冷醋了,我却要请教松坡,如何调停?"杨度也在旁边跟着起哄。

摆开大戏台,还真有人配合。蔡锷等的就是要有人主动提出夫人的问题,这样才可在众人面前装作夫妻反目,为夫人脱离京城作好铺垫。

于是,蔡锷故作大男子主义的态度,说道:男人家在外做事,还处处怕着女人不成?她敢管我试试?

梁士诒笑道:我看你就是在外面装硬,回家听着河东狮吼,早吓得没主张,还得在床前下跪吧。

蔡锷索性以酒作掩护,脸红脖子粗地大嚷:你们看着,我才不会这样庸懦,她敢跟我闹,我就敢和她离婚。

大家忙把话题岔开,今天只谈高兴的事儿,喝酒喝酒。

于是行酒猜拳,直吃得杯盘狼藉。小凤仙连输几拳,被众人连说带灌,饮得两颊生红,盈盈春色。

不爱应酬的小凤仙,此时如同洛阳牡丹风范,"若教解语应倾国,任是无情也动人"。

蔡锷连着几天不回家,回到家后,又是酒气熏天,夫人劝他以身体为重,应酬时不要喝得太多。蔡锷故意生气,与夫人大吵。夫人气得低头垂泪。

袁克定和杨度暗暗观察了数日,也没瞧出什么破绽,尤其是蔡锷和小凤仙太亲昵了,喝酒之间也互相提醒、担心身体;眉目之间流露出来的情、流露出来的意,只有蓄满深情、深爱的人才会自然流露出来,这可不是能装出来的。看来,蔡锷真的是陷入花丛懒回顾了。

杨度等人把这些情况汇报给袁世凯之后,老袁仍然是将信将疑。

蔡锷既然做戏,就要做足全套的。

饮酒几天之后，便找梁财神商量，要弄点儿钱，并要按梁士诒家花园的样式，弄个金屋藏娇，来个家外有家、家外有花。而且，蔡锷还挺上心，别看不上班，却天天溜过来监工，看房子建得怎么样了。

一天，蔡锷又酒后回家，夫人忍耐不住，又多说了几句。蔡锷蹦起来高叫，你再这样，我就和你离婚。

夫人气得身体直哆嗦，我不过是劝了你几句，你就好坏话不分，还要离婚？

蔡锷回头，悄悄拉开门，四下瞧了瞧，一片寂静，也没有可疑人物，便紧闭房门，拉好窗帘。拉了夫人，在耳边私语了一刻钟。惹得夫人破涕为笑，粉拳抡起，砸他不停。

夫人方才明白，原来这一切，都是蔡锷做的戏，为了就是要让袁世凯看到夫妻二人因小凤仙而反目成仇，然后，让夫人装成泼妇大闹，借机离婚，并愤然离开京城这个是非之地。

夫人虽口中说着自己不会演戏，但为了夫君大业，自己也决定好好配合。

于是，蔡锷与夫人一起，继续把这场戏的情节推向一个小高潮。

"周瑜、黄盖和蒋干"

第二天早晨，蔡锷盥洗已毕，乘车上班，忙乎了一阵子，把主要公务简单交代完毕之后，直奔总统府，求见总统。侍官说总统昨晚办公到深夜，现在还没起来。蔡锷故作懊丧状，告诉侍官："我有要事面陈，倘总统起来，即烦禀报，请立传电话，召我到来。"然后就走了。

老袁起床后，听得禀报，就命人打电话到蔡的寓所。结果在这里值班加监视的卫士回报：不得了了，蔡将军与夫人殴打起来，将军连打带踹，夫人又撕又咬，家具都砸了，别人还插不进言。

戏台之上，周瑜、黄盖已然出场，苦肉计正式上演。

老袁，洗脸刷牙之后，赶紧来看戏哦！

正巧王揖唐、朱启钤进谒总统，袁世凯让二人前去蔡公馆查看情由。

二人来到蔡家，吓了一跳。只见蔡锷正在"握拳舒爪，切齿痛骂"，夫人"披发卧地，满面泪痕"。

蔡锷见二人进来，怒气未消，向二人说道：你们俩不要笑话，家里的丑事让你们撞见，我也不背着你们了。你说，名公巨卿哪个不是三妻四妾？八大胡同哪个名妓没被包养？我只不过忙里偷闲去了几趟云吉班，结果可倒好，这个泼妇一天到晚在耳边聒噪。平常我就忍了，可今天她居然还动手敲桌子砸镜子的，不光是家里的砸了，这个贱人还把凤仙住处给砸了，把别人家里弄得跟强盗打劫似的，实在可恶，我看她就是肉皮子发紧。

说罢撸胳膊卷袖子还要冲上前揍，被二人扯住。

松坡你也真是，女人的话能听则听，不听就装聋过去了，何必与她一般见识？何况一日夫妻百日恩呢。

这边拉住松坡，那边蔡夫人开始撒泼，向二人哭诉：枉我跟了他一二十年，平常倒也不错，可是自打迷上个小狐狸精，非要把我活活打死，好叫那狐狸精进家门来享福。这个没良心的，这日子没法过了……

二人又来劝蔡夫人：夫人，您也少说两句吧。

蔡夫人不依不饶：我已经被他痛打，身上全是伤痕，再这样下去，我不气死也得被他打死。他张口离婚，闭口离婚，他不要脸，我还要脸呢。打不起，我还躲不起吗？现在我就回湖南老家，省得碍眼。

言毕，号啕大哭。

王、朱二人仔细一看，可不是吗？蔡夫人面目青肿，且间有血痕。松坡你也太狠了，你是日本军校毕业的，一身武功全用到这儿了？

朱启钤边叹边劝：你们夫妻二人啊，暂时不便同居了，还是分开一段时间冷静冷静吧。松坡啊，你让她回乡下待些日子吧，或许更好些。结发夫妻，总要顾点情面，赡养费不能少了人家的。你是男人，要大度啊。

蔡锷说：我听大哥你的话，只是便宜了这婆娘。

蔡夫人在里屋继续演戏：我现在就要回家。

蔡锷继续斗嘴：回便回，谁怕你不成。

随即从包里掏出一叠钞票，"刷"地扔向里屋：滚，滚得越远越好，别让我再看见你。

王、朱二人赶紧把钱捡起送给蔡夫人，这边拉着蔡锷说，女人家出门，要收拾一番。总统找你议事，咱们赶紧别误了公事。

三人连拉带拽地离开了蔡家。

经此一番打闹，又经王、朱二人亲眼证实，袁不得不信蔡家失和。他批准蔡夫人带着老人孩子离开北京，回湖南生活。

蔡锷浑身一阵轻松。下一步自己出逃就再无后顾之忧了。

不过，为了假戏真做，骗过袁世凯，夫人可能真被自己出手打得挺重的，私下暗暗心疼。

料理完私事，王、朱、蔡三人在总统府商议公事，袁世凯主要是询问国民代表大会的进展。朱启钤说按日陆续接到各省通电，筹备选举投票已见端倪。袁世凯话里有话、用眼睛瞟着蔡锷说：省份近的容易些，就怕边远省份一时不好处理。

王揖唐明白总统之意，赶忙接过话头对蔡锷说：省份最远的，莫如云南。而云南是松坡的治下，且云南都督唐继尧是松坡的老部下，这件事如果松坡出面，一定能够圆满。

蔡锷满口答应，没有任何问题。自己亲自到电报局，发出八个字"帝制将成，速即筹备"，发给云南的唐继尧。

这八个字，既符合电报的字数要求，又模棱两可。你认为是筹兵讨伐、速作准备，也行；你认为是大力支持总统当皇帝也行。其实蔡锷与云南方面一直有人牵线联系，这封电报就是告诉唐继尧做好打仗准备。

事实上，蔡锷在京期间，借着云吉班，私下与反帝人士会过多次，与自己的老师梁启超也有碰面。虽然袁世凯的密探一直盯着蔡锷的举动，但是在八大胡同这个特殊场所，加上小凤仙的掩护，蔡锷到底还是与外界有着密切的联系，云南唐继尧那里，更是盼着蔡锷的归来，举起反帝的大旗。

蔡锷的目的，便是为四万万人争人格，自己的安危生死早已置之度外。

在袁世凯和袁克定等紧锣密鼓地筹备帝制期间，袁世凯派往上海的心腹大将郑汝成被刺身亡,老袁恨得牙根儿直痒痒,更是加紧了对各路"诸侯"的监视。

袁世凯毕竟不是小孩子,蔡锷的夫人离开京城,总是觉得心里不落底,他还是不相信蔡锷。恰好此时部下禀报,各省筹办政治会议的投票,唯独云南省没有回音。这是蔡锷的治下,会不会有什么不好的举动?

袁世凯决定听从部下建议,派人趁蔡锷不在家时,潜入蔡家,仔细查找是否有可疑电文和其他证据。

步军统领江朝宗在蔡锷的大戏中扮演蒋干角色,他和警察厅长吴炳湘不敢怠慢,选派干练而信得过的军警宪特,查准了蔡锷夜宿云吉班,化装成蒙面大盗的样子,进入蔡家,吓得仆役不敢乱动。一群蒙面人翻箱倒柜,折腾大半天,把怀疑可能有问题的文字资料带走,外加与蔡锷联系最频繁、最亲密的小凤仙的照片。

蔡锷如此心思缜密,家中怎么可能留下把柄?江朝宗等人搜走的,多数是情词艳语,外加小凤仙的私房照而已。蒋干盗书,能盗走真东西吗?不过是戏中有戏罢了。

蔡锷心知肚明是怎么回事,不过既然对方入了戏,自己就将戏就戏。只身来到总统府,请总统给个说法。既然这么不信任自己,要么就杀,要么就放他出京,不在这里受这个窝囊气。

这事儿自然用不着总统给说法,江朝宗等紧着上前说案子已破,是几个贼人潜入蔡府,幸好破案及时,现在原物归还。

有人还夸了一下照片中的小凤仙很是漂亮。

袁世凯给负责安全保卫的一干人等严厉警告,说下次蔡将军府要再出现如此不安全的事件,定拿他们是问。

顿开金锁走蛟龙

"春江水沉沉,上有双竹林,竹叶坏水色,郎亦坏人心。"

蔡锷与小凤仙,似乎更亲密了。

没有蔡夫人在身边,他们二人出入成双成对、双宿双飞,像是热恋中人。白日依山尽,小别胜新婚,有时明知道身后有尾巴跟着,可亲密动作也敢在大庭广众之下表示了。

蔡锷有喉疾,小凤仙不光是在酒场,而且在其他场合,都像夫人一样心疼起蔡将军来,也敢娇蛮地拦着大家不许让将军多喝酒。

好戏渐入佳境,袁世凯的密探日渐大意,二人感情日渐加深,却也到了二人不得不要忍痛离开之时。

关于蔡锷是如何离开京城的,现在有几种不同的说法。

一说是袁世凯主动放行的。说是蔡锷在北京这么长时间,袁世凯一直没查出什么破绽。而蔡锷有喉病是人所共知的,在北京的冬天更是难受。于是蔡锷向大总统请假去日本治病,大总统恩准。蔡锷这才离开京城,去了日本,然后再潜回云南。

不过这一说法有些不真实,袁世凯既然把蔡锷和黎元洪软禁京城,就不会这么轻易地将他们放走。

所以,蔡锷设计出逃的方式较为可信,并且民国史家蔡东藩等人认为是小凤仙帮助了蔡锷出逃。

20世纪80年代的电影《知音》中说,将要出逃之前,蔡锷和小凤仙柔情蜜意,执手相看泪眼,亦不免英雄气短、儿女情长一番。

蔡将军含泪:要是我不属于四万万人,就只能属于你。

小凤仙:你是四万万人的,也是我的。

小凤仙心中的蔡将军,正如乐府神弦曲《白石郎曲》有言:“积石如玉,列松如翠。郎艳独绝,世无其二。”

她愿意在这个战场发挥特殊作用,助将军逃离虎口。“将军拔剑南天起,我愿作长风绕战旗。”这句歌词写得太好了,确是如泣如诉。

然后,在黑夜的掩护下,小凤仙穿上将军的服饰,钻进蔡将军出行的马车中,一干宪兵自是紧紧跟随。而蔡锷却在宾馆里趁机潜逃。

蔡锷12月2日从京城跑到天津,在此乘日本的“山东丸”号轮船,转道日本,又兜了一大圈,经越南河内才直奔昆明。

人道是:三个女人一台戏,果然如此。蔡锷的红颜、夫人、母亲三个女人,演了一场大戏,把老袁紧绷绷的神经给放松了。老虎一放松,到口的兔子便撒腿跑出了视线之外，再也追不上了。

袁世凯让几个雏儿，外加一个老太太给骗了。懊恼之情就不用说了。看来，任何人都轻视不得啊。对对手的低估，就是自我毁灭的开始。

协助蔡锷出逃的另一当事人刘成禺在《洪宪纪事诗》说："当关油壁掩罗裙，女侠谁知小凤仙。缇骑九门搜索遍，美人挟走蔡将军。"

每当读北洋史读到这里的时候，眼前都会情不自禁地浮现《三国演义》中的一幅画面。

《三国演义》第二十一回，说的是刘备又装无能、又装笨，总算寻机逃脱了曹操掌控，带兵进驻徐州。很是佩服罗贯中先生的文笔，把这一场景形容得如临其境。

束兵秣马去匆匆，心念天言衣带中。撞破铁笼逃虎豹，顿开金锁走蛟龙。

虎豹、蛟龙喻指厉害人物，他们一旦有机会逃脱、发展，必将兴风作浪、大展宏图。

蔡锷逃出京城的时候，估计也是这种心情吧？

袁大总统毕竟是袁大总统，虽然发了雷霆之怒，把属下痛骂一顿，但到底没跟一位青楼女子一般见识。不管有没有为难小凤仙，他毕竟还是让她活下来了。

以身相许，以金相赠，以爱相随，不愧是侠妓。

"为君一日恩，误妾百年身"哪。

袁世凯继续派部下在日本、越南、云南蒙自以至昆明一线，布下天罗地网，准备刺杀蔡锷。虽说清初吴三桂也是在云南起兵，不过，到底也没成了气候。袁世凯相信，即使蔡锷再厉害，与自己的北洋军相比，那还是不能形成致命威胁的。其他的，不管了，加紧帝制的步伐。

不过，就在这一班人等鼓吹帝制的时候，与"太子"袁克定完全不同的是，袁世凯的另一个儿子袁克文，却给老袁结结实实地泼了一瓢冷水。

他写了几首诗讽劝其父莫要当皇帝，其中一首写得既有文采，又有哲理,读时让人叹为观止。这也是民国古体诗中的上乘之作,难怪有人称袁世凯像曹操、袁克定像曹丕的同时,赞叹说袁克文有曹植之才。

> 乍著吴棉强自胜,古台荒槛一凭陵。
> 波飞太液心无住,云起魔崖梦欲腾。
> 偶向远林闻怨笛,独临灵室转明灯。
> 剧怜高处多风雨,莫到琼楼最上层。

此诗流传有好几个版本,今取南怀瑾先生所记之版本。

首联大意是说,你刚把南方革命党人打败,事业有了那么一点意思,勉强说得过去的时候,你放眼望去,看看元明清三代经营的北京城,万里长城今犹在,不见当年秦始皇。那宫阙万间都做了土,争个什么劲儿呢?

颔联是说,一个清静的头脑中,突然贪心不足,歪念头一起,便如云腾雾暗,蒙了心智而不自知。

颈联的意思,是说你们一心当皇帝,哪知外面民怨沸腾啊。应该回到室内,转动灵明不昧的良知。清醒清醒吧。

尾联便是告诉父亲“高处多风雨”“高处不胜寒”啊。

袁大头看到这诗,脑袋嗡地大了一圈儿。比挨了一狼牙棒还嗡嗡作响、眼冒金星,大骂儿子混蛋。

袁克文的另一首诗,写得也很是耐读:

> 小院西风向晚晴,嚣嚣恩怨未分明。
> 南回孤雁掩寒月,东去骄风动九城。
> 驹隙去留争一瞬,蛩声吹梦欲三更。
> 山泉绕屋知深浅,微念沧波感不平。

他告诉父兄,人啊,要有自知之明,知深知浅,度才量力,如此行事方好。

只是,袁世凯和袁克定驾驶的马车正加速前行,已经收不住了。

第十七章　＼　巅峰谷底　＼

请注意，倒车……

民国四年(1915)的 12 月 11 日，北京参政院自称是国民大会的总代表，向袁恭上推戴书，文中用"我圣主"代替前此所称的"我大总统"。由参政院秘书厅起草，由秘书朗读，全体赞成通过，11 日上午 11 时半三呼万岁散会。

在这第一次推戴书中，这些文人极尽溜须拍马之能事。推戴书很长，这里摘录要点，奇文共欣赏。

"奏为国体已定，天命攸归，全国国民吁登大位，以定国基。"——又天命，又国民，听着还真像是天理人心！

"窃据京兆各直省，各特别行政区域，内外蒙古、西藏、青海、回部、满蒙、汉八旗，全国商会，驻华侨有勋劳于国家、硕学通儒各代表等，投票决定国体，全数主张君主立宪。"——各省区，全数主张，好厉害！

"业经代行立法院咨陈政府在案，各具推戴书，均据称国民公意恭戴今大总统袁公世凯为中华帝国皇帝。"——最后几个字才是重点！

随后，全文共用了 11 处"我圣主"来叙述袁世凯的"丰功伟绩"，强烈要求袁世凯来当皇帝，改国体为"君主立宪"。

"斯时清帝不得已而逊位，皇天景命，始集于我圣主，我圣主有而弗居也。南京仓卒草创政府，党徒用事，举非其人，民心皇皇，无所托命，我圣主至德所覆，迩安远怀，去暴归仁，若水之就下。"——这么大功劳，不当皇帝的话，民心不服啊！

"然共和国体，不适国情，上无以建保世滋在之宏规，下无以谋长治久安之乐利。盖惟民心有所舍也，则必有所取。有所去也，则必有所归。"——你还别说，这话还有那么点儿意思。休说当年共和政体不适国情，就是今天，直接把美国共和政体捏过来，也不适合。但政治或人心一旦形成了"势"能，再想扭转，已无可能。

胡兰成《今日何日兮》说，这便是"劫"：

中国史上的劫毁，一是太平久了，人口增殖过多了，天又来删减一番；二是怎样好的东西，日长岁久了亦会厌腻，要以革命来褫被一番，此时就会人心思乱，要有刀兵之劫了。中国是每逢有这样的事，有三个特征：一、人人有浩劫将至的预知；二、劫毁中站在天这边，而不站在被劫毁的人的一边；三、所为的不是生活的制度的问题，而是生活的情操的问题。

关于国朝更替，有太多的东西值得思考，不是某几句话所能形容得尽。但不管怎么说，去除附在上面的道德判断，用冷峻的历史眼光来看待，至少能让我们更清醒些。

当天下午，袁世凯把推戴书发还，并有咨文答复参政院。袁世凯开始"推辞不受"。

怎么理解这种现象呢？

一方面，这就像中国人送礼，受礼一方一定要装作不要的样子，送礼的一方一定要装作坚决送给的样子，这样双方才有面子。袁世凯只有这样推辞，才显得自己身份的尊贵，并显示出诏书中的意思：是国民推我当的，不是我个人的意思。

另一方面，袁世凯还有个抹不开面子的心结，因为他就任大总统时，自己宣过誓的，要发扬共和。领导人出尔反尔，走向反面，没法向人民交代。袁世凯已经背叛一次大清了，弄不好，这不成了背叛民国吗？

因此，袁世凯给自己打个圆场，在回复参政院的咨文中说：

民国初建，本大总统曾向参议院宣誓：愿竭能力发扬共和，今若帝制自为，则是背弃誓词，此于信义无可自解者也。本大总统于正式被举就职时,固尝掬诚宣言,此心但知救国救民,成败利钝不敢知,劳逸毁誉不敢计,是本大总统既以救国救民为重,固不惜牺牲一切以赴之。但自问功业,既未足言,而关于道德信义诸大端,又何可付之不顾?在爱我之国民代表,当亦不忍强我以所难也。尚望国民代表大会总代表等熟筹审慎,另行推戴,以固国基。

杨度和孙毓筠分别发言,说推戴大总统为大皇帝,既是全国民意一致赞同,那元首就不应该过于拂逆舆情。因此,应该由本院以总代表名义呈递第二次推戴书,仍推秘书厅起草,全体无异议。及退席休息,五分钟后,2600字的第二次推戴书完成。第二次会议由开会到公文发出只有15分钟,明眼人都知道这是早就准备好的一出戏。

在第二次推戴书中,不用"我圣主"了,干脆直接来个"我皇帝",这个称呼出现了23次。

什么叫"推戴"呢?历史上有吗?记录下来的禅让和推戴之事,都是真的吗?一切难道真的是那样如史诗一般的完美吗?

"五帝三皇神圣事,骗了无涯过客。"记得曹丕在三次"推辞"汉献帝的"禅让"、装模作样地登基后,抑制不住内心的激动之情,说了一句话:"舜、禹之事,朕知之矣!"——我今天算是知道尧舜禹禅让是怎么回事了!

不过话又说回来了,曹丕可能还是自作聪明了,因为传说中的三皇五帝时代,还没有进入阶级社会,当领导是最费力不讨好还没有实惠的事,卸下千斤重担交给别人,可能真正会体验到无官一身轻的感觉。这与后世"都愿做'公仆',不愿做'主人'"的心态是完全不一样的,薛宝钗小丫头说了:"幸于始者怠于终,缮其辞者嗜其利。"越是折腾得欢,越是贪图此中之利。无利不起早,没有利益,谁干哪?

袁世凯当皇帝,自然是有好处的。自己说了算,还能把帝位传给子孙,不用费力找工作了,多好。1915年12月12日,袁世凯接受了帝位的申令,在怀仁堂接受了文武百官的朝贺。

他同时发表简短演说,说自己当皇帝是"为救国救民计,牺牲子孙,亦不敢避"。

这就是人们常说的：得了便宜还卖乖。你说，谁不知道谁呀，还装啥呀？

这就好像梁山泊宋江不管擒了谁回来，都要"连忙起身，喝叫快解了绳索，亲自扶到上座，纳头便拜"，然后像复读机似的说着"倘蒙将军不弃山寨微贱，宋江情愿让位与将军"之类的话。这样的话，对一个人说，听着还算舒服，如果见一个说一次，那不是做戏是什么？

不过，话说回来，当我们跳开孰是孰非的价值判断，静心思索一番，单从事实来讲，国家的体制，是不是应该以是否适应国情为宜？为何非要先验地预设一个理念来套到自己脖子上，然后变来变去呢？

鞋子合不合适，只有脚知道。可惜的是，当时的中国，"一只脚"知道，"一只脚"不知道。

俄罗斯民族重新走入资本主义，难道非得用个价值判断的"好坏"来形容不成？就不能用事实判断的"合适与否"来形容吗？

袁世凯作为执政者，也不是非要以找挨骂为乐趣，他肯定有他没说出的原因和道理。

历史既然已经发生，还是慢慢地品读吧。

袁世凯登基之后，开始大肆封官。

12月15日，袁世凯封黎元洪为武义亲王，相当于皇帝时代的一字并肩王，充分肯定黎元洪为民国做出的贡献。

黎元洪的封王命令发布后，袁世凯派内史监阮忠枢等人前去传"旨"并道贺，以窥探黎菩萨的态度。阮忠枢在门口高呼"王爷"，并传达袁世凯的意思，打算封黎元洪为副元帅和辅国大将军。一向温顺寡言的老好人黎元洪忍无可忍，暴了粗口：阮忠枢，不要脸，滚出去。

12月18日，袁世凯申令对所有清室优待条件，永不变更。

12月20日，申令，以徐世昌、赵尔巽、李经羲、张謇为"嵩山四友"。他们四人不仅上殿可以不朝拜，还可以赐座，以示尊敬和荣宠。不过，这四友，包括结拜大哥徐世昌在内，都不赞成袁世凯称帝，对袁世凯的反应极为冷淡。

12月22日,申令:永禁太监,内廷改用女官。除了这招比较有意思,袁世凯还有一招挺好玩儿的,就是废除了三跪九叩礼节,大臣见他行三鞠躬礼。

12月31日,申令改明年为"洪宪"元年,元旦起总统府改名为新华宫,总统府收文处改为奏事处,总统府警卫总指挥处改为大内总指挥处。

这些不过是换汤不换药,就像赵丽蓉小品中,把胡萝卜称为"宫廷胡萝卜"那样简单而已。

这群"宫廷胡萝卜"们,开始像唱戏似的换上了新的服装开始表演了。

萝卜开会喽。

改元洪宪

这里再把袁世凯改元"洪宪"分析一下。

近人黄濬《花随人圣庵摭忆》,记述了有关"洪宪"年号的来历。其书云:

> 当时袁将改元,群下议年号,金思绾洪合武,于是有洪宪、宪武之拟称。盖利用思明复清之心理,故于尊袁通谱之谀词,亦乐闻之。

这个意思的就是:朱元璋推翻元朝,建立明朝,年号"洪武"。袁世凯及其追随者妄图利用"思明覆清之心理","绾洪合武",故改元"洪宪",八竿子够不着的东西,也能联系上,真是让这班吹鼓手们费尽心机了。

因此,这个"洪",就是明朝的"洪武"。"宪"呢,是为了有别于历史的王朝,因为表面上当时的政体是立宪君主制。

不过,"洪宪"二字,就这么简单地被打发了,总觉得意犹未尽,有些"单薄","理论性"不足,不像中国历代统治者那么"奉天承运"的"大气"来得理直气壮。不妨把"洪"字向前延伸,一不小心,寻到了《尚书》的《洪范》篇中。

《洪范》原是商周时期总结出来的统治经验。"洪"的意思是"大"，"范"的意思是"法"。"洪范"即国家的统治大法。相传周灭商后两年，箕子向周武王陈述"天地之大法"的记录，提出了帝王治理国家必须遵守的九种根本大法，即"洪范九畴"。它有自己的一套体系，其中以"皇极"篇为中心，倡导一种基于上帝意志的神权政治论，保障"天子作民父母，以为天下王"。

《汉书·五行志》曰："禹治洪水，赐《洛书》，法而陈之，《洪范》是也。"

王安石作《洪范传》以五行为"天所以命万物者也"。

所以说，这个"洪"字，还真像帝王的口吻。

只是，袁世凯不知道，他称帝之日，也正是他事业乃至生命彻底走向长河落日之时。事业前途未可料，命理玄机不可知。

让袁世凯更想不到的是，上帝已经为他开启了生命的倒计时。

这里不妨讲一则旧闻。

近代有个诗怪叫林庚白，也是命理学大家。在袁世凯称帝、冠盖满京华、一片弹冠相庆之时，林庚白给袁世凯算了一卦，笑对友辈预言："项城（袁世凯字）寿命将终"。朋友追问其故，再曰："项城命中，厥禄太多，禄可比之于食，肠胃有限，而所进过量，不能消化，积滞日久，必致胀死。"友辈均不信。林庚白特撰一文，准备在刊物上发表，被朋友拦住，不可自取其祸。林庚白答："既如此，此文留待他年作证，姑且藏诸行箧。"三个月后，袁世凯果死，所书项城死去年月日，丝毫不爽。这时，人们大惊，以神视之。

在今天流传下来的林庚白的《人鉴》中，我们见到了他给袁世凯批的八字："己未年，癸酉月，丁巳日，丁未时。"对于这个命相，林庚白解道：

夹供禄马，虚邀帝阙，余所见八字，惟清帝康熙而已。然康熙八字，甲午、戊辰、戊申、戊午，系夹拱贵禄，虚邀帝阙，且子为帝阙，在戊申旬内，不落空亡，故能保六十余年帝业。而项城则丑字旬空，故仅得八十三日称制。卯酉冲破巳酉会局之势，则全盘牵动，宜其亡也。

天道太远,自然无从可考,只是作为茶余饭后的谈资。

天听寂无音,苍苍何处寻? 非高亦非远,都只在人心。

不过,袁世凯虽然站在了风口浪尖上,却没能紧握住日月旋转。他也想再多活五百年,可是上天却不给他这个机会。

不要说蔡锷在云南拔剑而起,单说家里的事,就把袁世凯闹得是心力交瘁了。

据袁世凯的女儿袁静雪在回忆时说,家里的闹腾,一个是争"太子",一个是争"妃嫔"。

先说"立太子"问题。

袁世凯的长子袁克定心比天高,一直想接老父的班儿,但他曾在骑马时把腿摔伤了,落下残疾,左手当时也伤了,左手的手心没有厚皮,所以经常戴着白手套。袁世凯认为这个大儿子"六根不全",将来怎么能"君临万民"?

袁世凯心中暗自瞩意的,是二儿子和五儿子。老二聪明绝顶,老五为人敦厚。在做皇子服拍照的时候,五儿子上面的金花样式就与别的儿子不相同,可见老袁心中对五子是格外看重的。老二袁克文虽是名士,但也善于结交,经常外出办事,很得袁世凯的信任,所以,袁克文当太子的呼声也非常高。

袁克定作为唯一的嫡长子,岂能咽下这口气? 他竟然公开叫嚣:如果老爷子敢立老二为太子,我就把老二杀了。

弄得家里其他人胆战心惊。

虽然袁克文直接表示,我可不和你争。他自己游山玩水读书字画,一派悠然的样子,但是,皇太子之争还没结束。

因为老五是二姨太的长子,老五的服饰中金花样式与别人不同,自然会引人注意。如果老五立了太子,那么二姨太就是未来的"皇太后"。这样,最得宠的五姨太就不干了。她经常在袁世凯的耳边嘀咕,非要立自己的儿子、袁世凯的第六子为太子。

这个五姨太还挺有手段,既然是最得宠的姨太,那么家里的钱自然也是少不了,而下人又势利,于是,男仆女役都时不时地在袁世凯身边夸老六的好。见面就是"老六好啊","老六厉害呀"之类的祥林嫂式的车轱辘辘话,弄得袁世凯不胜其烦,恨不得自己没生耳朵才清静。

再来说袁家姨太太为争"妃"和"嫔"的名分而进行的闹剧。"正宫娘娘"的位置自然没人敢争,但是,这一帮子姨太太,可就乱套了。袁世凯曾经口头上答应过,大、二、三、五这四个姨太太都封为"妃",六、八、九三个姨太太都封为"嫔"(四姨太和七姨太此时已经不在了)。这样一来,这三个小的自然是心存不满。自己年轻貌美,还不如人老珠黄的黄脸婆,怎能咽下这口气。

就在元宵节晚上吃元宵的时候,大家又闹了起来。三个小的姨太中,六姨太首先嘀咕,如果不封"妃",自己就带着孩子回河南彰德。小八、小九也跟着闹。五姨太实在看不过眼了,嚷道:你们都封妃,爱管我叫什么就叫什么。

三个小的姨太仍然不停地嚷着。

好不容易抽出时间不办公、和家人共度元宵节的老袁头,饭也没法吃了。他把筷子一撂,脸一沉,吼道:你们别闹了,你们都要回彰德,等扶我的灵柩一起回。

转身出门,去办公室住了。

只是,谁能料到,袁世凯这句话,很快就应验了呢!

护国战争

八十年代的老电影《知音》,写蔡锷逃出京城之后,袁世凯一面派人沿途一路追杀,一面又在前面以逸待劳,在云南境内设下便衣、刺客,尤其是在云南蒙自车站,让扮成乡绅的刺客,作为民众代表,非要见共和伟人,让大家一赏风采。

蔡锷等人知道人群中必有刺客,于是,蔡将军手下的团长扮成蔡锷的模样,戴个大墨镜走了出来,当即便被刺倒。车上的人持枪还击,火车汽笛长鸣,终于冲出了包围圈。

不管影片的情节设计真实与否,但蔡锷从北京—天津—日本—河内—云南这一路,确实是凶险无比,困难重重。

不过,到了云南,尤其是接近昆明的时候,自己的老部下、云南都督唐继尧派了包括军队、警察在内的大批人马荷枪实弹做了周详的准备,终于没有让袁世凯手下的军政执法处的暗枪得手。

12 月 19 日,蔡锷安全抵达昆明。

蛟龙归海,即使是风平浪静,也要掀它个三尺波澜。

唐继尧虽然是云南人,但他在云南的影响,远不及老领导蔡锷。军界的蔡锷,比娱乐界的四大天王还有人气。所以蔡锷的到来,这群军人才真正有了主心骨、带头大哥。

而且唐继尧一直心存顾虑,北洋军兵强马壮,先挑大旗与之对抗,弄不好会遭到灭顶之灾。

理想主义者蔡锷,确实有湖南人"耐也耐得烦、干也干得蛮"的胆识和气魄,他主张:我们以一隅抗全局,明知不能取胜,但我们所争的是四万万同胞的人格,我们与其屈膝而生,毋宁断头而死。

就在此时,秘书送来一封密电,说是南京宣武上将军冯国璋拍来的电报,说了许多袁世凯的不是。

大家一听,什么?冯国璋?这可新鲜,太阳从西边出来了吧?

其实,这封信不是冯国璋打来的,冯国璋根本就不知道。

袁世凯决定恢复君主立宪制后,冯国璋消极抵抗,不上班、不办公,结果许多事都由秘书长处理。而这个叫胡嗣瑗的秘书长是清末翰林,不喜欢袁世凯,而是主张清帝复位。他私自拍电报就是想把反袁势力给忽悠起来。

只是,胡秘书长不知道的是,他无意中的一封电报,让云南将士立即群情激昂。大家一看,原来北洋系内部也这么脆弱啊,连袁世凯的心腹大将冯国璋都这个态度,那我们还怕啥?

12 月 22 日晚上十点,云南文武歃血为盟,兴师起兵。

23 日,云南方面发表了著名的漾电,限袁世凯 24 小时之内给予答复。这个电文共两通,一通是由开武将军督理云南军务唐继尧和云南巡按使任可澄署名;一通是由蔡锷和戴戡署名。

电文内容，先是批评袁世凯不该背弃自己当总统时的诺言，然后把袁世凯身边的六君子、十三太保之类的痛骂一顿，希望袁世凯为国家计，把小人杀了，我们会继续拥护你为国家元首，否则，别怪我们翻脸。

云南方面，挺会做政治工作，他们一面给袁世凯发出通电，一面又于12月25日对各省大员通电，说明袁世凯是如何背叛民国，我们应该一起举旗反抗，等等。他们同时宣布云南独立，誓死捍卫民国。

云南独立后，随即成立军政府，大家决定仿效辛亥革命时武昌军政府形式，推举一位都督，再推举一位总司令。唐继尧和蔡锷互相推辞，聪明的蔡锷，估计是抱定了"强宾不压主"的原则，仍由唐继尧任都督，蔡锷任司令。都督是镇守后方，司令是冲锋陷阵杀敌的。

为什么，因为物资补给和人员补给，都要仰仗云南，如果因为权力问题让唐继尧这个土生土长的云南人不高兴了，那这支军队顷刻间就会完蛋。

唐继尧深知老领导的用心，甚是感动。都督和司令坐在一桌主持大计时，他是侧着身子坐，不与蔡锷比肩，表示对蔡锷的无限敬意。

按商定的计划，蔡锷领第一军攻四川，李烈钧率第二军取两广，唐继尧统第三军留守云南。

第一军下辖四个梯团，由梯团长率领。梯团下面设支队，朱德任第六支队长。

一个梯团约合一个旅，一个支队相当于一个团。

誓师之后，云南精锐倾巢而出，轰轰烈烈地拉开了要与北洋军决战的架势。

袁世凯压根儿就没把云南放在眼里。国民党当初几个省一起反抗，又能如何？

其实，也不怪老袁轻蔑云南的力量，滇军确实不如传说中的那么兵强马壮。我们的教科书有时过于夸大正义的力量了。

老袁当上总统以来，他的脑袋可不空，哪里强、哪里弱，他很清楚。不管强弱，都要尽力削减你的力量。

民国三年（1914），老袁拨给云南的军费是32万元。

民国四年(1915)，老袁拨给云南的军费是 24 万元。打了个七五折。

由于军费有限，军人也养不多，所以当时云南的现役兵只有陆军两个师，一个混成旅，一队宪兵，十余个步兵连，一个独立步兵营和 93 个警卫队。

蔡锷跑回云南就起兵，这就得赶紧补充兵源，训练军队，借钱，买军火……一大摊子事呢。为了筹款，云南方面把云南这里中学以上的学校暂时都停办了，把这些经费全部移做军费。他们还劝导乡绅捐款，军情紧急，哪来的劝导啊，也下了强制捐款的命令。同时向各个机关提借款项，还让国民党人给华侨写信，请求捐饷以助起义。

真是难啊。

其实，护国战争能够打赢，不是滇军比北洋军强，而是北洋军内部离心离德。

我们研究历史，千万不要为了美化某些人或某段历史，把空想出来的历史经验，把倒着看历史而提炼出来的历史经验拿出来当作历史事实，那些根本不是历史真实，只会让人越来越糊涂。

袁世凯的头又大了

云南独立的消息传到北京，袁世凯怒不可遏。

他虽然不把这支军队放在眼里，它与他的北洋军比起来，相差太远，但最让他生气的是这么多人背叛他，要他。

老袁一生的信条同曹操坚守的一样：宁教我负天下人，休教天下人负我。

12 月 29 日，袁世凯下令免去唐继尧、蔡锷等人的官职，并派第一师师长张子贞、第二师师长刘祖武代表巡按使，令他们就近押解蔡锷、唐继尧等人，来京问罪。

袁世凯对蔡锷可真是恨之入骨了。

蔡锷当初留学日本时，四处借不到钱，老袁看其是个人才，曾慷慨资助过一千大洋；把蔡锷调到北京，给的官职让梁士诒等人都眼红。可蔡锷还是跑了，"背叛"了自己。他蔡锷起兵了，还发电文来责问羞辱自己。是可忍，孰不可忍。

老虎不发威，你当我是病猫吗？

政事堂通令各部署，凡与蔡锷有关的人一律撤职；在各省中和蔡锷有关联的人，也都撤职；各省机关的云南籍职员以及蔡锷的旧属都受到牵连。

袁世凯接着下令，查抄蔡锷湖南原籍的财产。可是他不知道，蔡锷不贪财，家里还是穷样子，根本没财产。想找蔡锷的夫人，夫人和老太太早就躲猫猫了。

蔡夫人既然费尽千辛万苦逃出京城，还能老老实实地蹲在湖南老家等着袁世凯来捉吗？

找啥也没找到，把老袁给气的，满世界找不到对手撒气。

袁世凯又想到了他的另一手——软的策略。

他先是找到李经羲——蔡锷的恩人和老上司，请他出面去说服蔡锷回心转意。这当然是说不动的了。

这还不算，他还找来了自己耍弄过的湖南人熊希龄去当说客。熊希龄恨老袁还恨不过来呢，怎么可能帮袁？当熊希龄到北京下车时，记者问他对于当前国体的意见，老熊摸着脑袋说："我来京之前还真没听说，在路上看见筹安会的宣言才知道这么回事。问我的意见么，我没意见。"记者又问熊希龄对于新宪法的态度，熊希龄说，我又不是律师，我没意见。

袁世凯派熊希龄南下，熊希龄坐上火车，一去不返。

袁世凯又派云南人朱家宝、丁槐等为云南宣慰使，要他们去"诱惑云南军官解甲来归，一律免予治罪"。

这些招数，已经没有任何意义了。

不过，老袁使了另一招，把蔡锷和唐继尧吓了一跳，老袁打起了贵州的主意。

这可不行，贵州是云南的软肋，一定要加紧争取贵州，绝不能让贵州成了老袁的地盘。

1916 年 1 月 2 日，蔡锷派戴戡去贵阳、派王伯群去贵州兴义，此二人都是贵州人，又是蔡锷的得力干将，还在贵州有一定影响，这对护国军非常有利。

贵州护军使刘显世，是袁世凯调蔡锷进京时派来的，他本来就和蔡锷走得近，而与老袁不是一条心。但其他省都设将军，唯独贵州和福建，设的是护军使，可见袁世凯对这两个地方都不给大权。但刘显世是个胆小持重之人，不敢轻易地投向蔡锷，怕遭到北洋军毁灭性打击。

到这个时候，老袁着急了，派人联络刘显世。为了讨好刘，袁世凯派刘的兄弟刘显潜署理贵州巡按使，把自己并不中意的巡按使龙建章调往别处。

但是，此时贵州的民众情结，已经倾向蔡锷了。尤其是蔡锷派到贵州活动的另一个人王伯群，其弟王文华是黔军的一个团长，贵州本来兵就少，团长是个大官儿，经他一活动，士兵和民众都倾向于云南护国军。

1 月 18 日，贵阳举行了全省人民代表大会，与会代表力促刘显世宣布独立，但刘还在犹豫。不过他也明白，目前状况，属下和民众许多人都态度明朗了，自己也不能和大家背道而驰。

老实人刘显世也开始动心眼儿了。他给袁世凯发电，说贵州军力弱，赶紧接济军饷粮草过来啊。

老袁真是急昏头了，说给就给。

就在刘显世不表态投靠哪一方的时候，1 月 24 日，戴戡率领滇军一个营已经抵达贵阳了，要动真格的了。正好，1 月 26 日，袁世凯的 30 万军饷汇到了。

1 月 27 日，贵州宣布独立。

贵州的起义，稳定了云南的外围，一招扭转，全线主动。

2 月 2 日，戴戡率领黔军六个团、实际还不到八个营的兵力，从贵阳出发，向四川进军。

2 月 8 日，袁政府下令查办刘显世，派黔军的团长唐尔锟继任贵州护军使。只是，这个乱局之中，这个命令连废纸都不如了。

13 日行抵松坎，14 日向北洋军正式发起攻击。

人要倒霉的时候,喝凉水都塞牙,这话一点儿不假。老袁就处在了这个当口。

先是蔡锷和小凤仙这一对神雕侠侣联手干败了胳膊粗力量大的"金轮法王"袁世凯。继而,蔡锷的小师弟唐继尧一面通电拥立袁世凯,一面悄悄厉兵秣马。派熊希龄去当说客,老熊坐上火车就再也不理他了。想拉拢刘显世,刘显世得着军火就反戈了。

不过,袁世凯被"耍"的命运,这才刚刚开始,后面大家慢慢欣赏,哪个人都耍了他一把。他可真算是"龙游浅滩"了。

清初吴三桂起兵的时候,就是云南、贵州和广东这三省。此次,居然又是这三省。只不过,清初那次没成功,而民初这次成功了。

激战四川

当年李白同志刚到四川旅游时便惊呼,"噫吁嚱,危乎高哉!蜀道之难,难于上青天"。

巴山蜀水,地势险要,进可攻,退可守,自古以来便是兵家必争之地。三国时期诸葛亮便是在这里徐图中原,经常出兵陕西、甘肃。

袁世凯更是知道四川地理位置的重要性,早就派心腹爱将陈宧镇守在那里。

唐德刚认为,四川这里易守难攻,袁世凯对付蔡锷,应该是不成任何问题的:"袁军毋须作战,只要据险防守数月,蔡军里无粮饷,外无救兵,饿也饿死了,会不战自溃也。"(唐德刚:《袁氏当国》,第204页)

蔡锷作为那个时代出类拔萃的军事家,焉能不知这里的重要?他率领护国军兵锋所指的第一站,便是四川。因此这里成为护国军与北洋军作战的主战场。

按照预定计划,蔡锷亲率第一军的赵又新、顾品珍两个梯团,出永定、取泸州,为中路主军。另两个梯团分任左、右翼助攻。

1916年1月,蔡锷率军入川,开始了一场艰苦卓绝的战斗。说它艰苦卓绝,有三方面原因:一是蔡锷的第一军全部加起来也不足一万人(六个队,号称九千,但历史学者考证,总数绝超不过六千),而袁世凯派往四川的各路军马达到了十万;二是这支军队的粮饷补给根本无法与北洋军相比;三是这支军队的总司令蔡锷是带病之身,用今天的病理分析,应该是喉癌。

朱德是那场战争的亲历者,他回忆当时看到蔡锷的情景说:"我大吃一惊,说不出话来,他瘦得像鬼,两颊下陷,整个脸上只有两眼还闪闪发光。"

可是,就是这么一支军队,就是这么一个统帅,在川战初期,居然把北洋军打得落花流水,在艰苦卓绝的条件下取得了奇迹般的胜利。

但是,两军进入相持对峙阶段后,战线长达200里,护国军兵力不足、粮饷不足的弱点暴露无遗。先前占领的阵地,根本无力固守。取了泸州,又被迫退出,因为整个第一军,炮弹只剩下200发。

蔡锷向云南紧急告援,急电云南唐继尧师弟,请速接济3000颗炮弹,每支枪加发300颗子弹,以应前线急需。可是,云南方面却根本没有足够的军火接济。

仗打到这个程度,护国军再怎么威猛,也像单雄信独闯唐营一样,人困马乏,后援无望,体力透支。而北洋军对蔡锷的护国军展开了车轮大战,蔡锷给唐继尧的电报中说:"敌能更番休息,我则夜以继日,敌能源源增加,我则后顾难继。"

占领纳溪的护国军也是这个情形,即使开始占领了,却根本无力固守。开始时把北洋方面的冯玉祥旅打得四处跑,可相持阶段却无力对抗,只得退出纳溪,让本来已经战败的北洋将领冯玉祥白捡了一座城。

老袁一听,高兴啊。怎么样?我就说嘛,你们滇军,也就是小牛犊拉车——没后劲儿。

为鼓舞全军士气,3月7日,袁世凯破格封冯玉祥为三等男爵,张敬尧得授勋三位加陆军上将衔,其他前线旅长授陆军中将。

这一时期,应该是护国军最艰难、最暗淡的时期。四川主战场如此,其他战场也不乐观。

护国军的右翼退出了重庆綦江,袁世凯派在四川的杨起元又偷渡金沙江,直逼护国军腹内。湖南方面,袁军周文炳师也攻占了麻阳。

袁世凯不停地派人来前线慰问,又是牛肉、猪肉、罐头,又是古玩、字画、勋章,又是根据不同的功劳加赏数目不等的银元,忙得不亦乐乎。

北洋军光忙着要老袁的赏钱和官位了,没有去追撤退的护国军。过了不到十天,护国军养了养精神,等到了云南的接济,重新杀了回来。纳溪、綦江等地相继被护国军收复。

双方又开始了拉锯战。

因此,聪明的袁世凯在战略上犯了一个大错误。他忘了五年前清朝即将灭亡时候的事了。

不管是一个国家,还是一个领头人,他能震慑群雄,靠的是绝对实力。而当有人要来挑战这个绝对权威的时候,唯一的办法,就是在最短时间内,用一切可能用的方法手段,把这个挑战者打下去,让那些心怀不轨、蠢蠢欲动的人不敢起事。

这就是狮子搏兔、君临天下。

如果你不能有效地震住这个挑战者,那你的威信将受到极大影响,你的能力将受直接怀疑,你的地位将遭到毁灭性的颠覆。

清朝江山的瞬间垮台,便是武昌起义时,清廷没能及时镇住局面,反而让其他各省如多米诺骨牌般地独立起来,就再也无法收拾残局了。

袁世凯本应精熟此道。像他对付国民党二次革命时,战场连连得手,先后只一个月时间,便摧枯拉朽般的重新确立了自己的绝对权威。可是边陲云南,袁世凯的重兵集团不仅没有在最短时间内取得压倒性胜利,还让护国军重整旗鼓反扑了回来。

那么,别的省中,那些早就对袁世凯不满或想自立门户的人,放眼一瞧,哟,传说中的北洋军也不过如此嘛。驻在四川的北洋军加上地方实力派,各路人马达十万,不仅打不过云南,还让人家追得满山跑。

难道,袁世凯气数已尽?

中国人是非常相信这个"气数"的,相信有的人在强横的时候,鬼神都会避之;相信有的人在软弱的时候,一阵风吹过来也会致命。

中国人还有一个心理,就是都想当老大,都想当"掌门人",都想自己说了算。不仅官员如此，民间的各行各业无不如此。比如，中国的武术，流派极多，不要说南北少林这样的大派分枝多，就是一个太极拳，现在就不知有多少家了，陈氏、杨氏、吴氏、武氏等等；其他的如书法、绘画的派别，易经、术数、命相法等派别，就更是层出不穷。

当官的得着机会便想"天高皇帝远"，便想自己说了算，中国的统治者自古以来便怕藩镇割据，怕统兵大将拥兵自重，也是如此。只有领导者凶巴巴的才能镇得住各路豪侠。领导如果不能有效显示自己的权威，权威一旦被挑战，立即便会群起效之，那时多米诺骨牌效应便会发生了。

声名赫赫的北洋军，没能在最短时间内镇住滇军，其要命的结果，便是北洋军在其他各省面前，威信立刻扫地。

清末各省相继独立的连锁反应，马上就要应验在袁世凯身上了。

这次，是蔡锷用手指头点倒了第一张骨牌。

天道好还，报应不爽。

争取陆荣廷

两广和云、贵，本来就不是北洋军势力所能达到的范围。云南独立之后，贵州也独立了，四川是护国军与北洋军交战的主战场，此时，另一个与云南相邻的省份广西的地位就显得格外重要，广西陆荣廷也就成了袁世凯和蔡锷都想争取的对象。

陆荣廷(1859—1928)，字干卿，原名亚宋，广西武鸣县人。和其他北洋豪侠一样，他也是苦孩子出身，幼年孤贫，无所依靠，到处流浪。后来，在水上摆渡，得撑渡工谭泰源(其子谭浩明后为广西督军)之助，谭泰源还把女儿许配给陆。不久，陆荣廷又纠集一帮青年人专门在中越边界活动，抢劫法国人的枪支和财物，成为三点会的首领和私盐贩。但他为人很是仗义，打家劫舍、强男霸女的事不干，时人称为"义盗"。

陆荣廷此人的军事才能非常出色。中法战争爆发后，他带领自己的弟兄们投奔唐景崧的景字军，经常神出鬼没，奇袭法军，作战勇敢，法军闻之丧胆。后来，两广总督岑春煊把陆荣廷招至门下，就像张作霖那样，陆荣廷被朝廷招安,镇压绿林,从此吃了皇粮。

宣统三年六月,陆荣廷被提升为广西提督,拥兵数十营,成为广西最大的实力派。

袁世凯当上总统后,虽然封了陆荣廷的官,但是,老袁忌惮老陆在南方的雄厚实力,处处对其加以控制和监视。

陆荣廷因为是岑春煊提拔起来的,老岑当年就是袁世凯的政敌,在八国联军进北京时,岑春煊因为巴结慈禧而飞黄腾达,后来在清末政争中被袁世凯打败,从此二人结下了一辈子的仇。

老袁一看,小陆同志居然是老岑的人,实力还这么强,这怎么能行?

就在这时,广东将军龙济光大刀阔斧地压迫国民党,很得老袁的喜爱,便被袁列为袁党中人,而把陆荣廷则被列为防范和监视的对象。

因此,老袁在任命官职时,就暗中做了手脚。

老袁任命龙济光为振武"上将军",却任命龙济光的亲戚、广西都督陆荣廷为宁武"将军",这就低了一等。

陆荣廷对此大为不满,老袁一看,这小子起二心了,还得笼络一下。于是,授陆荣廷为耀武"上将军",但是,老袁继续厚此薄彼,封龙济光为"一等公爵",不久又封为"郡王"。而陆荣廷只得了个"侯爵"。

正因为老袁的偏心,授给陆荣廷的官职不仅没起到笼络作用,却起了反作用。

人啊,就怕攀比。人的幸福感和成就感,不在于自己怎么样,而在于与别人相比时怎么样。陆荣廷始终位列龙济光之下,他的不满情绪当然与日俱增。

陆荣廷在晋封侯爵的时候,老袁却暗中不许属员向他道贺,同时又加派王祖同为广西巡按使,会办广西军务。派一个人前来分军权,这老陆能干吗?

王祖同于民国四年9月到广西上任时,陆的态度是既不拒绝,又不接待,且向袁请假以示反抗,同时把留在北京的儿子陆裕勋召回。这明摆着就是要与老袁决裂了。

陆裕勋本在北京总统府任武官,他在北京的角色,像极了吴三桂的儿子吴应熊,一方面是人质,一方面也为父亲收集京城的消息。接到父亲的消息,即刻请假回广西探视父亲的"疾病"。可是,当他到了汉口,竟不明不白地暴毙身亡。

时人认为,这一定是袁世凯干的。可袁世凯当成没事儿人一样,派人表示痛惜哀悼。老陆明知是怎么回事,却也不露声色。因为,在摸不清北洋军底细之前,陆荣廷尚不敢轻举妄动。不过,在各路探子反馈回来的消息后,陆荣廷胆子便逐渐大了起来。尤其是袁世凯的左膀右臂段祺瑞和冯国璋与袁世凯不和——段祺瑞在北京装病,冯国璋坐在南京拒不北上任职,更让陆荣廷喜出望外。

蔡锷在云南起兵后,袁世凯本有借道越南—云南铁路运兵的打算,但法国人拒绝借道。因此,袁世凯极希望派北洋军借道广西进攻云南东部地区。

陆荣廷一听,就知袁世凯北洋军没安好心,这是假途灭虢之计,你的北洋军一进入广西,广西就再也不是我陆荣廷的地盘了。老陆于是发动民众和乡绅极力反对,袁世凯不敢过分强逼,怕真把老陆逼急了,投到护国军阵营就麻烦了。

老袁仍然不甘心,广西是云南的软肋,他许陆荣廷以重爵重利,劝其率广西子弟兵攻打云南,陆荣廷说,我们广西人穷志短,地少山多,缺饷少械,动不了兵。

袁世凯还是不甘心,广西这个地理位置,相对于云南来说,太重要了。如果从这里出兵云南,护国军指日可灭。

一计不成,再生一计。袁世凯计划派陆荣廷的亲家龙觐光(广东将军龙济光的哥哥)率军假道广西进攻云南。袁世凯认为,龙氏兄弟都是云南人,又是滇南土司,很得人望;而且龙觐光的儿子龙运干是陆荣廷的女婿,派龙觐光假道广西,陆荣廷一定不会反对的。

袁世凯的判断没错,陆荣廷果然不好再反对了。不过他电报通知亲家龙觐光,尽量多带军械,少带士兵,因为士兵在进军途中可以随时招募。而龙济光在广东兵力也不足,不愿抽调更多兵力交给哥哥,所以龙觐光只带了4000粤军,借道广西,向云南进发。

1916 年 1 月中旬,龙觐光率军到了南宁,沿途又招了 4000 兵。1 月 30 日,龙觐光特意由南宁前往武鸣拜访正在装病的亲家陆荣廷。不过,老陆表现得很是冷淡。

2 月 8 日,袁发表龙觐光为临武将军兼云南查办使,龙派所部团长李文富由百色进攻剥隘,又派儿子龙运干潜赴家乡云南蒙自组织地下部队。

当龙觐光向云南挺进时,袁电请陆荣廷派兵协助龙觐光进攻云南,陆这次竟欣然受命,并派儿子陆裕光率军前往协助龙军。这大出袁世凯的意料。

袁世凯见陆荣廷态度好转,虽摸不清是什么原因,但多份人马就多份取胜的希望,他要求陆派兵进攻贵州,陆也不推辞,只要求袁拨发步枪 5000 支,军饷 100 万。袁世凯忍痛拨发。

袁世凯心里不傻,他知道陆荣廷肯定并非真心拥护自己,这里面一定有阴谋,只是还不明白这个阴谋到底是什么。

于是,老袁又用起了自己的老招数:调虎离山,分化瓦解。

又一张多米诺骨牌

袁世凯想调陆荣廷离开广西,任命陆为贵州宣抚使;接着向陆的部下许以高官厚禄,用以分、夺陆荣廷的大权,袁世凯派广西军第一师师长陈炳焜护理广西军务。任命报告上还说这么任命是应陆荣廷自己的请求。另外,袁世凯密令龙觐光就近监视陆,一有不轨举动,即可就地灭之。

老袁就怕老陆不接受贵州宣抚使一职,可是陆荣廷却通电就任,但又给袁世凯拍了一封电报,要求再加军饷 100 万。

袁世凯一看,100 万能把老虎调走,值啊,给。

不过,袁世凯自己上了大当了。老陆就是在骗他钱呢,而且袁世凯满心指望的第一师师长陈炳焜,却是陆荣廷的骨干心腹,反袁的中坚。

陈炳焜师长,不仅自己坚决反袁,而且眼见老领导陆荣廷不表态,陈师长也心急,在军事会议上大声指责:"事新君(指袁)不忠,背旧主(指岑春煊)不义,忘杀子仇不慈,一个人怎可以不忠不义不慈!"希望陆荣廷早下决断。

陆荣廷一看,自己部下这么支持自己,于是,定下心来,在迎来梁启超任广西军的总参谋之后,3月13日,陆荣廷手拿着袁世凯拨过来的军饷和军械,给袁世凯打了一封电报,劝袁辞职,并限24小时给予答复。

袁世凯气得七窍生烟,又出来了一个骗自己的,拿了我的钱,不替我办事,反过来威胁我,强盗也没有这么不讲职业道德的啊。

袁世凯给陆荣廷的答复是:陆荣廷,我跟你拼了。

3月15日,陆荣廷在通电袁世凯24小时没有得到满意答复之后,宣布广西起义。他自任两广护军总司令,梁启超任总参谋。

广西起义,宣布参加护国军,是倒袁战争中一个重要事件,不仅使云南免除后顾之忧,而且显示护国运动已经要形成燎原之势。

人背信,地生病,喝水塞牙缝。不管多么威风的人物,当气运不在你这边的时候,噩运将会排着队来叩你的门。

袁世凯一生驰骋天下,纵横捭阖,从来都是他算计别人、欺骗别人,可到了末路的时候,却是每个人都来欺负他。

最妙的是云南、贵州、广西三省都有一个相同的套路,他们在独立以前都是先向袁骗饷骗械,目的达到后,即以袁的饷械来倒袁。

陆荣廷自己的地盘不仅独立了,他还继续运作,将这把火烧得越来越旺。

他开始琢磨起自己的亲家龙觐光和广东将军龙济光来了。

在广西独立以前,在护国军的四川战场处于最艰难的时候,龙觐光已于3月9日占领剥隘,龙的儿子龙运干也在云南南部发动了地方团队二路出动,进攻个旧、蒙自、临安。

同时,龙觐光又出奇兵直扎云南腹地,他的前锋李文富团长已进入了土富州附近,看起来袁这支奇兵颇收战略突袭之效。

就在这个时候,陆荣廷过来捅刀子了。

在一个阴雨的晚上,被陆荣廷派来支持龙觐光的陆裕光和桂军竟突然发动军变，不声不响地把龙军全部缴械，把龙觐光和他的儿子龙运干扣了下来。

战局急转直下。

打人一拳，防人一脚，袁世凯做梦也没想到，陆荣廷在这个时候，以这种方式来报复自己。

龙运干是陆荣廷的女婿，和陆裕光是郎舅关系，怎能想到老丈人和大舅子会把自己给变成阶下囚。

龙家父子十分狼狈，龙运干打电报给太太和丈母娘，恳请夫人出面保龙家父子平安。

大舅子耐心地向他解释，你是我妹夫，但这种至亲是私，而讨袁大业护国运动是公，我们不能因私而废公不是？

老丈人最后告诉他，我们彼此政见和立场虽然不同，但亲戚还是亲戚，绝不会为难亲家的。只不过，要借亲家公的笔，给广州龙济光发个电报，请龙济光响应起义，参加护国运动。

广西独立后最主要的工作是要促成广东独立，两广唇齿相依，如果广东与广西背道而驰，对广西是不利的。此时陆荣廷让亲家公龙觐光来给龙济光写信要求独立，这是再恰当不过的了。而作为阶下囚的龙觐光怎敢不从，于是就在已拟好的电报上签字，劝他兄弟在广州独立。

龙济光没有回音。

陆荣廷和梁启超联名致电广东，展开政治攻势和心理攻势，希望广东以大义为重，宣布独立。

龙济光仍然没有答复。

陆荣廷和梁启超火了。再一次通电广东，我们本来不愿同室操戈，如果你们仍执迷不悟，那我们只能兵戎相见了。

同时，由于龙济光部下云南籍士兵甚多，陆荣廷和梁启超又单独拟了电文，致电在广东服役的云南籍将士。大概是说，护国军起自云南，国内外都夸云南人是好汉，可是你们在广东这里，用你们的命来撑起龙济光的官帽子，你们不觉得很悲哀吗？

这封电报，弄得龙济光手下的云南将士人心惶惶，不愿再战。

此时的广东，在周围起义战火的影响下，确实人心不稳。陈炯明的军队一度攻入惠州，虽然被龙济光击败，但陈军主力还在，自称护国军，宣称拥护黄兴为总司令，另有邓铿、何海鸣、李耀汉等军也不听龙济光的指挥，广东已是遍地烽火。

四面楚歌中的龙济光向袁世凯请示应对之策。袁世凯要他坚守待援，先实行假独立以求自保，然后，北洋军马上派重兵南下支援。

袁世凯准备令驻上海的第十师驰援广东，另派驻南苑的第十二师接防上海驻地。

广东宣布独立后，广西方面信以为真，派人前来接洽商谈。可是，当前任中国银行行长汤觉顿等人前来海珠会谈之际，竟然遭到枪击而殒命。

海珠事件发生之后，龙济光赶紧向陆荣廷解释，说这件事是蔡乃煌和颜启汉做出来的，自己并不知情（蔡乃煌是奉袁克定之命来广州搞鸦片筹措帝制经费的，颜启汉是粤军将领）。

陆荣廷很是恼火，强硬地向龙济龙提出：第一，交出凶犯；第二，广东的军队须调出一半来随护国军开赴江西战场；第三，陆荣廷率军进入广州，驻扎地由陆荣廷来选择。

双方最后商定，查办祸首，请陆荣廷和梁启超来广东维护局面，双方军马暂停进攻。

龙济光本意是想用谈来拖，静待时局变化，杀人凶手颜启汉早已闻风逃往上海。陆荣廷一看，他们根本没有诚意，下令军队分路开往广东肇庆、三水，威逼广州城。

袁世凯的援军还没有开拔，广西军队已经兵临城下，龙济光已经没有退路了，亲自赴肇庆与陆、梁会商，提出五项协议：

一、广东独立后仍由龙济光为都督；二、肇庆设立两广都司令部，举岑春煊为都司令；三、惩处祸首蔡乃煌死刑；四、从速北伐；五、各地民军自岑春煊入粤后设法抚绥，并自三水划清防界，以马口为界，西南以上归魏邦平、李耀汉、陆兰清防守，西南以下归龙军防守。

4月20日，龙济光由肇庆返广州，着手组织广东护国军三个军，做出整装待发姿态。

24日，龙把蔡乃煌交给谭学衡解往长堤枪毙。

把袁世凯的人给毙了，即使不想独立也必须独立了。

继广东独立之后，浙江也宣布独立，袁世凯的半壁江山岌岌可危了。

军务院

两广各方，就是想找出一位在能力、资历、威望等方面与袁世凯不相上下的人出面主持大计，而袁世凯的政坛宿敌岑春煊差不多符合这一条件。

岑春煊的父亲岑毓英曾任云贵总督，岑春煊本人也被任命为两广总督，虽然没能当上几天官，但总体说来两广和云南，都是和他最有关系的地区。因此，接到由他主持大计的消息后，岑春煊便于4月19日由香港启程前往肇庆。

5月1日两广护国都司令部成立。岑春煊为都司令，梁启超为都参谋，李根源为副都参谋。

两广都司令部成立后，岑春煊、陆荣廷、梁启超等就打算把护国讨袁的重心由滇、黔移到两广，因此计划筹组一个中央机构。5月8日，护国军中央机构军务院宣告成立。

军务院是护国战争中西南护国军在广东组织的临时政府性质的机构。

军务院成立的公开理由和法理依据是：

因为袁世凯称帝，其中华民国大总统的资格便已丧失，那么，按照约法规定，理应由副总统黎元洪继任"中华民国大总统"。但是，由于黎正在"蒙难"，被袁世凯牢牢地控制在北京，所以，应由国务院摄行大总统职权。然而，国务院已遭废止，内阁总理也不存在，要想重设，必须经国会通过，而此时国会也不存在了，故暂设军务院，主持全国军事、庶政。

因此，军务院规定：军务院直隶大总统（这个大总统，当然不是袁皇帝，而是按法律规定的、由副总统接任的新总统），统筹全国军机；大总统不能亲临军务院所在地时，一切军政、民政、对内对外事宜，以军务院名义行之。

然而，护国讨袁的大旗是云南的蔡锷和唐继尧扛起来的，两广都司令部成立这么个机构，还是一个名义上的"中央机构"，不能不让人怀疑其目的的纯洁性和真实性。

那么，军务院成立的隐秘而没公开说出的原因到底是什么？为什么要成立这个司令部？而且不是在首义之区？难道仅仅是公开宣称的理由那么简单吗？

这件事说简单也简单，说复杂也真是复杂。

天下事，只要有了人，就有了争斗，无论在任何时候、任何情况下，都会有争斗，哪怕是在你死我活、一致对外的战场上，内部纷争也不会停止。

唐德刚认为护国战争是非常弱小、"三军无主"的护国战争（唐德刚：《袁氏当国》，第 204 页），是有原因的。为什么叫"三军无主"？不是有蔡锷、唐继尧吗？历史教科书上只写了其一，没写其二；或者只写了其表，而没写其里。

护国战争虽然开始了，但唐、蔡双方的人马都在闹情绪。到底谁是主？谁是一把手？在出兵之前，看似讲清了，却没有真正解决。

从唐继尧的支持者来看，云南是我唐都督的地盘，战争所用的一枪一弹、一饮一食，都是我云南供应，人马牺牲也是牺牲我云南的人力物力，理应以我为尊。"衣我之衣，食我之食，还要骑我头上，未免太不自量力矣。要我接济，需磕头来请。"（唐德刚：《袁氏当国》，第 205 页）你张口要枪，闭口要人，哪有那么容易的事？别说是不是剜我云南的肉，在这穷乡僻壤我到哪里整这么多东西？

可是从蔡锷的支持者来看，蔡都督是你小唐的老领导，你能有今日，不是我们蔡都督提携的结果吗？你在我们面前充老大？

唐德刚研究至此，提出了一个一直被人忽略的现象："蔡锷伐蜀的关键便是唐继尧的大力后援，谁知唐氏把蔡送上征途之后，便再无一弹之增，一斗之济。他二人的关系何以一寒至此？卫唐、卫蔡之士，一百年来

就各有说法了"，"我们大致可以说，双方皆在闹情绪，皆为情绪所累"。（唐德刚：《袁氏当国》，第204页）

正因为这样一闹，护国战争成了无主的战争，没有上级的战争。查看护国战争往来函电，全都用的是"咨文"。咨者，彼此不分上下，绝对平等之谓也。这就非常微妙，不是内行人，根本看不出这文字里面的门道，还以为真的在讨袁战场上打得不亦乐乎呢。

因此，梁启超想采取补救措施，便在他大力活动下，成立了这个两广都司令部。

新的司令部准备直接请出岑春煊任一把手——抚军长，后来觉得实在太露骨，便把云南实力派唐继尧推为抚军长。但是，都司令部设在广东肇庆，而唐继尧远在云南昆明，那么，副抚军长岑春煊就"代行"一把手职权。推刘显世、陆荣廷、龙济光、梁启超、蔡锷、李烈钧、陈炳焜为抚军。从权力分配的格局上看出，照顾到了双方的情绪，虽是和稀泥，可也是无奈中的解决办法了。

蔡锷比较反对这个军务院的成立。当5月初两广筹组军务院并征求滇、黔同意时，蔡即复电认为目前只需迫袁退位，而由段祺瑞出面主持，不宜组织政府，致招争权夺利之嫌，而启南北分裂之渐。

然而，就是这么一支群龙无首、力量弱小的军队，老袁的十万雄兵却无可奈何，如果不用"天意"来解释的话，那就是袁世凯治国统兵之术真的出了大大的问题。

天道好还

有一句话叫"教会了徒弟，饿死了师傅"。另有一句话叫"天理昭彰，报应不爽"。

袁世凯做梦也想不到，他在清末对付摄政王载沣的招数，一招一式，都被段祺瑞学会了，而且全部用到了他袁世凯的身上。

云南起兵后，袁世凯发布战争檄文，声称云南谋叛国家，破坏统一。同时，发出战争动员令，制定了三路大军进攻云南的计划，准备以狮子搏兔、泰山压顶的姿态,像收拾二次革命一样,干脆利落地解决云南问题。

袁的三路大军是:

派虎威将军第三师师长曹锟、第七师师长张敬尧、第八师师长李长泰所部入四川,联合镇守四川的陈宦,作为正面攻滇的主力。

派第六师师长马继增、第廿师师长范国璋、第七混成旅旅长唐天喜入湘西,兵力包括由南昌调动的马继增所属第六师,由河南调动的第七混成旅,以及由奉天调动的第廿师一部。

派粤军第一师师长龙觐光由广西入贵州,另由安徽调倪毓棻所属的安武军由湘西入黔。这是侧面的攻击。

只是,这三路大军,没有一路能够发挥作用。

更让袁世凯想不到的是,袁世凯起家、打天下、引以为傲的北洋军,此时已经指挥不动了。

前文分析过,袁世凯没有杀掉或换掉功臣宿将,却也没有能力满足这些胃口越来越大的部下的私人要求,且他用来相互牵制以统驭部将的方法伤了很多人的心。当这些人成为镇守一方的诸侯之后,便越来越不听招呼。特别是段祺瑞和冯国璋与袁世凯的离心离德,令铁桶般的北洋系瞬间"漏了底"。

多年以来,北洋军已经形成了袁世凯之下段祺瑞和冯国璋双雄并立的权力格局,特别是段祺瑞和冯国璋在北洋系中也各自形成了自己的小圈圈,这些小圈圈很顽固,就连老头子袁世凯也不能轻易击破。

在这个权力格局之下,必须是袁世凯指挥得动段和冯这哼哈二将,然后二将再调遣自己的手下。

袁世凯太高估自己的力量。他满以为将段和冯排挤之后,自己编的模范军能够取代老北洋系,取代段和冯,可是他却根本没有击破段和冯的小圈圈。段和冯确实受到了袁世凯的暗中排挤,但袁世凯却再也不能调遣得了自己一手打造的北洋军了。

袁世凯制定完对云南的动兵计划后,发现自己无法顺利调动北洋军,北洋系也确实没有将领如段和冯这般有魄力。

袁在丰泽园组织了"征滇临时军务处",他想请段祺瑞出来替他撑场面,段以"宿疾未愈"为由辞却。这简直与辛亥年清廷命袁督师而袁对以"足疾未痊"如出一辙。

袁世凯知道,段祺瑞还在恨自己把他最心爱的将领徐树铮免职了。为了讨好段祺瑞,显示自己爱屋及乌,便把平素极不喜欢的徐树铮请了出来,小徐因遭袁忌,专心办正志中学,袁忽命其为将军府事务所长,可是段仍无动于衷。

袁又想请冯国璋为征滇总司令,可是冯也是和段一样,一再称病,病后再续假,续假后再病。

这还不算,老冯还暗中和南方实力派接洽,互通有无。这也和辛亥年袁暗中与革命军议和一样。

老冯心中仍在耿耿于怀:你谁都可以骗,但欺骗我就不行。我给你义务搞宣传说你不会称帝,你却耍我,让我在北洋将领和全国人民面前抬不起头。这口气怎能咽得下?

士可杀而不可耍也!

袁世凯一看连冯国璋也指挥不动了,心里很是害怕。因为冯国璋和段祺瑞不同,段祺瑞此时坐镇京城,手中没有直接指挥的兵权,威胁并不大,而冯国璋坐镇南京,他一跺脚,南方半壁江山都得颤三颤。

于是,袁世凯一面派人走马灯似的前往南京对冯国璋进行政治游说,一面却暗中指使蒋雁行勾结江宁镇守使王廷桢就近篡冯的位,又想电召冯到北京,解除他督理江苏军务一职。可是因为山东将军靳云鹏、江西将军李纯打密电请求袁世凯不要调动冯,言外之意就是,如果非要强行调动冯国璋,那么由此引发的一切后果由你总统来买单。

袁世凯到底还是没敢动冯国璋。

《东周列国志》第84回中也有这样的话:"夫君臣以义合。君待臣如手足,则臣待君如腹心;君待臣如犬马,则臣待君如路人。"

春秋战国时期的豫让曾有个"众人国士"之论:他说,国君若以对待众人(一般人)的态度对待我,我当以众人的态度报答他;如果他以待国士(国中的特出人才)的态度对待我,那么,我也以国士的态度报答他。

大概冯国璋的心思,也是如此吧。

人生若只如初见！

如果君臣之间仍是初遇时的毫无嫌隙，风云组合，雄霸天下，该有多好。

袁又想借重黎元洪以副总统和副元帅名义统率征滇军，可是黎表示宁可杀头也不为利用，这一着也落了空。

无奈中的无奈，袁世凯只好自己赤膊上阵，军事、政治、后勤、外交、联络……大小事宜，全部要由自己操刀。他一方面命政界减薪，一方面以金钱和爵位鼓励前方将士，有功者男爵加封子爵，少将升为中将，旅长升为师长，或者赏食双俸。

真的是分身乏术啊。

一代枭雄袁世凯终于尝到了众叛亲离的滋味。

冯国璋的心思

袁世凯都急成这样了，北洋的政局却越来越乱，他和第一心腹大将段祺瑞已经彻底闹翻，那么另一员大将冯国璋此时在干什么呢？

冯国璋和袁世凯也已闹翻。

左膀右臂皆断，老袁已成政治维纳斯。

冯国璋看袁世凯在称帝之前蒙蔽自己、不和自己说实话，已经够生气的了，而袁世凯居然又派蒋雁行为"驻宁专员"，前来监视自己，这就气上加气了。

1916 年 1 月，冯国璋"请假养病"，以抗议袁世凯派蒋雁行来南京的行为。

这里，有必要详细分析一下冯国璋的心理，看一下他如何从忠于袁世凯转为反袁的。毕竟，在众多反对袁世凯的势力中，冯国璋的反对才是最致命的。

本来，冯国璋是不忍心反袁的，总还念及这么多年的公交私情。可是，袁世凯坐上总统和皇帝宝座，掌握权力后怎么就变了呢？处处不信任自己，还监视自己，要像对待段祺瑞那样软禁自己。

既然你对我冯国璋不仁在先,那我也没必要再效忠于你袁世凯了。

老冯开始利用称病的机会,悄悄地和不满袁世凯的各将领秘密联络,又和云南、广西方面进行私下沟通,他不仅为自己找退路,而且是为自己的事业进行运筹了。因为,段祺瑞被软禁在北京,段老虎和他自己的军队没有了直接关联,那么,势力最大的北洋系,就非冯国璋莫属了。此时的冯国璋只要努努力,得到一把手的宝座,是完全有可能的。

和段祺瑞一样,冯国璋也学会了袁世凯对付摄政王载沣的一整套招式。

蔡锷起兵时,袁世凯任命冯国璋为征滇总司令。可冯国璋是雷声大、雨点儿小,一面布置出征计划,一面坐在南京不动。这一招,袁世凯曾经用过。

当袁世凯命蒋雁行前来"协助军务"的时候,冯国璋知道这是监视自己的,开始由消极怠工转为积极怠工,通过梁启超致电蔡锷,反对帝制,赞同起义。

1916 年 2 月 15 日,冯国璋授意自己治下的长江三督之一——江西都督李纯,阻止湘西第六师进击护国军。

2 月 16 日,冯国璋干脆正式致电中央,谢绝出任征滇黔总司令一职。这是抗议升级的标志。

2 月 17 日,他又密晤唐继尧代表李宗黄,磋商反帝制问题,答应"隐为严守中立之保证"。梁启超知道他"中立"的消息后很生气,说"冯华甫可谓竖子不足与谋……当断不断,反受其乱"。其实,梁启超不明白,冯国璋在袁世凯手底下也是"一字并肩王"级别的干部,如果没有足够吸引力的条件,凭什么站在反袁的立场上?保持中立,都已经是冯对袁相当愤怒的结果了。

2 月 18 日,袁世凯的特使阮忠枢来南京,劝冯统军征滇,江苏军务拟由张勋打理。这句话不说还好,一说出来,冯国璋更不能走了。这不明摆着要把自己清出根据地吗?段祺瑞这员虎将不就是这样被调虎离山的吗?冯国璋还一并拒绝了袁世凯准备派参谋次长田中玉来南京组织征滇后援军的计划。

袁世凯原定于民国五年(1916)元旦登基改元,可是由于云南首义于1915 年 12 月 25 日,各国使馆又退还改元的公文,因此袁的登基把戏乃一再展期。而今段祺瑞和冯国璋这两员大将却一个也指挥不动,袁世凯隐约感觉到此事不妙了。2 月 23 日,袁世凯无奈之中发布延缓登基之令。

不过,袁世凯仍然不死心,2 月 27 日,冯国璋"休假"期满,以身体不好、不能办公为由,请求续假,袁世凯不准,又派阮忠枢前来做说客:华甫啊,你还是勉为其难,出征云南吧。同时不厌其烦地讲了一大堆理由出来。

无奈中的冯国璋,干脆来个硬的、以退为进之道,他向中央声明,自己无能、无才,还没有好身体,我辞职了,你另派个高明的人前来接管吧,然后你就能派他出征云南了。

老虎拉车——谁敢啊?谁要是敢在这个时候接手冯国璋的地盘,冯的部下不把他剁成肉泥才怪。而且,已经有别的将军致电中央:不许让冯国璋辞职!

袁世凯退步了。

袁世凯如果说动用全部力量,用十万北洋军对付蔡锷的几千护国军,形成摧枯拉朽之势,就啥事也没有了。可是时间一拖,两个多月过来了,其他观望的各路地头蛇也就动了起来,局面就很难控制了。

不仅如此,列强也加入了反对袁世凯的行列。

列强的反对,主要是埋怨袁世凯不顾民意,骤然改换国体,致使国家乱了起来,这就会损害列强在华的政治和经济利益。

3 月 7 日,日本政府承认中国南北两军为交战团体,默许民间援助南军。日本还宣称,又要加派兵力进入中国,以维护他们的利益。

俄、英、法等国也跟着凑热闹。

3 月 20 日,冯国璋召集自己手下的全体军官开会,他告诉大家:他省虽然有意外之举,但江苏仍以不入旋涡为宗旨。——这一招,是留有后手的,准备拥兵自重。与当年八国联军进京时,袁世凯拥兵坐镇山东、联系督抚东南互保的招数有异曲同工之妙。

就在这一天,冯国璋还做出了两个意味深长的举动:一是致电北京政府"请取消封爵",这无异于是不承认北京政府的前兆;另一个举动是接见四川将军陈宧的代表胡鄂公,磋商停战议和条件,准备倒袁。四川方面答应倒袁后拥冯国璋为总统。

冯国璋等的就是这句话。这也表明,自己不仅有实力坐上一把手的大位,而且形势和"人心"也有了这个倾向。

既然对方提出来了,那就趁热打铁。天赐不与,必遭其咎。

3 月 21 日,冯国璋联络江西将军李纯、湖南将军汤芗铭、山东将军靳云鹏、浙江将军朱瑞,准备征求各省将军意见,联名密电袁世凯,要求撤销帝制,以平滇黔之气。这就是著名的"五将军密电"。

为了国家的安定、社会的稳定,您老人家就把龙袍脱了吧。

接到消息的袁世凯如五雷轰顶。

冯国璋的位置太重要了,他控制着富庶的长江中下游五个省,控制着大约十万雄兵,他要是如以前一样忠于袁世凯,护国军连一点点希望都没有;他要是保持中立,袁世凯就非常为难;可这时冯国璋居然联合几个督军一起向袁世凯施压,虽不说是兵变,可也是非常严峻了。

袁世凯平日里炯炯有神、似乎能夺人心魄的双目瞬间失神而黯然下来。他向坐在身边的夏寿田说:"一切都完了,完了,完了。我昨天晚上看见天上有一颗巨星掉下来。这是我一生中第二次。第一次是文忠公(指李鸿章)去世,这次大约轮到了我。"于是他又沮丧地谈到袁家祖先都在 59 岁以前死亡,如今他已 58 岁,恐怕也过不了 59 岁的关!

健壮如牛的袁世凯病倒了。

袁皇帝退位

人称"四哥"的冯国璋对老袁的一声断喝,就像鲁迅的小说《祝福》中四婶对祥林嫂的一声断喝那样,立时让祥林嫂"分外有神"的眼光黯然失色。"第二天,不但眼睛窈陷下去,连精神也更不济了。而且很胆怯,不独怕暗夜,怕黑影,即使看见人,虽是自己的主人,也总惴惴的,有如在白天出穴游行的小鼠;否则呆坐着,直是一个木偶人。"很快,袁世凯的脸也如同鲁迅再看到祥林嫂时候的样子:她"脸上瘦削不堪,黄中带黑,而且消尽了先前悲哀的神色,仿佛是木刻似的;只有那眼珠间或一轮,还可以表示她是一个活物"。

看来,不管是"四叔"还是"四婶","喝"人的力量还是蛮大的,把同是排行老四的袁世凯"喝"成了又一个男版的祥林嫂。

政治家最怕的,是在关键时刻没有得力的助手和一支支持自己的队伍。

举目望去,本来人才济济的袁家班如今已难找到让袁世凯可信之人,这种滋味以前从来没有体验过,袁世凯陷入了极度恐慌之中。

他找来多年以来一直为自己出谋划策、却很少出头露面的杨士琦问计。

杨士琦也没有好办法。他认为,为今之计,为了避免形势进一步恶化,只有和平解决,那就是以退为进,取消帝制。因为,如果不按冯国璋密电之要求来做的话,那么国家就会马上陷入南北分裂。

袁世凯其实在见到称帝一事受到部下如此反对的时候,就打了退堂鼓。但是,采取以退为进之计,袁世凯仍有顾虑,他怕在自己退位、不当皇帝后,护国军仍然不依不饶,万一连总统位置也保不住该怎么办?因为搞政治的人心里都明白,整体防线中一个口子被撕开,接下来弄不好就会出现雪崩式的全线溃退。

杨士琦安慰道:万一局面发展到这个程度,那反倒对我方有利。如果是这样,那就不是帝制与反帝制的问题了,而是南方军人反对整个北洋系的问题,且证明南军有更大的政治野心,那么,主动权就会转到我们手中,再用兵的时候,就会有充分的理由了,北洋军也会重新团结起来。

万般无奈的袁世凯只好低下头来。

可是,形势比较急迫了,如果按照法定程序,向立法院提出辞呈,立法院再研究讨论,这样可能会让外界更加误解,好像是拖时间。

没办法,特事特办吧,不能走程序了。

最后,袁世凯求助于几位不赞成帝制的重要人物,即徐世昌、段祺瑞、黎元洪。

3月21日，袁世凯亲笔写了几封官函，由承宣厅派专人送到这三巨头手里，同时捎去口信，几近哀求的口气：请看在多年老交情的份上，今天务必发驾。

如果按照中国传统社会"因果轮回""因报果还"等说法来解释，仿佛袁世凯遭"报应"了，清末发生的诸多事件，其场景一再重演。除段和冯二人依葫芦画瓢，把袁世凯当年使过的招式全部表演一遍之外，袁世凯请徐、段、黎三巨头到场开会，也颇像清朝宣统皇帝退位时，召开的最后一次御前会议一样：都是为退位而进行痛苦的研究。

袁世凯一生中，每当遇到大事的时候，都会找徐世昌研究，对结拜大哥徐世昌的话也是言听计从，只有这一次当皇帝的事没有听从大哥的劝告，结果就犯了不可挽回的错误，袁世凯一生所有的辉煌全部付之流水。

会议进行得很是尴尬，因为徐、段、黎这几个人像事先约好了似的，坐在那里不是低头就是闭眼，一言不发。

袁世凯厚着老脸，恳请结拜大哥徐世昌重新出山，再任国务卿，主持和护国军的议和工作。此前徐世昌不在的这段时间里，国务卿是由陆征祥代理的。徐世昌本不想蹚浑水，架不住袁世凯的苦苦哀求，终于勉强同意。

这次会议决定了以下各点：

一、撤销承认帝位案，取消洪宪年号；

二、召开代行立法院参政的临时会，以便于取得取消帝制的法律根据；

三、解除陆征祥的国务卿职务，让其回任外交总长，由徐世昌出任国务卿；

四、任命段祺瑞为参谋总长，以代久未到职的冯国璋；

五、请黎、徐、段三人联名电劝护国军停战议和，如得同意，拟任命蔡锷为陆军总长、戴戡为内务总长、张謇为农商总长、汤化龙为教育总长、梁启超为司法总长、熊希龄为财政总长。

3月22日，袁世凯下令撤销"承认帝制案"，仍称大总统。

23 日,袁世凯废止"洪宪"年号,仍以本年为民国五年。

袁世凯自接受帝位到撤销承认帝位令发布之日止,算起来当皇帝总共 83 天。亦真亦幻,是是非非,一段不堪回首的中华史话。

不知道袁世凯称帝这件事,到底是公心多、还是私心多? 到底是为了重新凝聚人心以图国强,还是为了自己的绝对权力?

记得《三国演义》第 11 回中写了一件事。东海朐县人糜竺是个富豪,他有一次在洛阳做完生意回家,路上遇见一个大美女,明眸皓齿,星眼流波,梨涡浅笑,甜美无伦,款款下拜,请求搭个便车。糜竺先生是个柳下惠,瓜田不纳履,李下不整冠那种,为避嫌疑,自己下车让给美女乘,主动放弃趁车颠簸而故意倒向美女怀中吃豆腐的大好机会。美女再次示好,让糜先生上车来同坐,不说暖玉温香,至少也是更近芳泽,而可爱的糜先生"上车端坐,目不斜视"。就这样车行了好几里,美女下车,告诉糜先生说:"我乃南方火德星君也,奉上帝敕,往烧汝家。感君相待以礼,故明告君。君可速归,搬出财物。吾当夜来。"言讫不见。原来是火神化身美女对糜先生进行试探,看其好色与否。如果是个好色之徒,那就不必可怜,必然将其万贯家财烧个一干二净。只不过糜先生却是个地道的正人君子,感动了化身美女的火神,这才以实相告,使其家躲过一场巨大灾难。

毛宗岗先生读至此时,写了一句经典的批注:"心火不动,天火亦不为害。"

权与色,从性质上也算同根同源,都是人心欲望的外在表现。糜竺心火不动,所以色不能诱之;袁世凯到底还是心火动了,所以权能诱之。

不过袁世凯在他的退位诏书中,还是为自己进行了诸多辩解:

> 盖在主张帝制者,本图巩固国基,然爱国非其道,转足以害国;其反对帝制者,亦为发抒政见,然断不至矫枉过正,危及国家,务各激发天良,捐除意见,同心协力,共济时艰,使我神州华裔,免同室操戈之祸,化乖戾为祥和。总之,万方有罪,在予一人!

袁世凯的意思是说：我主张君主立宪制，登基称帝，是为了巩固国家，但是没想到的是，我的爱国方法不对，就变成了对国家有害了。你们众人反对帝制呢，也是公民意见的充分表达，这是你们的权利。但是，现在我已经不当皇帝了，你们不至于非要赶尽杀绝吧，这样对国家也没有任何好处，如果国家真的乱了，想必也不是你们的初衷。因此，为了国家，为了生民免遭涂炭，我们还是共释前嫌吧。所有的错，都是我袁世凯一个人的错，行不行？我继续当我的总统，你们继续在你们各自的岗位上完成好本职工作，好不好？

只是，袁世凯在执政权威大大受损的情况下，他还能继续统治下去吗？位子还能坐得稳吗？

这已经成了袁世凯一厢情愿的事了。真可谓自作孽，不可活。

记得央视《艺术人生》有期栏目，朱军问白岩松：要干到什么时候？

白岩松回答：一定要干到观众恋恋不舍，自己去意已决。

旁边的杨澜插话：千万别最后反过来，自己恋恋不舍，观众去意已决。

袁世凯不知道的是，他此时的境况，就是自己恋恋不舍，观众去意已决。

决堤

《汉书·王莽传》中有句骂人的文明词，叫"千夫所指，无疾而死"，意思是被人用唾沫星子淹死，戳脊梁骨戳死。在"观众去意已决"之后，袁世凯马上面对的就是"千夫所指"，然后便是暴病身亡。

3月25日，作为调停人的徐世昌、段祺瑞、黎元洪分别致电南方，意图息事宁人："公等目的已达，务望先戢干戈，共图善后。"

人非圣贤，孰能无过呢？有过则改，善莫大焉。

与巨大的权力和利益比起来，无耻一下，又能如何？试问，哪位政客在政坛生涯中没有无耻过呢？就像《射雕英雄传》中裘千仞问诸位侠客："哪一位生平没杀过人、没犯过恶行？"又如《圣经》中的一个故事，依摩西律法,法利赛人要用石头砸死一个行淫的妇人,耶稣说:"你们中间谁是没有罪的,谁就可以先拿石头打她。"无人动手,四散而去。

这封电告是袁代拟代发,黎、段二人均未同意。不料护国军立即回电:一要袁退位,二要诛杨度等 13 人以谢天下。

3 月 26 日,袁的老朋友唐绍仪从上海发来一封劝退电,给袁世凯来了一记响亮的耳光。

唐绍仪说,我知道以你目前的兵力和财力,云南、贵州几省是打不过你的,不过你别忘了,你把人心失去了,人心一旦失去,一万头牛也拉不回来的(大概那时"马力"一词还未传入国人心中,唐先生便用了"牛力"来形容)。算了吧,我看你还是急流勇退吧。

作为袁世凯的几十年老朋友、民国首任内阁总理、隐退之后多年不发声音的唐绍仪先生,此时可能是对国事失望伤心至极,所以才说出这样的话来。

他先伸出了"千夫所指"的第一指,简直比一阳指还厉害,不仅自己指头厉害,后面马上还引来无数只手指呢。

伸出第二根追魂夺命指的,是老师加老友、南通状元张謇。就在徐世昌受袁世凯苦求、重新出山、协调各方面利害关系时,去信向张状元求解,张謇于是回给徐世昌一封信,力劝要袁世凯辞职。

张謇认为,袁世凯由于一着不慎,弄得自己威望全无、信用全失,无威无望,何以治国?为国计,以防外国干涉;为民计,免遭生灵涂炭,袁世凯此时全退,仍不失为一个有胸怀、有气度的伟大领袖。可是如果仍然要守在总统位置上不下来,其后果将会使国事越来越糟。

其实,从情感上来说,袁世凯此时应该彻底退下来,然后按照约法规定的,由副总统接任,使国家继续发展下去,岂不美哉?——当然,这是理想状态,而这个理想却代表了大多数人的想法,包括今天我们大多数人的想法。

然而,如果是一个精通政治、久谙官场的人来理性地审视和判断这一事件,如果袁世凯此时退下来了,谁能真正掌握得了大局呢?黎元洪、段祺瑞、冯国璋、徐世昌、蔡锷,还是孙中山?

如果权威主义政治之下，权力棒的交接会像体育运动会那样顺畅，那该有多好？只是，那可能吗？如果真的可能，那试想一下，在后来的西安事变中，蒋介石要是被杀了，新的国家领导者就会以全新的姿态执掌中国天下，与日寇决一死战？真的这么简单么？

思考政治，千万不要用小孩儿一加一等于二的算法来思考，那样的话，你就是政治幼儿了。

然而，人是情感动物，人们总是从情感角度来理解和指责一件事，这就是现实的无奈，也是历史的无奈。

其实，袁世凯此时不退，自有他的原因。他手下十万雄兵还在，虽然有些将领离心离德，不过，这些人要想挑战袁世凯的话，那还远远不够格，袁世凯仍然有足够的力量来收拾残局，舍此，其他无人有这个魄力和能力。如果有的话，那么袁世凯死后，中国也不会立即陷入军阀混战、南北厮杀十二年、让日寇长驱直入的状态了。

这当然是后话了。

正因为袁世凯的主力部队没有受到丝毫损伤，所以他在给南方护国军的电报中，仍然用他那老大的口气说话。

4月1日，袁又用黎、徐、段三人的名义向护国军提出议和条件六项：

一、滇、黔、桂三省取消独立；

二、三省治安由三省长官负责维持；

三、三省新兵一律解散；

四、三省派往战地的兵士一律撤回；

五、三省自即日起，不准与官兵交战；

六、三省各派代表一人来京筹商善后。

以上六个条件根本不是议和，简直是胜利者对战败者的条件。当然这都是袁自拟的，同时，袁世凯想先入为主，发布谎言：蔡锷等已同意袁世凯继续当总统。

4月2日，蔡锷回电给黎、徐、段三人说："默察全国形势，人民心理，尚未能为项城曲谅。凛已往之玄黄乍变，虑来日之翻云覆雨，已失之人心难复，既堕之威信难挽。若项城本悲天悯人之怀，为洁身引退之计，国人轸念前劳,感怀大德,馨香崇拜,岂有涯量!"这个回电语气虽然相当缓和,但也嗅出软中硬、柔中刚的味道了。

果不其然,4月中旬,护国军回答黎、徐、段三人,针对议和条款,针锋相对地另提六条:

一、袁退位后贷其一死,但须逐出国外;

二、诛帝制祸首杨度等十三人以谢天下;

三、大典筹备费及用兵费六千万,应查抄袁及帝制祸首十三人的财产赔偿之;

四、袁子孙三世应剥夺公权;

五、依照民元《约法》,推举黎副总统继任大总统;

六、除国务员外,文武官吏均照旧供职,但关于军队驻地,须接受护国军都督的指令。

与此同时,另一根重量级人物的手指头也伸了过来,那就是冯国璋发话了。虽然他的两封电报没有明着逼袁退位,却也是牢骚满腹,并劝袁世凯认清形势,把握时局。"默察国民心理,怨诽尤多,语以和平,殊难餍望。实缘威信既隳,人心已涣,纵挟万钧之力,难为驷马之追,保存地位,良非易易,若察时度理,已无术挽回,毋宁敝屣尊荣,亟筹自全之策,庶几令闻可复,危险无虞。"

冯国璋希望袁世凯赶紧退位让贤,而其心所思,应该就是"舍我其谁"了:段祺瑞已经没有兵权了,国内实力最强的自然就是自己,若是自己问鼎总统宝座,应该占有巨大优势。

对于别人的通电,袁世凯可以置之不理,可对于冯国璋的,就不仅不能不理,而且还要耐心地解释了。只是,袁世凯揣着明白装糊涂,他来个顾左右而言他的方式打太极:如果你有办法,那么赶紧详细地给我讲出来,我好采纳之。

袁世凯不愧是老牌运动员,眼看着冯国璋一脚把球踢过来,他眼睛都没眨就给踢回去了。我就是要看看你有没有能力和勇气说出那句大逆不道的话来。

这可把冯国璋逼急了,不过他一方面是顾及旧情,一方面也仍然是惧怕老领导的虎威,不敢直接索要一把手的宝座,那样自己就成了没良心的人了,在北洋系面前也不好立足。4月26日,他在致徐世昌、王世珍、段祺瑞这"三元老"的电报中,比前两封电文更直接分析了当前时局,婉转地说:现在民心已失,大势已去,即使他冯国璋一人完全拥护中央,其他各省也不会有人响应了,大总统孤立无援,后果不堪设想,请你们三人务必把这层意思转告给大总统……

冯国璋没说出来的话其实是:老大,你不要逼我,真的把我逼到一定程度,你看我敢不敢走那条路,还不如双方都体面点儿好……

形势更加不妙

在徐世昌等人出山调停后,袁世凯和徐世昌便仿照辛亥年的前例,把停战与和谈分为全国性和地方性两种。全国性的和谈请冯国璋居中斡旋,地方性的则由四川将军陈宦和蔡锷直接接洽。

然而,袁世凯做梦也想不到,他选的这两个斡旋人都悄悄地背叛了他,冯国璋基本上算是明着对其逼宫,而四川战场的对峙形势,对他来说也更加不妙。

蔡锷在电文中对袁世凯给以非常强硬的回答,除他的不屈战斗精神之外,还有几个重要原因,一是在四川战场上,他与陈宦已经私下和解,而且陈宦在私下酝酿反戈一击;另一个就是冯国璋在南京召开会议,请实力派人物张勋等人参加共商国是,这是对袁世凯仍然占着总统宝座而不满的信号。

蔡锷与陈宦是多年的朋友了,一个湖南翘楚、一个湖北精英,二人惺惺相惜,此次虽然相遇在战场上,但二人没有真打,否则,袁世凯的十万北洋大军,对付蔡锷三千补给困难的疲弱之师,实在是没有什么悬念。

可是,悬念偏偏就从这里产生,一切都是因为有了人,有了人情,有了欲望,有了不满,于是便枝节横生。

四川督军陈宦本来是袁世凯的铁杆亲信,他也是最早怂恿袁世凯称帝的,袁世凯特别倚重他,让他镇守西南的大门四川——这个天下未乱而蜀先乱的地方。

可是,就是这样铁的关系,居然也闹出了大矛盾。而这个矛盾的出现,尤其是出现在四川这个主战场,它对袁世凯来说就是致命的了。

然而,一个巴掌拍不响,任何问题出现,于当事人双方都有一定程度的原因。

原因虽然很复杂,但既然英雄俗人皆是人,那就谁也逃不出"人性"二字。

不管是从社会学、政治学等学理角度,还是从谙熟治国之道的统治者的具体实践来看,都会发现一个奇怪的现象,那就是,当人民普遍穷困的时候,这个社会却非常稳定,因为人的欲望简单,没有更多想法,只要活下去就很高兴了,这就好治理。

国家最不好治理的时候,是社会实行改革刚见成效、经济有了一定程度的增长、人民生活水平有了一定的提高之际,"端起饭碗吃肉,放下筷子骂娘"指的就是这一时期,因为人的眼界开了,人的欲望调动起来了,人们就再也不满足于现状了。这个时候,人们不仅对经济增长有要求,对自己应得的权利也有期待,在政治学上有个术语叫"应享革命",就描述了这一现象。

"应享",就是人们都认为这是我应该享受到的,你管理者无法提供,那就是你的不是。

亨廷顿和托克维尔在研究中都发现了这一现象:"在 16 世纪的宗教改革以及英国、美国、俄国革命之前,在 18 世纪末和 19 世纪初英国发生动荡不安之前,都曾有过类似的经济进步的状况。墨西哥革命也是在 20 年引人注目的经济增长之后发生的。1955 年之前,亚洲和中东国家在任何反叛得以成功的 7 年中,人均国民生产总值的增长率与这些地区在 1955 年到 1960 年之间发生反叛的暴烈程度存在着很高的正比关系。"

而亨廷顿在《变革社会中的政治秩序》中更是据此研究了美军军官调职快慢与他们满意度之间的关系:"第二次世界大战期间,美国空军中在官阶晋升方面所存在的不满情绪比其他军种要普遍得多,尽管——或者是因为——空军里的提官晋阶要比其他军种来得频繁而迅速。"

对于个人来说也是如此。打个比方，你给一个穷困潦倒的人一碗面，他吃得感激涕零，会记你一辈子。可是，如果你给了他一碗面之后，看他实在可怜，而你又很有资本来救济他，于是，你每月给他一千块钱，使他不挨饿受冻。这样供啊供啊，你供了很多年，可有一天，你的经济状况出了困难，于是你每个月只给他五百元钱。这样一来，这个一直受接济并习以为常的人，心理上很不适应，认为你对他"有了私心"，他本来一个月可以享受一千，这一千块钱就是他的"应享"，现在只能享受五百，那其余的五百块钱，不是被你吞了吗？

于是乎，裂痕产生。心里的裂痕一旦产生，就很难将其挽回。

《阴符经》说的对：恩生于害，害生于恩。

前文说过，袁世凯没有诛杀功臣，或是剥夺功臣的大权，其后遗症便是：纵容了那些有能力不满的人、有能力与自己对抗的人。他们都觉得自己功劳大，都认为老头子应该特殊关照自己才对，都对别人得到的东西不满，都对自己得到的东西不满，都存在一种"应享革命"。

对于陈宧来说，正是如此。

第一，陈宧不是北洋的"小站"系，北洋系的军人们把陈看作外围，北洋大门开了陈宧在门内，北洋大门关闭的时候，陈宧却在门外了。陈宧一看，有事的时候，由我给你打天下，没事的时候，功劳让别人抢，我连汤都喝不着，把我当猴耍吗？

第二，洪宪帝制的新贵们也没有把陈当作自己人，陈在四川，对北京帝制活动几乎完全未参加，相反却承受着"帝制狗腿子"、打手、助纣为虐等骂名。

第三，当陈在北京受命前往四川时，袁曾当面许诺，不久即派陈总揽四川、云南、贵州三省军事，可是在他上任后不久，袁就派河间人张联棻为陈的参谋长，以取代湖北人刘一清，这就是说明袁对陈并不放心，所以派一个与陈毫无关系的人来做他的参谋长（陈宧不明白：朋友之间的关系，与领导部属之间的关系是不同的，任何一个领导者都会这样安排，你打着灯笼找遍世界五千年，也找不出一两个例外的）。

第四，袁决定对云南用兵后，乃派曹锟督师入川，命令发布时，陈一点也不知道,在陈心中自然起了很大的变化,他认为自己在袁皇帝心目中已经不够亲信了,我的地盘非要由别人来插一杠子,即使打退了护国军,四川将军一席也要拱手让给别人。你把曹锟当成心腹、把我陈某人当成外人是吗?你不信任我是吗?你要把功劳给他是吗?那你还用我干什么?

"将在外,君命有所不受",针对的是皇帝不了解情况万变的战场,却想处处遥制,这是很要命的。其实从另一个角度来看,这个统兵大员要的也是皇帝的一个"信任"。你皇帝是不遥控了,但你要是派个乱七八糟的监军或其他什么烂官来处处插手,那岂不是很糟?

你要是信任我,交给我来处理;你要是不信任我,就另请高明,不就得了,何必找那么多条没用的理由来敷衍?

每思至此,陈宧先生心头的气就不打一处来。这些想法一而再,再而三地对自己不平的心理进行着暗示与刺激,他再也无法安定下来。

一个大胆而可怕的想法在陈宧头脑中逐渐形成……

反戈一击

正因为有这么多想法,所以护国战争兴起后,陈宧所表现的,是消极应付态度,否则蔡锷的护国军真的是打不过北洋军的。

唐德刚直接指出:"蔡锷伐蜀实在是个泡沫战争,脆弱之极,幸好他的对手也是如此。"(唐德刚:《袁氏当国》,第 205 页)

陈宧对袁世凯不拥不反,他不反袁,是因为有"受恩深重"的观念,不拥袁是因为袁已把他当作外人。

陈宧对蔡锷似友非敌,蔡锷因为和他是好友,所以曾打电报劝他响应独立,陈答复"事权不一,环境困难"。陈无论公私函电和谈话,对蔡锷始终保持一种似友非敌的态度,从不攻击蔡或谩骂蔡。

所以,四川战场上,人数和装备占绝对优势的陈宧与蔡锷打了个平手。二人除打拉锯战之外,私下还有电信往来。

不仅如此,唐德刚先生挖掘出的史料更有意思:"陈、蔡双方在川南搞拉锯战,不二回合,两方就私通款曲,言归于好了。云南后方唐某拒发补给,蔡索性把两个支队拨归陈氏指挥以就食,血浓于水,有何不好呢?"(唐德刚:《袁氏当国》,第 206 页)

也就是说,我们平素所知的威风凛凛的、要了老袁之命的护国战争,真实的情况是,蔡锷指挥的军队后方补给线已经供应不上了,湖南人蔡锷对湖北人陈宧说,老哥,咱们不打不成交嘛,你请我们吃顿饭呗,咱们联络联络感情,吃饱了再玩,好不?

陈宧说:好吧。

于是,蔡锷喊上两个支队的兄弟,你们跟陈先生走,他请你们客!

就是这样一支护国军,老袁居然没打过。你说,找谁说理去?九泉之下的老袁要是知道,非得气得吐出血不可。

陈宧在前线的表现,袁世凯好像看出了点儿门道。北洋军中居然有人在和自己玩猫腻,这还得了?因此,袁世凯在撤换陈宧军队里的参谋长陈一清的基础上,又把陈一清任命为高等顾问,随即就将其派往战场任前敌总指挥,强行调离陈宧的身边。

就在陈宧非常恼火、失望的时候,蔡锷的攻心战又及时出现了。尤其是冯国璋的观望态度,让陈宧的心眼儿更有了活动。不过,背叛自己的主子,在以前的社会,是要冒巨大的风险的,既有生命的风险,又有道德的风险。陈处事也非常谨慎,为了验证自己的想法和决策是对的,他特意派人分别到南京和长沙探一下冯国璋与汤芗铭的口风。

1916 年 2 月 10 日,陈宧的秘书胡鄂公由成都出发,几经辗转抵达汉口之后,先由一个和汤芗铭私交颇厚的、名叫陈裕时的人出面,去长沙探听汤芗铭的口气。

陈裕时与汤芗铭见面后,逐渐谈到云南独立,以及四川局势和南京的微妙态度,却见汤芗铭脸上阴一阵晴一阵,一会儿猛吸纸烟,一会儿又站起来绕着檀香木的桌子不安地走动,久久沉思,却不发一言。因为汤芗铭在湖南杀人如麻,有"汤屠户"的称号。而今陈裕时见他这个模样,吓得魂不附体,赶快转圜说:"铸新,我们俩是多年的交情,所以我今天才无话不说,听不听由你,你不欢喜这些话,只当是驴鸣、狗叫如何?"

汤屠户一听这话，扑哧一声笑了出来，慢吞吞地说："你好不好到上海找大家兄一谈！"

他说的"大家兄"，就是自己的大哥、武昌起义时担任湖北咨议局议长的汤化龙。清末北洋军南下镇压武昌起义时，汤化龙就劝弟弟汤芗铭反清，而此次云南起义之后，汤化龙又是不断给弟弟汤芗铭打电报，劝他独立。

汤芗铭却是犹豫不决。平心而论，袁世凯对汤芗铭确实不错，倚为心腹。因此，汤芗铭的困难是——一方面是君恩深重，另一方面是手足情长，而再一方面却是他在湖南杀戮过重，失去了湖南人的爱戴。他处在了左右为难的困境之中。

不过，汤屠户对陈裕时的话，既表明了他内心的挣扎和矛盾，也表明了他与袁世凯之间也有矛盾，不是铁板一块。"找大家兄一谈"，大家兄汤化龙是倾向反袁的，那么，汤芗铭虽然没有说出来，可意思不就非常明朗了吗？

有了这个判断，陈裕时赶紧回报陈宧的秘书胡鄂公，胡心里有了数，便直奔南京，先找到冯国璋的女婿陈之骥和冯国璋的侄儿冯家祐，由他们陪同一起去见冯国璋。

在冯国璋面前，胡鄂公自然先是百般奉承，把冯在北洋军中的威望、地位、功绩大大地褒奖一番，再把一些小事无限拔高地吹捧一番，表示在北洋军中，段祺瑞已经是没牙的老虎了，只有冯国璋才是仅次于袁的二号人物。

把冯国璋的情绪恰到好处地调动起来后，胡鄂公向冯表示，自己临来之时，陈宧将军交代过，在北洋军中，陈只唯冯马首是瞻，愿意跟随冯大人您做一番事业。您要说打蔡锷，我们陈公绝对义无反顾；您要说独立，我们陈公肯定会听从您的号召。

这次见面，冯国璋并没有做过多的表示，只是顾左右而言他。大概冯的内心，也和其他北洋系将领一样，想反袁，自己当老大，可就是迟迟下不了决心。在那个忠君的时候，反自己的主子，确实不是一件容易的事。就连袁世凯这样的枭雄，在想反清朝皇帝的时候，都没有兵戎相见，何况北洋系是袁一手打造出来的,且二人当年的私交非同一般。

忠孝节义,仁义礼智信,几千年来,对中国人内心世界的影响,实在是太大了。

可是,在胡鄂公和冯国璋多见几面、越谈越投机之后,渐渐地,冯国璋也控制不住自己,在胡鄂公面前大发牢骚,说老头子身边都是狐群狗党,专门喜听小人鼓动,却把真正忠心于他的部属如冯和段等排斥在外。冯在激动之下,还在胡鄂公面前揭发了许多袁的小隐私。

胡这时乘机说:"二先生(陈宧,号"二庵",故称"二先生")和我约定,只要上将军(指冯国璋)同意,由上将军署发一密电,他就宣布独立了。"冯把桌子一拍,下了决心。

之后,胡鄂公又在上海见到了汤芗铭的大哥汤化龙,把陈裕时在长沙了解的汤芗铭的近况、南京冯国璋的态度、四川陈宧的意思一并汇报出来。汤化龙决定集合各方力量,加速促成弟弟独立。

四川方面,除了陈宧与护国军联系,冯玉祥旅长也派人和蔡锷有往来,也答应反袁,逼袁退位,并表明在袁退位之后,拥立冯国璋为总统。

1916 年 4 月间,冯国璋的态度已经明朗了,既然干掉"熊猫"之后,自己就是唯一的"国宝",那谁能不干呢?

这时,不但冯国璋主张袁退位,段祺瑞也表示赞成。段根据陈宧的建议拟定了优待袁的办法六条:一、往事不追;二、公民权不褫夺;三、私产不没收;四、居住自由;五、全国人民予以应有的尊敬;六、民国政府给以岁费十万元。

袁世凯原以为从皇帝位置上退下来,会继续坐在总统宝座发号施令,可是这些有异心的部属们不答应,袁氏阵营四分五裂,袁氏防线接连失守,袁老头的心一天比一天沉重,因为,不光部属抛弃了自己,上帝也要抛弃自己了。

不过,要是就这样败给这些曾经跪伏在自己脚下的人,倔强的老袁实在是不甘心啊。他还在强撑着一口气奋力挣扎。

暗杀陈其美

为了表示摈弃专制,实行民主,恢复共和精神,4 月 21 日,走投无路的袁世凯宣布实行责任内阁制,公布了《政府组织令》,规定国务院辅弼大总统负其责任,国务卿总理国务。

责任内阁制,是《临时约法》中的精神,曾被袁世凯废止了的。但袁世凯在这里还在投机取巧,本来责任内阁制是设国务院的,并由国务总理负责,而袁世凯却想瞒天过海,偷梁换柱,用政事堂的国务卿来总理国务,大权还是集中在袁世凯自己手里。也就是说,他是以责任内阁之名,行个人掌权之实。

看到袁世凯都混到这个程度了,还不肯悔悟,心明眼亮者已经无法忍受了。4 月 22 日,徐世昌鉴于日益严峻的形势,主动提出辞职。袁世凯强忍着泪往肚里咽,不再挽留徐大哥,知道留也留不住了,便退而求其次,决定任命段祺瑞为国务卿,希望老部下看在多年交情的份上,助其度过危局。

可是,北洋之虎可不是吃素的。没事时把我踢走,有事时把我请出来,既想把我推到台前表演,又不想给我实权。

段祺瑞很坚决,如果没有实权,坚决不干,必须把政事堂变成真正的责任内阁,而不是橡皮图章。

老段伸手要实权来了。给不给吧? 给的话,我就干,不给的话,你另请高明。

5 月 8 日,无奈中的袁世凯终于改政事堂为国务院。

有了政治大权,接着就是军权,段祺瑞模仿袁世凯在清末夺取权力的办法,一招不落地当着师傅的面使了出来。他请求撤销大元帅统帅办事处,并由陆军部接收模范团和拱卫军!

老段没忘了当初被老袁撵走的徐树铮,他要小徐回来当国务院秘书长。老袁可能对小徐真是从心里不喜欢,都到这个时候了,老段提出这个要求来,袁世凯仍然反感,且想拖着不办。

老段看老袁不吱声,就请张国淦去说情,老袁和老段脸色都很难看,两个倔人的意见很难统一，最后的处理结果：由徐树铮为帮办秘书，也就是副秘书长。

此时的老袁精气神还在，除了跟老段怄气外，还腾出手来做了另外一件大事：指使张宗昌暗杀陈其美！

张宗昌，字效坤，山东掖县人，身高一米八五。他出身贫寒，当了土匪，人高马大、性情刁钻，是著名的狗肉将军，爱吃狗肉；在民国史上，他还被称为"三不知将军"：不知道自己有多少钱，不知道自己有多少兵，不知道自己有多少姨太太。姨太太里有娇小的日本女人，有壮大的白俄罗斯女人，就连朝鲜抗日英雄安重根（刺杀伊藤博文的那位）女儿安淑贞也成了他的姨太太。

关于他的笑话太多了，极尽埋汰和讽刺之能事，殊不知，那是人家老张的幽默，后人却不会欣赏，以为人家是愚笨呢。

在众多军阀中，张宗昌是很特别的一位，就连他后来被暗杀时，林语堂先生还写了篇非常有趣的悼念文章："狗肉将军张宗昌死了……然而狗肉将军的死，却对我特别有意义，因为他是现代中国所有显著的、传奇的、封建的和不顾羞耻的统治者中最显著的、最传奇的、最封建的，而且我必须说，最率直而不顾羞耻的一个。"

张宗昌的幽默和特别，大概秉自遗传基因，因为张宗昌的母亲就很"幽默"和"特别"。

张宗昌的父亲是吹鼓手，家穷娶不起老婆。有一天，有个更穷的、吃不上饭的女人偶然路过，老张吹鼓乐还能混上一碗凉粥，可怜这个女人，就与其划粥而食，结果两个同病相怜的人一将就，就结成了夫妻，生下了张宗昌。

真是有缘千里来相会呀。

那个时候，下九流的行业养家糊口太困难了。有一天，张宗昌的母亲实在是饥饿难耐，就在一个伸手不见五指的晚上，拿根棍子躲在墙角，伺机作案。结果，她真的一棍子闷倒一个过路人，夺得晕倒的过路人的干粮狂奔回家。

过了一会儿，张宗昌的父亲捂着脑袋回到家来，连说晦气，骂骂咧咧。原来,张宗昌母亲这一棍子,打倒的正是张宗昌的爹。

老张一怒之下,把女人赶出家门。直到张宗昌发迹之后,才把母亲接回来。

这么幽默的母亲,生下的儿子,不可能不带着幽默的基因。

张宗昌留下来的"名诗"很多。

有首《笑刘邦》:"听说项羽力拔山,吓得刘邦就要窜。不是俺家小张良,奶奶早已回沛县。"

另一首是套的刘邦的《大风歌》:"大炮开兮轰他娘,威加海内兮回家乡。数英雄兮张宗昌,安得巨鲸兮吞扶桑。"

更有一首诗《咏闪电》:"忽然天上一火链,难道玉帝想抽烟? 如果不是要抽烟,为何又是一火链?"

真是人见人爱,花见花开。流传至今,经久不衰。其在市井流传的程度,仅次于唐诗三百首,排在《诗经》前面。

母亲走后,张宗昌成了孤儿,沦为市井无赖。他于 18 岁那年开始闯关东,在抚顺挖煤,在哈尔滨当赌场保安,辗转来到海参崴。因为人高马大,膂力过人,精于骑射,爱交朋友,挥金如土。天生绿林性格,又在东北绿林混了一番,更是匪气十足。

辛亥革命爆发后,黄兴派人到东北招兵,听说能号召一营人就可以当营长,张宗昌来了兴趣,举手一挥,居然招了一两千人愿意跟他走,于是就当上了营长。从东北海运到上海,编在沪军都督陈其美麾下,并升为团长。

1913 年,张宗昌升任江苏陆军第三师师长。

二次革命时,张宗昌第三师被派往徐州防御袁世凯南下的北洋军。然而,张宗昌却在前线倒戈,投降北洋将领冯国璋,从此成为直系一部。张宗昌成了冯国璋的副官长,兼军官教导团团长。

袁世凯称帝后,东南方面最不放心的,就是上海的陈其美。陈其美的青帮势力庞大,不仅是袁世凯的眼中钉,也是镇守南京的冯国璋的眼中钉。所以,袁、冯二人虽然在称帝问题上离心离德,但在排陈方面,却是一致的。

更何况，当初袁世凯的铁杆心腹、镇守上海的郑汝成，就是陈其美派人杀死的。老袁必欲除之而后快。

于是，袁世凯派人物色刺杀陈其美的人选，曾经做过陈其美下属的张宗昌便被相中了。

这个时候，陈其美因为组织一连串的反袁起义遭到失败，经费比较紧张。陈其美经济窘困的情况被袁世凯的爪牙知道了，于是，他们决定从这里入手。

陈其美在上海势力非常大，且活动非常谨慎。要想刺杀，就得先接近他，使其放松警惕。张宗昌到达上海后，虽然携带着袁世凯给他的巨额活动经费，却在一段时期内没有办法，一筹莫展。

一个偶然的机会，张宗昌碰到了自己的同乡、曾在张手下当排长、又被老张革斥了的程子安。

张宗昌这个人，天性就挥金如土，有次回乡时，四邻八舍的亲朋好友全都得过老张的大洋，包括这个程子安的母亲，张宗昌也给过大洋，以示自己不忘本之意。程子安在家书中得知此事，非常感激。这次他乡遇同乡，觉得非常亲切。

聊天之际，得知程子安就在陈其美属下跑腿，并透露出自己很受排斥的情绪。张宗昌眼前一亮，机会终于来了。

第二天，二人在酒楼把酒言欢，酒酣耳热之时，张悄悄对程言明了计划，程觉得这是个升官发财的大好机会，欣然接受张宗昌的邀请，便开始布置刺杀计划。

二人在上海假装成立一个鸿丰煤矿公司，又收买了原同盟会会员李海秋。这样层层设套，布下大网。

李海秋找到陈其美，说这家鸿丰煤矿公司在广西有一块矿地，准备向外国洋行抵押借款，数字可达100万元。但外国商人要求必须有一位上海名流作保才肯提供贷款。事成之后，他们愿意拿出重金答谢作保之人。

其时，陈其美正苦于无法筹款，遂大喜过望。因而便不顾革命党人中提出的怀疑，决定促成此事，以解革命之需。

5 月 18 日下午,陈其美乘坐一辆黄包车,来到法租界萨坡赛路 14 号寓所。程子安、李海秋等坐定后,借口忘带合同底稿,要回去取。刚离开这个屋,门外早已埋伏好的刺客立即枪扫陈其美。

青帮大佬陈其美年轻时也曾暗杀别人,但想不到自己却也以这种方式告别了人世。

由于当时国家正乱,且陈其美被刺仅 19 天,老袁就一命呜呼,很长时间里也没来得及对陈其美的案件进行侦破。后来,1923 年,还是张宗昌自己说出了这段案情的内幕。

送命二陈汤

然而,袁世凯不管怎么挣扎,已经无力回天。而且,自己昔日信任的亲密部属冯国璋等人此时也是反袁之情益坚。

冯国璋既然表露出了反袁的态度,那么如果不把反袁进行到底,当袁世凯渡过难关之后,会如何对待自己呢?会老老实实地保持目前格局?还是会剥夺自己的既得权力?还是暗下杀手呢?这答案是明摆着的。

开弓没有回头箭,已经成了过河卒的冯国璋,不可能不奋力向前一搏了。

就在全国停战之时,冯国璋认为目前应该开个会协调北洋系内部关系,只有取得一致意见才能一致对外。

袁世凯自然是同意。只不过,他万万想不到,冯国璋是想在这次由自己主导的会议上,通过目前自己的实力,达到北洋系真正领袖的地位,然后通过别人之口,拥立自己成为收拾残局的人物,进而顺利登上总统宝座。

抱着这个想法,冯国璋给张勋和倪嗣冲打电报,请他们来南京开会商议国是。

大家在南京召开了几次会议,但都没有根本解决问题。因为冯国璋自己想成为举足轻重的第三势力,以待问鼎宝座;张勋却仍然念着清帝,从中浑水摸鱼;而倪嗣冲却仍忠于袁世凯,处处加以阻挠。会议发布出来的不伦不类的声明,招致各方面的一致痛骂。

就在大家各怀心事、互相瞎扯皮、袁世凯暗自庆幸南京会议的流产、自己又可躲过这一劫的时候,本为袁世凯心腹的陈宦宣布独立的电报发了出来,这像重磅炸弹一样,成了袁世凯的催命符。

5月22日,陈宦电报声明:我为了元首好,苦口婆心地恳请其退位,可是袁世凯竟然玩虚的,"自今日始,四川省与袁氏个人断绝关系,袁氏在任一日,其以政府名义处分川事者,川省皆视为无效。"

陈宦与袁断绝关系一电被认为是袁的送终电,袁接到这个电报后竟气晕了过去,当他醒来时,手拿电报,哆哆嗦嗦,脸色苍白,眼中流下了几行热泪,口中喃喃说:"人心大变,竟至如此。"

老泪纵横的袁世凯拿过笔来,亲拟一封电报:你们这么苦苦劝我,我退位不成问题,但我要骤然撒手不管,那么国事危亡,立时可见;因此目前应马上商谈善后问题。

不过,老袁虽然态度软了下来,但心里感觉却像有一块大石头,或者说一座山压在自己胸口,说不出、道不明、沉甸甸,又憋得要死,因为他始终对陈宦的背叛耿耿于怀。其实,"耿耿于怀"这四个字岂能形容得尽老袁的愤怒和失望,世间所有失望之词都找来也无法形容得出。

本来,在老袁的心中认为,哪怕世界上所有人都背叛我,你陈宦也不应该背叛我,我是多么信任你呀。

5月24日,袁世凯又发表一项申令,痛斥陈宦,大有剥其皮、食其肉之气。

骂完了小陈,随即任命川军第一师长周骏为重武将军,督理四川军务。

袁世凯真是太累了,超出了人的极限啦。

"天上浮云如白衣,斯须改变成苍狗。"变幻难测的人世,真比白云化作苍狗还来得快!

人世如此翻云覆雨,似纳兰说的:"等闲变却故人心,却道故人心易变。"也似刘禹锡的《竹叶词》:"长恨人心不如水,等闲平地起波澜。"

叹一句遇人不淑，识人不敏。

然而，此刻岂一个叹字能解决得了老袁心中的烦闷，抑郁成结，久积于肝，影响脾肾，老袁的天才饭量再也不行了，而且，他突然发现，自己尿不出来了。费了半天劲尿出来的点点滴滴，里面还渗着红色！

大事不好！

5月29日，袁世凯发表《宣布帝制案始末》，既是袁世凯死前的一份最重要文告，也是为自己帝制行为的辩解。他警告大家，你们不要把责任全推到我一个人身上，当初你们各省区军民长官对我极力推戴的文电都在我办公桌上放着呢，这怎么反倒成了我袁世凯权力欲膨胀了？你们哪个不是想攀龙附凤取得荣华？"近来反对之徒，往往造言离奇，全昧事实，在污蔑一人名誉颠倒是非之害小，而鼓动全国风潮，妨害安宁之害大，不得不将事实始末，明白叙述，宣布全国，以息谣煽，而维治安。"

自然，我们不能因人废言，里面有些话也确实有其道理，更何况是"人之将死，其言也善"呢？正如英国首相丘吉尔所说："世上充斥着谎言，然而最糟糕的是，这些谎言有一半是真的。"

不过，已经没有人听这些话了，只留待历史研究者慢慢地品读吧。

就在袁世凯发布《宣布帝制案始末》的同一天，湖南汤芗铭也发了电报一封，宣布独立。袁世凯彻底崩溃了。袁仰天叹息："吾不为帝位惜，吾为天下人心惜耶！"

许多发展得顺风顺水者，或是立过很大功劳之人，一般都会产生一个幻觉，觉得自己能力非常强大，可以处理一切复杂问题，遇佛杀佛，普通人更是自己随意支配的对象。这种偏见产生的后果是非常严重的，正如索罗斯所说：偏见所导致的错误会不断自我强化。这些人只有到了民意真正发威时，才发现，原来，自己什么都不是，下层的不支持，支撑自己爬升到高处的虚幻大厦，顷刻之间就会轰然倒塌。只有潮水退去的时候，才知道谁是光着屁股。只有到这个时候，你才最终发现，其实是最可笑的就是自己。

当支撑自己的那一个又一个虚假的链条终于无以为继的时候，就会引起多米诺骨牌般的连锁效应。这就是用矛盾维持平衡的最终后果。

宗教家管它叫因报果还,历史学家管它叫历史周期率。

本来,袁世凯从指挥不动北洋军、调不动段祺瑞和冯国璋两员大将时,就开始生病了。1916 年 3 月退出帝位前后,病情日益加重。最初是膀胱结石,因其不想依西医,便不住院、不手术。中医此时也已束手无策。

后人有副对联讽袁世凯,上联是"起病六君子",下联是"送命二陈汤"。这副对联甚是绝妙。六君子、二陈汤都是中药名,但用到袁世凯身上,恰好是袁身边的几个人。"六君子"是筹安会六君子、积极鼓动袁世凯称帝的得力干将;"二陈汤",指的是陈宦和陕西督军陈树藩、湖南督军汤芗铭。袁世凯最终的死,与这个"二陈汤"的反戈一击有直接关系。

人,可以接受敌人对自己的攻击,可就是受不了自己亲近的人对自己反戈。

普通人是这个心理,奸雄也是一样。

袁世凯,你好糊涂呀,普通人尚且知道"得意时,朋友认识了你;失意时,你认识了朋友"的道理,而你袁世凯在江湖风雨中混了一辈子,居然还不明白这个道理。得势时被人千吹万捧,失势时被人冷嘲热讽,这对于世界上最复杂的"人心"来说,不是太正常了么?你何必生这么大的气?

机关算尽太聪明,反误了卿卿性命。

袁世凯托孤

二陈汤催命药到后,袁世凯的结石病骤然转为尿毒症,下面不通。这大概就合了民国命理大师林庚白给他算定的:"项城命中,厥禄太多,禄可比之于食,肠胃有限,而所进过量,不能消化,积滞日久,必致胀死。"

尽管袁世凯极不喜欢西医,但此时的病情已由不得他了。大公子袁克定做主请法国医生贝希叶诊治,贝希叶为其导尿,仍未能转危为安。

据袁世凯的女儿袁静雪回忆,在给袁世凯导尿时,贝希叶大夫在袁世凯后脊梁扎了一针,接着便用五个火罐在后腰部位往外导尿,但是,导出来的不是尿,而是血水(可能是夹杂着血的尿)。

《古红梅阁笔记》载,袁世凯以前身体好的时候,早餐时是要吃掉 20 个鸡蛋,外加一蒸笼蛋糕的。彼情彼景,堪比天蓬下凡。来访客人看到这一场景,惊得目瞪口呆,私意叹曰:"余食之可供十日,无怪其精力过人也。"袁世凯还喜欢吃清蒸鸭子、红烧肉、肉丝炒韭黄,还有蹄髈和肘子。可是自从给"二陈汤"气了后,曾经拥有如此惊人饭量的袁世凯,其时已经水米难进,根本吃不动了。

一代枭雄袁世凯已经熬到了油尽灯枯之时,上帝开始给他数秒了。

袁世凯喝完中药,肠中乱鸣,忙令人扶到厕所。那个年代没有坐便器,袁世凯蹲坐不灵,竟一头摔入厕所,浑身沾满污秽。众多姬妾,只有平日寡言的第八妾叶氏不嫌脏,给老袁擦洗干净。

袁世凯老泪纵横,悲从中来,看来,真的不行啦,老天爷要召见自己了。

众姬妾和子女请安问疾,结果,几个儿子又吵起来了。

事情是这样的:

儿子们退出后,袁克文看大哥袁克定满不在乎,老爷子都这样了,他居然还这样没心没肺,便十分气恼。

袁克文问袁克定:大哥,你知道老父的病从何而起?

袁克定答:无非寒热相侵,因有此病。

袁克文本来没想当着病中老父的面吵架,可袁克定这么回答,袁克文的火当时就上来了。他指着袁克定发怒:要论病源,你就是祸首;父亲从事帝制,都是你怂恿起来的,而今帝制失败,各省纷纷独立,处处冷嘲热讽,父亲花甲之年,英明一世,怎能经受得住如此打击?

袁克定回答说,我曾禀告父亲,切勿取消帝制,他不听我的。结果让革命党人得寸进尺,现在又反对父亲做总统。这是父亲自己不明,与我何干?

这时袁克端也忍不住了,他对袁克文说,大哥素日无骨肉情,二哥你说他还有什么用?

袁克定也怒了:你们两个是孝子,那你们就奏请父亲把我杀了,将来袁家你来打理,财产你来继承,这下你们高兴了吧?

袁克端毫不相让,回敬道:皇天有眼,假如父亲做了皇帝,大哥做了太子,恐怕我等早就死无葬身之地了。

哥几个恶狠狠地在屋里吵,几乎要动起武来。病榻上的袁世凯拼力吼骂:我尚未死,你们便吵闹不休,你既害死了我,还要害死兄弟们吗?

骂完之后,便好一阵咳喘捣气。兄弟几个这才止住声,闭口退了出去。

本来,袁世凯病情虽然很重,但他仍坚持着在卧室里看公文,偶尔还会见一些重要的来客。可是,到了旧历五月初,老袁已经不能下床、不能办公、不言亦不食,昏昏然失去了知觉,一会儿醒、一会儿睡地过了一两天。正如袁静雪回忆:"他病得最严重的时刻,不过四五天……"

到了六月五日早晨,老袁忽然醒了过来,回光返照了。

他让袁克定赶紧把徐世昌叫进宫来。

袁世凯要托孤了。

托孤寄命,在中国有很深的传统。

能够托孤寄命之人,那都是平生最信得过的人,那也绝对是人品道德极高的人才有此殊荣。像刘备白帝托孤,把幼主刘禅托给诸葛亮,就是此例。

《论语·泰伯》中记述曾子的话说:"可以托六尺之孤,可以寄百里之命,临大节而不可夺也。君子人与? 君子人也 。"

人生中最大的事,莫过于生死二事。

晋代陆机在《吊魏武帝文》序中这样说:"夫始终者,万物之大归;死生者,性命之区域。是以临丧殡而后悲,睹陈根而绝哭。今乃伤心百年之际,兴衰无情之地,意者,无乃知哀之可有,而未识情之可无乎?"

纵使是奸雄,在其临终的时候,也和常人无异,多半考虑的是妻儿子女问题。

人们常把曹操和袁世凯相比,而成语"分香卖履"说的就是曹操临终遗命的故事。

《三国演义》第 78 回中写曹操临终前,取平日所藏名香,分赐诸侍妾,且嘱曰:"吾死之后,汝等须勤习女工,多造丝履,卖之可以得钱自给。"

曹操《遗令》也有正式记载:"吾婢妾与伎人皆勤苦,使著铜雀台,善待之。于台堂上安六尺床施缥帐,朝晡上脯备之属,月旦、十五日,自朝至午,辄向帐中作伎乐。汝等时时登铜雀台,望吾西陵墓田。余香可分与诸夫人,不命祭。诸舍中无所为,可学作组履卖也。"

还是陆机在《吊魏武帝文》序中说得好:"爱有大而必失,恶有甚而必得;智惠不能去其恶,威力不能全其爱。"即使你再怎么爱生命,最终还是要失去;即使你再厌恶死亡,结果死亡还是要来临。再有智慧的人,也不能抛掉他厌恶的死,再有威力的人,也没有办法保全他贪恋的生命。

袁世凯的最后时刻,就要到来了。

上九,亢龙有悔

人事如花,开必有谢。

正如日本《平家物语》的开头所说:"祇园的钟声里,人世的荣华无常。"

袁世凯这一生经历的太多,既有得到,亦有失去,但直到临终的前一天,他方知顺从天意,方知无力回天。

唉,放手吧。再也无力搏斗了。

徐世昌来到病榻前的时候,袁世凯神智很清醒,紧握着结拜大哥的双手哽咽道:老友,我将与你永诀了。

徐世昌眼见曾经纵横江湖无敌手的袁世凯,而今落到如此光景,已是油尽灯枯,也是心酸无比,只得安慰着,没关系,你这是小病而已,很快就会好起来的。

袁世凯知道时间已经不多了,他对大哥说:人生总有一死,不过我死在今日,太不合时。国事一误再误,将来仗老友等维持,我也顾不得许多了。只我自己家事,尽托老友,万望不要推辞!我的这些孩子们,知识既浅,阅历未深,以后全赖老友指导了。

徐世昌答道:诸公子多属大器,要是不嫌我老朽,我自当竭尽愚忧,以报答我们多年的知己之交。

袁世凯知道徐世昌是答应了,便把众儿子都叫过来,就像刘备临终前告诉刘禅对待诸葛亮要"事之如父"那样,嘱咐孩子们道:以后啊,你们遇到大小事宜,一定要向徐伯父请训,然后再行。徐伯父和我是至交,你等事徐伯父,要像事我一样,千万要记住我的话啊。

紧接着,由袁克定带头,遵着父命,长跪在徐世昌面前。

老袁就这样算是把孩子们的事郑重交到了徐世昌手里。

说了这半天,老袁有点儿力不从心了,喘气加重,歇了好一会儿才缓过来。

他让孩子们退出后,又把妻妾们喊了进来,老袁心里还真是不糊涂,他怕日后这群女人们不服从徐世昌对于袁家事务的调解,特意把女人们喊过来,告诉大家:我走之后啊,你们要是有疑难事情,尽可请我的老友前来协商,酌夺施行。如果你等不守范围,不守规矩,我会让徐大哥代为干涉。如果孩子们欺负了你们,你们也尽可找徐大哥帮忙解决。切记切记。

妻妾们答应、退出后,老袁拉着徐大哥的手,特意嘱咐,如果以后她们中有兴风作浪、欺凌老实姬妾的,请大哥一定代我裁处。袁世凯更念念不忘那个虽然平日寡言,但不怕脏累、为掉在厕所中的老袁擦洗身体的第八姬叶氏,请大哥多为关照。

交代了这些,老袁忽又想到了什么,不禁泪又流了出来,他拉着徐世昌的手,泣不成声:老友啊,我死后,这帮孩子们必将分家产,肯定会酿成绝大的争剧。我宗族中,没人能够排解这个纠纷,这事非大哥您出手不可。

徐世昌一看,这事儿可麻烦,涉及金钱利益的事,谁都会拼命争夺。这真让他很是为难。

袁世凯看出大哥的心思了,立即说道:你的意思我也晓得,我当立一遗嘱,让儿辈与老友面证,这样将来他们就无话可说了。

老袁命家人拿过纸笔,颤抖着双手,写一会儿、歇一会儿、思考一会儿，然后再写。费了半天劲，总算写成了。

老袁的这份遗嘱，里面如何分家产，写得很细、考虑得很周到，这里就不细述。有意思的是，不知老袁是刻意模仿刘备白帝托孤呢，还是年轻时《三国演义》读多了，他的遗嘱开头的语气，居然和刘备托孤相差无几。

我们先回忆一下刘备白帝托孤时的临终遗诏：

> 朕初得疾，但下痢耳；后转生杂病，殆不自济。朕闻人年五十，不称夭寿。今朕年六十有余，死复何恨？但以卿兄弟为念耳。勉之！勉之！勿以恶小而为之，勿以善小而不为。惟贤惟德，可以服人；卿父德薄，不足效也。卿与丞相从事，事之如父，勿怠！勿忘！卿兄弟更求闻达。至嘱！至嘱！

当了83天的袁皇帝也写道：

> 予初致疾，第遗毒耳。不图因此百病丛生，竟尔不起。予死后，尔曹当恪守家风，慎勿贻门楣之玷……

都到这个时候了，还在过皇帝瘾。语气上模仿得还是蛮像的。

徐世昌读完，便说"甚好甚好"。老袁又召孩子们进来，让徐世昌把这份遗嘱宣读一遍，大家都听着，大家都见证，然后用函封好，放在了自己的枕头旁。

袁世凯累了，已经不愿说话了，闭上了嘴，闭上了眼睛。徐世昌也起身告退。这时段祺瑞也前来问安，袁世凯已无力说话，由袁克定代为陈述一下病情，老袁只点头示意一下。

到底是多年的老部下，尽管二人有过后来的隔阂和争斗，但段祺瑞还是没忘记老领导，并给其以最起码的尊重。

刚直的北洋之虎还是重情重义的。

袁世凯又昏睡过去。回光返照之后，大家都知道这意味着什么。这一晚,夫人们全都在老袁的床前坐着、看着、守着。

到了半夜,袁世凯又睁开了眼睛,见妻妾们都在旁边,拉着元配夫人于氏的手安慰道:此后的家事,全要你主持了,你一辈子为人忠厚,我怕你不能驾驭全家,所以才将大事托付给徐世昌大哥。

又断续说了一些话之后,告诉家人:我死之后,扶柩回籍,葬我洹上……

洹上,就是当年袁世凯被摄政王载沣罢官时的隐居之地。真是树高千丈,落叶归根。

说完这些话,老袁又喝了几口水,又沉沉睡去。

鸡叫时分,袁世凯又从昏睡中疼醒,忽然瞪目呼道“快!快!”,然后舌头就僵住,说不出话了。袁克定一看,情知大事不妙,急命人通知徐世昌、段祺瑞入宫。

在袁最后弥留之时,口中断断续续地说“他害了我”四个字。

到底是谁害了他呢？是袁克定？是鼓吹帝制的人？还是反戈的部下？已经无从得知了。

陪袁世凯走完人生中最后一程的,到底还是自己的老部下:段祺瑞、王士珍、张镇芳、徐世昌,还有袁克定。

这个张镇芳,大家比较陌生,他是袁世凯的表弟。1885 年考取第一名举人(解元),光绪壬辰(1892)举进士,时年二十九岁。他有个儿子叫张伯驹,比他老子有名。

徐世昌眼见得袁世凯是真的不行了,轻声问道:“总统还有什么交代?”袁世凯揭着气,断续地说出“约法”两个字。

大家听了之后很茫然,这是什么意思？

袁克定明白了,抢着说:“金匮石屋?”

大家看着袁世凯。老袁似点头非点头地动了一下,已经完全说不出话来了。

1916 年 6 月 6 日早晨 6 点左右(旧历五月初六),本是一个六六大顺的日子,上帝对袁世凯掏出了红牌,刚刚度过这个端午节的老袁便中途退场,撒手归去,享年 58 岁。

"恨只恨我,读书时少,历事时多。今万方有事,皆由我起。帝制之误,苦我生灵,劳我将士,群情惶惑,商业凋零,如此结果,咎由自取。误我事小,误国事大,摸我心口,痛兮愧兮!"退场前,袁世凯留下这样一封遗书,在他身后则是混战十年不已的军阀割据时代。

这里有件事情还要重点说明一下。

袁世凯退位前,不管是退位诏书、还是遗书,里面都说自己的不好,并没有说别人的不是。虽然临终前模模糊糊地说了句"他害了我",但毕竟没有把那个"害"他的人怎么样,这是非常难能可贵的。

有的人可能不理解,袁世凯这样做就值得夸了?许多人会以为袁世凯实在没脸指责别人,这么想就大错而特错了。

文化学者马未都说过这样一句话,我们的文化是推卸文化,我们从小所受的教育就是推卸教育,所以"有责任有问题有错误一定要找到一个推卸方,推卸到他身上。"其实这句话并不只是我们文化的事,这应该是人性深处的问题,不管是幼儿园小孩儿打架,两口子打架,还是政治上打架,乃至于国际关系上的打架,莫不如此。

尤其是对于领导来说,这种行为就更司空见惯了。绝大多数所谓的领导,都有一种转移责任的能力,功归己,过归人,反正就是不认错,这样的例子实在是太多,都不好意思举。

但是袁世凯却不是这样做的。

据载,袁世凯退位前,让自己的文胆、机要秘书张一麐(麟)起草退位诏书,而且是袁世凯自己写好了草稿,只是让张秘书润润色。

在北洋史上,张一麐是位敢直言、有风骨的才子,而不是见风使舵的小人。但他此时却对袁世凯说:"此事为小人蒙蔽"。

这虽说有安慰老领导的意思,但也道出了部分实情。

早在帝制正盛的时候,张一麐就曾警告过杨度,你不要忘了汉景帝和晁错的故事,如果袁世凯称帝不成,会杀了你以谢天下。

然而,袁世凯却直接说:"此是予自己不好,不能咎人"。

张一麐把起草好的撤销帝制令交给袁世凯审阅时,袁世凯把谴责帝制派的语句全部削去,改称自己"诚不足以感人,明不足以烛物,予实不德,于人何尤"？错了就是错了,与别人无关。

历史上,不要说国家元首在政策出错时,会找几个替罪羊杀杀以平众怒,即使是小领导办事不力时,都会把责任推给别人。但是,袁世凯真的没有这样做,他没有把鼓吹帝制的那些人揪出来当替罪羊,而是把责任全揽归自己。

目睹心力交瘁的老领导,张一麐暗竖拇指,感到袁世凯"犹是英雄气概也"。

读史至此,我们不能不对袁世凯竖大拇指,正如张一麐所说,他确实不失为一个真英雄!

试问如此行事、如此胸怀、如此气度、如此担当,史上几人能够？

真真让人击节赞叹。

袁世凯,你真是个爷们儿,纯爷们儿,纯的!

接力棒递给谁

现实性在其展开过程中表现为必然性。

当袁世凯费尽毕生精力,终于爬到他当初想都不敢想的最高位置,胜利地把那顶帽子往头上一戴的时候,想不到却是胜负之分,已成定数。从现实的琼楼最上层,一下子穿越时空,跌入了万劫不复的历史的深渊之中。为他来收拾残局的,就是早就虎视眈眈的北洋之虎段祺瑞。

袁世凯临终前说的"金匮石屋",是指模仿清代康熙皇帝指定皇位继承人的方式,把继承人的人选事先写好,藏在"正大光明"匾后面,待皇帝归天后再取来告知谁是新主。

袁世凯制定的袁记约法中规定,关于继任总统问题,由现任总统提名三人,写在一张名单上,藏在金匮石屋,待总统死后取出来,在三位候选人中选一人继任总统。这是一种任命加选举的新型继承方式,而且也算是依"法"办事。

金匮石屋的钥匙共有三把,由总统、总理、参议院院长各执其一,三把钥匙中需要有两把配合起来才能把"石屋"打开。

稍微出人意料的是,袁世凯死后,金匮石屋打开了,总统继承人的名单上并没有传言中的袁克定,倒是依次写着"黎元洪、徐世昌、段祺瑞"三位。

袁静雪回忆说,老袁昏迷的时间也就是 24 小时,他至死是清醒的,看来是真的。这个人事安排就很清醒。

袁世凯对继承人的安排,大有深意,很有水平,确实一点儿也不糊涂。

徐世昌多聪明呀,他看了一眼老袁的安排,立刻就明白了。

当时时局最大的问题是什么?那就是乱成一团,南方独立,北洋系威信下降。那么,这个局势谁来收拾最好?是由北洋系自己收拾旧山河?北洋鼻祖、龙头老大尚且矛盾重重、困难多多,其他人想收拾这个局面,根本没有可能——这不是夸张,看一下袁世凯去世后中国的十二年乱局,就会明白这一判断。

而且,试想一下,假如由徐世昌自己来任总统,兵权不在自己手里,而是在段和冯手里,怎么收拾局面?

那么由段祺瑞来当总统,行不行?在这个时候,只要是北洋系的,南方独立各省估计反对的几率更大,而北洋系内部,冯国璋的圈子就不会同意,冯和段二人中,不管是谁,一伸手都能够到总统宝座的话,他们肯定会互不相让,互不服气。

所以,徐世昌对袁世凯的人事安排暗竖拇指。他思考了一下,缓缓地说道:现在南方独立,收拾时局是一件极其艰难的工作,依我的愚见,根据《约法》,应推副总统继任。

徐世昌说到这儿的时候,怕伤了段祺瑞,赶紧补充一下:当然,这只是我的个人意见,究竟怎么办,还是听段总理的吧。

段祺瑞虽然没有徐世昌那么玲珑剔透,但也是智商相当高的人。他琢磨琢磨,也琢磨出味道来了。

自己虽然实力强劲,大权在握,但真的有能力一统天下吗?即使统一天下,会不会像老领导袁世凯一样,勉强得到了想要的东西,自己的威信、信誉却在人心中失去?得到的同时就已经失去了?

而且,此时来看,老领导袁世凯已经安排黎元洪为第一候选人了,这就符合了袁记约法的规定;即使按照《临时约法》的规定,副总统也是总统不在时候的当然继承人,也合法。从哪个角度看,黎元洪都是合理合法的总统继承人。

老领导这么安排,应该是在救北洋系,也是使自己避开风口浪尖。而且,袁世凯一点儿也不糊涂,明白实力在谁手里,不管是谁当一把手,真正的实权,肯定是紧紧操纵在段祺瑞自己手里。那么,舍其名而取其实,又何乐不为?光绪是皇帝,又如何?慈禧太后一直坐在帘子后面,但那实际又如何呢?

此刻,由黎元洪来过渡,护国军会同意的,兵戈则不会再起。徐世昌和自己都不争一把手宝座了,冯国璋就不会冒天下之大不韪。而黎元洪没有了自己的子弟兵,那么虽然当上总统了,以后还不是得听自己的?

段祺瑞就这样盘算了约有一刻钟,他不吱声,别人谁也不吱声。

最后,段祺瑞终于下了决心,深吸了一口气,站起来说:很好,我和相国的意见一致,拥护黎元洪当总统。

众人对袁世凯简单祭拜了一下之后,段祺瑞看到了张国淦,他是袁系中代表袁和黎联系的人,就拉着他说:随我来,我们去看副总统去。

北洋之虎段祺瑞平常话就不多,此次眼看盼望多年的一把手的宝座坐不上,还要送给自己看不上眼的人,虽说自己是首肯了,但心情估计也高兴不起来。而当前的形势,却又非拥黎不可,这就是形势比人强。因此,他在由中南海到黎元洪住的东厂胡同这一路上,始终板着个脸,一言不发。

到了黎寓所,张国淦抢先下车向黎副总统报告:总理来了!

接着又报告一句:总统过去了!

紧接着,黎和段这一对冤家演出了一幕哑剧。

进入客厅后,黎和段分坐桌子两边。段向黎欠身鞠躬,黎也欠身答礼。然后二人谁也不说话了。张国淦更不敢吱声。

场面非常尴尬。

就这么端坐了近三刻钟,段祺瑞起身半鞠躬告退,黎元洪茫然起身送客,却不明所以。

走到门口,段祺瑞对张国淦说了句:副总统方面的事,你来招呼。

看来,段祺瑞是真不喜欢让黎元洪来当这个总统,都这个时候了,还管他叫"副总统"。

张国淦这才敢说句话:那国务院这里呢?

段祺瑞说:有我。

转身上了汽车。

6月6日袁世凯去世的这天,北京城内是紧张而混乱的。北洋系的军人听说总统位置要让给黎元洪,都不干了,一起来国务院追问。

北洋系的中高级将领把段祺瑞包围了,他们情绪非常激动,坚决反对北洋系以外的人当总统,大家跟着老大打天下这么多年,胜利果实怎么能拱手送给别人? 即使段总理不当总理,由徐世昌当总统也行,那也是我们北洋系的老人,会与我们一条心。

一边是袁世凯尸骨未寒,一边是北洋将领乱哄哄,6月6日这一天可真不平静。

但是,段祺瑞是想明白了,明白袁世凯这样安排的用心所在,他已定下心来不当总统,要当实权总理。因此,6月6日下午,国务院以袁世凯遗命的形式发布一则公报:

> 不意感疾,浸至弥留。顾念国事至重,寄托必须得人。依《约法》第二十九条:大总统因故去职,或不能视事时,副总统代行其职权。本大总统遵照《约法》,宣告以副总统黎元洪代行中华民国大总统职权。副总统恭厚仁明,必能弘济时艰,奠安大局,以补本大总统之缺失,而慰全国人民之望。

段祺瑞此举,大概是想借袁世凯的威望来镇抚北洋将领,让他们接受黎元洪继任总统这一事实。但是,北洋系将领仍然不甘心,仍然在国务院这里围着段祺瑞闹。

这天晚上,陆军次长蒋作宾(黎元洪的湖北老乡)给黎元洪打了一个电话,告诉他"外面情形很不好"。

黎元洪一听,心里更没底了。袁世凯活着的时候,自己已经被剥夺了自由,成了北洋系砧板上的鱼肉。袁世凯没有了,与自己一向不睦的段祺瑞掌握了国家实权,历来皇位更迭、权力交接的时候,很少有不发生流血的,北洋系这些骄兵悍将在外面如此闹,那么会不会发生兵变,这都很难说。

再一联想段祺瑞上午来时板着脸不说话的态度,谁都明白他是不高兴的。

黎元洪真的有些恐惧了。权力那个东西给我了又如何?没有兵权,没有实权,还不是听人摆弄?保命要紧哪。

想到这里,黎元洪赶紧对张国淦说,快给段总理拨个电话,我有话跟他说。

结果国务院接电话是段的副官,回答说:总理没工夫听电话。如果有事,请过来谈。

黎元洪更发毛了。他不顾现在是午夜,为免夜长梦多,赶紧对张国淦说:去,去,你快点去告诉段总理,我不要当总统!我不要当总统!

黎大总统就任

黎元洪这个人,就是这么怪,想必就是有传说中的"官运"。只能是再次引用一遍隋炀帝那霸气的宣言来说明了:我本无心求富贵,谁知富贵迫人来!

当初武昌起义时,他开始并没想支持革命军,直到把他从桌子底下拉出来让他当都督,他都不干,口里说着"莫害我,莫害我"。结果阴差阳错地成了首义元勋。

这次他不想当有名无实的大总统,可结果,总统职位偏偏要让他坐。

看来,应该替黎元洪说:我对官位本无兴趣,可官位却对我兴趣甚浓啊。

张国淦受黎元洪之托,匆匆赶到国务院,虽是午夜,可国务院却灯火通明,人来人往,忙得不亦乐乎。尤其是总理办公室,坐满了北洋系的军人,也不知在议论争吵些什么。

段祺瑞看张国淦过来了,知道他的目的,就把张拉到另一间小屋里。张国淦急着对段祺瑞说:"副总统要我过来问问这边情形。"

段祺瑞傲慢而坚定地说:"我姓段的主张姓黎的干,我说了就不改变,不管有什么天大事情,我姓段的可以一力承担,与姓黎的不相干。"

张国淦看了看段祺瑞办公室里的其他北洋军人,一脸茫然地回复黎元洪去了。

张国淦赶回东厂胡同黎元洪公寓的时候,黎元洪正急得像热锅上的蚂蚁一样。张国淦把段祺瑞支持他当总统的话复述了一遍。黎元洪略略放下心来,不过也是非常茫然。他知道北洋系将领根本没把他放在眼里,平常一向看不起自己的段老虎这是念的哪门子经啊?放着总统宝座,他自己不坐,非给别人坐?

整个晚上,黎元洪就躺在沙发上半睡半醒地度过了。

对于北洋系这些气焰嚣张的军官们,段祺瑞的话既不能说得太露骨,那样自己的私心就暴露了,又不能说的不明不白,那样大家就更不明白了。这可真是为难了一向话少、只择重点说话的段祺瑞。他费了好半天唇舌,总算让大家明白,不管谁当总统,实权仍在我们手中。他黎元洪不是当总统了吗?那我们干脆来个"责任内阁"制,由总理说了算不就行了吗?

终于,这一夜平安过去,什么也没发生。

6月7日上午十点,部分阁员来到黎元洪的东厂胡同,黎大总统的就职典礼就在这里举行。

不知道这算不算段祺瑞有意安排的。总统就职,在他自己住的公寓,怎么听着,都不对劲。这种故意降低格调的仪式,那不是故意给人难堪吗?来参加就职仪式的人也不多,仪式上也就是在厅里挂了几面小红旗。

而这样的一件大事,对于普通市民来说,"几不知其为新总统就职之日也"。大家不知道除袁世凯去世之外,还有新总统就任这一码事儿,因为对外界来说,根本没有看到什么就职仪式。

黎元洪就是这样戚戚惨惨地发表就职演说,成了大总统。

话不说不透,理不辩不明,许多事如果不点破,虽说是仅隔着一层窗户纸,可人们仍然是看不透。

黎元洪继任,不管怎么说,这项人事安排,是袁世凯临终前做的一件非常英明的事。为什么这样说呢?

因为,历来权力交接、王位更替,都是一件非常棘手的事,遍查中国几千年历史,王位能够顺利交接的朝代,少之又少,有的时候是表面平静,而内里翻江倒海;有的时候干脆就箭上弦、刀出鞘,杀它个血流成河方才罢休。

特别值得一提的是,袁世凯去世之前,中国已经陷入内乱,南北拔剑相向,刀兵四起,北洋系内部也四分五裂,各自按照实力自然形成山头,尤其是段祺瑞和冯国璋,北洋系的虎豹双雄,铆足了劲准备冲击总统宝座。此时的权力交接,形势非常凶险,这是极易给国家造成巨大动荡的时刻。

袁世凯非常清醒、非常巧妙地使出了一招四两拨千斤,手下的几员大将也立刻明白了这一招式的厉害和精妙之处,接受了老领导的最后安排。至少在权力交接时刻,袁世凯使国家保持了稳定,这一点,历史是不能忽略和遗忘的。

要说事情还真是奇怪,袁世凯在位的时候,大家因为权力问题而离心离德,领导和部下闹崩,带头大哥和跟班小弟闹崩,虽然没明着打起来,但暗中的较量却也非常激烈。

可是袁世凯死了,这些北洋旧将,尤其是跟袁世凯已经闹崩的段祺瑞和冯国璋,却对老领导表现出了足够的尊重。

段和冯对袁的尊重,一是确实打天下时的多年积累的感情;二是出于维系北洋系整体利益的考虑,从政治权谋上说,要想北洋系不倒,还得有一杆大旗竖起来,这杆旗上面的大字,既不能是段的,也不能是冯的,只能是袁的。只有袁才有这个凝聚力和号召力。他们这样做给下属们看,既尊重了领导,表达了旧情,又取得了凝聚人心之效。对于一个玩政治的人来说,这一点不可能想不到。

另一个因素,就是有兔死狐悲、物伤其类之感。因为老冯虽是老袁的下属,他们其实是同龄,老段也比老袁小不到几岁。人常说,不管什么样的官员或普通人,只要拉到两个地方去转转,必定深受教育,一是监狱,二是火葬场。因此从这个角度来说,段和冯眼见着威风凛凛的老袁晚景尚且如此凄凉,心中不可能不百感杂陈。

而黎元洪,这个饱受袁世凯精神折磨的人,也对袁世凯表示了足够的尊重。

民国时期,社会氛围还是非常宽容的。当初清帝退位时,袁世凯就没有表现出改朝换代时胜利者通常所表现出来的那般残忍。而此时袁世凯去世,黎元洪也没有像伍子胥对待楚王那样鞭尸,而是给了这位民国缔造者以最起码的尊重。

黎大总统上任就发布了一道命令:"民国肇兴,由于辛亥之役,前大总统赞成共和,奠定大局,苦心擘画,昕夕勤劳。天不假年,遘疾长逝。追怀首绩,薄海同悲。本大总统患难周旋,尤深痛怆。所有丧葬典礼,应由国务院转饬办理人员,参酌中外典章,详加拟议,务极优隆,用副国家崇德报功之至意!"

当然,黎元洪这么做,自然有他的考虑,他已经失去军权和自己的子弟兵了,只是一个总统的空壳,或者说是一个牌位。不管他怎么恨袁世凯,而此时,即使借他个胆子,他也不敢骂袁世凯,那北洋系的官兵们非吃了他不可。

君不见,《三国演义》中,曹操每次死个谋士或部将,都会大哭一通,祭奠一番?为什么呢?还是毛宗岗看出了要害,在毛宗岗批注的三国中写道:"操之哭典韦,非为典韦哭也。哭一既死之典韦,而凡未死之典韦,无不感激。此非曹操忠厚处,正是曹操奸雄处。"一句话,如何对待死者,是给生者看的。政坛的太极高手黎元洪此举,不可能没有这番考虑。

另一点,我们也不能只从权谋角度来思考问题,从黎菩萨自身来说,他是个随和宽厚的人,面子上的与人为善,是他的特点之一。这一点不是臆测和夸他,因为他在任上做过许多让人称道之事,包括大胆起用非自己党派的蔡元培任北大校长,这些都不是一般的领导能做到的,是需要远见卓识和宽广的胸怀的。

发布完对袁世凯的褒奖评价之后,接下来的事,就该处理袁世凯的后事了。

君宪与明公

如何对待前任领导,在相当程度上考验着继任者的政治智慧。继任者能不能收拢住人心,有没有表现出自己的胸襟和品性,能不能坐稳这个位置,通过追悼会一事都能看出来。

应该说,黎元洪在评价袁世凯这件事上,运用自己一贯圆柔的手法,处理得还是不错的。

袁世凯去世后的 27 天里,国务院一直下半旗志哀,文武百官停止宴会 27 天,民间停止娱乐 7 天,一切按照清代皇丧办理。

老袁的身体本来就是粗胖,而死时又近夏季,身体暴胀,没有合适的寿衣可穿,不得已罩上了称帝时宽大的冕服。

这个提议,是袁世凯的夫人于氏提出的。她悲凄地说:他活着的时候没穿到,如今人走了,把这衣服给他穿上吧。

大家碰了一下头,虽说这么做有点儿不好,但这是藏在棺内之事,且这么做也给他的皇帝梦一个安慰奖。于是,那个大龙袍就给罩上了。

袁世凯的追悼会虽然就他本人来说很是凄凉,但部属们也尽最大可能使其享受到哀荣和风光了。此中无需多言。但是有几副挽联,里面很有文采,也很有深意,还是要提一提的。

黎元洪总统送上的挽联是:

华夏日重光,回思缔造艰难,亿兆生灵应感泣;
勋名天不朽,太息受终危急,万几擘画失师贲。

黎元洪虽然对袁世凯有恨,但是在挽联中说的"回思缔造艰难"一句,倒应该说是理智、中肯的评价。清室崩塌,民国草创,国家没有陷入分裂,尽最大可能地守住了疆土,使中国没有像当年大唐灭亡之后陷入五代十国的乱局之中,这个艰难,这份功劳,后人不应该忘记。平心而论,当时除了袁世凯,没有哪派势力能够做到这一点。

冯国璋给老袁的挽联是:

为天下痛,更哭其私,一柱存亡关气运;
如四时行,成功者退,千秋华夏仰威灵。

这句联有些半捧半批的味道了,特别是上联,意思是说,您本来身居关系国家兴亡的职位,却因为私心而败,我老冯真是既为天下苍生哭,又为您而可惜啊。

而杨度的对联,就更值得琢磨了:

共和误中国? 中国误共和? 千载而还,再评此狱;
君宪负明公? 明公负君宪? 九泉之下,三复此言。

杨度的意思,就是同一时代人没法看清长远,"千秋功过,留与后人评说"了。而且杨度的几句,也是意味深长:到底是共和搞坏了中国? 还是中国把共和搞砸了? 到底是君宪制有负您(指袁世凯)呢? 还是您负了君宪制? 等着百年千年之后,把历史的眼光放长远,再来评价吧。

据凤凰卫视的历史纪录片《袁氏当国》的讲述,杨度参加追悼会献上挽联,随后在回答记者提问的时候,他是这样回答的:有句老话说勿以成败论英雄,我之所以摒弃共和,主张君宪,是考虑到在目前中国的条件之下,实行欧美的民主共和办法会导致政令不一,地方割据,军阀混战,民不聊生。今日民主共和制似已取得胜利,切请诸位拭目以待,看日后会不会出现我所预言的局面。君主立宪制随着袁世凯之死而死,死的其实不是一个,随后共和亦死。

杨度的话,有没有道理呢?

民国过去一百年了,这件事还没有分清呢,看来真得千载。

不过,杨度的话中有一句对了,袁世凯死后,不仅君宪死,共和亦死了。因为,共和制在当时的中国行不通,孙中山也从"以美为师"走上了"以俄为师"的道路。

而袁世凯生命的最后时刻,给自己写了副挽联,也是值得咀嚼的:

为日本去一大敌;

看中国再造共和。

如果不去褒贬它,单从字面上来看,袁世凯自己以为,恢复帝制可以避免骤然民主带来的一盘散沙局面,可以加强中国的统一,避免日本攫取中国主权,没想到却得不到下属的理解,弄得众叛亲离。而今袁世凯被骂死了,其结果便是"为日本去一大敌"。袁世凯认为,自己才是最能抵抗日本的。

"看中国再造共和",这句话听着有点儿负气味道了,看你们能不能把共和造成。

其实,历史再假设一下,在那个年代,即使完全没有所谓的军阀们,即使完全是孙中山领导的革命派当政,那么共和会不会成功呢?

当年报界有个名人杜亚泉曾经分析过,共和建立之后,一般国民对共和原理并无理解:

就大多数国民之心理观之,则共和政体之发生,仍依据于事实,而非根本于原理。盖事实问题者,以厉害为标准;原理问题者,依是非而判别。而吾国民对于共和政体之观念,乃歆于事实上之所谓利,非动于原理上之所谓是也。……我国民之推翻专制创立共和者,固欲于事实上维持国家之势力,非欲于原理上主张天赋之人权。

历史就是这么复杂,民心也是如此复杂,重要历史人物更是这么复杂。

共和,真的能成么?

还有一副挽联，不是给袁世凯的，本来是徐树铮后来写给孙中山的挽联，但有人把这副联挪给袁世凯，因为里面的联语确实有一部分适合袁世凯，所以取过来套用给袁世凯：

百年之政，孰若民先？何居乎一言而得，一言而丧；
十载以还，使无公在，正不知几人称帝，几人称王？

上联形容孙中山，百年大政，什么也不如民主，把人民居于首要位置。

但下联，如果形容袁世凯，还真像：十年以来，要是没有您在，真不知几人称帝、几人称王、多少个人拉山头当军阀了。

这句话本来是建安十五年（210），56岁的曹操完成统一北方的大业时发布的《述志令》中之名句，借以表明自己的本志，反击朝野谤议，还表达了以平定天下、恢复统一为己任的政治抱负。"设使国家无有孤，不知当几人称帝，几人称王！"写得坦白直率，气势磅礴，表现出政治家的气度和见识。

试想一下，在当时条件下，如果没有袁世凯，可能在清室灭亡后，国家就真的会立即陷入军阀割据的混战状态。

所以，把这副对联挪用到这里，还是有一定道理的。

追悼会结束，袁世凯终于离开北京，回归故里了。

遵照袁世凯生前遗愿——葬往彰德洹上，冷清的洹上又开始忙乎起来。

洹上，因袁世凯于1909—1911年在此隐居而闻名，后几年，这块地方有些寂寞，便提前把主人袁世凯给召回来了。

袁世凯死后的第27天，继任总统黎元洪将灵枢送出新华门，他向灵枢行了三鞠躬礼，由2000人组成的海陆军仪仗队为灵枢开道，灵枢换上80人的"皇杠"。在101响礼炮声中，载着灵枢的专列缓缓驶出了北京，开往彰德。

袁世凯墓称"袁公林"，这是徐世昌给提的名字。

本来，老袁入土后，长子袁克定想请世伯徐世昌题写"袁陵"二字。

水晶狐狸徐世昌一琢磨,不行,陵乃帝王之墓之意,而令尊生前称帝未果,取消了"洪宪"年号,此时用"陵"的话,会挨骂的。

徐世昌开始忽悠袁克定,据《说文解字》来看,陵与林可以互用,因此,避陵之嫌,但有了陵之实,就称"袁公林",如何?

袁克定只得应允。

一切都结束了。

一个时代的篇章,暂且画上个句号。

不过,袁世凯想当帝王,去世时却连个"陵"字都没捞着;孙中山啥也不想要,去世后却得了"中山陵"。

后人给画的句号,真是有点儿意思。

群龙无首

茨威格在《拜占庭的陷落》一文说:"在历史上,就像在人的一生中一样,瞬间的错误会铸成千古恨,耽误一小时所造成的损失,用千年时间也难以赎回。"

袁世凯就是这样。不仅自己的一世英名毁于一旦,而且百年以降,人们仍然不宽恕他。

曾经威风八面的袁世凯就这样凄凉地回到了洹上,走进了历史。

人常说"盖棺定论",其实,盖棺就能定论吗?

有的人,没盖棺就能定论;有的人,盖棺即能定论;有的人,盖棺一百年了,却仍不能定论。

曹操死时,罗贯中在小说中写入长诗的最后四句:"古人做事无巨细,寂寞豪华皆有意。书生轻议冢中人,冢中笑尔书生气。"

一百年来,百分之九十九的人在骂袁,百分之一的人在赞袁,不管是多少评价,有几人能真正理解袁呢?

凤凰网"袁世凯"专栏有这样一段话,比较中肯:"细想想,袁世凯并没有违反民族大义、卖国当汉奸,他的所作所为,只是不恰当地进行了一次政治体制的改革,开了惯常所谓的倒车而已,而且这个所谓的倒车,退得实际上也有限,绝非像后来人们批判的那样,退到清朝新政之前去,他的帝制不过是君主立宪而已。"

人民网的人民论坛曾于 2012 年 5 月 16 日刊载了民革中央办公厅蔡永飞先生的文章《袁世凯的贡献为何不被历史承认》，里面有这样一段话：

其实，如果说辛亥革命带来了民主的时代潮流的话，那么袁世凯所"逆"的是孙中山革命党人所倡导的民主的形式，而并没有"逆"其民主的实质。袁世凯的皇帝是"立宪皇帝"，这个"皇帝"和中国传统文化中的皇帝的含义是不可同日而语的，"洪宪皇帝"所受制约的程度并不亚于孙中山和蒋介石的"军政"、"训政"，至今看来也是十分难得的。

不知这两段话，可不可以算作知老袁的话。

不管怎么说，我们在评价历史人物的时候，有必要重温两段话。一是列宁的话，二是习近平的话。

列宁指出："批判历史的功绩，不是根据历史活动家没有提供现代所需求的东西，而是根据他们比他们的前辈提供了新的东西。"（《列宁全集》第 2 卷，第 150 页）

习近平指出："评价历史人物应该放在其所处时代和社会的历史条件下去分析，做到'六个不能'，即：不能离开对历史条件、历史过程的全面认识和对历史规律的科学把握，不能忽略历史必然性和历史偶然性的关系；不能把历史顺境中的成功简单归功于个人，也不能把历史逆境中的挫折简单归咎于个人；不能用今天的时代条件、发展水平、认识水平去衡量和要求前人，不能苛求前人干出只有后人才能干出的业绩来。"

这才是科学、理性、唯物、辩证的历史观。

人们终于把袁世凯骂死了，大家终于可以长出一口气了，天下终于可以太平了。

可事实真的是这样吗？

要想了解一个人的存在有多么重要，他存在的时候看不出来，要等到他离去的时候，才能开始看出来。

以国人所熟知的《红楼梦》中故事为例，当王熙凤身体不好，贾探春出来主事时，那些丫环小子老妈子之流，哪个是省油的灯？哪个不想欺负她几下？哪个不想"民主"？如果没有一个镇得住局面的人出来主事，结果会是什么？那贾母、王夫人等人为老太妃送灵而不在家时，整个一座贾府的下人们折腾成什么样？正如鲁迅先生曾经尖锐地指出："底层的人们，也会互相伤害的。他们是羊，同时也是凶兽；但遇见比他更凶的凶兽时便现羊样，遇见比他更弱的羊时便现凶兽样……"（《华盖集·忽然想到七》，《鲁迅全集》第三卷，第 46 页）

这个例子和鲁迅的比喻，如果用在后袁世凯时代，是再恰当不过的了。休要说那些一方诸侯想自己说了算，就是最底层的阿 Q 们，也会趁机打打吴妈或小尼姑的主意，"和尚动得，我动不得"？

也许有人会轻松地说，这有什么，天下大事，合久必分，分久必合，大乱到一定程度，肯定会走向大治，这是历史发展的规律。

其实，持这种抽象的社会进化论论调的人，根本就没动脑子。历史本身及其发展过程的复杂性和曲折性远远超出旁观者们的想象。

当然，这里绝不是推崇旧制，只是想说明，当你看见别人住了新楼、而你还没有能力去建的时候，千万别嫌自己的茅草屋破而把它拆了，那就"流离失所"了。拆房子容易，几分钟就可以推倒，但要建起来，却是一枝一叶都得费极大心血。

这也就是博弈论上著名的"两害相权择其轻"理论。

袁世凯在的时候，给大家吃馄饨，大家不高兴，因为美国人吃的是"牛排"，吃的很有档次，很有文化。于是，大家把不会做"牛排"的袁世凯大厨给骂死了。

可是，骂死了袁大厨，后来的几位"厨师"们，要么就是把美式"牛排"烧个"一分熟"，血淋淋地端了上来，要么就是把中式的馄饨皮儿与馅儿搅在一起，整个局势就成了一锅碎粥了，全成馄饨糊了。甚至，连糊都没有了。锅都砸碎了，还得花十几年新铸个锅。

袁世凯是不好，是有毛病，但是当时缺了他，再也没有任何一个人，没有任何一派势力镇得住大局；袁世凯一死，不仅君宪死，共和亦死，已无人有能力再从头、收拾旧山河。北洋世界，自此天下大乱。

萧功秦教授对于袁世凯的死和当时中国的局势发展，有这样一段精辟的论述：

袁世凯权威政治夭折的另一个重要因素是他的突然死亡。他在四面楚歌中重新恢复了总统制，本来他仍然有可能在帝制失败后继续做他的终身总统，至少当时的政治反对势力还没有足够强大到能直接推翻他的统治。他得了尿毒症不治而死使中国迅速进入了群龙无首政治真空时期，庇护制度下的组织结构的特点是"恩主"与"受庇人"之间的纵向的私人效忠关系。各受庇人之间并没有横向的聚合力。一旦袁世凯逝世，袁世凯手下那些具有不同政见与利益的部属之间，如段祺瑞、冯国璋、张勋之间由于缺乏解决冲突的妥协机制。所以发生矛盾时，极易走向武力冲突与抗争。

梁启超先生在其鸿著《李鸿章传》开篇的第二段中，对李鸿章曾有这样的惋惜："吾敬李鸿章之才，吾惜李鸿章之识，吾悲李鸿章之遇！"那么对于乱世枭雄袁世凯，是否也可以套用这三句话来形容一下呢？尽管许多人不情愿这样比附，但应该说，这三句话用在老袁身上，也不为过。

翻阅北洋史，每次读到袁世凯死这段历史时，心里都会莫名地涌上无限悲哀。不仅是为袁世凯的死悲哀，也不仅仅是为他的心思不为人所理解而悲哀，而是诸多阴差阳错、误解连环、错上加错，看得让人揪心，读得让人心堵。就在随后的历史进程中，不仅数以万计的普通百姓失去了性命，中国也差点儿被那个一衣带水的邻邦推入万劫不复的深渊。

唉，大人物的悲剧，也正是那个时代的悲剧。

悲剧的大幕既然已经拉开，那就开演吧。

雄霸舞台多年的老牌演员没有了，那些跃跃欲试的演员纷纷抢着登场亮相，黎元洪、段祺瑞、冯国璋、徐世昌、曹锟、张作霖等，终于捞着自己表演的机会了。

呛呛呛呛呛呛呛，你方唱罢我登场。

北洋的乱戏，才刚刚开始……